|| सफलता का मूलमंत्र है, लक्ष्य का स्पष्ट होना और निरन्तर अभ्यास करते रहना ||

EXCEL
इंग्लिश स्पीकिंग कोर्स

व्याकरण सहित, वैज्ञानिक पद्धति पर आधारित

अंग्रेजी बोलने और सीखने का
अद्वितीय एवं सरल उपाय ...

लेखन एवं सम्पादन
साहिल गुप्ता

वी एण्ड एस पब्लिशर्स

प्रकाशक

वी एण्ड एस पब्लिशर्स

F-2/16, अंसारी रोड, दरियागंज, नई दिल्ली-110002
☎ 23240026, 23240027 • फैक्स: 011-23240028
✉ info@vspublishers.com • 🌐 www.vspublishers.com

 Online Brandstore: amazon.in/vspublishers

क्षेत्रीय कार्यालय : हैदराबाद
5-1-707/1, ब्रिज भवन (सेन्ट्रल बैंक ऑफ इण्डिया लेन के पास)
बैंक स्ट्रीट, कोटी, हैदराबाद-500 095
☎ 040-24737290
E-mail: vspublishershyd@gmail.com

फ़ॉलो करें:

BUY OUR BOOKS FROM: AMAZON FLIPKART

© **कॉपीराइट:** वी एण्ड एस पब्लिशर्स

ISBN 978-93-579413-0-3

नवीन संस्करण

अस्वीकरण

इस पुस्तक में सटीक समय पर जानकारी उपलब्ध कराने का हर संभव प्रयास किया गया है। पुस्तक में संभावित त्रुटियों के लिए लेखक और प्रकाशक किसी भी प्रकार से जिम्मेदार नहीं होंगे। पुस्तक में प्रदान की गयी पाठ्य सामग्रियों की व्यापकता या सम्पूर्णता के लिए लेखक या प्रकाशक किसी प्रकार की वारंटी नहीं देते हैं।

पुस्तक में प्रदान की गयी सभी सामग्रियों को व्यावसायिक मार्गदर्शन के तहत सरल बनाया गया है। किसी भी प्रकार के उद्धरण या अतिरिक्त जानकारी के स्रोत के रूप में किसी संगठन या वेबसाइट के उल्लेखों का लेखक या प्रकाशक समर्थन नहीं करता है। यह भी संभव है कि पुस्तक के प्रकाशन के दौरान उद्धृत बेवसाइट हटा दी गयी हो।

इस पुस्तक में उल्लिखित विशेषज्ञ के राय का उपयोग करने का परिणाम लेखक और प्रकाशक के नियंत्रण से हटकर पाठक की परिस्थितियों और कारकों पर पूरी तरह निर्भर करेगा।

पुस्तक में दिये गये विचारों को आजमाने से पूर्व किसी विशेषज्ञ से सलाह लेना आवश्यक है। पाठक पुस्तक को पढ़ने से उत्पन्न कारकों के लिए पाठक स्वयं पूर्ण रूप से जिम्मेदार समझा जायेगा।

उचित मार्गदर्शन के लिए पुस्तक को माता-पिता एवं अभिभावक की निगरानी में पढ़ने की सलाह दी जाती है। इस पुस्तक के खरीददार स्वयं इसमें दिये गये सामग्रियों और जानकारी के उपयोग के लिए सम्पूर्ण जिम्मेदारी स्वीकार करते हैं।

इस पुस्तक की सम्पूर्ण सामग्री का कॉपीराइट लेखक/प्रकाशक के पास रहेगा। कवर डिजाइन, टेक्स्ट या चित्रों का किसी भी प्रकार का उल्लंघन किसी इकाई द्वारा किसी भी रूप में कानूनी कार्रवाई को आमंत्रित करेगा और इसके परिणामों के लिए जिम्मेदार समझा जायेगा।

प्रकाशकीय

हमारे देश में पिछले कुछ दशकों में शिक्षा और तकनीक के सुधार की दिशा में व्यापक कदम उठाये गये हैं। आज जबकि पूरा विश्व एक 'ग्लोबल विलेज' के रूप में हमारे सामने उपस्थित है, आवश्यकता है कि हम अपने देश में ही नहीं बल्कि दुनिया भर के लोगों से संवाद स्थापित करें। अगर हम अपने ही देश में देखें, तो यहाँ के कई प्रांतों में अलग-अलग भाषाएँ बोली जाती हैं। हालाँकि हमारी राजभाषा हिन्दी है; फिर भी हमारे देश के दक्षिणी और उत्तर-पूर्वी प्रांतों में हिन्दी भाषी लोगों को भाषा सम्बन्धी कठिनाइयों का सामना करना पड़ता है। चूँकि अंग्रेजी भाषा हर जगह बोली जाती है, इसे भलीभाँति सीखकर हमारे पाठक देश-विदेश के किसी भी भाग में सफलतापूर्वक संवाद स्थापित कर सकते हैं। यह भी देखा गया है कि हममें से बहुत से व्यक्ति अंग्रेजी लिखना तो जानते हैं, इसे भलीभाँति समझ भी सकते हैं, लेकिन जब अंग्रेजी बोलने की बारी आती है, तो आत्मविश्वास व अभ्यास के अभाव में वे हिचकिचाते हैं।

यह तो सर्वविदित है कि हमारे समाज में उन लोगों को सम्मान का विशेष दर्जा प्राप्त है, जिन्हें अंग्रेजी बोलना आता है। अत: अपनी पर्सनैलिटी को निखारने तथा जीवन के विशेष अवसरों पर स्वयं को साबित करने के लिए भी हमारा अंग्रेजी में धाराप्रवाह बातें करना आवश्यक है।

पिछले अनेक वर्षों से **वी एण्ड एस पब्लिशर्स** जनहित सम्बन्धी पुस्तकें प्रकाशित करते आ रहे हैं। अंग्रेजी के महत्त्व तथा बाजार में पुस्तक की माँग को देखते हुए इस बार हमने अपनी नवीनतम पुस्तक **इंग्लिश स्पीकिंग कोर्स** (English Speaking Course) प्रकाशित की है। वैसे तो पुस्तकों के बाजार में हिन्दी से अंग्रेजी सीखाने वाली कई बड़े और स्थानीय प्रकाशकों की पुस्तकें उपलब्ध हैं; परन्तु प्रस्तुत पुस्तक की पाठ्यसामग्री इन पुस्तकों से थोड़ी अलग हटकर है, विशुद्ध वैज्ञानिक पद्धति पर आधारित है एवं आम बोलचाल की साधारण हिन्दी भाषा के माध्यम से दी गई है।

प्रस्तुत पुस्तक का लेखन इस प्रकार किया गया है कि कोई भी साधारण अंग्रेजी जानने वाला व्यक्ति या ना जानने वाला व्यक्ति भी अगर प्रतिदिन अपने व्यस्तम क्षणों में से थोड़ा समय निकालकर, इसका नियमित रूप से अध्ययन करे, तो वह कुछ ही दिनों के पश्चात् अंग्रेजी भाषा बोलने में सफल हो सकता है।

वास्तव में अंग्रेजी भाषा में प्रभावशाली ढंग से बातें करने के लिए आपका अंग्रेजी व्याकरण की जानकारी होना, इसके अनुच्चरित शब्दों और उच्चारण के दौरान अपने मनोभावों का अनुकूल प्रदर्शन करना तथा अंग्रेजी भाषा के शब्दों का पर्याप्त भंडार होना आवश्यक है। इन सभी बातों पर ध्यान रखने के लिए पाठकों को पुस्तक में जगह-जगह पर नोट्स और स्मरणीय के माध्यम से आवश्यक निर्देश दिये गए हैं, ताकि हमारे पाठक अंग्रेजी बोलने के दौरान अंग्रेजी बोलने के सभी नियमों का पालन करते हुए, अपने हाव-भाव का सही तरीके से प्रदर्शन कर सकें।

पाठकों की सुविधा के लिए प्रस्तुत पुस्तक को आठ मुख्य खण्डों में बाँटा गया है। पुस्तक के प्रथम खण्ड में अंग्रेजी वर्णमाला, अंग्रेजी के कैपिटल, स्माल तथा कर्सिव लेटर को लिखना, कैपिटल लेटर के प्रयोग के नियम आदि का उल्लेख किया गया है।

पुस्तक के द्वितीय खण्ड में व्याकरण की जानकारी दी गई है। इसके तहत व्याकरण के केवल उन आवश्यक नियमों को लिया गया है, जो अंग्रेजी लिखने और बोलने के लिए आवश्यक है। व्याकरण के उन अध्यायों को छोड़ दिया गया है, जिसका अंग्रेजी वार्तालाप के दौरान कम इस्तेमाल होता है।

पुस्तक के तृतीय खण्ड में व्यावहारिक व्याकरण (काल, वाच्य, कथन, उपसर्ग, प्रत्यय) का वर्णन किया गया है। अंग्रेजी शब्दों के आगे व पीछे Prefix (उपसर्ग) और Suffix (प्रत्यय) लगाने से नए शब्द के अर्थ किस प्रकार बदलते हैं। इस बात का वर्णन किया गया है।

पुस्तक के चौथे खण्ड में तीस से अधिक अलग-अलग Situations and Occasions (परिस्थितियों एवं अवसरों) पर आधारित Lesson (पाठ) दिए गए हैं। इसके प्रत्येक पाठ में आम आदमी के दैनिक जीवन में प्रयोग

होने वाले तीस से अधिक वाक्य संकलित हैं, जिसे पढ़कर पाठकों के लिए रोजमर्रा के दैनिक जीवन में अधिकतर उपयोग होने वाले अंग्रेजी शब्दों के अर्थ समझकर, इसे बोलना आसान बन गया है। प्रस्तुत पुस्तक के सभी पाठ को अच्छी तरह से समझने के लिए प्रत्येक हिन्दी वाक्यों के आगे उसके अंग्रेजी रूपान्तर तथा उसके Pronunciation (उच्चारण) भी दिए गए हैं, जिससे पाठकों को अंग्रेजी शब्दों के शुद्ध उच्चारण करने में गलतियाँ न हो।

पुस्तक का पाँचवाँ खण्ड Conversation (वार्तालाप) पर आधारित है। इस अध्याय के मुख्य रूप से दो भाग हैं। पहले भाग में आप किसी व्यक्ति के साथ वार्तालाप कैसे आरम्भ करें? इस बात का विस्तारपूर्वक वर्णन किया गया है। इसके अलावा वार्तालाप को रोचक बनाने के नियम, वार्तालाप हेतु आवश्यक टिप्स और हमारे दैनिक जीवन में उपयोग हेतु विभिन्न विषयों पर आधारित वार्तालाप के चालीस Lesson (पाठ) शामिल हैं। इसमें सम्मिलित सभी पाठ हमारी रोजमर्रा की जिन्दगी के अभिन्न अंग हैं, जैसे कि बैंक में, नाई की दुकान, बाजार आदि। वार्तालाप के दूसरे भाग में भी दूसरे महत्त्वपूर्ण विषयों पर आधारित पाठ हैं। इस भाग की विशेषता इसके पहले पृष्ठ का सम्पूर्ण भाग केवल हिन्दी में तथा दूसरे पृष्ठ पर इसका अंग्रेजी अनुवाद है।

पुस्तक का छठा खण्ड लेखन से सम्बन्धित है। इसमें क्रमशः अंग्रेजी में लेख लिखने, विभिन्न प्रकार के पत्र-लेखन, ईमेल एवं वॉट्स अप भेजने के बारे में बताया गया है।

अंग्रेजी बोलने व लिखने में खासतौर पर पाठकों के सामने जो समस्याएँ आती हैं, वे सामान्यतया हिन्दी शब्दों के सटीक अंग्रेजी नहीं जानने के कारण ही पैदा होती हैं। इसके लिए पुस्तक के सातवें खण्ड में वर्गीकृत शब्दावली (Classified Vocabulary) एवं Dictionary (शब्दकोश) दी गई है। वर्गीकृत शब्दावली में हमारे रोजमर्रा के जीवन में इस्तेमाल होने वाले उन अंग्रेजी शब्दों की जानकारी दी गई है, जिनका प्रयोग हम वार्तालाप के दौरान प्रतिदिन करते हैं। इसके अतिरिक्त डिक्शनरी में अंग्रेजी के प्रत्येक Letter (वर्ण) के बनने वाले पाँच शब्द तथा उनके हिन्दी अर्थ दिए गए हैं।

पुस्तक के आठवें खण्ड में आत्मपरीक्षण हेतु सभी खण्डों से अभ्यास और उसके सही उत्तर दिए गए हैं। आत्मपरीक्षण के द्वारा आप यह आसानी से जान सकते हैं कि पुस्तक के अध्ययन के दौरान अंग्रेजी सीखने में कितने सफल हुए हैं।

प्रस्तुत पुस्तक को अच्छी तरह समझने तथा अंग्रेजी शब्दों के शुद्ध-शुद्ध उच्चारण सीखने हेतु पुस्तक के साथ एक AUDIO, YOUTUBE पर दी गई है। ऑडियो में पुस्तक के सभी खण्डों से उपयोगी वाक्यों को चुनकर ऑडियो द्वारा Sentence (वाक्यों) के शुद्ध-शुद्ध उच्चारण की विधि के बारे में बताया गया है, ताकि पाठकों को ऑडियो में पुस्तक मे चिह्नित अंशों को सुनकर इसे समझने में कोई परेशानी न हो एवं वे ऑडियो को सुनकर अंग्रेजी उच्चारण के दौरान होने वाली त्रुटियों को दूर कर सकें।

हमने प्रस्तुत पुस्तक **इंग्लिश स्पीकिंग कोर्स (English Speaking Course)** को हरसंभव तरीके से पाठकों के लिए बेहतर बनाने का प्रयास किया है; लेकिन फिर भी पुस्तक में भूलवश कहीं भी कोई त्रुटि छूट गई हो, तो आपसे अनुरोध है कि आप ईमेल अथवा पत्र द्वारा हमें अवश्य सूचित करें, ताकि पुस्तक के आगामी संस्करण में इन त्रुटियों को दूर किया जा सके। पुस्तक को और भी बेहतर बनाने के लिए आपके सभी बहुमूल्य सुझावों का हार्दिक स्वागत है।

विषय सामग्री ऑनलाइन उपलब्ध/Reading Material Available Online

अतिरिक्त पठन सामग्री ड्रॉपबॉक्स पर खण्ड-6 पृष्ठ संख्या 465-511 और खण्ड-7 पृष्ठ संख्या 512-559:

https://www.dropbox.com/sh/0eg80mlsa74vhny/AAAFN9pHNyGl7lIVcCdJ-pUAa?dl=0

चिह्नित विषय सामग्री ऑडियो ट्यूटोरियल यूट्यूब पर उपलब्धः

https://www.youtube.com/watch?v=QukItkGLrqE&ab_channel=V%26SPublishersIndia

विषय-सूची
(CONTENTS)

खण्ड-1 : पठन/पाठन

अंग्रेजी वर्णमाला (English Alphabet)..........2
उच्चारण (Pronunciation) 18

खण्ड-2 : मूल व्याकरण

शब्दभेद (Parts of Speech)..........35
संज्ञा (Noun) 39
सर्वनाम (Pronoun) 44
विशेषण (Adjective)..........51
क्रिया (Verb) 60
क्रिया विशेषण (Adverb) 67
सम्बन्धसूचक शब्द (Preposition) 74
संयोजक (Conjunction)..........80
विस्मयादिबोधक (Interjection)..........86
निर्धारक (Determiner)..........89

खण्ड-3 : व्यावहारिक व्याकरण

रूपात्मक क्रियाएँ (Modals)..........95
काल (Tense)..........103
वाच्य (Voice)..........116
कथन (Narration)..........125
प्रश्न जोड़ना (Question Tag)..........135
शब्द रचना (Word Formation)..........146
वाक्य रचना (Sentence Construction)..........166
सामान्य त्रुटियाँ (Common Errors)..........175

खण्ड-4 : स्पोकन इंग्लिश

अभिवादन (Greeting) 188
शिष्टाचार (Etiquettes)..........190
आत्मपरिचय (Self Introduction)..........194
सगे-सम्बन्धियों का परिचय (Introduction of Relatives)..........197
कथनात्मक वाक्य (Statement) 199
अनुरोध सम्बन्धी वाक्य (Request) 201
विस्मयादिबोधक वाक्य (Exclamatory Sentences) ..207
प्रश्नवाचक वाक्य (Interrogative Sentences) 210
नकारात्मक वाक्य (Negative Sentences) 216
ऑफिस सम्बन्धित वाक्य (Official Sentences) 220
बधाई सम्बन्धित वाक्य (Congratulations)..........223
आज्ञा/निर्देश सम्बन्धित वाक्य (Order/Instruction) ... 225
प्रोत्साहन सम्बन्धित वाक्य (Encouragement)..........229
सांत्वना सम्बन्धित वाक्य (Consolation)..........231
प्रशंसा सम्बन्धित वाक्य (Praise)..........233
क्षमा याचना/खेद प्रदर्शन (Apology)..........235
साक्षात्कार सम्बन्धित वाक्य (Interview) 238
चेतावनी सम्बन्धित वाक्य (Warning)..........240
क्रोध सम्बन्धित वाक्य (Anger)..........242
यात्रा सम्बन्धित वाक्य (Journey) 245
एयरपोर्ट सम्बन्धित वाक्य (Airport)..........247
खरीददारी सम्बन्धित वाक्य (Shopping)..........249
समय (Time)..........251
मौसम/पर्यावरण सम्बन्धित वाक्य (Season/Environment) 253
स्वास्थ्य सम्बन्धित वाक्य (Health)..........255
जन्मदिन की पार्टी (Birthday)..........257
कानून सम्बन्धित वाक्य (Law)..........259
लेन-देन सम्बन्धित वाक्य (Dealing)..........261
खेल से सम्बन्धित वाक्य (Sports).......... 263
निमंत्रण सम्बन्धित वाक्य (Invitation) 265
मुहावरेदार वाक्य (Idiomatic Sentences)..........267
विविध वाक्य (Miscellaneous Sentences) 269

खण्ड-5 : वार्तालाप

वार्तालाप (Tips for Conversation).......... 273
बैंक में (In the Bank).......... 276
नाई की दुकान में (At Salon).......... 278
सड़क पर (On the Road).......... 280
पंसारी की दुकान में (At Grocery Shop).......... 282
कपड़े की दुकान में (At Cloth Shop).......... 284
बाजार में (In the Market) 286

भोजनालय (At Restaurant) 288	दोस्त की बीमार माँ को देखने जाना.................... 334
रेलवे स्टेशन में (At Railway Station).............. 290	A Visit to Friend's Sick Mother 335
दो मित्रों के बीच वार्तालाप	परचून की दुकानदार से वस्तुएँ खरीदना................ 336
(Conversation Between Two Friends) .. 293	Purchase from General Merchant 337
डॉक्टर से परामर्श	स्कूल में अभिभावक और शिक्षकों की मुलाकात... 338
(Consultation with a Doctor) 295	Parents-Teacher Meeting in School 339
कम्प्यूटर की खरीदारी (Computer Purchase)... 297	कॅरियर सम्बन्धी परामर्श..........................340
दवाइयों की दुकान पर (At Medical Shop) 299	Career Counselling............................... 341
सिटी बस स्टॉप (City Bus Stop) 301	छात्र का कॉलेज में प्रथम दिन................342
सिटी बस में (In the City Bus)....................... 303	First day of a Student in College.... 343
दो महिलाओं के बीच वार्तालाप	कॉलेज में लड़के-लड़की का वार्तालाप............344
(Conversation Between Two Ladies) ... 305	A Boy talking to a Girl in College 345
दो व्यापारियों के बीच वार्तालाप (Conversation	होटल में कमरा लेने हेतु रिसेप्शनिस्ट से वार्तालाप... 346
Between Two Businessmen) 307	Conversation with a Receptionist in Hotel ... 347
टेलीफोन पर वार्तालाप	बैंक में अकाउंट खुलवाने के दौरान......................348
(Telephonic Conversation) 309	Bank Scenario for Opening an Account...... 349
उपहार की खरीदारी 310	बैंक में चेक जमा करना....................................350
Buying A Gift 311	Depositing a Cheque in Bank 351
मेट्रो प्लेटफार्म पर वार्तालाप........................312	विक्रेता के द्वारा सामान का प्रदर्शन.....................352
Talk on Metro Platform 313	A Salesman Visits a Home 353
पुलिस स्टेशन में एफआईआर दर्ज कराना.........314	फोन द्वारा फिल्म के टिकट की बुकिंग................354
Lodging an FIR at the Police Station 315	Booking Movie Tickets on Phone................ 355
नाश्ते के समय एक परिवार 316	बिक्री कार्यपालक की अपने अधिकारी को रिपोर्ट....356
A Family at Breakfast 317	Sales Executive Reporting to his Boss........ 357
एक साक्षात्कार का दृश्य...............................318	टेलीफोन पर वार्तालाप और एक संदेश छोड़ना......358
An Interview Scene..................................... 319	Telephonic Conversation and Leaving
किसी परिवार में अपना परिचय देना...............320	a Message 359
Introduction to a Family............................. 321	मोबाइल फोन के बिल की शिकायत करना..........360
माता और पुत्र के बीच वार्तालाप..................322	Complaint about Mobile Phone Bill 361
A Dialogue between Mother and Son 323	फोन पर ऑर्डर देना 362
पति-पत्नी और बच्चों के बीच वार्तालाप........324	Placing Orders on Phone............................ 363
Conversation between Husband-Wife	कॉलेज में दाखिला लेना...................................364
and Children 325	Getting admission to college...................... 365
चाँदनी चौक में बस के बारे में पूछताछ............326	प्रधानाचार्य द्वारा बच्चे के माता-पिता का
Asking for Bus Route at Chandni Chowk... 327	साक्षात्कार..366
एक अस्पताल का परिदृश्य.............................328	Principal Interviewing Child's Parents 367
A Hospital Scenario 329	विवाह के सम्बन्ध में दो परिवारों के बीच
डॉक्टर से सलाह..330	वार्तालाप... 368
In Consultation with a Doctor..................... 331	Conversation Between two Families
टेलीफोन पर डॉक्टर से तीव्र पेट दर्द के	Regarding Marriage................................369
बारे में सलाह..332	बीमारी से सम्बन्धित वार्तालाप............................370
Telephonic talk with Doctor about	
Severe Stomach Pain 333	

Hindi	English	Page
	Conversation on Illness	371
किसी व्यक्ति के निधन पर संवेदना प्रकट करना		372
	Condolences on Death of Someone	373
अच्छे प्राप्तांक लाने के लिए मित्र को प्रोत्साहित करना		374
	Encouraging a Friend to Score Good Marks	375
अपने अधिकारी से छुट्टी के लिए आग्रह करना		376
	Asking for Leave from Your Boss	377
मित्र से मिलने के लिए माता से अनुमति माँगना		378
	Son Asking Permission to Meet a Friend	379
सूचना का अधिकार पाने के लिए आवेदन कैसे करें?		380
	How to File an RTI Application	381
गलती के लिए सहयोगियों से माफी माँगना		382
	Apologising for a Mistake to Colleagues	383
अनौपचारिक मुलाकात होने पर किसी की प्रशंसा करना		384
	Complementing Someone at a Get Together	385
विवाह के अवसर पर निमंत्रण		386
	Invitation for Wedding	387
कुछ समसामयिक विषयों पर चर्चा		388
	Discussion on Some Current Affairs	389
परीक्षा में श्रेष्ठ प्रदर्शन करने पर किसी को बधाई देना		390
	Congratulating Someone for Doing Well in the Examination	391
मकान मालिक और किरायेदार के मध्य वार्तालाप		392
	Conversation Between Landlord and Tenant	393
रेस्टोरेंट में वेटर द्वारा टेबल से ऑर्डर लेना		394
	Waiter Taking an Order in a Restaurant	395
व्यवसाय तय करने के लिए अधिकारी से मुलाकात		396
	Meeting with an Official to Seal a Deal	397
क्लर्क का ग्राहक के साथ वार्तालाप		398
	A Clerk with a Client in Meeting	399
अधिकारी द्वारा अपने सचिव को निर्देश		400
	Boss giving Instructions to his Secretary	401
निर्माण स्थल पर डिवेलपर्स, अर्किटेक्ट और कान्ट्रैक्टर		402
	Developer, Architect & Contractor at a Construction site	403
टैक्स जमा कराने के दौरान क्लर्क से वार्तालाप		404
	Conversation with Clerk to Pay Taxes	405
टेलीफोन पर पूछताछ		406
	Telephonic Enquiry	407
सरकारी नौकरी के लिए साक्षात्कार देना		408
	Giving Interview for a PSU	409
खिलाड़ियों का कोच के साथ बातचीत		410
	A Coach Talking to Players	411
शिक्षक कक्षा में पढ़ाते हुए		412
	A Teacher Teaching in the Class	413
चर्च में पादरी के समक्ष पाप-स्वीकारोक्ति		414
	Confession to Father in a Church	415
केमिस्ट से दवाई की खरीदारी		416
	Buying Medicines from a Chemist	417
टेलीविजन से खरीदारी		418
	Teleshopping	419
बिग बाज़ार में खरीदारी		420
	Shopping at Big Bazaar	422
जन्मदिन की पार्टी		424
	Birthday Party	425
व्यावसायिक सहयोगियों के साथ डिनर पार्टी		426
	A Dinner Party with Business Associates	428
आगरा भ्रमण		430
	A Visit to Agra	433
बैंक में एटीएम कार्ड के खोने की रिपोर्ट करना		436
	Reporting the Loss of A.T.M Card in Bank	437
बस स्टैंड का एक दृश्य		438
	Scene at a Bus Stand	439
दोस्तों के बीच वार्तालाप		440
	A discussion Among Friends	441
शादी के पहले एक जोड़े का वार्तालाप		442
	Conversation between a Couple During Courtship	444
एक प्रतिष्ठित व्यक्ति का साक्षात्कार		446
	Interview of a Celebrity	448
वृद्ध व्यक्ति के द्वारा पौत्र को जीवन का पाठ		450
	An Elderly Person Teaching his Grandson about Life	452

अभिभावक और अध्यापक की मुलाकात.............454
Parents Teacher Meeting............................455
हवाई अड्डे पर...456
At the Airport..457
सेल्समैन और दुकानदार.....................................458
Salesman and Shopkeeper..........................459
ट्रैवेल एजेण्ट और यात्री 460
Travel Agent and Traveller 461
एल०आई०सी० एजेण्ट और ग्राहक के बीच वार्तालाप...462
Conversation between L.I.C. Agent and Client 463

खण्ड-6 : लेखन

पृष्ठ संख्या 466 से 511 विषय-सामग्री ऑनलाइन उपलब्ध है।

पत्र-लेखन (Letter Writing) 466
ई-मेल (E-mail) 474
प्रतिवेदन/रिपोर्ट (Report)................................478
सूचना (Notice) 481
अनुवाद (Translation)....................................484
निबंध (Essay)..489

खण्ड-7 : वर्गीकृत शब्दावली

पृष्ठ संख्या 512 से 559 विषय-सामग्री ऑनलाइन उपलब्ध है।

वर्गीकृत शब्दावली (Classified Vocabulary) 513
शब्दकोश (Dictionary)................................550

खण्ड-8 : अभ्यास

अभ्यास-1...561
अभ्यास-2...562
अभ्यास-3...563
अभ्यास-4...565
अभ्यास-5...567
अभ्यास-6...568
अभ्यास-7...570

वॉट्सएप (WhatsApp)

पुस्तक का प्रयोग किस प्रकार करें
(HOW TO USE THIS BOOK)

प्रिय पाठक,

प्रस्तुत पुस्तक **'इंग्लिश स्पीकिंग कोर्स'** का पहला खण्ड आरंभ करने के पूर्व यहाँ पर हम आपको इस पुस्तक का किस प्रकार प्रयोग करें, बताने जा रहे हैं। चूँकि अंग्रेजी एक विदेशी भाषा है, इसलिए अंग्रेजी बोलने के आरम्भ में आपको थोड़ी कठिनाई अवश्य हो सकती है। इसे दूर करने के लिए इस पुस्तक का लेखन विशेषतौर पर वैज्ञानिक पद्धति द्वारा सरल हिन्दी में किया गया है, ताकि आप हिन्दी भाषा के माध्यम से अंग्रेजी आसानी से सीख सकें।

➡ पुस्तक में जहाँ पर 'Rule' लिखा गया है, इसका सम्बन्ध उक्त अध्याय सम्बन्धी नियम से है, इसे आपको अवश्य याद करना है।

➡ जहाँ पर 'Note' लिखा गया है, इस को आपको ध्यानपूर्वक पढ़ने व समझने की आवश्यकता है।

➡ '★ Star' का चिह्न– पुस्तक की पाठ्य सामग्री के विशेष अंशों को दर्शाता है।

➡ '☞ हाथ का चिह्न'– पाठ्य सामग्री के उन अंशों को दर्शाता है, जो नियम के तथ्यों से जुड़ा है।

➡ प्रत्येक पाठ के अंत में स्मरणीय दिया गया है। स्मरणीय के अंतर्गत उक्त खण्ड से सम्बन्धित विशेष उपयोगी बातें बतायी गयी हैं।

➡ प्रत्येक पाठ को आप कितना समझ पाए हैं, इसका आत्म निरीक्षण करने हेतु प्रत्येक खण्ड में अभ्यास प्रश्न दिए गए हैं। आप सभी अभ्यासों को हल करने का प्रयास करें। यदि आपको अभ्यास प्रश्नों को हल करने में कहीं भी कठिनाई हो रही है, तो इसका अर्थ है– आपको इस पाठ को भली प्रकार समझने के लिए पुनः पढ़ने की आवश्यकता है। अभ्यास के उत्तर भी सम्मिलित हैं।

➡ पाठकों की सुविधा के लिए पुस्तक की पाठ्य सामग्री में जगह-जगह चिह्न अंकित हैं। पहले चिह्न 🔊 से दूसरे चिह्न 🔊 की विषय सामग्री; Youtube पर उपलब्ध है। आप पुस्तक में दिये गये चिह्नित अंशों को Audio में सुनकर अंग्रेजी में इसका शुद्ध-शुद्ध उच्चारण करना सीख सकते हैं। पाठक अंग्रेजी Silent Letters का उच्चारण करते समय इन बातों का विशेष ध्यान रखें।

➡ प्रस्तुत पुस्तक को कुल आठ खण्डों में बाँटा गया है। पुस्तक के प्रथम खण्ड में अंग्रेजी वर्णमाला, अंग्रेजी के कैपिटल, स्माल तथा कर्सिव लेटर को लिखना, कैपिटल लेटर के प्रयोग के नियम, अंग्रेजी भाषा के शुद्ध-शुद्ध उच्चारण आदि का उल्लेख किया गया है। ध्यान रहे, अंग्रेजी बोलने के दौरान आपको हमेशा इसके उच्चारण एवं ध्वनि के 'तीव्र' या 'मद्धिम स्वर' का भी विशेष ध्यान रखना है।

➡ पाठकों के सामने एक अन्य समस्या, खासतौर पर बोलने के दौरान, बीच में अटकने की होती है। ऐसा सामान्यतया उनमें अंग्रेजी के शब्द भंडार के अभाव में होती है। इसके लिए पुस्तक के सातवें खण्ड में Classified Vacabulary (वर्गीकृत शब्दावली) एवं Dictionary (शब्दकोश) दिया गया है।

पुस्तक को संक्षिप्त रखने हेतु खण्ड छः और खण्ड सात ऑनलाइन ड्रॉपबॉक्स पर पीडीएफ में उपलब्ध है, जहाँ पाठक इसे पढ़कर सीख सकते हैं।

पुस्तक के अंत में आत्मपरीक्षण हेतु पुस्तक के सभी सात खण्डों के संयुक्त अभ्यास और उनके उत्तर दिये गये हैं। इसके द्वारा आप आसानी से जान सकते हैं कि आप '**इंग्लिश स्पीकिंग कोर्स**' के अध्ययन के दौरान अब तक अंग्रेजी सीखने में कितना सफल हुए हैं। अगर पुस्तक के किसी भी खण्ड में आपको परेशानी का सामना करना पड़ रहा है, तो आपको हमारी सलाह है कि आप इस अध्याय को दुबारा पढ़ें। बार-बार अभ्यास करने से आपकी अंग्रेजी भाषा पर पकड़ बन जायेगी।

खण्ड–1
पठन/पाठन
Section–1
Reading

प्रस्तुत खण्ड में अंग्रेजी वर्णमाला, अंग्रेजी के बड़े तथा छोटे अक्षर, Vowel (स्वर) तथा Consonant (व्यंजन) के उच्चारण, संख्याओं की Counting (गिनती), दिनों एवं महीनों के नाम, बारहखड़ी, अंग्रेजी शब्दों के Silent Letter (अनुच्चारित अक्षर) आदि की जानकारी दी गयी है।

1 अंग्रेजी वर्णमाला (ENGLISH ALPHABET)

विचारों को प्रकट करने का साधन 'भाषा' है। अतः किसी भी भाषा का ज्ञान प्राप्त करने के लिए सबसे पहले उस भाषा की वर्णमाला का ज्ञान होना बहुत जरूरी है। अलग-अलग भाषा अलग-अलग 'लिपि' में लिखी जाती हैं। जिस तरह अंग्रेजी भाषा 'रोमन' लिपि में लिखी जाती है, उसी तरह हिन्दी भाषा 'देवनागरी लिपि' में लिखी जाती है।

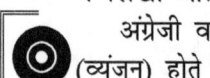

अंग्रेजी वर्णमाला में A से Z तक कुल 26 वर्ण होते हैं। इनमें से 5 Vowels (स्वर) तथा 21 Consonants (व्यंजन) होते हैं। अंग्रेजी वर्णमाला में Letters (वर्ण) दो तरह से लिखे जाते हैं- Capital (बड़े), जैसे- A, B, C, D, E, F, G, आदि तथा Small (छोटे), जैसे- a, b, c, d, e, f, g, आदि।

Alphabets (वर्णमाला)

A/a	B/b	C/c	D/d	**E**/e	F/f	G/g	H/h	**I**/i
ए	बी	सी	डी	ई	एफ	जी	एच	आई
J/j	K/k	L/l	M/m	N/n	**O**/o	P/p	Q/q	R/r
जे	के	एल	एम	एन	ओ	पी	क्यू	आर
S/s	T/t	**U**/u	V/v	W/w	X/x	Y/y	Z/z	
एस	टी	यू	वी	डब्ल्यू	एक्स	वाई	जेड	

☆ उपर्युक्त वर्णमाला में Bold अक्षर Vowels (स्वर) है और अन्य सभी Consonants (व्यंजन) है।

Remember (याद रखें)

☆ English (अंग्रेजी) भाषा 'रोमन' लिपि में लिखी जाती है।

☆ अंग्रेजी वर्णमाला के कुल 26 Letters (वर्ण) में से 5 Vowels (स्वर) एवं 21 Consonants (व्यंजन) होते हैं।

Capital Letters and Small Letters (बड़े अक्षर एवं छोटे अक्षर)

हिन्दी भाषा देवनागरी लिपि में लिखी जाती है, जिसमें कुल 52 वर्ण होते हैं। यही कारण है कि हिन्दी भाषा की देवनागरी लिपि के वर्ण जिस तरह बोले जाते हैं उसी तरह से लिखे जाते हैं, लेकिन English (अंग्रेजी) में कुल 26 Letters (वर्ण) होते हैं जिसके कारण ऐसा असंभव है।

अंग्रेजी (English) भाषा में लिखने के अक्षर अलग होते हैं जबकि छपाई के अक्षर अलग होते हैं। इस तरह English (अंग्रेजी) में Letters (वर्ण) दो तरह के होते हैं-

1. Capital Letters (छपाई वाले बड़े अक्षर) तथा
2. Small Letters (छपाई वाले छोटे अक्षर)

1. Capital Letters (छपाई वाले बड़े अक्षर)

A B C D E F G H I J

K L M N O P Q R

S T U V W X Y Z

2. Small Letters (छपाई वाले छोटे अक्षर)

a b c d e f g h i j

k l m n o p q r s t

u v w x y z

Remember (याद रखें)

- Small Letters (छोटे अक्षर) में b, d, h, k, l तथा t अक्षर ऊपर की तीन रेखाओं के मध्य में लिखे जाते हैं।
- अंग्रेजी भाषा के Small Letters (छोटे अक्षर) में सिर्फ f, p चार रेखाओं के मध्य में लिखे जाते हैं।
- Small Letters (छोटे अक्षर) में केवल g, j, q तथा y नीचे की तीन रेखाओं के बीच में लिखे जाते हैं।
- छोटे अक्षर (Small Letters) में बाकी सभी 14 अक्षर a, c, e, i, m, n, o, r, s, u, v, w, x तथा z बीच की दो रेखाओं के बीच में लिखे जाते हैं।

English (अंग्रेजी) 'रोमन' लिपि में लिखी जाती है, जिसके कारण इसके अक्षरों की चौड़ाई कम अथवा अधिक होती है। लगातार अभ्यास द्वारा लेखन में सुधार किया जा सकता है। इसके लिए सर्वप्रथम चार लाइनों वाली कॉपी पर लिखने का प्रयास करना चाहिए। इसके बाद लेख में सुधार होने पर एक लाइन वाली कॉपी पर भी लेख अच्छा आयेगा।

आधुनिक युग में English (अंग्रेजी) के Cursive (कर्सिव) अक्षरों का ज्यादा प्रचलन है। प्रत्येक स्कूल में प्रारम्भ से ही बच्चों को Cursive में लिखना सिखाया जाता है।

Cursive Letters in English (अंग्रेजी के कर्सिव अक्षर)

a b c d e f g h i j

k l m n o p q r s

t u v w x y z

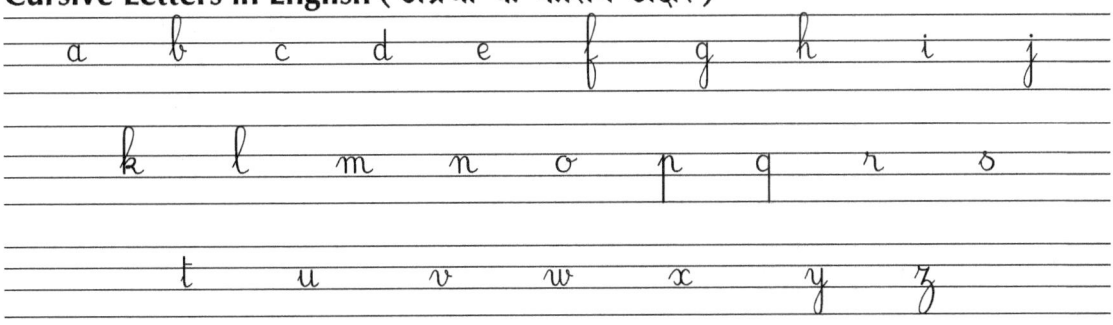

Remember (याद रखें)

★ निम्न Letters (अक्षर) उच्चारण में समानता रखते हैं-

ऐ sound	इ sound	ए sound	आय sound	ओ sound	यू sound	आर sound	ज़ sound
A	B	F	I	O	Q	R	Z
H	C	L	Y		U		
J	D	M			W		
K	E	N					
	G	S					
	P	X					
	T						
	V						

Use of Capital Letters (बड़े अक्षरों का प्रयोग)

आप सभी भलीभाँति जानते हैं कि अंग्रेजी भाषा की वर्णमाला में 26 वर्ण होते हैं। ये वर्ण दो तरह से बड़े तथा छोटे अक्षरों में लिखे जाते हैं। Capital Letters तथा Small Letters का प्रयोग कहाँ-कहाँ किया जाता है यह जानना बहुत आवश्यक है, क्योंकि छोटे के स्थान पर बड़े वर्ण तथा बड़े के स्थान पर छोटे वर्ण लिख देने से अंग्रेजी भाषा गलत हो जाती है।

Rules of Writing Capital Letters (बड़े अक्षरों को लिखने के नियम)

☞ सभी वाक्यों का पहला अक्षर Capital Letter से शुरू होता है, जैसे- Mohan is a good boy. He is well-known for his sincerity. Ravi always reaches school on time. He respects his parents. His behaviour impresses everybody.

☞ Proper Nouns जैसे- Tarun, Delhi, India Gate, Radha आदि तथा Proper Adjectives, जैसे- Russian, Indian, Chinese, European, Italian आदि का पहला वर्ण Capital Letter में लिखा जाता है।

☞ अगर आप कोई कविता आदि की पंक्ति लिखते हैं तो उसका प्रथम शब्द Capital Letter में लिखा जाता हैं, जैसे-

"Humpty Dumpty sat on a wall
Humpty Dumpty had a great fall
All the king's horses and all the king's men
Couldn't put Humpty together again."

☞ किसी धार्मिक या साहित्यिक पुस्तक या पाठ के नाम का प्रथम अक्षर, जैसे-
(a) The Ramayan is a holy book of the Hindus.
(b) I have read the lesson 'Tense' in my grammar book.

☞ प्रभु के नाम तथा उनके लिए प्रयोग किये जाने वाले सर्वनाम के लिए, जैसे-
(a) The God is everywhere.
(b) He forgives us for our sins and He rewards us for our good deeds.

☞ 'I' Pronoun अकेला आने पर तथा 'O' interjection के रूप में लिखने के लिए, जैसे-
(a) My friend asked me if I was alright.
(b) O God! Always give me your blessings.

☞ अंग्रेजी भाषा में दिनों व महीनों के नाम का प्रथम अक्षर हमेशा Capital Letter में लिखा जाता है, जैसे- Sunday, Monday, Tuesday, Wednesday, Thursday, Friday, Saturday, January, February, March, April, May, June, July, August, September, October, November, December.
(a) He will go to Paris in the month of November.
(b) My school remains closed on Sunday.

- प्रत्येक Academic Qualifications (शैक्षणिक उपलब्धियों) तथा Titles तथा उनके संक्षिप्त रूप को लिखने के लिए, जैसे-
  B.A., M.A., L.L.B., M.Com., M.B.A. (डिग्रियाँ)
  M.L.A., M.P., P.M., C.M., D.M., S.P. (पदवियाँ)
  Ashoka the Great, Your Majesty, Your Honour (सम्मानसूचक शब्द)
  Bharat Ratna, Khel Ratna, Padma Vibhushan (सम्मान)
- Political Parties तथा Sects (राजनीतिक दलों तथा सम्प्रदायों) के नाम का प्रथम अक्षर, जैसे-
  (a) Bhartiya Janta Party, Indian National Congress
  (b) The Buddhism was introduced by Gautam Buddh
  (c) The Republicans and Communists joined their hands together.
- Personified objects (मानवीकृत वस्तुओं) के नाम, जैसे-
  (a) O Grief! Make me strong enough to bear you.
  (b) O Happiness! I am your slave.
- किसी पुस्तक अथवा उसके अध्यायों के सभी शब्दों का पहला वर्ण Capital Letter में परन्तु Preposition, Articles एवं Conjuctions आदि Small Letter में आते हैं, जैसे-
  (a) A Bend in the River
  (b) A Brush with Life
  (c) Accession to Extinction
  इन वाक्यांशो में in, the, with, to आदि Small Letter से आरम्भ हुए हैं।
- Newspapers (समाचारपत्रों), Mountains (पर्वतों), Monuments (स्मारकों), Scriptures (धर्मग्रन्थों), Historical buildings (ऐतिहासिक इमारतें), Rivers (नदियाँ) तथा Ocean (महासागर) आदि के नामों का प्रथम अक्षर Capital Letter में लिखा जाता है, जैसे-
  The Times of India, The Himalayas, The India Gate, The Geeta, The Lal Quila, The Ganga, The Indian Ocean आदि।
- प्रत्येक धार्मिक एवं राष्ट्रीय पर्व तथा ऐतिहासिक घटनाओं के नाम का प्रथम अक्षर, जैसे-
  Holi, Diwali, Republic Day, Children's Day, Mother's Day, The First World War, The Kargil War.
- Firms and Industries (व्यापारिक संस्थानों तथा उद्योगों) के नाम का पहला अक्षर, जैसे-
  The Reliance India, The Hindustan Liver Ltd., The Sahara India, The Aditya Birla Group, The Mahindra and Mahindra, The Cadbury India आदि।
- Exclamations (विस्मयादिबोधक चिह्न) को लिखने के लिए क्योंकि ये शब्द वाक्य के प्रारम्भ में ही आते हैं, जैसे-
  (a) Oh! It's too hot.
  (b) O God! Always give me your blessings.
  (c) Hurrah! I have won the match.
  (d) Well done! Keep it up.
- Common Nouns जब Proper Nouns के साथ लिखे जाते हैं, जैसे-
  Uncle John, Sister Bhanushali, Mother Teresa, Father Peter. इन सभी में uncle, sister, mother, father, proper nouns के साथ जुड़े हैं, इसीलिए इनका पहला अक्षर Capital आया है।
- राजकीय संगठनों, बैंक, बीमा संगठनों तथा विश्वविद्यालयों आदि के नाम, जैसे-
  Delhi Metro Rail Corp Ltd., Central Bank of India, Life Insurance of India (L.I.C.), Delhi University.

☞ सभी Compass Points (दिशासूचक शब्दों) के साथ, जैसे–
Left East, Back West, Up North, Down South
☞ Seasons and Events तथा Calendar References के नाम का पहला अक्षर, जैसे–
The Christmas Night, Stone Age, World War I.
☞ Ethnic Terms (मानव जातीय शब्द) का पहला अक्षर, जैसे–
Indian, Asian, Native American, African.
☞ Words with letters or numbers (शब्दों एवं संख्याओं के साथ आने वाले शब्द) Capital Letter से शुरू किये जाते हैं, जैसे–
Volume III, A.D. 5000, Gate No. 7, Room No. 12.
☞ Direct speech Capital Letter से शुरू किये जाते हैं, जैसे–
"Do you think that Mohan has displaced benches?" asked Bhuwan to Geeta. "Yes", I think so, "He is quite a naughty child."
☞ On तथा Up का प्रयोग भी बड़े अक्षर से शुरू होता है, जब उनका प्रयोग adverbs की तरह हुआ हो, जैसे–
(a) "Up you come" (up का प्रयोग यहाँ adverb के रूप में हुआ है।)
(b) "Climbing up the ladder". (यहाँ up 'small leter' से शुरू हुआ है, क्योंकि यहाँ 'up' preposition के रूप में आया है।)

Remember (याद रखें)

अंग्रेजी भाषा लिखते समय कुछ स्थानों, जैसे– प्रत्येक वाक्य के शुरू के शब्द का पहला वर्ण, किसी नाम, पदवी, डिग्री आदि का नाम, धार्मिक पुस्तकों, कविता की प्रत्येक लाइन का पहला अक्षर, ईश्वर हेतु प्रयोग किये जाने वाले शब्द तथा सर्वनाम आदि Capital letters में लिखे जाते हैं।

Word Knowledge related to Letters (अक्षर से सम्बन्धित शब्द ज्ञान)

वर्ण	शब्द	उच्चारण	हिन्दी अर्थ	वर्ण	शब्द	उच्चारण	हिन्दी अर्थ
A	Aeroplane	एरोप्लेन	हवाई जहाज	N	Nest	नेस्ट	घोंसला
B	Bat	बैट	बल्ला	O	Orange	ऑरेंज	संतरा
C	Car	कार	गाड़ी	P	Pen	पेन	कलम
D	Doll	डॉल	गुड़िया	Q	Queen	क्वीन	रानी
E	Elephant	एलीफैंट	हाथी	R	Rat	रैट	चूहा
F	Fan	फैन	पंखा	S	Swan	स्वॉन	हंस
G	Gun	गन	बंदूक	T	Tiger	टाइगर	बाघ
H	Hen	हेन	मुर्गी	U	Umbrella	अम्ब्रेला	छाता
I	Inkpot	इंकपॉट	दवात	V	Van	वैन	गाड़ी
J	Jug	जग	जग	W	Woman	वुमैन	औरत
K	King	किंग	राजा	X	X-ray	एक्स-रे	एक्सरे
L	Lion	लाइअन	शेर	Y	Yellow	ऐलो	पीला
M	Monkey	मंकी	बंदर	Z	Zebra	जेब्रा	धारीदार घोड़ा

Qualitative Sound of Capital-Small Letters of English with Hindi Vowel and Consonatnt Letters (अंग्रेजी के छोटे-बड़े अक्षरों की हिन्दी के स्वर-व्यंजन के साथ गुणात्मक ध्वनि)

बड़े	छोटे	उच्चारण	गुणात्मक ध्वनि	बड़े	छोटे	उच्चारण	गुणात्मक ध्वनि
A	a	ए	अ, आ	N	n	एन	न
B	b	बी	ब	O	o	ओ	व, ओ
C	c	सी	स, क	P	p	पी	प
D	d	डी	द, ड	Q	q	क्यू	क
E	e	ई	इ, ए	R	r	आर	र
F	f	एफ	फ	S	s	एस	स, ज
G	g	जी	ज, ग	T	t	टी	त, ट
H	h	एच	ह	U	u	यू	उ, यू
I	i	आई	ई, आई	V	v	वी	व
J	j	जे	ज	W	w	डब्ल्यू	व
K	k	के	क	X	x	एक्स	क्स, क्ष
L	l	एल	ल	Y	y	वाई	इ, य
M	m	एम	म	Z	z	जेड	ज

Pronunciation Knowledge Based on Vowel and Consonant [स्वर और व्यंजन के आधार पर उच्चारण ज्ञान (12 खड़ी)]

क	का	कि	की	कु	कू	के	कै	को	कौ	कं	क:
Ka	Kaa	Ki	Kee	Ku	Koo	Ke	Kai	Ko	Kau	Kan	Kah
ख	खा	खि	खी	खु	खू	खे	खै	खो	खौ	खं	ख:
Kha	Khaa	Khi	Khee	Khu	Khoo	Khe	Khai	Kho	Khau	Khan	Khah
ग	गा	गि	गी	गु	गू	गे	गै	गो	गौ	गं	ग:
Ga	Gaa	Gi	Gee	Gu	Goo	Ge	Gai	Go	Gau	Gan	Gah
घ	घा	घि	घी	घु	घू	घे	घै	घो	घौ	घं	घ:
Gha	Ghaa	Ghi	Ghee	Ghu	Ghoo	Ghe	Ghai	Gho	Ghau	Ghan	Ghah
च	चा	चि	ची	चु	चू	चे	चै	चो	चौ	चं	च:
Cha	Chaa	Chi	Chee	Chu	Choo	Che	Chai	Cho	Chau	Chan	Chah
छ	छा	छि	छी	छु	छू	छे	छै	छो	छौ	छं	छ:
Chha	Chhaa	Chhi	Chhee	Chhu	Chhoo	Chhe	Chhai	Chho	Chhau	Chhan	Chhah
ज	जा	जि	जी	जु	जू	जे	जै	जो	जौ	जं	ज:
Ja	Jaa	Ji	Jee	Ju	Joo	Je	Jai	Jo	Jau	Jan	Jah
झ	झा	झि	झी	झु	झू	झे	झै	झो	झौ	झं	झ:
Jha	Jhaa	Jhi	Jhee	Jhu	Jhoo	Jhe	Jhai	Jho	Jhau	Jhan	Jhah
ट	टा	टि	टी	टु	टू	टे	टै	टो	टौ	टं	ट:
Ta	Taa	Ti	Tee	Tu	Too	Te	Tai	To	Tau	Tan	Tah
ठ	ठा	ठि	ठी	ठु	ठू	ठे	ठै	ठो	ठौ	ठं	ठ:

Tha	Thaa	Thi	Thee	Thu	Thoo	The	Thai	Tho	Thau	Than	Thah
ड	डा	डि	डी	डु	डू	डे	डै	डो	डौ	डं	ड:
Da	Daa	Di	Dee	Du	Doo	De	Dai	Do	Dau	Dan	Dah
ढ	ढा	ढि	ढी	ढु	ढू	ढे	ढै	ढो	ढौ	ढं	ढ:
Dha	Dhaa	Dhi	Dhee	Dhu	Dhoo	Dhe	Dhai	Dho	Dhau	Dhan	Dhah
ण	णा	णि	णी	णु	णू	णे	णै	णो	णौ	णं	णा:
Na	Naa	Ni	Nee	Nu	Noo	Ne	Nai	No	Nau	Nan	Nah
त	ता	ति	ती	तु	तू	ते	तै	तो	तौ	तं	त:
Ta	Taa	Ti	Tee	Tu	Too	Te	Tai	To	Tau	Tan	Tah
थ	था	थि	थी	थु	थू	थे	थै	थो	थौ	थं	थ:
Tha	Thaa	Thi	Thee	Thu	Thoo	The	Thai	Tho	Thau	Than	Thah
द	दा	दि	दी	दु	दू	दे	दै	दो	दौ	दं	द:
Da	Daa	Di	Dee	Du	Doo	De	Dai	Do	Dau	Dan	Dah
ध	धा	धि	धी	धु	धू	धे	धै	धो	धौ	धं	ध:
Dha	Dhaa	Dhi	Dhee	Dhu	Dhoo	Dhe	Dhai	Dho	Dhau	Dhan	Dhah
न	ना	नि	नी	नु	नू	ने	नै	नो	नौ	नं	न:
Na	Naa	Ni	Nee	Nu	Noo	Ne	Nai	No	Nau	Nan	Nah
प	पा	पि	पी	पु	पू	पे	पै	पो	पौ	पं	प:
Pa	Paa	Pi	Pee	Pu	Poo	Pe	Pai	Po	Pau	Pan	Pah
फ	फा	फि	फी	फु	फू	फे	फै	फो	फौ	फं	फ:
Pha	Phaa	Phi	Phee	Phu	Phoo	Phe	Phai	Pho	Phau	Phan	Phah
ब	बा	बि	बी	बु	बू	बे	बै	बो	बौ	बं	ब:
Ba	Baa	Bi	Bee	Bu	Boo	Be	Bai	Bo	Bau	Ban	Bah
भ	भा	भि	भी	भु	भू	भे	भै	भो	भौ	भं	भ:
Bha	Bhaa	Bhi	Bhee	Bhu	Bhoo	Bhe	Bhai	Bho	Bhau	Bhan	Bhah
म	मा	मि	मी	मु	मू	मे	मै	मो	मौ	मं	म:
Ma	Maa	Mi	Mee	Mu	Moo	Me	Mai	Mo	Mau	Man	Mah
य	या	यि	यी	यु	यू	ये	यै	यो	यौ	यं	य:
Ya	Yaa	Yi	Yee	Yu	Yoo	Ye	Yai	Yo	Yau	Yan	Yah
र	रा	रि	री	रु	रू	रे	रै	रो	रौ	रं	र:
Ra	Raa	Ri	Ree	Ru	Roo	Re	Rai	Ro	Rau	Ran	Rah
ल	ला	लि	ली	लु	लू	ले	लै	लो	लौ	लं	ल:
La	Laa	Li	Lee	Lu	Loo	Le	Lai	Lo	Lau	Lan	Lah
व	वा	वि	वी	वु	वू	वे	वै	वो	वौ	वं	व:
Va	Vaa	Vi	Vee	Vu	Voo	Ve	Vai	Vo	Vau	Van	Vah
श	शा	शि	शी	शु	शू	शे	शै	शो	शौ	शं	श:
Sha	Shaa	Shi	Shee	Shu	Shoo	She	Shai	Sho	Shau	Shan	Shah
ष	षा	षि	षी	षु	षू	षे	षै	षो	षौ	षं	ष:
Sha	Shaa	Shi	Shee	Shu	Shoo	She	Shai	Sho	Shau	Shan	Shah
स	सा	सि	सी	सु	सू	से	सै	सो	सौ	सं	स:
Sa	Saa	Si	See	Su	Soo	Se	Sai	So	Sau	San	Sah

ह	हा	हि	ही	हु	हू	हे	है	हो	हौ	हं	हः
Ha	Haa	Hi	Hee	Hu	Hoo	He	Hai	Ho	Hau	Han	Hah
क्ष	क्षा	क्षि	क्षी	क्षु	क्षू	क्षे	क्षै	क्षो	क्षौ	क्षं	क्षः
Ksha	Kshaa	Kshi	Kshee	Kshu	Kshoo	Kshe	Kshai	Ksho	Kshau	Kshan	Kshah
त्र	त्रा	त्रि	त्री	त्रु	त्रू	त्रे	त्रै	त्रो	त्रौ	त्रं	त्रः
Tra	Traa	Tri	Tree	Tru	Troo	Tre	Trai	Tro	Trau	Tran	Trah
ज्ञ	ज्ञा	ज्ञि	ज्ञी	ज्ञु	ज्ञू	ज्ञे	ज्ञै	ज्ञो	ज्ञौ	ज्ञं	ज्ञः
Gya	Gyaa	Gyi	Gyee	Gyu	Gyoo	Gye	Gyai	Gyo	Gyau	Gyan	Gyah

Numbers (गिनती)

अर्थ	अंग्रेजी लिपि	उच्चारण	अंग्रेजी अंक	रोमन अंक	हिन्दी अंक
शून्य	Zero	जीरो	0	0	०
एक	One	वन	1	I	१
दो	Two	टू	2	II	२
तीन	Three	थ्री	3	III	३
चार	Four	फोर	4	IV	४
पाँच	Five	फाइव	5	V	५
छह	Six	सिक्स	6	VI	६
सात	Seven	सेवन	7	VII	७
आठ	Eight	एट	8	VIII	८
नौ	Nine	नाइन	9	IX	९
दस	Ten	टेन	10	X	१०
ग्यारह	Eleven	इलेवन	11	XI	११
बारह	Twelve	ट्वेल्व	12	XII	१२
तेरह	Thirteen	थर्टीन	13	XIII	१३
चौदह	Fourteen	फोर्टीन	14	XIV	१४
पन्द्रह	Fifteen	फिफ्टीन	15	XV	१५
सोलह	Sixteen	सिक्सटीन	16	XVI	१६
सत्रह	Seventeen	सेवॅन्टीन	17	XVII	१७
अठारह	Eighteen	एटीन	18	XVIII	१८
उन्नीस	Nineteen	नाइन्टीन	19	XIX	१९
बीस	Twenty	ट्वेंटी	20	XX	२०
इक्कीस	Twenty one	ट्वेंटी वन	21	XXI	२१
बाइस	Twenty two	ट्वेंटी टू	22	XXII	२२
तेइस	Twenty three	ट्वेंटी थ्री	23	XXIII	२३
चौबीस	Twenty four	ट्वेंटी फोर	24	XXIV	२४
पच्चीस	Twenty five	ट्वेंटी फाइव	25	XXV	२५
छब्बीस	Twenty six	ट्वेंटी सिक्स	26	XXVI	२६
सत्ताइस	Twenty seven	ट्वेंटी सेवन	27	XXVII	२७
अट्ठाइस	Twenty eight	ट्वेंटी ऐट	28	XXVIII	२८

उन्तीस	Twenty nine	ट्वेंटी नाइन	29	XXIX	२९
तीस	Thirty	थर्टी	30	XXX	३०
इक्तीस	Thirty one	थर्टी वन	31	XXXI	३१
बत्तीस	Thirty two	थर्टी टू	32	XXXII	३२
तैंतीस	Thirty three	थर्टी थ्री	33	XXXIII	३३
चौंतीस	Thirty four	थर्टी फोर	34	XXXIV	३४
पैंतीस	Thirty five	थर्टी फाइव	35	XXXV	३५
छत्तीस	Thirty six	थर्टी सिक्स	36	XXXVI	३६
सैंतीस	Thirty seven	थर्टी सेवन	37	XXXVII	३७
अड़तीस	Thirty eight	थर्टी ऐट	38	XXXVIII	३८
उन्तालिस	Thirty nine	थर्टी नाइन	39	XXXIX	३९
चालीस	Forty	फोर्टी	40	XL	४०
इकतालिस	Forty one	फोर्टी वन	41	XLI	४१
बयालिस	Forty two	फोर्टी टू	42	XLII	४२
तैतालिस	Forty three	फोर्टी थ्री	43	XLIII	४३
चौवालिस	Forty four	फोर्टी फोर	44	XLIV	४४
पैंतालिस	Forty five	फोर्टी फाइव	45	XLV	४५
छियालिस	Forty six	फोर्टी सिक्स	46	XLVI	४६
सैंतालिस	Forty seven	फोर्टी सेवन	47	XLVII	४७
अड़तालिस	Forty eight	फोर्टी ऐट	48	XLVIII	४८
उन्चास	Forty nine	फोर्टी नाइन	49	XLIX	४९
पचास	Fifty	फिफ्टी	50	L	५०
इक्यावन	Fifty one	फिफ्टी वन	51	LI	५१
बावन	Fifty two	फिफ्टी टू	52	LII	५२
तिरपन	Fifty three	फिफ्टी थ्री	53	LIII	५३
चौवन	Fifty four	फिफ्टी फोर	54	LIV	५४
पचपन	Fifty five	फिफ्टी फाइव	55	LV	५५
छप्पन	Fifty six	फिफ्टी सिक्स	56	LVI	५६
सत्तावन	Fifty seven	फिफ्टी सेवन	57	LVII	५७
अट्ठावन	Fifty eight	फिफ्टी ऐट	58	LVIII	५८
उनसठ	Fifty nine	फिफ्टी नाइन	59	LIX	५९
साठ	Sixty	सिक्सटी	60	LX	६०
एकसठ	Sixty one	सिक्सटी वन	61	LXI	६१
बासठ	Sixty two	सिक्सटी टू	62	LXII	६२
तिरसठ	Sixty three	सिक्सटी थ्री	63	LXIII	६३
चौंसठ	Sixty four	सिक्सटी फोर	64	LXIV	६४
पैंसठ	Sixty five	सिक्सटी फाइव	65	LXV	६५
छाछठ	Sixty six	सिक्सटी सिक्स	66	LXVI	६६
सड़सठ	Sixty seven	सिक्सटी सेवन	67	LXVII	६७
अड़सठ	Sixty eight	सिक्सटी ऐट	68	LXVIII	६८

उनहत्तर	Sixty nine	सिक्सटी नाइन	69	LXIX	६९
सत्तर	Seventy	सेवन्टी	70	LXX	७०
इकहत्तर	Seventy one	सेवन्टी वन	71	LXXI	७१
बहत्तर	Seventy two	सेवन्टी टू	72	LXXII	७२
तिहत्तर	Seventy three	सेवन्टी थ्री	73	LXXIII	७३
चौहत्तर	Seventy four	सेवन्टी फोर	74	LXXIV	७४
पचहत्तर	Seventy five	सेवन्टी फाइव	75	LXXV	७५
छिहत्तर	Seventy six	सेवन्टी सिक्स	76	LXXVI	७६
सतहत्तर	Seventy seven	सेवन्टी सेवन	77	LXXVII	७७
अठहत्तर	Seventy eight	सेवन्टी ऐट	78	LXXIII	७८
उन्यासी	Seventy nine	सेवन्टी नाइन	79	LXXIX	७९
अस्सी	Eighty	ऐट्टी	80	LXXX	८०
इक्यासी	Eighty one	ऐट्टी वन	81	LXXXI	८१
बयासी	Eighty two	ऐट्टी टू	82	LXXXII	८२
तिरासी	Eighty three	ऐट्टी थ्री	83	LXXXIII	८३
चौरासी	Eighty four	ऐट्टी फोर	84	LXXXIV	८४
पचासी	Eighty five	ऐट्टी फाइव	85	LXXXV	८५
छियासी	Eighty six	ऐट्टी सिक्स	86	LXXXVI	८६
सत्तासी	Eighty seven	ऐट्टी सेवन	87	LXXXVII	८७
अट्ठासी	Eighty eight	ऐट्टी ऐट	88	LXXXVIII	८८
नवासी	Eighty nine	ऐट्टी नाइन	89	LXXXIX	८९
नब्बे	Ninety	नाइनटी	90	XC	९०
एक्यानबे	Ninety one	नाइनटी वन	91	XCI	९१
बानवे	Ninety two	नाइनटी टू	92	XCII	९२
तिरानवे	Ninety three	नाइनटी थ्री	93	XCIII	९३
चौरानबे	Ninety four	नाइनटी फोर	94	XCIV	९४
पंचानबे	Ninety five	नाइनटी फाइव	95	XCV	९५
छियानवे	Ninety six	नाइनटी सिक्स	96	XCVI	९६
सत्तानबे	Ninety seven	नाइनटी सेवन	97	XCVII	९७
अट्ठानवे	Ninety eight	नाइनटी ऐट	98	XCVIII	९८
निन्यानवे	Ninety nine	नाइनटी नाइन	99	XCIX	९९
सौ	Hundred	हन्ड्रेड	100	C	१००
दो सौ	Two hundred	टू हन्ड्रेड	200	CC	२००
तीन सौ	Three hundred	थ्री हन्ड्रेड	300	CCC	३००
चार सौ	Four hundred	फोर हन्ड्रेड	400	CD	४००
पाँच सौ	Five hundred	फाइव हन्ड्रेड	500	D	५००
छह सौ	Six hundred	सिक्स हन्ड्रेड	600	DC	६००
सात सौ	Seven hundred	सेवन हन्ड्रेड	700	DCC	७००
आठ सौ	Eight hundred	ऐट हन्ड्रेड	800	DCCC	८००
नौ सौ	Nine hundred	नाइन हन्ड्रेड	900	CM	९००

हजार	Thousand	थाउजेन्ड्	1,000	M	१,०००
लाख	Lakh	लैख	10,000	कोई संकेत नहीं	१,००,०००
दस लाख	Ten Lakh	टेन लैख	10,00,000	कोई संकेत नहीं	१०,००,०००
करोड़	Crore	क्रोर	1,00,00,000	कोई संकेत नहीं	१,००,००,०००

Ordinal Counting (क्रमवाचक गिनती)

अंग्रेजी शब्द	संख्या	उच्चारण	हिन्दी अर्थ
First	(1st)	फर्स्ट	पहला/प्रथम
Second	(2nd)	सेकंड	दूसरा/द्वितीय
Third	(3rd)	थर्ड	तीसरा/तृतीय
Fourth	(4th)	फॉर्थ	चौथा/चतुर्थ
Fifth	(5th)	फिफ्थ	पाँचवाँ/पंचम
Sixth	(6th)	सिक्स्थ	छठा/षष्ठ
Seventh	(7th)	सेवन्थ	सातवाँ/सप्तम
Eighth	(8th)	एट्थ्	आठवाँ/अष्टम
Ninth	(9th)	नाइन्थ	नौवाँ/नवम
Tenth	(10th)	टेन्थ	दसवाँ/दशम
Fourteenth	(14th)	फोर्टीन्थ	चौदहवाँ
Seventy Eighth	(78th)	सेवन्टी एट्थ	अठहत्तरवाँ
Hundredth	(100th)	हन्ड्रेडथ	सौवाँ

Qualitative Counting (गुणवाचक गिनती)

अंग्रेजी शब्द	उच्चारण	हिन्दी अर्थ
Single	सिंगल	एक
Double	डबल	दुगुना
Triple	ट्रिपल	तिगना
Quadruple	क्वाड्रूपल	चौगुना
Quintuple	क्विन्टुपल	पाँच गुना
Hextuple	हेक्सटुपल	छह गुना
Septuple	सेप्टुपल	सात गुना
Octople	ऑक्टुपल	आठ गुना
Nonuple	नॉनूपल	नौ गुना
Decuple	डेक्युपल	दस गुना

Numerator Counting (अंशवाचक गिनती)

अंग्रेजी शब्द	संख्या	उच्चारण	हिन्दी अर्थ
Half	(1/2)	हॉफ्	आधा
Three-fourth	(3/4)	थ्री फोर्थ	तीन चौथाई
Two-third	(2/3)	टू थर्ड	दो तिहाई
One-third	(1/3)	वन थर्ड	एक तिहाई
One-fourth	(1/4)	वन फॉर्थ	एक चौथाई
One-fifth	(1/5)	वन फिफ्थ	पाँचवाँ भाग

One-sixth	(1/6)	वन सिक्स्थ	छठा भाग
One-seventh	(1/7)	वन सेवन्थ	सातवाँ भाग
One-eighth	(1/8)	वन एट्थ	आठवाँ भाग
One-ninth	(1/9)	वन नाइन्थ	नवाँ भाग
One-tenth	(1/10)	वन टेन्थ	दसवाँ भाग

Seasons (ऋतुएँ)

मौसम	उच्चारण	हिन्दी अर्थ	समय
Summer	समर	ग्रीष्म ऋतु	मई से जून
Rainy	रेनी	वर्षा ऋतु	जुलाई से सितम्बर
Autumn	ऑटम	शरद ऋतु	अक्टूबर से नवम्बर
Pre-winter	प्री-विंटर	शीत ऋतु से पूर्व	दिसम्बर से जनवरी
Winter	विंटर	शीत ऋतु	16 जनवरी से फरवरी
Spring	स्प्रिंग	वसन्त ऋतु	मार्च से अप्रैल

Time (समय)

अंग्रेजी शब्द	उच्चारण	हिन्दी अर्थ
Second	सेकंड	सेकंड
Minute	मिनट	मिनट
Hour	आवर	घंटा
Week	वीक	सप्ताह
Fortnight	फॉर्टनाइट	पखवाड़ा
Month	मंथ	माह, महीना
Quarter	क्वार्टर	तिमाही
Year	यिअर	वर्ष
Half Year	हाफ यिअर	अर्द्ध वर्ष
Century	सेन्चुरी	शताब्दी
Tonight	टूनाइट	आज रात
Today	टूडे	आज
Tomorrow	टूमारो	कल
Yesterday	यस्टर-डे	बीता हुआ कल
Now	नाउ	अब, अभी
Later	लेटर	बाद में, फिर
Before	बीफोर	पहले
After	ऑफ्टर	बाद में
Dawn	डॉन	उषाकाल
Dusk	डस्क	सन्ध्या, गोधूलि समय
Morning	मॉर्निंग	सुबह, सवेरा
Evening	इवनिंग	शाम, सन्ध्या
Midday	मिडडे	मध्याह्न, दोपहर
Midnight	मिडनाइट	मध्यरात्रि
Day	डे	दिन

Night	नाइट	रात
Noon	नून	दोपहर, मध्याह्न
Afternoon	ऑफ्टरनून	तीसरा पहर, अपराह्न
Twilight	ट्वीलाइट	गोधूलि
A.M.	ए.एम.	पूर्वाह्न (रात 12 बजे के बाद से दोपहर 12 बजे के पहले तक)
P.M.	पी.एम.	अपराह्न (दोपहर 12 के बाद से रात 12 बजे के पहले तक)

12 Months (12 महीने)

अंग्रेजी शब्द	हिन्दी अर्थ	अंग्रेजी शब्द	हिन्दी अर्थ
January	जनवरी	July	जुलाई
February	फरवरी	August	अगस्त
March	मार्च	September	सितम्बर
April	अप्रैल	October	अक्टूबर
May	मई	November	नवंबर
June	जून	December	दिसंबर

Days of the Week (सप्ताह के सात दिन)

अंग्रेजी शब्द	उच्चारण	हिन्दी अर्थ
Sunday	सनडे	रविवार
Monday	मनडे	सोमवार
Tuesday	ट्यूजडे	मंगलवार
Wednesday	वेन्ज्डे	बुधवार
Thursday	थर्सडे	गुरुवार
Friday	फ्राइडे	शुक्रवार
Saturday	सैटरडे	शनिवार

Direction-Indicator Words (दिशा-सूचक शब्द)

अंग्रेजी शब्द	उच्चारण	हिन्दी अर्थ
Right	राइट	दाँयें
Left	लेफ्ट	बाँयें
North	नॉर्थ	उत्तर
South	साउथ	दक्षिण
East	ईस्ट	पूरब-पूर्व
West	वेस्ट	पश्चिम
North East	नॉर्थ ईस्ट	उत्तर-पूर्व
North West	नॉर्थ वेस्ट	उत्तर-पश्चिम
South East	साउथ ईस्ट	दक्षिण-पूर्व
South West	साउथ वेस्ट	दक्षिण-पश्चिम

Conditions-Indicator Words (स्थिति-सूचक शब्द)

अंग्रेजी शब्द	उच्चारण	हिन्दी अर्थ
Old	ओल्ड	पुराना
New	न्यू	नया
Good	गुड	अच्छा
Bad	बैड	बुरा, खराब
Wet	वैट	भीगा, गीला
Dry	ड्राई	खुश्क, सूखा
Long	लाँग	लम्बा
Short	शॉर्ट	छोटा
Hot	हॉट	गरम
Cold	कोल्ड	ठण्डा
Near	नियर	करीब, पास
Far	फार	दूर
Big	बिग	बड़ा
Small	स्मॉल	छोटा
Heavy	हेवी	भारी
Light	लाइट	हल्का
Above	अबव	ऊपर
Below	बीलो	नीचे

स्मरणीय

(i) अंग्रेजी भाषा 'रोमन' लिपि में लिखी जाती है।
(ii) अंग्रेजी वर्णमाला के कुल 26 वर्ण में 5 स्वर एवं 21 व्यंजन होते हैं।
(iii) सभी वाक्यों का पहला अक्षर बड़े अक्षर से शुरू होता है।
(iv) वर्ण दो प्रकार के होते हैं: Capital Letters और Small Letters.

अभ्यास (PRACTICE)

A. निम्नलिखित प्रश्नों के उत्तर दीजिए।

1. विचारों को व्यक्त करने को अंग्रेजी में क्या कहते हैं?
2. अंग्रेजी भाषा किस Script (लिपि) में लिखी गयी है?
3. अंग्रेजी Alphabet (वर्णमाला) में कितने Letters (वर्ण) होते हैं?
4. Vowels (स्वरों) में कौन-कौन से Letters (वर्ण) होते है?
5. अंग्रेजी में Consonants (व्यंजन) कितने हैं?
6. अंग्रेजी में Letter (वर्ण) कितने प्रकार से लिखे जाते हैं?
7. निम्नलिखित Countings (गिनती) को शब्दों में लिखें।
   (i) 25 (ii) 13 (iii) 42 (iv) 16 (v) 54
8. नीचे लिखी गिनतियों को Roman (रोमन) में लिखें।
   (i) 13 (ii) 29 (iii) 36 (iv) 52 (v) 64 (vi) 108 (vii) 232
9. निम्नलिखित Roman Numerals को Hindi-Arabic में लिखें।
   (i) LXLIII (ii) LIX (iii) CXV (iv) LXXIV (v) XLVI
   (vi) CV (vii) XXVIII (viii) LXXI (ix) CXXII (x) XXXIV
10. निम्नलिखित Counting (गिनती) को Hindi Numeral (हिन्दी संख्यांक) में लिखें।
    (i) ग्यारह (ii) तेइस (iii) चौवालिस (iv) छत्तीस
    (v) अड़तीस (vi) इक्वावन (vii) छप्पन (viii) छब्बीस
11. हिन्दी संख्यांकों को Words (शब्दों) में लिखें।
    (i) ६१ (ii) ६६ (iii) ५३ (iv) ६५
    (v) ६६ (vi) ६०१ (vii) २२६ (viii) २५२
12. भिन्नात्मक संख्याओं को Words (शब्दों) में लिखें।
    (i) $\frac{1}{2}$ (ii) $\frac{3}{4}$ (iii) $\frac{1}{3}$ (iv) $\frac{2}{5}$ (v) $\frac{1}{9}$ (vi) $\frac{1}{8}$
13. भिन्नात्मक संख्याओं को Numeral (संख्यांक) में लिखें।
    (i) One-Sixth (ii) One-Fourth (iii) Two-Seventh
    (iv) Two-Third (v) One-Eighth (vi) Three-Fourth

B. निम्नलिखित प्रश्नों के उत्तर दीजिए।

1. कितनी Seasons (ऋतुएँ) होती हैं?
2. ऋतुओं के नाम लिखें।
3. निम्नलिखित को हिन्दी में क्या कहते हैं?
   (i) Summer (ii) Rainy (iii) Autumn (iv) Spring
4. नीचे लिखे शब्दों को हिन्दी में क्या कहते हैं?
   (i) Hour (ii) Week (iii) Month
   (iv) Year (v) Quarter (vi) Half year
5. नीचे लिखे शब्दों के लिए English Word (अंग्रेजी शब्द) लिखें।
   (i) बीता हुआ कल (ii) आने वाला कल (iii) पखवाड़ा (iv) शताब्दी
   (v) आज रात (vi) उषाकाल (viii) शाम (viii) मध्याह्न

C. निम्नलिखित प्रश्नों के उत्तर दीजिए।

1. वर्ष में कितने महीने (Months) होते हैं?
2. वर्ष के छठवें माह (Sixth Month) का नाम लिखें।
3. November (नवम्बर) से पहले कौन-सा Month (महीना) आता है?
4. April (अप्रैल) के बाद कौन-सा महीना आता है?
5. एक Week (सप्ताह) में कितने Days (दिन) होते हैं?
6. सप्ताह के चौथे दिन का नाम लिखें।
7. Saturday (शनिवार) से पहले कौन-सा दिन आता है?
8. Thursday (वीरवार) के बाद कौन-सा दिन आता है?
9. Direction-Indicator Words (दिशासूचक शब्दों) को हिन्दी में लिखें।
   (i) North-East (ii) South (iii) South-West (v) West
10. दिशासूचक शब्दों को English (अंग्रेजी) में लिखें।
   (i) पूर्व (ii) उत्तर-पश्चिम (iii) दक्षिण-पूर्व (iv) उत्तर

उत्तर (Answers)

A. 1. Language 2. Roman 3. 26 4. a, e, i, o, u 5. 21 6. Capital Letters, Small Letters 7. (i) Twenty five (ii) Thirteen (iii) Forty two (iv) Sixteen (v) Fifty four 8. (i) XIII (ii) XXIX (iii) XXXVI (iv) LII (v) LXIV (vi) CVIII (vii) CCXXXII 9. (i) 93 (ii) 59 (iii) 115 (iv) 74 (v) 46 (vi) 105 (vii) 28 (viii) 71 (ix) 122 (x) 34 10. (i) ११ (ii) २३ (iii) ४४ (iv) ३६ (v) ३८ (vi) ५१ (vii) ५६ (viii) २६ 11. (i) एकसठ (ii) छियासठ (iii) तिरपन (iv) पंचानवे (v) निन्यानवे (vi) छह सौ एक (vii) दो सौ उन्तीस (viii) दो सौ बावन 12. (i) Half (ii) Three-fourth (iii) One-third (iv) Two-fifth (v) One-ninth (vi) One-eighth 13. (i) $\frac{1}{6}$ (ii) $\frac{1}{4}$ (iii) $\frac{2}{7}$ (iv) $\frac{2}{3}$ (v) $\frac{1}{8}$ (vi) $\frac{3}{8}$

B. 1. 6 2. (i) Summer (ii) Rainy (iii) Autumn (iv) Pre-winter (v) Winter (vi) Spring 3. (i) ग्रीष्मऋतु (ii) वर्षाऋतु (iii) शरदऋतु (iv) बसन्त ऋतु 4. (i) घंटा (ii) सप्ताह (iii) माह, महीना (iv) वर्ष (v) तिमाही (vi) अर्द्ध वर्ष 5. (i) Yesterday (ii) Tomorrow (iii) Fortnight (iv) Century (v) Tonight (vi) Dawn (vii) Evening (viii) Midday

C. 1. 12 2. June 3. October 4. May 5. 7 6. Wednesday 7. Friday 8. Friday 9. (i) उत्तर-पूर्व (ii) दक्षिण (iii) दक्षिण-पश्चिम (iv) पश्चिम 10. (i) East (ii) North-West (iii) South-East (iv) North

2 उच्चारण और वर्तनी नियम (PRONUNCIATION AND SPELLING RULES)

ध्वनि

जब हम बोलते हैं तो भिन्न-भिन्न आवाज में ध्वनि की एक शृंखला उत्पन्न करते हैं। एक शब्द दूसरे शब्द से कैसे अलग है, यह जानने के लिए हमें ध्वनि का सूक्ष्मतापूर्वक अध्ययन करना जरूरी है। शब्दों का उच्चारण कैसे होता है और वे कैसे पहचाने जाते हैं? इसके लिए अंग्रेजी के प्रत्येक अक्षर का उच्चारण जानना जरूरी है।

जब हम अपने आसपास की आवाजों को सुनते हैं, तो हमें कई अलग-अलग प्रकार की आवाजें सुनायी पड़ती हैं। हम केवल बोलते और सुनते भर नहीं हैं, बल्कि हँसने, रोने, खाँसने, दर्द से चीखने तथा अलग-अलग वाद्ययन्त्रों के धुन सुनने के दौरान कई प्रकार की ध्वनियाँ सुनते हैं। लेकिन महत्त्वपूर्ण बात यह है कि भिन्न-भिन्न प्रकार की ध्वनि की विविधताओं के बीच हम यह भेद कर पाते हैं कि किन ध्वनियों से शब्द बनते हैं और किनसे नहीं। इसका तात्पर्य यह है कि हम स्वयं निर्णय कर पाने में समर्थ होते हैं कि कोई वाक्य बोला जा रहा है या हँसने-रोने की आवाजें हैं। दूसरों शब्दों में जब कोई बोलता है या केवल हँसता है, चिल्लाता है या रो रहा होता है। यह बिलकुल स्पष्ट है कि हम इस बारे में जरा भी नहीं सोचते हैं। इसका मतलब यह है कि हम सभी शब्दों को अलग-अलग अच्छी तरह से पहचानते हैं। हम ऐसा कर सकते हैं, जब हम उस भाषा को जानते हैं। यदि हमें भाषा की जानकारी होती है, तो उन शब्दों के अर्थ अच्छी तरह समझते हैं जिन्हें हम सुनते हैं। यदि हमें उस भाषा की जानकारी नहीं होती है, तो भी हम उन शब्दों की विशेषताओं को समझ पाते हैं।

हम विशेष भाषा के अलग-अलग ध्वनियों के उच्चारण को सुनकर उसे पहचान सकते हैं:

1. बोलने की ध्वनि की सबसे बड़ी विशेषता यह है कि इसके उच्चारणों को एक-दूसरे से अलग किया जा सकते है। उदाहरण के लिए जब हम 'बस' शब्द को सुनते हैं, तो अलग-अलग अक्षरों 'ब' और 'स' को सुनते हैं। लेकिन जब हम हँसते हैं या खाँसते हैं, तो हम उन्हें अलग-अलग नहीं कर सकते हैं, जिससे हँसने की ध्वनि बनती है। इसलिए भाषा की एक विशेषता है कि यह अलग-अलग ध्वनियों से मिलकर बनी है, जिसे एक-दूसरे से अलग किया जा सकता है।
2. किसी शब्द को उसमें प्रयुक्त अक्षरों में विभाजित कर पाना ध्वनि (उच्चारण) की दूसरी विशेषता है। पृथक अल्फाबेट (वर्णों) b, u, s का अपने आप में कोई अर्थ नहीं होता है, लेकिन ये आपस में जुड़ जाये, तो अर्थपूर्ण शब्द 'bus' बन जाता है।
3. अलग ध्वनि का स्वयं में कोई अर्थ नहीं है, लेकिन दूसरी ध्वनि के साथ जुड़कर एक विशेष अर्थ का निर्माण करते हैं। उदाहरण के लिए हम t, e, l को लें। इनका स्वयं में कोई अर्थ नहीं निकलता हैं। अगर इसे सार्थक तरीके से जोड़ा जाये, तो उनका एक अर्थ निकलता है, जैसे- l,e और t को जोड़ने पर सार्थक शब्द let बनता है। अगर इसी अल्फाबेट l, e, और t से tel, elt, tle, जैसे शब्द बनाये जायें, तो इसका कोई शब्द नहीं बनता है। इसका कारण है कि अंग्रेजी में let एक स्वीकृत शब्द है जबकि tle, elt, इत्यादि निरर्थक शब्द हैं। इस प्रकार के सार्थक और निरर्थक शब्द हर भाषा में होते हैं।
4. ध्वनि या यूँ कहें कि सार्थक ध्वनि को दूसरी ध्वनियों से अलग किया जा सकता है, क्योंकि इसके चार अभिन्न अंग होते हैं।

   क. ये अर्थपूर्ण शब्द हैं।

   ख. इनमें प्रयुक्त अक्षरों का स्वयं में कोई अर्थ नहीं है।

ग. इनमें प्रयुक्त अक्षरों का अर्थ तभी निकलता है, जब इन अक्षरों को एक विशेष क्रम में जोड़ा जाता है।
घ. अगर अक्षरों का क्रम बदल दिया जाये और फिर भी शब्द सार्थक हो, तो अर्थ बदल जाते हैं।

ध्वनियों की पहचान

दूसरी भाषाओं की तरह अंग्रेजी की अपनी विशिष्ट ध्वनि है। अंग्रेजी में प्रयुक्त ध्वनियों का प्रयोग दूसरी भाषाओं में भी पाया जा सकता है। 'pot', 'tin', 'keep', 'interest', 'egg' और 'art' की शुरुआती ध्वनि इसके उदाहरण हैं। लेकिन अंग्रेजी में दूसरी ध्वनि भी पायी जाती है। जो दूसरी भाषा में नहीं पायी जाती है। जैसे 'tool' और 'zoo' की शुरुआती ध्वनि में। बहुत सी भारतीय भाषाओं में ऐसी ध्वनि नहीं पायी जाती है। उल्टे भारतीय भाषाओं में 'l' और 'n' ध्वनि होती है जो अंग्रेजी में नहीं पायी जाती है। इसलिए प्रत्येक भाषा में विशिष्ट ध्वनि की पहचान जरूरी है।

भाषा की ध्वनि की पहचान करने के लिए हम बोलने की ध्वनि के दो विशिष्ट गुणों का उपयोग करते हैं। एक तो शब्दों को बनाने के लिए विशिष्ट तरीके से संकुचन करते हैं। हम दो ध्वनि को अलग करने के लिए लेते हैं। उदाहरण के लिए हम 'pin' शब्द में 'p' की जगह 'b' शुरुआती ध्वनि का प्रयोग करते हैं, तो हम उसकी जगह नया शब्द 'bin' को पाते हैं। इससे हम निष्कर्ष निकाल सकते हैं कि 'p' और 'b' अंग्रेजी भाषा की अलग-अलग ध्वनि है।

इसी प्रकर 'set' और sit शब्दों के मध्य में 'e' तथा 'i' भी अंग्रेजी भाषा की अलग-अलग ध्वनि है। इस प्रकार की प्रक्रिया दोहराकर हम अंग्रेजी के पूरे अक्षर प्राप्त कर सकते हैं। उदाहरण के लिए pin, bin, tin, kin, din, gin, thin, sin, shin, tin और hin आदि सभी शब्दों की शुरुआती ध्वनि भिन्न है। उन सभी की दूसरी और तीसरी ध्वनि एक समान है। इस प्रकार हम अंग्रेजी के अलग-अलग शब्दों की पहचान करते हैं। इसी प्रक्रिया को दोहराकर हम अंग्रेजी की 44 ध्वनियाँ पाते हैं। इनमें से 20 Vowel हैं तथा 24 Consonant हैं। ये अलग-अलग ध्वनि स्वनिम (Phonemes) कहलाते हैं। एक स्वनिम भाषा में ध्वनि की न्यूनतम इकाई है। शब्दों का एक जोड़ा sum और sun जिसमें किसी अन्य के द्वारा एक ध्वनि का प्रतिस्थापन हमें भाषा के अलग-अलग शब्दों पहचान में मदद करता है। एक न्यूनतम जोड़ी शब्दों की वह न्यूनतम जोड़ी है, जो केवल एक ध्वनि में भिन्न होती है। यही ध्वनि दो शब्दों के अन्तर को दर्शाती है। अंग्रेजी में न्यूनतम जोड़ी के कुछ उदाहरण– bat और mat, chip और ship है, जहाँ शुरुआत की ध्वनियाँ अलग हैं। जैसे seat और seet, जहाँ मुख्य ध्वनि अलग है और tan, tin, pen, और pun जिसकी बीच की ध्वनि अलग है।

अंग्रेजी भाषा के बोलचाल में शुद्ध-शुद्ध उच्चारण करने का काफी महत्त्व है। अंग्रेजी ध्वनि प्रधान भाषा नहीं है। उदाहरण के लिए जो कुछ लिखा है, उसे ठीक-ठीक बोल नहीं सकते हैं। हम हिन्दी या अन्य प्रादेशिक भाषाओं में इस समस्या का सामना नहीं करते हैं। वे ध्वनि प्रधान होते हैं। हम वही पढ़ते हैं, जो लिखते हैं। अलग-अलग राज्य के लोग अंग्रेजी बोलने के दौरान अपने देश की भाषा के उच्चारण में मिश्रण करते हैं। इस कारणों से भारतीय अंग्रेजी, चाइनीज अंग्रेजी, जापानी अंग्रेजी और अमेरिकन अंग्रेजी, कई प्रकार की अंग्रेजी बोली जाती है। केवल हमारे देश में दक्षिण भारतीय, उत्तर भारतीय और बंगाली अंग्रेजी अलग-अलग उच्चारण के साथ बोली जाती है।

उसी प्रकार बहुत से अंग्रेजी शब्दों का उच्चारण सख्तीपूर्वक नहीं किया जाता है बहुत से शब्दों के एक से अधिक उच्चारण बोलने की गति तथा बोलने वाले के उच्चारण के अनुसार की जाती है। इसलिए हमलोग उच्चारण का प्रयोग उसी प्रकार करते हैं जिस प्रकार ब्रिटिश ब्राडकास्टिंग कारपोरेशन (BBC) व टीवी समाचारवाचक करते हैं। इस पुस्तक का मुख्य उद्देश्य आपको बताना है कि इंग्लैंड में लोग अंग्रेजी का उच्चारण सीखने के लिए साधारणतया किस प्रकार के उच्चारण का प्रयोग करते हैं।

किसी भी भाषा में हमलोग नियमित रूप से इस्तेमाल की गयी कुछ ध्वनियों को पहचान सकते हैं। (Vowels and Consonants) जिसे हम ध्वनिग्रामिक कहते हैं। उदाहरण के लिए 'pin' और 'pen' शब्द में Vowel का अलग स्वनिम (Phoneme) है और अंग्रेजी को सीखने के लिए खासतौर पर उच्चारण सीखना अल्फाबेट सीखने से ज्यादा महत्त्वपूर्ण है। जैसा कि ज्यादातर लोगों को पता है, हम बोलने की ध्वनि के लिए विशेष प्रकार के प्रतीक

चिह्नों का इस्तेमाल भी करते हैं। इसके लिए पुस्तक के अन्त में एक विशेष अध्याय भी दिया गया है। शब्दों के उच्चारण में शब्दों के दबाव और उसकी स्वरशैली को जानना भी जरूरी है।

भाषा के बारे में हर कोई जानता है कि उसका उच्चारण भिन्न-भिन्न प्रकार से किया जाता है। अलग-अलग स्तर तथा अलग-अलग स्थान के लोगों द्वारा भाषा का अलग-अलग उच्चारण किया जाता है। सीखने के दौरान हमें ब्रिटिश शैली के उच्चारण की ओर ध्यान देना चाहिए।

Pronunciation of English Vowels and Consonants (अंग्रेजी के स्वरों एवं व्यंजनों के उच्चारण)

अंग्रेजी भाषा जिस प्रकार से लिखी जाती है, उससे अलग प्रकार से बोली जाती है, अर्थात् लिखने और बोलने में अन्तर होता है। जब हम अंग्रेजी भाषा सीखना शुरू करते हैं, तो हम अपना पूरा ध्यान पढ़ने में लगा देते हैं, जबकि सुनने में ध्यान बिल्कुल नहीं लगाते। हम New Words (नये शब्द) की Spelling (वर्तनी), Meaning (अर्थ) एवं उसके Use (प्रयोग) पर तो ध्यान देते हैं, परन्तु उस शब्द के सही Pronunciation (उच्चारण) पर जरा भी ध्यान नहीं देते हैं। अंग्रेजी में कई Vowels एवं Consonants का अकेले रूप में उच्चारण अलग होता है, लेकिन शब्दों के मध्य में प्रयोग होने पर उसका उच्चारण बदल जाता है, जैसे- F, G, H, L, M, N आदि वर्ण अकेले में एफ, जी, एच, एल, एम, एन आदि बोले जाते हैं तथा हिन्दी के शब्दों में इसका उच्चारण फ, ग, ह, ल, म, न आदि रूप में होता है।

जैसा कि हम जानते हैं कि अंग्रेजी भाषा में 5 Vowels (स्वर) एवं 21 Consonants (व्यंजन) हैं। अंग्रेजी भाषा में दो-चार अक्षरों के अलावा कोई भी अक्षर स्वर (Vowel) के बिना नहीं बन सकता। यदि किसी शब्द के अन्त में 'y' हो और कोई अन्य Vowel (a, e, i, o, u) न भी हो, तो उस शब्द में 'y' ही Vowel का काम करता है, जैसे- cry, dry, fry, my, sky, shy आदि।

1. 'A' Vowel (स्वर) के विविध उच्चारण

(i) A का उच्चारण 'आ' या 'ऑ' के रूप में होता है, जैसे-

शब्द	उच्चारण	अर्थ	शब्द	उच्चारण	अर्थ
All	(ऑल)	सब	Small	(स्माल)	छोटा, लघु
Ball	(बॉल)	गेंद	Are	(आर)	हैं, हो
Call	(कॉल)	बुलाना	Car	(कार)	गाड़ी
Fall	(फॉल)	गिरना	Far	(फार)	दूर
Mall	(मॉल)	मॉल	Jar	(जार)	जग
Tall	(टॉल)	लम्बा	Brass	(ब्रास)	काँसा
Wall	(वॉल)	दीवार	Glass	(ग्लास)	गिलास

(ii) A का उच्चारण 'ए' के रूप में, जैसे-

Way	(वे)	रास्ता	Grain	(ग्रेन)	अनाज
Game	(गेम)	खेल	Name	(नेम)	नाम
Day	(डे)	दिन	Clay	(क्ले)	मिट्टी

(iii) A का उच्चारण 'ऐ' के रूप में, जैसे-

Bad	(बैड)	बुरा	Sad	(सैड)	उदास
Man	(मैन)	आदमी	Bat	(बैट)	बल्ला

(iv) A का उच्चारण 'एअ' के रूप में, जैसे–

Care	(केअर)	परवाह	Rare	(रेअर)	दुर्लभ
Share	(शेअर)	अंश, हिस्सा	Bare	(बेअर)	प्रकट करना, नंगा करना
Pare	(पेअर)	कतरना			

2. 'E' Vowel (स्वर) के विविध उच्चारण

(i) 'ए' जैसे–

Bell	(बेल)	घंटी	Wet	(वेट)	गीला
Leg	(लेग)	पैर	Where	(वेयर)	कहाँ
When	(वेन)	कब	Were	(वेयर)	थे

(ii) 'इ' जैसे–

| Female | (फीमेल) | मादा | Rebate | (रीबेट) | छूट |
| Emancipate | (इमैनसिपेट) | बंधनमुक्त | Endure | (इनड्युअर) | सहना |

(iii) 'ई' जैसे–

Tree	(ट्री)	पेड़	Knee	(नी)	घुटना
He	(ही)	वह (पुल्लिंग)	Me	(मी)	मुझे
Legal	(लीगल)	कानूनी	Regal	(रीगल)	राजकीय, महत्त्वपूर्ण
We	(वी)	हमलोग			

(iv) 'e' के साथ 'a' होने पर 'ई' के रूप में, जैसे–

Read	(रीड)	पढ़ना	Team	(टीम)	दल
Heat	(हीट)	गर्म	Cheat	(चीट)	धोखा
Beat	(बीट)	पीटना	Clean	(क्लीन)	साफ
Dear	(डीअर)	प्रिय	Pea	(पी)	मटर

(v) 'e' के साथ 'e' होने पर 'ई' के रूप में, जैसे–

Wheel	(व्हील)	पहिया	Weep	(वीप)	रोना
Bee	(बी)	मधुमक्खी	See	(सी)	देखना
Sleep	(स्लीप)	सोना			

Remember (याद रखें)

★ किसी भी Word (शब्द) के अन्त में 'e' Vowel (स्वर) आने पर उसका अपना कोई उच्चारण नहीं होता तथा उससे पहले आये एक या एक से अधिक Consonants (व्यंजनों) को छोड़कर जो अन्य Vowel होता है, उसी का उच्चारण लम्बा हो जाता है, जैसे–

1. पूर्ववर्ती स्वर 'A' होने पर 'A' का उच्चारण 'ए' में होता है तथा 'e' का कोई उच्चारण नहीं होता है, जैसे– Game (गेम), Shame (शेम), Fame (फेम), Same (सेम), Name (नेम)।
2. पूर्ववर्ती स्वर 'I' होने पर 'I' का उच्चारण 'आई' में होता है तथा 'E' का कोई उच्चारण नहीं होता है, जैसे– Wine (वाइन), Life (लाइफ), Kite (काइट), Fine (फाइन), Nine (नाइन), Dine (डाइन), Wife (वाइफ)।
3. पूर्ववर्ती स्वर 'O' होने पर 'O' का उच्चारण 'ओ' में होता है तथा 'E' का कोई उच्चारण नहीं होता है, जैसे– Joke (जोक), Nose (नोज), Rome (रोम), Mock (मॉक), Lock (लॉक)।
4. पूर्ववर्ती स्वर 'U' होने पर 'U' का उच्चारण 'ऊ' या 'यू' में होता है तथा 'E' का कोई उच्चारण नहीं होता है, जैसे– Tune (ट्यून), Cute (क्यूट), Rule (रूल), Full (फुल), Bull (बुल)।

3. **'I' Vowel (स्वर) के विविध उच्चारण**
    (i) 'इ' जैसे-
Bill	(बिल)	बिल	Kill	(किल)	मार देना
With	(विद)	साथ	Ship	(शिप)	जहाज
Ink	(इंक)	स्याही	Dig	(डिग)	खोदना

    (ii) 'आइ' जैसे-
Right	(राइट)	सही	White	(व्हाइट)	सफेद
Tight	(टाइट)	कसा हुआ	Blind	(ब्लाइंड)	अंधा
Behind	(बिहाइंड)	पीछे	Kind	(काइन्ड)	दयालु

    (iii) 'आय' जैसे-
Fire	(फायर)	आग	Tired	(टायर्ड)	थका हुआ
Wire	(वायर)	तार	Hire	(हायर)	किराया

    (iv) 'e' के साथ 'e' होने पर 'I' की आवाज आती है, जैसे-
Perceive	(परसीव)	देखना, समझना	Conceive	(कन्सीव)	अनुमान होना
Receive	(रिसीव)	प्राप्त करना	Achieve	(अचीव)	पाना

4. **'O' Vowel (स्वर) के विविध उच्चारण**
    (i) 'ओ' जैसे-
Nose	(नोज)	नाक	Bold	(बोल्ड)	निर्भीक
Rose	(रोज)	गुलाब	Told	(टोल्ड)	कहा
Joke	(जोक)	मज़ाक	Post	(पोस्ट)	पद

    (ii) 'व' जैसे-
Once	(वन्स)	एक बार	One-sided	(वन-साइडेड)	एक ओर
One-self	(वन-सेल्फ)	स्वयं	One-way	(वन-वे)	एक तरफा

    (iii) 'उ' जैसे-
Hood	(हुड)	ढक्कन	Good	(गुड)	अच्छा
Cook	(कुक)	पकाना	Book	(बुक)	पुस्तक
Look	(लुक)	देखना	Foot	(फुट)	पैर

    (iv) 'Ow', 'आऊ' जैसे-
Now	(नाऊ)	अब	Cow	(काऊ)	गाय
How	(हाऊ)	कैसे			

    (v) 'Oo' = 'ऊ' जैसे-
Boom	(बूम)	धमाका	Room	(रूम)	कमरा
Boot	(बूट)	लूट, जूता	Shoot	(शूट)	दागना
Food	(फूड)	खाना	Goose	(गूस)	कलहंस

    (vi) 'Oy' = 'ऑय' जैसे-
Toy	(टॉय)	खिलौना	Boy	(बॉय)	लड़का
Joy	(जॉय)	खुशी	Oyster	(ऑयस्टर)	सीप

    (vii) 'Ou' = 'आव' जैसे-
Hour	(आउअ्र)	घंटा	Our	(आवर)	हमारा
Sour	(सावर)	खट्टा			

5. 'U' Vowel (स्वर) के विविध उच्चारण

(i) 'यू' जैसे-

Union	(यूनियन)	जोड़	Unique	(यूनिक)	अनूठा
Useful	(यूजफूल)	उपयोगी	Universal	(यूनिवर्सल)	व्यापक
Unison	(यूनिसन)	तालमेल			

(ii) 'अ' जैसे-

Ultra	(अल्ट्रा)	अत्यन्त	Umpire	(अम्पायर)	निर्णायक
Uncle	(अंकल)	चाचा	Up	(अप)	ऊपर

Remember (याद रखें)

☆ अंग्रेजी भाषा में कोई भी नियम हमेशा लागू नहीं होता, बल्कि नियम बदलते रहते हैं, जैसे-

1. Fag, Fall, Fail, Far आदि शब्दों में 'A' का उच्चारण क्रमशः फैग (ऐ), फॉल (ऑ), फेल (ए) तथा फार (आर) के रूप में हुआ है।
2. Deep, Weep, Wet इन शब्दों में क्रमशः E का उच्चारण डीप, वीप, वेट होता है, अर्थात् ई, ई, ए।
3. Mine, Hope, Shame में 'ई' का कोई उच्चारण नहीं होता, बल्कि पहला स्वर क्रमशः i, o, a कुछ और दीर्घ हो जाता है।
4. I का उच्चारण 'अर' भी होता है, जैसे- Wire (वायर) तथा 'अ' भी होता है, जैसे-' Bird (बर्ड)।
5. O का उच्चारण 'ओ' तथा U का उच्चारण 'उ' तो होता ही है, O या U का उच्चारण 'अ' भी होता है, जैसे- Sun (सन) सूर्य तथा Son (सन) पुत्र।
6. 'OO' का उच्चारण 'Boot' (बूट) 'ऊ' भी होता है तथा Cook (कुक) 'उ' भी किया जाता है।

☆ Dictionary (शब्दकोश) में से इस तरह के विभिन्न शब्दों को ढूँढ़कर अंग्रेजी विषय के ज्ञान को आसानी से बढ़ाया जा सकता है।

Pronunciation of English Consonants (अंग्रेजी भाषा के व्यंजनों का उच्चारण)

अंग्रेजी भाषा के स्वरों (Vowels) के उच्चारण में जिस तरह भिन्नता पायी जाती है, उसी तरह Consonants (व्यंजनों) के उच्चारण में भी भिन्नता पायी जाती है। जैसे- 'C' का उच्चारण 'स' तथा 'क' दोनों रूपों में होता है तथा 'T' का उच्चारण 'च', 'श', 'थ', 'द' आदि रूपों में होता है, इसीलिए इन व्यंजनों के उच्चारण को सही ढंग से जानने एवं समझने हेतु बहुत अधिक अभ्यास की जरूरत होती है।

उदाहरण के लिए 'R' व्यंजन को लेते हैं जब हम 'अरर्' बोलते हैं, तब जीभ से थिरकन उत्पन्न होती है। 'धर्म' बोलते समय 'र' के समय जीभ में थिरकन महसूस होती है अर्थात् अंग्रेजी के 'R' का उच्चारण ही कुछ ऐसा है- Role, Rough आदि। इसका अन्तर हमें तब समझ में आयेगा जब हम इसे बार-बार बोलेंगे तथा सुनेंगे।

1. 'C' Consonant (व्यंजन) के विविध उच्चारण

(i) अगर 'C' के पश्चात् e, i, y, आये तो 'C' का उच्चारण 'स' होगा, जैसे-

Cease	(सीस)	बन्द होना	Cede	(सीड)	सौंप देना
City	(सिटी)	शहर	Cycle	(साइकिल)	साइकिल

(ii) अगर 'C' के पश्चात् a, o, u, k, r, t आदि आये तो 'C' का उच्चारण 'क' होगा, जैसे-

Cable	(केबल)	संदेश भेजना	Coach	(कोच)	प्रशिक्षक
Culture	(कल्चर)	संस्कृति	Dock	(डॉक)	कठघरा

(iii) अगर 'C' के पश्चात् ea या ia हो तो 'C' 'श' की ध्वनि भी दे सकता है, जैसे-

Racial	(रेशल्)	जातिय	Musician	(म्यूजिशियन)	संगीतकार
Ocean	(ओशन)	सागर			

2. **'G' Consonant (व्यंजन) के विविध उच्चारण**

   (i) अगर किसी शब्द में 'G' के बाद e या 'y' आये तो 'G' का उच्चारण 'ज' होगा, जैसे-

   | Gem | (जेम) | रत्न | Gym | (जिम) | व्यायामशाला |
   | Gender | (जेंडर) | लिंग | Gene | (जीन) | जीन |

   (ii) अगर किसी शब्द में 'G' के बाद a, i, u, l, r हो तो 'G' का उच्चारण 'ग' होगा, जैसे-

   | Gas | (गैस) | गैस | Girth | (गर्थ) | घेरा |
   | Gully | (गलि) | गढ़ा | Glow | (ग्लो) | आभा |

3. **'K' Consonant (व्यंजन) के विविध उच्चारण-**

   (i) 'K' 'क' उच्चारण के साथ, जैसे-

   | Kid | (किड) | बच्चा | Kill | (किल) | हत्या करना |
   | Keg | (केग) | पीपा | | | |

   (ii) K 'मूक' (Silent) के रूप में, जैसे-

   | Knob | (नॉब) | बटन | Knock | (नॉक) | खटखटाना |
   | Knot | (नॉट) | उलझन | Knife | (नाइफ) | चाकू |

   (iii) अगर 'K' किसी शब्द के अन्त में आता है, तो प्रायः 'K' से पहले 'l' अथवा 'c' आता है, तो l तथा c का उच्चारण नहीं आता है, जैसे-

   | Sick | (सिक) | बीमार | Walk | (वॉक) | टहलना |
   | Talk | (टॉक) | बोलना | Cock | (कॉक) | मुर्गा |

4. **'Q' Consonant (व्यंजन) के विविध उच्चारण**

   (i) 'Q' के पश्चात् 'U' (Vowel) अवश्य आता है तथा 'Q' का उच्चारण 'क' होगा, जैसे-

   | Quit | (क्विट) | छोड़ना | Quality | (क्वालिटी) | गुणवत्ता |
   | Quick | (क्विक) | जल्दी | | | |

5. **'S' Consonant (व्यंजन) के विविध उच्चारण**

   (i) यदि शब्द के अन्त में 'S' तथा उससे पहले be, g, gg, ge, le, ef, y आदि आता है, तो 'S' का उच्चारण 'ज' होता है, जैसे-

   | Eggs | (एग्ज) | अंडे | Toys | (टॉयज) | खिलौने |
   | Rays | (रेज) | किरणें | Boys | (बॉयज) | लड़के |

   (ii) यदि शब्द में 'S' अथवा 'ss' के बाद ia, ion आदि हो, तो 'S' 'श' की ध्वनि प्रकट करता है, जैसे-

   | Mission | (मिशन) | लक्ष्य | Lotion | (लोशन) | लोशन |
   | Session | (सेशन) | सत्र | Russia | (रशिया) | रूस |

   (iii) यदि शब्द के अन्त में 'S' हो तथा उससे पहले f, p, ke, pe, ght, te आदि आता है, तो 'S' का उच्चारण 'स' होता है, जैसे-

   | Kites | (काइट्स) | पतंगें | Ships | (शिप्स) | जहाजें |
   | Lips | (लिप्स) | होंठ | Hips | (हिप्स) | कुल्हा |

6. **'T' Consonant (व्यंजन) के विविध उच्चारण**

   (i) यदि किसी शब्द में 'T' के बाद ia, io तथा ie हो, तो 'T' का उच्चारण 'श' के रूप में होता है, जैसे-

   | Patient | (पेशेन्ट) | मरीज | Initial | (इनिशियल) | प्रारम्भिक |
   | Ratio | (रेशो) | अनुपात | Promotion | (प्रमोशन) | पदोन्नति |

(ii) यदि किसी शब्द में 'S' के बाद tion आये अथवा 'T' के बाद ure आये तो 'T' का उच्चारण 'च' के रूप में होता है, जैसे-

Question	(क्वेश्चन)	प्रश्न	Capture	(केप्चर)	गिरफ्तारी
Nature	(नेचर)	प्रकृति	Creature	(क्रीचर)	जीव-जन्तु

(iii) यदि किसी शब्द में 'T' के बाद h आये तो वह 'थ' तथा 'द' की ध्वनि देता है, जैसे-

Thick	(थिक)	मोटा	Thread	(थ्रेड)	धागा
Then	(देन)	तब	This	(दिस)	यह

(iv) अनेक ऐसे शब्द भी होते हैं जिसमें 'Th' हिन्दी के अक्षर 'ट' 'T' की ध्वनि देता है, जैसे-

Thoms	(टॉमस)	टॉम्स	Thames	(टेम्स)	टेम्स
Thyme	(टाइम)	अजवायन			

7. 'W' Consonant (व्यंजन) के विविध उच्चारण

(i) 'W' 'व' उच्चारण के रूप में, जैसे-

Want	(वांट)	चाहना	Warm	(वॉर्म)	गर्म
Wash	(वॉश)	साफ करना	Walk	(वॉक)	टहलना

(ii) 'W' 'मूक' (silent) के रूप में, जैसे-

Whole	(होल)	सम्पूर्ण, पूर्णता	Who	(हू)	कौन
Wrist	(रिस्ट)	कलाई	Wright	(राइट)	रचयिता

8. 'X' Consonant (व्यंजन) के विविध उच्चारण

(i) 'X' 'एक्स' उच्चारण के रूप में, जैसे

X-mas	(एक्समस)	एक्समस	Excess	(एक्सेस)	अधिकता
Fax	(फैक्स)	फैक्स			

(ii) 'X' 'ग्ज' उच्चारण के रूप में, जैसे

Example	(एग्जाम्पिल)	उदाहरण	Exit	(एग्ज़िट)	बाहर
Exult	(एग्जल्ट)	बहुत प्रसन्न	Xylem	(जाइलम)	तरू तंतु

(iii) 'X' 'ज' उच्चारण के रूप में, जैसे-

Xyster	(जिस्टर)	खुर्चनी	Xerox	(जीरोक्स)	प्रतिलिपि
Xenon	(जीनॉन)	जैनॉन			

9. 'Y' Consonant (व्यंजन) के विविध उच्चारण

(i) 'Y' 'इ' उच्चारण के साथ, जैसे-

Toy	(टॉइ)	खिलौना	Roy	(रॉइ)	रॉय
My	(माइ)	मेरा	Fly	(फ्लाई)	उड़ना

(ii) 'Y' 'य' उच्चारण के साथ, जैसे-

Yes	(येस)	हाँ	Yarn	(यार्न)	ऊन
Your	(योर)	तुम्हारा	Year	(यिअर)	वर्ष

10. 'Gh' का उच्चारण 'घ' या 'फ' होता है, जैसे-

Tough	(टफ)	कठिन	Rough	(रफ़)	कठोर, स्थूल
Ghost	(घोस्ट)	भूत	Ghat	(घाट)	घाट
Laugh	(लाफ़)	हँसना	Cough	(कफ़)	खाँसी

11. 'Ch' का उच्चारण दो रूपों में होता है 'च' के रूप में या फिर 'क' के रूप में, जैसे-

Touch	(टच)	स्पर्श	Bitch	(बिच)	कुतिया
Chair	(चेअर)	कुर्सी	Rich	(रिच)	धनी
Chord	(कॉर्ड)	जीवा	Charisma	(करिस्मा)	आकर्षण

12. 'Ph' का उच्चारण दो रूपों में होता है 'पूह' या 'फ' के रूप में, जैसे-

Uphill	(अपृहिल)	कठिन	Uphold	(अपृहोल्ड)	बनाये रखना
Phrase	(फ्रेज)	कहावत	Photo	(फोटो)	फोटो
Phobia	(फोबिया)	भय	Physics	(फिजिक्स	भौतिकी
Phone	(फोन)	फोन			

Remember (याद रखें)

1. अधिकांश लोग 'r' को प्रत्येक स्थान पर बोलते हैं, जो कि सही नहीं है। यदि 'r' के बाद कोई Consonant आये तो 'r' नहीं बोला जाता है, जैसे- Burn, Turn, Third, Firm, Harm.
2. यदि 'r' के पहले कोई Vowel आये तो 'r' बोला जाता है, जैसे- Hear, Rare, Father, Mother, Near आदि।
3. 'The' को दो रूपों में 'द' अथवा 'दि' के रूप में बोला जाता है तथा दोनों ही सही हैं। 'स्वर' से शुरू होने वाले शब्द से पहले 'दि' बोला जाता है, जैसे- The Egg (दि एग), The answer (दि आन्सर) तथा व्यंजन से प्रारम्भ होने वाले शब्द से पहले 'द' बोला जाता है, जैसे- The House (द हॉउस), The rat (द रेट), The mouse (द माउस) The man (द मैन)।
4. अंग्रेजी भाषा के व्यंजनों का उच्चारण मुख्यतः निम्न तरह से होता है-

B (ब)	C (स)	D (ड)	F (फ़)	G (ग)	H (ह)
J (ज)	K (क)				
L (ल)	M (म)	N (न)	P (प)	Q (क)	R (र)
S (स)	T (ट)				
V (व)	W (व)	X (क्स)	Y (य)	Z (ज़)	

5. उपर्युक्त व्यंजनों का उच्चारण अलग-अलग स्थानों पर अलग-अलग भी होता है। यह बात आपको तब पता चलेगी जब आप ध्यानपूर्वक अध्ययन करेंगे।

Silent Letters (अनुच्चरित वर्ण)

हिन्दी भाषा की देवनागरी लिपि में कुल 52 वर्ण हैं। जिसके कारण देवनागरी के वर्ण जैसे बोले जाते हैं वैसे ही लिखे जाते हैं, जैसे- विद्यालय, आश्रम आदि, परन्तु अंग्रेजी भाषा में सिर्फ 26 वर्ण होने के कारण ऐसा संभव नहीं है। अंग्रेजी के अनेक शब्दों में कुछ वर्ण ऐसे होते हैं जिन्हें लिखा तो जाता है लेकिन पढ़ा नहीं जाता है, जैसे- Knock, Knob, Knee आदि। इन सभी में 'K' अनुच्चरित (Silent) रहता है, इन्हें नॉक, नोब, नी पढ़ा जाता है।

Silent A

Artistically (आर्टिस्टिकलि)	कलात्मक ढंग से	Logically (लॉजिकलि)	तर्कपूर्वक
Musically (म्यूजिकलि)	सुर से/लय से	Romantically (रॅमैन्टिकलि)	काल्पनिकता/ भावुकता से
Stoically (स्टोइकलि)	आत्म-संयम से		

Silent B

Climb (क्लाइम)	चढ़ना	Comb (कोम)	कंघी/कंघी करना
Crumb (क्रम)	टुकड़ा/टुकड़े-टुकड़े होना या करना		

Debt (डेट)	कर्ज़/ऋण	Doubt (डाउट)	सन्देह (करना)
Numb (नॅम)	सुन्न/जड़वत्	Plumber (प्लॅम/अ)	नलसाज़
Subtle (सॅटल)	सूक्ष्म/जटिल	Thumb (थॅम)	अँगूठा
Tomb (टॉम)	कब्र/समाधि	Womb (वूम)	गर्भाशय/बच्चादानी

Silent C

Acquire (अक्वार)	प्राप्त करना/पाना	Muscle (मसल)	मांसपेशी/बाहुबल
Scissors (सिजर्ज)	कैंची/कतरनी		

Silent D

Wednesday (वेनेज्डे)	बुधवार	Sandwich (सैन्-विच)	बीच में रखना
Handsome (हैन्सम)	सुंदर/मनोहर	Handkerchief (हैन्ग्करची)	रूमाल
Edge (एज)	धार/किनारा	Bridge (ब्रिज)	पुल/सेतु (बाँधना/पार करना)

Silent E

Hate (हेट)	घृणा/नापसंद करना	Name (नेम)	नाम (रखना); ख्याति
Like (लाइक)	पसंद (करना)	Breathe (ब्रीद)	साँस लेना

Silent G

Sign (साइन)	हस्ताक्षर करना; लक्षण/चिह्न	Campaign (कैम्पेन)	अभियान/आंदोलन (करना)
Feign (फेन)	बहाना/स्वांग करना	Foreign (फॉरिन)	विदेशी/बाहरी
Gnat (नैट)	मच्छर	Gnaw (नॉ)	कुतरना
Gnome (नोम)	बौना; सूक्ति	High (हाई)	ऊँचा/श्रेष्ठ
Light (लाइट)	प्रकाश/रोशनी; चमकना	Reign (रेन)	शासन (करना)
Though (दो)	यद्यपि/हालाँकि	Through (थ्रू)	से/से होकर
Weight (वेट)	वजन/भार		

Silent H

Honest (ऑनिस्ट)	ईमानदार/सच्चा	Ghost (गोस्ट)	भूत-प्रेत/प्रेतात्मा
Heir (एॅअर)	उत्तराधिकारी/वारिस	Hour (आवर)	घंटा/समय
Whether (वेअदर)	यदि/दोनों में से एक		

Silent GH

Thought (थॉट)	विचार/मत	Through (थ्रू)	से/से होकर
Daughter (डॉट्र)	पुत्री/बेटी	Light (लाइट)	प्रकाश/रोशनी
Right (राइट)	ठीक/उचित	Fight (फाइट)	लड़ाई/संघर्ष (करना)
Might (माइट)	शक्ति/सामर्थ्य		

Silent K

Knead (नीड	गूँधना/मलना	Knife (नाइफ)	चाकू/छुरा या छुरी (मारना)
Knight (नाइट)	शूरवीर/सूरमा	Knock (नॉक)	खटखट/खटखटाना
Knot (नॉट)	गाँठ (बाँधना)	Know (नो)	जानना/समझना
Knee (नी)	घुटना		

Silent L

Calf (काफ)	बछड़ा/बछिया	Chalk (चॉक)	खड़िया/खड़िया से लिखना
Half (हाफ)	आधा/अर्ध	Salmon (सैमन)	गेरुआ
Talk (टॉक)	बातचीत (करना)	Walk (वॉक)	चहलकदमी/ चलना-फिरना
Yolk (योक)	जरदी (अंडे की)		

Silent M

Mnemonic (निमॉनिक)	स्मृति-विषयक		

Silent N

Autumn (ऑटम)	शरद ऋतु	Column (कॉलम)	स्तंभ/खंभा
Condemn (कन्डेम्)	निंदा करना/दोषी ठहराना	Damn (डैम)	निंदा/आलोचना करना
Hymn (हिम)	भजन/स्तोत्र	Solemn (सॉलम)	विधिवत्/औपचारिक

Silent O

Colonel (कनल)	कर्नल		

Silent P

Corps (कॉर)	दल/समूह	Coup (कू)	चाल/आकस्मिक शासन-परिवर्तन
Pneumonia (न्यमोनिआ)	न्युमोनिया	Psychology (साइकॉलजि)	मनोविज्ञान
Receipt (रिसीट)	रसीद/पावती		

Silent S

Aisle (आइल)	गलियारा/रास्ता	Island (आइलन्ड)	द्वीप/टापू
Debris (डेब्री)	मलबा/कचरा	Apropos (ऐप्रोपो)	उपयुक्त/ठीक ही
Bourgeois (बुर्श्वा)	बुर्जुआ/मध्यवर्गीय		

Silent T

Asthma (ऐज्मा)	दमा	Ballet (बैले)	नृत्य-नाट्य
Castle (कासल)	महल/दुर्ग	Fasten (फासन)	बाँधना
Gourmet (गुरमे)	स्वादिष्ट भोजन/अच्छी शराब आदि का पारखी	Listen (लिसन)	सुनना/ध्यान देना
Rapport (रैपॉर)	सम्बन्ध/घनिष्ठता	Ricochet (रिकॅशे)	उछाल/टप्पा खाना

Soften (सॉफन)	हलका/मंद करना या हो जाना	Whistle (विसल)	सीटी बजाना

Silent U

Biscuit (बिस्किट)	बिस्कुट	Colleague (कॉलीग)	सहकर्मी/सहयोगी
Guess (गेस)	अनुमान/अंदाजा लगाना	Guard (गार्ड)	पहरेदार, रक्षक/रक्षा करना
Guide (गाइड)	मार्गदर्शक; मार्गदर्शन करना	Guilt (गिल्ट)	अपराध/दोष
Guitar (गिटार)	गिटार/सितार	Tongue (टन्ग)	जीभ; भाषा/बोली

Silent W

Answer (आन्सर)	उत्तर/जवाब (देना)	Sword (सॉड)	तलवार/कृपाण
Two (टू)	दो/युगल/जोड़ी	Whole (होल)	सम्पूर्ण/कुल योग
Wrist (रिस्ट)	कलाई	Write (राइट)	लिखना
Who (हू)	कौन		

Silent X

Faux pas (फौ पाज)	सामाजिक गलती/आचरण दोष

Silent Z

Rendezvous (रॉन्डिवू)	मिलन स्थान/मिलना

अनेक ऐसे शब्द होते हैं, जिसमें एक से ज्यादा Letter (वर्ण) Silent (अनुच्चरित) रहते हैं, जैसे Plough (प्लाऊ), Brought (ब्रॉट), Night (नाइट), Haughty (हाटी), Colleague (कलीग), Tongue (टंग) इत्यादि।

☞ **याद रखें**

ऊपर दी गयी सूची सिर्फ उदाहरण के रूप में दी गयी है। अंग्रेजी भाषा में ऐसे अनगिनत शब्द हैं जिनमें कितने ही अक्षर अनुच्चरित रहते हैं। अंग्रेजी भाषा पर अपनी पकड़ बनाने के लिए नये शब्दों को Dictionary (शब्दकोश) से ढूँढ़कर उन्हें याद करें।

How to Write Name (नाम कैसे लिखें)

वर्ण		उच्चारण	उदाहरण ध्वनि (Sound)		
a	→	अ	ka	→	क
aa or A	→	आ	kaa	→	का
i	→	इ	ki	→	कि
ii or I or ee	→	ई	kii	→	की
u	→	उ	ku	→	कु
uu or U or oo	→	ऊ	kuu	→	कू
e	→	ए	ke	→	के
ai	→	ऐ	kai	→	कै

o	→	ओ	ko	→	को
au	→	औ	kau	→	कौ
am	→	अं	km	→	कं
ah	→	अः	kh	→	कः

Consonants (व्यंजन)

k or c	→	क	d	→	द
kh	→	ख	dh	→	ध
g	→	ग	n	→	न
gh	→	घ	p	→	प
ch	→	च	ph or f	→	फ
Ch or chh	→	छ	b	→	ब
j	→	ज	bh	→	भ
jh	→	झ	m	→	म
T	→	ट	y	→	य
Th	→	ठ	r	→	र
D	→	ड	Dh	→	ढ
L	→	ल	N	→	ण
v or w	→	व	t	→	त
sh	→	श	th	→	थ
Sh or shh	→	ष	s	→	स
Ram = राम			Pooja = पूजा	h	→	ह
Radha = राधा			Rani = रानी	ksh	→	क्ष

Spelling Study (वर्तनी अध्ययन)

English Vacabulary (अंग्रेजी शब्दावली) में पाठक को बहुत अधिक कठिनाइयाँ होती हैं, जैसे कि हम English Words (अंग्रेजी शब्दों) का नियमानुसार Correct (शुद्ध) Pronunciation (उच्चारण) नहीं कर पाते हैं। अंग्रेजी में एक ही Letter (वर्ण) की विभिन्न Sounds (ध्वनियाँ) हैं, ऐसा इसलिए होता है, क्योंकि हिन्दी Alphabet (वर्णमाला) में 52 Letters (वर्ण) हैं, जबकि English Alphabet (अंग्रेजी वर्णमाला) में 26 Letters (वर्ण) होते हैं।

चूँकि हमारी Mother Tongue (मातृभाषा) हिन्दी है, अतः पहले हम हिन्दी में सोचते हैं फिर उसी का अंग्रेजी में Translastion (अनुवाद) करते हैं, लेकिन English (अंग्रेजी) में कुछ Words (शब्दों) के Pronunciation (उच्चारण) में कुछ Letters (वर्ण) Silent (अनुच्चारित) रहते हैं, कारण यह है कि English Words (अंग्रेजी शब्द) लैटिन, अमेरिकन, अरबिक, फ्रेंच आदि विभिन्न भाषाओं से बने हैं उदाहरण के तौर पर—

'A' Letter (वर्ण) का प्रयोग Word (शब्द) 'Farmer' (फार्मर) में 'आ' के लिए हुआ है, 'Cat' Word (शब्द) में 'ऐ' वर्ण के लिए हुआ है। इसके अतिरिक्त और भी उदाहरण है, जैसा कि हिन्दी में 'निमोनिया' Word

(शब्द) को हम निमोनिया ही बोलेंगे और लिखेंगे भी, लेकिन English में Pronunciation (उच्चारण) करने पर 'निमोनिया' ही बोलेंगे और लिखेंगे भी, लेकिन English में Prouncination (उच्चारण) करने पर 'निमोनिया' की Spelling– Phnemonia में 'Ph' Silent (अनुच्चरित) है।

अत: हमें अंग्रेजी भाषा की Spelling (वर्तनी) को सीखने के लिए कुछ Rules (नियमों) को सीखना नितान्त आवश्यक है, जो निम्नवत् हैं-

Rules for Spelling

- **Rule 1.** Q के साथ सदैव u आता है, जैसे- queen, quite, quarrel, quality, quick, question
- **Rule 2.** यदि किसी शब्द के अन्त में 'full' जोड़ा जाये, तो 'full' का एक 'l' हटा देते हैं, जैसे- beautiful, harmful, faithful, blissful.
- **Rule 3.** यदि किसी शब्द के अन्त में 'y' हो, तो शब्द के अन्त में 'full' जोड़ते समय y को 'i' में बदलते हैं, जैसे- Duty + full = Dutiful, Beauty + full = Beautiful
- **Rule 4.** यदि किसी शब्द के अन्त में 'l' हो तथा 'l' से पूर्व कोई 'Vowel' हो, तो 'suffix' लगाते समय 'l' को 'double' कर देते हैं, जैसे- Label + ed = Labelled, Travel + ed = Travelled

  अपवाद- Parallel + ed = Paralleled, Legal + ise = Legalise, Quarrel + some = Quarrelsome
- **Rule 5.** यदि किसी शब्द के अंत में 'will' या 'well' जोड़ा जाये, तो एक 'l' कम नहीं होगा, जैसे- Fare + well = Farewell, Good + will = Goodwill
- **Rule 6.** यदि किसी शब्द में 'i' तथा 'e' मिलकर 'ee' (ई) की ध्वनि दे तो 'i' पहले आयेगा तथा e बाद में, जैसे- believe, niece, piece, relieve, yield

  अपवाद- seize
- **Rule 7.** यदि 'ई' ध्वनि से पूर्व c हो, तो e पहले आयेगा तथा i बाद में, जैसे- deceive, receive, conceive

  अपवाद- neither, heir
- **Rule 8.** यदि किसी Verb के अन्त में e हो, तो उसमें ing जोड़ते समय e हटा देते हैं, जैसे- come + ing = coming, write + ing = writing

  अपवाद- Be + ing = Being
- **Rule 9.** यदि किसी Verb के अन्त में ee, oe, ye हो, तो उसमें ing जोड़ते समय कुछ भी नहीं हटाते हैं, जैसे- Agree + ing = Agreeing, See + ing = Seeing, Shoe + ing = Shoeing, Eye + ing = Eyeing
- **Rule 10.** यदि किसी Verb के अंतिम अक्षर (w, r, y) को छोड़कर पहले Single Vowel हो, तो ing लगाते समय अंतिम अक्षर दो बार लिखते हैं, जैसे- Sit + ing = Sitting, Beg + ing = Begging

  अपवाद- Pardoning, Opening, Burning
- **Rule 11.** जिन Verbs के अन्त में w, r, y हो तथा उनसे पूर्व Vowel हो, तो ing लगाते समय अंतिम अक्षर दो बार नहीं लिखा जाता है, जैसे- Blow + ing = Blowing, Play + ing = Playing
- **Rule 12.** जिन Verbs के अन्त में 'c' हो, तो उनके साथ –ed अथवा ing जोड़ते समय 'k' बढ़ा देते हैं, जैसे- Forlic + ed = Frolicked, Mimic + ing = Mimicking
- **Rule 13.** यदि किसी शब्द के अन्त में 'e' हो, तो उसके साथ able, age अथवा ish लगाते समय 'e' हटा देते हैं, जैसे- Move + able = Movable, Mile + age = Milage, Virtue + ous = Virtuous

  अपवाद- Courage + ous = Courageous, Change + able = Changeable, Peace + able = Peaceable
- **Rule 14.** जिस Noun के अन्त में O हो तथा इनसे पूर्व कोई Consonant हो, तो Plural बनाते समय es जोड़ते हैं, जैसे- Mango = Mangoes, Hero = Heroes

स्मरणीय

(i) यदि आपने Spelling Study (वर्तनी अध्ययन) के Rules (नियमों) को भली-भाँति Learn (कंठस्थ) नहीं किया है, तो पुनः इस पुस्तक के Spelling Study (वर्तनी अध्याय) के Page 31 का अध्ययन करें।

(ii) यदि आप कुछ Hard words (कठिन शब्दों) की Spelling लिखने में समर्थ है, तो अन्य कठिन शब्दों को लिखने का अभ्यास करें।

(iii) याद रहे Word (शब्द) की Spelling सही न लिखे जाने पर अर्थ का अनर्थ हो जाता है।

अभ्यास (PRACTICE)

निम्न प्रश्नों के उत्तर दें।

1. 'A' Vowel (स्वर) के विविध उच्चारण (Different Pronunciation) कौन-कौन से हैं?
2. 'A' Vowel (स्वर) के विविध उच्चारण (Different Pronunciation) से बनने वाला एक-एक Word (शब्द) लिखें।
3. 'Ou' 'आव' Pronunciation (उच्चारण) से बनने वाले तीन Words (शब्द) लिखें।
4. 'I' Vowel (स्वर) के Pronunciation (उच्चारण) 'आइ' से बनने वाले चार Words (शब्द) लिखें।
5. निम्नलिखित Words (शब्दों) का उच्चारण (Pronunciation) हिन्दी में लिखें।
   (i) Mission (ii) Session (iii) Lotion (iv) Russia
6. 'T' Consonant (व्यंजन) का Pronunciation (उच्चारण) 'श' से बनने वाले चार शब्द लिखें।
7. चार ऐसे Words (शब्द) लिखें जिनमें Consonant (व्यंजन) 'GH' Silent हो।
8. How to write English for the following Hindi word.
   (i) कै (ii) औ (iii) छ (iv) ढ (v) भ (vi) ध

उत्तर (Answers)

1. (i) 'आ' या 'ऑ' (ii) 'ए' (iii) 'ऐ' (iv) 'एअ' 2. (i) आ – Jar (जार), ऑ – Tall (टॉल) (ii) ए – Game (गेम) (iii) ऐ –Man (मैन) (iv) एअ – Care (केयर) 3. Ou (आव) (i) Sour (सावर) (ii) Our (आवर) (iii) Hour (आउअ्र) 4. (i) Right (राइट) (ii) Tight (टाइट) (iii) White (व्हाइट) (iv) Kind (काइन्ड) 5. (i) मिशन (ii) सेशन (iii) लोशन (iv) रशिया 6. (i) Patient (पेशेन्ट) (ii) Ratio (रेशो) (iii) Initial (इनिशियल) (iv) Promotion (प्रमोशन) 7. (i) Thought (थॉट) (ii) Light (लाइट) (iii) Right (राइट) (iv) Daughter (डॉट्र) 8. (i) Kai (ii) Au (iii) Chh (iv) Dh (v) Bh (vi) Dh

खण्ड–2
मूल व्याकरण
Section–2
Basic Grammar

प्रस्तुत खण्ड में संक्षिप्त रूप में अंग्रेजी व्याकरण के Basic Part (मूल भाग) को समझाने का प्रयास किया गया है। इसमें Parts of Speech (शब्दभेद)- Noun (संज्ञा), Pronoun (सर्वनाम), Adjective (विशेषण), Verb (क्रिया), Adverb (क्रिया विशेषण), Preposition (सम्बन्ध सूचक), Conjunction (संयोजक), Interjection (विस्मयादिबोधक) तथा Determiners (निर्धारक) आदि अध्यायों का विस्तार से वर्णन किया गया है।

शब्दभेद
(PARTS OF SPEECH)

Definition (परिभाषा)
Words are divided into eight different kinds or classes, called Parts of Speech. वाक्य में प्रयोग किये गये शब्दों को उनके भावों के अनुसार आठ भिन्न-भिन्न भागों में बाँटा जा सकता है, जिसे Parts of Speech कहते हैं।

ये आठ प्रकार के होते हैं-
1. Noun (संज्ञा) 2. Pronoun (सर्वनाम) 3. Verb (क्रिया) 4. Adjective (विशेषण) 5. Adverb (क्रिया विशेषण) 6. Preposition (सम्बन्ध सूचक) 7. Conjunction (संयोजक) 8. Interjection (विस्मयादिबोधक)

Noun (संज्ञा)
A Noun is the name of a person, place, animal, thing, quality, condition and action. किसी भी व्यक्ति, वस्तु, स्थान, गुण, कार्य या अवस्था को प्रकट करने वाले शब्द को Noun कहते हैं, जैसे-

Alok (आलोक), Nikita (निकिता) – व्यक्ति का नाम
Hospital (अस्पताल), Zoo (चिड़ियाघर) – जगह का नाम
Read (पढ़ना), Write (लिखना) – कार्य का नाम
Table (टेबल), Pen (कलम) – वस्तु का नाम
Good (अच्छा), Bad (बुरा) – गुण का नाम
Sleep (सोना), Childhood (बचपन) – अवस्था का नाम

★ व्यक्तियों के नाम के साथ पशु-पक्षी के नाम भी शामिल हैं, जैसे- Cow, Horse, Dog, Crow, Parrot आदि।

★ वस्तुओं के अन्तर्गत निम्न नाम आ सकते हैं-
नदियों के नाम - Ganga, Yamuna, Godavari
पहाड़ों के नाम - Himalayas, Vindhyachal
समुद्रों के नाम - Indian Sea, Atlantic Ocean
पुस्तकों के नाम - Ramayana, Mahabharata, Gita
दिनों के नाम - Monday, Tuesday, Wednesday
महीनों के नाम - January, February, March
प्राकृतिक धातुओं के नाम - Gold, Silver, Brass

Pronoun (सर्वनाम)
A Pronoun is a word which is used in place of a Noun. Noun के बदले में प्रयुक्त होने वाले शब्दों को Pronoun कहते हैं।

Example : Ravi went to Mumbai yesterday. **He** will return day after tomorrow.
रवि कल मुम्बई गया था। वह परसों वापस लौटेगा।

★ उपर्युक्त Sentence में 'He' शब्द का प्रयोग Noun Ravi के बदले में किया गया है। अतः 'He' Pronoun है।

Adjective (विशेषण)

An adjective is a word used to qualify a noun or pronoun. Noun या Pronoun की विशेषता प्रकट करने वाले शब्दों को Adjective कहते हैं।

Example :   Ram is a *good* boy. राम एक अच्छा लड़का है।

★ उपर्युक्त Sentence में good राम की विशेषता को दर्शाता है, अतः 'good' Adjective है।

Verb (क्रिया)

A verb is a word used for saying something about a person or thing. Verb वह शब्दभेद जिससे किसी वाक्य में कार्य का होना प्रकट होता है।

Example :   Sohan *writes* a letter. सोहन एक पत्र लिखता है।

★ उपर्युक्त Sentence में सोहन के द्वारा पत्र लिखने की क्रिया प्रकट होती है। अतः 'write' Verb है।

Adverb (क्रिया विशेषण)

An Adverb qualifies a Verb, an Adjective or another Adverb. क्रिया विशेषण Noun, Pronoun, Interjection को छोड़कर अन्य शब्द भेदों के गुण, दोष, अवस्था आदि के अर्थ में वृद्धि करके उसकी विशेषता प्रकट करता है।

Example 1.   Mohini runs *fast*. मोहिनी तेज दौड़ती है।

2.   Radhika laughs *sweetly*. राधिका की हँसी मधुर है।

★ यदि हम कहें कि मोहिनी दौड़ती है तो इस वाक्य में हमें बस इतनी जानकारी मिलती है कि मोहिनी के द्वारा दौड़ने की क्रिया होती है, लेकिन मोहिनी तेज दौड़ती वाक्य में इससे हमें मोहिनी के तेज दौड़ने की जानकारी मिलती है। क्रिया की विशेषता बताने वाले ये शब्द ही Adverb हैं।

Preposition (सम्बन्धवाचक शब्द)

Preposition is a word used with a Noun or a Pronoun to show how the person or thing denoted by the Noun or Pronoun stands in relation to something else. Preposition वह शब्द है, जो Noun या Pronoun के पहले प्रयुक्त होकर उस Noun या Pronoun द्वारा सूचित व्यक्ति या वस्तु का सम्बन्ध अन्य Noun या Pronoun से प्रदर्शित करता है।

Example :   The book is *on* the table. किताब मेज पर है।

★ उपर्युक्त Sentence में 'on' शब्द पुस्तक और मेज के बीच के सम्बन्ध को प्रदर्शित करता है। अगर वाक्य के बीच से 'on' शब्द हटा लें, तो वाक्य किताब मेज है, का अर्थ स्पष्ट नहीं होता है। इसी प्रकार 'in' यानी अंदर, के लिए 'for' तथा का के लिए 'of' Preposition का प्रयोग करते हैं।

Conjunction (समुच्चयबोधक अव्यय)

A conjunction is a word which joins two or more than two phrases, clauses, words or sentences. ऐसा शब्द, जो शब्दों या वाक्यों को जोड़ता है, उसे Conjunction कहते हैं।

Example 1.   Sita *and* Gita are sisters. सीता और गीता बहनें हैं।

2.   Please, give me tea *or* coffee. कृपया! मुझे चाय या कॉफी दीजिए।

★ उपर्युक्त Sentence में 'and' तथा 'or' का प्रयोग सीता और गीता तथा चाय या काफी को जोड़ने के लिए हुआ है। अतः 'and' और 'or' Conjunction हैं।

Interjections (विस्मयादिबोधक)

An Interjection is a word which expresses some sudden feeling or emotion of the mind. It has no grammatical relation with any other word. Its symbol is (!) जिन शब्दों से हर्ष, दुःख, घृणा और विस्मय

आदि मनोभाव प्रकट किये जाते हैं, उन्हें Interjections कहते हैं, जैसे- hurrah, bravo, alas, oh, आदि।

★ Interjection के बाद जो भी शब्द आता है, उसका First letter, Capital में लिखा जाता है। Interjection के द्वारा प्रायः निम्नलिखित भाव व्यक्त किये जाते हैं।

1. हर्ष, प्रसन्नता, उल्लास, खुशी के लिए - Hurrah!
2. दुःख, कष्ट, विषाद - Alas! Ah!
3. आश्चर्य, अचरज - Oh! What!
4. अनुमोदन, स्वीकृति, रजामंदी - Welldone! Ok!
5. ग्लानि, घृणा, नफरत - For Shame! Fie! Bosh!
6. संबोधन, पुकारना - Hello! Hay!
7. ध्यान - Listen! Look! Behold! Hush!

स्मरणीय

अभी तक आपने Parts of Speech के बारे में संक्षिप्त रूप से पढ़ा है। अगले अध्याय में हम इसे विस्तार से पढ़ेंगे।

अभ्यास (Practice)

A. निम्नलिखित Sentences (वाक्यों) में इटैलिक शब्दों के Parts of Speech बतायें-
1. They are returning from *market*.
2. Water *welled* out from the gutters.
3. It is a *well* written story.
4. *Bravo*! You won the fight.
5. Every child has a *right* to read.
6. Please *give* me a glass of water.
7. He will buy *two* books.
8. He is the *right* person for this post.
9. Sit *beside* him.
10. *Iron* the shirt.

B. निम्नलिखित Words (शब्दों) के Parts of Speech का नाम लिखें।
   (i) Alas!   (ii) Cold   (iii) Read   (iv) Over
   (v) Because   (vi) Godavari   (vii) Their   (viii) Slowly

C. निम्नलिखित Sentences (वाक्यों) में सही शब्द भरें–
   (i) He reads .... (Gita, the Gita)
   (ii) .... his father died. (Hurrah, Alas)
   (iii) He has done .... work. (he, his)
   (iv) Summer is very .... (cold, hot)
   (v) Sarika speeks .... (loud, loudly)
   (vi) Lata .... a latter. (Rights, Writes)

उत्तर (Answers)

A. 1. Noun 2. Verb 3. Adverb 4. Interjection 5. Noun 6. Verb 7. Adjective 8. Adjective 9. Preposition 10. Verb.

B. (i) Interjection (ii) Adjective (iii) Verb (iv) Preposition (v) Conjunction (vi) Noun (vii) Pronoun (viii) Adverb

C. (i) the Gita (ii) Alas (iii) his (iv) hot (v) loudly (vi) writes

3 संज्ञा (NOUN)

Definition (परिभाषा)

A Noun is the name of a person, place, animal, thing, quality, condition and action. किसी व्यक्ति, स्थान, पशु, वस्तु, गुण, दशा या अवस्था के नाम को Noun (संज्ञा) कहते हैं, जैसे- Sandeep, Dog, Delhi, Book आदि।

Example 1. *Sandeep* is a good *boy*. संदीप एक अच्छा लड़का है।
2. The *dog* is a faithful *animal*. कुत्ता एक वफादार जानवर है।
3. *Delhi* is the capital of *India*. दिल्ली भारत की राजधानी है।
4. This is a *book*. यह एक किताब है।

★ उपर्युक्त Sentence में Sandeep, Boy, Dog, Animal, Delhi, India और Book ये सभी **Noun** हैं।

Kinds of Noun (संज्ञा के भेद)

There are five kinds of Noun (संज्ञा के पाँच भेद होते हैं):
1. Proper Noun (व्यक्तिवाचक संज्ञा)
2. Common Noun (जातिवाचक संज्ञा)
3. Collective Noun) (समूहवाचक संज्ञा)
4. Material Noun (द्रव्यवाचक संज्ञा)
5. Abstract Noun (भाववाचक संज्ञा)

1. Proper Noun (व्यक्तिवाचक संज्ञा)

The name given to a particular person, animal, place or thing is a Proper Noun. किसी विशेष व्यक्ति, जानवर, स्थान या वस्तु के नाम को Proper Noun कहते हैं, जैसे- Sunidhi, Shubham, Patna, Chetak और Ramayana आदि।

Example 1. *Shubham* is watching T.V. शुभम टी.वी. देख रहा है।
2. He went to *Patna*. वह पटना गया।
3. *Chetak* was a faithful horse. चेतक एक वफादार घोड़ा था।
4. The *Ramayana* is a sacred book – रामायण एक पवित्र ग्रन्थ है।

★ उपर्युक्त Sentence में 'Shubham' व्यक्ति विशेष का नाम, 'Chetak' किसी विशेष जानवर का नाम, 'Patna' एक विशेष जगह का नाम तथा 'Ramayana' एक विशेष पुस्तक का नाम है। इस प्रकार Shubham, Patna, Chetak तथा Ramayan, Proper Noun हैं।

Note :
(i) प्रत्येक मनुष्य या जानवर का नाम Proper Noun है, जैसे-
Gautam Buddha, Tommy आदि।
(ii) Historical event (स्मारक तथा ऐतिहासिक) घटनाओं के नाम Proper Noun हैं, जैसे-
Qutub Minar, Indo-China War आदि।
(iii) Geographical (भौगोलिक) तथा Celestial (खगोलीय पिंडों) के नाम, जैसे-
Sun, Moon आदि।
(iv) दिन तथा महीनों के नाम, जैसे-
Sunday, December आदि।

(v) अवार्ड, वाहनों तथा कम्पनियों के नाम, जैसे-
The Gyanpith Award, Hero, Wipro इत्यादि।

★ Proper Noun उस समय Common Noun बन जाता है, जब उसका प्रयोग व्यक्ति या वस्तुओं को दर्शाते हुए वर्णात्मक रूप में किया जाता है।
Ram is the *Dara Singh* of his village. राम अपने गाँव का दारा सिंह है।

★ उपर्युक्त Sentence में 'Dara Singh' (जो कि एक Proper Noun है) का प्रयोग Common Noun के रूप में किया गया है।

2. Common Noun (जातिवाचक संज्ञा)

A Common Noun is a name shared in comman by everyone of the same class or group. जिस व्यक्ति, स्थान, वस्तु, गुण या अवस्था के नाम से उसके सम्पूर्ण जाति भर का बोध हो, उसे Common Noun कहते हैं, जैसे- Boy, Tree, Book, Cow आदि।

Boy (लड़का) : Boy से सभी लड़के जाति का बोध होता है।
Tree (पेड़) : Tree से सभी पेड़ों की जाति का बोध होता है।
Book (पुस्तक) : Book से सभी प्रकार के पुस्तक की जाति का बोध होता है।
Cow (गाय) : Cow से सारी जाति का बोध होता है।

Example 1. The *boy* is writing a *letter*. लड़का एक पत्र लिख रहा है।
2. *Tree* gives us *fruit*. वृक्ष हमें फल देते हैं।
3. I read a *book*. मैं एक पुस्तक पढ़ता हूँ।
4. *Cow* gives us *milk*. गाय हमें दूध देती है।

★ उपर्युक्त Sentence में boy, letter, tree, fruit, book, cow तथा milk से इनकी सम्पूर्ण जाति का बोध होता है। अतः ये सभी Common Nouns हैं।

3. Collective Noun (समूहवाचक संज्ञा)

A Collective Noun is a name given to a number of things regarded as a whole, group or collection. जिस Noun में समूह या समुदाय का बोध हो, उसे Collective Noun कहते हैं, जैसे- Class, team, army, bunch of flowers आदि।

Example 1. He is the monitor of my *class*. वह मेरे वर्ग का प्रतिनिधि है।
2. Our *team* won the cricket match. हमारी टीम क्रिकेट मैच जीत गयी।
3. Indian *army* fought bravely. भारतीय सेना वीरता से लड़ी।
4. She presented him a *bunch of flowers*. उसने उसे फूलों का गुच्छा उपहार में दिया।

★ उपर्युक्त Sentences में 'class' से वर्ग में उपस्थित छात्रों के समूह, 'team' से खिलाड़ियों के समूह, 'army' से सैनिकों के समूह तथा 'bunch of flowers' से फूलों के समूह का बोध होता है। अतः ये Collective Nouns हैं।

4. Material Noun (द्रव्यवाचक संज्ञा)

A Material Noun is the word used for the substance of which things are made. जिस Noun से किसी धातु या द्रव्य का बोध हो जिसकी माप-तौल की जा सके उसे Material Noun कहते हैं, जैसे- Gold, Copper, Brass आदि।

Example 1. *Copper* is useful metal. ताँबा उपयोगी धातु है।
2. *Brass* is yellow. पीतल पीला होता है।
3. My ring is made of *gold*. मेरी अँगूठी सोने की बनी है।

★ उपर्युक्त Sentences में Copper, Brass तथा Gold प्रत्येक एक धातु है। इनसे दूसरी वस्तुएँ बनायी जाती हैं। अतः ये सभी Material Nouns हैं।

5. Abstract Noun (भाववाचक संज्ञा)

An Abstract Noun is the word used for mode of an action, state or quality. जिस Noun से गुण, भाव या अवस्था का बोध हो, उसे **Abstract Noun** कहते हैं, जैसे- Poverty, Laugh, Honesty, Beauty आदि।

Example 1. *Poverty* is curse. गरीबी अभिशाप है।
2. *Laugh* is the best medicine. हँसना सबसे अच्छा उपचार (दवा) है।
3. *Honesty* is the best policy. ईमानदारी सबसे अच्छी नीति है।
4. *Beauty* is only a nine days wonder. सौन्दर्य केवल नौ दिनों का आश्चर्य है।

★ उपर्युक्त Sentences में 'Poverty' से अवस्था, 'Laugh' से कार्यविधि, 'Honesty' तथा 'Beauty' दोनों से गुण का बोध होता है। अतः ये सभी Abstract Nouns हैं।

★ अभी तक हमने Noun के पाँच प्रकार के बारे में पढ़ा है। अब हम आपको Noun के नवीन अवधारणा के बारे में बताने जा रहे हैं। इसके अन्तर्गत Noun को दो भागों में बाँटा गया है। इसके बारे में हम निम्नलिखित तालिका के द्वारा आसानी से समझ सकते हैं-

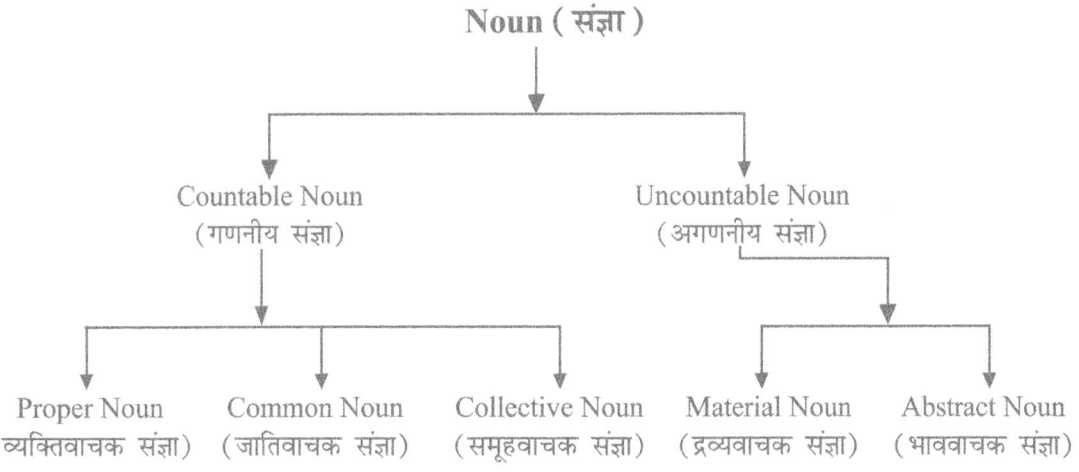

Countable Noun (गणनीय संज्ञा)

The nouns that can be counted are called countable nouns. जिस Noun की गिनती की जा सके, उसे Countable Noun कहते हैं, जैसे- girl, books, tree, orange, chairs आदि।

★ Proper Noun, Common Noun तथा Collective Noun की गिनती की जा सकती है, अतएव इन्हें Countable Nouns कहते हैं।

Uncountable Noun (अगणनीय संज्ञा)

It is the noun which cannot be counted. जिस Noun की गिनती करना संभव नहीं है, उसे अगणनीय संज्ञा कहते हैं, जैसे- Gold, Water, Butter इत्यादि।

स्मरणीय

अभी तक आपने Noun के परम्परागत तथा आधुनिक दोनों मान्यताओं के बारे में संक्षिप्त रूप से पढ़ा है। इस अध्याय में हमने Spoken English (अंग्रेजी बोलने) से सम्बन्धित नियमों की आसान व्याख्या की है तथा Written English (अंग्रेजी लेखन) के महत्त्वपूर्ण नियमों का वर्णन संक्षेप में किया है। जो पाठक अंग्रेजी लेखन सम्बन्धित नियमों का विस्तार से अध्ययन करना चाहते हैं, वे अंग्रेजी व्याकरण की कोई भी अच्छी पुस्तक पढ़कर अपने ज्ञान में वृद्धि कर सकते हैं।

अभ्यास (Practice)

A. निम्नलिखित Sentences में रेखाकिंत Noun के भिन्न-भिन्न Kinds का नाम लिखें।

1. Mumbai is the capital of Maharastra. मुम्बई महाराष्ट्र की राजधानी है।
2. Sita has a book. सीता के पास एक पुस्तक है।
3. Trees give us fruits. वृक्ष हमें फल देते हैं।
4. The boy is playing in the field. लड़का मैदान में खेल रहा है।
5. Our cricket team is playing well. हमारी क्रिकेट टीम अच्छा खेल रही है।
6. She gave me a bunch of flowers. उसने मुझे फूलों का गुच्छा दिया।
7. Gold is a precious metal. सोना एक कीमती धातु है।
8. Milk is useful for health. दूध स्वास्थ्य के लिए फायदेमंद है।
9. Honesty is the best policy. ईमानदारी सबसे अच्छी नीति है।
10. She is telling truth. वह सच बोल रही है।

B. निम्नलिखित रिक्त स्थानों में उपयुक्त Noun भरें-

1. Ram has a ....
2. The ....is innocent.
3. Our college .... won the final cricket match.
4. Sonali bought a ....
5. .... is very refreshing drink.
6. Sita is famous for her ....
7. .... is the Switzerland of India.
8. .... is a precious metal.
9. .... is the best medicine.
10. She is a .... lady.

C. नीचे दी गयी तालिका को देखकर Noun से नये Sentences बनाने का अभ्यास करें-

	Akash's	brother	is	a good teacher
				a famous painter
(i)	His	sister	was	
			will	an active politician
(ii)	My	mother		
			be	a dull worker
(iii)	Her	father		
				a rich lawyer
(iv)	Our	uncle		
				a popular doctor
(iv)	Their	aunt		
				a hard worker
(vi)	Your	nephew		

D. Noun (संज्ञा) शब्दों के द्वारा Index (तालिका) पूरा करके Sentence (वाक्य) बनायें।

(i)		brother		a smooth runner
(ii)		father	is	a perfect magician
(iii)		brother	am	a pop singer
(iv)		mother	are	a great artist
(v)		nephew	was	very happy
(vi)		sister	has	very tired
(vii)		niece		very serious
(viii)		husband		very angry
(ix)		wife		seriously ill
(x)		brother		extremely happy

उत्तर (Answers)

A. 1. Proper Noun, Common Noun 2. Common Noun 3. Common Noun 4. Common Noun 5. Collective Noun 6. Collective Noun 7. Material Noun 8. Material Noun 9. Abstract Noun 10. Abstract Noun

B. 1. bunch of flowers 2. child 3. team 4. cow 5. coke 6. honesty 7. Kashmir 8. gold 9. walking 10. Kashmiri

C. (i) His sister was a famous painter.
(ii) My mother was an active politician.
(iii) Her father is a dull worker.
(iv) Our uncle is a rich lawyer.
(v) Their aunt is a popular doctor.
(vi) Your nephew was a hard worker.

D. (i) Mohan's (ii) Sita's (iii) Lata's (iv) Sarda's (v) Sohan's (vi) Usha's (vii) Karan's (viii) Suman's (ix) Rakesh's (x) Sonu's

4 सर्वनाम (PRONOUN)

Definition (परिभाषा)

A Pronoun is a word which is used in place of a Noun. Noun के स्थान पर प्रयोग किये जाने वाले शब्द को Pronoun (सर्वनाम) कहते हैं। यह Place, Person या Animal तीनों हो सकते हैं, जैसे-

Example 1. Sohan is good boy. सोहन अच्छा लड़का है।
He is reading. वह पढ़ रहा है।
2. Mumbai is a big city. मुम्बई बड़ा शहर है।
It is in Maharastra. यह महाराष्ट्र में है।

★ पहले Example में Sohan के लिए 'He' का प्रयोग किया है। इसलिए 'He' शब्द Pronoun है। दूसरे Example में Mumbai शहर के लिए 'It' शब्द का प्रयोग किया गया है। इसलिए 'It' शब्द Pronoun है। उपर्युक्त दोनों अंग्रेजी के वाक्यों में हमने देखा कि व्यक्ति के बदले प्रयोग किया गया शब्द 'He' तथा स्थान के लिए प्रयोग किया गया शब्द 'It' ये दोनों Pronoun हैं।

Kinds of Pronoun (सर्वनाम के भेद)

1. Personal Pronouns (पुरुषवाचक सर्वनाम)
2. Demonstrative Pronoun (संकेतवाचक सर्वनाम)
3. Interrogative Pronoun (प्रश्नवाचक सर्वनाम)
4. Relative Pronoun (सम्बन्धवाचक सर्वनाम)
5. Distributive Pronoun (व्यक्तिवाचक सर्वनाम)
6. Indefinite Pronoun (अनिश्चयवाचक सर्वनाम)
7. Reflexive Pronoun (निजवाचक सर्वनाम)
8. Reciprocal Pronoun (पारस्परिक सर्वनाम)

1. Personal Pronoun (पुरुषवाचक सर्वनाम)

Personal pronouns represent specific people or things. These pronouns are used for persons. जिस Pronoun का प्रयोग किसी व्यक्ति, जानवर या वस्तु के बदले में किया जाता है, उसे Personal Pronoun कहते हैं, जैसे- I, You, He, She, It, आदि।

Personal Pronouns तीन प्रकार के होते हैं-

(a) **First Person (उत्तम पुरुष)** : The pronoun used for the speaker is known as personal pronoun of first person. वह Pronoun जिससे बोलने वाले का बोध हो, उसे First Person कहते हैं, जैसे- I और We.

Example 1. *I* am reading. मैं पढ़ रहा हूँ।
2. *We* are reading. हमलोग पढ़ रहे हैं।

★ उपर्युक्त Sentences में 'I' और 'We' First Person है।

(b) **Second Person (मध्यम पुरुष)** : The pronoun used for the hearer is known as personal pronoun of second person. वह Pronoun जिससे सुनने वाले व्यक्ति के बारे में पता चले उसे Second Person कहते हैं, जैसे- You.

Example 1. *You* are reading. तुम पढ़ रहे हो।
2. *You* are waching cricket. तुम लोग क्रिकेट देख रहे हो।

उपर्युक्त Sentences में 'You' (तुम) और 'You' (तुम लोग) Second Person है। पहले 'You' का प्रयोग Singular Pronoun के रूप में किया गया है, और दूसरे 'You' का प्रयोग Plural Pronoun के रूप में किया गया है।

(c) **Third Person (अन्य पुरुष) :** The pronoun used for the person about whom the speaker and the hearer talk is known as personal pronoun of third person. वह Pronoun जिसमें किसी अन्य वस्तु या व्यक्ति के बारे में बताया जाता है उसे Third Person कहते हैं, जैसे- He, She, It, They आदि।

Example **1.** *He* is going to the school. वह स्कूल जा रहा है।

2. *She* is reading a book. वह एक पुस्तक पढ़ रही है।

3. *It* is a toy. यह एक खिलौना है।

4. *They* are playing. वे लोग खेल रहे हैं।

- ✪ उपर्युक्त Sentences में He, She and It Singular Pronouns है तथा They, Plural Pronoun है।
- ✪ Personal Pronoun के Number, Gender और Function के लिए निम्न तालिका का ध्यानपूर्वक अध्ययन करें-

Person (पुरुष)	**Number (वचन)**	**Gender (लिंग)**	**Function**		
			Subject (कर्त्ता)	**Object (कर्म)**	**Possessive (सम्बन्धवाचक)**
First (उत्तम पुरुष)	Singular (एकवचन)	Common (उभयलिंग)	I (मैं)	Me (मुझे)	My, Mine (मेरा)
	Plural (बहुवचन)	Common (उभयलिंग)	We (हमलोग)	Us (हमें)	Our, Ours (हमारा, हमलोगों के)
Second (मध्यम पुरुष)	Singular एकवचन	Common (उभयलिंग)	You (तुम)	You	Your, Yours (तुम्हारा)
	Plural (बहुवचन)	Common (उभयलिंग)	You	You	Your, Yours
Third (अन्य पुरुष)	Singular (एकवचन)	Masculine (पुल्लिंग)	He (वह)	Him (उसे)	His (उसका)
	Singular (एकवचन)	Feminine (स्त्रीलिंग)	She (वह)	Her (उसे)	Her (उसका)
	Singular (एकवचन)	Neuter (नपुसंक लिंग)	It (यह)	It (यह)	Its (इसका)
	Plural (बहुवचन)	Common (उभयलिंग)	They (वे लोग)	Them (उन्हें)	Their (उनका) Theirs (उन लोगों का)

2. Demonstrative Pronoun (संकेतवाचक सर्वनाम)

A demonstrative pronoun identifies and specifies a noun or pronoun. These pronouns indicate some nouns. जो Pronoun किसी Noun की ओर संकेत करता है, उसे Demonstrative Pronoun कहते हैं, जैसे- This, That, These, Those.

Example **1.** *This* is my book. यह मेरी पुस्तक है।

2. *That* is your car. वह तुम्हारी कार है।

3. *These* are my pens. ये मेरी कलम है।
4. *Those* are your shirts. वे तुम्हारी कमीज है।

★ उपर्युक्त चारों Sentences में This, That, These, तथा Those का प्रयोग Pronouns के रूप में किया गया है। ये सभी Demonstrative Pronouns हैं।

★ इन Pronoun के तुरंत बाद Verb का प्रयोग किया जाता है। This, These नजदीक के अर्थ में प्रयोग किये जाते हैं तथा That, Those दूरी प्रकट करते हैं।

3. Interrogative Pronoun (प्रश्नवाचक सर्वनाम)

These pronouns are used to create questions in the sentence. जो Pronoun प्रश्न पूछने का कार्य करता है, उसे Interrogative Pronoun कहते हैं, जैसे- Who, Which, Whose, Whom.

Example 1. *Who* is coming? कौन आ रहा है?
2. *Whose* pen is this? यह किसकी कलम है?

★ उपर्युक्त Sentences में 'Who' तथा 'Whose' प्रश्न पूछने का कार्य करते हैं, इसलिए ये दोनों Interrogative Pronouns हैं।

4. Relative Pronoun (सम्बन्धवाचक सर्वनाम)

These pronouns connect two sentences and express their connection with the antecedent. जो Pronoun दो वाक्यों को जोड़ता है और अपने से पहले Noun (जिसे Antecedent कहते है), से सम्बन्ध प्रकट करता है, उसे Relative Pronoun कहते हैं, जैसे- Who, Whom, That, Which आदि।

★ Relative Pronoun का प्रयोग दो प्रकार से होता है-

(i) **Continuative** : इसमें Relative pronoun अपने Antecedent की विशेषता प्रकट नहीं करता है, जैसे-
Example 1. I met Shayam, *who* bought my books. मैं श्याम से मिला जिसने मेरी पुस्तक खरीदी।
2. Rashmi broke my slate, *which* I bought yesterday. रश्मि ने मेरी स्लेट तोड़ दी, जिसे मैंने कल खरीदा था।

★ उपर्युक्त Sentences में 'who' और 'which' द्वारा 'Shayam' और 'my slate' की विशेषता नहीं बतायी गयी है। अत: who और which continuative Relative Pronoun है।

★ **Remember** : Who और Which ऐसे Pronouns हैं, जिसका Continuative रूप में प्रयोग किया जा सकता है। इस प्रयोग में इनसे पहले comma(,) लगता है।

(ii) **Restrictive** : इसमें Relative Pronoun अपने Antecedent की विशेषता प्रकट करता है।
Example 1. Where is the pen *which* you bought yesterday?
वह कलम कहाँ है, जिसे तुमने कल खरीदा था?
2. He has read the book *that* you presented yesterday.
उसने वह पुस्तक पढ़ ली, जिसे तुमने कल उसे उपहार में दिया था।

★ उपर्युक्त Sentences में which और that द्वारा 'Pen' और 'Book' की विशेषता बतायी गयी है। अत: 'which' और 'that' Restrictive Relative Pronoun है।

5. Distributive Pronoun (व्यक्तिवाचक सर्वनाम)

A distributive pronoun refers to a person or thing one at a time and is always singular in nature. जो Pronoun दो या दो से अधिक व्यक्तियों या वस्तुओं में से एक को अलग सूचित करे, उसे Distributive Pronoun कहते हैं। इनका स्वभाव हमेशा एकवचन होता है, जैसे- Either, Neither, Each, None, Any आदि।

Example 1. *Either* of you can play. तुममें से कोई भी खेल सकता है।
2. *Each* of you can read this book. तुममें से हर कोई यह पुस्तक पढ़ सकता है।

★ उपर्युक्त Sentences में 'Either' और 'Each' का प्रयोग Distributive Pronoun के रूप में किया गया है।

Note : 'Either' एवं 'Neither' का प्रयोग दो के लिए तथा each, any, no one, none का प्रयोग दो से अधिक के लिए होता है।

6. Indefinite Pronoun (अनिश्चयवाचक सर्वनाम)

Sometimes the pronouns used in a sentence do not refer to any particular object or person. They are used in general. Such pronouns are known as indefinite pronouns. जिस Pronoun से किसी अनिश्चित वस्तु या व्यक्ति का बोध होता है, उसे Indefinite Pronoun कहते हैं, जैसे– Somebody, Nobody.

Example **1.** *Somebody* has stolen my mobile. किसी ने मेरा मोबाइल चुरा लिया है।

2. *Nobody* has come. कोई नहीं आया।

★ उपर्युक्त Sentences में 'Somebody' और 'Nobody' का प्रयोग Indefinite Pronoun के रूप में किया गया है। क्योंकि इनमें अनिश्चितता का बोध होता है।

7. Reflexive Pronoun (निजवाचक सर्वनाम)

A personal pronoun is referred to as a reflexive pronoun when it indicates that the action performed by the subject is on the subject itself. जिस Pronoun से काम का प्रभाव Subject पर पड़ना तय हो, उसे Reflexive Pronun कहते हैं, जैसे– Myself, Himself, Herself, Yourself.

Example **1.** I served *myself*. मैंने अपनी सहायता स्वयं की।

2. Do you arrange some fruit for *yourself*? क्या तुम अपने लिए कुछ फलों का इंतजाम करते हो?

★ उपर्युक्त Sentences में 'myself' और 'yourself' का प्रयोग Reflexive Pronouns के रूप में किया गया है।

Note : my, him, her, it और 'one' के साथ 'self' लगाया जाता है। 'our' तथा 'them' के साथ 'selves' लगाया जाता है। यदि 'your' का प्रयोग एक व्यक्ति के लिए किया जाये तो इसके साथ 'self' तथा एक से अधिक व्यक्तियों के लिए किया जाये तो उसके साथ 'selves' का प्रयोग किया जाता है।

Example **1.** Mohini hide *herself*. मोहिनी ने स्वयं को छुपा लिया।

2. He has done it *himself*. उसने यह स्वयं किया है।

★ उपर्युक्त Sentences में 'herself' और 'himself' का प्रयोग Reflexive Pronouns के रूप में किया गया है।

8. Reciprocal Pronoun (परस्परवाचक सर्वनाम)

These pronouns are made with two pronouns, which express mutual relation. We use reciprocal pronouns to indicate that two people can carry out an action and get the consequences of that action at the same time. वे Pronouns, जो दो Pronouns से मिलकर बनते हैं और परस्पर सम्बन्ध प्रकट करते हैं, उन्हें Reciprocal Pronouns कहते हैं, जैसे– Each other, One another.

Example **1.** The two neighbours helped *each other*. दोनों पड़ोसियों ने एक-दूसरे की सहायता की।

2. Three brothers hated *one another*. तीनों भाई एक-दूसरे से नफरत करते थे।

★ उपर्युक्त Sentences में 'Each other' और 'One another' का प्रयोग Reciprocal Pronoun के रूप में किया गया है।

Note : 'Each other' का प्रयोग दो के लिए तथा 'One another' का प्रयोग दो से अधिक व्यक्तियों के लिए होता है।

Pronoun के प्रयोग के कुछ नियम

जब हम हिन्दी में बातें करते हैं, तो अपनी इच्छा अनुसार सर्वनाम का प्रयोग कर सकते हैं। हिन्दी में सर्वनाम के प्रयोग करने के लिए कोई निश्चित नियम नहीं है परन्तु अंग्रेजी में Pronouns के प्रयोग के लिए नियम हैं, जैसे- यदि विभिन्न Pronouns एक ही Sentence में प्रयोग किये गये हों, तो उन्हें 231 के नियम के अनुसार व्यवस्थित करते हैं। 231 का अर्थ है, पहले Second Person फिर Third Person तथा सबसे अन्त में First Person. जैसे-

I, he and you shall play together. (Incorrect)

यह Sentence गलत है। इसकी जगह You, he and I shall play together. (Correct) सही होगा।

- जब एक ही Sentence में विभिन्न Pronouns का प्रयोग करते समय यदि उसमें अपना दोष स्वीकार किया गया हो अथवा कोई बुरी बात कही गयी हो, तो Pronoun को 132 के नियमानुसार व्यवस्थित करते हैं, जैसे-
  I, he and you shall never play together.

- जब दो या दो से अधिक Singular Noun को 'and' से जोड़ा जाये, तो उनके लिए Plural Noun का Pronoun प्रयोग किया जाता है, जैसे-
  Ram and Shayam are brothers.
  They study together.

- Let, Like, Between, But एवं Preposition के साथ Objective Case का प्रयोग करते हैं।
  Let **him** go to the School.
  This is between you and **him**.

- जब वाक्य से हमें पता न चले कि हमारा अभिप्राय पुरुष से है अथवा स्त्री से तो Masculine Gender के Pronoun का प्रयोग होता है।
  Anyone can read English if **he** likes. (Correct)
  Anyone can read English if **she** likes. (Incorrect)

- उपर्युक्त Sentences में Pronoun के नियम के बारे में समझाया गया है। पहले वाक्य में 'He' Pronoun का प्रयोग किया गया है जो नियमानुसार सही है। दूसरे वाक्य में 'She' Pronoun का प्रयोग किया गया है। यह गलत है।

  नियम : Introductory Word 'It' के आगे Nominative Case (कर्त्ता कारक) का Pronoun लगाया जाता है, जैसे-
  It is you. यह तुम हो।
  It is I. यह मैं हूँ।

स्मरणीय

यहाँ पर Pronoun के कुछ प्रचलित नियमों के सही-सही उपयोग के बारे में संक्षिप्त रूप में बताया गया है। इस अध्याय में हमने Spoken English (अंग्रेजी बोलने) से सम्बन्धित नियमों की आसान व्याख्या की है तथा Written English (अंग्रेजी लेखन) के महत्त्वपूर्ण नियमों का वर्णन संक्षेप में किया है। जो भी पाठक अंग्रेजी लेखन सम्बन्धित नियमों का विस्तार से अध्ययन करना चाहते हैं, वे अंग्रेजी व्याकरण की कोई भी अच्छी पुस्तक पढ़कर अपने ज्ञान में वृद्धि कर सकते हैं।

अभ्यास (Practice)

A. निम्नलिखित रिक्त स्थानों की पूर्ति Personal Pronouns से करें-
1. .... is reading. (Aakash)
2. .... is barking. (The dog)
3. .... is dancing. (Rashmi)
4. .... are on the wall. (Maps)
5. .... is a holy book. (The Ramayana)
6. .... is from Russia. (Maria)

B. निम्नलिखित रिक्त स्थानों में Distributive, Demonstrative या Indefinite Pronoun भरें-
1. .... is your school.
2. .... is a pen.
3. .... of the students can solve the sum.
4. .... has finished their work.
5. .... of these boys can win the race.

C. कोष्ठक में दिये गये शब्दों में से उपयुक्त शब्द चुनकर वाक्यों को पूरा करें-
1. We scored as many goals as (they, them).
2. Whom can I trust, if not (she, her).
3. I am one year older than (he, him).
4. I am richer than (they, them).
5. He is as good a student as (she, her)
6. The hotel (which, what) we stayed at last summer is now closed.
7. The boy (who, whom) fell off his bicycle has hurt his leg.
8. I have not seen the boy (whose, whom) suitcase was stolen.
9. Kalidasa was a great poet (who, that) wrote interesting plays.
10. Rekha is the maid (who, whom) I have employed.

D. निम्न वाक्यों में उपयुक्त Relative Pronoun का प्रयोग कर इन्हें जोड़ें-
1. Here is the book. I told you about it.
2. Did you receive the parcel? I sent the parcel yesterday.
3. Ramesh tells lies. He deserves to be punished.
4. Here is the doctor. The doctor cured me of fever.
5. This is the man. We were saved through his courage.
6. Show me the road. The road leads to the airport.
7. The boy won the first prize. You see him sitting there.
8. They heard some news. The news astonished them.
9. She spoke to the victim. The victim's arm was in a sling.
10. The conference was a success. It was held in Pune.

उत्तर (Answers)

A. 1. He 2. It 3. She 4. They 5. It 6. She

B. 1. that 2. this 3. each 4. somebody 5. any

C.
1. We scored as many goals as **they**.
2. Whom can I trust, if **she** not.
3. I am one year older than **he**.
4. I am richer than **they**.
5. He is as good a student as **she**.
6. The hotel **which** we stayed at last summer is now closed.
7. The boy **who** fell off his bicycle has hurt his leg.
8. I have not seen the boy **whose** suitcase was stolen.
9. Kalidasa was a great poet **who** wrote interesting plays.
10. Rekha is the maid **whom** I have employed.

D.
1. Here is the book **which** I told you about it.
2. Did you receive the parcel **which** I sent yesterday?
3. Ramesh **who** tells lies deserves to be punished.
4. Here is the doctor **who** cured me of fever.
5. This is the man **whose** courage saved us.
6. Show me the road **which/that** leads to the airport.
7. The boy **whom** you see sitting there won the first prize.
8. They heard some news **that** astonished them.
9. She spoke to the victim **whose** arm was in a sling.
10. The conference **that** was held in Pune, was a success.

5 विशेषण
(ADJECTIVE)

Definition (परिभाषा)

An adjective is a word used to qualify a noun or pronoun. किसी संज्ञा या सर्वनाम की विशेषता प्रकट करने वाले शब्द को **Adjective** कहते हैं, जैसे- Red, three.

Example **1.** She bought a *red* rose. उसने एक लाल गुलाब खरीदा।

2. Ram has *three* books. राम के पास तीन पुस्तकें हैं।

☆ उपर्युक्त Sentences में 'Red' और 'Three' adjective हैं, जो Noun, rose तथा book की विशेषता बताते हैं।

Kinds of Adjectives (विशेषण के भेद)

Adjectives आठ प्रकार के होते हैं-

1. Adjective of Quality (गुणवाचक विशेषण)

These adjectives indicate the kind, quality, colour or a particular speciality of noun. So they are also called 'Descriptive Adjective'. जो Adjective, Noun अथवा Pronoun के गुण, दोष या रूप-रंग प्रकट करता है, उसे Adjective of Quality कहते हैं, जैसे- good, intelligent आदि।

Example **1.** Komal is a *good* girl. कोमल एक अच्छी लड़की है।

2. Mohan is an *intelligent* boy. मोहन बुद्धिमान लड़का है।

☆ उपर्युक्त Sentences में 'good" और 'intelligent' क्रमश: कोमल और मोहन के गुणों के बारे में बताते हैं, इसलिए ये Adjective of Quality हैं।

Adjective का वाक्यों में दो प्रकार से प्रयोग किया जाता है।

(a) Attributive : जब किसी वाक्य में Adjective का प्रयोग Noun से पहले होता है, तो वह Attributive प्रयोग कहलाता है।

Example **1.** Ram is an *intelligent* boy. राम एक बुद्धिमान लड़का है।

2. He has a *red* bike. उसके पास एक लाल मोटर साइकिल है।

☆ उपर्युक्त Sentences में Adjective 'intelligent' और 'red' का प्रयोग Noun के पहले किया गया है। इसलिए ये Attributive प्रयोग कहलाता है।

(b) Predicative : जब Adjective का प्रयोग Verb के बाद होता है, तो यह Predicative प्रयोग कहलाता है।

Example **1.** My Shirt is *new*. मेरी कमीज नई है।

2. The diamond is *hard*. हीरा कठोर होता है।

☆ उपर्युक्त Sentence में Adjective 'new' तथा 'hard' का प्रयोग Verb के बाद किया गया है। इसलिए इसे Predicative प्रयोग कहते हैं।

2. Proper Adjective (व्यक्तिवाचक विशेषण)

The adjectives which are formed from proper nouns are called Proper Adjectives. Proper Noun से बनने वाले Adjective को Proper Adjective कहते हैं।

Example 1. *Indian Army* is brave. भारतीय सेना बहादुर है।
2. *English language* is liked by all. अंग्रेजी भाषा को सभी पसन्द करते हैं।

★ उपर्युक्त Sentences में 'Indian' और 'English', Proper Noun हैं, इससे बनने वाले शब्द 'Indian Army' तथा 'English language' Proper Adjective कहलाते हैं।

3. Adjective of Quantity (परिमाणवाचक विशेषण)

These adjectives indicate 'how much' (amount) of a particular thing. जो Adjective किसी वस्तु की मात्रा या परिणाम को स्पष्ट करता हो, उसे Adjective of Quantity कहते हैं।

Example 1. There is *some* milk in the pot. बर्तन में थोड़ा-सा दूध है।
2. She has *much* weight. उसका वजन ज्यादा है।

★ उपर्युक्त Sentences में 'some' और 'much' से मात्रा का पता चलता है। इसलिए ये Adjective of Quantity हैं।

4. Adjective of Number (संख्यावाचक विशेषण)

These adjectives indicate the number or order of a particular thing or person. जिस Adjective से व्यक्ति या वस्तु की संख्या प्रकट हो, उसे Adjective of Number कहते हैं।

Example : Ram has *five* books. राम के पास पाँच पुस्तकें हैं।

★ उपर्युक्त Sentence में 'five' से संख्या का पता चलता है, इसे Adjective of Number कहते हैं। ये दो प्रकार के होते हैं–
(i) Definite (निश्चित) Number – जिससे निश्चित संख्या का बोध हो, जैसे– five, seven, two.
(ii) Indefinite (अनिश्चित) Number – जिससे अनिश्चितता का बोध हो, जैसे– few, many, some.

5. Demonstrative Adjective (संकेतवाचक विशेषण)

These adjectives point to the nouns that immediately follow it. जो Adjective अपने बाद तुरंत किसी Noun की ओर संकेत करता हो, उसे Demonstrative Adjective कहते हैं।

Example 1. *Those* toys are costly. वे खिलौने महँगे हैं।
2. *This* dress is looking fine. यह पोशाक सही है।
3. *These* men are labourious. ये लोग मेहनती हैं।

★ उपर्युक्त Sentences में 'those', 'this' और 'these' के बाद क्रमशः toys, dress, तथा men का प्रयोग किया गया है। इसलिए ये Demonstrative Adjective हैं।

6. Interrogative Adjective (प्रश्नवाचक विशेषण)

These adjectives are used to ask questions. जो Adjective प्रश्न पूछने का कार्य करे, उसे Interrogative Adjective कहते हैं। इनके बाद तुरंत Noun का प्रयोग किया जाता है।

Example 1. *Whose* book is this? यह पुस्तक किसकी है?
2. *Which* car is yours? तुम्हारी कार कौन-सी है?

★ स्मरण रखें कि What, Which, Whose के बाद तुरंत Noun का प्रयोग हो, तो इन्हें Interrogative Adjective कहते हैं, लेकिन यदि इन शब्दों के बाद Noun न आकर Verb आये तो वे Interrogative Pronoun कहलाते हैं।

Example 1. *Which* is your car? तुम्हारी कौन-सी कार है।

2. *Whose* is that book? किसकी यह पुस्तक है।

★ उपर्युक्त Sentences में 'which' एवं 'whose' के बाद Verb का प्रयोग किया गया है। इसलिए ये Interrogative Pronoun हैं।

7. Distributive Adjective (वितरकवाचक विशेषण)

These adjectives represent thing or person (each one of a number or of a particular group). जो Adjective किसी वर्ग की प्रत्येक वस्तु या व्यक्ति की ओर संकेत करे तो उसे Distributive Adjective कहते हैं।

★ Either, every, each, neither के तुरंत बाद जब Noun आता हो, तो वह शब्द Distributive Adjective होगा, लेकिन यदि either, every, each, neither के तुरंत बाद Noun नहीं आकर कोई अन्य शब्द आये तो वे शब्द Distributive Pronouns होंगे।

Distributive Adjective	Distributive Pronoun
1. **Each** girl reached school.	**Each** of the girls reached in the school.
2. **Neither** statement is false.	**Neither** of the statement is false.

8. Possessive Adjective (सम्बन्धवाचक विशेषण)

These adjectives are related to some person or thing. जो Adjective किसी व्यक्ति या वस्तु से सम्बन्ध बताते हैं, उन्हें Possessive Adjective कहते हैं।

Example : *My* pen is costly. मेरी कलम कीमती है।

★ उपर्युक्त Sentence में 'My' शब्द कलम के साथ अपना सम्बन्ध दर्शाता है। इसलिए यह Possessive Adjective है।

Comparative Study of Adjectives (विशेषणों का तुलनात्मक अध्ययन)

अंग्रेजी में Degrees of Comparison of Adjectives तीन प्रकार की होती हैं-
1. Positive Degree (मूल अवस्था)
2. Comparative Degree (उच्चतर अवस्था)
3. Superlative Degree (उच्चतम अवस्था)

1. Positive Degree (मूल अवस्था)

जब Adjective, Noun या Pronoun की विशेषता बताये तथा उसकी किसी से तुलना नहीं हो, तो ऐसी अवस्था में Positive Degree का प्रयोग होता है।

Example : Ram is a *good* boy. राम एक अच्छा लड़का है।

2. Comparative Degree (उच्चतर अवस्था)

जब किसी व्यक्ति, वस्तु या स्थान के गुण या दोष की तुलना किसी अन्य वस्तु या स्थान के गुण या दोष से की जाती है, तो ऐसी अवस्था में Adjective की Comparative Degree का प्रयोग करते हैं।

Example : Ram is *better* than Mohan. राम मोहन से अच्छा है।

3. Superlative Degree (उच्चतम अवस्था)

जब व्यक्ति या स्थान के गुण या दोष की तुलना किसी अन्य व्यक्ति या स्थान के गुण या दोष से की जाती है, इस अवस्था में Adjective की Superlative Degree का प्रयोग करते हैं।

Example : Ram is the *best* boy in the class. राम वर्ग में सभी लड़कों से अच्छा है।

Formation of Comparative and Superlative Degrees (विशेषण की उच्चतर और उच्चतम अवस्था बनाने की विधि)

☞ **नियम 1**: अधिकतर Adjective की Positive Degree के बाद 'er' लगाने से Comparative Degree और est लगाने से Superlative Degree बनते हैं।

Positive	Comparative	Superlative
Rich	Richer	Richest
Fast	Faster	Fastest

☞ **नियम 2**: जिस Adjective के अंत में e होता है उसमें केवल 'r' जोड़कर Comparative तथा st जोड़कर Superlative Degree बनाते हैं।

Positive	Comparative	Superlative
True	Truer	Truest
Wise	Wiser	Wisest
Large	Larger	Largest

☞ **नियम 3**: यदि Positive Degree में अंतिम Consonent से पहले Vowel हो तो Comparative तथा Superlative Degree में 'er' और est जोड़ने से पहले अंतिम Consonent को double कर देते हैं।

Positive	Comparative	Superlative
Hot	Hotter	Hottest

☞ **नियम 4**: यदि Positive Degree के अन्त में Y हो और X से पूर्व कोई Consonant हो तो X को 'i' में बदलने के पश्चात् 'er' जोड़कर Comparative तथा 'est' जोड़कर Superlative Degree बनाते हैं।

Positive	Comparative	Superlative
Easy	Easier	Easiest
Pretty	Prettier	Prettiest

☞ **नियम 5**: कुछ Adjective के अन्त में 'more' लगाकर Comparative तथा 'most' लगाकर Superlative Degree बनाते हैं या महत्त्व कम करने के लिए 'less' या 'least' लगाया जाता है।

Positive	Comparative	Superlative
Beautiful	More beautiful	Most beautiful
Difficult	More difficult	Most difficult
Delight	Less delight	Least delight

Irregular Comaprison: कुछ Adjectives की Comparative तथा Superletive Degree बनाते समय ऊपर में बताये गये नियमों में से कोई नियम लागू नहीं होता है।

Positive	Comparative	Superlative
Little	Lesser	Least
Good	Better	Best
Far	Farther	Farthest
Bad	Worse	Worst

1. interior, exterior, ulterior, major, perfect, excellent का प्रयोग सदैव Positive Degree में होता है।
   Example: Ramesh is an excellent artist. रमेश सबसे अच्छा कलाकार है।
2. साधारण Comparative Degree के पश्चात् 'than' का प्रयोग होता है, किन्तु superior, inferior, junior, senior, prior, anterior, posterior और preferable के पश्चात् 'than' की जगह 'to' का प्रयोग किया जाता है।
3. Superlative Degree के पहले सदैव 'the' का प्रयोग किया जाता है।
   Example: Ram is *the* best student of this college. राम इस कॉलेज का सबसे अच्छा छात्र है।

4. **Elder और Older का प्रयोग :** Elder का प्रयोग सगे रिश्ते में किया जाता है।
   Example : Seema is *elder* sister of Reema. सीमा, रीमा की बड़ी बहन है।
   Older का प्रयोग: जब दो वस्तुएँ या व्यक्ति अलग-अलग हो तो Older का प्रयोग होता है, जैसे—
   Example : Ram is *older* than Shayam. राम, श्याम से बड़ा है।
5. **Many और Much का प्रयोग :** 'Many' संख्यावाची विशेषण है तथा 'Much' परिमाणवाची विशेषण है।
   Many boys बहुत-से लड़के, Much water बहुत-सा पानी।

Correct uses of some adjectives (विशेषण का सही प्रयोग)
1. Some और Any का प्रयोग
Some का प्रयोग: Affirmative Sentences में 'कुछ' के अर्थ में होता है, जैसे—
   Example : There are *some* boys in this class. इस वर्ग में कुछ लड़के हैं।
Interrogative Sentences में इसका प्रयोग इस उद्देश्य से होता है कि वाक्य का उत्तर Affirmative ही हो, जैसे—
   Example : Will you bring some water in the glass? क्या तुम गिलास में कुछ पानी लाये हो?
Any का प्रयोग: Any का अर्थ है- कोई, किसी, कैसा ही। इसका प्रयोग Negative तथा Interrogative Sentences में ही होता है।
   Example 1. Komal has not read *any* poem? कोमल ने कोई कविता नहीं पढ़ी है?
   2. Is there *any* student in the class? क्या कक्षा में कोई लड़का है?

2. All और Whole का प्रयोग
All का अर्थ है सब। यह ऐसी Quantity अथवा Number को प्रकट करता है, जिसे अलग-अलग किया जा सके।
   Example 1. *All* the girls are present today. (Number) सभी लड़कियाँ कक्षा में उपस्थित हैं।
   2. He drank *all* the water. वह सब पानी पी गया।
Whole का अर्थ है सम्पूर्ण। 'Whole' एवं 'A whole' तथा 'The whole', Common Noun से पहले Singular तथा Plural दोनों रूपों में प्रयोग होते हैं।
   Example 1. The thirsty cow drank *a whole* bucket of water. प्यासी गाय पूरी बाल्टी पानी पी गयी।
   2. *The whole* village was under water. पूरा गाँव जलमग्न है।
   3. Give your answers in *whole* members. सभी लोग मिलकर अपने उत्तर दें।
★ All के पश्चात् तथा Whole के पहले 'The' का प्रयोग किया जाता है।

3. Each और Every का प्रयोग
Each का प्रयोग दो या दो से अधिक के लिए होता है। यह समूह में प्रत्येक की ओर संकेत करता है तथा निश्चित संख्या का बोध कराता है।
   Example 1. *Each* one of the two boys is intelligent. दोनों में से प्रत्येक लड़का बुद्धिमान है।
   2. The teacher will call *each* of you. शिक्षक प्रत्येक लड़के को बुलायेगा।
Every का प्रयोग समस्त समूह की ओर संकेत करता है तथा यह अनिश्चित संख्या का बोध कराता है।
   Example 1. *Every* citizen should be loyal to the nation. प्रत्येक नागरिक को अपने देश के प्रति वफादार होना चाहिए।
   2. It rained *every* day last week. पिछले सप्ताह प्रतिदिन वर्षा हुई।

4. Little, A littel, The little का प्रयोग
Little : Little का प्रयोग Negative अर्थ में किया जाता है तथा इसका अर्थ नहीं के बराबर होता है।
   Example 1. There is *little* milk in the glsass. गिलास में नहीं के बराबर दूध है।
   2. There is *little* hope of life. जीवन की आशा नहीं के बराबर है।

A little : A little का प्रयोग Positive Sense (सकारात्मक अर्थ) में कुछ के लिए अर्थात् अधिक नहीं के लिए किया जाता है।

***Example* 1.** He knows *a little* of astrology. उसे ज्योतिष की थोड़ी जानकारी है।

2. Kangna has *a little* money. कंगना के पास कुछ रुपये हैं।

The little : The little का प्रयोग 'अधिक नहीं' लेकिन जो कुछ भी है, उस सब कुछ की ओर संकेत करता है।

***Example* :** *The little* knowledge of computer proved helpful to me. कम्प्यूटर का थोड़ा ज्ञान मेरे लिए उपयोगी सिद्ध हुआ।

5. Few, A few, The few का प्रयोग

Few का प्रयोग Negative Sense में किया जाता है। इसका अर्थ 'थोड़ा' एकदम नहीं के बराबर होता है।

***Example* 1.** Komal has *few* friends. कोमल के कुछ दोस्त हैं।

2. *Few* students can solve the sum. कुछ विद्यार्थी सवाल को हल कर सकते हैं।

3. *Few* girls can play this game. कुछ लड़कियाँ उस खेल को खेल सकती हैं।

A few का प्रयोग Positve अर्थ में किया जाता है। वह कम संख्या बताता है।

***Example* 1.** They are going to Mumbai for *a few* days. वे लोग कुछ दिनों के लिए मुम्बई जा रहे हैं।

2. *A few* people speak french correctly. कुछ लोग शुद्ध फ्रेंच बोलते हैं।

3. I have *a few* pens. मेरे पास कुछ कलम है।

The few का प्रयोग : The few का अर्थ बहुत ज्यादा नहीं होता है, परन्तु जो होता है वह उसकी ओर संकेत करता है।

***Example* 1.** I have read *the few* religious books I had. मेरे पास कुछ धार्मिक पुस्तकें हैं, वो मैंने पढ़ी हैं।

2. *The few* leaders in our country have served the nation. हमारे देश के कुछ नेताओं ने राष्ट्र की सेवा की है।

Errors in the use of adjectives (विशेषण के प्रयोग में होने वाली त्रुटियाँ)

☆ Omit use of double Comparative and Superlative (विशेषण के उच्चतर एवं उच्चतम अवस्था के दोहरा प्रयोग न करें)

Incorrect	Correct
I have no any book.	I have no book.
I have not some money.	I have no money.
She is more stronger than you.	She is stronger than you.

☆ Incorrect use of than (than का गलत प्रयोग)

This book is superior than that. (Incorrect) This book is superior to that. (Correct)

☆ Incorrect order of words (शब्दों को सही क्रम में नहीं लगाना)

My all friends are rich. (Incorrect) All my friends are rich. (Correct)

स्मरणीय

यहाँ पर Adjective के सही-सही उपयोग के बारे में संक्षिप्त रूप में बताया है। इस अध्याय में हमने Spoken English (अंग्रेजी बोलने) से सम्बन्धित नियमों की आसान व्याख्या की है तथा Written English (अंग्रेजी लेखन) के महत्त्वपूर्ण नियमों का वर्णन संक्षेप में किया है। जो पाठक अंग्रेजी लेखन सम्बन्धित नियमों का विस्तार से अध्ययन करना चाहते हैं, वे अंग्रेजी व्याकरण की कोई भी अच्छी पुस्तक पढ़कर अपने ज्ञान में वृद्धि कर सकते हैं।

अभ्यास (Practice)

A. निम्नलिखित Sentences में Adjective का चयन कर उसके Kinds (प्रकारों) को बतायें-
1. Priyanka has seen Himalyan car.
2. This pen is red.
3. Each passenger took his seet.
4. Whose book is this?
5. Which mobile is yours?
6. My brother is intelligent professor.
7. These fruits are sweet.
8. The old lady died.
9. There is much water in the river.
10. She is innocent.
11. Either boy will go to the school.
12. Suraj is a gentle boy.
13. Indian people are brave.
14. I have one thousand rupees.
15. My dress is white.

B. Comparative or Superlative के सही शब्दों का प्रयोग करें-
1. Rams is .... than Aakash (strong)
2. Rani is ....than Mohini. (beautiful)
3. Iron is .... than silver. (heavy)
4. Himalaya is the .... mountain is the world. (high)
5. My .... brother is a doctor. (old)
6. Kutabminar is .... than Red Fort. (old)

C. निम्न तालिका का प्रयोग कर नये Sentence बनायें। प्रत्येक Sentence में प्रयोग किये गये Adjective को Underline (रेखांकित) करें।

			authentic flags.
			street dogs.
			modern houses.
			pet birds.
			rough copies.
			intelligent boys.
			house plants.
			rainy coats.
			weather charts.
These		are	race horses.
Those		were	steel chairs.
			regular beggars.
			green trees.
			old pants.

			new maps.
			Indian cows.
			mild animals.
			text books.
			working girls.
			new benches.
			half shirts.
			right keys.
			table fans.
			cheap mobiles.
			costly computers.

Example: These are <u>modern</u> house.
These are <u>pet</u> birds.
Those are <u>modern</u> houses.
Those are <u>pet</u> birds.

★ उपर्युक्त बनाये गये चारों Sentences को देखकर तालिका के आधार पर अन्य Sentences बनायें।

D. निम्न तालिका का प्रयोग कर नये Sentence बनायें। प्रत्येक Sentence में प्रयोग किये गये Adjective को Underline करें। उसके बारे में लिखें।

			very hot day	
			wintery night	
			Sunday	
			afternoon	
			month of April	
			a sunny day	
			cloudy sky	
			foggy weather	
Is	it	not a/the	a dense forest	?
was	that		a beautiful	
			garden	
			a cool evening	
			a delicious dish	
			a rough way	
			a mammoth	
			gathering	
			the public	
			opinion?	
			the general rule	

नोट : उपर्युक्त तालिका में दिये गये सभी Negative Sentences के अन्त में प्रश्नवाचक चिह्न का प्रयोग करें।

Example: Is it not a very <u>hot</u> day?
Was that not a very <u>hot day</u>?
Is it not a <u>winter</u> night?
Was that not a <u>winter</u> night?

✯ उपर्युक्त बनाये गये चारों Sentences को देखकर तालिका के आधार पर अन्य Sentences बनायें।

उत्तर (Answers)

A. 1. Himalyan-Proper Adj. 2. This-Demostrative Adj., red-Adjective of Quality 3. Each-Distributive, his-Possessive 4. Whose-Interrogative Adj. 5. Which-Interrogative Adj. 6. Intelligent-Adjective of Quality 7. These-Demonstrative, sweet-Adjective of Quality 8. Old-Adjective of Quality 9. Much-Adjective of Quantity 10. Innocent-Adjective of Quality 11. Either-Distributive 12. Gentle- Adjective of Quality 13. Indian-Proper Adj., brave-Adjective of Quality 14. One thousand-Adjective of number 15. White-Adjective of Quality

B. 1. Stronger 2. more beautiful 3. heavier 4. highest 5. old 6. older

6

क्रिया
(VERB)

Definition (परिभाषा)

A verb is a word used for saying something about some person or thing. जिस शब्द से किसी कार्य का करना या होना प्रकट हो, वह Verb कहलाता है, जैसे- Read, Write, Eat, Go.

***Example* 1.** Ram *reads*. राम पढ़ता है।

2. The boys are *writing*. लड़के लिख रहे हैं।

3. He is *eating*. वह खा रहा है।

4. They are *going*. वे लोग जा रहे हैं।

★ उपर्युक्त वाक्यों में reads, writing, eating और going शब्दों का प्रयोग हुआ है, जो क्रमशः Ram, boys, he और They के कार्य के विषय में बताते हैं। अतः ये सभी Verb हैं।

Kinds of Verb (क्रिया के भेद)

1. Transitive Verb (सकर्मक क्रिया)
2. Intransitive Verb (अकर्मक क्रिया)
3. Linking Verb (संयुक्त क्रिया)
4. Auxiliary or Helping Verb (सहायक क्रिया)

1. Transitive Verb (अकर्मक क्रिया)

In a sentence a transitive verb is a verb that requires one or more objects to complete its sense. जिस Verb के साथ किसी Object का प्रयोग किया गया हो उसे Transitive Verb कहते हैं।

***Example* 1.** Shubham is *reading* a book. शुभम एक पुस्तक पढ़ रहा है।

2. Sarita is *playing* tennis. सरिता टेनिस खेल रही है।

★ उपर्युक्त दोनों वाक्यों में Verb के साथ क्रमशः book और tennis का प्रयोग किया गया है। अतः ये Transitive Verb है।

2. Intransitive Verb (अकर्मक क्रिया)

In a sentence an intransitive verb is a verb that does not require one or more objects to complete its sense. जब क्रिया का फल किसी Object पर नहीं पड़कर Subject पर ही पड़े तो वह क्रिया Intransitive Verb कहलाता है।

***Example* 1.** Shubham *reads*. शुभम पढ़ता है।

2. He *plays*. वह खेलता है।

★ उपर्युक्त दोनों वाक्यों में Verb (reads और plays) का फल किसी Object पर नहीं पड़कर Subject के ऊपर ही पड़ता है। अतः ये Intransitive Verb हैं।

3. Linking Verb (संयुक्त क्रिया)

A verb that connects a subject with an adjective or noun that describes or identifies the subject. जिस वाक्य (क्रिया) का अर्थ पूरा करने के लिए किसी Complement (पूरक) का प्रयोग करना पड़े उसे Linkning Verb कहते हैं, जैसे-

Example 1. She *looks* pretty. वह सुन्दर दिखती है।
2. He *is* absent. वह अनुपस्थित है।

★ उपर्युक्त Sentences में 'looks' और 'is' शब्द Linking Verb है। इसके अर्थों को पूरा करने के लिए pretty और absent का प्रयोग किया गया है।

Complements (पूरक) दो प्रकार के होते हैं-

1. **Subjective Complement :** जिस Complement के द्वारा Subject का वर्णन हो, उसे Subjective Complement कहते हैं।

   Example 1. Meera is *glad*. मीरा खुश है।
   2. He is *angry*. वह गुस्से में है।

★ उपर्युक्त Sentences में 'glad' और 'angry,' Subjective Complement हैं, क्योंकि ये Sentence में प्रयुक्त Subject 'Meera' और 'he' का वर्णन करते हैं।

2. **Objective Complement :** जिस Complement द्वारा Object का वर्णन हो उसे Objective Complement कहते हैं।

   Example 1. We appointed Shayam our *monitor*. हम लोगों ने श्याम को अपना वर्ग प्रतिनिधि नियुक्त किया।
   2. They elected Mr. Singh as their *leader*. उन लोगों ने मिस्टर सिंह को अपना नेता चुना।

★ उपर्युक्त Sentences में 'monitor' और 'leader' Objective Complements हैं, जो Objects Shayam और Mr. Singh का वर्णन करते हैं।

4. Auxiliary Verb (सहायक क्रिया)

An auxiliary verb (such as have, do, or will) determines the mood, tense, or aspect of another verb in a verb phrase. Auxiliary verbs always precede main verbs within a verb phrase. Auxiliaries are also known as helping verbs. Auxiliary Verb वास्तव में एक helping verb है, जो tense, mood या voice की रचना में main verb की सहायता करता है।

★ निम्नलिखित वाक्यों को ध्यानपूर्वक पढ़ें।

1.	Varsha is reading a book. वर्षा एक पुस्तक पढ़ रही है।	I shall help you. मैं तुम्हारी मदद करूँगा।
2.	He was writing a letter. वह एक पत्र लिख रहा था।	Rita will read a book. रीता एक पुस्तक पढ़ेगी।
3.	You have helped me. तुमने मेरी सहायता की है।	He can help me. वह मेरी सहायता कर सकता है।
4.	You do not eat a mango. तुम आम नहीं खाते हो।	You need not read this book. तुम्हें यह पुस्तक पढ़ने की जरूरत नहीं है।
5.	Did you visit the world book fair? क्या आप विश्व पुस्तक मेला गये?	He should work hard. उसे कड़ी मेहनत करना चाहिए।

★ उपर्युक्त Sentences में is, was, have, shall, will, can, need, should आदि का प्रयोग Main Verb के साथ Helping Verb के रूप में हुआ है। have, had का प्रयोग Verb के 3rd Form के साथ, Do का प्रयोग Negative Sentence बनाने के लिए तथा Did का प्रयोग Interrogative Sentence बनाने के लिए किया गया है। Helping Verb से विभिन्न Tense का निर्माण होता है। इसलिए इन्हें Primary Auxiliaries कहते हैं।

Primary Auxiliary Verb– इनमें be, have और do क्रियाओं की विभिन्न forms का प्रयोग होता है।

Be के प्रकार
Present Tense में Be के प्रकार is, am, are हैं–
    Example 1. I *am* a boy. मैं एक लड़का हूँ।
            2. He *is* a boy. वह एक लड़का है।

Past Tense के रूप में Be का प्रयोग -
    Example : I *was* reading. मैं पढ़ रहा था।

Present Continuous Tense में Be का प्रयोग -
    Example : I *am* reading a book. मैं एक पुस्तक पढ़ रहा हूँ।

Past Continuous Tense में Be का प्रयोग -
    Example 1. I *was* reading a book. मैं एक पुस्तक पढ़ रहा था।
            2. We *were* playing cricket. हम लोग क्रिकेट खेल रहे थे।

Passive Voice में:
    Example 1. The book *is* bought by me. पुस्तक मेरे द्वारा खरीदी गयी है।
            2. The book *is* written by Sita. पुस्तक सीता के द्वारा लिखी गयी है।
            3. The players *are* honoured by the President. खिलाड़ी राष्ट्रपति के द्वारा सम्मानित किये गये।

Note : जब is, are, am, was, were, shall, will का प्रयोग सहायक क्रिया के रूप में हो, तो इन्हें Auxiliary Verb तथा जब इनका प्रयोग Complement के रूप में हो तो उसे Linking Verb कहते हैं।

Have के प्रयोग
Present Tense में have, has का और Past Tense में had का प्रयोग करते हैं।
    Example 1. I *have* a book. मैं एक पुस्तक रखता हूँ अथवा मेरे पास एक पुस्तक है।
            2. She *has* written a book. उसने एक पुस्तक लिखी है।
            3. She *had* written a book. उसने एक पुस्तक लिखी थी।

Present Perfect Tense में–
    Example 1. I *have* written a book. मैंने एक पुस्तक लिखी है।
            2. He *has* eaten a mango. उसने एक आम खाया है।

Past Perfect Tense में–
    Example 1. I *had* eaten a mango. मैंने एक आम खाया था।
            2. He *had* read this book. उसने यह पुस्तक पढ़ी थी।

Do के Forms

Do → Do, Does (Present), Did (Past Tense)

(i) Present Indefinite Tense में 'Do' का प्रयोग--

Negative Sentence बनाने के लिए

***Example* 1.** I *do* not write a letter. मैं एक पत्र नहीं लिखता हूँ।

2. She *does* not wirte a letter. वह पत्र नहीं लिखती है।

(ii) Interrogative Sentence बनाने के लिए-

***Example* :** *Do* I write a letter? क्या मैं एक पत्र लिखता हूँ?

(iii) Past Indefinite Tense में-

***Example* 1.** I *did* not write a letter. मैंने पत्र नहीं लिखा।

2. Mohini *did* not spend the money. मोहिनी ने रुपये खर्च नहीं किये।

Interrogative Negative Sentence बनाने के लिए-

***Example* 1.** *Did* I not write a letter? क्या मैंने पत्र नहीं लिखा?

2. *Did* Mohini not spend the money? क्या मोहिनी ने रुपये खर्च नहीं किये?

Note :

1. Singular Subject के साथ Singular Verb तथा Plural Subject के साथ Plural Verb का प्रयोग होता है।

***Example* 1.** He *plays*. वह खेलता है।

2. They *play*. वे लोग खेलते हैं।

☆ पहले वाक्य में Subject के साथ Singular Verb का प्रयोग हुआ है, जबकि दूसरे वाक्य में They के साथ Plural Verb का प्रयोग हुआ है।

2. यदि दो Singular Nouns एक ही व्यक्ति का बोध कराते हैं, तो वाक्य में प्रयोग किये जाने वाला Verb Singular होता है।

***Example* 1.** The boss and secretary *is* present in the office. बॉस एवं सेक्रेटरी कार्यालय में उपस्थित हैं।

2. The father and son *visited* the factory. पिता और पुत्र ने फैक्टरी का दौरा किया।

3. बीते हुए कल के साथ Past Tense तथा आने वाले कल के साथ Future Tense का प्रयोग होता है।

***Example* 1.** They *will* come to Delhi tomorrow. (Future Tense) वे लोग कल दिल्ली आयेंगे।

2. I *went* to his home yesterday. (Past Tense) मैं कल उसके घर गया।

☆ उपर्युक्त Sentences में is, was, have और will main verb के साथ helping verb के रूप में प्रयुक्त हुए हैं।

Different Forms of Verbs (क्रिया के प्रकार)

1. Present (1st Form) Verb का पहला रूप वर्तमान काल
2. Past (2nd Form) Verb का दूसरा रूप भूतकाल
3. Past Participle (3rd Form) Verb का तीसरा रूप
4. Present Participle (4th Form) Verb का चौथा रूप

Note : Tense की रचना करने के लिए Verb के विभिन्न रूपों/अवस्थाओं का प्रयोग करना पड़ता है।

1. Present (1st Form) Verb का पहला रूप वर्तमान काल : क्रिया के First Form का प्रयोग Present Indefinite Tense (वर्तमान काल) एवं Past Indefinite Tense (भूतकाल) के प्रश्नवाचक तथा नकारात्मक वाक्यों में (Future Indefinite तथा Imperative Sentences) में होता है।

2. Past (2nd Form) Verb का दूसरा रूप भूतकाल : क्रिया के दूसरे रूप का प्रयोग Past Indefinite के Affirmative (Positive) वाक्यों में होता है।

3. Past Participle (3rd Form) Verb का तीसरा रूप : Verb के तीसरे रूप का प्रयोग Present Perfect Tense, Past Perfect Tense, Future Perfect Tense तथा Passive Voice में होता है।

4. Present Participle (ing Form) का चौथा रूप : Verb का चौथे रूप का प्रयोग Present Continuous, Past Continuous, Future Continuous तथा Present Perfect Continuous, Past Perfect Continuous, Future Perfect Continuous, Tense में होता है।

Rules of Forms of Verbs

Verb के दूसरे और तीसरे रूप बनाने के कुछ नियम निम्नलिखित हैं:

☞ **Rule 1 :** Verb का दूसरा और तीसरा रूप बनाते समय Verb के अन्त में ed प्रत्यय जोड़ देते हैं, जैसे-

Present (1st Form)	Meaning	Past (2nd Form)	Past Participle (3rd Form)	Present Participle (ing Form)
Advice	सलाह देना	Advised	Advised	Advising
Ask	पूछना	Asked	Asked	Asking
Wash	धोना	Washed	Washed	Washing
Finish	समाप्त करना	Finished	Finished	Finishing

☞ **Rule 2 :** यदि Verb के अन्त में 'e' letter हो, तो इसे दूसरे और तीसरे रूप बनाते समय 'd' प्रत्यय जोड़ देते हैं, जैसे-

Present (1st Form)	Meaning	Past (2nd Form)	Past Participle (3rd Form)	Present Participle (ing Form)
Love	प्यार करना	Loved	Loved	Loving
Tire	थक जाना	Tired	Tired	Tiring
Change	बदलना	Changed	Changed	Changing
Bake	पकाना	Baked	Baked	baking
Close	बंद करना	Closed	Closed	Closing

☞ **Rule 3 :** Verb के पहले रूप के अन्त में यदि Y हो, तो क्रिया के दूसरे और तीसरे रूप बनाते समय Y को I में बदलकर 'ed' प्रत्यय लगा देते हैं, जैसे-

Present (1st Form)	Meaning	Past (2nd Form)	Past Participle (3rd Form)	Present Participle (ing Form)
Carry	ले जाना	Carried	Carried	Carrying
Try	कोशिश करना	Tried	Tried	Trying
Cry	रोना	Cried	Cried	Crying

Note : यदि Verb का अंतिम अक्षर Y हो और Y से पहले Vowel (a,e,i,o,u) हो, तो Y के बाद ed जोड़ते हैं, जैसे-

Present (1st Form)	Meaning	Past (2nd Form)	Past Participle (3rd Form)	Present Participle (ing Form)
Obey	आज्ञा पालन करना	Obeyed	Obeyed	Obeying
Play	खेलना	Played	Played	Playing

☞ **Rule 4 :** Verb के अंतिम अक्षर से पहले यदि एक Vowel (a,e,i,o,u) हो, तो 'ed' जोड़ने के पहले अंतिम अक्षर की पुनरावृत्ति की जाती है, जैसे–

Present (1st Form)	Meaning	Past (2nd Form)	Past Participle (3rd Form)	Present Participle (ing Form)
Stop	रोकना	Stopped	Stopped	Stopping
Rub	खेलना	Rubbed	Rubbed	Rubbing

☞ **Rule 5 :** अंग्रेजी में कुछ Verb के दूसरे व तीसरे रूप नियमानुसार नहीं बनते हैं, इनकी संक्षिप्त सूची यहाँ दी जा रही है।

Present (1st Form)	Meaning	Past (2nd Form)	Past Participle (3rd Form)	Present Participle (ing Form)
Arise	उठना	Arose	Arisen	Arising
Become	होना	Became	Become	Becoming
Blow	हवा का चलना	Blew	Blown	Blowing
Drink	पीना	Drank	Drunk	Drinking

☞ **Rule 6 :** कुछ Verb की तीनों Froms एक समान रहती हैं।

Present (1st Form)	Meaning	Past (2nd Form)	Past Participle (3rd Form)	Present Participle (ing Form)
Bet	शर्त लगाना	Bet	Bet	Betting
Cost	मूल्य लगाना	Cost	Cost	Costing
Let	देना	Let	Let	Letting
Quit	छोड़ना	Quit	Quit	Quitting

स्मरणीय

यहाँ पर Verbs के कुछ प्रचलित नियमों के सही-सही उपयोग के बारे में संक्षिप्त रूप में बताया है। इस अध्याय में हमने Spoken English (अंग्रेजी बोलने) से सम्बन्धित नियमों की आसान व्याख्या की है तथा Written English (अंग्रेजी लेखन) के महत्त्वपूर्ण नियमों का वर्णन संक्षेप में किया है। जो पाठक अंग्रेजी लेखन सम्बन्धित नियमों का विस्तार से अध्ययन करना चाहते हैं, वे अंग्रेजी व्याकरण की कोई भी अच्छी पुस्तक पढ़कर अपने ज्ञान में वृद्धि कर सकते हैं।

अभ्यास (Practice)

A. निम्नलिखित रिक्त स्थानों में Auxiliary Verb-is, am, are, has या have- का प्रयोग करें-
1. Ram .... going to home.
2. There .... a snake in the bushes.
3. I .... a pen.
4. They .... coming from Patna.
5. We .... reading book.
6. She .... writing an application.
7. Mohan .... gone to Agra.
8. .... he running?
9. .... Aarti reading a book?
10. My father .... gone to office.
11. .... Romila bought a pen?
12. Rasha .... not know me.

B. नीचे लिखे Sentences को पढ़कर उचित Auxiliary Verb- is, am या are का प्रयोग करें।
1. That .... your book.
2. You .... a professor.
3. I .... a responsible man.
4. You .... rich.
5. They .... selfish.
6. This .... a pen.
7. These .... books
8. That .... almirah.
9. That .... a computer.
10. This .... your book.
11. He .... my friend.
12. That .... my newspaper.
13. He .... at home.
14. He .... on tour.

उत्तर (Answers)

A. 1. is 2. is 3. am 4. are 5. are 6. is 7. has 8. is 9. is 10. has 11. has 12. did.

B. 1. is 2. are 3. am 4. are 5. are 6. is 7. are 8. is 9. is 10. is 11. is 12. is 13. is 14. is

7 क्रिया विशेषण (ADVERB)

Definition (परिभाषा)
An Adverb qualifies a Verb, an Adjective or another Adverb. क्रिया विशेषण, संज्ञा, सर्वनाम तथा विस्मयादिबोधक अव्ययों को छोड़कर सभी शब्द भेदों के अर्थ में वृद्धि करके उनकी विशेषता प्रकट करता है।

Example : Milkha runs **fast**. मिल्खा तेज दौड़ता है।

★ उपर्युक्त Sentence में Verb 'run' की विशेषता 'fast' दर्शाता है, अत: 'fast' शब्द Adverb है।

Kinds of Adverbs
Adverb तीन प्रकार के होते हैं–

1. Simple Adverb (सामान्य क्रिया विशेषण)
Simple Adverbs के द्वारा Time, Place, Number या Frequency, Manner, Reason, Degree, Affirmation or Negation का बोध होता है। इसके सात भेद हैं–

(i) **Adverbs of Manner** : जो क्रिया विशेषण तरीका दर्शाती है।

Example 1. Ram runs *fastly*. राम तेजी से दौड़ता है।
2. Sita walks *slowly*. सीता धीमा चलती है।

Note : Adjective से बनने वाले Adverbs जिनके अंत में 'ly' होता है, प्राय: Adverbs of Manner होते हैं।

★ Manner दिखाने वाले मुख्य Adverbs हैं– thus, so, well, ill, badly, gladly, quickly, certainly

(ii) **Adverbs of Time** : यह Adverb समय को व्यक्त करते हैं, जैसे– after, ago, early, late, now, then soon, today, tomorrow, shortly, immediately, afterwards, yesterday आदि।

Example 1. Mohan came *yesterday*. मोहन कल आया।

(iii) **Adverb of Place** : जगह को दर्शाने वाले क्रिया विशेषण जैसे– above, here, there, near, anywhere, up, down, above, below, inside, outside आदि।

Example : Mohan will go *inside*. मोहन अन्दर जायेगा।

(iv) **Adverb of Number** : संख्या की विशेषता दर्शाने वाले Adverbs हैं, जैसे– frequently, once, twice, again, seldom आदि।

Example : He failed *twice* in board examination.

★ उपर्युक्त Sentence में twice संख्या की विशेषता को दर्शाता है।

(v) **Adverb of Degree** : परिमाण दिखाने वाले Adverbs हैं, जैसे– more, little, fully, any, enough, almost, much, very आदि।

Example 1. Seema is *more* intelligent. सीमा बहुत बुद्धिमान है।
2. She is *little* weak. वह थोड़ी कमजोर है।

★ उपर्युक्त Sentences में more और little क्रमश: सीमा की बुद्धिमत्ता और कमजोरी के परिमाण की ओर इशारा करते हैं।

(vi) Adverb of Reason : कारण दर्शाने वाले Adverbs हैं, जैसे- because, so, hence, therefore, consequently.

***Example* :** He failed in annual exam *because* he did not work hard. वह अनुत्तीर्ण हो गया क्योंकि उसने कठिन परिश्रम नहीं किया था।

(vii) (a) **Adverb of Affirmation :** Affirmation को दर्शाने वाले मुख्य Adverbs हैं- yes, surely, certainly, truly आदि।

***Example* 1.** He will *surely* come here. वह यहाँ अवश्य आयेगा।

2. The exam will *certainly* be held in March. परीक्षा निश्चित रूप से मार्च में आयोजित होगी।

(b) **Adverb of Negation :** निषेधात्मक Adverbs को दर्शाने वाले शब्द निम्नलिखित हैं, जैसे- no, not, never आदि।

***Example* :** We do *not* know him. हमलोग उसे नहीं जानते हैं।

☞ उपर्युक्त Sentence में 'not' शब्द के द्वारा निषेधात्मक Adverb का प्रयोग किया गया है।

2. Relative Adverb (सम्बन्धवाचक क्रिया विशेषण)

Relative Adverb दो Sentences को जोड़ता है। वह पूर्व में उल्लेख किये गये Noun या Pronoun की ओर संकेत करते हुए time, place, reason या manner बताता है, जैसे- when, how, why, where.

***Example* 1.** This is the reason *why* I was late. यही कारण है कि मुझे विलम्ब हुआ।

2. This is the place *where* Lord Krishna was born. यही जगह है, जहाँ भगवान कृष्ण का जन्म हुआ।

★ उपर्युक्त Sentences के पहले Sentence में 'why' के द्वारा 'reason' तथा दूसरे Sentence में 'where' के द्वारा 'Place' (जगह) की ओर संकेत किया गया है।

3. Interrogative Adverb (प्रश्नवाचक क्रिया विशेषण)

वे Adverb जो प्रश्न पूछने के लिए प्रयोग किये जाते हैं, Interrogative Adverbs हैं, जैसे- How, Where, When etc.

***Example* 1.** *Where* did you go? तुम कहाँ गये थे?

2. *Where* has she gone? वह कहाँ गयी है?

3. *When* will Mohini return? मोहिनी कब लौटगी?

4. *Why* were you so glad? तुम इतने खुश क्यों थे?

Formation of Adverb (क्रिया विशेषण बनाने की प्रक्रिया)

☞ **Rule-1 :** Adjectives के अंत में 'ly' जोड़कर Adverbs of Manner बनाते है, जैसे-

Adjective	Adverb
Glad	Gladly
Honest	Honestly
Quick	Quickly

☞ **Rule-2 :** यदि किसी Adjective का अंतिम वर्ण 'le' हो तो अंतिम वर्ण 'e' को हटाकर वहाँ Y जोड़कर Adverb बनाते हैं, जैसे-

Adjective	Adverb
Single	Singly
Double	Doubly

☞ **Rule-3 :** यदि किसी Adjective का अंतिम वर्ण 'Y' हो और Y के पहले Consonant हो, तो Y को I में बदलकर उसमें ly जोड़कर उसे Adverb बनाते हैं, जैसे-

Adjective	Adverb
Happy	Happily
Ready	Readily

☞ **Rule-4 :** कुछ Nouns के Preposition जोड़कर Adverbs बनाते हैं, जैसे-

Preposition + Noun	Adverb
A + head	ahead
Be + low	below
A + long	along
A + cross	across

Position of Adverb

☞ **Rule-1 :** Adverb उस शब्द के निकट रखा जाता है, जिसको वह modify करता है। Adverb का प्रयोग खासतौर पर Adjective के पहले होता है।

Example : He runs *very* fast. वह बहुत तेज दौड़ता है।

★ उपर्युक्त Sentence में दौड़ने की गति की विशेषता very शब्द के द्वारा दर्शाया गया है। अतः 'very' adverb है।

☞ **Rule-2 :** Auxiliary Verb एवं Main Verb के बीच में Adverb का प्रयोग किया जाता है।

Example : He will *surely* achieve his goal. वह निश्चय ही अपना लक्ष्य प्राप्त करेगा।

★ उपर्युक्त Sentence में 'surely' adverb है।

Correct Use of Adverbs

Use of 'very'

1. 'अत्यंत' तथा 'बहुत' के अर्थ में good or bad गुण को व्यक्त करने वाले Positive Degree के Adjective के पहले very का प्रयोग किया जाता है।

    Example 1. Radha is *very* beautiful. राधा बहुत खूबसूरत है।
    2. My brother is *very* nice. मेरा भाई बहुत सुन्दर है।

2. The + Very + Superlative Degree का प्रयोग किया जाता है।

    Example 1. Tansen was the *very* best singer. तानसेन सबसे अच्छे गायक थे।
    2. She was the *very* best dancer. वह सबसे अच्छी नृत्यांगना थी।

Use of 'much'

1. Comparative Degree के Adjective विशेषण के पहले 'much' का प्रयोग किया जाता है।

    Example 1. Jonson can run *much* faster. जॉनसन और अधिक तेज दौड़ सकता है।
    2. Boss is *much* annoyed at Sunil's behaviour. बॉस, सुनील के व्यवहार से बहुत नाराज हैं।

2. Verb (क्रिया) की विशेषता प्रकट करने के लिए much का प्रयोग करते हैं।

    Example : He likes it *much*. वह इसे अधिक पसंद करता है।

Use of 'too'

1. अवगुणों को व्यक्त करने के लिए 'too' का प्रयोग करते हैं।

    Example : Shayam is *too* lazy. श्याम बहुत आलसी है।

Use of 'too much'
1. Too much का प्रयोग Noun के पहले होता है।
   Example : Too much of anything is bad. कोई भी वस्तु का बहुत अधिक होना खराब है।

Use of 'enough'
1. बहुत या काफी के अर्थ में Positive degree के Adjective या Adverb के बाद 'enough' का प्रयोग किया जाता है।
   Example : Komal is tall *enough*. कोमल काफी लम्बी है।
2. Sufficient के अर्थ में Adjective के रूप में Noun के पहले enough का प्रयोग किया जाता है।
   Example 1. Mukesh Ambani has *enough* money to spend. मुकेश अंबानी के पास खर्च करने के लिए बहुत अधिक धन है।
   2. There is *enough* salt in the vegetable. सब्ज़ी में ज्यादा नमक है।

Use of 'quite'
1. पूर्णता का भाव दर्शाने के लिए Adjective से पहले 'quite' लगाते हैं।
   Example 1. It is *quite* cold today. आज काफी ठंड है।
   2. He thinks she is *quite* well here. वह सोचता है कि वह यहाँ बिलकुल ठीक है।

Use of 'always'
हमेशा या सदैव के अर्थ में Adverb के रूप में Main Verb मुख्य क्रिया से पहले तथा Auxiliary Verb के बाद 'always' का प्रयोग होता है।
   Example 1. I *always* wake up in the morning. मैं हमेशा सुबह में उठता हूँ।
   2. The earth *always* moves around the sun. पृथ्वी हमेशा सूर्य के चारों ओर चक्कर लगाती है।

Use of 'ago'
अतीत या भूतकाल के अर्थ में 'ago' Adverb का प्रयोग करते हैं।
   Example : I came to Delhi exactly ten years *ago*. मैं ठीक 10 वर्ष पहले दिल्ली आया।

Use of 'ever'
1. 'कभी भी' 'किसी भी समय' के अर्थ में Adverb के रूप में Negative या Interrogative Sentence में 'ever' शब्द का प्रयोग किया जाता है।
   Example 1. Have you *ever* been to Japan? क्या आप कभी जापान गये हैं?
   2. Nothing *ever* happens in this city. इस शहर में कभी कुछ नहीं होता।
2. Comparative अथवा Superlative Degree के बाद 'ever' का प्रयोग किया जाता है।
   Example : This is the best dish I have *ever* tasted. मेरे द्वारा चखा गया यह सबसे अच्छा पकवान है।

Use of 'presently, shortly and directly'
1. 'शीघ्र' तथा 'अभी' के अर्थ में 'presently' का प्रयोग करते हैं।
   Example 1. He will go *presently*. वह अभी जायेगा।
   2. He is *presently* a private employee. वह अभी प्राइवेट नौकरी में है।
2. 'शीघ्र ही' के अर्थ में 'shortly' word का प्रयोग करते हैं।
   Example : The train is arriving *shortly*. ट्रेन शीघ्र ही आने वाली है।

Comparison of Adverbs (क्रिया विशेषण की तुलना)

★ Adjective की तरह Adverbs की भी तीन Degrees of Comparison होती हैं।

Positive	Comparative	Superlative
Near	Nearer	Nearest
Soon	Sooner	Soonest
Fast	Faster	Fastest
Cheap	Cheaper	Cheapest
Long	Longer	Longest

★ यदि Positive Degree के Adverbs के अन्त में 'ly' हो तो शब्द के आगे 'more' तथा most जोड़कर Comparative तथा Superlative Degree को Adverb में बदलते हैं।

Positive	Comparative	Superlative
Beautifully	More beautifully	Most beautifully
Quickly	More quickly	Most quickly
Happily	More happily	Most happily

★ कुछ Positive Degree के Adverbs, Comparative तथा Superlative Degrees में एकदम भिन्न होते हैं, जैसे–

Positive	Comparative	Superlative
Much	More	Most
Late	Later	Latest
Little	Less	Least
Well	Better	Best

स्मरणीय

यहाँ पर Adverb के कुछ प्रचलित नियमों के सही-सही उपयोग के बारे में संक्षिप्त रूप में बताया गया है। इस अध्याय में हमने Spoken English (अंग्रेजी बोलने) से सम्बन्धित नियमों की आसान व्याख्या की है तथा Written English (अंग्रेजी लेखन) के महत्त्वपूर्ण नियमों का वर्णन संक्षेप में किया है। जो पाठक अंग्रेजी लेखन सम्बन्धित नियमों का विस्तार से अध्ययन करना चाहते हैं, वे अंग्रेजी व्याकरण की कोई भी अच्छी पुस्तक पढ़कर अपने ज्ञान में वृद्धि कर सकते हैं।

अभ्यास (Practice)

A. निम्नलिखित रिक्त स्थानों में उपयुक्त Adverb भरें-
1. Tajmahal is .... beautiful building. (very/too)
2. Mr. Bhargav is not here .... (just now/just)
3. It is .... hot today (much/very)
4. He is .... hopeful. (fairly/rather)
5. Rambha .... looks pretty and fresh (always/ever)
6. She was .... tired. (very/ago)
7. His friend died five years .... (before/ago)
8. Her health was .... good. (only too/not too)

B. रिक्त स्थानों में कोष्ठक में दिये गये शब्दों में से उपयुक्त Adverb भरें-
1. He spoke loud _____ to be heard. (much, enough).
2. It is _____ late, but not _____ late to catch the train. (too, very)
3. She waited for us _____ impatiently. (very, much)
4. Fruit is _____ cheap today, but is _____ dear for me to buy any. (too, very)
5. This magazine is _____ heavy, but that one is _____ light. (fairly, rather)
6. This news is _____ good to be true (very, too)
7. It is _____ hot to go outside. (very, much)
8. Our school closed a fortnight _____ (since, ago)
9. She has been absent from school _____ last Monday. (since, ago)
10. The patient is _____ better today. (too, much)

C. निम्नलिखित Sentences में उपयुक्त स्थान पर कोष्ठक में दिये गये शब्द भरें-
1. We lost the match. (nearly)
2. He makes a mistake. (rarely)
3. He did well in the examination. (fairly)
4. The pupils have completed the class work. (almost)
5. Has her brother been a school master? (always)
6. His father had to work hard for his living. (never)
7. I am late for my lectures. (often)
8. He was tall to reach the shelf. (enough)
9. Does he make mistakes? (usually)
10. I was able to hear what they said. (hardly)
11. The teacher has marked these papers. (just)
12. He has travelled by train. (never)
13. We deceive ourselves. (sometimes)
14. I know her well. (quite)
15. She will stand first. (surely)

उत्तर (Answers)

A. 1. very 2. just now 3. very 4. rather 5. always 6. very 7. ago 8. not too

B. (1) enough (2) very/too (3) very (4) very, too (5) rather, fairly (6) too (7) very (8) ago (9) since (10) much

C. 1. We <u>nearly</u> lost the match.
2. He <u>rarely</u> makes a mistake.
3. He did <u>fairly</u> well in the examination.
4. The pupils have <u>almost</u> completed the class work.
5. Has her brother <u>always</u> been a school master?
6. His father had <u>never</u> to work hard for his living.
7. I am <u>often</u> late for my lectures.
8. He was tall <u>enough</u> to reach the shelf.
9. Does he <u>usually</u> make mistakes?
10. I was <u>hardly</u> able to hear what they said.
11. The teacher has <u>just</u> marked these papers.
12. He has never travelled by train.
13. We <u>sometimes</u> deceive ourselves.
14. I know her <u>quite</u> well.
15. She will <u>surely</u> stand first.

8 सम्बन्धसूचक शब्द (PREPOSITION)

Definition (परिभाषा)
Preposition is a word used with a Noun or a Pronoun to show how the person or thing denoted by the Noun or Pronoun stands in relation to something else. Preposition वह शब्द है, जो किसी Noun या Pronoun के पहले प्रयुक्त होकर, उस Noun या Pronoun द्वारा सूचित व्यक्ति या वस्तु का सम्बन्ध अन्य Noun या Pronoun शब्द से प्रदर्शित करता है।

Example 1. The cow is *in* the field. गाय खेत में है।
2. He is always *with* me. वह हमेशा मेरे साथ है।

★ उपर्युक्त पहले Sentence में cow, Noun का सम्बन्ध 'in' शब्द के द्वारा दूसरे field, Noun के साथ दर्शाया गया है। दूसरे Sentence में he 'Pronoun' का सम्बन्ध दूसरे Pronoun 'me' के साथ दर्शाया गया है। इस प्रकार दोनों वाक्यों में क्रमशः 'in' तथा 'with' Preposition का प्रयोग किया गया है।

Kinds of Preposition (सम्बन्धसूचक शब्द के भेद)
Preposition पाँच प्रकार के होते हैं-

1. Simple Prepositions (सामान्य सम्बन्धसूचक शब्द) जैसे- to, by, from, with, on, up, for
2. Compound Prepositions (मिश्रित सम्बन्धसूचक शब्द) जैसे- below, between, beside, inside.
3. Double Prepositions (दोहरे सम्बन्धसूचक शब्द) जैसे- outside of, from, behind, out of, from out, from beneath.
4. Participle Prepositions (पूर्वकालिक सम्बन्धसूचक शब्द) जैसे- notwithstanding, concerning pending, considering.
5. Phrasal Preposition (मुहावरेदार सम्बन्धसूचक शब्द) जैसे- because of, on account, with a view to, with regard to, in opposition to, in the event of, for the sake of, on behalf of.

Correct use of some important Prepositions (सम्बन्धसूचक शब्दों का सही प्रयोग)
Use of 'in'
1. बड़े-बड़े स्थानों, राज्यों एवं देशों के नाम के पहले 'in' Preposition का प्रयोग करते हैं।
    Example 1. I live *in* Delhi. मैं दिल्ली में रहता हूँ।
    2. Pinki is *in* the room. पिंकी कमरे में है।
2. निश्चित स्थान के भीतर किसी वस्तु की स्थिर अवस्था को प्रकट करने के लिए 'in' का किया जाता है।
    Example 1. Water is *in* the glass. पानी गिलास में है।
    2. Sandeep works *in* the hospital. संदीप अस्पताल में काम करता है।

Use of 'from'
1. अलगाव की स्थिति व्यक्त करने के लिए 'from' का प्रयोग करते हैं। 'from' का सामान्यतया अर्थ 'से' होता है।
    Example 1. Mohan has come *from* Ranchi. मोहन राँची से आया है।
    2. The guava has fallen *from* the tree. अमरूद पेड़ से गिरा है।

2. 'से' के अर्थ में Source को अभिव्यक्त करने में from का प्रयोग किया जाता है।
   Example :   This passage is taken *from* Ramayana. यह गद्यांश रामायण से लिया गया है।
3. 'से' के अर्थ में किसी वस्तु से अलग गुण वाली दूसरी वस्तु के लिए 'from' का प्रयोग किया जाता है।
   Example :   This neckless is made *from* gold. यह हार सोने से (का) बना है।

Use of 'to'

1. किसी वाक्य के Object के पहले 'to' का प्रयोग किया जाता है।
   Example :   I sent a message *to* her. मैंने उसे एक संदेश भेजा।
2. एक जगह से दूसरी जगह जाने के लिए 'to' का प्रयोग किया जाता है।
   Example :   Mr. Gupta goes *to* the office daily. मिस्टर गुप्ता प्रतिदिन कार्यालय जाते हैं।
3. तुलनात्मक अध्ययन करने के लिए 'to' का प्रयोग किया जाता है।
   Example :   He is junior *to* me. वह मुझसे छोटा है।
4. समय बताने के लिए 'to' का प्रयोग किया जाता है।
   Example :   It is five minutes *to* twelve O'clock. बारह बजने में पाँच मिनट बाकी है।
5. 'पर' के अर्थ को प्रकट करने के लिए 'to' का प्रयोग किया जाता है।
   Example :   He invited me *to* tea. उसने मुझे चाय पर निमंत्रण दिया।
6. 'के' प्रति का अर्थ व्यक्त करने के लिए 'to' का प्रयोग किया जाता है।
   Example :   It is my duty *to* our nation. यह देश के प्रति मेरा कर्तव्य है।

Use of 'into'

1. रूप परिवर्तन करने के लिए 'into' का प्रयोग किया जाता है।
   Example 1. Translate Hindi *into* English. हिन्दी को अंग्रेजी में बदलो।
           2. Milk turns *into* curd. दूध, दही में बदल जाता है।
2. गति को दर्शाने के लिए 'into' का प्रयोग किया जाता है।
   Example :   The frog jumped *into* the well. मेढक कुँआ में कूद पड़ा।
3. 'का, के, की' के अर्थ व्यक्त करने के लिए 'into' का प्रयोग किया जाता है।
   Example :   The crime branch enquired *into* the case. अपराध शाखा ने इस केस की जाँच की।

Use of 'on'

1. कोई वस्तु किसी दूसरी वस्तु के ऊपर रखी हो तो 'on' का प्रयोग किया जाता है।
   Example 1. My pen is *on* the table. मेरी कलम मेज पर रखी है।
           2. The glass is *on* the floor. गिलास फर्श पर रखी है।

Use of 'of'

1. सम्बन्ध प्रकट करने के लिए 'of' का प्रयोग किया जाता है।
   Example 1. Mr. Singh is a resident *of* Delhi. मिस्टर सिंह दिल्ली के निवासी हैं।
           2. He is the clerk *of* our school. वह हमारे स्कूल का क्लर्क है।
2. गुण अथवा कारण बताने के लिए 'of' का प्रयोग किया जाता है।
   Example 1. He is a man *of* high morals. वह उच्च गुणों वाला आदमी है।
           2. She died *of* cancer. उसकी कैंसर होने के कारण मृत्यु हुई।
3. स्रोत का अर्थ प्रकट करने के लिए 'of' का प्रयोग किया जाता है।
   Example :   He is *of* a well-off family. वह उच्च कुल से सम्बन्ध रखता है।

Use of 'with'
1. 'से' के द्वारा अर्थ में 'with' का प्रयोग किया जाता है।
   Example :   She writes *with* a pen. वह कलम से लिखती है।
2. 'के साथ' के अर्थ में 'with' का प्रयोग किया जाता है।
   Example :   I went to Delhi *with* my son. मैं अपने पुत्र के साथ दिल्ली गया।
3. अलगाव के अर्थ को प्रकट करने के लिए 'with' का प्रयोग किया जाता है।
   Example :   Madhuri parted *with* her husband at Delhi station. माधुरी दिल्ली स्टेशन पर अपने पति से अलग हो गयी।
4. सहमति या विरोध प्रकट करने के लिए 'with' का प्रयोग किया जाता है।
   Example :   I agree *with* you. मैं तुमसे सहमत हूँ।
5. Manner तथा गुणों के भाव प्रकट करने के लिए 'with' का प्रयोग किया जाता है।
   Example 1. I face all challenges *with* confidence. मैं सभी चुनौतियों का सामना साहस से करता हूँ।
   2. He is a boy *with* amazing talent. वह लड़का सुंदर गुणों से युक्त है।

Use of 'between'
1. दो वस्तुओं या व्यक्तियों के बीच स्थिति प्रकट करने के लिए किया जाता है
   Example 1. Divide these mangoes *between* Ram and Shayam. इन आमों को राम और श्याम के बीच बाँट दो।
   2. You have to choose *between* life and death. तुम्हें जीवन और मौत के बीच किसी एक को चुनना है।

Use of 'among'
1. दो या दो से अधिक Nouns अथवा Pronouns के बीच 'among' का प्रयोग किया जाता है।
   Example 1. Distribute the books *among* students. छात्रों के बीच ये पुस्तकें बाँट दो।
   2. Ram is the best *among* all students. राम सभी छात्रों में अच्छा छात्र है।

Use of 'above'
1. एकदम ऊपर के अर्थ में 'above' का प्रयोग किया जाता है।
   Example 1. The birds are flying *above* in the sky. चिड़िया आकाश में काफी ऊपर उड़ रही है।
2. संख्या या मात्रा की अधिकता में 'above' का प्रयोग किया जाता है।
   Example 1. His working experience is *above* his earnings. उसके काम का अनुभव उसकी आमदनी से ज्यादा है।
   2. The mountain peak is *above* the cloud. पर्वत शिखर बादलों से ऊपर है।

Use of 'behind'
1. 'के' पीछे के अर्थ में 'behind' का प्रयोग किया जाता है।
   Example :   Her son was hiding *behind* the wall. उसका बेटा दीवार के पीछे छुप रहा था।

Use of 'beneath'
1. 'नीचे' के अर्थ में किया जाता है।
   Example :   I have kept my luggage *beneath* the berth. मैंने अपना सामान शायिका के नीचे रखा है।

Use of 'by'
1. जिस व्यक्ति के द्वारा कार्य पूरा किया जाता है, उसके लिए 'by' का प्रयोग करते हैं।
   Example :   This work is finished *by* me. यह काम मेरे द्वारा पूरा किया गया।
   2. This book is written *by* me. यह पुस्तक मेरे द्वारा लिखी गयी।

2. निकटता दिखाने के लिए 'by' का प्रयोग करते हैं।
   Example :   There is a hotel *by* the side of the bus stand. बस स्टैण्ड के नजदीक एक होटल है।

3. समाप्त होने वाले समय के लिए 'by' का प्रयोग करते हैं।
   Example :   I will return *by* evening. मैं शाम तक लौटूँगा।

4. यातायात या संचार साधन दिखाने के लिए 'by' का प्रयोग करते हैं।
   Example 1. I travel *by* bus. मैं बस द्वारा यात्रा करता हूँ।
             2. He sends letters *by* post. वह डाक द्वारा पत्रों को भेजता है।

5. Passive voice में 'के द्वारा' के अर्थ में 'by' का प्रयोग करते हैं।
   Example :   The flower is plucked *by* Nagesh. फूल नागेश के द्वारा तोड़ा गया।

6. 'By' का प्रयोग कुछ phrases में भी होता है।
   by chance – संयोग से
   by God – ईश्वर की कसम
   by force – जबरदस्ती
   by heart – कंठस्थ
   by mistake – गलती से

Use of 'about'

1. कार्य के तुरंत हो जाने के अर्थ में about का प्रयोग किया जाता है।
   Example 1. They are *about* to come. वे लोग आने ही वाले हैं।
             2. I am *about* to finish the dinner. मैं खाना खत्म करने वाला हूँ।

2. किसी के सम्बन्ध में कुछ कहने के लिए 'about' का प्रयोग करते हैं।
   Example :   I want to say *about* my mother's health. मैं अपनी माँ के स्वास्थ्य के सम्बन्ध में बात करना चाहता हूँ।

Use of 'towards'

1. Direction प्रकट करने के लिए 'towards' का प्रयोग करते हैं।
   Example :   He is going *towards* stadium. वह स्टेडियम की तरफ जा रहा है।

Use of 'under'

1. नीचे के अर्थ में 'under' का प्रयोग करते हैं।
   Example :   The dog is sitting *under* the table. कुत्ता मेज के नीचे बैठा है।

2. अधीन के अर्थ में 'under' का प्रयोग करते हैं।
   Example :   All ministers work *under* the Prime Minister. सभी मंत्री प्रधानमंत्री के अधीन होते हैं।

3. less than के अर्थ में 'under' का प्रयोग करते हैं।
   Example :   The child is *under* age for admission to nursery. नर्सरी में नामांकन कराने के लिए बच्चे की उम्र कम है।

Use of 'at'

1. छोटी जगहों के नाम, गाँव, उपनगर, कॉलोनी के पहले 'में' के अर्थ में 'at' का प्रयोग किया जाता है।
   Example 1. I live *at* Shalimarbagh.
             2. He was born *at* Bhagalpur.

2. निश्चित समय बताने के लिए 'at' का प्रयोग करते हैं।
   Example :   I shall come *at* 9.30 am. मैं प्रात: साढ़े नौ बजे आऊँगा।
3. समयसूचक शब्दों के पहले 'at' का प्रयोग करते हैं।
   at dawn – उषाकाल का समय
   at noon – दोपहर का समय
   at night – रात्रि का समय
4. कीमत, दर आदि अभिव्यक्ति करने वाले शब्दों के पहले 'at' का प्रयोग करते हैं।
   Example :   Mangoes are selling *at* rupees 40 per kg. आम 40 रुपये प्रति किलो बिक रहा है।
5. अस्थायी कार्य को अभिव्यक्त करने के लिए 'at' का प्रयोग करते हैं।
   Example :   Men are *at* work. आदमी काम पर हैं।
6. उम्र व्यक्त करने के लिए 'at' का प्रयोग करते हैं।
   Example :   Rajiv Gandhi became India's Prime Minister *at* the age of 42. राजीव गांधी 42 वर्ष की उम्र में भारत के प्रधानमंत्री बने।

स्मरणीय

यहाँ पर Preposition के कुछ प्रचलित नियमों के सही-सही उपयोग के बारे में संक्षिप्त रूप में बताया गया है। इस अध्याय में हमने Spoken English (अंग्रेजी बोलने) से सम्बन्धित नियमों की आसान व्याख्या की है तथा Written English (अंग्रेजी लेखन) के महत्त्वपूर्ण नियमों का वर्णन संक्षेप में किया है। जो पाठक अंग्रेजी लेखन सम्बन्धित नियमों का विस्तार से अध्ययन करना चाहते हैं, वे अंग्रेजी व्याकरण की कोई भी अच्छी पुस्तक पढ़कर अपने ज्ञान में वृद्धि कर सकते हैं।

अभ्यास (Practice)

A. निम्नलिखित रिक्त स्थानों में उपयुक्त Prepositions भरें-

After having read the newspaper, I decided to have lunch (1)___ McDonald's. It is only a ten-minute walk (2)_____ my house. Before I left, I gave some milk (3)____ the cat. (4)___ McDonald's, I had a hearty meal. In addition to the delicious hamburger, I also had a chocolate ice cream. The meal was delicious as I sipped coke (5)_____ the bites. (6)_____ the crowd at the McDonald's, there were many foreigners also. I would have sat (7)_____ longer but had (8)___ leave immediately after my meal because of the heavy crowd. As I stood (9)___ and walked (10)____ of the restaurant, I realised that it was very hot (11)_____ I wanted to reach home quickly but paid a brief visit to a bookstore and bought a novel. After all, I had to plan the rest of the day alone. As soon as I reached home, I switched (12)___ the air conditioner and went to sleep at once. When I slept, the cat kept (13)___ making noises because perhaps, it had seen a mouse (14)____ the kitchen. I read the novel for some time and then started to cook food as I had no mood to go out. I ate my dinner around 9 pm, watched TV (15)___ late and then fed the cat before going (16)__ sleep. I woke (17)__ only when my family came early (18)__ the morning.

B. कोष्ठक में दिये गये शब्दों में से उपयुक्त शब्दों को चुनकर प्रत्येक वाक्य को पूरा करें-
1. The children sat (on/upon) the ground.
2. One should live (in/within) one's means.
3. We must trust (in/on) our close friends.
4. The train is (after/behind) time.
5. Three thieves quarrelled (between/among) themselves.
6. He arrived (by/with) all his belongings.
7. She was (in/at) Kolkata last night.
8. She has been ill (since/for) last night.
9. We will return (in/on) an hour.
10. We returned from the picnic (after/since) three days.

उत्तर (Answers)

A. 1. at 2. from 3. to 4. at 5. with 6. in 7. for 8. to 9. up 10. out 11. outside 12. on 13. on 14. in 15. till 16. to 17. up 18. in

B. 1. on 2. within 3. in 4. behind 5. among 6. with 7. in 8. since 9. in 10. after

9

संयोजक (CONJUNCTION)

Definition (परिभाषा)

A conjunction is a word which joins two or more than two phrases, clauses, words or sentences. Conjunction वह शब्द है, जो दो या दो से अधिक शब्दों या वाक्यों को जोड़ता है।

***Example* 1.** Komal *and* Kavita are sisters. कोमल और कविता बहनें हैं।

2. Please give me Coke *or* Pepsi. कृपया मुझे कोक या पेप्सी दें।

3. I went to his school *but* he was not there. मैं उसके स्कूल गया लेकिन वह वहाँ नहीं था।

✯ उपर्युक्त वाक्यों में 'and', 'or' तथा 'but' का प्रयोग दो शब्दों या वाक्यों को जोड़ने के लिए हुआ है। अत: ये तीनों Conjunctions हैं।

Kinds of Conjunction (संयोजक के भेद)

1. Co-ordinating Conjunction (समानपदीय संयोजक)
2. Subordinating Conjunction (आश्रित संयोजक)
3. Co-relative Conjunction (संकेतबोधक संयोजक)

Co-ordinating Conjunction (समानपदीय संयोजक)

ऐसे Conjunction जो दो समान पद वाले शब्दों तथा वाक्यों को एक-दूसरे से जोड़ते हैं, वे Co-ordinating Conjunction कहलाते हैं। ये अर्थ के लिए किसी पर निर्भर नहीं रहते हैं तथा स्वयं अपना भिन्न-भिन्न अर्थ प्रकट कर सकते हैं।

***Example* :** Ram *and* Shayam are going to school. राम और श्याम स्कूल जा रहे हैं।

✯ उपर्युक्त Sentence में Ram तथा Shayam दो समान पद वाले शब्द हैं, जो स्वयं अपना अलग-अलग अर्थ प्रकट कर सकते हैं। इन्हें and शब्द के द्वारा जोड़ा गया है। अत: and Co-ordinating Conjunction है।

Co-ordinating Conjunction के चार भेद हैं-

1. Cumulative Conjunction (संयुक्त संयोजक)
2. Alternative Conjunction (वैकल्पिक संयोजक)
3. Illative Conjunction (परिणामसूचक संयोजक)
4. Adversative Conjunction (विरोध दर्शक संयोजक)

1. Cumulative Conjunction (संयुक्त संयोजक) : वह Co-ordinating Conjunction जो एक statement को दूसरे statement से जोड़ने के लिए प्रयोग किये जाते हैं, Cumulative Conjunctions कहलाते हैं, जैसे- also, and, now, too आदि।

***Example* 1.** Radha is singer *and* dancer *too*. राधा गायिका और नृत्यांगना दोनों है।

2. His mother is nobel and kind *too*. उसकी माँ विनम्र होने के साथ दयालु भी है।

✯ उपर्युक्त Sentences में 'and' तथा 'too' का प्रयोग दोनों वाक्यों को जोड़ने के लिए किया गया है। अत: ये Cumulative Conjunction हैं।

2. Alternative Conjunction (वैकल्पिक संयोजक) : इन Conjunctions के द्वारा दो में से एक विकल्पों को चुनने का बोध होता है, जैसे– either .... or, neither........ nor, else or, otherwise आदि।

Example 1. Sita will love Ram *or* she will die. सीता राम से प्यार करेगी या वह मर जायेगी।
2. Make haste *otherwise* you will be late. जल्दी करो वरना तुम्हें देर हो जायेगी।

★ उपर्युक्त Sentences में 'or' तथा 'otherwise' के द्वारा दोनों में से एक को चुनने का बोध होता है। अतः ये Alternative Conjunction हैं।

3. Illative Conjunction (परिणामसूचक संयोजक) : वह Conjunction जो निष्कर्ष के भाव को व्यक्त करता है, Illative Conjunction कहलाता है, जैसे– for, therefore, so that, so, then आदि।

Example 1. It is time to take rest, *so* let us go home. छुट्टी का वक्त हो गया है, इसलिए हमें घर जाना चाहिए।
2. Vikas did not work hard, *so* he failed. विकास ने कड़ी मेहनत नहीं की इसलिए वह अनुत्तीर्ण हो गया।

★ उपर्युक्त Sentences में 'so' Illative Conjunction है। इससे काम के परिणाम का बोध होता है।

4. Adversative Conjunction (विरोध दर्शक संयोजक) : वह Co-ordinating Conjunctions जो Statements के बीच अंतर अथवा Opposition के भाव दिखाते हैं, वे Adversative Conjunctions कहलाते हैं, जैसे– but, yet, still, however, only , never.., while आदि।

Example 1. Sonu was angry, *yet/still* he kept quiet. सोनू गुस्से में था तथापि वह चुप रहा।
2. Good boys did hard work, *while* bad ones wasted their time. अच्छे लड़कों ने कड़ी मेहनत की जबकि बुरे लड़कों ने अपना समय बर्बाद किया।
3. Sohan was alright, *only* he was conservative. सोहन ठीक था, केवल वह संकीर्ण विचारों का था।

★ उपर्युक्त Sentences में yet, still, while और only अन्तर अथवा Opposition के भाव दिखाते हैं। अतः ये Adversative Conjunctions हैं।

Subordinating Conjunction (आश्रित संयोजक)

ऐसे संयोजक जो वाक्यों को आपस में जोड़ते हैं तथा जिनमें से दूसरा वाक्य अपने अर्थ के लिए पहले वाक्य पर निर्भर होता है, उसे Subordinating Conjunction कहते हैं। इसमें मुख्यतौर से पहला वाक्य स्वयं अपना अर्थ स्पष्ट कर सकता है।

दो साधारण वाक्यों को जोड़कर एक जटिल वाक्य बनाने की प्रक्रिया को Subordinating Conjunction कहते हैं। इन वाक्यों में जो वाक्य अपना अर्थ स्वयं प्रकट करता है, उसे Principal Clause तथा जो वाक्य अपना अर्थ स्वयं स्पष्ट न कर सके, उसे Subordinate Clause कहते हैं।

Example 1. The train had left *before* they reached the station. उनके स्टेशन पहुँचने से पहले ट्रेन छूट चुकी थी।
2. *Since* Ram is ill, he cannot accompany you. जब से राम बीमार है, वह तुम्हारा साथ नहीं दे सकता।

★ उपर्युक्त Sentences में 'before', तथा 'since' Conjunctions द्वारा एक Clause को दूसरी ऐसी Clause से जोड़ा गया जिसके बिना वह अपना अर्थ नहीं व्यक्त कर पाता है अर्थात् एक Clause दूसरी पर पूरी तरह आश्रित है। इनमें से एक वाक्य Principal Clause बनेगी और दूसरा Sub-ordinate Clause बनेगी।

★ अर्थ के आधार पर Subordinating Conjunction निम्नलिखित भाव प्रकट करते हैं:

1. Time (समय) - When, whenever, until, till, before, after, while, since, as soon as, as long as, just as आदि।

   ***Example* 1.** *When* I called on her, she was sleeping. जब मैंने उसे बुलाया, तो वह सो रही थी।

   2. Suraj reached the station *after* the train had left. ट्रेन के छूटने के बाद सूरज स्टेशन पहुँचा।

2. Place (जगह) - Where, wherever, whence

   ***Example* 1.** Place the diary *where* you can find it. डायरी वहाँ रखो, जहाँ तुम उसे पा सको।

   2. *Wherever* he went his friends went with him. वह जहाँ कहीं भी गया, उसके दोस्त उसके साथ थे।

3. Cause (कारण) - Since, because, as और that का प्रयोग कारण सूचित करने के लिए होता है।

   ***Example* 1.** Mohini passed *because* she worked hard. मोहिनी उत्तीर्ण हो गयी, क्योंकि उसने कड़ी मेहनत की थी।

   2. He is happy *that* his father will come. वह खुश है, क्योंकि उसके पिता आयेंगे।

4. Purpose (उद्देश्य) - That, so that, in order, that, lest आदि का प्रयोग उद्देश्य का बोध कराता है।

   ***Example* 1.** We eat *so that* we may live. हम इसलिए खाते हैं, ताकि जीवित रह सकें।

   2. He walked carefully *lest* he should slip. वह सावधानीपूर्वक चला नहीं तो वह गिर जाता।

5. Result (परिणाम) - So .... that, such .... that

   Example : Vikas is *so* clever *that* he won the prize. विकास इतना चालाक है कि उसने पारितोषिक जीत लिया।

6. Condition (शर्त) - If, suppose, unless, provided

   ***Example* 1.** *Suppose* he fails, what will he do? फेल हो जाने पर वह क्या करेगा?

   2. I cannot pass *unless* I work hard. बिना कठिन मेहनत के मैं परीक्षा उत्तीर्ण नहीं कर सकता।

7. Manner (शैली) - As, as .... so, as it, as though, so far as

   ***Example* 1.** Suraj talks *as if* he were very intelligent. सूरज ऐसी बातें करता है, मानो वह बहुत बुद्धिमान हो।

   2. *So far as* I could guess, he was duping me. जैसा कि मैं अनुमान लगा सकता हूँ, वह मुझे धोखा दे रहा था।

8. Comparion (तुलना) - As, as .... as, so .... as, than.

   ***Example* 1.** A wise enemy is better *than* a foolish friend. एक चालाक दुश्मन मूर्ख दोस्त से बेहतर होता है।

   2. Anushka is **as** beautiful as she looks. अनुष्का उतनी ही खूबसूरत है, जितनी वह दिखती है।

9. Contrast (अंतर) - Though, although, however.

   ***Example* 1.** *Although* he was ill, he attended the class. यद्यपि वह बीमार था, वह कक्षा में उपस्थित हुआ।

   2. *However* fast you may run, you can not catch the bus. जितना भी तेज दौड़ लो, तुम बस नहीं पकड़ सकते।

Co-relative Conjunction (सहसम्बन्धित संयोजक)

कुछ Conjunctions ऐसे होते हैं, जिनका प्रयोग जोड़ों के रूप में ही होता है, जैसे- Either ...... or, neither .... nor, both .... and, not only, but also, though............yet, whether .... or.

***Example* 1.** *Either* she *or* her brother has taken my pen. उसने या उसके भाई ने मेरी कलम ली है।

2. *Neither* he *nor* his brother is well behaved. न तो वह, न ही उसका भाई व्यवहारकुशल है।

3. He *neither* borrows nor lends money. वह न तो उधार लेता है और न ही उधार देता है।
4. I do not care *whether* you attend the party or not. मैं परवाह नहीं करता चाहे तुम पार्टी में आओ अथवा नहीं आओ।

Common Errors (साधारण गलतियाँ) in the use of conjunctions

Incorrect (गलत)	Correct (सही)
Sohan neither visited Delhi nor Patna.	Sohan visited neither Delhi nor Patna.
His sister was either there or his niece.	Either his sister or his niece was there.
Tell her that whether you will soon return.	Tell her whether you will soon return.
Sumit not only lost his purse but also his ATM Card.	Sumit lost not only his purse but also his ATM Card.
Not only Sita is wise but also beautiful.	Sita is not only wise but beautiful also.

स्मरणीय

यहाँ पर Conjunction के कुछ प्रमुख नियमों के सही-सही उपयोग के बारे में संक्षिप्त रूप में बताया गया है। इस अध्याय में हमने Spoken English (अंग्रेजी बोलने) से सम्बन्धित नियमों की आसान व्याख्या की है तथा Written English (अंग्रेजी लेखन) के महत्त्वपूर्ण नियमों का वर्णन संक्षेप में किया है। जो पाठक अंग्रेजी लेखन सम्बन्धित नियमों का विस्तार से अध्ययन करना चाहते हैं, वे अंग्रेजी व्याकरण की कोई भी अच्छी पुस्तक पढ़कर अपने ज्ञान में वृद्धि कर सकते हैं।

अभ्यास (Practice)

A. नीचे लिखे Sentences में Conjunctions और उसके भेद के बारे में बतायें-
1. Ram loves Sita because she is beautiful.
2. Though Mohan is poor, yet he is honest.
3. Sanjana is neither intelligent nor honest.
4. Rahul can travel by Rajdhani or by air.
5. Six months have passed since I met her.
6. Monica does not know why she is so happy.
7. The girls sang while the boys danced.
8. Alok waited for me till the train arrived.
9. Rajan is satisfied though he is very poor.
10. While I was reading Shubham was writing.

B. नीचे रिक्त स्थानों में उपयुक्त Conjunction भरें-
1. Two .... two make four.
2. Seeta failed............... her sister passed.
3. She was writing an essay .... I came.
4. You will get success .... you work hard.
5. Mohini slept .... she had finished the work.
6. She must weep .... she must die.
7. Govind was tired .... he went home.
8. Five years have passed .... he left the village.
9. Sudha ran fast .... she should miss the train.
10. Time .... tide wait for none.

C. निम्नलिखित रिक्त स्थानों में नीचे दिये गये Conjunctions में से उपयुक्त Conjunction चुनकर Sentences को पूरा करें-
Neither – nor, by. till, during, either – or, or- else, even – though, despite, although, both-at the end, Though – yet, while, unless, despite, in the end.
1. .... you .... your brother is guilty.
2. Wait here .... I came back.
3. .... you work hard you'll not pass the examination.
4. .... he is poor .... he is honest.
5. Behave yourself .... I'll ask you leave the room.
6. You shouldn't buy any of these shirts. .... black .... white.
7. .... of the candidates succeeded because .... were rejected by the interview board.
8. .... the weather was rainy, I went out for a walk.
9. .... he doesn't speak French, he should still go to Paris.
10. .... being sick, she went to take the examination.
11. He fell asleep .... seeing the film.
12. My father was back .... the time I reached home.
13. I won the argument ....
14. He became nervous .... the exam.
15. I was quite tired .... of the day

D. निम्नलिखित रिक्त स्थानों में उपयुक्त Conjunction भरें-

1. .... she is poor,................ she is honest.
2. .... he tells the truth, he will be spared.
3. I brought it .... I needed it.
4. Many strange things have happened .... they came here.
5. Take heed .... you fall.
6. Please write .... she dictates.
7. Make hay .... the sun shines.
8. Rita is pretty .... not proud.

उत्तर (Answers)

A. 1. because – Subordinating Conjunction 2. though......yet– Subordinating Conjunction
3. neither ..... nor – Co-ordinating Conjunction 4. or ....Co-ordinating Conjunction
5. since .... Subordinating Conjunction 6. why .... Subordinating Conunction
7. while ..... Subordinating Conjunction 8. till .... Subordinationg Conjunction
9. though .... Subordinationg Conjunction 10. while .... Subordinating Conjunction

B. 1. and 2. but 3. when 4. if 5. because 6. or 7. therefore 8. since 9. lest 10. and

C. 1. Either/or 2. Till/until 3. Unless 4. Though/yet 5. Or/else 6. Neither/nor 7. Neither/ both 8. Even though 9. Although 10. Despite 11. While 12. By 13. In the end 14. During 15. At the end.

D. 1. Though, yet 2. If 3. As 4. Since 5. Else 6. As 7. While 8. But

10 विस्मयादिबोधक (INTERJECTION)

Definition (परिभाषा)

An Interjection is a word which expresses some sudden feeling or emotion of the mind. It has no grammatical relation with any other word. Its symbol is (!). मन में छुपी भावनाओं (उद्गार) को प्रकट करने के लिए Interjection का प्रयोग किया जाता है। इसका संकेत चिह्न (!) है।

Example 1. Wow! Is this your car? वाह! क्या यह तुम्हारी कार है?
2. Hurrah! We have won the race. हुर्रे! हम मैच जीत गये।
3. Ouch, You are standing on my foot! आउच! तुम मेरे पैरों पर खड़े हो।
4. Well done! You have got 98 out of 100 marks. शाबाश! तुमने 100 में से 98 अंक प्राप्त किये।

★ नीचे कुछ प्रचलित Interjection (विस्मयादिबोधक) शब्द हैं, साथ में उनके अर्थ भी दिये गये हैं-
(1) Hi - परिचित लोगों या मित्रों से कहा जाने वाला अभिवादन का शब्द।
(2) Aha! - आश्चर्य, आनंद, विजय आदि प्रदर्शित करने वाला शब्द।
(3) Alas! - अरे, दुःख या तरस व्यक्त करने वाला शब्द।
(4) Hell - क्रोध या खीझ उत्पन्न करने वाला शब्द।
(5) Ouch - अचानक हुए दर्द अथवा वेदना को व्यक्त करने वाला उद्गार।
(6) Well done - शाबाश! (पीठ थपथपाने के अंदाज में बोला जाने वाला शब्द)
(7) Hurrah! - आनंद और उत्साह व्यक्त करने वाला शब्द।
(8) Thank God! - कोई मुश्किल, कष्टदायक अथवा बुरी बात टल जाने के बाद आनंद व्यक्त करने वाला शब्द।
(9) Oh! - विस्मय, दुःख या निराशा वगैरह व्यक्त करने वाला शब्द।
(10) O God! - परेशानी के समय ईश्वर को याद करने वाला शब्द।
(11) Oh dear! - स्नेह और प्यार व्यक्त करने वाला शब्द।
(12) How wonderful! - आश्चर्य और खुशी से मिला-जुला शब्द।

★ उपर्युक्त शब्दों के द्वारा हमारे हृदय के अन्दर छिपे हर्ष, शोक, आश्चर्य, भय, निन्दा या प्रशंसा आदि के भाव व्यक्त किये जा सकते हैं।

★ Interjection के बाद जो भी शब्द आता है, उसका First letter 'Capital' लिखा जाता है।

Use of Some Interjections

1. **Joy** (खुशी व्यक्त करने के लिए)
   (a) Hurrah! We have won the cricket match. हुर्रे! हमलोग क्रिकेट मैच जीत गये।
   (b) Wow! What a lovely scenery! वाह! कितना प्यारा दृश्य है!

2. **Sorrow** (दुःख प्रकट करने के लिए)
   (a) Alas! My grandfather is no more. ओह! मेरे दादाजी नहीं रहे।
   (b) Oh! Your mother is seriously ill. ओह! तुम्हारी माँ बहुत बीमार है।

3. **Surprise (आश्चर्य)**
   (a) What a beautiful girl! कितनी सुन्दर लड़की है!
   (b) Amazing! I did not expect to see you here. अद्भुत! मैंने तुम्हें यहाँ देखने की उम्मीद नहीं की थी।
4. **Calling (संबोधन)**
   (a) Hello! Listen to me. हैलो! मेरी बात सुनो।
   (b) Hey! Come here. अरे! यहाँ आओ।
5. **Attention (ध्यान)**
   (a) Hush! The child is sleeping. चुप! बच्चा नींद में है।
   (b) Listen! Someone is coming. सुनो! कोई आ रहा है।
6. **Approval (अनुमोदन)**
   (a) Well done! She has played well. शाबाश! वह अच्छा खेली।
   (b) Brave! This was a great goal. शाबाश! यह एक बड़ा उद्देश्य था।
7. **Contempt (घृणा)**
   (a) Fie! A soldier and afraid of war. छी:! सैनिक होकर युद्ध से डरते हो।
   (b) Ugh! What a fat woman. छी:! कितनी मोटी औरत!

स्मरणीय

यहाँ पर Interjection के कुछ प्रमुख नियमों के सही-सही उपयोग के बारे में संक्षिप्त रूप में बताया गया है।

अभ्यास (Practice)

A. निम्नलिखित रिक्त स्थानों में उपयुक्त Interjection शब्दों का प्रयोग करें-
1. .... ! Who cries inside?
2. .... ! I have lost my purse.
3. ....! I have defeated all my enemies.
4. .... ! A dangerous crocodile.
5. .... ! A good shot.
6. .... ! Do not quarrel.
7. ....! My boy.

B. निम्नलिखित वाक्यों में Interjection शब्दों को Underline करें-
1. Hey! You left me behind.
2. Ouch! That soup is hot.
3. Oops! The plate broke.
4. Well! I guess I'll go.
5. Hurray! We won the game.
6. Wow! John hit the ball far.
7. Hurry! I saw something scary in the cave.
8. Alas! I cannot go with you.
9. Shh! I heard something.
10. Ah! I see what you mean.

C. निम्नलिखित रिक्त स्थानों में उपयुक्त Interjection शब्दों को भरें-
1. .... He stole my watch.
2. .... That hurts.
3. .... I think I'll go.
4. .... I hate rats.
5. .... What a cute kitten.
6. .... I lost my pencil.
7. .... The bus left.
8. .... How exciting.
9. .... I guess you can have my soup.
10. .... I slipped.

उत्तर (Answers)

A. 1. Hark 2. Alas 3. Hurrah 4. Oh 5. Bravo 6. Hush 7. Hello

B. 1. Hey! 2. Ouch! 3. Oops 4. Well! 5. Hurray 6. Wow! 7. Hurry 8. Alas! 9. Shh! 10. Ah

C. 1. Hey! 2. Ouch! 3. Well! 4. Eek! 5. Aha! 6. Oh! 7. Ah! 8. Wow! 9. Well! 10. Oops

11

निर्धारक (DETERMINER)

Definition (परिभाषा)

A word that comes before a noun and is used to show which thing is being referred to is called Determiner. Determiners (निर्धारक) ऐसे शब्द हैं, जो Noun के पहले आते हैं तथा प्रयोग में आने वाली संज्ञा की ओर संकेत करते हैं। चूँकि 'Determiners' Noun की स्थिति को स्थिर करते हैं, इसलिए इन्हें Fixing Words भी कहते हैं।

Example **1.** Chandan wanted to be *an* engineer. चन्दन इंजीनियर बनना चाहता था।

2. *This* apple is fresh. यह सेब ताजा है।

3. *Every* player was given *a* prize. प्रत्येक खिलाड़ी को पुरस्कार प्रदान किया गया।

4. There is not *much* hope of his recovery. उसके ठीक होने की ज्यादा उम्मीद नहीं है।

5. *Every* boy is intelligent. प्रत्येक लड़का बुद्धिमान है।

☆ उपर्युक्त वाक्यों में An, this, every, much आदि शब्द किसी Noun का प्रयोग होने का संकेत दे रहे हैं, ये Noun को संशोधित करते हैं। अत: ये शब्द Determiners कहलाते हैं।

Kinds of Determiners (निर्धारक के भेद)

Determiners पाँच प्रकार के होते हैं-

1. Article Determiners
2. Demonstrative Determiners
3. Possessive Determiners
4. Numeral Determiners
5. Quantitative Determiners

Article Determiners (अनुच्छेद निर्धारक)

'A' and 'an' are indefinite articles that serve the same purpose, 'The' is known as the definite article. 'A', 'An', और 'The' जिनमें 'A' और 'An' Indefinite Article कहलाते हैं तथा The Definite Article है।

(a) A का प्रयोग उस Singular Countable Noun [चाहे वह Vowel (स्वर) अथवा Consonant (व्यंजन) से प्रारंभ हो] से पहले किया जाता है जिसका आरम्भ किसी Consonant की ध्वनि से होता है।

Example **1.** It is *a* book. यह एक पुस्तक है।

2. She is *a* girl. वह एक लड़की है।

☆ उपर्युक्त Sentences में 'a' शब्द का प्रयोग किसी अनिश्चित पुस्तक तथा किसी अनिश्चित लड़की के लिए किया गया है। अत: ये Article Determiners हैं।

(b) An का प्रयोग उस Singular Countable Noun से पहले किया जाता है, जो किसी Vowel (स्वर) अथवा Vowel (स्वर) की ध्वनि देने वाले Consonant (व्यंजन) से आरंभ होता है।

Example **1.** It is *an* inkpot. यह एक दवात है।

2. She is *an* honourable woman. वह एक ईमानदार औरत है।

☆ उपर्युक्त Sentences में 'an' शब्द का प्रयोग किसी अनिश्चित दवात तथा किसी ईमानदार औरत के लिए किया गया है। अत: 'an' Article Determiners है।

☆ उपर्युक्त Sentences में honourable शब्द 'h' consonant से आरम्भ होता है, परन्तु ध्वनि स्वर 'o' की है, अत: 'a' की जगह 'an' का प्रयोग ही सही है।

(c) The का प्रयोग किसी व्यक्ति अथवा वस्तु को निश्चितता तथा विशिष्टता प्रदान करने के लिए किया जाता है।
   Example 1. *The* man, who is standing there is my father. व्यक्ति, जो वहाँ खड़े हैं, मेरे पिताजी हैं।
   2. He has lost *the* book, I gave him yesterday. उसने पुस्तक खो दी, मैंने उसे कल दिया था।
   3. *The* mangoes in our garden are very sweet. हमारे बागीचे के आम बहुत मीठे हैं।
   4. Bring me *the* mobile laying on the table. टेबल पर पड़ा मोबाइल मुझे लाकर दो।
   5. I like *the* apples of Kashmir. मैं कश्मीर के सेब पसन्द करता हूँ।

★ उपर्युक्त Sentences में 'the' शब्द का प्रयोग किसी निश्चित व्यक्ति, पुस्तक, आम, मोबाइल तथा किसी निश्चित फल सेब के लिए प्रयोग किया गया है। अत: ये Article Determiners हैं।

Demonstrative Determiners (संकेतवाचक निर्धारक)

This, that, these and those are known demonstratives; they describe the position of an object. This, That, these, those Demonstrative Determiners की श्रेणी में आते हैं। ये Noun के पहले प्रयुक्त होकर उनके द्वारा निर्दिष्ट Object की ओर संकेत करते हैं।

(a) This तथा That का प्रयोग Singular Noun के साथ तथा These तथा Those का प्रयोग Plural Noun के साथ होता है।

(b) That तथा Those दूर में स्थित वस्तुओं की ओर इशारा करते हैं।
   Example 1. *That* is a book. वह एक पुस्तक है।
   2. *Those* books are yours. वे तुम्हारी पुस्तकें हैं।

★ उपर्युक्त Sentences में That और Those दूर में स्थित पुस्तक की ओर इशारा करते हैं। अत: ये Demonstrative Determiners हैं।

(c) This तथा These का प्रयोग निकट में मौजूद वस्तुओं की ओर इशारा करते हैं।
   Example 1. *This* is a nice pen. यह एक सुन्दर कलम है।
   2. *These* books are mine. ये मेरी पुस्तकें हैं।

★ उपर्युक्त Sentences में This और These निकट में स्थित कलम और पुस्तक की ओर इशारा करते हैं। अत: ये Demonstrative Determiners हैं।

Possessive Determiners (सम्बन्धवाचक निर्धारक)

Possesive pronouns and adjectives indicate the relationship with an object which they belong to. My, our, your, his, her, its, their, one's आदि words Possessive Detarminers की श्रेणी में आते हैं। सम्बन्धवाचक निर्धारक Singular Noun तथा Plural Noun के पहले प्रयुक्त होकर उनसे सम्बन्ध का बोध कराते हैं।

Example 1. This car is *mine*. यह मेरी कार है।
2. This car is *yours*. यह तुम्हारी कार है।

★ उपर्युक्त Sentences में 'mine' और 'yours' कार से अपने सम्बन्ध के बारे में बताते हैं। अत: ये Possessive Determiners हैं।

Numeral Determiners (संख्यावाचक निर्धारक)

Numeral Adjectives तीन प्रकार के होते हैं-

(a) **Definite Numerals :** One, two, three, first, second, third आदि Definite Numeral हैं, क्योंकि इनसे निश्चित संख्या का बोध होता है।

Example 1. The *second* boy in the first row is my brother. पहली पंक्ति में दूसरा लड़का मेरा भाई है।
2. *Three* girls are playing in the playground. तीन लड़कियाँ मैदान में खेल रही हैं।

★ उपर्युक्त Sentences में 'second' तथा 'Three', Definite Numerals हैं, जो निश्चित संख्या का बोध कराते हैं।

(b) Indefinite Numerals : ये अनिश्चित संख्या को प्रदर्शित करते हैं, जैसे-

(i) Some का अर्थ है- 'कोई' या 'कुछ'। Indefinite Numerals के बाद Singular Noun या Plural Noun दोनों का प्रयोग किया जा सकता है।

Example **1.** There is *some* salt in the container. डब्बे में थोड़ा नमक है।

2. There are *some* girls in the class. वर्ग में कुछ लड़कियाँ हैं।

☆ उपर्युक्त Sentences में some का प्रयोग अनिश्चित संख्या के लिए किया गया है, जो Indefinite Numeral का बोध करता हैं।

(ii) Many का अर्थ है- 'बहुत' इसके बाद Common Noun का प्रयोग Plural Number में करते हैं।

Example : *Many* girls are present in the class. वर्ग में बहुत सी लड़कियाँ उपस्थित हैं।

(iii) Many a का अर्थ है- 'बहुत सारे', इसके बाद Singular Noun का प्रयोग करते हैं।

Example : *Many a* people think of a good government. बहुत सारे लोग अच्छी सरकार के बारे में सोचते हैं।

(iv) Few का अर्थ है- 'बहुत ही कम'।

Example : You have *few* pens. तुम्हारे पास कुछ ही कलम है।

(v) A few का अर्थ है- 'कुछ', आवश्यकता के बराबर।

Example : I have *a few* books. मेरे पास थोड़ी पुस्तकें हैं।

(vi) The Few का अर्थ है- 'वे सभी संख्याएँ जो हैं'।

Example : I have read *the few* books I had. जितनी भी पुस्तकें मेरे पास थी मैंने पढ़ ली है।

(vii) All का अर्थ है- 'सारा या सब'। इसके पश्चात् Plural Noun का प्रयोग किया जाता है।

Example : *All* men are happy. सभी लोग खुश हैं।

(viii) Several का अर्थ है- 'कुछ एक या कई' (अनेक)।

Example : This issue will take *several* years. इस मुद्दे का हल तलाशने में कई वर्ष लगेंगे।

(c) Distributive Numeral : इसमें किसी वर्ग के प्रत्येक कार्य अथवा वस्तु का बोध होता है, जैसे-

(i) Every - सभी

Example : *Every* man has to die. सभी मनुष्य को मरना पड़ता है।

(ii) Each - इसका प्रयोग निश्चित संख्या में प्रत्येक के लिए किया जाता है।

Example : *Each* student got one book. प्रत्येक छात्र को एक पुस्तक मिली।

(iii) Either - दोनों में से कोई भी।

Example : *Either* of the man will do it. दोनों में से कोई भी आदमी इसे कर सकता है।

(iv) Neither - दोनों में से कोई भी नहीं।

Example : *Neither* of the girls is intelligent. दोनों में से कोई भी लड़की बुद्धिमान नहीं है।

Quantitative Determiners (परिणामवाचक निर्धारक)

Quantitative Determiners form a sub-class under determiners. They are adjectives. ये निर्धारक किसी वस्तु का परिमाण अथवा मात्रा का बोध कराते हैं। ये Adjective of Quality होते हैं, जैसे-

(i) Some - इसका प्रयोग Uncountable Nouns के साथ Affirmative वाक्यों में होता है।

Example : There is *some* water in the pot. बर्तन में थोड़ा पानी है।

(ii) Any का अर्थ है- 'कोई'। इसका प्रयोग Negative एवं Interrogative वाक्यों में होता है।

Example 1. Is there *any* person? क्या वहाँ कोई व्यक्ति है?
2. I have do not *any* spare pen. मेरे पास कोई दूसरी कलम नहीं है।

(iii) No का अर्थ है– 'जरा भी नहीं'। इसका प्रयोग Negative Sentence में किया जाता है।
Example : Smriti has *no* brains. स्मृति को जरा भी अक्ल नहीं है।

(iv) Much का अर्थ है– 'बहुत' इसके द्वारा परिमाण या मात्रा व्यक्त किया जाता है।
Example : There is *much* water in the river. तालाब में बहुत पानी है।

(v) More का अर्थ है– 'अधिक मात्रा में'।
Example : Will he give me *more* money? क्या वह मुझे अधिक धन देगा?

(vi) Less का अर्थ है– 'कम' अर्थात् 'अल्प मात्रा में'। यह Much का विपरीतार्थक शब्द है।
Example : She devotes *less* time to her studies. वह अपनी पढ़ाई में कम समय देती है।

(vii) Little का अर्थ है– 'थोड़ा' या 'नहीं के बराबर'।
Example : There is *little* hope of his success. उसके सफल होने की संभावना थोड़ी है।

(viii) A little का अर्थ है– 'a small quantity' आवश्यकता के बराबर।
Example : Will he stay here *a little* longer? क्या वह यहाँ थोड़ी देर रुकेगा।

(ix) The little का अर्थ है– not much, but all that is अर्थात् थोड़ी मात्रा जो पहले थी, लेकिन अब नहीं है।
Example : Sudha spent *the little* money she had. सुधा के पास जो थोड़े पैसे थे, उसने खर्च कर दिये।

(x) Many का अर्थ है– 'बहुत' अथवा 'अधिक संख्या में'।
Example : *Many* of us went to book fair. हममें से अधिकतर लोग पुस्तक मेला गये थे।

स्मरणीय

इस अध्याय में Determiners के नियमों के सही-सही उपयोग के बारे में संक्षिप्त रूप में बताया गया है।
1. 'A', 'An' और The में A और An Indefinite Article है तथा 'The' Definite Article है।
2. An का प्रयोग Vowel अथवा Vowel का ध्वनि देने वाले Consonant के पहले किया जाता है।
3. 'The' Definite Article है।

अभ्यास (Practice)

A. नीचे दिये गये रिक्त स्थानों में Determiners भरें-
1. .... boy who is coming is my brother.
2. .... father is doctor.
3. .... black car belongs to my dear friend.
4. There are only .... books left in the self.
5. He was asked to wait outside for .... hour.
6. Is there .... works?
7. She spent .... the money she had.
8. She has .... books.
9. .... of the boys is intelligent.
10. .... of the girls is wise.

B. निम्नलिखित रिक्त स्थानों में उपयुक्त Determiners (some, any, each, every, either and neither) भरें-
1. .... side has won.
2. .... day has its problems.
3. It rained .... day during holidays.
4. We have .... money.
5. We do not have .... rice.
6. You may have .... of the three books.
7. .... player did his best.
8. He may take .... side.
9. Will you bring me .... honey?
10. .... man must do his duty.

C. निम्नलिखित रिक्त स्थानों में उपयुक्त Determiners (many, much, all, whole and the whole) भरें-
1. .... students attended the class.
2. She had .... wealth.
3. The boxer ate the .... loaf.
4. .... are not lovers of nature.
5. We received .... help from our neighbours.
6. The .... family was plunged in grief.
7. .... men are mortal.
8. .... a boy were present today.
9. Tagore has written .... books.
10. I ate a .... pineapple.

उत्तर (Answers)

A. 1. the 2. my 3. the 4. a few 5. an 6. any 7. all 8. few 9. either 10. neither
B. 1. each 2. every 3. every 4. some 5. any 6. any 7. every 8. any 9. some 10. every
C. 1. all 2. much 3. whole 4. many 5. much 6. whole 7. all 8. many 9. many 10. whole

खण्ड-3
व्यावहारिक व्याकरण

Section-3
Functional Grammar

हम आशा करते हैं कि अब तक आपने Basic Grammar (मूल व्याकरण) के तथ्यों को भलीभाँति समझ लिया होगा।

Basic Grammar (मूल व्याकरण) के तहत Parts of Speech (शब्दभेद), Noun (संज्ञा), Pronoun (सर्वनाम), Adjective (विशेषण), Verb (क्रिया), Adverb (क्रिया विशेषण), Preposition (सम्बधसूचक शब्द), Interjection (विस्मयादिबोधक) तथा Determiners (निर्धारक) के बारे में पढ़ा है। अब इस खण्ड में हम आपको Functional Grammar (व्यावहारिक व्याकरण) के तहत Modals (रूपात्मक क्रियाएँ), Tense (काल), Voice (वाच्य), Narration (कथन), Question Tag (प्रश्न जोड़ना) तथा Word Formation (शब्द रचना) की विस्तारपूर्वक व्याख्या करेंगे।

12 रूपात्मक क्रियाएँ (MODALS)

Definition (परिभाषा)

Auxiliaries that express the mode of an action denoted by the main verbs are called Modals. वे Helping Verb जो Main Verb के Mode को व्यक्त करते हैं, Modals कहलाते हैं, जैसे- shall, will, should, would, can, could, may, might, must, need, ought to, used.

(i) **Modals की विशेषताएँ :** ये काल्पनिक क्रिया, जैसे- Ability (सामर्थ्य), Power (शक्ति), Permission (अनुमति), Request (प्रार्थना), Possibility (सम्भावना), Willingness (इच्छा) आदि को व्यक्त करते हैं।

(ii) इनका प्रयोग सदैव Main Verb के साथ होता है।

(iii) इन पर Subject के Number (वचन), Gender (लिंग) अथवा Person (पुरुष) का कोई प्रभाव नहीं पड़ता है।

(iv) इनके साथ Infinitive 'without to' अर्थात् 1st Form of Verb का प्रयोग होता है, लेकिन ought एवं used to के साथ 'to infinitive' का प्रयोग होता है।

(v) Modals सदा एक ही रूप में रहते हैं। इनकी कोई भी form नहीं होती है।

Usage of 'Modals'

1. Use of 'Shall'

(i) Simple Future Tense में 1st Person के Subject (I तथा We) के साथ 'Shall' का प्रयोग किया जाता है।

***Example* 1.** I *shall* teach him next month. मैं उसे अगले माह पढ़ाऊँगा।

2. We *shall* leave for Patna next week. हमलोग अगले सप्ताह पटना जायेंगे।

(ii) 1st Person के साथ प्रश्न करने में किसी दूसरे व्यक्ति की इच्छा जानने के लिए 'Shall' का प्रयोग किया जाता है।

***Example* :** *Shall* I prepare a cup of coffee for you? क्या मैं आपके लिए एक कप कॉफी तैयार करूँ?

(iii) 2nd तथा 3rd Person के Subject (you, he, she, it, they) के साथ आदेश, वचन, धमकी, दृढ़ निश्चय आदि भाव प्रदर्शित करने के लिए 'Shall' का प्रयोग किया जाता है।

***Example* 1.** *Shall* I use your bicycle? क्या मैं तुम्हारे साइकिल का प्रयोग करूँ? (अनुमति के लिए)

2. I say Mohan *shall* return my book. मैं मोहन से कहता हूँ कि वह मेरी पुस्तक वापस करेगा। (आदेश के लिए)

2. Use of 'Will'

(i) Second और Third Person के Subject (he, she, it, you, they) के साथ 'Will' का प्रयोग किया जाता है।

***Example* 1.** You *will* read this book tomorrow. तुम कल यह किताब पढ़ोगे।

2. He *will* write a letter. वह एक पत्र लिखेगा।

3. She *will* come here. वह यहाँ आयेगी।

(ii) Willingness (दृढ़ इच्छा) व्यक्त करने के लिए 'Will' का प्रयोग किया जाता है।

Example : I *will* help you in your bad times. मैं तुम्हें बुरे वक्त पर मदद करूँगा।

(iii) Determination (दृढ़ निश्चय) व्यक्त करने के लिए 'Will' का प्रयोग किया जाता है।

Example : I *will* visit Agra Fort next month. मैं अगले महीने आगरा किला जाऊँगा।

(iv) Threat (धमकी) व्यक्त करने के लिए 'Will' का प्रयोग किया जाता है।

Example : I *will* teach her a lesson. मैं उसे सबक सिखाऊँगा।

(v) Polite (विनम्रतापूर्वक निवेदन) करने के लिए 'Will' का प्रयोग किया जाता है।

Example : *Will* you have dinner with me? क्या तुम मेरे साथ डिनर करोगी?

(vi) Prediction (भविष्यवाणी) का प्रदर्शन करने के लिए 'Will' का प्रयोग किया जाता है।

Example : Satish *will* never cheat me. (Prediction) सतीश मुझे कभी धोखा नहीं देगा।

3. Use of 'Should'

(i) Past Tense (भूतकाल) में Future Tense (भविष्यत काल) को व्यक्त करने के लिए 'Should' का प्रयोग किया जाता है।

***Example* 1.** He told me that I *should* attend the meeting. उसने मुझसे कहा कि मैं बैठक में भाग लेने जाऊँगा।

***Example* 2.** We said that they *should* reach home. हमलोगों ने कहा कि वे लोग घर आयेंगे।

(ii) Advice (सलाह) Suggestion (सुझाव) तथा Inference (निष्कर्ष) व्यक्त करने के लिए 'Should' का प्रयोग किया जाता है।

***Example* 1.** We *should* obey our elders. हमें अपने बड़ों का सम्मान करना चाहिए।

2. He *should* work hard to get success. उसे सफलता पाने के लिए कड़ी मेहनत करना चाहिए।

(iii) Duty and Obligation (कर्तव्य पालन) को व्यक्त करने के लिए 'Should' का प्रयोग किया जाता है।

***Example* 1.** The servant *should* bring the books. नौकर को किताबें लाना चाहिए।

2. We *should* help the needy persons. हमें जरूरतमंदों की सहायता करनी चाहिए।

4. Use of 'Would'

(i) Indirect Speech में Future Tense (भविष्यत काल) को Past Tense (भूतकाल) में प्रदर्शित करने के लिए 'Would' का प्रयोग किया जाता है।

***Example* 1.** Meera said that she *would* also read the book. मीरा ने कहा कि वह भी पुस्तक पढ़ेगी।

2. I told him that I *would* go to the school tomorrow. मैंने उससे कहा कि मैं कल पाठशाला जाऊँगा।

(ii) Past habit (भूतकाल की आदत) के बारे में बताने के लिए 'Would' का प्रयोग किया जाता है।

***Example* 1.** Alok *would* go for walk in the evening. आलोक शाम को टहलने जाता था।

2. Mahatma Gandhi *would* spin every morning. महात्मा गांधी प्रतिदिन सुबह चरखा कातते थे।

(iii) Present Tense (वर्तमान काल) में Polite Request (विनम्रतापूर्वक प्रार्थना) के लिए 'Would' का प्रयोग किया जाता है।

***Example* 1.** *Would* you please give me a few minutes? क्या आप मुझे कुछ समय देंगे?

2. *Would* you please show me your mobile phone? क्या आप मुझे अपना मोबाइल दिखायेंगे।

(iv) Unreal condition (असंभव स्थिति) दिखाने के लिए Would का प्रयोग किया जाता है।

Example : *Would* I were careful! क्या मैं असावधान था।

(v) Desire (इच्छा) व्यक्त करने के लिए 'Would' का प्रयोग किया जाता है।

Example : I *would* like to stage a dance. मैं एक डांस आयोजित करना चाहता हूँ।

(vi) Condition (शर्त) व्यक्त करने के लिए 'Would' का प्रयोग किया जाता है।

Example : He would stand first if he worked hard. वह प्रथम स्थान हासिल कर लेता, अगर उसने कड़ी मेहनत की होती।

5. Use of 'Can'

☆ कर सकना के अर्थ में 'Can' का प्रयोग किया जाता है।

(i) Power (शक्ति) और Ability (योग्यता) व्यक्त करने के लिए 'Can' का प्रयोग किया जाता है।

Example 1. I *can* read english newspaper. मैं अंग्रेजी अखबार पढ़ सकता हूँ।

2. I *can* run two miles. मैं दो मील दौड़ सकता हूँ।

(ii) Permission (आज्ञा) देने के लिए 'Can' का प्रयोग किया जाता है।

Example 1. You *can* go now. तुम अब जा सकते हो।

2. You *can* finish this work. तुम यह काम पूरा कर सकते हो।

(iii) Possibility (संभावना) व्यक्त करने के लिए 'Can' का प्रयोग किया जाता है।

Example 1. Anyone *can* solve this sum. कोई भी इस सवाल को हल कर सकता है।

2. Anyone *can* go there. कोई भी वहाँ जा सकता है।

(iv) Nature (स्वाभाव) व्यक्त करने के लिए 'Can' का प्रयोग किया जाता है।

Example 1. He *can* insult you. वह तुम्हारा अपमान कर सकता है।

2. Chandini *can* bluff him. चाँदनी उसे धोखा दे सकती है।

(v) Prohibition (निषेध), Impossibility (असंभावना) और Compulsion (जबरदस्ती) व्यक्त करने के लिए 'Can' का प्रयोग किया जाता है।

☆ **Example 1.** A man *cannot* enter in a ladies compartment. कोई पुरुष महिलाओं के कूपे में प्रवेश नहीं कर सकता। (Prohibition)

2. Shyam *cannot* attend the class because he is on tour. श्याम वर्ग में उपस्थित नहीं हो सकता, क्योंकि वह घूमने के लिए गया है। (Impossibility)

6. Use of 'Could'

(i) Past Tense (भूतकाल) में शक्ति दिखाने के लिए 'Could' का प्रयोग किया जाता है।

Example 1. My father asked me if I *could* help him. मेरे पिताजी ने मुझसे पूछा कि क्या मैं उनकी मदद कर सकता हूँ।

2. The headmaster asked me if I *could* solve the sum. हेडमास्टर ने मुझसे पूछा कि क्या इस सवाल को हल कर सकता है।

(ii) Past Tense (भूतकाल) में योग्यता (Ability) या सामर्थ्य दर्शाने के लिए 'Could' का प्रयोग किया जाता है।

Example 1. Saurabh *could* tell rhymes when he was child. सौरभ कविताएँ पढ़ सकता था, जब वह छोटा था।

2. I lost my purse so I *could* not buy anything from the market. मेरा बटुआ खो गया इसलिए मैं बाजार से कुछ नहीं खरीद सका।

(iii) Past Tense (भूतकाल) में Possibility (संभावना) दर्शाने के लिए 'Could' का प्रयोग किया जाता है।

Example 1. If I had money, I *could* buy a new car. अगर मेरे पास रुपये होते, तो मैं नई कार खरीद सकता था।

2. If Seema had secured good marks she *could* seek a good job. अगर सीमा अच्छे नम्बर लाती तो उसे अच्छी नौकरी मिल सकती थी।

(iv) Polite Request (विनम्र निवेदन) और Condition (शर्त) इत्यादि व्यक्त करने के लिए 'Could' का प्रयोग किया जाता है।

Example 1. *Could* I use your mobile phone? क्या मैं आपके मोबाइल फोन का इस्तेमाल कर सकता हूँ?

2. I *could* have given you my car, if you had asked me. मैं अपनी कार तुम्हें दे सकता था, अगर तुमने मुझे कहा होता।

7. Use of 'May'

(i) Permission (अनुमति) लेने अथवा देने की स्थिति में 'May' का प्रयोग किया जाता है।

Example 1. *May* I come in? क्या मैं अन्दर आ सकता हूँ?

2. *May* Pratibha go out? क्या प्रतिभा बाहर जा सकती है?

3. You *may* use my pen. तुम मेरे कलम का प्रयोग कर सकते हो।

4. Seema *may* sit here. सीमा यहाँ बैठ सकती है।

(ii) Possibility (संभावना) व्यक्त करने के लिए 'May' का प्रयोग किया जाता है।

Example 1. It *may* rain today. आज वर्षा हो सकती है।

2. The Prime Minister *may* visit the flood affected area in Srinagar. प्रधानमंत्री श्रीनगर के बाढ़ पीड़ित इलाके का दौरा कर सकते हैं।

(iii) Factual Possibility (तथ्यात्म संभावना) दर्शाने के लिए 'May' का प्रयोग किया जाता है।

Example 1. It is cloudy, it *may* rain. आज बादल है, वर्षा हो सकती है।

2. The ground is wet, the match *may* be delayed. मैदान गीला है, मैच देर से शुरू हो सकता है।

(iv) Purpose (उद्देश्य) व्यक्त करने के लिए 'May' का प्रयोग किया जाता है।

Example 1. We eat so that we *may* become strong. हम इसलिए खाते हैं ताकि मजबूत हो सकें।

2. Ram works hard so that he *may* succeed. राम अधिक मेहनत करता है ताकि वह सफल हो सके।

(v) Wish (इच्छा) या Prayer (प्रार्थना) व्यक्त करने के लिए 'May' का प्रयोग किया जाता है।

Example 1. *May* you live long! आप दीर्घायु हों!

2. *May* you prosper in life. आप समृद्धशाली हों।

★ अनुमति लेने अथवा देने के मामले में 'Can' की अपेक्षा 'May' का ज्यादा प्रयोग किया जाता है।

8. Use of 'Might'

(i) Past Tense (भूतकाल) में Purpose (उद्देश्य) दर्शाने के लिए 'Might' का प्रयोग किया जाता है।

Example 1. Komal wore fancy dress so that she *might* look beautiful. कोमल ने अच्छे कपड़े इसलिए पहने ताकि वह सुन्दर दिख सके।

2. Police ran fast so that they *might* catch the thief. पुलिस तेज इसलिए भागी ताकि चोरों को पकड़ सके।

(ii) भविष्य में Remote Possibility (संदेहात्मक संभावना) अथवा Permission (आज्ञा) व्यक्त करने के लिए 'Might' का प्रयोग किया जाता है।

Example 1. Maya has not attened my marriage party, but she *might* send a present. माया मेरी शादी की पार्टी में नहीं आयी, मगर वह उपहार भेज सकती है।

2. The sky is clear but it *might* rain heavily. आकाश साफ है, किन्तु अधिक वर्षा हो सकती है।

(iii) Request (आग्रह) व्यक्त करने के लिए 'Might' का प्रयोग किया जाता है।

Example : If you are going to the market you *might* bring me a book. अगर तुम बाजार जा रहे हो तो मेरे लिए एक पुस्तक लेते आना।

9. Use of 'Ought to'

(i) Ought to का अर्थ वही है जो 'should' का है। Reported speech में भूतकाल के साथ 'Ought to' का प्रयोग वही रहता है।

Example : He said that he *ought to* go. उसने कहा कि उसे जाना चाहिए।

(ii) Moral Duty (नैतिक कर्तव्य) अथवा Social Binding (सामाजिक बंधन) को दर्शाने के लिए 'Ought to' का प्रयोग किया जाता है।

Example : We *ought to* respect our elders. हमें बड़ों का आदर करना चाहिए।

10. Use of 'Need'

(i) Need का प्रयोग Necessity (आवश्यकता) का भाव प्रकट करने के लिए Negative (निषेधात्मक) तथा Interrogative (प्रश्नवाचक) वाक्यों में करते हैं।

Example 1. He *need* not walk so fast. उसे तेज चलने की आवश्यकता नहीं है। (निषेधात्मक वाक्य)

2. *Need* he go to so soon? क्या उसे शीघ्र जाने की आवश्यकता है? (प्रश्नवाचक वाक्य)

(ii) Principal Verb के रूप में 'Need' का प्रयोग किया जाता है।

Example 1. Seeta *need* to dine now. सीता को भोजन करने की जरूरत है।

2. Seeta does not *need* to dine now. सीता को अब भोजन की जरूरत नहीं है।

11. Use of 'Dare'

(i) Dare का अर्थ साहस/हिम्मत करना। इसका प्रयोग Negative एवं Interrogative दोनों प्रकार के वाक्यों में करते हैं।

Example 1. *Dare* he go? क्या उसे जाने की हिम्मत है?

2. He *dared* not go. उसे जाने की हिम्मत नहीं है।

(ii) Challenge (चुनौती) देने के अर्थ में 'dare' का प्रयोग करते हैं।

Example : Satish *dared* me to fight. सतीश ने मुझे लड़ने की चुनौती दी।

12. Use of 'Used' (to)

(i) Past Tense (भूतकाल) में आदत को दिखाने के लिए 'Used' का प्रयोग किया जाता है।

Example 1. I *used to* read the Ramayana regularly. मैं प्रतिदिन रामायण पाठ करता हूँ।

2. She *used* not to abuse anybody. वह किसी को गाली नहीं देती है।

13. Use of 'Must'

(i) Necessity (आवश्यकता) अथवा Obligation (कर्तव्य) व्यक्त करने के लिए 'Must' का प्रयोग किया जाता है।

Example 1. Mohini *must* run fast to catch the train. ट्रेन पकड़ने के लिए मोहिनी को तेजी से दौड़ना चाहिए।

व्यावहारिक व्याकरण

2. We *must* pay our income tax in time. हमें अपना आयकर समय पर भरना चाहिए।

(ii) Emphatic Advice (जोरदार सलाह) व्यक्त करने के लिए 'Must' का प्रयोग किया जाता है।
Example 1. You *must* not cheat anyone. तुम्हें किसी को धोखा नहीं देना चाहिए।
2. Every one *must* respect their elders. सभी को अपने से बड़ों की अवश्य इज्जत करना चाहिए।

(iii) Compulsion (अनिवार्यता) प्रदर्शित करने के लिए 'Must' का प्रयोग किया जाता है।
Example : You *must* obey the laws of constitution. तुम्हें संविधान का अवश्य पालन करना चाहिए।

(iv) Prohibition (निषेधाज्ञा) व्यक्त करने के लिए 'Must' का प्रयोग किया जाता है।
Example 1. You *must* not read other's diary. तुम्हें दूसरों की डायरी नहीं पढ़ना चाहिए।
2. You *must* not enter a ladies compartment. तुम्हें महिलाओं के कोच में नहीं चढ़ना चाहिए।

★ निषेधात्मक वाक्य में must के बाद not का प्रयोग किया जाता है।

स्मरणीय

इस अध्याय में Modals के नियमों के सही-सही उपयोग के बारे में संक्षिप्त रूप में बताया गया है।
1. Modal का प्रयोग सदैव Main Verb के साथ होता है।
2. Modals सदा एक ही रूप में रहते हैं। इनकी कोई Form नहीं होती है।

अभ्यास (Practice)

A. नीचे दिये गये रिक्त स्थानों में **shall, will, should** या **would Modals** को भरें-
1. He .... help me as much as he can.
2. He .... not ask me to do anything against my will.
3. .... you have another cup of coffee?
4. I .... not permit you that kind of behaviour.
5. The college .... remain closed tomorrow in honour of Gandhi ji's birthday.
6. He .... work hard to get success.
7. Children .... obey their parents.
8. I .... gladly visit your house.

B. निम्नलिखित रिक्त स्थानों में **can** अथवा **may/could** या **might Modals** को भरें-
1. .... God bless you! (can/may)
2. He .... speak English (can/may)
3. She prayed that God .... give her happiness. (might/could)
4. Sakshi .... to ring her up again. (donot dare/dare'nt)
5. He said that she .... do. (can/could)
6. I .... like to watch a movie. (would/might)
7. They .... not help me. (need/needs)
8. It .... rain in the evening. (can/may)
9. You .... take medicine in time. (should/might)
10. Mohan .... not come here next week. (need not/ needs not)

C. निम्नलिखित रिक्त स्थानों में **need, used to, ought to, dare** या **must Modals** को भरें-
1. He .... call on me today.
2. Pupils .... respect their teachers.
3. How .... you enter my house?
4. One .... obey the traffic rules.
5. A judge .... be honest.
6. He .... to do this heavy work.
7. They .... go out on Sundays.
8. .... I remind you of your promise?
9. It .... be done with great care.
10. He .... not write to his grandfather.

D. निम्नलिखित रिक्त स्थानों में **must, needn't, can, could, may, might, ought to** या **should Modals** को भरें-
1. .... my friend live long!

2. You .... have been more careful.
3. Criminals .... be punished.
4. She .... speak French when she was seven years old.
5. It .... happen, but I don't think it will.
6. A cook .... prepare the food with care.
7. We .... always obey our superiors.
8. Visitors .... not go beyond this limit.
9. I .... help you if I have time.
10. We .... hear people talking in the hall.

उत्तर (Answers)

A. 1. shall 2. shall 3. would 4. shall 5. will 6. should 7. should 8. shall

B. 1. May 2. can 3. might 4. does not dare. 5. could 6. would 7. need 8. may. 9. should 10. need

C. 1. must 2. ought to 3. dare 4. must 5. must 6. need 7. used to 8. need 9. must 10. need

D. 1. may 2. must 3. could 5. should 6. may 7. ought to 8. should 9. can 10. can

13

काल
(TENSE)

Definition (परिभाषा)

Tense is the form of a verb which expresses the time of an action and its degree of completeness. Tense (काल) के द्वारा किसी क्रिया के समय का बोध होता है। इससे यह बात पता चलती है कि वाक्य में प्रयुक्त क्रिया का सम्बन्ध किस काल से है अर्थात् कार्य हो चुका है, अभी हो रहा है या अभी होगा।

हिन्दी के वाक्य का अंग्रेजी में सही-सही अनुवाद करने के लिए हिन्दी के वाक्यों के Tense की पहचान होना बहुत आवश्यक है। Tense की पहचान होने से ही हम Words का प्रयोग करके सही वाक्य बना सकते हैं। वाक्य की क्रिया को ध्यानपूर्वक पढ़ने से वाक्य के Tense की पहचान की जा सकती है।

Kinds of Tense (काल के भेद)

Tense तीन प्रकार के होते हैं-

1. Present Tense (वर्तमान काल)
2. Past Tense (भूतकाल)
3. Future Tense (भविष्यत काल)

Present Tense (वर्तमान काल)

When the timeframe of the action under discussion is current, it is said to be in the Present Tense. जिस वाक्य में कार्य के वर्तमान में होने का बोध हो, तो उसे Present Tense कहते हैं।

✯ प्रत्येक Tense के चार भेद होते हैं-

1. Present Indefinite Tense (सामान्य वर्तमान काल)
2. Present Imperfect (Continuous) Tense (अपूर्ण वर्तमान काल)
3. Present Perfect Tense (पूर्ण वर्तमान काल)
4. Present Perfect Continuous (पूर्ण निरंतर वर्तमान काल)

1. Persent Indefinite Tense (सामान्य वर्तमान काल)

Present Indefinite Tense is used to present general truths and habitual actions. Present Indefinite Tense का उपयोग साधारण सत्य और आदतन हरकतों का वर्णन करने के लिए किया जाता है।

Example : I read. मैं पढ़ता हूँ।

✯ उपर्युक्त Sentence में Subject के बाद Verb की 1st Form प्रयोग किया जाता है।

(a) Affirmative form (सकारात्मक रूप) - इस रूप में सबसे पहले Subject आता है तथा उसके बाद Verb की First form प्रयोग होती है। Object तथा दूसरे तथ्य सबसे बाद में आते हैं। यहाँ महत्त्वपूर्ण बात यह है कि I, we, you और they के साथ Verb की 1st Form का प्रयोग किया जाता है, लेकिन Subject में Third Person Singular Number (He, She, it) अथवा कोई नाम जैसे- Mohan, Sohan आदि आये तो Verb के First Form के साथ 'S' या 'ES' का प्रयोग करते हैं।

Example **1.** He reads. वह पढ़ता है।

2. Sohan plays cricket. सोहन क्रिकेट खेलता है।
3. Ramesh goes to office everyday. रमेश प्रतिदिन ऑफिस जाता है।

(b) **Negative Form (नकारात्मक रूप)** - नकारात्मक रूप में पहले Subject उसके बाद do not/does not फिर Verb के 1st Form का प्रयोग करते हैं। Subject– Third Person, Singular Number– होने पर Does not का प्रयोग करते हैं।

Example 1. I *do not* read. मैं नहीं पढ़ता हूँ।
2. He *does not* read. वह नहीं पढ़ता है।
3. Sita *does not* read. सीता नहीं पढ़ती है।

(c) **Interrogative Form (प्रश्नवाचक रूप)** : Present Indefinite Tense के वाक्यों को Interrogative Sentence वाक्य बनाने के पहले Subject के लिए Do अथवा Does तथा इसके पश्चात् Verb के First Form का प्रयोग करते हैं।

Example 1. *Do* I read? क्या मैं पढ़ता हूँ?
2. *Does* he read? क्या वह पढ़ता है?

Use of Present Indefinite Tense (सामान्य वर्तमान काल के प्रयोग)

☞ **Rule 1** : आदत अथवा दैनिक कार्य को व्यक्त करने के लिए Present Indefinite Tense का प्रयोग किया जाता है।

Example 1. I get *up* daily in the morning at 5 O'clock. मैं प्रतिदिन सुबह पाँच बजे उठता हूँ।
2. Sita *reads* the Ramayana daily. सीता प्रतिदिन रामायण पढ़ती है।

☞ **Rule 2** : General Truth (सामान्य सत्य) को व्यक्त करने के लिए Present Indefinite Tense का प्रयोग किया जाता है।

Example 1. The sun *rises* in the east. सूर्य पूरब में उगता है।
2. The earth *moves* around the Sun. पृथ्वी सूर्य के चारों ओर चक्कर काटती है।
3. I *live* at Shalimarbagh in Delhi. मैं शालीमारबाग दिल्ली में रहता हूँ।

2. Present Imperfect (Continuous) Tense (अपूर्ण वर्तमान काल)

Present Continuous is used to describe actions that have not been completed in the current time. Present Continuous Tense का उपयोग वर्तमान काल के उन गतिविधियों के विवरण में किया जाता है, जो पूर्ण नहीं हुए हैं।

Example :   I *am* reading. मैं पढ़ रहा हूँ।

(a) **Affirmative form (सकारात्मक रूप)** - Subject के पश्चात् Auxiliary Verb का प्रयोग किया जाता है तथा Main Verb (मुख्य क्रिया) में 'ing' लगाते हैं।

☞ **Rule** : इसमें I के साथ am तथा we, you तथा they के साथ are तथा he, she, it अथवा किसी नाम के साथ is लगाकर Verb के अंत में ing जोड़ते हैं।

Example 1. I *am* teaching. मैं पढ़ा रहा हूँ।
2. Sohan *is* going. सोहन जा रहा है।

(b) **Negative Form (नकारात्मक रूप)** : Subject के बाद Auxiliary Verb (is, are, am) के साथ 'not' का प्रयोग करते हैं तथा Main Verb में ing जोड़ देते हैं।

Example 1. He *is not* reading. वह नहीं पढ़ रहा है।
2. I *am not* going. मैं नहीं जा रहा हूँ।

(c) **Interrogative Form (प्रश्नसूचक रूप)** : इसमें Subject के पहले Auxiliary Verb (is, are, am) का प्रयोग करते हैं तथा Verb के अन्त में 'ing' जोड़ देते हैं।

Example 1. *Are* you reading? क्या तुम पढ़ रहे हो?
2. *Is* she reading? क्या वह पढ़ रही है?

Use of Present Imperfect or Present Continuous (अपूर्ण वर्तमान काल के प्रयोग)

☞ **Rule** : वर्तमान समय में हो रहे कार्य को प्रकट करने के लिए Present Imperfect Tense का प्रयोग किया जाता है।

Example : You *are* reading. तुम पढ़ रहे हो।

☞ **Rule** : भविष्यत काल के किसी काम को प्रकट करने के लिए Present Imperfect Tense का प्रयोग किया जाता है।

Example : Shyam *is* going to Hawrah on Tuesday. श्याम मंगलवार को हावड़ा जा रहा है।

3. Present Perfect Tense (पूर्ण वर्तमान काल)

Present Perfect Tense is used to describe actions that have been completed in the current time. Present Perfect Tense का उपयोग वर्तमान काल के उन गतिविधियों के विवरण में किया जाता है, जो पूरे हो चुके हैं।

Example : I *have* read the book. मैं पुस्तक पढ़ चुका हूँ।

★ I, you, We तथा Third Person They के साथ have का प्रयोग करते हैं, लेकिन Third Person Singular Number he, she और it के साथ has का प्रयोग करते हैं।

Example 1. He *has* read the book. वह पुस्तक पढ़ चुका है।
2. I *have* read the book. मैं पुस्तक पढ़ चुका हूँ।
3. Our boss *has* called a meeting. हमारे बॉस ने एक बैठक बुलायी है।

(a) **Affirmative Form (सकारात्मक रूप)** : Verb के Third Form Past Participle का प्रयोग करते हैं, जैसे- Play के स्थान पर 'played' का प्रयोग होता है। You, they, we के साथ have का तथा Subject यदि Third Person Singular Number (he, she, it) हो, तो इसके साथ 'has' का प्रयोग करते हैं।

Example 1. I *have* finished my work. मैं अपना कार्य समाप्त कर चुका हूँ।
2. They *have* gone to the hill station. वे लोग पर्यटक स्थल जा चुके हैं।

(b) **Negative Form (नकारात्मक रूप)** : Negative Form में 'has' तथा 'have' के साथ 'not' का प्रयोग करते हैं।

Example : I *have not* read the lesson. मैंने पाठ नहीं पढ़ा है।

(c) **Interrogative Form (प्रश्नसूचक रूप)** : ऐसे वाक्यों में Subject के पहले 'have' या 'has' का प्रयोग करते हैं। इसके पश्चात् Verb के Third Form का प्रयोग किया जाता है।

Example 1. *Has* he not gone? क्या वह नहीं जा चुका है?
2. *Has* the train left? क्या ट्रेन छूट चुकी है?

Uses of Present Perfect Tense (पूर्ण वर्तमान काल के प्रयोग)

इसका प्रयोग भूतकाल के ऐसे कार्य का वर्णन करने के लिए किया जाता है जो अभी-अभी पूरा हुआ हो और उसमें already, so far, recently, presently, till now, as yet, just now, this year आदि में से किसी शब्द का प्रयोग हुआ हो।

Example : I *have* finished my work just now. मैंने अभी-अभी अपना कार्य पूरा किया है।

☞ **Rule :** भूतकाल के अनुभव का वर्णन करने के लिए अर्थात् जब वाक्य के अन्त में once, twice, several times आदि शब्दों का प्रयोग दे रखा हो–
  Example :   I *have* gone to Delhi several times. मैं कई बार दिल्ली जा चुका हूँ।

4. Present Perfect Continuous (पूर्ण निरंतर वर्तमान काल)

Present Perfect Continuous Tense is used to indicate that some action in the current time has been going on for some time and is not yet over. जिस वाक्य से यह पता चले कि कार्य पहले प्रारम्भ होकर अर्थात् अभी जारी है, उसे Present Perfect Continuous Tense कहते हैं।

  Example :   I *have been* living in Mumbai for 10 years. मैं मुम्बई में दस वर्षों से रहता आ रहा हूँ।

☞ **Rule :** I, We, You तथा They के साथ have been तथा Third Person, Singular Number Subject के साथ has been तथा Verb के अंत में 'ing' जोड़ते हैं।

  (a) **Affirmative Form (सकारात्मक रूप) :** Main Verb में 'ing' लगाते हैं। I, we, you, they के साथ have been तथा Third Person Singular Number का Subject रहने पर 'has been' का प्रयोग Verb के पहले करते हैं।

   Example :   He *has been* suffering from Dengue since two weeks. वह दो सप्ताह से डेंगू बुखार से पीड़ित है।

  (b) **Negative Form (नकारात्मक रूप) :** have अथवा has के बाद तथा been के पहले not का प्रयोग करते हैं।

   Example :   I *have not* been living in Mumbai for 10 years. मैं मुम्बई में दस वर्षों से नहीं रहता आ रहा हूँ।

  (c) **Interrogative Form (प्रश्नसूचक रूप) :** पहले has/have का प्रयोग करते हैं। बाद में Subject तब been तथा Verb के अंत में ing जोड़ देते हैं।

   Example :   *Has* he been living in Mumhai for 10 years. क्या वह मुम्बई में दस वर्षों से रहता आ रहा है?

★ समय अवधि के लिए 'for' का प्रयोग करते हैं।
  Example :   He has been living in Delhi *for* 2 years. वह दो वर्षों से दिल्ली में रहता आ रहा है।
★ जहाँ पर निश्चित समय अवधि दी गयी हो, वहाँ 'since' का प्रयोग करते हैं।
  Example :   He has been living in Delhi *since* 1990. वह 1990 से दिल्ली में रहता आ रहा है।

Past Tense (भूतकाल)

When the time frame of the action is described in the past, it is said to be in the Past Tense. यदि विवरण की जा रही घटना का समय गुजर चुका है, तो उसे Past Tense में घटित होना कहा जाता है। Past Tense चार प्रकार के होते हैं।

  1. Past Indefinite Tense (सामान्य भूतकाल)
  2. Past Imperfect (Continuous) Tense (अपूर्ण भूतकाल)
  3. Past Perfect Tense (पूर्ण भूतकाल)
  4. Past Perfect Contiunuous Tense (पूर्ण निरंतर भूतकाल)

1. Past Indefinite (सामान्य भूतकाल)

This tense shows an action completed in past. जिस वाक्य के क्रिया के अन्त में या, यी, ये अथवा आ, ई, ए हो उसे Past Indefinite Tense कहते हैं।

  Example : I *came.* मैं आया।

☞ **Rule** : Past Indefinite के वाक्यों में Subject के बाद Verb के दूसरे Form का प्रयोग करते हैं।

(a) **Affirmative Form (सकारात्मक रूप)** : जब कार्य Past में हो तो Subject के साथ Verb की दूसरी form का प्रयोग करते हैं।

***Example* 1.** I *went* there. मैं वहाँ गया।

2. She *gave* me a book. उसने मुझे एक पुस्तक दिया।

(b) **Negative Form (नकारात्मक रूप)** : नकारात्मक वाक्यों में Subject के बाद did not लगाकर Verb के पहले form का प्रयोग करते हैं।

***Example* 1.** I *did not* come. मैं नहीं आया।

2. He *did not* behave well. उसने अच्छा व्यवहार नहीं किया।

(c) **Interrogative Form (प्रश्नसूचक रूप)** : प्रश्नसूचक रूप में Subject के पहले did तथा बाद में Verb की First Form का प्रयोग करते हैं।

***Example* 1.** *Did* he not come? क्या वह नहीं आया?

2. *Did* I not eat? क्या मैंने नहीं खाया?

Uses of Past Indefinite Tense (सामान्य भूतकाल के प्रयोग)

☞ **Rule 1:** It is used to express an action that is just completed or just happened, normally a short time before speaking. Time of action is not specified but it makes a sense that action is just completed. एक्शन या कार्य जो वाक्य बोलते समय से कुछ समय पहले ही पूर्ण हुआ हो या घटित हुआ हो Past Indefinite Tense के अन्तर्गत आता है।

***Example* :** Raman learnt his lesson. रमन ने अपना पाठ याद कर लिया।

✯ उपर्युक्त वाक्यों से पता चलता है कि कार्य भूतकाल में अनिश्चित समय पर हुआ है।

☞ **Rule 2:** It is used to express an action which has completed in past and time of action; e.g., 3 pm, yesterday, last evening, last mont, past years) is given in the sentence. कार्य जो भूतकाल में घटित या पूर्ण हो और वाक्य में कार्य का समय (जैसे– 3 बजे, कल, पिछले महीने, पिछले साल आदि) दिया हुआ हो, वह सामान्य भूतकाल काल के अन्तर्गत आता है।

***Example* :** Dinesh met her yesterday. दिनेश उससे कल मिला।

☞ **Rule 3:** It is also used to express old habits also. Normally words "USED TO" is used to express old habits. इसका प्रयोग भूतकाल की आदत को व्यक्त करने हेतु भी किया जाता है। भूतकाल की आदत को बताने के लिए आमतौर पर 'Used to' का प्रयोग किया जाता है।

***Example* 1.** Rajkumar always wore white shoes. राजकुमार हमेशा सफेद जूते पहनता था।

2. Rajkumar used to wear white shoes. राजकुमार सफेद जूते पहनने के लिए इस्तेमाल किया।

2. Past Imperfect (Continuous) Tense (अपूर्ण निरंतर भूतकाल)

It denotes an action going on at a certain time which has not yet finished. जिस वाक्य से यह पता चले कि कोई कार्य भूतकाल में जारी था, उसे Past Imperfect Tense कहते हैं।

***Example* :** I *was* reading. मैं पढ़ रहा था।

(a) **Affirmative Form (सकरात्मक रूप):** Subject के बाद was और were का प्रयोग किया जाता है तथा Verb के अन्त में 'ing' जोड़ देते हैं। Third Person Singular Number (he, she, it) अथवा First Person Singular Number (I) के Subject के रूप में होने पर मुख्य Verb के पहले 'was' का प्रयोग करते हैं। Second Person के Singular Number में तथा Third Person के Plural Number में 'were' का प्रयोग करते हैं।

Example 1. Sita *was* laughing. सीता हँस रही थी।

2. You *were* going to the market. तुम बाजार जा रहे थे।

(b) **Negative Form (नकारात्मक रूप)**: इस रूप में was not अथवा were not का प्रयोग करते हैं।

Example 1. I *was not* teaching you. मैं तुम्हें नहीं पढ़ा रहा हूँ।

2. You *were not* laughing. तुम नहीं हँस रहे हो।

(c) **Interrogative Form (प्रश्नसूचक रूप)**: इस रूप में was अथवा were का प्रयोग Subject से पहले करते हैं।

Example 1. *Was* he reading a book? क्या वह एक पुस्तक पढ़ रहा था?

2. *Were* you not eating a mango? क्या तुम आम नहीं खा रहे थे?

Uses of Past Continuous Tense (अपूर्ण निरंतर भूतकाल के प्रयोग)

☞ **Rule 1**: ऐसे action का वर्णन करने के लिए जिसके साथ when वाली Adverb clause Past Indefinite Tense में दे रखी हो।

Example: When I met her, she was doing her homework. जब मैं उससे मिला वह अपना गृहकार्य कर रही थी।

☞ **Rule 2**: साथ-साथ होने वाले दो actions में से यदि एक action Past Continuous Tense में दे रखा हो, तो दूसरे action को भी Past Continuous Tense में रखते हैं।

Example: I was doing my work, while she was playing. मैं अपना काम कर रहा था, जब वह खेल रही थी।

3. Past Perfect Tense (पूर्ण भूतकाल)

This tense is used to denote an action completed in the past before a certain moment. जिस वाक्य के अन्त में चुका था, चुकी थी, चुके थे आदि हो उसे Past Perfect Tense कहते हैं।

Example 1. I had read the novel. मैं उपन्यास पढ़ चुका था।

2. He had gone to the school. वह स्कूल जा चुका था।

☞ **Rule**: ऐसे वाक्यों में Subject के बाद had तथा Verb की Third Form Past Participle का प्रयोग किया जाता है।

Example: The train had left when Mohan reached the station. जब मोहन स्टेशन पहुँचा ट्रेन छूट चुकी थी।

(a) **Affirmative Form (सकरात्मक रूप)**: Subject के बाद में 'had' देकर Verb के Past Participle रूप का प्रयोग करते हैं।

Example: The train *had* left before Sohan reached the station. सोहन के स्टेशन पहुँचने के पहले ट्रेन छूट चुकी थी।

(a) **Negative Form (नकरात्मक रूप)**: had के बाद not का प्रयोग करते हैं।

Example: The police *had not* reached before the thieves ran away. पुलिस के नहीं पहुँचने के पहले चोर भाग चुके थे।

(b) **Interrogative Form (प्रश्नवाचक रूप)**: Subject से पहले had का प्रयोग करते हैं, Subject के बाद Verb की Third Form और बाद में होने वाले कार्य के लिए Past Indefinite का प्रयोग करते हैं।

Example: *Had* you finished your work before the bell rang? क्या तुम घण्टी बजने से पहले अपना कार्य समाप्त कर चुके थे?

Uses of Past Perfect Tense (पूर्ण भूतकाल के प्रयोग)

☞ **Rule 1 :** जब before अथवा when वाले clause में Past Indefinite Tense दे रखा हो, तो Main clause को Past Perfect Tense में लिखते हैं।

Example : The rain had stopped *before* we returned home. हम लोगों के घर लौटने से पहले वर्षा रुक चुकी थी।

☞ **Rule 2 :** ऐसे action का वर्णन करने के लिए जिसमें till, yesterday, till then दिया हो।

Example : Rashmi had not completed her work *till* night. रश्मि रात होने तक अपना कार्य समाप्त नहीं कर पायी थी।

4. Past Perfect Continuous Tense (पूर्ण निरंतर भूतकाल)

This tense is generally used to express an activity which was continuing but recently stopped. जिस वाक्य के अन्त में ता आ रहा था, ती आ रही थी, ते आ रहे थे आदि हो, तो उसे Past Perfect Continuous Tense कहते हैं।

Example : Ramesh *had been* living in Delhi for 10 years. रमेश दस वर्षों से दिल्ली में रहता आ रहा था।

(a) **Affirmative Form** (सकारात्मक रूप) : Subject के पश्चात् 'had been' का प्रयोग किया जाता है तथा Main Verb में 'ing' जोड़ देते हैं।

Example : He was free in the evening but *had been* working the whole day. वह शाम को खाली था, परन्तु वह दिन भर काम कर रहा था।

(b) **Negative Form** (नकारात्मक रूप) : इसमें Subject के बाद had तथा had के बाद not का प्रयोग करते हैं।

Example : He *had not* been living in Delhi for 10 years. वह दस सालों से दिल्ली में नहीं रहता आ रहा था।

(c) **Interrogative Form** (प्रश्नसूचक रूप) : इसमें Subject के पहले had का प्रयोग करते हैं फिर 'been' तथा Verb के अन्त में 'ing' जोड़ देते हैं।

Example : *Had* he not been living in Delhi for 10 years? क्या वह दिल्ली में दस वर्षों से नहीं रहता आ रहा था?

Uses of Past Perfect Continuous Tense (अपूर्ण निरंतर भूतकाल के प्रयोग)

यदि when अथवा before वाली Clause Past Indefinite Tense में दे रखी हो, तो Main Clause जिसमें since/for वाला time भी दे रखा हो Past Perfect Continuous का प्रयोग करते हैं।

Example : Shayam had been working hard for 20 years when he fell ill. श्याम बीस वर्षों से काम करता आ रहा था जब वह बीमार पड़ा।

Future Tense (भविष्यत काल)

When the time frame of the action under discussion is in the future, it is said to be in the Future Tense. भविष्य में किसी कार्य को करने के लिए सूचित किये गये समय को Future Tense कहते हैं।

Example 1. I *shall* read this book. मैं यह पुस्तक पढ़ूँगा।
2. Reshma *will* write. रेशमा लिखेगी।

Future Tense चार प्रकार के होते हैं-

1. Future Indefinite Tense (सामान्य भविष्यत काल)
2. Future Continuous Tense (अपूर्ण भविष्यत काल)
3. Future Perfect Tense (पूर्ण भविष्यत काल)
4. Future Perfect Continuous Tense (पूर्ण निरंतर भविष्यत काल)

1. **Future Indefinite Tense (सामान्य भविष्यत काल)**

☞ **Rule :** Future Indefinite Tense में I, We के साथ shall तथा बाकी सभी Subject (you, he, she, it, they) के लिए will के बाद Verb के First form का प्रयोग करते हैं।

(a) **Affirmative Form (सकारात्मक रूप) :** ऐसे वाक्यों में We, I के साथ Shall तथा अन्य सभी Subject के साथ Will का प्रयोग करते हैं तथा इसके बाद Verb की First Form का प्रयोग करते हैं।

Example **1.** I *shall* miss you. मैं तुम्हें याद करूँगा।

2. You *will* go to Kanpur. तुम कानपुर जाओगे।

(b) **Negative Form (नकारात्मक रूप) :** ऐसे वाक्यों में will तथा shall के बाद not जोड़ देते हैं।

Example **1.** I *shall not* abuse. मैं अपशब्द नहीं बोलूँगा।

2. She *will not* run. वह नहीं दौड़ेगी।

(c) **Interrogative Form (प्रश्नसूचक रूप) :** ऐसे वाक्यों में Subject के पहले shall अथवा will का प्रयोग करते हैं।

Example **1.** *Will* she not come. क्या वह नहीं आयेगी?

2. *Shall* I read? क्या मैं पढ़ूँगा?

Uses of Future Indefinite Tense (सामान्य भविष्यत काल के प्रयोग)

☞ **Rule 1 :** ऐसे action का वर्णन करने के लिए जिसमें Future को दर्शाने वाला समय अर्थात् tomorrow, next आदि दे रखा हो।

Example **1.** It *will* rain today. आज वर्षा होगी।

2. I *shall* go tomorrow. मैं कल जाऊँगा।

☞ **Rule 2 :** Order, Promise, Threat तथा determination से सम्बन्धित वाक्यों में First Person के दोनों Number I तथा We के साथ 'Will' तथा Second तथा Third Person के साथ 'Shall' का प्रयोग करते हैं।

Example **1.** I *will* go to Delhi today. (Determination) मैं आज दिल्ली जाऊँगा।

2. Nobody *should* tell a lie. (Advice) किसी को भी झूठ नहीं बोलना चाहिए।

3. He *shall* leave this place at once. (Order) उसे अभी इस जगह से जाना होगा।

4. Rashmi shall be punished. (Threat) रश्मि को दण्डित किया जायेगा।

2. Future Continuous Tense (अपूर्ण भविष्यत काल)

जिस काल में कोई भी कार्य भविष्य में अथवा आने वाले समय में होता रहेगा उसे Future Continuous Tense कहते हैं।

(a) **Affirmative Form (सकारात्मक रूप):** 'Will' तथा 'Shall' का प्रयोग Future Indifinite की ही तरह होता है तथा उसके बाद 'be' लगाकर Main Verb में 'ing' जोड़ देते हैं।

Example **1.** Ram *will be* reading. राम पढ़ाई कर रहा होगा।

2. I *shall be* coming. मैं आ रहा होऊँगा।

(b) **Negative Form (नकारात्मक रूप):** ऐसे वाक्यों में will अथवा shall के बाद not जोड़ते हैं।

Example **1.** I *shall not* read. मैं नहीं पढ़ रहा होऊँगा।

2. Sita *will not* play. सीता नहीं खेल रही होगी।

(c) **Interrogative Form प्रश्नसूचक रूप :** ऐसे वाक्यों में Subject के पहले shall अथवा will का प्रयोग करते हैं।

Example **1.** *Will* he not be going? क्या वह नहीं जा रहा होगा?

2. *Will* you be reading? क्या तुम पढ़ रहे होगे?

3. Future Perfect Tense (पूर्ण भविष्यत काल)

जिस काल से यह बात पता चले कि कार्य आने वाले समय में पूरा हो चुका होगा उसे Future Perfect Tense कहते हैं।

(a) **Affirmative Form (सकारात्मक रूप):** Subject यदि First Person में हो तो shall have तथा यदि Subject Second Person या Third Person में हो तो will have का प्रयोग करते हैं तथा Verb के Third Form का प्रयोग करते हैं।

Example 1. I *shall have* read this book. मैं यह पुस्तक पढ़ चुका होऊँगा।

2. His examination *will have* finished. उसकी परीक्षा समाप्त हो चुकी होगी।

(b) **Negative Form (नकारात्मक रूप):** ऐसे वाक्यों में Verb के Third Form के पहले यथास्थिति Subject के अनुसार shall not have अथवा will not have का प्रयोग करते हैं।

Example 1. Ram's examination *will not have* finished. राम की परीक्षा नहीं समाप्त हो चुकी होगी।

2. I *shall not have* read this book. मैं यह पुस्तक नहीं पढ़ चुका होऊँगा।

(c) **Interrogative Form (प्रश्नसूचक रूप):** इस प्रकार के वाक्यों में shall या will का प्रयोग Subject के पहले तथा verb की Third Form का प्रयोग करते हैं।

Example 1. Shall I *have* read this book? क्या मैं यह पुस्तक पढ़ चुका होऊँगा?

2. Shall we *have* eaten our meal? क्या हमलोग खाना खा चुके होंगे?

4. Future Perfect Continuous Tense (पूर्ण निरंतर भविष्यत काल)

जिस काल से इस बात का बोध हो कि कोई भी कार्य आने वाले समय में अर्थात् भविष्यत काल में पहले से ही होता रहेगा उसे Future Perfect Continuous Tense कहते हैं।

(a) **Affirmative Form (सकारात्मक रूप) :** Subject I, We के साथ shall have been तथा Second Person तथा Third Person के साथ will have been का प्रयोग करते हैं। Verb के अन्त में 'ing' जोड़ देते हैं।

Example 1. I *shall have been* reading for four hours. मैं चार घंटे से पढ़ता आ रहा होऊँगा।

2. He *will have been* teaching for two years. वह दो सालों से पढ़ता आ रहा होगा।

(b) **Negative Form (नकारात्मक रूप) :** इस रूप में Will have been या Shall have been के बीच में Not का प्रयोग करते हैं।

Example 1. He *will not have been* reading for four hours. वह चार घंटे से नहीं पढ़ता आ रहा होगा।

2. Nobody *will have been* living in this flat for many years. अनेक वर्षों से इस घर में कोई नहीं रहता आ रहा है।

(c) **Interrogative Form (प्रश्नसूचक रूप) :** ऐसे वाक्यों में shall अथवा will को Subject के पहले लगाते हैं।

Example 1. Will he *have been* reading for four hours? क्या वह चार घंटे से पढ़ता आ रहा होगा?

2. Shall she *has been* talking for many hours? क्या वह कई घंटों से बातें करती आ रही होगी?

स्मरणीय

यहाँ पर Tense के सही-सही उपयोग के बारे में संक्षिप्त रूप में बताया गया है।

1. हिन्दी के वाक्यों का अंग्रेजी में सही अनुवाद करने के लिए Tense (काल) की पहचान करना अत्यंत आवश्यक है।
2. अंग्रेजी में Tense (काल) तीन प्रकार के होते हैं– 1. Present Tense (वर्तमान काल) 2. Past Tense (भूतकाल) 3. Future Tense (भविष्यत काल)

व्यावहारिक व्याकरण

अभ्यास (Practice)

A. नीचे दिये गये Sentenses को पढ़कर उसका Tense बतायें-
1. Vibha failed in the class.
2. I wear blue shirt.
3. He forgot my name.
4. The dog was barking in the night.
5. I read a book.
6. She writes an application.
7. Ramesh will come tomorrow.
8. Ram never tells a lie.
9. I take tea after meal.
10. My father gets up early in the morning.
11. The girls were singing a song.
12. Mohini was doing her work.
13. Mohan has solved the puzzle.
14. You had eaten a mango.
15. They had worked hard.
16. Vikas will have been reading for five hours.
17. She has been reading this novel for the last one year.
18. It has been raining since morning.
19. You have been learning English for ten days.
20. We have known each other for past five years.

B. निम्नलिखित रिक्त स्थानों में 'for' या 'since' का प्रयोग करें-
1. Mohan has been reading this book............... the last one year.
2. It has been raining .... yesterday morning.
3. He has been here .... Saturday.
4. They have been living here .... 1990.
5. Ram has worked for us ever .... she left the college.
6. She has been learning spanish .... many days.
7. My friend had been fasting .... one week when the doctor came.

C. निम्नलिखित रिक्त स्थानों में कोष्ठक में दिये गये Verb का सही प्रयोग कर Simple Present Tense बनायें-
(go, kill, do, eat, buy, go, agree, know)
1. We .... not .... overripe and cheap fruit.
2. .... you .... me?
3. He .... not .... meat.
4. I .... not .... with him.
5. We daily .... to school.
6. Rash driving .... many people every year.

D. निम्नलिखित रिक्त स्थानों में कोष्ठक में दिये गये Verb का सही प्रयोग कर Present Continuous Tense के Sentence बनायें-
(solve, grow, go, insult, sell)
1. I .... a puzzle. (What are you doing?)
2. Fruits .... on the trees. (What is growing on trees?)
3. I .... to the market. (Where are you going?)
4. .... you .... me? (What are you doing?)

5. He .... rotten fruit (what kind of fruit is he selling?)

E. निम्नलिखित रिक्त स्थानों में कोष्ठक में दिये गये Verb का सही प्रयोग कर Present Prefect Tense के Sentence बनायें-
   (stop, see, finish, come, stop, arrive)
   1. .... you .... writing your article? No, I ....
   2. She .... weeping.
   3. .... you .... my brother?
   4. I .... just .... my lunch.
   5. .... he .... home?
   6. The bus ....

F. निम्नलिखित रिक्त स्थानों में कोष्ठक में दिये गये Verb का सही प्रयोग कर Present Prefect Continuous Tense के Sentence बनायें-
   (read, sit, swim, play, sit)
   1. How long .... you .... this book?
   2. I .... the book for two hours.
   3. Where have you been? .... you ....?
   4. I .... cricket since 4 o' clock.
   5. He .... here all day.

G. निम्नलिखित रिक्त स्थानों में कोष्ठक में दिये गये Verb का सही प्रयोग कर Simple Past Tense के Sentence बनायें-
   (Spend, fall, go, do, see, didn't drive, has spend)
   1. Where .... you .... last night?
   2. I .... to see a movie but I .... enjoy it.
   3. .... you .... him yesterday? No, I ....
   4. Last night he .... down the stairs.
   5. Yesterday, he .... rashly and .... an accident
   6. Did you .... all the money I .... you?

H. निम्नलिखित रिक्त स्थानों में कोष्ठक में दिये गये Verb का सही रूपों में प्रयोग कर Past Continuous Tense के Sentence बनायें-
   (Walk, watch, have, shed, are, is)
   1. When I last saw him, he .... down the road very fast.
   2. The trees .... leaves.
   3. I .... in the park when I met an old friend of mine.
   4. I .... dinner yesterday at 8.30.
   5. The door bell rang when I .... TV.

I. निम्नलिखित रिक्त स्थानों में कोष्ठक में दिये गये Verb का सही प्रयोग कर Past Prefect Tense के Sentences बनायें-
   (Reach, die, break, eat, be, drive)
   1. The patient .... before the doctor ....
   2. He was fasting, he .... nothing for a couple of days.
   3. He was afraid to drive. He .... never test .... before.
   4. When he .... home, the thieves .... into the house.
   5. It was my first visit to UK. I .... never there before.

J. निम्नलिखित रिक्त स्थानों में कोष्ठक में दिये गये Verb का सही प्रयोग कर Past Prefect Continuous Tense के Sentences बनायें-
(come, has be, has be, has be, ring, has be, live since/for)
1. I was in a bad mood when I .... home. I .... working all day.
2. She cried in her sleep. She .... dreaming.
3. We .... taking the test for two hours when the bell ....
4. The maid .... working in the house .... two hours.
5. I .... in this house since 2008.

K. निम्नलिखित रिक्त स्थानों में कोष्ठक में दिये गये Verb का सही प्रयोग कर Simple Future Tense के Sentence बनायें-
(Will, go, leave, shall, is going, will leave)
1. The luggage looks heavy, I .... help you unload it.
2. It is raining heavily. I don't think I .... out tonight.
3. What time are you leaving for your trip abroad? I .... today evening. I have booked a seat in the plane.
4. This place looks horrible, I .... not .... to work here.
5. .... I shut the door? It is very cold.
6. .... you please shut the window?
7. He .... to buy a new bike.
8. I have got late. I think I .... take a taxi.
9. .... I go with you. It is quite dark out there.

L. निम्नलिखित रिक्त स्थानों में कोष्ठक में दिये गये Verb का सही प्रयोग कर Future Continuous Tense के Sentences बनायें-
(See, take, read, make)
1. The director .... an announcement soon.
2. If you ring me at 10 o' clock, I .... my lunch.
3. Right now he .... a book in the library.
4. .... you .... a bus or taxi for going home?
5. At this time tomorrow, I .... a movie.

M. निम्नलिखित रिक्त स्थानों में कोष्ठक में दिये गये Verb का सही प्रयोग कर Future Prefect Tense के Sentences बनायें-
(Go, finish, start, leave)
1. He won't be at home now. He .... for office.
2. In a short while, the movie .... All .... home.
3. The show .... by the time we reach the cinema hall.
4. Tomorrow they have their marriage anniversary. They .... married for ten years.
5. The teacher .... the course by the end of the term.
6. Don't speak until he ....

N. निम्नलिखित रिक्त स्थानों में कोष्ठक में दिये गये Verb का सही प्रयोग कर Future Prefect Continuous Tense के Sentences बनायें-
(Go, write, play, study, travel)
1. He .... cricket for four hours.
2. I .... in this college for three years.
3. We .... in the train for the last four hours.
4. He .... the article since midnight.
5. The match .... on for two hours now.

उत्तर (Answers)

A. 1. Past Indefinite 2. Present Indefinite 3. Past Indefinite 4. Past Imperfect 5. Past Indefinite 6. Present Indefinite 7. Future Indefinite 8. Present Indefinite 9. Present Indefinite 10. Present Indefinite 11. Past Imperfect 12. Past Imperfect 13. Past Perfect 14. Past Perfect 15. Past Perfect 16. Future Perfect Continuous 17. Present Perfect Continuous 18. Present Perfect Continuous 19. Present Perfect Continuous 20. Present Perfect Tense

B. 1. for 2. since 3. since 4. since 5. since 6. for 7. for.

C. 1. do, buy 2. do, know 3. does, eat 4. do agree 5. go 6. kills

D. 1. am solving 2. are growing 3. am going 4. are insulting 5. is selling

E. 1. Have, finished, haven't 2. has stopped 3. Have, seen 4. have, finished 5. Has, come 6. has arrived

F. 1. Have been, reading 2. have been reading 3. have been, swimming 4. have been playing 5. has been sitting

G. 1. Did, go 2. went, didn't 3. Did, see, didn't 4. fell 5. drove, had 6. spend, gave

H. 1. was walking 2. were shedding 3. was walking 4. was having 5. was watching

I. 1. had died, came 2. had eaten 3. had, driven 4. reached, had broken 5. had, been

J. 1. came, had been 2. had been 3. had been, rang 4. had been, for 5. had been living

K. 1. will 2. will be going 3. will be leaving 4. am, going 5. Shall 6. will 7. shall have 8. will 9. shall

L. 1. will be making 2. will be taking 3. will be reading 4. Will, be taking 5. will be seeing

M. 1. will have left 2. will have finished, will have gone 3. will have started 4. will have been 5. will have finished 6. has gone.

N. 1. has been playing 2. have been studying 3. have been travelling 4. has been writing 5. has been going

14

वाच्य
(VOICE)

Definition (परिभाषा)

Voice is defined as the form of verb which shows that the person or thing denoted by the subject does something or something & done to the subject. Verb का वह रूप जिससे स्पष्ट होता है कि Subject स्वयं कार्य करता है अथवा उसके लिए कोई कार्य किया जाता है, Voice (वाच्य) कहलाता है।

***Example* 1.** *Rama* reads a book. राम एक पुस्तक पढ़ता है। (कर्त्ता राम स्वयं कार्य करता है।)

2. *A book* is read by Rama. एक पुस्तक राम के द्वारा पढ़ी जाती है। (कर्त्ता के लिए कुछ किया जाता है)

दूसरे शब्दों में हम कह सकते हैं कि Subject किसी कार्य के लिए Direct (प्रत्यक्ष) जिम्मेदार होता है या Indirect (अप्रत्यक्ष) रूप से जिम्मेदार होता है। यह Voice द्वारा ही पता चलता है।

Types of Voice (वाच्य के प्रकार)

Voice दो प्रकार के होते हैं-

(1) Active Voice (कर्तृवाच्य)

(2) Passive Voice (कर्मवाच्य)

Active Voice (कर्तृवाच्य)

A Verb is said to be in Active Voice, when the person or thing denoted by the subject acts. जब कोई व्यक्ति या वस्तु Subject (कर्त्ता) के रूप में कार्य करता है, तो उसे Active Voice कहते हैं।

***Example* :** *Sita* writes a letter. सीता एक पत्र लिखती है।

☆ उपर्युक्त Sentence में Subject (कर्त्ता) Sita लिखने की क्रिया का सम्पादन कर रही है। अत: यह Sentence Active Voice में है।

Passive Voice (कर्मवाच्य)

A Verb is said to be in the Passive Voice when the person or thing denoted by the subject does not act, but something is done to it. जिस वाक्य में Object (कर्म) की प्रधानता होती है। उसे Passive Voice कहते हैं।

***Example* :** *The book* is written by the author. पुस्तक लेखक के द्वारा लिखी जाती है।

☆ उपर्युक्त Sentence में पुस्तक लेखक के द्वारा लिखी जाती है। अत: यह Sentence Passive Voice में है।

Active Voice को Passive Voice में बदलने के नियम

☞ **Rule 1 :** Active Voice में जो शब्द Subject (कर्त्ता) रहता है, तो वह Passive Voice में Object (कर्म) के स्थान पर प्रयोग होता है।

***Example* 1.** *I* like a pen. (Active Voice) मैं कलम पसन्द करता हूँ।

2. *Pen* is liked by me. (Passive Voice) कलम मेरे द्वारा पसंद किया गया।

☆ इस वाक्य में Active Voice का Subject (कर्त्ता) 'I' Passive Voice में Object (कर्म) के स्थान पर 'me' में प्रयुक्त हुआ है। साथ ही Verb के बाद 'by' का प्रयोग हुआ है।

☞ **Rule 2** : यदि Subject में Nominative Case का कोई Pronoun हो, तो उसे निम्न तालिका के अनुसार बदल दिया जाता है–

She – her	He – him	I – me	You – you
We – us	It – it	They – them	Who – whom

☞ **Rule 3** : Active Voice में जो Object है, वह Passive Voice में Subject की जगह प्रयुक्त होता है।
Example : *Shayam* likes Radha. (Active Voice) श्याम राधा को पसंद करता है।
Radha is liked by Shyam. (Passive Voice) राधा श्याम के द्वारा पसंद की जाती है।

★ Radha जो Active Voice में Object के स्थान पर है, उसका Passive Voice में Subject के स्थान पर प्रयोग किया गया। Object में Objective Case का Pronoun निम्नलिखित नियमों के अनुसार बदलता है।

Her – She	Him – He	Me – I	You – You
Them – They	It – It	Us – We	Whom – Who

☞ **Rule 4** : Active Voice की Main Verb को Passive Voice में Past Participle में बदल देते हैं।
Example : Sita likes a boy. (Active Vocie) सीता एक लड़के को पसंद करती है।
A boy is liked by Sita. (Passive Vocie) एक लड़का सीता के द्वारा पसंद किया गया।

☞ **Rule 5** : Active Voice से Passive Voice में बदलते समय Passive Voice के Subject के Number, Person एवं Tense के अनुसार Verb to be (is, are, am, was, were, be, been अथवा being) का प्रयोग करते हैं।

☞ **Rule 6** : कुछ Verb के साथ Passive Voice में by न लगाकर दूसरे Preposition का प्रयोग करते हैं, जैसे– Known to, alarmed at, annoyed at, pleased with, married with, satisfied with, contained in, disgusted with, displeased with, lined with, offended with, surprised at, interested in, shocked at, etc.

☞ **Rule 7** : जब किसी कार्य को प्रमुखता देनी हो तब Passive Voice में 'by' के साथ Subject का प्रयोग नहीं करते हैं।
Example : *We* ought to respect our parents. (Active Voice) हमें अपने माता-पिता का आदर करना चाहिए।
Our Parents ought to be respected by us. (Passive Voice) माता-पिता का हम लोगों द्वारा आदर किया जाना चाहिए।

☞ **Rule 8** : यदि कोई Universal truth (यथार्थ सत्य) बताया जाये तो उसे Passive Voice में 'It is said that' का प्रयोग करते हैं, जैसे–
Example : People say that *honesty is the best policy*. (Active Voice) लोग कहते हैं कि ईमानदारी सबसे अच्छी नीति है।
It is said that honesty is the best policy. (Passive Voice) यह कहा गया है कि ईमानदारी सबसे अच्छी नीति है।

☞ **Rule 9** : यदि Active Voice में दो Objects हो, तो Verb के पास वाले Object को Subject बनाकर आसानी से Passive Voice बनाया जाता है।
Example : She teaches *us* French. (Active Voice) वह हमें फ्रेंच पढ़ाती है।
We are taught French by her. (Passive Voice) हमलोगों को उसके द्वारा फ्रेंच पढ़ाया जाता है।

☞ **Rule 10 :** अंग्रेजी में Verb के दो भेद होते हैं– Transitive Verb (सकर्मक क्रिया) तथा Intransitive Verb (अकर्मक क्रिया)। Intransitive Verb वह है, जिसमें Verb का फल केवल Subject पर पड़ता है।
Example : Mohan runs. मोहन दौड़ता है।

★ इस Sentence में 'दौड़ना' Verb (क्रिया) का फल है तथा उसका फल राम को ही मिल रहा है इसलिए इस Sentence का Voice परिवर्तन नहीं किया जा सकता।

Rules of Passive Voice of Tenses (कर्मवाच्य काल के नियम)
Present Indefinite (सामान्य वर्तमान काल)

☞ **Rule :** यदि Subject 1st Person Singular Number (I) हो, तो am, First Person Plural Number, Second Person के दोनों वचनों तथा Third Person के Plural Number ('we', 'you', 'they' हो तो 'are' तथा Third Person ('she', 'he', 'it') हो तो 'is' का प्रयोग करते हैं। इसके बाद Main Verb के बाद 'by' का नियमानुसार प्रयोग करते हैं।

Active Voice	Passive Voice
1st form + e/es	is/are/am + 3 form
I play football. मैं फुटबॉल खेलता हूँ।	Football is plyaed by me. फुटबॉल मेरे द्वारा खेला जाता है।
We love children. हमलोग बच्चों को प्यार करते हैं।	The children are loved by us. बच्चे को हमारे द्वारा प्यार किया जाता है।

Negative Sentences (नकारात्मक वाक्य)

Active Voice	Passive Voice
do not/does + not + 1st Form	is, am, are, + not, + 3rd Form
Ram does not teach her. राम उसे नहीं पढ़ाता है।	She is not tought by Ram. वह राम के द्वारा नहीं पढ़ाई जाती है।
We do not like mango. हमलोग आम पसंद नहीं करते हैं।	The mango is not liked by us. आम हमलोगों द्वारा पसंद नहीं किया जाता है।

Interrogative Sentences (प्रश्नात्मक वाक्य)

Active Voice	Passive Voice
(Do/Does + subject + Verb 1st Form)	is/am/are + Subject + Verb 3rd Form
Does he kill a rat? क्या उसने चूहा मारा है?	Is a rat killed by him? क्या चूहा उसके द्वारा मारा गया है।
Who kills a rat? किसने चूहे को मारा है।	By whom is the rat killed. किसके द्वारा चूहा मारा गया है।

Note: यदि प्रश्न का आरम्भ who अथवा whom से हो, तो Sentence को Passive Voice में बदलते समय who को by Whom एवं Whom को Who में बदलते हैं।
यदि Active Voice में what से प्रश्न बना हो तो वह Object का काम करता है लेकिन Passive Voice में वह Subject का काम करता है तथा Helping Verb से पहले लगाया जाता है। जैसे-

Active Voice	Passive Voice
What does he sell? वह क्या बेचता है?	What is sold by him? उसके द्वारा क्या बेचा गया है?

Present Continuous Tense

अपूर्ण वर्तमान काल में Active Voice से Passive Voice बनाते समय Principal Verb के तीसरे रूप Past Participle के 3rd Form के पहले 'being' का प्रयोग करते हैं तथा 'being' के पहले नियमानुसार 'is', 'am', 'are' लगाते हैं।

Active Voice	Passive Voice
is/am/are + 1st form + ing	is/am/are + being + 3rd form
I am writing a letter. मैं एक पत्र लिख रहा हूँ।	A letter is being written by me. पत्र मेरे द्वारा लिखी जा रही है।

Present Perfect Tense (पूर्ण वर्तमान काल)

Active Voice से Passive बनाते समय Active Voice का 'Object' Subject में बदल जाता है फिर उसके अनुसार have been या has been का प्रयोग कर Verb के Third Form का प्रयोग करते हैं।

Active Voice	Passive Voice
has/have + 3rd form	has/have + been + 3rd form
I have written a letter. मैंने एक पत्र लिखा है।	A letter has been written by me. एक पत्र मेरे द्वारा लिखा गया है।

Past Indefinite Tense (सामान्य भूतकाल)

Active से Passive बनाते समय First Person Singular Number (I) एवं Third Person Singular Number (he, she, it) के साथ 'was' तथा तीनों Person के Plural Number के साथ और Second Person के Singular Noun (you) के साथ 'were' तथा Verb की तीसरे रूप Past Participle का प्रयोग करते हैं।

Active Voice	Passive Voice
2nd form/did not + 1st form	was/were + not + 3rd form
I ate a mango. मैंने एक आम खाया।	A mango was eaten by me. एक आम मेरे द्वारा खाया गया था।

Past Continuous Tense (अपूर्ण भूतकाल)

Past Continuous में Active Voice से Passive बनाते समय Object के बाद 'was'/'were' तथा 'being' जोड़ देने के बाद Verb (क्रिया) के Third Form का प्रयोग करते हैं।

Active Voice	Passive Voice
was/were + 1st form + ing	was/were + being + 3rd form
I was eating a mango. मैं एक आम खा रहा था।	A mango was being eaten by me. एक आम मेरे द्वारा खाया जा रहा था।

Past Perfect Tense (पूर्ण भूतकाल)

Active Voice से Passive Voice बनाने के लिए Object के साथ 'had been' तथा Verb के Third Form Past Participle का प्रयोग करते हैं।

Active Voice	Passive Voice
had + 3rd form	had + been + 3rd form
I had eaten a mango. मैं एक आम खा चुका था।	A mango had been eaten by me. एक आम मेरे द्वारा खाया जा चुका था।

Future Indefinite Tense (पूर्ण भूतकाल)

Active Voice से Passive Voice बनाते समय Object को Subject में, फिर Subject के अनुसार 'shall be'/'will be' तथा Verb के तीसरे रूप का प्रयोग करते हैं।

Active Voice	*Passive Voice*
will/shall + 1st form	will/shall + be + 3rd form
I shall read a book. मैं एक पुस्तक पढ़ूँगा।	A book will be read by me. एक पुस्तक मेरे द्वारा पढ़ी जायेगी।
She will write a letter. वह एक पत्र लिखेगी।	A letter will be written by her. एक पत्र उसके द्वारा लिखा जायेगा।

Future Perfect Tense (पूर्ण भविष्यत काल)

Active Voice से Passive Voice बनाते समय Object को Subject में बदलने के बाद Subject के अनुसार 'shall have been' या 'will have been' का प्रयोग करते हैं।

Active Voice	*Passive Voice*
will/shall have + 3rd form	will/shall have been + 3rd form
I shall have written a letter. मैं एक पत्र लिख चुका होऊँगा।	A letter will have been written by me. एक पत्र मेरे द्वारा लिखा जा चुका होगा।
We shall have written a letter. हम लोग एक पत्र लिख चुके होंगे।	A letter will have been written by us. एक पत्र हम लोगों के द्वारा लिखा जा चुका होगा।
He will have written a letter. वह एक पत्र लिख चुका होगा।	A letter will have been written by him. एक पत्र उसके द्वारा लिखा जा चुका होगा।

Verbs Followed by Modals (Passive Voice में Modals के बाद 'be' तथा Verb के Third Form का प्रयोग)

जिन वाक्यों में 'would', 'should', 'may', 'might', 'can', 'could must', 'ought to' का प्रयोग हो तो इसे Passive Voice बनाने के दौरान Modals के बाद 'be' लगाकर Verb का Third Form प्रयोग करते हैं।

Active Voice	*Passive Voice*
You should not waste your time. तुम्हें अपना समय नष्ट नहीं करना चाहिए।	Your time should not be wasted. (by you) तुम्हारा समय नष्ट नहीं किया जाना चाहिए।
May I help the needy? क्या मैं जरूरतमंद की मदद कर सकता हूँ?	May the needy be helped (by me)? क्या जरूरतमंद की मदद की जा सकती है। (मेरे द्वारा)
Meera can solve this problem. मीरा इस समस्या का हल निकाल सकती है।	This problem can be solved by (Meera). इस समस्या का हल मीरा के द्वारा निकाला जा सकता है।

Imperative Sentences (आदेशात्मक वाक्य)

Imperative Sentences को Passive Voice बनाने के लिए वाक्य के आरंभ में 'Let' का प्रयोग करते हैं तथा उसके बाद Verb के Third Form के पहले 'be' का प्रयोग करते हैं। Please तथा kindly को हटाकर प्रार्थना, शिक्षा तथा आदेश वाले वाक्यों के साथ भावना के अनुसार Ordered to/advised to/requested to आदि लगाते हैं।

Active Voice	Passive Voice
Close the gate. फाटक बंद कर दें।	Let the gate be closed. फाटक बंद कर दिया जाये।
Make tea at one. फौरन चाय बनाओ।	Let tea be made at once. फौरन चाय बना दिया जाये।
Please sign this letter. कृपया पत्र पर हस्ताक्षर करें।	You are requested to sign this letter. आपसे प्रार्थना की जाती है कि पत्र पर हस्ताक्षर कर दिया जाये।

Optative Sentence (इच्छासूचक वाक्य)

Wish अथवा Blessing का भाव प्रकट करने वाले वाक्यों को Optative Sentence कहते हैं। ऐसे वाक्यों को Passive Voice में बदलने के लिए 'May' के स्थान पर 'It is prayed' का प्रयोग करते हैं।

Active Voice	Passive Voice
God save the poor! ईश्वर गरीबों की मदद करें।	It is prayed that the poor should be saved. यह प्रार्थना की गयी है कि गरीब बचाये जाने चाहिए।

Prepositional Sentence (इच्छासूचक वाक्य)

Active Voice में Verb के साथ Preposition लगी हो तो इसे Passsive Voice बनाते समय Verb की Third Form के साथ वही Preposition का प्रयोग करते हैं।

	Active Voice	Passive Voice
1.	I am listening to you.	You are being listened by me.
2.	A scooter ran over a boy.	A boy was run over by a scooter.

★ उपर्युक्त वाक्यों में Tense के केवल आठ प्रकारों के बारे में हमने बताया है, जिन Tenses के बारे में नहीं बताया गया है उनमें Present Perfect Continuous, Past Perfect Continuous, Future Perfect Continuous तथा Future Imperfect के Passive Voice का प्रचलन अंग्रेजी में नहीं है।

स्मरणीय

1. यहाँ पर Voice (वाच्य) के बारे में संक्षिप्त रूप में बताया गया है।
   Voice दो प्रकार के होते हैं–
   (i) Active Voice (कर्तृवाच्य)
   (ii) Passive Voice (कर्मवाच्य)
2. Active Voice में जो Subject रहता है, Passive Voice में वह Object बन जाता है।

अभ्यास (Practice)

A. निम्नलिखित वाक्यों को Passive Voice में बदलें-
1. Mohan lent me five hundred rupees.
2. She is reading a book.
3. I have written a letter.
4. We wrote a book.
5. She was writing a letter.
6. Ram will write an application.
7. Priynka displeased me.
8. Let us play.
9. Mr. Sharma knows me.
10. I asked the baby why he was sad.

B. निम्नलिखित वाक्यों में कोष्ठक में दिये गये निर्देशों का पालन करते हुए नये Sentence बनायें-
1. The police caught the thief. (End: …. By the police)
2. Too much is being taken for granted. (Begin: They are….)
3. Who has broken the mirror? (Begin: By whom….)
4. They must do it at once. (End:… done at once.)
5. Someone has picked his pocket. (Begin: His pocket….)
6. Passengers are forbidden to cross the line. (End:…. Forbids passengers to cross the line)
7. Post this letter. (Begin: Let….)
8. They feel that these situations need never arise. (End:…. felt that these situations need never arise).
9. Will they help you? (End…. By them?)

C. निम्नलिखित वाक्यों में 'by' का प्रयोग किये बिना इसे Passive Voice में बदलें-
1. Somebody built this orphanage last year.
2. People speak Hindi all over the world.
3. No one has ever achieved greatness without sincere efforts.
4. We called her stupid.
5. Someone has stolen his water heater.
6. People speak Assamese in Assam.
7. They don't like newcomers in this village.
8. They are serving cold drinks in the party.
9. They drank a whole jug of juice.
10. People always admire the brave.

D. निम्नलिखित Sentences को Passive Voice में बदलें-
1. Open the window.
2. Her attitude shocked me a lot.
3. The farmers are ploughing their fields.
4. He landed the helicopter safely.
5. My mother was feeding the birds.
6. We are expecting rain.
7. You should follow the advice of saints.
8. Don't throw stones at the frogs.
9. Take care of your health.

E. निम्नलिखित Sentences को Active Voice में बदलें-
1. Hindi is spoken in India.
2. The letter was given to me.
3. You are requested not to cry.
4. The poor should be fed.
5. The children must be loved.
6 The goods are carried by trucks.
7. Kites were being flown.
8. He was refused admission.
9. They are being shown how to do it.
10 This matter must be looked into.
11. It is believed that the earth is round.
12. I hope to be rewarded.
13. She was paid her wages.
14. I was helped.

उत्तर (Answers)

A.
1. Five hundred rupees were lentto me by Mohan.
2. A book is being read by her.
3. A letter has been written by me.
4. A book was written by us.
5. A letter was being written by her.
6. An application will be wirtten by Ram.
7. I was displeased by Priynka.
8. It is suggested that we should play.
9. I am known to Mr. Sharma.
10. The baby was asked by me why he was sad.

B.
1. The thief was caught by the police.
2. They are granted for too much being taken.
3. By whom has the mirror been broken.
4. It must be done by them at once.
5. His pocket has been picked by someone.
6. He/she forbids passengers to cross the line.
7. Let this latter be posted.
8. They felt that these situations need never arise.
9. Will you be helped by them?

C.
1. This orphanage was built last year.
2. Hindi is spoken all over the world.
3. Greatness has not ever been achieved without sincere efforts.
4. She was called stupid.
5. His water heater has been stolen.
6. Assamese is spoken in Assam.
7. Newcomers are not liked in this village.
8. Cold drinks are being served in the party.
9. A whole jug of juice was drunk.
10. The brave are always admired.

D.
1. Let the wind window be opened.
2. I was shocked a lot by her attitude.
3. Their fields are being ploughed by the farmers.
4. The helicopter was landed safely by him.
5. The birds were being fed by my mother.
6. The rain is being expected by us.
7. The advice of saints should be followed by you.
8. You are ordered not to throw stones at the frogs.

OR

You are forbidden to throw stones at the frogs.

9. You are advised to take care of your health.

E.
1. Indians speak Hindi.
2. He/she gave me the letter.
3. Do not cry.
4. Feed the poor
5. Love the children.
6. Trucks carry the goods.
7. They were flying kites.
8. Admission was refused to him.
9. It is showing them how to do it.
10. Look into this matter.
11. We believe that the earth is round.
12. I hope to get reward.
13. She got her wages.
14. They helped me.

15

कथन
(NARRATION)

Definition (परिभाषा)

There are two ways of expressing what a person has said. We may quote his actual words. This is called direct speech. We may report what he said without quoting his exact words. This is called indirect speech. किसी के द्वारा कही गयी बात को हम दो तरीकों से बता सकते हैं। पहले तरीके में हम वक्ता द्वारा कहे गये वाक्य को जैसा का तैसा बता सकते हैं। दूसरा तरीका यह है कि वक्ता द्वारा बोले गये वाक्य को हम अपने शब्दों में बता सकते हैं। पहले तरीके को Direct Speech (प्रत्यक्ष कथन) तथा दूसरे तरीके को Indirect Speech (अप्रत्यक्ष कथन) कहते हैं।

Example :   He said. "I am going to school now." *(Direct Speech)*
              He said that he was going to school then. *(Indirect Speech)*

☞ **Basic Rule:** वक्ता को Reporter कहा जाता है। वक्ता की बात को जिस Verb से आरंभ किया जाता है, उसे 'Reporting Verb' कहा जाता है तथा वक्ता के जिस कथन को हम दोहराते हैं, उसे Reported Speech कहा जाता है।

★ Direct Speech से Indirect Speech में बदलने के कुछ नियम निम्नलिखित हैं–

1. Reporting Verb के 'said to' हटाकर इसे Reported Speech के Sentence (वाक्य) के अनुसार बदलते हैं।
2. Inverted Commas ("...") को हटाकर उनके स्थान पर Conjunction 'that' का प्रयोग करते हैं।
3. Pronoun को निम्न चार्ट के अनुसार बदलते हैं।

Nominative Pronoun	Possessive Pronoun	Objective Pronoun	Reflexive Pronoun
I	My	Me	Myself
He	His	Him	Himself
We	Our	Us	Ourselves
She	Her	Her	Herself
You	Yours	You	Yourself, Your selves
They	Their	Them	Themselves

☞ **Rule 1** : Reported Speech में 1st Person के Pronoun (I, me, mine, we, us our, ours) को reporting verb के Subject के अनुसार बदलते हैं।

Example 1. Mohini says, "I am in 12th class." *(Direct)*
             Mohini says that she is in 12th class. *(Indirect)*
          2. You say to me, "I will help you." *(Direct)*
             You tell me that you will help me. *(Indirect)*

☞ **Rule 2** : Reported Speech में आने वाले Second Person के Pronoun (you) को Object के अनुसार बदलते हैं।

Example 1. I said to him, "You have done your work." *(Direct)*
I told him that he had done his work. *(Indirect)*

2. Ravi said to me, "You have made a mistake." *(Direct)*
Ravi told me that I had made a mistake. *(Indirect)*

☞ **Rule 3** : Reported Speech में आने वाले Third Person (he, she, it they, him, her, its, them, their, us, theirs) के Pronoun में कोई परिवर्तन नहीं करते हैं।

Example : He said to me, "The woman is coming." *(Direct)*
He told to me that the woman is coming. *(Indirect)*

Change of Tense (काल का परिवर्तन)

Direct Speech के वाक्य का काल	Indirect Speech के वाक्य का काल
Present Indefinite Tense (सामान्य वर्तमान काल)	Past Indefinite Tense (सामान्य भूतकाल)
Past Indefinite Tense (सामान्य भूतकाल)	Past Perfect Tense (पूर्ण भूतकाल)
Present Continuous Tense (अपूर्ण वर्तमानकाल)	Past Continuous Tense (अपूर्ण भूतकाल)
Past Continuous Tense (अपूर्ण भूतकाल)	Past Perfect Tense (पूर्ण निरंतर भूतकल)
Present Perfect Tense (पूर्ण वर्तमान काल)	Past Perfect Tense (पूर्ण भूतकाल)
Past Perfect Tense (पूर्ण भूतकाल)	No change
Present Perfect Continuous (पूर्ण निरंतर वर्तमान काल)	Past Perfect Continuous (पूर्ण निरंतर भूतकाल)
will	would
shall	would/should
can	could
may	might

☞ **Rule 1** : यदि Direct Speech में Reporting Verb, Present Tense या Future Tense में हो, तो Indirect Speech बनाते समय Reported Speech की Verb के Tense में कोई परिवर्तन नहीं करते हैं।

Example 1. The teacher says, "Komal writes eassy very well." *(Direct)*
The teacher says that Komal writes eassy very well. *(Indirect)*

2. The teacher will say, "Komal is dancing." *(Direct)*
The teacher will say that Radhika is dancing. *(Indirect)*

☞ **Rule 2** : यदि Reporting Verb Past Tense में हो तो Reported Speech को निम्नलिखित नियमों के अनुसार बदलते हैं।

(a) Simple Present Indefinite को Simple Past में बदलते हैं।

Example : Mohan said, "I learn my lesson." *(Direct)*
Mohan said that he learnt his lesson. *(Indirect)*

(b) Present Continuous को Past Continuous में बदलते हैं।

Example : Vikas said, " Vinay is studying in the high school. *(Direct)*
Vikas said that Vinay was studying in the high school. *(Indirect)*

(c) Present Perfect को Past Perfect में बदल देते हैं।
   Example :   Seema said to me, "I have seen the Red Fort many times." *(Direct)*
   Seema told me that she had seen the Red Fort many times. *(Indirect)*

(d) Present Perfect Continuous को Past Perfect Continuous में बदलते हैं।
   Example :   Sita said, "I have been learning skating." *(Direct)*
   Sita said that she had been leartning skating. *(Indirect)*

(e) Past Indefinite सामान्य भूतकाल को Past Perfect पूर्ण भूतकाल में बदलते हैं।
   Example :   Sudhir said, "I wrote a letter to my friend." *(Direct)*
   Sudhir said that he had written a letter to his friend. *(Indirect)*

(f) Past Continuous को Past Perfect Continuous में बदलते हैं।
   Example :   Sohan said, "They were listening the song." *(Direct)*
   Sohan said that they had been listening the song. *(Indirect)*

(g) Past Perfect Tense तथा Past Perfect Continuous Tense में पूर्ण निरंतर भूतकाल में कोई बदलाव नहीं किया जाता है।
   Example 1.   Reshma said, "She had killed a snake." *(Direct)*
   Reshma said that she had killed a snake. *(Indirect)*
   2.   Shubham said, "I had been playing for two hours. *(Direct)*
   Shubham said that he had been playing for two hours. *(Indirect)*

(h) यदि Reported Speech की Verb (क्रिया) Future Tense की हो, तो shall एवं will बदलकर would बन जाता है।
   Example 1.   Ram said, "Sohan will do it." *(Direct)*
   Ram said that Sohan would do it. *(Indirect)*
   2.   They said, "They shall go to see the Taj." *(Direct)*
   They said that they would go to see the Taj. *(Indirect)*

(i) Can को could में तथा May को might में बदलते हैं।
   Example 1.   Simran said, "I can solve this sum." *(Direct)*
   Simran said that she could solve that sum. *(Indirect)*
   2.   Harish said, "It may rain today." *(Direct)*
   Harish said that it might rain that day. *(Indirect)*

(j) is, am, are को बदलकर was, were कर देते हैं।
   Example 1.   She said to Madhu, "You are stupid."
   She told Madhu that she was stupid. *(Indirect)*
   2.   He said, "I am ill." *(Direct)*
   He said that he was ill. *(Indirect)*

(k) has, have को had में बदल देते हैं।
   Example 1.   Rajan said, "I have a new bike." *(Direct)*
   Rajan said that he had a new bike. *(Indirect)*
   2.   Sonu said, "He has a son." *(Direct)*
   Sonu said that he had a son. *(Indirect)*

☞ **Rule 3 :** यदि Reporting Verb Past Tense में हो तथा Reported Speech में कोई Universal Truth (सार्वमौभिक सत्य) हो, जिसमें परिवर्तन की गुंजाइश न हो तो Indirect Narration में Reporting Verb के Past Tense में होने के बावजूद Reported Speech के Verb में कोई बदलाव नहीं किया जाता है।

Example 1. The professor said to the students, "The Earth is round." *(Direct)*
The professor said to the students that the Earth is round. *(Indirect)*

☞ **Rule 4 :** यदि Reporting Verb Past Tense का हो तथा Reported Speech में किसी Past Historical Fact (भूतकालीन ऐतिहासिक तथ्य) का वर्णन किया गया हो, तो Reported Speech का Tense Reported Verb के अनुसार नहीं बदला जाता है।

Example 1. The teacher said, "Ashoka renounced war after the Kalinga conquest." *(Direct)*
The teacher said that Ashoka renounced war after the Kalinga conquest. *(Indirect)*

☞ **Rule 5 :** यदि Reporting Verb में किसी काल्पनिक घटना का वर्णन किया गया हो, तो उसके Tense में किसी प्रकार का परिवर्तन नहीं किया जाता है।

Example 1. Mohan said, "If I were rich, I should help the needy." *(Direct)*
Mohan said that if he were rich, he would help the needy. *(Indirect)*

☞ **Rule 6 :** यदि Reporting Speech में would, could, should, must, might, ought अथवा had के साथ 3rd Form/to infinitive दे रखा हो, तो इनमें से कोई परिवर्तन नहीं किया जाता है।

Example 1. Shayam said to me, "You should obey your elders." *(Direct)*
Shayam told me that I should obey my elders. *(Indirect)*

Parts of Speech के Adjective, Adverb अथवा Verb का बदलना

यदि Reporting Verb Past Tense में दिया गया हो, तो Reported Speech के सभी समीपता सूचक अथवा वर्तमान काल सूचक Adjective, Adverb अथवा Verb बदलकर दूरस्थता सूचक अथवा भूतकाल के Adjective, Adverb अथवा Verb में बदल जाते हैं।

Direct Speech	*Indirect Speech*
This (यह)	That (वह)
Here (यहाँ)	There (वहाँ)
Now (अब)	Then (तब)
These (ये सब)	Those (वे सब)
Thus (इस प्रकार)	So (इसलिए)
Hither (इधर)	Thither (उधर)
Hence	Thence
Ago (पहले)	Before (पहले)
May	Might
Can	Could
Shall	Should
Just (अभी)	Then (बाद में)
Tomorrow	Next day
Today	That day
Yesterday	The previous day
Last night	The previous night

Next week	The following week
Will	Would
Come (आना)	Go (आना)
Next day	The Previous day
The day before yesterday	The day before previous day
The day after tomorrow	The day after the next day

Example 1. Ram said, "I saw Nikhil in *this* office today." *(Direct)*
Ram said that he had seen Nikhil in *that* office that day. *(Indirect)*

2. Shweta said, "*This* is the place where my cousin lived." *(Direct)*
Shweta said *that* was the place where her cousin had lived. *(Indirect)*

Note :
(i) come को go में उसी समय बदला जाता है, जब उसके बाद समीपता प्रकट करने वाला कोई शब्द दे रखा हो।
   Example : Meera said, "Shweta *came* here." (Direct)
   Meera said that Shweta had *gone* there. (Indirect)

(ii) यदि here, this, now किसी ऐसी वस्तु, स्थान अथवा समय की ओर संकेत करते हैं, जो बोलते समय उसके सामने हों, तो Indirect Speech में इनमें कोई भी परिवर्तन नहीं किया जाता है।
   Example : Seema said, "Hari will buy it *now*." *(Direct)*
   Seema said that Hari would buy it *now*. *(Indirect)*

Assertive Sentence (कथनवाचक वाक्य)

☞ **Rule 1 :** Reporting Verb को Reporting Speech से जोड़ते वक्त सामान्यतः 'that' Preposition का प्रयोग करते हैं।

☞ **Rule 2 :** Said to को told में बदल देते हैं।

☞ **Rule 3 :** Indirect Speech का वाक्य प्रारम्भ करते समय Subject के साथ say अथवा tell का प्रयोग किया जा सकता है लेकिन कभी say/tell से आपेक्षित अर्थ स्पष्ट नहीं हो रहा हो, तो इसकी जगह आवश्यकतानुसार अन्य Verb जैसे complain, assure, admit, deny, add, remark, reply, boast, object, explain, protest, obesrve, whisper का प्रयोग किया जा सकता है।

Example 1. Ramesh said to us, "I am very happy that I am here today." *(Direct)*
Ramesh told us that he was very happy that he was there that day. *(Indirect)*

2. Raman said, "This is my pen." *(Direct)*
Raman said that that was his pen. *(Indirect)*

3. He said to Ram, "I am going away tomorrow." *(Direct)*
He informed Ram that he was going away the next day. *(Indirect)*

★ उपर्युक्त Sentences के पहले Sentence में Direct Speech को Indirect Speech में बदलते समय said to को told में बदल दिया जाता है तथा Reported Speech के Subject तथा Tense को सामान्य नियमों के अनुसार बदल दिया जाता है। वाक्य के अन्त में here को there में तथा today को that day में बदल दिया जाता है।

★ दूसरे Sentence में अवतरण चिह्न को हटाकर वहाँ 'that' का प्रयोग किया गया। Reporting Speech को Indirect Speech में बदलते समय पूर्व में बताये गये नियम के अनुसार 'This' को 'That' में बदलकर Sentence के Tense को Reporting Verb के Tense के अनुसार बदल दिया गया।

★ तीसरे Sentence में वाक्य की प्रकृति को देखते हुए Reporting Verb के 'said to' को informed में बदल दिया गया। अवतरण चिह्न को हटाकर 'that' Reporting Speech को जोड़ने के Reporting Speech के Subject तथा Tense को पहले बताये गये नियमानुसार बदल दिया गया। अन्त में tomorrow को next day में बदल दिया गया।

Interrogative Sentences (प्रश्नवाचक वाक्य)

1. Say को ask, enquire, want to know में बदला जाता है, said को asked में बदला जाता है।
2. Tense, Pronoun आदि का परिवर्तन कथनवाचक वाक्य के अनुसार किया जाता है।
3. Reporting Verb को Reporting Speech से जोड़ने के लिए 'if' अथवा whether का प्रयोग करते हैं लेकिन यदि Reporting Speech की शुरुआत Interrogative Word से हो, तो जोड़ने के लिए उसी Interrogative शब्द का प्रयोग किया जाता है।
4. Interrogative Sentences को बदलकर Assertive Sentence कथनात्मक हो जाता है।
   Example : Ram said, "Is it so?" *(Direct)*
   Ram asked if it was so. *(Indirect)*
5. Interrogative Sentence में यदि do/does का प्रयोग किया गया हो, तो इसे Indirect Speech में बदलते समय इसकी जगह 'did' का प्रयोग न करके Verb के Second Form का प्रयोग करते हैं।
   Example 1. He said to me, "Where do you live." *(Direct)*
   He asked me where I lived. *(Indirect)*
   2. I asked him, "When did you come back from Allahabad?" *(Direct)*
   I asked him when he had come back from Allababad. *(Indirect)*

★ उपर्युक्त Sentences के पहले Sentence में 'said to' को asked में, अवतरण चिह्न की जगह if का प्रयोग करते हैं तथा do को हटाकर Reporting Speech का Tense ऊपर बताये गये नियमानुसार Past Indefinite में बदलते हैं। इसी प्रकार दूसरे Sentence में Reporting Speech को Past Indefinite से बदलकर Past Perfect में बदल देते हैं।

Imperative Sentence (आदेशात्मक वाक्य)

Imperative Sentence में Order (आदेश), Request (प्रार्थना) अथवा Advice (सलाह) के भाव रहते हैं। इन वाक्यों को Direct Speech से Indirect Speech में बदलने के निम्नलिखित नियम हैं–

☞ **Rule 1** : ऐसे वाक्यों का Reporting Verb बदलकर command, order, request, ask, beg या pray हो जाता है।

☞ **Rule 2** : अवतरण चिह्न को हटाकर वाक्य को जोड़ते समय 'to' का प्रयोग करते हैं।

☞ **Rule 3** : यदि वाक्य में Prohibition (निषेध) हो तो Forbid, Prohibit या Prevent, Verb का प्रयोग Reporting Verb के लिए किया जाता है। इसका प्रयोग करने पर Imperative Sentence का 'not' Indirect Speech से हटा देते हैं।

☞ **Rule 4** : Reported Speech मुख्य क्रिया के पहले 'to' जोड़कर उसका Indirect प्रयोग करते हैं। Reported Speech नकारात्मक हो तो उसमें से 'do' हटाकर 'not to' का प्रयोग करते हैं।
   Example 1. The teacher said to the boys, "Do not make a noise." *(Direct)*
   The teacher ordered the boys not to make a noise. *(Indirect)*
   2. My parents said to me. "Do not tell a lie." *(Direct)*
   My parents adviced me not to tell a lie. *(Indirect)*

★ उपर्युक्त Sentences में Reported Speech के मुख्य क्रिया के पहले 'do' को हटाकर not to का प्रयोग किया गया है।

☞ **Rule 5** : यदि Reported Speech के प्रारम्भ में 'Let' का प्रयोग हुआ हो और वह कोई Proposal (प्रस्ताव) या Suggestion (सुझाव) दर्शाये तो Reporting Verb 'said to' को बदलकर 'Proposed to' या 'Suggested to' में बदलते हैं तथा Let को हटाकर उसके स्थान पर should का प्रयोग करते हैं।

***Example* 1.** Sneha said to me, "Let us go to see the movie." *(Direct)*
Sneha proposed to me that we should go to see the movie. *(Indirect)*

2. Suraj said to the father, "Let me go out to play." *(Direct)*
Suraj requested the father to let him go out to play. *(Indirect)*

✯ पहले Sentence में Reporting Verb के 'said to' को हटाकर Proposed to तथा Let को हटाकर Reporting Speech के Pronoun में नियमानुसार बदलाव कर should का प्रयोग किया गया है। दूसरे Sentence में Indirect Speech में बदलते समय 'said to' हटकार Requested में तथा अवतरण चिह्न को हटाकर to का प्रयोग किया गया है। Pronoun 'me' को नियमानुसार 'him' में बदलते हैं।

Optative Sentences (इच्छासूचक वाक्य)

☞ **Rule 1** : यदि Reported Speech से wish (इच्छा) अथवा Blessing (आशीर्वाद) का भाव प्रकट हो तो Indirect Speech में Reporting Speech के अर्थ के अनुसार wish, pray अथवा curse में बदल देते हैं।

☞ **Rule 2** : Direct Speech में आने वाले Verb + Subject के क्रम को Indirect Speech में Subject + Verb के शब्दक्रम में बदलते हैं। Inverted Comma को हटाकर उसकी जगह that का प्रयोग करते हैं।

***Example* 1.** Ravi said to me, "May god bless you." *(Direct)*
Ravi prayed that god might bless me. *(Indirect)*

2. He said, "If we were a king." *(Direct)*
He wished that he would be a king. *(Indirect)*

✯ उपर्युक्त Sentence के पहले Sentence में प्रार्थना का भाव दर्शाया गया है, इसलिए said to को Prayed में बदल दिया गया। अवतरण चिह्न को हटाकर that का प्रयोग किया गया तथा Verb + Subject को हटाकर Sentence तथा Tense को नियमानुसार Subject + Verb में बदलकर Object you को me में बदल दिया गया है। दूसरे Sentence में said की जगह wished का प्रयोग किया गया तथा अवरतण चिह्न को हटाकर that का प्रयोग किया गया है। Reporting Speech के Tense को पूर्व के नियमानुसार बदल दिया गया है।

☞ **Rule 3** : यदि किसी वाक्य में अभिवादन सम्बन्धी सम्बोधन good morning .... good afternoon, good evening आदि हो तो Reporting Verb को wished में बदलते हैं।

***Example* :** He said to the teacher, "Good morning sir!" *(Direct)*
He respectfully wished his teacher good morning. *(Indirect)*

✯ उपर्युक्त वाक्य को Indirect Speech में बदलते समय 'said to' को हटकार Respectfully wished में बदलकर Reporting Speech को यथावत रहने देते हैं।

☞ **Rule 4** : यदि Sentence में good bye, good night, farewell आदि word आये हों, तो Reporting Verb को bade में बदलते हैं।

***Example* :** The departing bride said, "Good bye friend." *(Direct)*
The departing bride bade her friend good bye. *(Indirect)*

Exclamatory Sentences (विस्मयादिबोधक वाक्य)

☞ **Rule 1** : Interjection तथा Vocative (संबोधन) Indirect Narration में हटा दिये जाते हैं।

☞ **Rule 2** : Reporting Verb के लिए 'Exclaim' का प्रयोग करते हैं।

☞ **Rule 3** : Reporting Verb को निम्नलिखित विधियों से बदलते हैं।

(a) प्रसन्नता की अवस्था में - Exclaimed with joy

(b) शोक की अवस्था में - Exclaimed with sorrow

(c) हैरानी की अवस्था में – Exclaimed with surprise
(d) पश्चाताप की अवस्था में – Exclaimed with regret
(e) घृणा की अवस्था में – Exclaimed with contempt
(f) शाबाशी की अवस्था में – Applauded .... saying
   (Bravo! Hear की अवस्था में)

☞ **Rule 4** : अवतरण चिह्न के स्थान पर that का प्रयोग करते हैं।

☞ **Rule 5** : What तथा How को हटाकर very या great का प्रयोग करते हैं। Tense, Pronoun आदि को पूर्व नियम के अनुसार बदलते हैं।

Example 1. The team said, "Hurrah! We have won the final match." *(Direct)*
   The team exclaimed with joy that they have won the final match. *(Indirect)*

2. Dev said, "Sorry! I cannot lend you my bike." *(Direct)*
   Dev exclaimed with regret that he could not lend him his bike. *(Indirect)*

3. Sonam said, "Alas! I have lost all of my money." *(Direct)*
   Sonam said that she had lost all of her money. *(Indirect)*

★ उपर्युक्त पहले Sentence में खुशी की अभिव्यक्ति होने के कारण Indirect Speech बनाते समय said को बदलकर exclaimed with joy का प्रयोग करते हैं। अवतरण चिह्न को हटाकर that लगाते हैं तथा Reported Speech के Tense, Pronoun आदि का पूर्व नियमों के अनुसार परिवर्तन करते हैं।

स्मरणीय

यहाँ पर The Narration के नियमों के सही-सही उपयोग के बारे में संक्षिप्त रूप में बताया गया है। पाठक Narration को अच्छी तरह से समझने के लिए इसका अधिक से अधिक बार अभ्यास करें।

1. Narration (कथन) को हम दो तरीकों से बता सकते हैं। पहले तरीके में हम वक्ता द्वारा कहे गये वाक्य को जैसा का तैसा बता सकते हैं। इसे Direct Spech कहते हैं।

2. दूसरे तरीके में हम वक्ता द्वारा बोले गये वाक्य को अपने शब्दों में बता सकते हैं। इसे Indirect Speech कहते हैं।

अभ्यास (Practice)

A. निम्नलिखित Sentences को Indirect Speech में बदलें।
1. Sita says, "I am in tenth class."
2. He says, "I am a clever boy."
3. I say, "I am very honest."
4. They say, "We should not tell a lie."
5. You say to him, "You have done your homework."
6. She says, "He does not work hard."
7. The teacher has said, "Rani danced on the stage."
8. The teacher will say, "Rani is dancing on stage."
9. Mohini said, "I am suffering from fever."
10. Mohan said, "It has been raining since morning."
11. Seema said to me, "I took the breakfast in the morning."
12. Vikas said, "I was listening to the running commentary."
13. She said to me, "I shall leave you soon."
14. He said, "I can solve these puzzle."
15. Shanti said, "It may rain in the evening."
16. He has told you, "I am wrong."
17. Vandna said to me, "I shall play now."
18. Sonit said. "This is my pen."
19. She will say, "You have spoken falsely."
20. Shayam said to Mohan. "I am going away tomorrow."

B. निम्नलिखित Interrogative Sentences को Indirect Speech में बदलें।
1. Shayam said to me, "Do I dance now?"
2. Minakshi said to you, Where were you playing a cricket match?"
3. Mohini said to me, "Who teaches you english?"
4. Ravi said to her, "Was I cheating you?"
5. Sita said to them, "Have you revised your lesson?

C. निम्नलिखित Imperative Sentences को Indirect Speech में बदलें।
1. The class teacher said to students, "Do not make a noise."
2. Dilip said to his servant, "Do not sit here."
3. My mother said to me, "Do not tell a lie."
4. The gardener said to the girls, "Do not pluck the flowers.
5. The beggar said to the lady, "Please give me five rupees."

D. निम्नलिखित Exclamatory Sentences को Indirect Speech में बदलें।
1. Sita said, "Good God! the fellow had got a suitable job."
2. "What a terrible storm it is!" She said.
3. The teacher said, "Well done."
4. Kamal said, "What a beautiful sight!
5. Vikas said, "Oh! enough!"

उत्तर (Answers)

A.
1. Sita says that she is in 10th class.
2. He says that he is a clever boy.
3. I say that I am very honest.
4. They say that they should not tell a lie.
5. You tell him that he has done his home work.
6. She says that he does not work hard.
7. The teacher has said that Rani danced on the stage.
8. The teacher will say that Rani is dancing on the stage.
9. Mohini said that she was suffering from fever.
10. Mohan said that it had been raining since morning.
11. Seema told me that she had taken breakfast in the morning.
12. Vikas said that he had been listening to the running commentary.
13. She told me that she would leave me soon.
14. He said that he could solve those puzzle.
15. Shanti said that it might rain in the evening.
16. He has told you that he is wrong.
17. Vandna told me that she would play then.
18. Sonit said that that was his pen.
19. She will tell that you have spoken falsely.
20. Shayam informed Mohan that he was going away the next day.

B.
1. Shayam asked me if he danced then.
2. Minakshi asked you where you had been playing a cricket match.
3. Mohini asked me who thought me English.
4. Ravi asked her if he had been cheating her.
5. Sita asked them if they had revised their lesson.

C.
1. The class teacher ordered the students not to make a noise.
2. Dilip ordered his students not to sit there.
3. My mother advised me not to tell a lie.
4. The gardener forbade the girls to pluck the flowers.
5. The begger requested the lady to give him five rupees.

D.
1. Sita exclaimed with surprise that the fellow had got a suitable job.
2. She exclaimed that it was a very terrible storm.
3. The teacher remarked that it was well done.
4. Kamal exclaimed with joy that it was a very beautiful sight.
5. He exclaimed with disgust that it was enough.

16 प्रश्न जोड़ना (QUESTION TAG)

Definition (परिभाषा)

'Tag' का अर्थ है- जोड़ना या नत्थी करना। इस प्रकार Question Tag का अर्थ है- किसी Sentence के अन्त में प्रश्न जोड़ना। बातचीत के क्रम में Speaker (वक्ता) अपने द्वारा कहे गये शब्दों की पुष्टि करने के लिए सुनने वाले या श्रोता से सवाल पूछ बैठता है- 'ऐसी बात है कि नहीं?' ये Sentence Question Tag कहलाते हैं।

Example
1. We did not like her, did we? हमलोग उन्हें पसंद नहीं करते थे, क्या हम ....?
2. He could not do this, could he? वह इस काम को नहीं कर सका, क्या वह?
3. Sita is going to Kanpur, isn't she? सीता कानपुर जा रही है, क्या वह नहीं?
4. We should not go to the police station, should we? हमलोगों को थाना नहीं जाना चाहिए, क्या हमें?
5. She wasn't at home, was she? वह घर पर नहीं थी, क्या थी?
6. It is very cold today, isn't it? आज बहुत ठण्ड है ... है ना?

Rules of Question Tag

☞ **Rule 1 :** उपर्युक्त सभी Sentences को ध्यानपूर्वक पढ़ने से पता चलता है-
1. अगर Sentence Positive या Affirmative है तो Sentence के अन्त में जोड़ा गया 'Question Tag' Negative होगा।
2. Sentence Negative हो, तो अन्त में जोड़ा गया 'Quetion Tag' Positive होगा।
3. जो Tense Sentence में है, वही Tense Question Tag में होगा।

☞ **Rule 2 :** Question Tag बनाते समय हमलोग निम्नलिखित Verbs का प्रयोग करते हैं-
is, am, are, was. were.
Do – does – did
Have – has – had
Will – would
Shall – should
Can – could
May – might
Must
Ought

☞ **Rule 3 :** Quetion Tag के कुछ और उदाहरण नीचे Box में दिये जा रहे हैं इसे पढ़कर आप Question Tag लगाना आसानी से सीख सकते हैं।

S. No.	Sentence	Question Tag
1.	Narendra Modi is the Prime Minister of India.	Isn't he?
2.	We ought to serve our country.	Oughtn't we?
3.	Your wrist watch is very old.	Isn't it?

व्यावहारिक व्याकरण 135

4.	She will tell the truth.	Won't she?
5.	I am a student of this college.	Amn't I?
6.	The poor needs our help.	Doesn't he?
7.	He sang very well.	Didn't he?
8.	I won't be with you tomorrow.	Will I?
9.	Khushi should not go to bed late.	Should she?
10.	You should not talk like this.	Should you?

☞ **Rule 4 :** उपर्युक्त Sentences में जिनमें Helping Verb (सहायक क्रिया) हैं, जैसे- is, ought, will, am, won't, should आदि। इन Sentences के अन्त में उन्हीं Helping Verbs (सहायक क्रिया) के Tag के रूप में प्रयोग किया गया है, लेकिन जिन Sentences में केवल Main Verb है, जैसे- sang, need आदि, उनके Tense को do, does, did आदि लगाकर Tag बनाते हैं। Present Tense के Third Person, Singular Number के लिए does का तथा Plural Number के लिए do का प्रयोग करते हैं।

☞ **Rule 5 :** ऊपर दी गयी तालिका के सातवें Sentence में Main Verb का प्रयोग किया गया है। इसलिए उसके Question Tag में भी didn't तथा छठे वाक्य 'needs' Present Indifinite का Negative Question Tag का प्रयोग किया गया है।

A

A. अंग्रेजी के कुछ संयुक्त शब्दों के संक्षिप्त रूप अत्यंत प्रचलित हैं, इन्हें बोलने व लिखने का भी अभ्यास कीजिए-

do + not = don't	does + not = doesn't	did + not = didn't
is + not = isn't	are + not = aren't	was + not = wasn't
were + not = weren't	has + not = hasn't	have + not = haven't
had + not = hadn't	will + not = won't	shall + not = shan't
can + not = can't	must + not = mustn't	could + not = couldn't
need + not = needn't	would + not = wouldn't	should + not = shouldn't

B. n't forms में n पर लगे संकेत ('n') को Apostrophe कहते हैं।

B

Question Tag वाले वाक्यों में विपरीतार्थी जोड़े का भी प्रचलन है-

I did - Didn't I?	He is - Isn't he?	We are - Aren't we?
He was - Wasn't he?	You were - Weren't you?	They had - Hadn't they?
I must - Mustn't I?	You would - Wouldn't you?	She could - Couldn't she?
She does not - Does she?	You do not - Do you?	

इन्हें भी पढ़ें-

I am – I'm – आइम	We are – We're – वी'आर
You are – You're – यू'अर	They are – They're – दे'अर
He is – He's – ही'ज	
She is – She's – शी'ज	

इसी प्रकार I have – I've, You have – You've, She is – She's, We have – We've They have – They've आदि का प्रयोग करते हैं।

W - ग्रुप (शुरुआत)

W- ग्रुप में वे शब्द आते हैं, जिनका प्रारम्भ Wh से होता है, इसमें who, which, what, whose, when, whom, where, why और how शब्द आते हैं। ऐसे वाक्यों में Interrogative Word Sentence के पहले आता है, इसके पश्चात् Helping Verb, फिर Subject और Verb का प्रयोग किया जाता है। वाक्यों की रचना निम्न प्रकार होती है।

Interrogative Word + Name + Helping Verb + Subject + Verb ....?

Example : तुमने कौन-सा रंग पसंद किया?
Interrogative Word + Name + Helping Verb + Subject + Verb
Which + colour + did + you + prefer?

★ उपर्युक्त वाक्य में Interrogative Word Which है। इसलिए Which का प्रयोग आरंभ में करते हैं। इस वाक्य में Object रंग है। इसलिए इसका प्रयोग नाम के स्थान पर करते हैं। इसके बाद क्रमश: Helping Verb (did), Subject (you) तथा Verb (prefer) का प्रयोग किया जाता है। वैसे Sentence जिसमें which के बाद Noun का प्रयोग नहीं होता है, उनमें Interrogative Word के बाद Noun का प्रयोग नहीं करते हैं।

Which – कौन-सा

Which शब्द का अर्थ कौन-सा या किस है। Which शब्द का प्रयोग प्राय: निर्जीव वस्तुओं के लिए होता है, लेकिन कभी-कभी (चुनाव की स्थिति में) सजीव के लिए भी इसका प्रयोग किया जाता है, जैसे–Which boy got distinction in English?

Which का प्रयोग

1. तुम्हें कौन-सा विषय पसंद है? — Which subject do you like? विच सब्जेक्ट डू यू लाइक?
2. तुमने कौन-सी पुस्तक खरीदी है? — Which book did you buy? विच बुक डिड यू बाय?
3. मैं कौन-सा लैपटाप खरीदूँ? — Which laptop shall I buy? विच लैपटाप शैल आइ बाय?
4. तुम्हें कौन-सा समय ठीक रहेगा? — Which time will suit you? विच टाइम विल सूट यू?
5. तुम कौन-सी भाषा बोलते हो? — Which language do you speak? विच लैंग्वेज डू यू स्पीक?
6. तुम किस डॉक्टर के पास जा रहे हो? — Which doctor are you going to? विच डॉक्टर आर यू गोईंग टु?
7. तुमने कौन-सा रंग पसंद किया नीला या काला? — Which colour did you prefer blue or red? विच कलर डिड यू प्रीफर ब्लू ऑर रेड?
8. तुम कौन-सी पुस्तक लिख रहे हो? — Which book are you writing? विच बुक आर यू राइटिंग?
9. तुम्हारी मनपसंद फिल्म कौन-सी है? — Which is your favourite movie? विच इज योर फेवरिट मूवी?
10. तुम्हारा मनपसंद खाना क्या है? — Which is your favourite dish? विच इज योर फेवरिट डिस?
11. तुम कौन-सा अखबार पढ़ते हो? — Which newspaper do you read? विच न्यूजपेपर डू यू रीड?

What – क्या

What का अर्थ 'क्या' है। सामान्य तौर पर इसका प्रयोग निर्जीव पदार्थों के लिए किया जाता है।

Example : क्या उसे अच्छा लगता है?
What + does + he + like?
Interrogative Word + Helping Verb + Subject + Verb

☞ उपर्युक्त Sentence Present Indefinite Tense है। इसमें सबसे पहले Interrogative word की जगह What का प्रयोग किया गया है। Present Indefinite Tense का Sentence होने के कारण यहाँ Helping Verb की जगह does का प्रयोग करने के बाद नियम के अनुसार Subject 'he' का तथा इसके बाद Verb 'like' का प्रयोग किया गया है।

What का प्रयोग :

1. क्या बात है? — What's the matter? वाट्स द मैटर?
2. यह क्या है? — What's this? वाट्स दिस?
3. उसका नाम क्या है? — What's his name? वाट्स हिज नेम?
4. इसका मतलब क्या है? — What does it mean? वाट डज इट मीन?
5. आपको क्या चाहिए।? — What do you want? वाट डू यू वांट?
6. इस वक्त कितने बजे हैं? — What's time? वाट्स टाइम?
7. तुम इस समय क्या करते हो? — What do you do at this time? वाट डू यू डू ऐट दिस टाइम?
8. वह क्या है? — What's this? वाट्स दिस?
9. आपने उनसे क्या कहा? — What did you tell him? वाट डिड यू टेल हिम?
10. तुम क्या खरीदना चाहते हो? — What do you want to buy? वाट डू यू वांट टु बाय?
11. मै क्या करूँ? — What do I do? वाट डू आई डू?
12. तुम क्या करते हो? — What do you do? वाट डू यू डू?
13. आप मुझे क्या देते हैं? — What do you give me? वाट डू यू गिव मी?
15. तुम्हारा नाम क्या है? — What is your name? वाट इज योर नेम?
16. तुम क्या कहना चाहते हो? — What do you want to say? वाट डू यू वांट टु से?
17. तुम्हारे पिताजी क्या काम करते हैं? — What is your father? वाट इज योर फादर?
18. तुम क्या कर रहे हो? — What are you doing? वाट आर यू डूइंग?
19. तुम क्या लिख रहे हो? — What are you writing? वाट आर यू राइटिंग?
20. तुम क्या चाहते हो? — What do you want? वाट डू यू वांट?
21. तुमने दिल्ली में क्या देखा है? — What have you seen in Delhi? वाट हैव यू सीन इन देल्ही?
22. तुमने अपने मित्र को क्या लिखा? — What did you write to your friend? वाट डिड यू राइट टु योर फ्रेंड?
23. यह किस काम के लिए है? — What is it for? वाट इज इट फॉर?
24. यह क्या है? — What is this? वाट इज दिस?
26. वह पटना में क्या करता है? — What does he do in Patna? वाट वाट डज ही डू इन पटना?
27. वह किस काम के लिए है? — What is that for? वाट इज दैट फॉर?

When – कब

When शब्द का अर्थ 'कब' है। यह समय को दर्शाता है।

Example : तुम उससे कब मिले?
When + did + you + meet + her?
Interrogative Word + Helping Verb + Subject + Verb + Object

✯ उपर्युक्त Sentence में Interrogative Word 'कब' है इसलिए सबसे पहले 'When' फिर नियम के अनुसार (चूँकि यह वाक्य Past Tense में है इसलिए) Helping Verb 'did' का प्रयोग किया गया है। इसके उपरान्त क्रमश: Subject (you), Verb (meet) एवं Object (her) का प्रयोग किया गया है। When के साथ प्रयोग होने वाले अन्य सभी प्रश्नवाचक वाक्यों की रचना इसी विधि से की जाती है।

When का प्रयोग

1. तुम प्रात: कितने बजे उठते हो?	When do you get up? वेन डू यू गेट अप?
2. तुम अपना पाठ कब दोहराते हो?	When do you revise your lesson? वेन डू यू रीवाइज योर लेसन?
3. तुम यहाँ कब आ रहे हो?	When are you coming here? वेन आर यू कमिंग हीयर?
4. तुम मुम्बई से कब लौटे?	When did you come back from Mumbai? वेन डिड यू कम बैक फ्रॉम मुम्बई?
5. तुम फिर कब आओगे?	When will you come back? वेन विल यू कम बैक?
6. तुम कब सोते हो?	When do you go to bed? वेन डू यू गो टु बेड?
7. यह कब हुआ?	When did it happen? वेन डिड इट हैपन?
8. तुम्हें इसका पता कब चला?	When did you come to know this? वेन डिड यू कम टु नो दिस?
9. तुम उससे पहली बार कब मिले?	When did you meet her the first time? वेन डिड यू मीट हर द फर्स्ट टाइम?
10. मुझे कब उठना चाहिए?	When should I get up? वेन शुड आइ गेट अप?
11. कब उठने से अच्छा रहेगा?	When would it be fine to get up? वेन वुड इट बी फाइन टु गेट अप?
12. कब जाने से अच्छा रहेगा?	When would it be better to go? वेन वुड इट बी बेटर टु गो?
13. तुम कब आओगे?	When will you come? वेन विल यू कम?
14. आप कब आयेंगे?	When will you come? वेन विल यू कम?
15. मैं कब आऊँ?	When should I come? वेन शुड आइ कम?
16. आपकी बेटी की शादी कब है?	When is your daughter's marriage? वेन इज योर डॉटर्स मैरिज?
17. मैं अपने घर कब जाऊँगा?	When should I go to my house? वेन शुड आइ गो टु माइ हाउस?
18. मैं यह काम कब शुरू कर सकता हूँ?	When can I begin this job? वेन कैन आइ बिगेन दिस जॉब?
19. आप कार्यालय/दफ्तर कब जायेंगे?	When will you go to the office? वेन विल यू गो टु द ऑफिस?
20. हम कब जायेंगे?	When will we go? वेन विल विल वी गो?
21. हम शादी कब करेंगे?	When will we marry? वेन विल वी मेरी?
22. हम खाना कब खायेंगे?	When will we have lunch/dinner? वेन विल वी हैव लंच/डिनर?

23. हम वहाँ/उधर कब पहुँचेंगे?	When will we reach there? वेन विल वी रीच देअर?
24. उसने कब किया?	When did he do? वेन डिड ही डू?
25. वह कब होगा?	When will that happen? वेन विल दैट हैपन?
26. छुट्टी किस दिन होगी?	When is the holiday? वेन इज द हॉलिडे?
27. आपकी शादी कब होगी?	When will you get married? वेन विल यू गेट मैरिड

Where – कहाँ

'कहाँ' शब्द के लिए Where का प्रयोग किया जाता है। Where का प्रयोग स्थान के बारे में प्रश्न पूछने के लिए किया जाता है।

Example : तुम कहाँ काम करते हो?

Where + do + you + work?

Interrogative Word + Helping Verb + Subject + Verb

★ उपर्युक्त Sentence में Interrogative Word 'कहाँ' है। इसलिए सर्वप्रथम Where का प्रयोग किया गया है, फिर Helping Verb 'do' तथा Verb 'work' का प्रयोग किया गया। Where के साथ प्रयोग होने वाले अन्य सभी वाक्यों की रचना इसी विधि से की जाती है।

Where का प्रयोग

1. तुम कहाँ रहते हो?	Where do you live? वेर डू यू लिव?
2. वह कहाँ गयी?	Where did she go? वेर डिड शी गो?
3. तुम्हें यह पुस्तक कहाँ मिली?	Where did you find this book? वेर डिड यू फाइंड दिस बुक?
4. तुमने मेरा मोबाइल कहाँ रखा?	Where did you put my mobile? वेर डिड यू पुट माइ मोबाइल?
5. तुम अब कहाँ जाओगे?	Where will you go now? वेर विल यू गो नाउ?
6. तुम कहाँ से आ रहे हो?	Where are you coming from? वेर आर यू कमिंग फ्रॉम?
7. तुम कहाँ काम करते हो?	Where do you work? वेर डू यू वर्क?
8. आप पुस्तकें कहाँ से खरीदते हैं?	From where do you buy books? फ्रॉम वेर डू यू बाइ बुक्स?
9. आपने सूट कहाँ से खरीदा?	From where did you buy your suit? फ्रॉम वेर डिड यू बाइ यूअर सूट?
10. आप कहाँ रहते हैं?	Where do you live? वेर डू यू लाइव?
11. हम कहाँ रहते हैं?	Where do we live? वेर डू वी लाइव?
12. वे लोग कहाँ रहते हैं?	Where do they live? वेर डू दे लाइव?
13. तुम्हारा स्कूल कहाँ है?	Where is your school? वेर इज योर स्कूल?
14. मुझे कहाँ जाना है?	Where do I have to go? वेर डू आइ हैव टु गो?
15. तुम कहाँ जाओगे?	Where will you go? वेर विल यू गो?
16. आप कहाँ जा रहे हैं?	Where are you going? वेर आर यू गोइंग?
17. आपकी गाड़ी कहाँ खड़ी करनी है?	Where do I have to park your car? वेर डू आइ हैव टु पार्क योर कार?
18. तुम कहाँ काम करते हो?	Where do you work? वेर डू यू वर्क?
19. तुम कहाँ काम कर रहे हो?	Where are you working? वेर आर यू वर्किंग?
20. तुम कहाँ से देखते हो?	Where do you go to see? वेर डू यू गो टु सी?

21.	हम कहाँ मिलेंगे?	Where should we meet? वेर शुड वी मीट?
22.	उनसे कहाँ मिलते हो?	Where do you meet them? वेर डू यू मीट देम?
23.	तुम्हारे पास इतने रुपये कहाँ से आये?	Where did you get this much money from? वेर डिड यू गेट दिस मच मनी फ्रॉम?
24.	आपका घर कहाँ है?	Where is your house? वेर इज योर हाउस?

Whom – कौन

Whom शब्द का प्रयोग किसे, किसके और किसकी के लिए किया जाता है।

Example : तुम किसे बता रहे हो?
Whom + are + you + telling?
Interrogative Word + Helping Verb + Subject + Verb

★ उपर्युक्त वाक्य में Interrogative Word 'किसे' के लिए सर्वप्रथम Whom शब्द का प्रयोग किया गया है। Sentence Present Imperfect Tense होने के कारण Helping Verb 'are' का प्रयोग करने के बाद Subject 'you' तथा अन्त में Verb ('tell') लिखकर इसमें 'ing' जोड़ दिया गया।

Whom का प्रयोग

1.	तुम किसे बता रहे हो?	Whom are you telling? हूम आर यू टेलिंग?
2.	उसने किसकी मदद की?	Whom did he help? हूम डिड ही हेल्प?
3.	हमलोग किससे पूछें?	Whom shall we ask? हूम शैल वी आस्क?
4.	तुम किसकी सहायता करोगे?	Whom shall you help? हूम शैल यू हेल्प?
5.	तुमने किससे पूछा था?	Whom did you ask? हूम डिड यू आस्क?
6.	उसे कौन अच्छा लगता है?	Whom does he like? हूम डज ही लाइक?
7.	तुम्हें कौन अच्छा लगता है?	Whom do you like? हूम डू यू लाइक?

Why – क्यों

Why का प्रयोग क्यों शब्द के लिए करते हैं। इस शब्द का प्रयोग कारण पूछने के लिए किया जाता है।

Example : आप इतने खुश क्यों हैं?
Why + are + you + so happy?
Interrogative Word + Helping Verb + Subject + Verb

★ उपर्युक्त वाक्य में दिये गये Interrogative Word क्यों के लिए 'why' शब्द का प्रयोग किया गया इसके पश्चात् Helping Verb 'are' Subject 'you' तथा Adjective 'happy' का प्रयोग किया गया है।

Why का प्रयोग

1.	आप क्यों तकलीफ करते हो?	Why do you trouble yourself? वाइ डू यू ट्रबल योरसेल्फ?
2.	आप इतने गंभीर क्यों हैं?	Why are you so serious? वाइ आर यू सो सीरियस?
3.	आप इतने खुश क्यों हैं?	Why are you so happy? वाइ आर यू सो हैप्पी?
4.	आप/तुम मेरी बात क्यों नहीं सुनते हो?	Why don't you listen to me? वाइ डोंट यू लिसन टु मी?
5.	क्या तुम उसे पहचानते हो?	Do you recognise her? डू यू रिकॉग्नाइज हर?
6.	तुम बाजार क्यों जा रहे हो?	Why are you going to the market? वाइ आर यू गोइंग टु द मार्केट?
7.	तुम चिंता क्यों करते हो?	Why do you worry? वाइ डू यू वरी?
8.	तुम यहाँ क्यों आये हो?	Why have you come here? वाइ हैव यू कम हीअर?
9.	आप इतना खुश क्यों दिखाई दे रहे हैं?	Why are you looking so happy? वाइ आर यू लुकिंग सो हैप्पी?

10. तुम्हें ऐसा क्यों लगता है?	Why do you think so? वाइ डू यू थिंक सो?
11. तुम ऐसा क्यों कर रहे हो?	Why are you doing so? वाइ आर यू डूइंग सो?
12. तुम वहाँ क्यों गये थे?	Why had you gone there? वाइ हैड यू गॉन देअर?
13. तुम मेरे घर क्यों आये हो?	Why have you come to my house? वाइ हैव यू कम टु माइ हाउस?
14. तुम क्यों नहीं आओगे?	Why won't you come? वाइ वान्ट यू कम?
15. तुम नाराज क्यों होते हो?	Why do you get angry? वाइ डू यू गेट एंग्री?
16. तुमने तेलुगु क्यों सीखी?	Why did you learn Telugu? वाइ डिड यू लर्न तेलुगु?
17. तुमने तेलुगु क्यों नहीं सीखी?	Why didn't you learn Telugu? वाइ डिडन्ट यू लर्न तेलुगु?
18. आप वहाँ क्यों गये?	Why did you go there? वाइ डिड यू गो देअर?
19. आज आप क्यों नहीं आये?	Why didn't you come today? वाइ डिडनॉट यू कम टूडे?
20. तुम प्रतिदिन दफ्तर क्यों जाते हो?	Why do you go to the office everyday? वाइ डू यू गो टु द ऑफिस इवरीडे?
21. वह औरत क्यों जोर से बातें कर रही है?	Why is that lady talking in a loud tone? वाइ इज दैट लेडी टॉकिंग इन अ लाउड टोन?
22. तुम क्यों नहीं खेले?	Why didn't you play? वाइ डिडन्ट यू प्ले?
23. आपने इतनी देर क्यों की?	Why are you so late? वाइ आर यू सो लेट?
24. आप उनसे क्यों नहीं बोले?	Why didn't you speak with him? वाइ डिडन्ट यू स्पीक विद हिम?
25. तुम उनसे क्यों मिले?	Why did you meet him? वाइ डिड यू मीट हिम?
26. वह क्यों हँसा?	Why did he laugh? वाइ डिड ही लॉफ?
27. उसने वह नौकरी क्यों छोड़ दी?	Why did he leave that job? वाइ डिड ही लीव दैट जॉब?
28. तुम भागते क्यों हो?	Why do you run away? वाइ डू यू रन अवे?
29. तुम सीधी तरह जवाब क्यों नहीं देते हो?	Why don't you give straight answers? वाइ डोंट यू गिव स्ट्रैट ऐन्सर?

How – कैसे

How का अर्थ कैसे या किस प्रकार है। इस शब्द का प्रयोग कार्यविधि पूछने के लिए तथा किसी व्यक्ति या स्थान की अवस्था के बारे में पूछने के लिए किया जाता है।

***Example* :** आप कैसे जाते हैं?

How + do + you + go?

Interrogative Word + Helping Verb + Subject + Verb

✯ उपर्युक्त वाक्य में Interrogative Word 'how' इसके पश्चात् Helping Verb 'do' Subject 'you' तथा Verb 'go' का प्रयोग किया गया है।

How का प्रयोग

1. तुम्हारी उम्र क्या है?	How old are you? हाउ ओल्ड आर यू?
2. तुम ऑफिस कैसे जाते हो?	How do you go to office? हाउ डू यू गो टु ऑफिस?
3. तुम कैसे लौटे?	How did you return? हाउ डिड यू रिटर्न?
4. नैनीताल में आपका स्वास्थ्य कैसा था?	How was your health in Nainital? हाउ वाज योर हेल्थ इन नैनीताल।

5.	वहाँ का मौसम कैसा था?	How was the weather? हाउ वाज द वेदर?
6.	आपके पुत्र की उम्र क्या है?	How old is your son? हाउ ओल्ड इज यूर सन?
7.	वह स्कूल कैसे जाता है?	How does he go to the school? हाउ डज ही गो टु द स्कूल?
8.	यहाँ से तुम्हारा घर कितना दूर है?	How far is your home from here? हाउ फार इज योर होम फ्रॉम हीयर?
9.	अब तुम कैसा महसूस कर रहे हो?	How are you feeling now? हाउ आर यू फीलिंग नाउ।
10.	आप कैसे जाते हैं?	How do you go? हाउ डू यू गो?
11.	तुम कैसे जाते हो?	How do you go? हाउ डू यू गो?
12.	मैं कैसे जाऊँ?	How do I go? हाउ डू आइ गो?
13.	उन्हें कैसे पता चला?	How did they come to know? हाउ डिड दे कम टु नो?
14.	आपको कैसे मालूम हुआ?	How did you learn? हाउ डिड यू लर्न?
15.	तुम्हें कैसे मालूम हुआ?	How did you come to know? हाउ डिड यू कम टु नो?
16.	मैं तुम्हें कैसे दूँ?	How should I give you? हाउ शुड आइ गिव यू?
17.	मैंने तुम्हें कैसे दिया?	How did I give you? हाउ डिड आइ गिव यू?
18.	वे मुझे कैसे देंगे?	How will they give me? हाउ विल दे गिव मी?
19.	इनकी पढ़ाई कैसी चल रही है?	How are they doing in studies? हाउ आर दे डूइंग इन स्टडीज़?
20.	उनके गाँव कैसे जायेंगे?	How will we go to their village? हाउ विल वी गो टु देअर विलेज?
21.	शादी किस प्रकार हुई?	How did the marriage take place? हाउ डिड द मैरिज टेक पैलेस?
22.	तुम कैसे हो?	How do you do? हाउ डू यू डू?
23.	व्यापार/धंधा कैसे चला रहे हो?	How is the business doing/running? हाउ इज द बिजनेस डूइंग/रनिंग?
24.	गायों को कैसे चरा रहे हो?	How do you pasture the cows? हाउ डू यू पैस्चर द काउज?
25.	भैंस कैसे चर रही है?	How is buffalo grazing? हाउ इज बफलो ग्रेजिंग?
26.	आप कैसे निगलते हैं?	How do you swallow? हाउ डू यू स्वालो?
27.	चाय कैसे बनाते हैं ?	How do you prepare tea? हाउ डू यू प्रिपेर टी?
28.	सब्जी कैसे खरीदी जाती हैं ?	How are vegetables purchased? हाउ आर वेजिटेबल्स पर्चेस्ड?
29.	रसोइया कैसे रहता है?	How does the cook live? हाउ डज द कुक लाइव?

Who – कौन

Who का अर्थ 'कौन' है। इस शब्द का प्रयोग मनुष्यों के लिए किया जाता है। ऐसे शब्दों में साधारणत: कर्त्ता नहीं होता है। कर्त्ता नहीं होने का कारण यह है कि कर्त्ता कौन है, यही प्रश्न यहाँ पूछा जा रहा है। कर्त्ता नहीं होने पर भी Sentence की रचना पहले के समान की जाती है।

Example : कौन आ रहा है?
Who + is + coming?
Interrogative Word + Helping Verb + Verb

✪ उपर्युक्त Sentence में सबसे पहले Interrogative Word 'who' इसके पश्चात् Helping Verb 'is' तथा Verb 'coming' का प्रयोग किया गया है।

Who का प्रयोग

1. आप कौन हैं?   Who are you? हू आर यू?
2. कौन सबसे पहले गया?   Who went first? हू वेन्ट फर्स्ट?
3. कौन जाता है?   Who goes? हू गोज?
4. वे कौन हैं?   Who are they? हू आर दे?
5. इस काम को कौन कर सकता है?   Who can do this work? हू कैन डू दिस वर्क?
6. इस घर का मालिक कौन है?   Who is the owner of this house? हू इज ऑनर ऑफ द हाउस?
7. बाजार कौन जायेगा?   Who will go to the market? हू विल गो टु दी मार्केट?
8. गीत किसने गाया?   Who sang the song? हू संग द साँग?
9. वह कौन है?   Who is he? हू इज ही?
10. मुझे मदद कौन करेगा?   Who will help me? हू विल हेल्प मी?
11. वहाँ कौन गया है?   Who has gone there? हू हैड गॉन देर?

स्मरणीय

1. Tag का अर्थ होता है– जोड़ना या नत्थी करना। इस प्रकार Question Tag का अर्थ है किसी Sentence के अंत में प्रश्न जोड़ना।
2. W- ग्रुप में वे शब्द आते हैं, जिसका प्रारम्भ Wh से होता है, इसमें Who, Which, What, Whose, When, Whom, Where, Why और How शब्द आते हैं।

अभ्यास (Practice)

A. निम्नलिखित Sentences में Question Tag लगाइए-

1. Rama and Shyama are talking loudly.
2. Tuesday comes after Monday.
3. Mohan could not finish the work.
4. He will never go there.
5. You should do your duty in time.
6. Seema is washing her clothes.
7. Sheep were grazing in the morning.
8. Rama did not practise for the match.
9. You also say so to me.
10. They have left the village.
11. He does not care for my advice.
12. She may attend the class.
13. Leaves turn green in the spring.
14. The stars twinkle at night.
15. Birds were chirping in the morning.
16. They visited this temple.
17. They are quarrelling for money.
18. His uncle died poor.
19. Meera likes this place.
20. We love our country.
21. She drives carefully.
22. He is always late.
23. They told a lie to help her.
24. Mohan helps everyone in need.
25. She is deaf and dumb.
26. A blind man can't see.
27. Rakesh could not stay there.
28. I attended the party.
29. They will not refuse the offer.
30. There is no time to waste.
31. Mohini is a good girl.
32. I am a student.
33. You are a singer.
34. She does his home-work daily.
35. I take breakfast at 8 a.m.
36. She is teaching them.
37. I am writing a letter.
38. They are helping us.
39. We have revised our lessons.
40. She failed in English.

B. निम्नलिखित रिक्त स्थानों में what, who, which, how, where आदि 'Wh' group के प्रश्नवाचक शब्दों का प्रयोग करें-

1. .... did she eat?
2. .... did Ram save himself?
3. .... do we like him?
4. .... was he last night?
5. .... book is Rashmi's?
6. .... was she talking to?
7. .... many colleges are there in Patna?
8. .... did he return from school?
9. .... does he want?
10. .... do you live?
11. .... do you get up?
12. .... broke this mirror?
13. .... school do you go?
14. .... newspaper do you read?
15. .... did you come to know this?

उत्तर (Answers)

A. 1. Aren't they? 2. Doesn't it? 3. Could he? 4. Will he? 5. Shouldn't you? 6. Isn't she? 7. Weren't they? 8. Did he? 9. Don't you? 10. Haven't they? 11. Does he? 12. May not she? 13. Don't they? 14. Don't they? 15. Weren't they? 16. Didn't they? 17. Aren't they? 18. Didn't he? 19. Doesn't she? 20 Don't we? 21. Doesn't she? 22. Isn't he? 23. Didn't they? 24. Doesn't he? 25. Isn't she? 26. Can he? 27. Could he? 28. Didn't I? 29. Will they? 30. Is there any? 31. Isn't she? 32. Amn't I? 33. Aren't you? 34. Doesn't she 35. Don't I? 36. Isn't she? 37. Amn't I 38. Aren't they? 39. Havn't we? 40. Didn't she?

B. 1. What 2. How 3. Why 4. Where 5. Which 6. Who 7. How 8. When 9. What 10. Where 11. When 12. Who 13. Which 14. Which 15. When.

17 शब्द रचना (WORD FORMATION)

Definition (परिभाषा)

The skill to change words from one part of speech to another part of speech is called 'Word Formation'. एक Part of Speech के शब्द को दूसरे Part of Speech में बदलने तथा दो शब्दों को जोड़कर एक शब्द (Compound Word) बनाने की विधि को Word Formation कहते हैं।

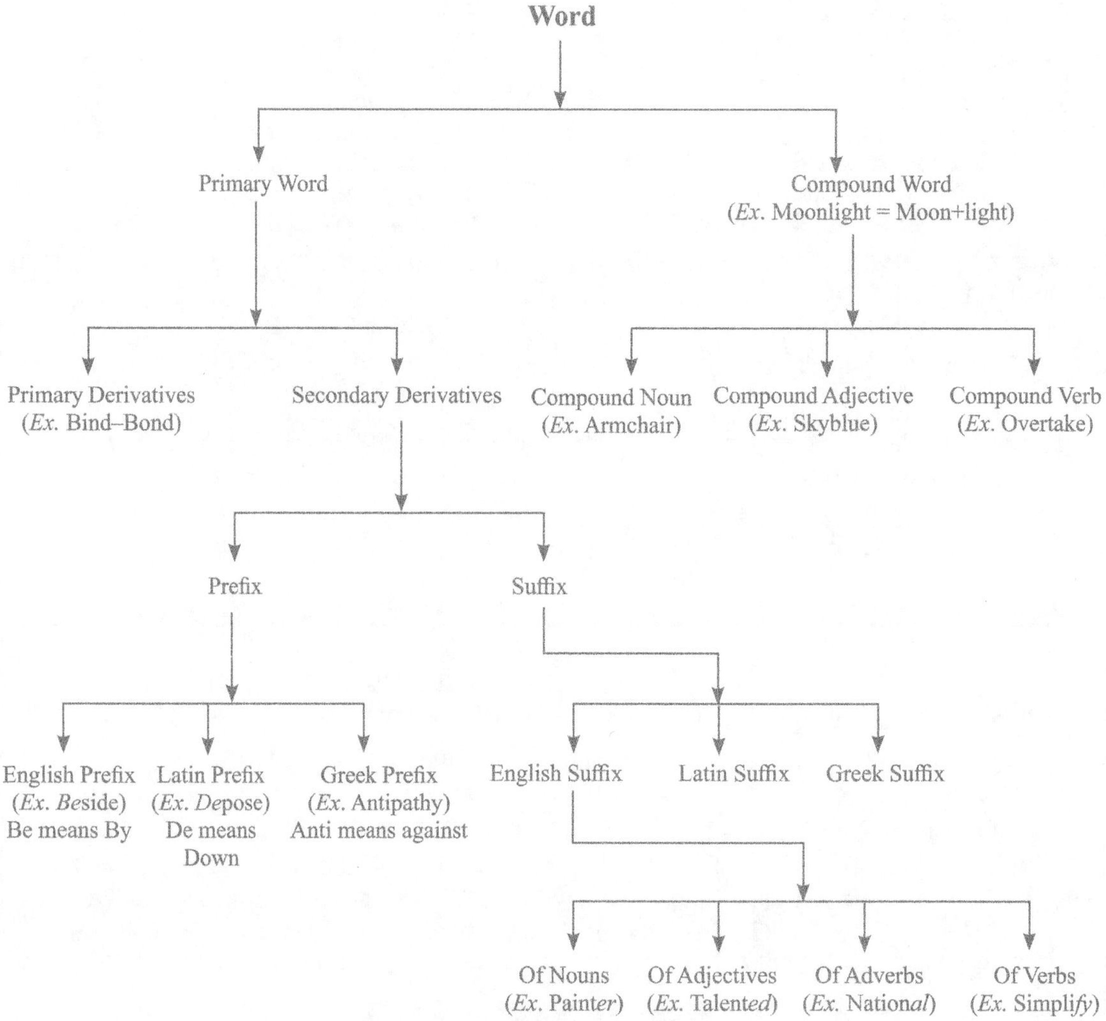

```
                                    Word
                                     │
                    ┌────────────────┴────────────────┐
                    ▼                                 ▼
              Primary Word                     Compound Word
                    │                    (Ex. Moonlight = Moon+light)
                    │                                 │
         ┌──────────┴──────────┐          ┌───────────┼───────────┐
         ▼                     ▼          ▼           ▼           ▼
  Primary Derivatives   Secondary      Compound    Compound    Compound
   (Ex. Bind–Bond)      Derivatives      Noun      Adjective     Verb
                            │         (Ex. Armchair) (Ex. Skyblue) (Ex. Overtake)
                  ┌─────────┴─────────┐
                  ▼                   ▼
               Prefix              Suffix
                  │                   │
        ┌─────────┼─────────┐         │
        ▼         ▼         ▼         │
   English    Latin      Greek        │
   Prefix     Prefix     Prefix       │
  (Ex.Beside)(Ex.Depose)(Ex.Antipathy)│
  Be means By De means  Anti means    │
              Down       against      │
                                      │
                    ┌─────────┬───────┴─────┬──────────┐
                    ▼         ▼             ▼          ▼
                English    Latin          Greek
                Suffix     Suffix         Suffix
                    │
        ┌───────────┼───────────┬──────────┐
        ▼           ▼           ▼          ▼
    Of Nouns   Of Adjectives Of Adverbs  Of Verbs
  (Ex. Painter)(Ex. Talented)(Ex. National)(Ex. Simplify)
```

Formation of Words (शब्द निर्माण)

वे शब्द, जो दूसरों से Derived (व्युत्पन्न) या संयुक्त नहीं हुए हैं अथवा अन्य शब्दों से विकसित नहीं किये गये हैं, Primary Words (मूल या रूढ़ शब्द) कहलाते हैं। वे भाषा के मूलभूत या मौलिक शब्द होते हैं।

(i) **Compound Words** (संयुक्त या यौगिक शब्द): दो या अधिक सरल शब्दों को मिलाकर बनाये जाते हैं, जैसे–Moonlight, nevertheless, undertake, man-of-war.

(ii) **Primary Derivatives** (मुख्य व्युत्पन्न): सरल शब्दों के अंदर कुछ परिवर्तन करने से बनते हैं, जैसे–Bond from bind, breach from break, wrong from wring.

नोट–आंतरिक परिवर्तन से बनाये गये शब्दों का सबसे अधिक महत्त्वपूर्ण वर्ग उन मुख्य क्रियाओं के भूतकालों से बना होता है, जिन्हें प्राय: व्युत्पन्न के वर्ग में नहीं रखा जाता है।

(iii) **Secondary Derivatives** (गौण व्युत्पन्न): शब्द के प्रारंभ में या अंत में जोड़कर बनते हैं, जैसे–Unhappy, goodness.

शब्द के प्रारंभ में जुड़ने वाले को उपसर्ग या पूर्व प्रत्यय *(Prefix)* तथा अंत में जुड़ने वाले को प्रत्यय या परप्रत्यय *(Suffix)* कहते हैं।

(i) Compound Words (संयुक्त या यौगिक शब्द)

यौगिक शब्द अधिकतर संज्ञा, विशेषण और क्रिया होते हैं।

यौगिक संज्ञाएँ निम्नलिखित के योग से बनती हैं–

1. संज्ञा + संज्ञा, जैसे–
   Moonlight, chess-board, armchair, postman, railway, airman, manservant, fire-escape, jailbird, horse-power, shoemaker, ringleader, screwdriver, tax-payer, teaspoon, haystack, windmill.

2. विशेषण + संज्ञा, जैसे–
   Sweetheart, nobleman, shorthand, black-board, quick-silver, strong-hold, halfpenny.

3. क्रिया + संज्ञा, जैसे–
   Spendthrift, makeshift, breakfast, telltale, pickpocket, cut-throat, cutpurse, daredevil, scarecrow, hangman.

4. क्रियावाचक संज्ञा + संज्ञा, जैसे–
   Drawing-room, writing-desk, looking-glass, walking-stick, blotting paper, stepping-stone, spelling-book.

5. क्रियाविशेषण या सम्बन्धबोधक + संज्ञा, जैसे–
   Outlaw, afterthought, forethought, foresight, overcoat, downfall, afternoon, bypath, inmate, off-shoot, inside.

6. क्रिया + क्रियाविशेषण, जैसे–
   Drawback, lock-up, go-between, die-hard, send-off.

7. क्रियाविशेषण + क्रिया, जैसे–
   Outset, upkeep, outcry, income, outcome.

यौगिक विशेषण निम्नलिखित के योग से बनते हैं–

1. संज्ञा + विशेषण या Participle (कृदंत), जैसे–
   Blood-red, sky-blue, snow-white, pitch-dark, breast-high, skin-deep, purse-proud, lifelong, world-wide, headstrong, homesick, stone-blind, seasick, note-worthy, heart-rending, ear-piercing, time-serving, moth-eaten, heart-broken, bed-ridden, hand-made, sea-girl, love-lorn.

2. विशेषण + विशेषण, जैसे–
   Red-hot, blue-black, white-hot, dull-grey, lukewarm.

3. क्रियाविशेषण + Participle (कृदंत), जैसे–
   Long-suffering, everlasting, never-ending, thorough-bred, well-deserved, outspoken, down-hearted, far-seen, inborn.

यौगिक क्रियाएँ निम्नलिखित के योग से बनती हैं–

1. संज्ञा + क्रिया, जैसे–
   Waylay, backbite, typewrite, browbeat, earmark.
2. विशेषण + क्रिया, जैसे–
   Safe-guard, white-wash, fulfil.
3. क्रियाविशेषण + क्रिया, जैसे–
   Overthrow, overtake, foretell, undertake, undergo, overhear, overdo, outbid, outdo, upset. ill-use.

नोट: अधिकांश यौगिक शब्दों में पहला शब्द दूसरे शब्द के अर्थ को स्पष्ट करता है। जब Amalgamation (मिश्रण) पूर्ण होता है, तो स्पष्ट करने वाले शब्द पर Accent (आघात) होता है। जब यौगिक के दोनों शब्द केवल अपूर्ण रूप से मिश्रित हों तब दोनों के बीच में संयोजक चिह्न Hyphen लगा देते हैं और यौगिक के दोनों शब्दों पर समान रूप से आघात पड़ता है।

(ii) Primary Derivatives (मुख्य व्युत्पन्न)

1. क्रिया और विशेषण द्वारा संज्ञा का निर्माण।

Verbs	Nouns	Verbs	Nouns
Advise	Advice	Gape	Gap
Bear	Bier	Gird	Girth
Bind	Bond	Grieve	Grief
Bless	Bliss	Live	Life
Break	Breach	Lose	Loss
Burn	Brand	Prove	Proof
Choose	Choice	Sing	Song
Chop	Chip	Sit	Seat
Deal	Dol	Speak	Speech
Deem	Doom	Strike	Stroke
	Ditch	Strive	Strife
Dig	Dike	Wake	Watch
Float	Fleet	Weave	Web
			Woof
Adjectives	**Nouns**	**Adjectives**	**Nouns**
Dull	Dolt	Hot	Heat
Proud	Pride		

2. क्रिया और संज्ञा द्वारा विशेषण का निर्माण।

Adjectives	Nouns	Adjectives	Nouns
Float	Fleet	Milk	Milch
Lie	Low	Wit	Wise

3. संज्ञा और विशेषण द्वारा क्रिया का निर्माण।

Nouns	Verbs	Nouns	Verbs
Bath	Bathe	Gold	Gild
Belief	Believe	Grass	Graze
Blood	Bleed	Half	Halve
Breath	Breathe	Knot	Knit
Brood	Breed	Price	Prize
Cloth	Clothe	Sale	Sell
Drop	Drip	Sooth	Soothe
Food	Feed	Tale	Tell
Glass	Glaze	Thief	Thieve
		Wreath	Wreathe
Adjectives	**Verbs**		
Cool	Chill		
Hale	Heal		

(iii) Secondary Derivatives (गौण व्युत्पन्न)

Prefix (उपसर्ग)

1. **Negative Prefix (नकारात्मक उपसर्ग)** - वे Prefix जो मूल शब्द में जुड़कर उसके अर्थ को नकारात्मक बना देते हैं। ये Prefix विशेषकर Noun और Adjective शब्दों और कभी-कभी Adverb के साथ लगते हैं।
   (a) Non (नॉन) - non-smoker (धूम्रपान नहीं करने वाला), non-collegiate (कॉलेज नहीं जाने वाला), non-effective (गैरप्रभावी), non-cooperation (असहयोग)।
   (b) Il (इल) - illiterate (अनपढ़), illegal (गैरकानूनी), illogical (तर्क विरुद्ध)
   (c) In (इन) - insane (पागल), ineffective (अप्रभावी), ineffectual (निष्प्रभावी), incurable (लाइलाज)
   (d) Im इम) - improper (अनुचित), immovable (अडिग), import (आयात)
   (e) Ir (इर) - Irrelevant (असंगत), irregular (अनियमित)
   (f) Dis (डिस) - Disloyal (निष्ठाहीन), disobey (अवज्ञा), dislike (नापसंद), disorder (विकार)
   (g) A (ए) - amoral (नीति भ्रष्ट), asexual (अलिंगी)
2. **Antonym Prefix (विपरीतार्थक उपसर्ग)** - विपरीतार्थक उपसर्गों के मूल शब्द में जोड़े जाने से इनका अर्थ विपरीत अर्थात् उलट जाता है, जैसे-
   (a) Un - undo (पूर्ववत्), untie (खोलना), unfit (अनुपयुक्त)
   (b) De - decode (समझना), defame (बदनाम), decentralize (विकेन्द्रीकरण)
   (c) Dis – Disconnect (अलग करना), disown (छोड़ना), discolour (फीका पड़ना)
3. **Degenerative Prefix (अपकर्षक उपसर्ग)** - अपकर्षक उपसर्गों के प्रयोग से मूल शब्द के अर्थ में गिरावट आती है, जैसे-
   (a) Mis (मिस) – कुर्क अर्थ वाला – Miscalculate (गलत हिसाब लगाना), Misfire (निशाना चूकना), mislead (बहकाना), misuse (दुरुपयोग), mismanage (कुप्रबंध), misrule (अराजकता)
   (b) Mal (मल) - बुरा - Maltreatment (दुर्व्यवहार), malcontent (असंतुष्ट), malfunction (बिगड़ा काम), maltreat (बुरा बर्ताव), malformed (विकृत)
   (c) Pseudo (स्यूडो) - नकल/झूठा - Pseudoscientific (झूठा वैज्ञानिक), pseudointellect (छद्म बुद्धि)

4. **Prefix of Size (अवस्था/आकार सूचक उपसर्ग)** - अवस्था/आकार सूचक उपसर्ग के प्रयोग से मूल शब्द का अर्थ, अवस्था स्थिति और आकार का बोध कराने लगता है, जैसे-
   (a) Arch (आर्क) मुख्य/महा - Archbishop (प्रधान पादरी), archenemy (कट्टर दुश्मन), archangel (स्वर्गदूत या प्रधान देवदूत)
   (b) Super (सुपर) बेहतर/अति - Supermodel (सुपर मॉडल), superfine (सर्वोत्तम), supermarket (सुपर बाज़ार)
   (b) Out (आउट) बेहतर/ज्यादा - Outgrow (अधिक बढ़ना), outlive (अधिक जीना), outrun (आगे निकल जाना)
   (d) Sur (सर) अति/ऊपर - Surtax (अतिरिक्त कर), surpass (उत्कृष्ट होना), surcharge (अधिशुल्क)
   (e) Sub (सब) नीचा/निम्न - Subhuman (मनुष्य से निचले दर्जे का प्राणी), subnormal (मंदबुद्धि), substandard (उप मानक)
   (f) Over (ओवर) अति - Overacting (बढ़ा-चढ़ाकर दिखाना), overwrite (अधिलेखित), overdrink (ज्यादा शराब पीना), overdo (थका मारना)
   (g) Under (अण्डर) अल्प - Underprivileged (अल्प विशेषाधिकार प्राप्त), underfood (भोजन के तहत), underlock (लॉक के तहत)
   (h) Hyper (हाइपर) अति - Hypertention (उच्च रक्तचाप), hypercritical (अत्यन्त आलोचनीय), hypersensitive (अत्यन्त अनुभुत)
   (i) Ultra (अल्ट्रा) अति - Ultramodern (अत्याधुनिक), ultraviolet (पराबैंगनी), ultranationalism (अतिराष्ट्रवाद)
   (j) Mini (मिनी) (छोटा) - Minibus (छोटी बस), miniskirt (छोटी स्कर्ट)

5. **Prefix Showing Behaviour (व्यवहार सूचक उपसर्ग)** - व्यवहार सूचक उपसर्ग का प्रयोग मूलशब्द को व्यवहारसूचक बनाता है, जैसे-
   (a) Co (को) सह/साथ - Co-operate (सहयोग देना), co-exist (एक साथ होना), co-educate (सहशिक्षा)
   (b) Counter (काउन्टर) (विरोध) - Co-unterrevolution (प्रतिक्रान्ति), co-unterattack (जवाबी हमला), counter-act (प्रतिक्रिया करना)
   (c) Anti (एंटी) विरोधी - Antibody प्रतिरक्षी, antisocial (समाज द्रोही), antibiotics (प्रतिजीवी)
   (d) Pro (प्रो) पक्ष में/पूर्व - Procommunist (कम्युनिस्ट समर्थक), proamerican (अमेरिकी समर्थक)

6. **Prefix of Location (स्थान सूचक उपसर्ग)** - स्थान सूचक उपसर्गों को जोड़ने से मूल शब्द का अर्थ स्थान सूचक हो जाता है, जैसे-
   (a) Sub (सब) निम्न/छोटा - Subsection (उपखंड), subway (भूमिगत राह)
   (b) Inter (इंटर) निम्न/मध्य - International अन्तरराष्ट्रीय, interview (साक्षात्कार), interweave (एक साथ गुथना), interstate (अंतरराज्यीय)
   (c) Trans (ट्रांस) पार/दूसरे स्थान पर ले जाना - Transatlantic (पार-अटलांटिक), transplant (प्रत्योरोपित करना), transship (पार-जहाज)

7. **Prefix of Time (समय सूचक उपसर्ग)** - समय सूचक उपसर्ग का उपयोग करने से मूल शब्द समय सूचक शब्द में बदल जाता है, जैसे-
   (a) Pre (प्री) पूर्व/अग्र - Premarital (विवाह पूर्व), premedical (चिकित्सा पूर्व), preschool (स्कूल पूर्व)
   (b) Fore (फोर) पूर्व/पहले - Foreknowledge (पूर्वज्ञान), forewarn (पूर्व सचेत करना), foretell (भविष्यवाणी करना)
   (c) Post (पोस्ट) उतर/पश्च/पश्चात् - Post-war (युद्ध के बाद), post-election (चुनाव के बाद)

(d) Ex (एक्स) पहले का - Ex-Prime Minister (भूतपूर्व प्रधानमंत्री), Ex-president (भूतपूर्व राष्ट्रपति), Ex-student (पूर्व छात्र)

(e) Re (R) पुनः/फिर से - Restructure (पुनर्गठन), reclaim (पुनः प्राप्त), rebuild (पुनर्निर्माण), re-sell (फिर से बेचना)

8. **Prefix of Numbers (संख्या सूचक उपसर्ग)** - संख्या सूचक उपसर्ग मूल शब्द से जुड़कर उन्हें संख्या वाचक बना देते हैं, जैसे-

(a) Uni (युनि) एक - Unisex (एक लिंग), unicycle (एक चक्रीय), unilateral (एकतरफा)

(b) Bi/Di (बाई-डाई) दो - Bifocal (द्वि-फोकसी), bilingual (द्वि-भाषी), decagram (दस ग्राम)

(c) Tri (ट्राई) त्रि/तीन - Tricycle (तीन पहियों की साइकिल)

(d) Multi/Poly (मल्टी/पॉलि) बहु/अनेक - Multinational (बहुराष्ट्र), multiplex (बहुखंडीय), multipurpose (बहुउदेश्यीय), polygamy (बहुविवाह), polytechnique (बहु शिल्पी)

9. **Other Prefixes (अन्य में)** - Vice, Neo, Semi, Proto और Auto आदि उपसर्ग में आते हैं, जैसे-

(a) Vice (वाइस) उप - Vice-admiral, vice-captain (उपकप्तान), vice-president (उपराष्ट्रपति)

(b) Neo (नियो) नया - Neo-romantism (नियो रोमानिक), neo-classicism (नियो क्लासिज्म)

(c) Semi (सेमि) आधा - Semi-transparent (अर्द्धपारदर्शी), semi-circle (अर्द्धवृत्त)

(d) Proto (प्रोटो) प्रथम/आदि - Proto-type (प्रतिकृति), proto-zoa (एककोशीय)

(e) Auto (ऑटो) स्वतः - Automatic (स्वचालित), autobiography (आत्मकथा)

(f) Pan (पैन) सर्व - Pan-American (अखिल अमेरिकी), Pan-African (अखिल अफ्रीकी)

☞ कुछ उपसर्ग ऐसे भी होते हैं जिनके प्रयोग से मूल शब्द Noun आदि से Verb बन जाते हैं, जैसे-

Be - Be-spectacled (चश्मा पहने होना), bewitch (जादूगर होना), becalm (शांत होना)

Em - Empower (सशक्त बनाना)

En - Enlighten (समझना), En-danger (खतरे में)

Negative और Positive Prefix के अन्य उदाहरण

Non – (नकारात्मक)

Non-academic	गैर-शैक्षिक	Non-alcoholic	अल्कोहलरहित
Non-aligned	निर्गुट	Non-committal	अनिश्चित
No-conformity	विरोध/अपालन	Non-existent	अनस्तित्व
Non-fiction	अकाल्पनिक साहित्य	Non-renewable	अपूर्व
Non-sense	मूर्खता	Non-smoker	धूम्रपान न करने वाला व्यक्ति
Non-violence	अहिंसा		

In – (नकारात्मक)

Inability	असमर्थता	Inaccurate	गलत
Inaction	निष्क्रियता	Inactive	निष्क्रिय
Inadequate	अपर्याप्त	Inadvisable	अविवेकहीन
Inanimate	निर्जीव	Inappropriate	अनुपयुक्त
Inarticulate	अस्पष्ट	Inattentive	असावधान
Inaudible	जो सुनाई न पड़े/अश्रव्य	Inauspicious	अशुभ/अमंगल
Incapable	अक्षम/असमर्थ	Incoherent	असंगत
Incomparable	अतुलनीय	Incompatible	परस्पर-विरोधी

Incompetent	असमर्थ/अयोग्य	Incomplete	अपूर्ण/अधूरा
Inconclusive	अनिर्णायक	Inconsiderate	अविवेकी
Inconvenience	असुविधा	Incorrect	गलत/अशुद्ध
Indecent	अशोभनीय/अश्लील	Indecisive	अनिर्णायक
Indefinite	अनिश्चित/अस्पष्ट	Indirect	अप्रत्यक्ष/परोक्ष
Inescapable	अनिवार्य	Inevitable	अवश्यंभावी
Inexcusable	अक्षम्य	Inexpensive	सस्ता
Inexperience	अनुभवहीनता	Infallible	अचूक
Infamous	कुख्यात/बदनाम	Infertile	अनुपजाऊ
Infinite	अनंत/असीम	Inflexible	अटल/कठोर
Informal	अनौपचारिक	Ingratitude	कृतघ्नता
Inhospitable	असत्कारशील	Inhuman	अमानवीय
Injustice	अन्याय	Inoffensive	आपत्तिहीन
Insecure	असुरक्षित	Insensitive	संवेदनाशून्य
Inseparable	अपृथक्करणीय	Insignificant	निरर्थक/नगण्य
Insincere	कपटी/पाखंडी	Insoluble	अविलेय
Instability	अस्थिरता	Insubstantial	अवास्तविक
Insufficient	अपर्याप्त	Intolerable	असहनीय/असह्य
Invalid	अमान्य/अप्रामाणिक	Invisible	अदृश्य
Involuntary	अनैच्छिक		

Im – (नकारात्मक)

Imbalance	असंतुलन	Immature	अपरिपक्व/कच्चा
Immiscible	अमिश्रणीय	Immobile	अचल/स्थिर/गतिहीन
Immoral	अनैतिक/व्यभिचारी	Immortal	अमर/शाश्वत
Impatient	अधीर/आतुर	Imperceptible	अगोचर/अतिसूक्ष्म
Imperfect	अधूरा/अपूर्ण	Implausible	अविश्वसनीयता
Impolite	अशिष्ट/अभद्र	Impossible	असंभव
Impracticable	अव्यावहारिक	Improbable	असंभावित
Improper	अनुचित	Impure	अशुद्ध/दूषित

Ir – (नकारात्मक)

Irrational	विवेकहीन/अतर्क	Irreparable	अपूर्णीय
Irresistible	अप्रतिरोध्य	Irresponsible	गैर-जिम्मेदार

Mis – (बुरा, गलत)

Misapprehension	गलतफहमी	Misbehave	दुर्व्यवहार करना
Miscalculate	अशुद्ध गणना करना	Misconception	भ्रांत धारणा/भ्रांति
Misconduct	दुराचरण	Misfit	अनुपयुक्त व्यक्ति या वस्तु
Misfortune	दुर्भाग्य	Misguide	विभ्रांत/बहकना
Misinform	गलत सूचना देना	Misinterpret	गलत अर्थ लगाना
Misjudge	गलत निर्णय देना	Mislead	गुमराह या पथभ्रष्ट करना
Mismanage	कुप्रबंध करना	Misplace	गलत जगह पर रखना
Mispronounce	अशुद्ध उच्चारण करना	Misread	गलत पढ़ना
Misrepresent	गलत विवरण देना	Misspell	अशुद्ध वर्तनी देना

Misspend	अपव्यय करना	Mistrust	अविश्वास
Misunderstand	गलत अर्थ लगाना	Misuse	दुरुपयोग करना

Dis – (विपरीतार्थक भाव/क्रिया)

Disability	असमर्थता	Disabuse	भ्रम दूर करना
Disadvantage	घाटा/हानि	Disaffected	अप्रभावित/विरक्त
Disagree	असहमत होना	Disallow	अस्वीकार करना
Disappear	गायब हो जाना	Disappoint	निराश करना
Disapprove	नापसंद करना	Disarm	निरस्त्र करना
Disarrange	अस्त-व्यस्त कर देना	Disassemble	खोलना (मशीन के पार्ट इत्यादि)
Disbelief	अविश्वास	Discharge	मुक्त/रिहा
Disclaim	दावा छोड़ देना	Disclosure	प्रकटीकरण
Discolour	फीका या मलिन हो जाना	Discomfort	असुविधा/बेचैनी
Disconnect	अलग करना	Discontent	असंतोष
Discontinue	बंद करना	Discourage	हतोत्साहित करना
Discourtesy	अशिष्टता/रूखापन	Discover	खोज निकालना
Discredit	बदनामी/अपयश	Disembarrass	शर्मिंदगी से मुक्त करना
Disempower	अधिकार छीन लेना	Disenchant	मोह दूर करना
Disengage	अलग करना/छुड़ाना	Disentangle	सुलझाना
Disequilibrium	असंतुलन/वैषम्य	Disfigure	बिगाड़ना
Disgrace	कलंक/बदनामी	Disguise	वेश बदलना
Disharmony	असंगति	Dishearten	निराश करना
Dishonest	बेईमान	Disillusion	भ्रम दूर करना
Disinclined	अनिच्छुक	Disinfect	रोगाणुओं से मुक्त करना
Disinterested	निःस्वार्थ/तटस्थ	Disjoint	अलग करना
Dislike	नापसंद करना	Dislocate	अव्यवस्थित करना
Dislodge	हटाना/निकाल देना	Disloyal	निष्ठाहीन/विश्वासघाती
Dismantle	गिराना/ध्वस्त करना	Disobey	आज्ञा न मानना
Disoblige	निवेदन ठुकराना	Disorder	अव्यवस्था
Disorganize	अव्यवस्थित करना	Disown	परित्याग करना
Dispassionate	निष्पक्ष/शांत	Displace	विस्थापित करना
Displease	अप्रसन्न करना	Dispossess	बेदखल करना
Disquiet	अशांति/बेचैनी	Disregard	अवहेलना/अनादर करना
Disrepute	बदनामी/अपकीर्ति	Disrespect	निरादर/अनादर
Disrobe	कपड़े उतारना	Dissatisfaction	असंतोष
Dissimilar	असमान/असमरूप	Distasteful	नापसंद/अरुचिकर
Disunite	फूट डालना/अलग करना	Disuse	अनुपयोग

Mal – (बुरा, गलत)

Maladjusted	अव्यवस्थित	Maladjustment	अव्यवस्था
Maladministration	कुप्रशासन	Malapropism	हास्यास्पद शब्द प्रयोग
Malcontent	असंतुष्ट	Maldistribution	कुवितरण
Malformation	कुरचना	Malfunction	ठीक से काम न करना

Malnutrition	कुपोषण	Malodorous	दुर्गन्धपूर्ण/बदबूदार
Malpractice	कदाचार	Maltreat	दुर्व्यवहार/अत्याचार करना

Un – (नकारात्मक)

Unable	असमर्थ	Unacceptable	अस्वीकार्य
Unaccompanied	अकेला	Unaffected	अप्रभावित
Unarmed	निहत्था	Unashamed	निर्लज्ज/लज्जाहीन
Unauthorized	गैरकानूनी/अवैध	Unavailable	अप्राप्य
Unavoidable	अनिवार्य	Unaware	अनभिज्ञ
Unbearable	असह्य	Unborn	आजन्मा
Uncertain	अनिश्चित	Unchanged	यथावत
Unchecked	अनियंत्रित	Unclean	अपवित्र
Unclear	अस्पष्ट या अनिश्चित	Uncomfortable	असुविधाजनक
Uncommon	असाधारण	Unconcerned	उदासीन
Unconscious	अचेत या बेसुध	Uncontrollable	अनियंत्रित
Uncountable	असंख्य	Uncover	निरावरण करना
Undecided	अनिर्णीत	Undersirable	अवांछनीय
Undignified	अशोभनीय	Undone	असंपादित
Undoubted	असंदिग्ध	Undress	कपड़े उतारना
Undue	अनुचित/अत्यधिक	Unease	चिंता या बेचैनी
Uneconomic	अलाभकर	Unequal	असमान
Uneven	असम/विषम	Unexpected	अप्रत्याशित
Unfair	अन्यायपूर्ण/अनुचित	Unfaithful	बेईमान
Unfamiliar	अपरिचित/अनजान	Unfasten	खोलना/ढीला करना
Unfit	अनुपयुक्त	Unfold	तह लगी वस्तु को खोलना
Unfortunate	दुर्भाग्यपूर्ण	Unfriendly	रुखा/शत्रुतापूर्ण
Unhappily	दुःखपूर्वक/दुर्भाग्य से	Unhealthy	अस्वास्थ्यकर
Unheard	अनसुना	Unidentified	जिसकी पहचान न हुई हो/अज्ञात
Unimportant	महत्त्वहीन	Uninterested	उदासीन
Unjust	अनुचित/अन्यायपूर्ण	Unkind	निष्ठुर/दयारहित
Unknown	अज्ञात/अपरिचित	Unlawful	गैरकानूनी/अवैध
Unlimited	असीमित	Unload	खाली करना
Unlock	खोलना (ताला आदि)	Unlucky	अभागा/बदकिस्मत
Unmanageable	अनियंत्रणीय/बेकाबू	Unmarried	अविवाहित
Unnatural	अप्राकृतिक	Unnecessary	अनावश्यक/व्यर्थ
Unofficial	गैर–सरकारी	Unorthdox	रूढ़ि-विरोधी
Unpack	खोलना (सूटकेस आदि को)	Unpaid	अदत्त/अवैतनिक
Unpleasant	अप्रिय/अरुचिकर	Unpredicatable	अननुमेय
Unprofessional	अव्यावसायिक	Unqualified	अयोग्य/अनर्ह
Unreal	काल्पनिक/अवास्तविक	Unreliable	अविश्वसनीय
Unrest	बेचैनी/व्यग्रता	Unsafe	असुरक्षित/खतरनाक
Unsaid	अनकहा	Unsatisfactory	असंतोषजनक

Unseen	अनदेखा	Unselfish	निःस्वार्थ
Unskilled	अकुशल	Unsound	अस्वस्थ
Unstable	अस्थिर	Unsuccessful	असफल
Unsure	अनिश्चित/संदिग्ध	Untidy	अस्त–व्यस्त
Untie	(गाँठ) खोलना	Untimely	असामयिक
Untouched	अछूता	Untrue	असत्य/झूठा
Unused	अप्रयुक्त	Unwanted	अनचाहा/अवांछित
Unwilling	अनिच्छुक	Unwise	मूर्ख/मूर्खतापूर्ण
Unwrap	खोलना	Unzip	खोलना (कपड़े आदि की जिप)

De – (कम करना या उल्टा)

Deactivate	निष्क्रिय करना	Debar	बहिष्कृत करना
Debase	भ्रष्ट/दूषित करना	Decamp	भाग जाना
Decease	मृत्यु	Declassify	गुप्त सूची से उतारना
Decolourise	विरंजित करना	Decompose	सड़ना
Decompress	दबाव हटाना	Deconsecrate	अप्रतिष्ठित करना
De-emphasize	महत्त्व कम करना	De-energise	निष्क्रिय होना
De-escalate	घटाना/मंद करना	Deface	विकृत करना/बिगाड़ना
Defame	मानहानि/निंदा करना	Deforestation	वन–कटाई
Deform	विकृत करना	Defray	चुकाना
Degenerate	बिगाड़ना/भ्रष्ट करना	Degrade	पदावनत करना
Dehumanize	अमानवीय बना देना	Dehydrate	निर्जल करना
Demerit	अवगुण/दोष	Demobilization	सैन्य–विघटन
Demoralize	भ्रष्ट करना	Denaturalize	विकृत करना
Denominate	नाम रखना	Depart	प्रस्थान करना
Depersonalization	निर्व्यक्तीकरण	Depose	अपदस्थ करना
Desport	तानाशाह	Detail	विस्तृत वर्णन करना
Detract	कम करना/घटाना		

Under – (कम/अल्पतर)

Underachieve	कम सफलता प्राप्त करना	Underact	संयत अभिनय करना
Underbelly	पशु का निचला भाग	Underclass	निचला वर्ग
Underclothes	अंदर के कपड़े	Undercover	गुप्त
Undercurrent	अंतर्धारा	Undercut	कम दाम या वेतन माँगना
Underdeveloped	अविकसित	Underdress	कम कपड़े पहनना
Underestimate	वास्तविकता से कम आँकना	Underfeed	कम चखना
Underfoot	पैरों तले	Undergarment	अंदर के कपड़े
Undergo	झेलना/सहना	Undergraduate	पूर्वस्नातक
Underground	भूमिगत	Undergrowth	झाड़–झंखाड़
Underline	रेखांकित करना	Undermentioned	निम्नलिखित
Undermost	निम्नतम/सबसे निचला	Underneath	निचला भाग, तल
Undernourished	अल्पपोषित	Underpass	भूमिगत मार्ग
Underpay	कम वेतन देना	Underprivileged	दलित/शोषित

Underrate	कम महत्त्व देना	Underscore	रेखांकित करना
Undershirt	बनियान	Undersigned	अधोहस्ताक्षरी
Understand	समझना	Understate	महत्त्व कम करना
Undertake	उत्तरदायित्व लेना	Undertone	मंद स्वर
Underwater	अंतर्जलीय	Underweight	दुबला-पतला
Underworld	अधोलोक/अपराधी-वर्ग		

Re – (पुनः)

React	प्रतिक्रिया करना	Reaction	प्रतिक्रिया
Reactivate	पुनः सक्रिय करना	Reafforestation	पुनर्वनरोपण
Reassure	आश्वासन देना	Rebirth	पुनर्जन्म
Rebuff	झिड़कना/दो-टूक जवाब देना	Recall	वापस बुलाना/याद करना
Recapture	पुनः शक्ति/ऊर्जा मिलना	Reclaim	सुधारना
Recognition	मान्यता/पहचान	Recollect	याद/स्मरण करना
Recommend	सिफारिश करना	Reconsider	पुनः सोचना
Reconstitute	पुनर्संगठित करना	Reconstruct	पुनर्निर्माण करना
Record	दर्ज करना	Recount	दोबारा गिनना
Recourse	आश्रय/सहारा/शरण	Recover	वसूल करना/स्वस्थ हो जाना
Recreate	पुनः घटित होना	Recycle	पुनःआवर्तन
Redeem	मुक्ति दिलाना/क्षतिपूर्ति करना	Redo	दोबारा करना
Refill	पुनः भरना	Refine	शुद्ध करना
Reform	सुधारना	Refraction	अपवर्तन
Refresh	तरोताजा करना	Refund	धन वापस करना
Refurbish	सजाना	Regroup	पुनः समुहों में एकत्र करना
Regurgitate	बाहर निकालना (उगलना)	Rehabilitate	पुनर्वास करना
Relapse	पुनः पतित/बीमार हो जाना	Relegate	पदावनत करना
Relent	नरम पड़ जाना	Relocate	नई जगह बसना
Remain	शेष रहना/बना रहना	Remake	नये सिरे से बनाना
Remark	टिप्पणी करना	Remember	याद/स्मरण करना
Remind	स्मरण/याद दिलाना	Remote	दूरवर्ती
Remould	परिवर्तन करना	Renew	नया रूप देना/बदलना
Repair	मरम्मत/सुधार (करना)	Repay	लौटाना/बदला चुकाना
Repeat	दोहराना	Replace	वापस रख देना/ का स्थान लेना
Report	प्रतिवेदन	Repose	आराम करना
Represent	प्रतिनिधित्व करना	Reprint	पुनर्मुद्रण
Reproduce	पुनः उत्पन्न करना	Reschedule	पुनः कार्यक्रम बनाना
Reside	निवास करना	Resign	इस्तीफा देना
Resolve	समाधान करना	Resound	गूँजना
Respire	साँस लेना	Restore	पुनः स्थापित करना
Restrain	रोकना	Retail	फुटकर/खुदरा

| Retire | सेवानिवृत्त होना | Retreat | पीछे हटना/एकांतवास |
| Reunion | पुनर्मिलन/सभा | | |

Semi – (आधा, अंशतः)

Semi-annual	अर्धवार्षिक	Semi-arid	सूखा (जमीन आदि)
Semi-automatic	अर्ध-स्वचालित	Semi-centennial	अर्ध-शतवर्षीय
Semicircle	अर्धवृत्त	Semicolon	अर्धविराम
Semi-conductor	अर्धचालक	Semi-conscious	अर्धचेतन
Semi-final	उपांत	Semi-lunar	अर्धचन्द्राकार
Semi-monthly	अर्धमासिक/पाक्षिक	Semi-precious	अल्पमूल्य
Semi-rigid	अर्ध-कड़ा/अर्ध-सख्त	Semi-solid	अर्ध-ठोस
Semi-tropical	अर्ध-उष्णकटिबंधीय		

Equi – (सम)

Equiangular	बराबर कोण वाला	Equidistant	समदूरस्थ
Equilateral	समभुज/समबाहु	Equipoise	साम्यावस्था/संतुलन
Equitable	उचित/न्यायसंगत	Equivalence	समानता/बराबरी
Equivocal	अनेकार्थक	Equivocate	गोल बात कहना/टालमटोल करना

Mini – (छोटा)

| Minicomputer | छोटा कम्प्यूटर | Minidisc | छोटी डिस्क |
| Minimum | कम से कम | | |

Micro – (सूक्ष्म)

Microbiology	सूक्ष्म जीवविज्ञान	Microbrewery	लघु मद्यनिर्माणशाला
Microchip	धातु से बनी एक चिप	Microcircuit	सूक्ष्मसर्किट
Microcomputer	सूक्ष्म-कम्प्यूटर	Microeconomics	सूक्ष्म अर्थशास्त्र
Micrometer	सूक्ष्ममापी	Microorganism	सूक्ष्म जीव
Microphone	माइक/ध्वनिग्राहक	Microscope	सूक्ष्मदर्शी यन्त्र
Microwave	सूक्ष्म तरंग		

Macro – (बड़ा)

| Macrobiotic | दीर्घ-जीवीय | Macroeconomics | वृहत् अर्थशास्त्र |
| Macromolecule | वृहत् अणु | Macroscopic | स्थूल |

Mega – (बहुत बड़ा)

Megabit	एक मिलियन बिट	Megabucks	बहुत बड़ी धनराशि
Megabyte	कम्प्यूटर मेमोरी की इकाई	Megahertz	रेडियो तरंग की माप की इकाई
Megalitre	एक मिलियन लीटर	Megaphone	भोंपू
Megapixel	एक मिलियन पिक्सेल	Megaproject	एक बड़ा प्रोजेक्ट
Megaton	एक मिलियन टन		

Inter – (अंतर, मध्य)

Interact	एक-दूसरे को प्रभावित करना	Interbreed	संकरण करना
Intercalary	अंतर्विष्ट	Intercede	मध्यस्थता करना
Intercession	बीचबचाव/मध्यस्थता	Interchange	अदला-बदली करना

Intercity	शहरों के मध्य यात्रा	Intercommunion	पारस्परिक संपर्क
Intercotinental	अन्तरमहाद्वीपीय	Intercostal	अन्तरापुर्शक
Intercourse	मैथुन/समागम	Intercurrent	मध्यवर्ती
Interdependent	एक-दूसरे पर निर्भर/अन्योन्याश्रित	Interdisciplinary	अन्त:अनुशासनिक
Interface	अन्तरापृष्ठ	Interfaith	अलग-अलग धर्मों के लोगों से सम्बन्धित
Interfuse	सम्मिश्रण	Interlining	कपड़े सिलने में अन्दर का अस्तर
Interlock	गूँथना	Intermarriage	अन्तर्विवाह
Intermediate	मध्यवर्ती/मध्यस्थ	Intermission	मध्यान्तर
International	अन्तरराष्ट्रीय	Internet	अन्तर्जाल
Interpreter	दुभाषिया	Interracial	अन्तर्जातीय
Interrelation	परस्पर सम्बन्ध	Interrogation	प्रश्नचिह्न/पूछताछ
Intersect	एक-दूसरे को काटना	Interviewer	इंटरव्यू लेने वाला व्यक्ति/भेंटकर्त्ता

Super – (उत्कृष्ट)

Superhuman	अलौकिक/अतिमानवीय	Superimpose	अध्यारोपित करना
Supernatural	अलौकिक/आधिदैविक	Supernova	अभिनव-तारा
Superpower	महाशक्ति	Supersonic	पराध्वनिक
Superstar	अतिलोकप्रिय अभिनेता	Superstore	एक बड़ी दुकान/सुपरमार्केट
Supervise	निरीक्षण/निगरानी करना		

Trans – (अंतर, आर-पार)

Transaction	सौदा/मामला	Transform	बदल देना
Transformer	विद्युत को बढ़ाने या घटाने वाला उपकरण/ट्रांसफॉर्मर	Transfusion	उड़ेलना/रक्त-आधान
Translate	अनुवाद करना	Translucent	पारभासी
Transmission	प्रसारण/संचारण	Transparent	पारदर्शी
Transport	परिवहन/ढोना	Transpose	स्थान बदलना
Transverse	आड़ा/अनुप्रस्थ		

Ex - (भूतपूर्व)

Exacerbate	बिगाड़ देना	Exact	बिलकुल सही/यथार्थ
Example	उदाहरण	Excess	अतिरिक्त/आधिक्य
Exchange	अदला-बदली	Exchequer	राजकोष
Excite	भड़काना/उकसाना	Exclaim	चिल्लाना
Ex-communicate	बहिष्कृत करना	Exhale	साँस छोड़ना
Exit	निकास (द्वार)	Exotic	आकर्षक/विदेशी
Expat	निर्वासित/प्रवासी	Expend	खर्च/व्यय करना
Expert	विशेषज्ञ/निपुण	Explain	समझाना/स्पष्ट करना
Explosive	विस्फोटक	Export	निर्यात करना
Expose	प्रकट करना	Express	अभिव्यक्त करना
Extend	विस्तार करना/फैलाना	Extensive	विस्तृत/फैलाव
External	बाहरी	Extort	छीनना/ऐंठना

Extra – (अतिरिक्त, असाधारण)

Extra-curricular	पाठ्येतर	Extraordinary	असाधारण/अनोखा
Extraterrestrial	अन्य ग्रह से आने वाला प्राणी	Extraterritorial	अपरदेशीय

Sub – (कम, छोटा)

Subconscious	अवचेतन	Subcontinent	उपमहाद्वीप
Subcutaneous	अवत्वचीय	Subdivide	उप-विभाजित करना
Subdue	वश में लाना/अधीन करना	Sublime	महान/उत्कृष्ट
Submarine	पनडुब्बी	Submerge	जलमग्न कर देना
Submission	निवेदन	Submissive	आज्ञाकारी/विनम्र
Subordinate	अधीनस्थ/मातहत	Subscribe	ग्राहक बनना
Subsequent	परवर्ती/उत्तरवर्ती	Subside	शांत हो जाना/धसकना
Subsoil	अवमृदा	Substance	तत्त्व/पदार्थ
Sub-standard	घटिया/सामान्य	Subtitle	उपशीर्षक
Subtropical	उपोष्णीय	Subversion	समापन/विनाश
Subway	भूमिगत पैदल मार्ग/अधोमार्ग		

Peri – (enclosing, encircling)

Perimeter	परिधि/परिमाप	Periscope	परिदर्शी

Ante – (before)

Antecede	पहले होना	Antechamber	बैठक/बाहरी कमरा
Antedate	पूर्व दिनांक	Antelope	बारहसिंगा
Antemeridian	दिन से पहले/पूर्वाह्निक	Antenatal	जन्मपूर्व/प्राक्प्रसव

Pre – (before)

Preamble	आमुख/प्रस्तावना	Precaution	सावधानी/एहतियात
Precede	भूमिका स्वरूप लिखना	Preconceive	पूर्वकलप्ना करना
Precondition	पूर्व शर्त (किसी काम की)	Precursor	अग्रदूत/पूर्वगामी
Predate	से पहले घटित होना	Predestine	पूर्व नियत करना
Predominance	प्रधानता/आधिक्य	Pre-eminent	उत्कृष्ट/सर्वश्रेष्ठ
Pre-exist	पहले से होना	Preface	भूमिका/प्रस्तावना
Prefix	उपसर्ग	Prehistoric	प्रागैतिहासिक
Premature	असामयिक	Premarital	विवाह से पहले
Premeditated	पूर्वविमर्शित	Premonition	पूर्वविर्शित
Premonition	पूर्वसूचना/चेतावनी	Prenatal	प्रसवपूर्व/जन्मपूर्व
Preoccupation	मुख्य काम/व्यवसाय	Preoccupy	पूर्णरूप से ध्यान आकर्षित करना
Prepare	तैयार होना/करना	Prepone	आगे बढ़ाना
Preposition	पूर्वसर्ग	Prerequisite	पूर्वापेक्षा/पूर्वापेक्षित
Preside	संचालन करना	Pretext	बहाना
Prevent	रोकना/रुकावट डालना	Preview	पूर्वदर्शन/पूर्वसमीक्षा

Prime – (मुख्य)

Prime cost	मूल लागत	Prime matter	आदि द्रव्य
Prime meridian	आदि-रेखांश	Prime minister	प्रधानमंत्री

Prime mover	आदि प्रवर्तक	Prime number	अभाज्य संख्या
Prime rate	बैंक द्वारा चार्ज किया हुआ न्यूनतम ब्याज	Prime time	(प्रसारण का) वह समय जब सबसे अधिक व्यक्ति टीवी देख रहे हों

Post – (के बाद)

Post-date	किसी चेक इत्यादि पर आगे की तारीख डालना	Postgraduate	स्नातकोत्तर
Postmeridian	दोपहर के बाद/अपराह्न	Post-natal	प्रसवोत्तर
Post-paid	जिसका भुगतान बाद में हो	Postpone	स्थगित करना
Post-war	युद्धोत्तर		

Retro – (पीछे)

Retroact	प्रतिक्रिया दिखाना/पूर्वव्यापी होना	Retroactive	पूर्वव्यापी/पूर्वप्रभावी
Retrograde	पतनोन्मुख/पश्चगामी		

Semi – (आधा)

Semi-annual	अर्धवार्षिक	Semi-arid	कम वर्षा वाला
Semi-automatic	अर्धस्वचालित	Semi-colon	अर्धविराम
Semi-final	उपांत/सेमीफाइनल	Semi-literate	कम पढ़ा-लिखा
Semi-precious	अत्यधिक से कम मूल्यवान	Semi-skilled	अर्धकुशल

Mono – (one, single)

Monochrome	इकरंगा चित्र	Monolingual	केवल एक भाषा का प्रयोग
Monoculture	केवल एक फसल उत्पन्न होने की स्थिति (किसी विशेष क्षेत्र में)	Monologue	एकालाप
Monopoly	एकाधिकार	Monorail	एकल-रेल
Monosyllabic	एकाक्षर/अल्पभाषी		

Bi – (दो)

Bicentenary	द्विशती	Bicycle	साइकिल
Bifurcate	द्विशाखित होना/करना		

Tri – (तीन)

Triangle	त्रिकोण	Trident	त्रिशूल
Trilogy	नाटकत्रय/त्रिदलय		

Quad – (चार)

Quadrilateral	चतुष्कोण	Quadrilingual	चतुर्भाषीय
Quadrinominal	चतुष्पद	Quadripartite	चतुष्पक्षीय
Quadri-syllable	चतुरक्षर		

Penta – (पाँच)

Pentagram	पंचकोण तारक	Pentameter	पंचचरण
Pentastich	पंचपदी	Pentasyllable	पंचाक्षर
Pentatonic	पंचतान		

Hexa – (छह)

Hexagram	छह भुजाओं वाला एक सितारा		
Hexameter	षट्पदी	Hexapod	षट्पद

Sept – (सात)

Septcentenary	सप्तशती	September	सितंबर
Septfoil	सप्तपत्री		

Octa – (आठ)

Octastyle	अष्टस्तम्भ

Deca – (दस)

Decalogue	दस नियम	Decameter	दस मीटर
Decapod	दशपाद	Decasyllable	दशाक्षर

Multi – (कई)

Multicoloured	बहुरंग/रंग-बिरंगा	Multicultural	बहुसांस्कृतिक
Multifocal	बहुक्रेन्दीय	Multiform	बहुरूप
Multilateral	बहुपक्षीय		

Pro – (पहल, अग्रिम रूप से)

Process	प्रक्रिया	Procession	जुलूस/शोभायात्रा
Proclaim	घोषित करना	Procure	दलाली करना
Product	उत्पाद/परिणाम	Profit	फायदा/लाभ
Profound	गहरा/गंभीर	Profuse	अत्यधिक/प्रचुर
Prologue	प्रस्तावना/आमुख	Promote	तरक्की देना
Proportion	समानुपात/अनुपात	Propose	प्रस्ताव रखना
Proposition	प्रस्ताव	Proverb	लोकोक्ति
Provide	देना या मुहैया कराना	Provocative	उत्तेजक, भड़काऊ

Auto – (स्वत:)

Autobiography	आत्मकथा	Autograph	किसी प्रसिद्ध व्यक्ति के स्वाक्षर/हस्ताक्षर
Automate	व्यक्ति के स्थान पर मशीन का प्रयोग करना	Automobile	मोटर/कार
Auto-rickshaw	तिपहिया वाहन		

Co – (साथ, एक साथ)

Co-education	सहशिक्षा	Coefficient	सहकारी/सहयोगी
Coexist	एक ही काल में होना	Cohabit	सहवास करना
Cooperate	सहयोग देना/मिलकर काम करना		
Coordinate	समकक्ष/समान		

Suffix (प्रत्यय)

जो शब्दांश शब्दों के अन्त में जुड़कर मूल अर्थ में परिवर्तन लाये वह Suffix कहलाता है। इसके प्रयोग से मूल शब्द का Part of Speech बदल जाता है, जैसे- let – booklet, starlet
अध्ययन की सुविधा के लिए हम Suffix को निम्नवर्गों में बाँट सकते हैं।

1. **Noun Suffix (संज्ञा प्रत्यय)** - संज्ञा शब्द के साथ जोड़कर नये शब्दों की रचना करते हैं।
   (a) let (लेट) लघु/तुच्छ - booklet (पुस्तिका), leaflet (पर्चा), starlet (छोटा तारा)
   (b) ster (स्टर) जुड़ा होना - gangster (बदमाश), gamester (खिलाड़ी)
   (c) hood (हुड) स्थिति - motherhood (मातृत्व), brother bood (भातृत्व), manhood (मनुष्यता), boyhood (लड़कपन)
   (d) ess (ऐस) स्त्रीलिंग - authoress (लेखिका), lioness (शेरनी)
   (e) ship (शिप) स्थिति आदि - friendship (मित्रता), membership (सदस्यता), dictatorship (तानाशाही)
   (f) ful (फुल) भरा - meaningful (सार्थक), beautiful (सुन्दर), plateful (थाली भर), spoonful (चम्मच भर)
   (g) cracy (क्रेसि) शासन प्रकार - democracy (प्रजातंत्र), bureaucracy (नौकरशाही), autocracy (निरंकुशता)
   (h) ing (इंग) जारी के अर्थ में - going (जा रहा है), reading (पढ़ रहा है), writing
   (i) ery (अरि) रवैया/स्थान आदि - delivery (वितरण), slavery (दासता), machinery (यन्त्र आदि)
   (j) dom (डम) क्षेत्र/स्थिति आदि - kingdom (साम्राज्य), officialdom (साहसी)
   (k) ette (ऐट) लघु/संक्षिप्त - kitchenette, (रसोईघर), cigarette (सिगरेट)

2. **Adjective Suffix (विशेषता प्रत्यय)** - Adjective Suffix विशेष रूप से Noun शब्दों के साथ प्रयुक्त होकर Adjective का निर्माण करते हैं, जैसे-
   (a) ese (ईज) राष्ट्रीयता - Japanese (जापानी), Chineese (चीनी), Burmese (बर्मी)
   (b) ist (इस्ट) व्यवसाय आदि - Buddhist, (बौद्ध संप्रदाय), stylist, royalist (राजतन्त्रवादी)
   (c) ism (इज्म) वाद/आन्दोलन - Idealism (आदर्श), capitalism (पूँजीवाद), dualism (द्वैतवाद)

3. **Verb से संज्ञा बनने वाले प्रत्यय (Suffix)**
   (a) er/-or (अर) वाला - Writer (लेखक), employer (नियोक्ता) instructor (प्रशिक्षक)
   (b) ant (एंट) वाला - inhabitant (निवासी), informant (मुखबिर), constant (अनवरत, लगातार)
   (c) ee (ई) वाला - employee (कर्मचारी), appointee (नियुक्त व्यक्ति), payee (पाने वाला)
   (d) ation (एशन) संस्था/स्थिति/क्रिया - exploration (खोज), victimization (शोषण)
   (e) al (अल) क्रिया - refusal (इनकार), revival (पुनरुद्धार), removal (बर्खास्तगी)
   (f) ment (मंट) स्थिति/क्रिया/आदि - arrangement (व्यवस्था), amazement (विस्मय), government (सरकार)
   (g) age (एज) विस्तार/मात्रा - coverage (कार्य क्षेत्र), wastage (नुकसान)
   (h) ing (इंग) क्रिया होना - bathing (नहाना), driving (चलाना), building (भवन)

4. **Adjective से Noun बनने वाले Suffix**
   (a) ness (नैस) स्थिति/युग - happiness (खुशहाली), kindness (दयालुता), meanness (नीचता, दरिद्रता), sweetness (मिठास), usefulness (उपयोगिता)
   (b) ity (इटि) स्थिति/गुण आदि - sanity (बुद्धिमानी), rapidity (तेजी), diversity (विविधता)
   (c) ary (री) - dictionary (शब्दकोश), military (सेना), arbitrary (मनमाना)

5. **Verb** बनाने वाले Suffix
   (a) ify (फाइ) कारण वाचक - beautify (सुशोभित करना), codify (संकेतिक शब्दों में बदलना), simplify (आसान बनाना)
   (b) ise (आइज) कारक वाचक - symbolise (प्रतीक होना), popularise (लोकप्रिय होना), modernise (आधुनिक बनना/बनाना)
   (c) en (एन) वृद्धि/कारक वाचक - ripen (पका होना), widen (चौड़ा होना), quicken (त्वरित होना)
6. **Noun** से Adjective बनने वाले Suffix
   (a) ful (फुल) भरा/रखना - delightful (सुखद), helpful (सहायक), hopeful (आशावान), beautiful (सुन्दर)
   (b) like (लाइक) समान के गुण होना - manlike (मनुष्य के समान), cowlike (गाय के समान), childlike (बच्चे के समान)
   (c) ly (लि) अवस्था के गुण होना - publicly (सार्वजनिक रूप से), worldly (संसारिक), manly (साहसी)
   (d) y (ई) विशेषण के गुण होना - sandy, creamy (मलाईदार), hairy (रोयेंदार)
   (e) ish (इश) संज्ञा या विशेषण के गुण होना - selfish (स्वार्थी), Swedish (स्वीडेन वासी), foolish (मूर्खतापूर्ण)
7. some/worthy और arian Suffix संज्ञा शब्दों के साथ जुड़कर Adverbs की रचना करते हैं- burdensome (भारी) brothersome, praiseworthy (सराहनीय), noteworthy (उल्लेखनीय), seaworthy (समुद्र में चलने योग्य), authoritarian (सत्यवादी), parliamentarian (संसद), disciplinarian (अनुशासक)
   -al/'ic, ive और 'ous Suffix मूल शब्दों के साथ जुड़कर Adjective शब्दों की रचना करते हैं- cultural (संस्कृति), editorial (सम्पादकीय), musical (संगीत सम्बन्धी), heroic (वीर), problematic (समस्याग्रस्त), specific (विशिष्ट), attractive (आकर्षक), erroneous (गलत), ambitious (महत्त्वाकांक्षी), grievable

   अन्य विशेष शब्द बनाने वाले Suffix हैं-
   readable (पठनीय), poorish (गरीब), tallish (लंबा), walled (दीवार), wooded (लकड़ी), pointed (नुकीला), minded (विचारधारा वाला), acceptable (स्वीकार करने योग्य)
8. **Adverb** बनाने वाले Suffix-
   (a) -ly (लि) ढंग/रीति happily (खुशी से), loudly (ऊँचे स्वर में), oddly (विचित्र रूप से), comically (मसखरेपन)
   (b) wards (वाड्र्स) तरफ/चलना - onwards (बाद), backwards (पीछे की ओर), homewards (घर की ओर)
   (c) wise (वाइज़) रीति/जहाँ तक सम्बन्ध है- clockwise (घड़ी वार), weather-wise (मौसम के हिसाब से), eduction-wise (शिक्षा के लिहाज़ से)

स्मरणीय

यहाँ पर Word Formation के नियमों के बारे में संक्षिप्त रूप से बताया गया है।

1. Suffix तथा Prefix को मिलाकर बने शब्द को Affix कहा जाता है। कई Affixes में एक से अधिक उच्चारण होते हैं, जैसे– amoral (एमोरल), aback (अबैक)।
2. Head word के पहले जोड़े वाले Syllable या Syllables को Prefix तथा बाद में जोड़े जाने वाले शब्दांश (Particle) को Suffix कहा जाता है।

अभ्यास (Practice)

A. आपने Word Formation पाठ का अध्ययन करने के दौरान English Words (अंग्रेजी शब्दों) के आगे Prefix (उपसर्ग) को जोड़ने से बने नये English Word के बारे में भलीभाँति सीख लिया है। यहाँ पर कुछ 'Prefix' दिये जा रहे हैं, इन Prefix को निम्नलिखित English Words के पूर्व में नियमानुसार जोड़कर नये English Word की रचना करें—

(Non, Il, In, Im. Ir, Dis, A, Un, De, Mis, Mal, Super, Sub, Under, Ultra)

1. collegiate 2. legal 3. effective 4. proper 5. loyal 6. like 7. curable 8. port 9. moral 10. fit 11. do. 12. code 13. fame. 14. connect 15. calculate 16. lead 17. model 18. market 19. standard 20. lock 21. modern 22. nationalism

B. निम्न शब्दों के अन्त में कोष्ठक में दिये जा रहे Suffix (प्रत्यय) जोड़कर नये Noun Words (संज्ञा शब्द) की रचना करें—

(hood, ster, let, ess, bul, ship, cracy, dom, ery, ette)

1. star 2. book 3. mother 4. brother 5. author 6. beauty 7. plate 8. gang 9. game 10. member 11. friend 12. autocrat 13. king 14. official 15. deliver 16. slave 17. cigar 18. kitchen 19. spoon 20. lion

C. नीचे दिये गये Suffix (प्रत्यय) का Verb (क्रिया) शब्दों के साथ Noun (संज्ञा) शब्दों की रचना करें—

(er/-or, ant, ee, al, ment, age, ing)

1. employ 2. instruct 3. habit 4. inform 5. employ 6. pay 7. arrange 8. amaze 9. waste 10. bath 11. cover 12. drive 13. refuse 14. revive 15. write

---

उत्तर (Answers)

A. 1. non-collegiate 2. il-legal 3. non-effective 4. im-proper 5. dis-loyal 6. dis-like 7. in-curable 8. Im-port 9. A-moral 10. un-fit 11. un-do 12. de-code 13. de-fame 14. dis-connect 15. mis-calculate 16. mis-lead 17. super-model 18. super-market 19. sub-standard 20. under-lock 21. ultra-modern 22. ultra-nationalism

B. 1. star-let 2. book-let 3. mohter-hood 4. brother-hood 5. autho-ress 6. beauti-ful 7. plate-ful 8. gang-ster 9. game-ster 10. member-ship 11. friend-ship 12. auto-cracy 13. king-dom 14. official-dom 15. deli-very 16. sla-very 17. cigar-ette 18. kitchen-ette 19. spoon-ful 20. lio-ness

C. 1. employ-er 2. instruct-or 3. habit-ant 4. inform-ant 5. employ-er 6. pay-ee 7. arrange-ment 8. amaze-ment 9. wast-age 10. bath-ing 11. cover-age 12. driv-ing 13. refus-al 14. reviv-al 15. writ-er

18 वाक्य रचना (SENTENCE CONSTRUCTION)

Definition (परिभाषा)
A Sentence is a group of words which conveys complete sense. शब्दों का ऐसा समूह जिससे पूर्ण भाव व्यक्त हो (Sentence) वाक्य कहलाता है।

Components of Sentence (वाक्य के घटक)
The words which make a sentence are called components of Sentence. जिन शब्दों के द्वारा वाक्य की रचना होती है, उन्हें (Components of Sentence) वाक्य के घटक या अंग कहते हैं।

Subject (कर्त्ता) और Verb (क्रिया) वाक्य के प्रमुख Components (घटक) हैं इनके बिना Sentence Building (वाक्य रचना) सम्भव नहीं है।

    Example 1. Sita came. सीता आयी।
              2. Lata will sing. लता गायेगी।
              3. You go. तुम जाओ।

★ Subject (कर्त्ता) और Verb (क्रिया) के अतिरिक्त वाक्य के और भी Components होते हैं, जैसे- Adjective (विशेषण) Adverb (क्रिया विशेषण) Preposition (सम्बन्धबोधक) Case (कारक) आदि। ये Components आवश्यकतानुसार आते हैं। इन्हें Aditional Components (ऐच्छिक घटक) कहा जाता है।

Serial of Words (पदक्रम)
Serial of Words (पदक्रम) का अर्थ है- वाक्य में पदों के रखे जाने का क्रम। हर भाषा में वाक्य के पदों के पदक्रम होते हैं। जैसे- हिन्दी में (कर्त्ता + कर्म + क्रिया) क्रम है, तो अंग्रेजी भाषा में (Subject + Verb + Object)।

    Example : Ram reads a book. राम पुस्तक पढ़ता है।

Parts of the Sentence (वाक्य के भाग)
प्रत्येक Sentence के दो Parts होते हैं–1. Subject 2. Predicate. जिसके विषय में हम कुछ कहते हैं, उसे Subject कहते हैं और Subject (उद्देश्य) के विषय में जो कुछ कहा जाता है, उसे Predicate (विधेय) कहते हैं। अब हम निम्नलिखित तालिका को ध्यानपूर्वक पढ़ेंगे–

Subject	Predicate
Kites	fly
Lions	roar
He	shouted
We	slept
Lata	cooked
They	smiled
Ice	melts
Fire	burns

इन वाक्यों में Subject एक Noun अथवा एक Pronoun है और Predicate एक क्रिया है, परन्तु Subject तथा Predicate के भी कुछ भाग हो सकते हैं, जैसे–

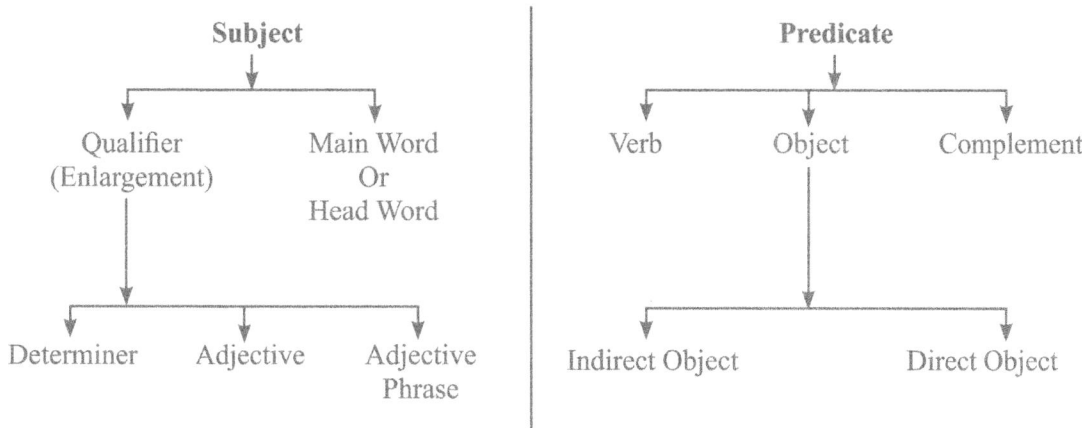

1. Subject: A person or thing that is being discussed, described, or dealt with is called subject.
निम्नलिखित तालिका को ध्यानपूर्वक पढ़ें और समझें:

Subject				Predicate
Determiner	Adjective	Noun	Adjectival Phrase	
A	valuable	ring	made of gold	was found yesterday
A	tall	soldier	with long moustache	stepped forth
A		knife	stained with blood	was found in his bag
A	little	girl	from the cottage	stood before me
A		friend Garden	in need with cool shady trees	is a friend indeed sorrounded the village
The	tall Wild	boy beasts	in red shirt in small cages	is my brother. are a sorry sight

☆ इस तालिका में Main word की व्याख्या करने के लिए Determiner, Adjective तथा Adjectival Phrase का प्रयोग हुआ है। Adjectival Phrase का प्रयोग Main word के बाद होता है।

इस तालिका को पढ़ने से निम्नलिखित बातें स्पष्ट होती हैं। इसे विद्यार्थी अच्छी तरह से याद कर लें:

1. जब Subject एक शब्द होगा, तो यह Noun, Pronoun, Gerund या Infinitive हो सकता है।
2. जब Subject की व्याख्या होगी, तो Subject सदैव Noun होगा।
3. जब Subject की व्याख्या एक शब्द द्वारा होगी, तो यह Subject से पहले प्रयुक्त होगा और इसे Qualifier कहेंगे।
4. जब Subject की व्याख्या करने के लिए इससे पूर्व दो शब्द प्रयुक्त होंगे, तो पहले शब्द को Determiner और दूसरे शब्द को Qualifier कहेंगे। इस दशा में Qualifier सदैव Adjective होगा।
5. जब Subject की और अधिक व्याख्या करने के लिए Adjectival Phrase का प्रयोग होगा, तो इसे Subject के बाद प्रयोग करेंगे।

Note: Determiner और Qualifier का प्रयोग Subject (Main word) से पहले और Adjectival Phrase का प्रयोग Subject (Main word) के बाद होता है।

☞ आप पढ़ चुके हैं कि Gerund (Verb + ing) और Infinitive (to + Verb) भी Subject के रूप में प्रयोग होते हैं। इनकी व्याख्या के लिए भी कभी-कभी अन्य शब्दों का प्रयोग होता है। ये शब्द इनके Object या Modifier होते हैं। इसे समझने के लिए नीचे दिये गये तालिका को पढ़ें:

Subject (Infinitive)	Predicate
To work	is to worship.
To drink	is bad for health.
To understand everything	is to forget everything.
To respect the elders	is our duty.
To suffer	is the lot of mankind.
To kill two birds with one stone	was his aim.
Subject (Gerund)	**Predicate**
Reading	makes a perfect man.
Seeing	is believing.
Telling lies	is a bad practice.
Eating between meals	is bad for health.

★ It और there का प्रयोग भी Subject की तरह हो जाता है। ऐसी दशा में It का प्रयोग Impersonal या Neutral और There का प्रयोग Introductory Adverb की तरह होता है। इसे समझने के लिए नीचे दिये गये तालिका को ध्यानपूर्वक पढ़ें और समझें:

Subject ('It' or 'There')	Predicate
It	is mid-night.
It	was the fifteenth of August.
There	are forty girls in the room.
There	is a hundred rupee note in my purse.

2. Predicate: The part of a sentence or clause containing a verb and stating something about the subject.

पीछे की तालिकाओं में आपने देखा कि Subject में अकेला Noun अथवा Pronoun होता है तथा Subject के साथ अन्य शब्द भी होते हैं। इसी प्रकार Predicate में भी Verb के साथ अन्य शब्दों का प्रयोग हो सकता है। इसको समझने के लिए निम्नलिखित तालिकाओं को समझना होगा:

Subject	Predicate
Sham	comes
We	laugh
Bimla	jumps
She	weeps

★ इस तालिका में Predicate अकेला Verb (क्रिया) है।

Subject	Predicate	
	Verb	Object (Noun or Noun Phrase)
My father	trusts	me.
The snake	bit	the boy.
We	should help	the poor.
The girl	has lost	her doll.
The chairman	has called	a meeting.
The teacher	patted	Sham.

★ इस तालिका में Predicate में एक से अधिक शब्द हैं। इन शब्दों में एक Verb (क्रिया) और अन्य शब्द क्रिया का Object (कर्म) है।

Subject	Predicate		
	Verb	Object (Indirect)	Object (Direct)
He	gave	me	a present.
My brother	sent	me	a watch.
Mr. Sharma	taught	us	English.
My friend	offered	me	all help.

★ इस तालिका में Predicate में Verb (क्रिया) के साथ दो Object (कर्म) हैं। पहला Object, व्यक्ति है और दूसरा वस्तु। पहले Object अर्थात् व्यक्ति को Indirect Object और दूसरे Object अर्थात् वस्तु को Direct Object कहते हैं।

★ कभी-कभी Direct Object सजीव भी आ जाता है। जैसे–
He gave me a *hen*.

Subject	Verb	Predicate Object (Gerund or Gerundial Phrase)
He	likes	boating.
I	hate	abusing others.
My brother	enjoys	playing hockey.
Mr. Kapoor	loves	teaching.
We	mustn't miss	seeing him.

★ इस तालिका में Predicate के दो भाग हैं। पहला Verb (क्रिया) है तथा दूसरा Gerund (verb + ing) है। यहाँ Gerund का प्रयोग Object की तरह है। Verb और Object (Verb + ing) मिलकर Predicate बना है।

Subject	Predicate	
	Verb	Object (Infinitive or Infintive Phrase)
The crow	tried	to sing.
She	forgot	to return my book.
I	hoped	to secure first division.
Rakesh	proposes	to buy a flat

★ इस तालिका में Predicate में Verb (क्रिया) का Object (कर्म) Infinitive (to + Verb) है। Verb और Infinitive (to + Verb) से मिलकर Predicate बना है।

Subject	Predicate		
	Verb	Object	Complement (Noun/Noun Phrase)
Pandit Motilal	named	his house	Anand Bhawan.
The teacher	appointed	Ravi	monitor.
The members	elected	him	Secretary.
They	chose	Ram	their leader.

★ इस तालिका में Predicate में Verb (क्रिया), Object (कर्म) तथा Complement (पूरक) हैं। Verb, Object और Complement मिलकर Predicate बना है। Complement में Noun या Noun Phrase है। इस प्रकार के Complements को Objective या Object Complement कहते हैं।

Subject	Predicate		
	Verb	Object	Complement (Adj./Adj. Phrase/ Past Participle)
They	thought	it	urgent.
She	keeps	her house	clean.
Your letter	made	me	anxious.
The jury	found	him	guilty.
The Principal	thinks	the peon	very honest.

★ इस तालिका में Predicate में Verb (क्रिया), Object (कर्म) तथा Complement (पूरक) हैं। Verb, Object और Complement से मिलकर Predicate बना है। इस Complement में Adjective, Adjective Phrase या Past Participle है। इस प्रकार के Complements को भी Objective या Object Complement कहते हैं।

Subject	Predicate	
	Verb	Object Complement
Dalip	was	a king. (Noun)
He	is	a doctor. (Noun)
You	are	girls. (Noun)
She	was	lazy. (Adjective)
You	are	smart. (Adjective)
They	are	lucky. (Adjective)
The books	are	on the table. (Adverbial)
Nobody	is	inside. (Adverbial)

★ इस तालिका में Predicate में Verb और Complement हैं। पहले 3 वाक्यों में Complement, Noun (संज्ञा) है; दूसरे 3 वाक्यों में Complement, Adjective (विशेषण) है तथा अन्तिम 3 वाक्यों में Complement, Adverbial है। Verb और Complement से मिलकर Predicate बना है। इस प्रकार के Complements को Subjective या Subject Complement कहते हैं।

★ हमेशा याद रखें कि Verb to be (is, am, are, was, were) के पश्चात् वाक्य को पूरा करने के लिए Complement (पूरक) का प्रयोग होता है और Transitive Verb (सकर्मक क्रियाएँ) अपने साथ Object (कर्म) लेती हैं।

Kinds of Sentences

Sentences निम्नलिखित पाँच प्रकार के होते हैं।
1. Assertive (विधिसूचक) 2. Interrogative (प्रश्नवाचक)
3. Imperative (आदेशात्मक) 4. Exclamatory (विस्मयादिबोधक)
5. Optative (इच्छार्थक)

1. **Assertive Sentences:** (Subject + Verb + Object + ...) साधारण कथन प्रकट करता है। यह Affirmative (स्वीकारात्मक) या Negative (निषेधात्मक) हो सकता है, जैसे–
    1. The earth moves round the sun. (Affirmative)
    2. Smoking is injurious to health. (Negative)
    3. Cricket is my favourite game. (Affirmative)

2. **Interrogative Sentences:** (Verb + Subject + ...?) प्रश्न पूछने का कार्य करता है, जैसे–
    1. Is she a doctor?
    2. Who knocks at the door?
    3. Will you help me in this matter?
    4. Where is she putting up these days?

3. **Imperative Sentences:** (1st form of Verb/Do not + 1st form + ...) order (आदेश), advice (शिक्षा), request (प्रार्थना) का बोध होता है, जैसे–
    1. Type these letters at one. (Order)
    2. Always help the needy. (Advice)
    3. Please lend me your scooter. (Request)
    4. Do not smoke in the library. (Prohibition)

4. **Exclamatory Sentences:** जिस वाक्य से विस्मय के भाव प्रकट हों, जैसे–
    1. Hurrah! we have won the match. (Joy)
    2. Alas! I have lost my umbrella. (Sorrow)
    3. How pretty the picture is! (Surprise)

5. **Optative Sentences:** जिस वाक्य से इच्छा अथवा आशीर्वाद के भाव का बोध हो, जैसे–
    1. May you live long!
    2. Would that I were rich!
    3. May God grant you a son!

स्मरणीय

उपर्युक्त Lesson में English में Sentence Building कैसे होती है? इसके बारे में बताया गया है कि English Sentence Building में Subject + Verb + Object + Other Words का प्रयोग होता है।

Example : Oh! Ratan, my best friend, when did you come here and what did you bring for me. अरे! रतन, मेरे प्रिय मित्र, तुम यहाँ कब आये और मेरे लिए क्या लाये?

1. जिस प्रकार उपर्युक्त हिन्दी वाक्य 'अरे' (विस्मयादिबोधक) रतन (संज्ञा) मेरे (सर्वनाम) प्रिय (विशेषण) कब (क्रिया विशेषण) आये (क्रिया) और (संयोजक) लिए (सम्बन्धबोधक) का प्रयोग किया गया है। उसी प्रकार उपर्युक्त English Sentence में Oh (Interjection) Ratan (Noun) my (Pronoun) best (Adjective) when (Adverb) come (Verb) and Conjunction for Preposition का प्रयोग किया गया है।

2. आप भी Sentence Building (वाक्य रचना) के नियमों को भलीभाँति समझकर Sentence Building का अभ्यास करें।

अभ्यास (Practice)

A. निम्नलिखित Sentences (वाक्यों) में 'Subject' और 'Predicate' को चुनकर पृथक् करें–
1. Boy is laughing 2. My mother loves me 3. Your uncle arrived 4. He taught me English 5. She made me happy 6. Pawan is very good 7. Your letter made me happy 8. He bought car 9. Sita keeps her room clean 10 How beautiful is this picture?

B. निम्न तालिका (A) में दिये गये 'Subject' को तालिका (B) में दिये गये 'Predicate' से सही क्रम में मिलान करें–

	Column A		Column B
(1)	Mohini	(a)	is coming.
(2)	He	(b)	loves us.
(3)	The tall boy	(c)	brings milk
(4)	Your baby sister	(d)	shines.
(5)	The milkman	(e)	plays cricket.
(6)	My elder brother	(f)	played well.
(7)	This woman	(g)	is crying.
(8)	An old beggar	(h)	sings songs.
(9)	The sun	(i)	is old.
(10)	God	(j)	is a doctor.

C. निम्नलिखित Sentences में 'Subject' को underline करें तथा साथ में कोष्ठक में दिये गये शब्दों को रिक्त स्थानों में सही क्रम में भरें।
1. Her old father came yesterday.
2. That blue-eyed girl is a fine cricketer.
3. That tall man is a good musician.
4. That small boy is a good singer.
5. A fat man sat on the chair.
6. Some naughty girls querrelled.
7. The good boy works hard.
8. My friends will visit our house tomorrow.
9. .... is writing a letter. (the/boy/desk/at/the)
10. .... was given to him on his birthday. (A/watch/beautiful)
11. .... is reading a poem. (the/boy/corner/in/the)
12. .... talk. (dolls/new/those)
13. .... are pretty. (flowers/in my/garden/the red)
14. .... is tired of all this work. (as well as/he/you)
15. .... must have opened the window. (friend/his/either/he/or)

उत्तर (Answers)

A.

S.No.	Subject	Predicate
1.	Boy	is laughing
2.	My mother	loves me
3.	Your uncle	arrived
4.	He	taught me English
5.	She	made me happy
6.	Pawan	is very good
7.	Your letter	made me happy
8.	He	bought a new car yesterday
9.	Sita	keeps her room clean
10.	How beautiful	is this picture?

B.
1. Mohini sings songs.
2. He played well.
3. The tall boy plays cricket.
4. Your baby sister is crying.
5. The milkman brings milk.
6. My elder brother is a doctor.
7. This woman is old.
8. An old beggar is coming.
9. The sun shines.
10. God loves us.

C.
1. Her old father
2. That blue-eyed girl
3. That tall man
4. That small boy
5. A fat man
6. Some naughty girls
7. The good boy
8. My friends
9. The boy at the desk
10. A beautiful watch
11. The boy in the corner
12. Those new doll
13. The red flowers in my garden
14. He as well as you
15. Either he or his friend

19

सामान्य त्रुटियाँ
(COMMON ERRORS)

अंग्रेजी बोलचाल में कुछ गलतियाँ ऐसी हैं जिन्हें हम-आप सभी अधिकतर करते हैं। आप छोटी-मोटी हैसियत के कर्मचारी हों या ऊँचे पदाधिकारी स्त्री हों या पुरुष, छात्र हों या व्यवसायी, दुकानदार हों या कोई कारीगर-आपस में आपको इन गलतियों से वास्ता पड़ता है। आपकी सुविधा के लिए नीचे दो कालमों में शुद्ध और अशुद्ध वाक्य दिये गये हैं, जिन्हें पढ़कर आप अच्छी तरह से समझ सकते हैं।

	Incorrect (अशुद्ध)	Correct (शुद्ध)
1.	My *hairs are* black.	My *hair is* black.
2.	I need a *blotting.*	I need a *blotting paper.*
3.	He works better than *me.*	He works better than *I.*
4.	I *availed* of the opportunity.	I *availed myself* of the opportunity.
5.	The two sisters are quarrelling with *one another.*	The two sisters are quarrelling with *each other.*
6.	He is guilty. Isn't *it*?	He is guilty. Isn't *he*?
7.	I beg *you leave.*	I beg *leave of you.*
8.	He is *more cleverer* than his brother.	He is *cleverer* than his brother.
9.	*The* Gold is a precious metal.	Gold is a precious metal.
10.	She has *got* headache.	She has *got* a headache.
11.	*Stop* to write.	*Stop* writing.
12.	It *is raining* for four hours.	It *has been raining* for four hours.
13.	I live *in* Roop Nagar *at* New Delhi.	I live *at* Roop Nagar *in* New Delhi.
14.	Work hard *lest* you *may not* fail.	Work hard *lest* you *should* fail.
15.	The man is *neither* fool *or* lazy.	The man is *neither* fool *nor* lazy.

☞ ऊपर के इन पन्द्रह वाक्यों में पहले कॉलम में अशुद्ध वाक्य दिये गये हैं और दूसरे कॉलम में शुद्ध वाक्य दिये गये हैं। इन वाक्यों में भिन्न-भिन्न प्रकार की अशुद्धियाँ हैं, जिन्हें प्रत्येक सीखने वाले व्यक्ति को समझना होता है। अंग्रेजी एक बड़ी भाषा है। इसमें शब्द-प्रयोगों का क्षेत्र भी बहुत व्यापक होना स्वाभाविक है।

☞ हिन्दी भी एक समृद्ध भाषा है। उसमें भी ऐसे प्रयोग होते हैं, जो भाषा सीखने वाले विद्यार्थी के लिए समझने इतने आसान नहीं होते। किन्तु हिन्दी हमारी मातृभाषा है, इसलिए उसकी पेचीदगियाँ उतनी महसूस नहीं होती जितनी कि अंग्रेजी भाषा की होती है।

☞ वह कठिनाई क्या है, आपको बतायेंगे- जब आप पहले कॉलम का वाक्य पढ़ते हैं तब आपको वह ठीक से मालूम होता है, पर जब आप दूसरे कॉलम का वाक्य पढ़ते हैं, तो फिर आप थोड़ा घबराते हैं। कभी, थोड़ी देर में आपको भूल महसूस होने लगती है और आप समझ ही नहीं पाते कि दूसरा वाक्य शुद्ध कैसे है।

☞ क्या आप भाषा की अशुद्धियों को जानने लिए तैयार हैं? यदि हाँ, तो आइए, एक-एक करके सीखते हुए आगे बढ़े।

Errors in the Use of Nouns
(संज्ञा शब्दों के प्रयोग में अशुद्धियाँ)

1. (a) Scenery, issue, hair, furniture, machinery, fruit (b) poor, rich, bread, work शब्द एकवचन (Singular Form) में रहते हैं।

S. No.	Incorrect (अशुद्ध)	Correct (शुद्ध)
1.	The *sceneries* of Kashmir *are* very charming.	The *scenery* of Kashmir *is* very charming.
2.	Sudha has no *issues*.	Sudha has no *issue*.
3.	She had gone to buy *fruits*.	She had *gone* to buy *fruit*.
4.	Her *hairs are* black.	Her *hair is* black.
5.	The mother feeds the *poors*.	The mother feeds the *poor*.
6.	I told *these news* to my father.	I told *this news* to my father.
7.	The fleet *were* destroyed by the enemy.	The fleet *was* destroyed by the enemy.
8.	These buildings are made of *bricks* and *stones*.	These buildings are made of *brick* and *stone*.
9.	He has no more *breads* to give to the beggars.	He has no more *bread* to give to the beggars.
10.	I'll go to the town on *feet*.	I'll go to the town on *foot*.
11.	All her *furniture have* been sold.	All her *furniture has* been sold.
12.	The *machineries* are not functioning properly.	The *machinery* is not functioning properly.
13.	I have *many works* to do.	I have *much work* to do.

2. Advice, mischief, abuse, alphabet—ये शब्द Singular में ही रहते हैं, Advices आदि बहुवचन प्रयुक्त नहीं होते बल्कि इस प्रकार कहा जाता है—pieces of advice आदि।

1.	The teacher gave us many *advices*.	The teacher gave us many *pieces* of *advice*.
2.	My younger brother did many *mischiefs*.	My younger brother did many *acts of mischief*.
3.	The boys were shouting *abuses*.	The boys were shouting *words of abuse*.
4.	I have learnt the *alphabets*.	I have learnt the *letters of the alphabet*.

3. Rupee, dozen, mile, year, foot—ये शब्द जब संख्यावाची शब्द (numeral) के बाद आते हैं, तो सदा एकवचन (singular) में ही प्रयोग होते हैं, जैसे—five rupee note होगा, five rupees note नहीं।

1.	I have a five *rupees* note.	I have a five *rupee* note.
2.	They bought two *dozens* pencils.	They bought two *dozen* pencils.
3.	He ran in a two *miles* race.	He ran in a two *mile* race.

4.	Abida is a ten *years* old girl.	Abida is a ten *year* old girl.
5.	It's a three *feet-rule*.	It's a three *foot-rule*.

4. Vegetables (सब्जी या सब्जियाँ), spectacles (ऐनक), trousers (पतलून या पाजामा), Himalayas (हिमालय), people (लोग), orders (आदेश), repairs (मरम्मत)– ये शब्द सदा plural (बहुवचन) में ही प्रयोग होते हैं, singular (एकवचन) में नहीं।

1.	I had gone to buy *vegetable*.	I had gone to buy *vegetables*.
2.	The road is closed for *repair*.	The road is closed for *repairs*.
3.	The court passed *order* for his release.	The court passed *orders* for his release.
4.	Very few *peoples* are hard-working.	Very few *people* are hard-working.
5.	His *spectacle is* very expensive.	His *spectacles are very expensive*.
6.	The *scissor is blunt*.	The *scissors are blunt*.
7.	Your *trouser is* not *loose*.	Your *trousers are* not loose.
8.	The *Himalaya is* the highest *mountain*.	The *Himalayas are* the highest *mountains*.

5. Fish (मछली या मछलियाँ), deer (हिरन), sheep (भेड़ या भेड़ें), cattle (पशु), people– ये शब्द सदा plural (बहुवचन) के अर्थ में भी singular (एकवचन) में ही प्रयोग होते हैं।

1.	The fisherman catches many *fishes* in the pond.	The fisherman catches many *fish* in the pond.
2.	I saw many *sheeps* and *deers* in the jungle.	I saw many *sheep* and *deer* in the jungle.
3.	The *cattles are* returning to the village.	The *cattle is* returning to the village.

कई बार लोग बातचीत में अधूरी शब्दावली प्रयोग करते हैं। ऐसी शब्दावली सभ्य समाज में वक्ता को हँसी का पात्र बना देती है। ऐसी अशुद्धियाँ करने से बचना चाहिए।

1.	This is not my *copy*.	This is not my copy-book.
2.	Bring some *blotting* from the office.	Bring some *blotting paper* from the office.
3.	Suman lives in the *boarding*.	Suman lives in the *boarding house*.
4.	Please, put your *sign* here.	Please, put your *signature* here.

Errors in the Use of Pronouns
(सर्वनाम शब्दों के प्रयोग में अशुद्धियाँ)

S. No.	Incorrect (अशुद्ध)	Correct (शुद्ध)
1.	It is *me*.	It is *I*.
2.	I, *you* and *he* will go to Calcutta tomorrow.	*You*, *he* and *I* will go to Calcutta tomorrow.
3.	You are wiser than *me*.	You are wiser than *I*.
4.	Let her and *I* do this work.	Let her and *me* do this work.
5.	*One* should do *his* duty.	*One* should do *one's* duty.

6.	*Everyone* must do *their* best.	*Every one* must do *his* best.
7.	*Every man* and boy is busy with *their* work.	*Every man* and boy is busy with *his* work.
8.	These *two* sisters love *one another*.	These *two* sisters love *each other*.
9.	These *three* sisters love *each other*.	These *three* sisters love *one another*.
10.	*Neither* Rekha *nor* Rani *are* in the class.	*Neither* Rekha *nor* Rani *is* in the class.
11.	*Neither you nor I are* lucky.	*Neither of us is* lucky.
12.	She has studied *neither* of these ten books.	She has studied *none* of these ten books.
13.	*Who* is this *for*?	*For whom* is this?
14.	*Who* are you expecting now?	*Whom* are you expecting now?
15.	Say *whom* you think will get the prize.	Say *who* you think will get the prize.
16.	*Who* do you think we met?	*Whom* do you think we met?
17.	I am *enjoying* now.	I am *enjoying myself* now.
18.	Sumit *hid* behind the wall.	Sumit *hid herself* behind the wall.
19.	Thy *resigned* to the will of God.	They *resigned themselves* to the will of God.
20.	We *applied* heart and soul to the task before us.	We *applied our* heart and soul to the task before us.
21.	*Which* is cleverer, Mahesh or Rakesh?	*Who* is cleverer, Mahesh or Rakesh?
22.	Please, bring *mine pen*.	Please, bring *my* pen.
23.	This pen is *my*.	This pen is *mine*.
24.	I do not like *any* of these two books.	I do not like *either* of these two books.
25.	I like *not any* of these two books.	I like *neither* of these two books.

☞ जब मैं (I), तू (You) और वह (He) शब्द अंग्रेजी में एक साथ प्रयोग किये जाते हैं, तो वे इस क्रम में आते हैं– You (तुम), He (वह) और I (मैं)।

☞ Let के साथ him, her और me (Pronouns) आते हैं, he, she, I नहीं।

☞ Everyone, every man शब्दों के बाद सम्बन्ध कारक his या her लगता है, their नहीं, किन्तु one (Pronoun) के बाद one's लगता है–his, her, या their नहीं।

☞ दो व्यक्तियों के लिए each other आता है और तीन या तीन से अधिक व्यक्तियों के लिए one another.

☞ Neither-nor के साथ singular क्रिया (is आदि) लगती है और ये शब्द दो व्यक्तियों के अर्थ में प्रयोग होते हैं।

☞ बहुत वस्तुओं के बीच में 'कोई भी नहीं' अर्थ के लिए none आता है, neither नहीं।

☞ Enjoy, hid, resign, apply, avail, absent–इन क्रियाओं के बाद himself, herself, themselves, yourself, myself, ourselves आदि लगते हैं।

☞ My और mine का अर्थ है मेरा, your और yours का अर्थ है, तुम्हारा और our व ours का अर्थ है हमारा, किन्तु प्रयोग में (a) my, you, our तब आते हैं, जब इनके बाद कोई संज्ञा (Noun) शब्द रहता है, जैसे–my pen, your father, our mother, (b) जब इन सर्वनामों के बाद में कोई संज्ञा शब्द नहीं होता है, तो प्राय: mine, yours, ours आदि जुड़ते हैं।

Errors in the Use of Adjectives
(विशेषण शब्दों के प्रयोग में अशुद्धियाँ)

S. No.	Incorrect (अशुद्ध)	Correct (शुद्ध)
1.	You are *more stronger* than I.	You are *stronger* than I.
2.	She is growing *weak* and *weak* everyday.	She is growing *weaker* and *weaker* everyday.
3.	Mohan is *elder* than Sohan.	Mohan is *older* than Sohan.
4.	Delhi is *older* than other cities in India.	Delhi is the *oldest* city in India.
5.	Bombay is *further* from Delhi than Amritsar.	Bombay is *farther* from Delhi than Amritsar.
6.	Have you *any* ink?	Do you have *some* ink?
7.	Have she *much* books?	Does she have *many* books?
8.	Lila was her *oldest* daughter.	Lila was her *eldest* daughter.
9.	Lila was the *eldest* of the two sisters.	Lila was the *elder* of the two sisters.
10.	He is the *youngest* and *most* intelligent of my two sons.	He is *younger* and *more* intelligent of my two sons.
11.	I visited many *worthseeing places*.	I visited many *places worthseeing*.
12.	I told you the *last* news.	I told you the *latest* news.
13.	You are junior than I.	You are junior *to me*.
14.	I have *less* worries than Rohan.	I have *fewer* worries than Rohan.
15.	No *less* than fifty persons died of cholera.	No *fewer* than fifty persons died of cholera.
16.	This is the *worst* of the two.	This is *worse* of the two.
17.	After lunch we had no *farther* talk.	After lunch we had no *further* talk.
18.	He wasted *his all* wealth.	He wasted *all his* wealth.
19.	I prefer cycling *more than* walking.	I prefer cycling *to* walking.
20.	I am *more stronger* than he.	I am *stronger* than he.
21.	He is *the weakest* boy of the two.	He is *the weaker* boy of the two.
22.	I have got *few* books.	I have got *a few* books.

☞ Elder और older दोनों का अर्थ होता है दो में से बड़ा, किन्तु elder सगे रिश्ते में ही आता है, जैसे— elder brother, elder sister. जब दो व्यक्ति या वस्तुएँ भिन्न-भिन्न हों, तो older का प्रयोग होता है, जैसे— Mohan is older than Sohan.

☞ Further (अगला) और farther (दो में से दूर वाला) इन शब्दों का समझकर प्रयोग करना चाहिए।

☞ Many संख्यावाची विशेषण है, जैसे— many books (बहुत-सी पुस्तकें) और much परिमाणवाचक विशेषण है, जैसे— much water (बहुत-सा पानी)।

☞ विशेषण की तीन अवस्थाओं (three degrees) का प्रयोग समयानुसार सावधानी से करना चाहिए।

☞ Many की तरह few संख्यावाची है और much की तरह less परिमाणवाची है। इनका प्रयोग सावधानी से करना चाहिए।

Errors in the Use of Verbs
(क्रिया शब्दों के प्रयोग में अशुद्धियाँ)

S. No.	Incorrect (अशुद्ध)	Correct (शुद्ध)
1.	Her father told me that honesty *was* the best policy.	Her father told me that honesty *is* the best policy.
2.	The cashier-cum-accountant *have* come.	The cashier-cum-accountant *has* come.
3.	The cashier and the accountant *has* come.	The cashier and the accountant *have* come.
4.	*Can* I come in, sir?	*May* I come in, sir?
5.	I'm so weak that I *may not* walk.	I'm so weak that I *cannot* walk.
6.	Tell me why *are you* abusing him.	Tell me why *you are* abusing him.
7.	Radha *as well as* her other sisters *are* beautiful.	Radha *as well as her other sisters* is beautiful.
8.	I *am* ill for two weeks.	I *have been* ill for two weeks.
9.	The ship *was drowned*.	The ship *sank*.
10.	He *has stole* a pen.	He *has stolen* a pen.
11.	Dilip *sung* well.	Dilip *sang* well.
12.	Sania has often *beat* me at tennis.	Sania has often *beaten* me at tennis.
13.	I *laid* in bed till eight in the morning.	I *lay* in bed till eight in the morning.
14.	I *will* be drowned and nobody *shall* save me.	I *shall* be drowned and nobody *will* save me.
15.	You *will* leave this place at once.	You *shall* leave this place at once.
16.	We *shall* not accept defeat.	We *will not* accept defeat.
17.	I should learn to ride if I *buy* a cycle.	I should learn to ride if I *bought* a cycle.
18.	I never *have*, and I never *will* do it.	I *have* never *done*, and I *will* never do it.
19.	Neither he *came* nor he *wrote*.	Neither *did* he *come* nor *did* he *write*.
20.	Seldom I go to the hills.	Seldom *do* I go to the hills.
21.	This food is hard to *be digested*.	This food is hard to *digest*.
22.	He ordered *to withdraw the army*.	He ordered *his army to withdraw*.
23.	Each and every father *love their* children.	Each and every father *loves his* children.

☞ Can और may का अर्थ है सकना, किन्तु can का प्रयोग शक्ति के अर्थ में होता है और may का आज्ञा के अर्थ के रूप में प्रयोग होता है।

☞ As well as से पहले का कर्ता यदि एकवचन में हो तो क्रिया भी एकवचन की होती है।

☞ जब वाक्य why आदि शब्दों के साथ Indirect Form में रहता है, तो 'why are you' की जगह 'why you are' होता है। ऐसे वाक्यों में प्रश्नचिह्न भी नहीं लगता है।

☞ Drown और sink दोनों का अर्थ है डूबना, किन्तु प्राणवान वस्तु के डूबने के अर्थ में drown आता है और बेजान वस्तु के डूबने के अर्थ में sink आता है।

☞ सामान्य भविष्यत् को बताने के लिए I, we के साथ shall और he, she, they तथा you के साथ will लगता है, किन्तु यदि 'दृढ़ निश्चय' या 'धमकी' प्रकट करनी हो, तो I, we के साथ will तथा he, she, they, you के साथ shall का प्रयोग होता है।

☞ Shall का past tense रूप should होता है। जिस वाक्य में should का इस अर्थ में प्रयोग हो, उस वाक्य में दूसरी क्रिया भी past tense की आयेगी।
☞ Neither, seldom negative (नकारात्मक) शब्द में इनके प्रयोग में (अन्य negative वाक्यों की तरह), do, did का प्रयोग होता है।
☞ वाक्य 23 में his children क्यों आया, their children क्यों नहीं? क्योंकि his का सम्बन्ध father से है, children से नहीं, इसलिए यहाँ his ठीक है।

Errors in the Use of Adverbs
(क्रिया विशेषण शब्दों के प्रयोग में अशुद्धियाँ)

S. No.	Incorrect (अशुद्ध)	Correct (शुद्ध)
1.	I play basket-ball *good*.	I play basket-ball *well*.
2.	I am *very much* sorry.	I am *very* sorry.
3.	It is *much* cold today.	It is *very* cold today.
4.	The horse is *too* tired.	The horse is *very* tired.
5.	This girl is *very* poor *to* pay her dues.	This girl is *too* poor *to* pay her dues.
6.	She is *too* weak *for* walk.	She is *too* weak *to* walk.
7.	I am *too* pleased.	I am *much* pleased.
8.	We *slowly walked*.	We *walked slowly*.
9.	We should *only* fear *God*.	We should fear *God only*.
10.	This house is *enough large* for them.	This house is *large enough* for them.
11.	He doesn't know *to* swim.	He doesn't know *how to* swim.
12.	I don't know *to* do it.	I don't know *how to* do it.
13.	Don't run *fastly*.	Don't run *fast*.
14.	She is not *clever* to do it.	She is not *clever enough* to do it.
15.	He explained *clearly his case*.	He explained *his case clearly*.
16.	You have done it very *quick*.	You have done it very *quickly*.
17.	It's *too* hot.	It's *very* hot.
18.	It's *very* hot to play tennis.	It's *too* hot to play tennis.
19.	Poona is *known* for its figs.	Poona is *well known* for its figs.
20.	I went *directly* to school.	I went *direct* to school.
21.	I feel *comparatively better* today.	I feel *better* today.
22.	He runs *fastly*.	He runs *fast*.
23.	The child walks *slow*.	The child walks *slowly*.
24.	I am *very* delighted to see you.	I am *much* delighted to see you.
25.	He is now *too strong to* walk.	He is now *strong enough* to walk.

☞ Well (adverbs) की जगह good (adjective) का प्रयोग नहीं होता है।
☞ Too और very दोनों का अर्थ है–बहुत, परन्तु too के बाद सम्बन्धित शब्द to जुड़ता है, जैसे She *is tood* weak *to* walk (वह इतनी अधिक कमजोर है कि चल-फिर नहीं सकती।)

▶ व्यावहारिक व्याकरण

☞ Slowly, clearly आदि सभी adverbs प्रायः क्रिया के बाद जुड़ते हैं।

☞ Comparatively better का प्रयोग गलत है, जब better में ही दो में से अच्छा होने का भाह है, तो comparatively क्यों?

☞ वाक्य 25 He is now too strong to walk. क्यों गलत है– यह वाक्य इसलिए गलत है, क्योंकि इसका अर्थ होगा– वह इतना शक्तिशाली है कि चल-फिर नहीं सकता। अर्थ इसके उल्टा है, इसलिए *'too strong'* की जगह strong enough का प्रयोग होगा।

Errors in the Use of Conjunctions
(संयोजक शब्दों के प्रयोग में अशुद्धियाँ)

S. No.	Incorrect (अशुद्ध)	Correct (शुद्ध)
1.	*Though* he works hard *but* he is weak.	*Though* he works hard *yet* he is weak.
2.	The teacher asked *that why* I was late.	The teacher asked *why* I was late.
3.	Wait here *till* I *do not* come.	Wait here till I come.
4.	*No sooner* we reached the station, the train started.	*No sooner did* we reach the station, *than* the train started.
5.	*Not only* he *abused* me *but also* beat me.	*Not only did* he *abuse* me *but* beat me *also.*
6.	We had *hardly gone out before* it began to rain.	We had *hardly* gone out *when* it began to rain.
7.	Run fast *lest* you *should not* be late.	Run fast *lest* you *should* be late.
8.	*As* Satish is fat *so* he walks slowly.	*As* Satish is fat, he walks slowly.
9.	I doubt *that* she will pass this year.	I doubt *whether* she will pass this year.
10.	*When* 1 reached there *then* it was raining.	*When* I reached there, it was raining.
11.	*Although* he is poor, *but* he is honest.	*Although* he is poor, *yet* he is honest.
12.	Wait here *until* I do not come.	Wait here *till* I come.
13.	*Unless* you *do not* try, you will never succeed.	*Unless* you try, you will never succeed.
13.	There is no *such* country *which* you mention.	There is no *such* country *as you mention.*
14.	He had *scarcely* reached the station *than* the train started.	He had *scarcely* reached the station *when* the train started.

☞ कुछ योजक शब्द परस्पर एक साथ प्रयोग होते हैं, जैसे– though—yet; no sooner—than; not only—but also; hardly—when; lest—should; although–yet; such—as तथा scarcely—when आदि।

☞ No sooner, not only नकारात्मक (negative) शब्द हैं। अतः do, did का प्रयोग इनके बाद होता है।

☞ Lest का अर्थ है—ऐसा न हो कि, अतः lest के बाद should आता है, should not नहीं।

☞ As के साथ सम्बन्धित शब्द के रूप में so नहीं जुड़ता।

☞ अंग्रेजी में when के बाद then नहीं आता।

Errors in the Use of Prepositions
(सम्बन्ध-सूचक शब्दों के प्रयोग में अशुद्धियाँ)

S. No.	Incorrect (अशुद्ध)	Correct (शुद्ध)
No preposition is used कोई सम्बन्ध-सूचक नहीं लगता		
1.	My mother loves *with* me.	My mother loves me.
2.	He reached *at* the station.	He reached the station.
3.	He ordered *for* my dismissal.	He ordered my dismissal.
4.	Rajiv married *with* your cousin.	Rajiv married your cousin.
5.	Amitabh entered *into* the room.	Amitabh entered the room.
by का प्रयोग		
6.	What is the time *in* your watch?	What's the time *by* your watch?
7.	They went to Banaras *in* train.	They went to Banaras *by* train.
8.	She was killed *with* a robber.	She was killed *by* a robber.
with का प्रयोग		
9.	He is angry *upon* me.	*He is angry with me.*
10.	Are you angry *on* her?	Are you angry *with* her.
11.	My principal is pleased *from* me.	My principal is pleased *with* me.
12.	Wash your face *in* water.	Wash your face *with* water.
13.	The dacoit was killed *by* a sword.	The dacoit was killed *with* a sword.
14.	Compare Akbar *to* Rana Pratap.	Compare Akbar *with* Rana Pratap.
15.	She covered her face *by* her shawl.	She covered her face *with* her shawl.
at का प्रयोग		
16.	Open your book *on* page ten.	Open your book *at* page ten.
17.	Ram lives *in* Sonepat.	Ram lives *at* Sonepat.
18.	Why did you laugh *on* the beggar.	Why did you laugh *at* the beggar.
19.	Who is knocking *on* the door.	Who is knocking *at* the door.
20.	The train arrived *on* the platform.	The train arrived *at* the platform.
on का प्रयोग		
21.	We go to school *by* foot.	We go to school *on* foot.
22.	We congratulate you *for* your success.	We congratulate you ***on*** your success.
23.	The rioters set the house *to* fire.	The rioters set the house *on* fire.
24.	The house was built *over* the ground.	The house was built *on* the ground.
25.	Father spent a lot of money *at* her wedding.	Father spent a lot of money *on* her wedding.
to का प्रयोग		
26.	Vimal was married *with* Shyam.	Vimal was married *to* Shyam.
27.	You are very kind *on* me.	You are very kind *to* me.

28.	We should pray God every day.	We should pray *to* God every day.
29.	I won't listen what you say.	I won't listen *to* what you say.
30.	I object *at* your statement.	I object *to* your statement.

in का प्रयोग

31.	Swatantra Kumari lives *at* Bombay.	Swatantra Kumari lives *in* Bombay.
32.	He was walking *into* the garden.	He was walking *in* the garden.
33.	Please, write *with* ink.	Please, write *in* ink.
34.	I have no faith *upon* your story.	I have no faith *in* your story.
35.	The rain will stop *after* a little while.	The rain will stop *in* a little while.

into का प्रयोग

36.	Divide the cake *in* five parts.	Divide the cake *into* five parts.
37.	Please look *in* the matter.	Please look *into* the matter.
38.	She jumped *in* the river.	She jumped *into* the river.
39.	I fear that she will fall *in* the hands of robbers.	I fear that she might fall *into* the hands of robbers.
40.	Translate this passage *in* Hindi.	Translate this passage *into* Hindi.

of का प्रयोग

41.	She died *from* plague.	She died *of* plague.
42.	We are proud *on* our country.	We are proud *of* our country.
43.	The child is afraid *from* you.	The child is afraid *of* you.
44.	Hamida is not jealous *to* Abdul.	Hamida is not jealous *of* Abdul.
45.	We should take care *for* our books.	We should take care *of* our books.
46.	He died *from* hunger.	He died *of* hunger.

from का प्रयोग

47.	My shirt is different *to* your.	My shirt is different *from* yours.
48.	His mother prevented him *of* going to cinema.	His mother prevented him *from* going to cinema.
49.	I commenced work *since* 14th July.	I commenced work *from* 14th July.
50.	He hindered me *to* do this.	He hindered me *from* doing this.

for का प्रयोग

51.	He won't be there before *four* months.	He won't be there *for* four months.
52.	The employer blames her *of* carelessness.	The employer blames her *for* carelessness.
53.	Three scholarships are competed.	Three scholarships are competed *for*.
54.	Free meals should be provided *with* the poor children.	Free meals should be provided *for* the poor children.
55.	Who cares *of* you?	Who cares *for* you?

between, among, since, up, against आदि का प्रयोग		
56.	Distribute the fruit *among* Kamla and Vimla.	Distribute the fruit *between* Kamla and Vimla.
57.	Divide this money *between* these girls.	Divide this money *among* these girls.
58.	Rakesh has been absent from college *from* last Monday.	Rakesh has been absent from college since last Monday.
59.	He tore *away* the bills.	He tore *up* the bills.
60.	The English fought *with* the Russians.	The English fought *against* Russians.

☞ अंग्रेजी सीखने के इच्छुक व्यक्तियों को Prepositions (सम्बन्धसूचक) का शुद्ध प्रयोग मन में बैठाना चाहिए।

Errors in the Use of Articles
(A, an, the शब्दों के प्रयोग में अशुद्धियाँ)

(i) the का प्रयोग

	Incorrect (अशुद्ध)	Correct (शुद्ध)
1.	*The* Delhi is the capital of India.	Delhi is the capital of India.
2.	She met me in *the* Faiz Bazaar.	She met me in Faiz Bazaar.
3.	He has failed in *the* English.	He has failed in English.
4.	She was suffering from *the* typhoid.	She was suffering from typhoid.
5.	*The* union is strength.	Union is strength.

(ii) ऐसे शब्दों में the जुड़ता है

6.	This is *a* best player I have ever met.	This is *the* best player I have ever met.
7.	Ganga flows into Bay of Bengal.	*The* Ganga flows into *the* Bay of Bengal.
8.	Rose is sweetest of all flowers.	*The* rose is *the* sweetest of all *the* flowers.
9.	Rich are happy but poor are unhappy.	*The* rich are happy but *the* poor are un-happy.
10.	Ramayana and Mahabharata are epics of India.	*The* Ramayana and the Mahabharata are *the* epics of India.

☞ व्यक्तिवाचक संज्ञा शब्द (जैसे–Delhi, Faiz Bazaar, English language), द्रव्यवाचक संज्ञा शब्द (जैसे–gold, silver आदि), भाववाचक संज्ञा शब्द (union, honesty आदि) एवं रोगों के नाम आदि के साथ the का प्रयोग नहीं होता है।

☞ विशेषण की तीसरी अवस्था में, पर्वतों, प्रदेशों, नदियों, समुद्रों आदि के नामों (Ganga, Himalayas आदि) से पूर्व; पुस्तकों के नामों (Ramayana, Mahabharata आदि) से पूर्व; संज्ञा के रूप में प्रयुक्त विशेषण शब्दों (rich, poor आदि) से पूर्व the जुड़ता है। साथ ही किसी वस्तु या व्यक्ति (rose, flower, epic) पर दबाव देना हो, तो वहाँ भी the लगाते हैं।

(iii) ऐसी अवस्थाओं में a नहीं जुड़ता है

11.	*A* man is mortal.	Man is mortal.
12.	Your sister is in *a* trouble.	Your sister is in trouble.
13.	He made *a* rapid progress.	He made rapid progress.
14.	There is *a* vast scope for improvement.	There is vast scope for improvement.
15.	He writes *a* good poetry.	He writes good poetry.

☞ वाक्य 11 में किसी व्यक्ति (a man) की बात नहीं है–बल्कि मनुष्य मात्र की है। अतः a नहीं जुड़ेगा। वाक्य 12 में trouble (संकट) संख्यात्मक शब्द नहीं है, अतः a नहीं जुड़ेगा। इसी प्रकार भाववाचक एवं द्रव्यवाचक संज्ञाओं से पूर्व सामान्यतया a या an नहीं जुड़ेगा।

(iv) सामान्यतया जातिवाचक संज्ञाओं से पूर्व a जुड़ता है

16.	Don't make noise.	Don't make a noise.
17.	The English *is* brave nation.	The English is *a* brave nation.
18.	I got headache.	I got *a* headache.
19.	Your words are not worth penny.	Your words are not worth *a* penny.
20.	He is an European.	He is *a* European.

(v) जिन शब्दों का आरंभ स्वर (vowel) से होता है या उच्चारण स्वर का होता है वहाँ an लगता है।

21.	She was not a Indian.	She was not an Indian.
22.	Please buy a umbrella from the bazaar.	Please buy an umbrella from the bazaar.
23.	I'll finish my work in a hour.	I'll finish my work in an hour.
24.	He was a M. L. A.	He was an M. L. A.
25.	She is a M. A.	She is an M. A.

☞ a और an समान बल के articles है। अन्तर केवल यह है कि जिन शब्दों का पहला वर्ण व्यंजन (consonant) होता है, वहाँ a जुड़ता है तथा जिन शब्दों का पहला वर्ण स्वर (vowel) होता है, वहाँ an जुड़ता है, जैसे–
a : a book, a nation, a noise आदि।
an : an Indian, an umbrella, an apple आदि।

☞ an के प्रयोग में कुछ अपवाद भी है। अंग्रेजी में कुछ शब्द ऐसे हैं, जिनका पहला वर्ण अनुच्चरित (silent) होता है, जैसे– hour (आवर), honour (ऑनर), honest (ऑनेस्ट)।
ऐसे शब्दों के साथ an लगेगा, a नहीं, जैसे–an hour, an honour, an honest आदि।

☞ कुछ लघु रूप (शॉर्ट फॉर्म) शब्द देखिए–M.A., M.L.A., अब सोचिए, इनके साथ a जुड़ेगा या an? आप सोच रहे होंगे कि दोनों में पहला व्यंजन M है, अतः a जुड़ेगा, परन्तु नहीं है, क्योंकि M.A. और M.L.A. दोनों में m का उच्चारण a स्वर (vowel) जैसा है, अतः यहाँ an M.A. और an M.L.A. होगा।

☞ वाक्य 20 पढ़िए। वहाँ 'a European' क्यों ठीक माना जाता है। क्योंकि 'ए यूरोपियन' में 'E' silent है और 'u' का उच्चारण भी 'यू' (Solid) है, हिन्दी के यू जैसा। इसे भी अपवाद समझना चाहिए।

अतः आप अपने और अपने आपसी व्यवहार में आने वाली अंग्रेजी में ऐसी सामान्य अशुद्धियों पर ध्यान दीजिए। जब आप भाषा के सम्बन्ध में ऐसा दृष्टिकोण बनायेंगे, तो अशुद्धियाँ दूर होती चली जायेंगी और आप अनुभव करेंगे कि अच्छी अंग्रेजी में बातचीत करने में कुशल हो गये हैं। अंग्रेजी में बातचीत न केवल आपके व्यवसाय के लिए ही लाभदायक है, बल्कि आपके लिए बहुत आनंददायक भी है।

खण्ड–4
स्पोकन इंग्लिश

Section–4
Spoken English

इस खण्ड को आरंभ करने के पहले आपने प्रस्तुत पुस्तक 'इंग्लिश स्पीकिंग कोर्स' के आरंभिक तीन Sections (खण्डों) क्रमशः Reading (पठन-पाठन), Basic Grammar (मूल व्याकरण) और Functional Grammar (व्यावहारिक व्याकरण) का सफलतापूर्वक अध्ययन कर अंग्रेजी वाक्यों की रचना किस प्रकार की जाती है, इसके सभी नियमों को समझ लिया है।

प्रस्तुत खण्ड में हम आपको रोजमर्रा के दैनिक जीवन में प्रयुक्त होने वाले तीस से अधिक Situations (परिस्थितियों) पर आधारित पाठ जैसे कि Greeting (अभिवादन), Etiquette (शिष्टाचार), Self Introduction (आत्मपरिचय), Introduction of Relatives (सगे-सम्बन्धियों का परिचय), Statement (कथनात्मक) आदि पर आधारित महत्त्वपूर्ण विषयों को सम्मिलित किया है। प्रत्येक पाठ में तीस से अधिक वाक्य दिये गये हैं। हम आशा करते हैं कि सभी तीस पाठों के अध्ययन करने के पश्चात् आप जीवन के विभिन्न अवसरों पर उपयोग किये जाने वाले सभी प्रकार के वाक्यों से परिचित होकर अंग्रेजी वाक्यों का सफलतापूर्वक प्रयोग करना भी सीख जायेंगे।

20

अभिवादन
(GREETING)

अंग्रेजी में बात करने के लिए सबसे पहले अभिवादन के तौर-तरीके के बारे में जानना आवश्यक है। हमारे देश में अलग-अलग जाति या समुदाय के व्यक्ति अपने धर्म या जाति के अनुसार 'नमस्ते' या 'सत श्रीकाल' बोलकर एक-दूसरे का अभिवादन करते हैं, परन्तु अंग्रेजी भाषा में अलग-अलग समय के अनुसार अलग-अलग शब्दों द्वारा अभिवादन करने का चलन हैं।

प्रातःकाल के समय

सुप्रभात, महाशय!	Good morning, sir! गुड मार्निंग, सर!
नमस्ते, चाचा जी!	Morning, uncle! मार्निंग, अंकल!
नमस्कार, दोस्तों!	Good morning, friends! गुड मार्निंग फ्रेंड्स!

★ Good morning या Morning दोनों इस्तेमाल किये जाते हैं। चाचाजी हों या मामाजी अंग्रेजी में दोनों के लिए uncle शब्द का ही प्रयोग किया जाता है।

दोपहर के समय

नमस्कार, दादाजी!	Good afternoon, grandpa! गुड ऑफ्टरनून, ग्रांडपा
नमस्ते, दीदी!	Good afternoon, sister! गुड ऑफ्टरनून, सिस्टर

संध्याकाल के समय

नमस्ते, चाचाजी!	Good evening, uncle! गुड इवनिंग अंकल!
नमस्ते, श्रीमान!	Good evening, sir! गुड इवनिंग, सर
नमस्कार, महोदया!	Good evening, madam! गुड इवनिंग, मैडम

रात को विदाई के समय

शुभ रात्रि!	Good night. गुड नाइट

मुलाकात/भेंट के समय अभिवादन (किसी भी समय)

आपसे मिलकर बहुत खुशी हुई!	I am pleased to meet you! आइ एम प्लीज्ड टु मीट यू!
आज का दिन आपके लिए शुभ हो!	May the sunshine brighten your day. मे द सनशाइन ब्राइटेन योर डे!
सबको नमस्कार!	Greetings all! ग्रीटिंग्स ऑल!

बराबर के लोगों या मित्रों के साथ (किसी भी समय)

हैलो आकाश!	Hello Aakash! हैलो आकाश!
हाय शबनम!	Hi, Shabnam! हाय शबनम!
ओ निधि!	Hey, Nidhi! हेय, निधि!

★ जहाँ हिन्दी में 'नमस्कार' या 'नमस्ते' का समय से कोई सम्बन्ध नहीं होता है। उसी प्रकार अंग्रेजी में Hello, Hi बोलने का कोई समय नहीं होता है। उपर्युक्त 'Good morning' आदि अभिवादन के शब्द Formal या Sophisticated कहे जा सकते हैं, जबकि अनौपचारिक तौर पर 'Hello और Hi' का प्रयोग किया जाता है।

विदाई के समय

अच्छा, चलते हैं दोस्तों!	OK. bye friends! ओ. के. बाय फ्रेंड्स!
अच्छा फिर मिलेंगे!	See you! सी यू!
हम लोग फिर मिलेंगे!	We will meet again! वी विल मीट अगेन!

स्मरणीय
हिन्दी-अंग्रेजी में सम्बोधन का अंतर

A. अंग्रेजी में-
1. Grandfather को संक्षेप में Grandpa (ग्रैंडपा) कहते हैं।
2. Father के लिए Dad (डैड) या Daddy (डैडी) शब्दों का भी प्रयोग किया जाता है।
3. Grandmother को संक्षेप में Grandma कहते हैं।
4. Mother के लिए Mom (मॉम) या Mummy (मम्मी) शब्द का भी प्रयोग किया जाता है।

B. अंग्रेजी में-
1. चाचा, ताऊ, मामा, मौसा, फूफा सभी को Uncle (अंकल) कहा जाता है।
2. चाची, ताई, मामी, मौसी, बुआ सभी को आंट या आंटी (Aunt, Aunty or Auntie) कहा जाता है।
3. किसी भी पुरुष के लिए आदरसूचक शब्द 'सर' (Sir) का प्रयोग किया जाता है।
4. किसी भी महिला के लिए आदरसूचक शब्द 'मैडम' (Madam) का प्रयोग किया जाता है।
5. चचेरे, ममेरे, मौसेरे या फुफेरे भाई या बहन इनमें किसी के लिए भी केवल कजन (Cousin) शब्द प्रयोग में आता है, कजन ब्रदर या कजन सिस्टर (Cousin Brother/Cousin Sister) नहीं।
6. विवाहित महिला के नाम से पहले मिसेज (Mrs) तथा अविवाहित महिला के लिए मिस (Miss) का प्रयोग किया जाता है। मिस (Ms) का प्रयोग अविवाहित या विवाहित किसी भी स्त्री के नाम या उपनाम से पहले किया जा सकता है।
7. देवर, जेठ या बहनोई के लिए Brother in Law (ब्रदर इन लॉ) का प्रयोग किया जाता है।
8. ननद, भाभी या साली के लिए Sister in Law (सिस्टर इन लॉ) का प्रयोग किया जाता है।

21

शिष्टाचार (ETIQUETTES)

अंग्रेजी में वार्तालाप सीखने के लिए आवश्यक है, उसे उचित प्रकार से शिष्टाचार के साथ बोलना। अंग्रेजी में शिष्टाचार के साथ बात करने के लिए कुछ विनम्र शब्दों- Please (कृपया), Thanks (धन्यवाद), Welcome (आपका स्वागत है) आदि शब्दों का प्रयोग बहुत ही सावधानी के साथ करते हैं।

हिन्दी भाषा में हम अपने से बड़ों या हमउम्र को सम्मान प्रदर्शित करने के लिए 'आप' तथा सम्बोधन के साथ 'जी' शब्द का प्रयोग करते हैं, जैसे- पिताजी, माताजी। छोटों के लिए 'तुम' शब्द का ही प्रयोग होता है, परन्तु अंग्रेजी भाषा में छोटे-बड़े सभी के लिए 'You' का प्रयोग किया जाता है। बड़ों के लिए You शब्द का प्रयोग होने का मतलब यह नहीं है कि अंग्रेजी एक असभ्य भाषा है। अंग्रेजी में बात-बात पर शिष्टाचार जताने की प्रथा है। निम्नलिखित अंग्रेजी शब्दों को पढ़कर मन में दोहरायें। ये अंग्रेजी भाषा के बड़े ही महत्त्वपूर्ण शब्द हैं-

1. Please (प्लीज़) - कृपया
2. Allow me (अलाउ मी) - मुझे अनुमति प्रदान करें
3. Thanks (थैंक्स) - धन्यवाद
4. After you (आफ्टर यू) - आपके बाद
5. Welcome (वेलकम) - स्वागत है
6. Kindly (काइन्डली) - कृपा करके
7. Sorry (सॉरी) - माफी चाहता हूँ
8. Excuse me (एक्सक्यूज मी) - मुझे माफ करें
9. That is alright (दैट इज ऑलराइट) ठीक है
10. It's my pleasure (इट्स माइ प्लेज़र) - यह मेरा सौभाग्य है
11. Pardon (पार्डन) - क्षमा करना

अंग्रेजी में शिष्टाचार हेतु प्रयुक्त होने वाले प्रमुख नियम

1. यदि आपको किसी से कुछ माँगना हो अथवा कोई बात पूछना हो तो आप वाक्य में Please शब्द का प्रयोग करें। यदि आप Please या Kindly आदि शिष्टाचार व्यक्त करने वाले शब्दों का प्रयोग नहीं करते हैं, तो आप असभ्य समझे जायेंगे, जैसे -
   Give me your book. (गिव मी योर बुक) - अपनी पुस्तक देना।
   इसकी जगह यदि आप 'Please' शब्द का प्रयोग करते हैं, तो यह समझा जायेगा कि आपको अंग्रेजी के शिष्टाचार के तौर-तरीकों की भली प्रकार जानकारी है, जैसे-
   Please, give me your book. (प्लीज़ गिव मी योर बुक) - कृपया अपनी पुस्तक दें।
   इसी प्रकार '1. कितने बजे हैं? 2. एक गिलास दूध देना 3. जरा अपना पेन देना' के पहले May अथवा Please शब्दों का प्रयोग करते हैं, जैसे- Time, Please? टाइम प्लीज?, A glass of milk, please. अ ग्लास ऑफ मिल्क, प्लीज़। May I have your pen, please! में आइ हैव योर पेन प्लीज़!
2. यदि आपने किसी से कुछ पूछा या उस व्यक्ति ने आपका साधारण-सा काम कर दिया तो उसे 'Thank you' अवश्य कहना चाहिए, जैसे-
   Many-many thanks to you. (मेनी-मेनी थैंक्स टु यू) - आपको बहुत-बहुत धन्यवाद।
3. यदि किसी ने आपके छोटे से काम के बदले में आपको 'Thank you' कहा तो आप इसके बाद कहें- It's all right. (इट्स आल राइट) सब ठीक है या Its' fine. (इट्स फाइन) सब ठीक है। My pleasure. (माइ प्लेज़र) इसमें मेरी खुशी है या You are welcome. (यू आर वेलकम) आपका स्वागत है।
4. यदि कोई मित्र या अन्य व्यक्ति आपसे कुछ लेने का आग्रह करे और आप उसे लेने के लिए इच्छुक नहीं हैं, तो आप 'नहीं' के साथ 'No thanks' शब्द का अवश्य प्रयोग करें अन्यथा असभ्य समझे जायेंगे।

5. यदि कोई आपसे कोई वस्तु माँगे और आप इसे देना चाहते हैं, तो अंग्रेजी में 'Yes' कहने के पश्चात् शिष्टाचार व्यक्त करने के लिए बोलें-

Yes, with great pleasure. (यस, विद ग्रेट प्लेजर) हाँ, खुशीपूर्वक।

OR

Yes, you are welcome. (यस, यू आर वेलकम) हाँ, आपका स्वागत है।

6. यदि आप किसी की सहायता करना चाहते हैं, तो आप कह सकते हैं- May I help you? (मे आइ हेल्प यू) क्या मैं आपकी सहायता कर सकता हूँ या Allow me. मुझे अवसर दें।
7. अगर किसी वृद्ध या सम्माननीय व्यक्ति को रास्ता देना चाहते हैं, तो आप बोलें- After you आपके बाद।
8. अंग्रेजी में छोटी-छोटी बात पर शिष्टाचार प्रकट करने का रिवाज है। इन बातों के लिए Sorry (सॉरी), Excuse me (एक्सक्यूज मी), Pardon (पार्डन) आदि शब्दों का प्रयोग होता है।
   (a) अगर बस या मैट्रो में सफर के दौरान आपका हाथ अनचाहे किसी व्यक्ति के हाथ या कपड़ों से छू जाये तो ऐसे अवसर पर आपको 'Sorry' (सॉरी) कहकर अवश्य खेद व्यक्त करना चाहिए।
   (b) किसी सभा के दौरान अचानक आपको वहाँ से उठकर जाना हो तो आप वहाँ से जाने के पहले कहेंगे- Excuse me. (एक्सक्यूज मी) मुझे माफ करना। ऐसा नहीं करने पर आपको असभ्य समझा जायेगा। इसलिए इसका ध्यान रखें।
   (c) यदि आप किसी का फोन सुन रहे हैं और आपको उनकी बात स्पष्ट सुनाई नहीं दे रही है या उसे आप दुबारा सुनना चाहते हैं तो आप कहेंगे- Sorry (सॉरी) या Pardon (पार्डन) यह सुनकर वह समझ जायेगा कि आपको उसकी बात ठीक से सुनाई नहीं पड़ी है।
   (d) यदि आप किसी से मिलने उसके ऑफिस या मकान के अन्दर जाना चाहते हैं, तो आपको वहाँ प्रवेश करने से पूर्व अवश्य अनुमति लेना चाहिए।
   May I come in please? (मे आइ कम इन प्लीज़?) क्या मैं अन्दर प्रवेश कर सकता हूँ?
   आपके पूछने पर वह अवश्य कहेगा-
   Yes, Please come in? (यस प्लीज़ कम इन) हाँ कृपया अन्दर आयें।
   या With great peasure (विद ग्रेट प्लेज़र) खुशी से या Of course! (ऑफ कोर्स!) अवश्य!

✯ अंग्रेजी भाषा में प्रवीण होने के पहले पाठकों को सलाह दी जाती है कि वह शिष्टाचार में प्रयोग किये जाने वाले सभी वाक्यों को पढ़कर अपने मित्रों या रिश्तेदारों के साथ इसे बोलने का अभ्यास करें।

Some Sentences of Politeness (शिष्टाचार के कुछ वाक्य)

मैं आपकी क्या सेवा कर सकता हूँ?	How can I help you? हाउ कैन आइ हेल्प यू?
आपकी बड़ी कृपा होगी।	It would be very kind of you. इट वुड बी वेरी काइन्ड ऑफ यू।
आपकी कृपा होगी।	Kind of you. काइन्ड ऑफ यू।
मैं कुछ अर्ज करूँ?	May I say something? मे आइ से समथिंग?
बुरा मत मानियेगा।	Please don't mind. प्लीज़ डोंट माइंड।
मदद करने के लिए आपको धन्यवाद।	Thanks for help. थैंक्स फॉर हेल्प।
आपकी नेक सलाह के लिए धन्यवाद।	Thank you for your sensible advice. थैंक यू फॉर योर सेन्सिबल एडवाइस।
क्या मैं यहाँ बैठ सकता हूँ?	May I sit here? मे आइ सीट हिअर?
मेरी फिक्र न करें।	Don't worry about me. डोन्ट वरी अबाउट मी।
तकलीफ मत कीजिए।	Don't cause inconvenience. डोंट कॉज इनकनविनियंस।
मुझे बहुत अफसोस है।	I am very sorry. आइ एम वेरी सॉरी।
कुछ देर और ठहरें।	Please stay a little while more. प्लीज़ स्टे अ लिटिल ह्वाइल मोर।
आपने कैसे कष्ट किया?	Why did you trouble yourself? ह्वाई डिड यू ट्राब्ल योरसेल्फ?

आप कैसे हैं?	How are you? हाउ आर यू?
आपसे मिलकर मुझे बड़ी प्रसन्‍नता हुई।	Glad to meet with you. ग्लैड टु मीट विद यू।
मैं ठीक हूँ, शुक्रिया!	Thanks, I am well/all right!. थैंक्स आइ एम वेल/आल राइट!
माता जी कैसी है?	How is Mummy? हाउ इज मम्मी?
आपके आने का शुक्रिया।	Thanks for your visit. थैंक्स फॉर योर विजिट।
क्या आप मेरा काम आसान कर देंगे।	Will you facilitate my job? बिल यू फेसिलिटेट माइ जॉब?
मैं आपका सदैव अहसानमंद रहूँगा।	I shall be always obliged to you. आइ वुड बी आलवेज ऑब्लाइज्ड टु यू।
मुझे माफ कर दीजिए।	Excuse me. एक्सक्यूज मी।
मैं आपका बहुत अहसानमंद हूँ।	I am greatly obliged to you. आइ एम ग्रेटली आब्लाइज्ड टु यू।
आपको धन्यवाद।	Thank you. थैंक यू।
आपको बहुत-बहुत धन्यवाद।	Many-many thanks to you. मेनी-मेनी थैंक्स टु यू
मैं आपका ह्रदय से आभारी हूँ।	I am heartly obliged to you. आइ एम हर्टली आब्लाइज्ड टु यू।
प्रिय मित्र, आपको धन्यवाद।	Dear friend, thank you. डिअर फ्रेंड, थैंक्यू।
आपका कार्य करके मुझे खुशी हुई।	I am pleased to complete your work. आइ एम प्लीज्ड टु कम्पलीट योर वर्क।
मैं आपके लिए सदैव तत्पर हूँ।	I am always ready for you. आइ एम आलवेज रेडी फॉर यू।
कृपया मुझे क्षमा करें।	Please, excuse me. प्लीज़ एक्सक्यूज मी।
इसका मुझे खेद है।	I am sorry for this. आइ एम सॉरी फॉर दिस।
कहिए जनाब!	How do you do? हाउ डू यू डू ।
मेरा सौभाग्य है।	It is my pleasure. इट्स माइ प्लेज़र
पहले आप।	After you. आफ्टर यू।
क्षमा करें, मुझे देर हो गयी।	I am sorry, I got a little late. आइ एम सॉरी, आइ गाट अ लिट्स लेट
मैं अपना परिचय स्वयं देता हूँ।	Let me introduce myself. लेट मी इन्ट्रोड्यूज माइ सेल्फ
आपसे मिलकर मुझे खुशी हुई।	I am glad to meet you. आइ एम ग्लैड टु मीट यू
क्या आप यह काम कर देंगे?	Will you please do me a favour? विल यू प्लीज़ डू मी अ फेवर?
ठीक है, श्रीमान्!	All right, sir! आल राइट सर!
धन्यवाद जैसी कोई बात नहीं।	There is no need of any thanks. देअर इज नो नीड ऑफ एनी थैंक्स
अतिथि महोदय! आइये अंदर पधारिये।	Welcome friend! Please come in. वेलकम फ्रेंड, प्लीज़ कम इन।

आइये, आराम से बैठिये।	Please make yourself comfortable. प्लीज़ मेक योरसेल्फ कम्फर्टबल।
इधर एक गिलास पानी लाओ!	Bring here a glass of water! ब्रिंग हेयर ए ग्लास ऑफ वाटर!
कृपया कष्ट न करें।	Don't take the trouble. डोंट टेक द ट्रबल।
इसमें कोई कष्ट नहीं है।	There is nothing inconvenient. देयर इज नथिंग इनकन्वीयन्ट।
हम आपकी क्या सहायता कर सकते है?	How may we help you? हाउ मे वी हेल्प यू?
मैं कुछ भी नहीं चाहता।	I don't need anything. आइ डोट नीड एनीथिंग।
ठीक है कृपया और थोड़ी देर रूकिये।	It's fine. Please wait for a little more time. इट्स फाइन, प्लीज़ वेट फॉर ए लिटल मोर टाइम।
बस एक बार आपको देखने के लिए आया था।	Honestly I came just to see you. हॉनेस्टली आइ कम जस्ट टु सी यू।
आपकी इजाज़त हो तो फिर मिलूँगा।	May I have your permission to meet you again. मे आइ हैव योर परमीशिन टु मीट यू अगेन।
ओ. के. जरूर!	Sure, OK! स्योर, ओके!
धन्यवाद/शुक्रिया!	Thanks! थैंक्स!
प्रिय मित्र आपको धन्यवाद!	Thanks, dear friend! थैंक्यू, डिअर फ्रेंड!
श्रीमान् आपका शुक्रिया!	Thank you, sir! थैंक यू, सर!
मैं आपका ह्रदय से शुक्रगुजार हूँ!	I am heartily obliged to you! आइ एम हर्टली आब्लाइज्ड टु यू!
आपकी बहुत मेहरबानी है।!	It is your kindness! इट इज योर कांइडनेस!
मैं आपका आभारी हूँ!	I am grateful to you! आइ एम ग्रेटफुल टु यू!
आपका बहुत-बहुत धन्यवाद!	Many thanks to you! मेनी थैंक्स टु यू!
आपकी सलाह के लिए धन्यवाद!	Thanks for your advice! थैंक्स फॉर योर एडवाइस!
मेरे लिए यह बहुत कीमती उपहार है!	It is a very precious gift for me! इट ए इज वेरी प्रीसिअस गिफ्ट फॉर मी!

स्मरणीय

1. हिन्दी में सम्मान प्रकट करने के लिए नाम के बाद 'जी' लगाकर तथा बहुवचन के प्रयोग द्वारा आदर प्रकट करने का चलन है। अंग्रेजी में आदरसूचक में भी एकवचन का ही प्रयोग होता है, जैसे-
श्री राजीव जी चले गये। Mr. Rajiv has gone. मिस्टर राजीव हैज गॉन।
2. हिन्दी में बड़ों को आदर प्रकट करने के लिए 'आप' का प्रयोग होता है, लेकिन अंग्रेजी में 'तुम' और 'आप' दोनों के लिए - You का प्रयोग होता है।
आपका नाम क्या है? What is your name? वाट इज योर नेम?
वे कब आयेंगे? When will he come? वेन विल ही कम?

22 आत्मपरिचय (SELF INTRODUCTION)

हमें बहुत से अवसरों पर अपना परिचय देने की आवश्यकता पड़ती है। यहाँ हम अपने पाठकों को हिन्दी माध्यम से अंग्रेजी में अपना परिचय देने की आसान विधि के बारे में बताने जा रहे हैं। अंग्रेजी में परिचय देने के कई तरीके हैं। यहाँ बतायी जा रही विधि भी उन प्रचलित विधियों में से एक है। प्रत्येक हिन्दी वाक्य के सामने उसका अंग्रेजी रूपान्तर दिया गया है। English Sentence को पढ़ने में कोई कठिनाई पेश नहीं आये इसके लिए प्रत्येक Sentence के साथ उसके उच्चारण की जानकारी दी गयी है।

इस पाठ में आत्मपरिचय से जुड़े पचास वाक्यों की जानकारी दी गयी है। आमतौर पर जिसका हम बोलचाल के दौरान अकसर प्रयोग करते हैं, जैसे-

मैं समीर हूँ। I am Sameer. आइ एम समीर।

☞ उपर्युक्त वाक्य में समीर की जगह आप अपना नाम लेकर अंग्रेजी भाषा में अपना परिचय दे सकते हैं। इसी प्रकार प्रस्तुत पाठ में दैनिक वार्तालाप में प्रयोग होने वाले पचास से ज्यादा वाक्यों के अंग्रेजी रूपान्तर दिये गये हैं। जिसमें अलग-अलग स्थान एवं नाम का प्रयोग विभिन्न परिस्थितियों के अनुसार किया जा सकता है।

मैं समीर हूँ।	I am Sameer. आइ ऐम समीर।
मैं दिल्ली में रहता हूँ।	I live in Delhi. आइ लिव इन डेल्ही।
मैं एक शिक्षक हूँ।	I am a teacher. आइ एम ए टीचर।
मैं स्टेट बैंक ऑफ इंडिया में अकाउंटेंट हूँ।	I am an accountant in State Bank of India. आइ एम एन अकाउंटेट इन स्टेट बैंक ऑफ इंडिया।
मैं सेकंड यिअर में पढ़ता हूँ।	I read in the second year. आइ रीड इन द सेकंड यिअर।
मैंने एम.बी.ए. किया है।	I have done M.B.A. आइ हैव डन एम.बी.ए.।
मेरी उम्र अठारह वर्ष है।	I am eighteen years old. आइ एम एटीन यिअर्स ओल्ड।
मेरा स्कूल मॉडल टाउन में स्थित है।	My school is situated at Model Town. माइ स्कूल इज सिच्युटेड एट माडल टाऊन।
मेरा ऑफिस दरियागंज में है।	My office is at Daryaganj. माइ ऑफिस इज एट दरियागंज।
मैं इस ऑफिस में अभी नया हूँ।	I am new in this office. आइ एम न्यू इन दिस ऑफिस।
मैं यहाँ तीन वर्षों से कार्यरत हूँ।	I have been working here for last three years. आइ हैव बीन वर्किंग हियर फॉर लास्ट थ्री यिअर्स।
मेरा पसंदीदा विषय विज्ञान है।	My favourite subject is science. माइ फेवरिट सब्जेक्ट इज सांइस।
मैं मेहनत करने में यकीन रखता हूँ।	I believe in hard work. आइ बिलीव इन हार्ड वर्क।

मेरा सच्चाई के ऊपर विश्वास है।	I have faith on truthfulness. आइ हैव फेथ आन ट्रुथफुलनेस।
मैं अपनी कमजोरी को अपनी ताकत बनाने में यकीन रखता हूँ।	I believe in turning my weaknesses into strength. आई बिलीव इन टर्निंग माइ वीकनेस इन्टू स्ट्रेन्थ।
मेरा आत्मविश्वास ही मेरी सबसे बड़ी पूँजी है।	Self-confidence is my greatest asset. सेल्फ कान्फिडेन्स इज माइ ग्रेटेस्ट असेट।
सच्चाई ही मेरी सबसे बड़ी ताकत है।	Honesty is my greatest strength. ऑनेस्टी इज माइ ग्रेटेस्ट स्ट्रेन्थ।
मेरा सबसे पसंदीदा खेल क्रिकेट है।	My favourite sport is cricket. माइ फेवरिट स्पोर्ट इज क्रिकेट।
मैंने गणित ऑनर्स में एडमिशन लिया है।	I have taken admission in maths honours. आइ हैव टेक्न एडमिशन इन मैथ आनर्स।
मैं खालसा कॉलेज का विद्यार्थी हूँ।	I am a student of Khalsa college. आइ एम ए स्टूडेंट ऑफ खालसा कॉलेज।
मेरे पिताजी का नाम विशाल खन्ना है।	My father's name is Vishal Khanna. माइ फादर्स नेम इज.....।
वह इंजीनियर/डॉक्टर है।	He is a doctor/engineer. ही इज अ डॉक्टर/इंजीनियर
मैं पुलिस विभाग में नौकरी करना चाहता हूँ।	I am interested to work in police department. आइ एम इन्टरेस्टेड टु वर्क इन पुलिस डिपार्टमेंट
मैं सेना में नौकरी करने का इच्छुक हूँ।	I am interested to join army. आइ एम इन्टरेस्टेड टु ज्वाइन आर्मी
मेरे स्कूल का नाम ..... है।	The name of my school is .... दि नेम ऑफ माइ स्कूल इज।
मैं यहाँ गत पाँच वर्षो से रहता हूँ।	I have been living here for last five years. आइ हैव बीन लिविंग हियर फॉर लॉस्ट फाइव यिअर्स।
मैं अंग्रेजी और हिन्दी जानता हूँ।	I know English and Hindi. आइ नो इंगलिश एण्ड हिन्दी।
मैं धाराप्रवाह अंग्रेजी बोल सकता हूँ।	I can speak English fluently. आइ कैन स्पीक इंगलिश फ्लूऐन्टली।
मेरी अंग्रेजी भाषा पर अच्छी पकड़ है।	I have good command over English langauge. आइ हैव गुड कमांड ओवर इंगलिश लैग्वेज।
मेरा एक भाई और एक छोटी बहन है।	I have a brother and a sister. आइ हैव अ ब्रदर एंड ए सिस्टर।
मेरे परिवार में तीन सदस्य हैं।	There are three members in my family. देयर आर थ्री मेम्बर्स इन माइ फैमिली
अच्छी पुस्तकें पढ़ना मेरा प्रिय शौक है।	My hobby is reading good books. माइ हॉबी इज रीडिंग गुड बुक्स।
कविता/कहानियाँ लिखना मेरा शौक है।	My hobby is story/poem writing. माइ हॉबी इज स्टोरी/पोयम राइटिंग।
मैं वक्त का पाबंद हूँ।	I am punctual. आइ एम पन्चुअल
मैं समय पर काम पूरा करने में यकीन रखता हूँ।	I believe in completing anywork in time. आइ बिलीव इन कम्पलीटिंग एनीवर्क्क इन टाइम।

मैं पेशे से प्रोपर्टी डीलर हूँ।	I am a property dealer by profession. आम एम अ प्रोपर्टी डीलर बाइ प्रोफेशन।
मैं एक मध्यमवर्गीय परिवार से सम्बन्ध रखता हूँ।	I come from a middle class family. आइ कम फ्रॉम अ मिडिल क्लास फैमिली।
मैं हर परिस्थिति के अनुरूप खुद को ढालने में सक्षम हूँ।	I can adjust myself in any condition. आइ कैन एडजस्ट माइसेल्फ इन एनी कन्डीशन।

स्मरणीय

पाठकों को सलाह दी जाती है कि वे उपर्युक्त पाठ में दिये गये सभी अंग्रेजी वाक्यों के हिन्दी अर्थ समझकर इनका अधिक से अधिक प्रयोग करें।

कुछ हिन्दी वाक्यों के बीच में रिक्त स्थान छोड़ा गया है। इन जगहों पर आप परिस्थति के अनुसार अपने नाम एवं स्थान के नाम का का प्रयोग कर नये वाक्य बना सकते हैं। इस पाठ के आधार पर अपना आत्मपरिचय तैयार कर इसका अभ्यास करें।

23 सगे-सम्बन्धियों का परिचय (INTRODUCTION OF RELATIVES)

आत्मपरिचय के बारे में जानने के पश्चात् हम आपको अपने सगे-सम्बन्धियों का परिचय देने के बारे में बताने जा रहे हैं। इस पाठ में दिये गये वाक्यों का निरंतर अभ्यास कर आप वार्तालाप के दौरान अपने सगे-सम्बन्धियों का परिचय देना आसानी से सीख जायेंगे, जैसे-

मेरे पिता प्रोफेसर हैं। My father is a professor. माइ फादर इज अ प्रोफेसर

- उपर्युक्त वाक्य में 'प्रोफेसर' की जगह अपने परिवार के विभिन्न सदस्यों से अपने सम्बन्ध तथा उनके पदों के बारे में बताया जा सकता है। इसी प्रकार अलग-अलग अंग्रेजी वाक्यों के अर्थ समझकर उसका परिस्थिति के अनुसार प्रयोग करें।

मेरे पिता प्रोफेसर हैं।	My father is a professor. माइ फादर इज अ प्रोफेसर।
मेरी माताजी अध्यापिका हैं।	My mother is a teacher. माइ मदर इज अ टीचर।
मेरे बड़े भाई सरकारी सेवा में कार्यरत हैं।	My elder brother is in government service. माइ एल्डर ब्रदर इज इन गवर्न्मेन्ट सर्विस।
मेरा दोस्त, साहिल रेलवे विभाग में कार्यरत है।	My friend, Sahil works in railway department. माइ फ्रेंड साहिल वर्क्स इन अ रेलवे डिपार्टमेंट।
मेरे चाचा हाई कोर्ट में जज हैं।	My uncle is a judge in High Court. माइ अंकल इज अ जज इन हाई कोर्ट।
आपके पिता जी क्या करते हैं?	What's your father? वाट्स यूअर फादर?
मैं आपको अच्छी तरह से जानता हूँ।	I know you very well. आई नो यू वेरी वेल।
सिम्मी बाल विधवा है।	Simmy is a widow from childhood. सिम्मी इज अ विडो फ्राम चाइल्डहुड।
राधा, मेरी सहेली एक कुशल गृहस्वामिनी है।	Radha, my friend is an expert house wife. राधा, माइ फ्रेंड इज एन एक्सपर्ट हाउस वाइफ।
रीता, मेरी पत्नी गृहप्रबंध में निपुण है	Reeta, my wife is an expert housewife. रीटा, माइ वाइफ इज एन एक्सपर्ट हाउसवाइफ।
मेरे बॉस से मिलो।	Meet my boss. मीट माइ बॉस।
आइए, मेरे चाचाजी से मिलें।	Come, meet to my uncle. कम, मीट टू माइ अंकल।
मेरे पिता जी नेता हैं।	My father's is a leader. माइ फादर इज अ लीडर
मीना आपकी क्या लगती है?	What's Meena to you? वाट्स मीना टू यू?
मेरे दादा जी अभियंता हैं।	My grandfather is an engineer? माइ ग्रांडफादर इज एन इंजीनियर।
मेरे दादा जी डॉक्टर हैं।	My grandfather is a doctor. माइ ग्रांडफादर इज अ डॉक्टर।

मैं आपको अपने मित्र प्रफुल्ल जी से मिलाना चाहता हूँ।	I'd like you to meet my frined, Prafullji. आई वुड लाइक यू टू मीट माइ फ्रेंड, प्रफुल्लजी।
मेरे पतिदेव पवन से मिलो।	Meet my husband Pawan. मीट माइ हसबैंड पवन।
मेरी सहेली सुधा से मिलो।	Meet my friend, Sudha. मीट माई फ्रेंड सुधा।
विनोद के पिता का नाम सुधाकर हैं।	Vinod's father's namen is Sudhakar. विनोदस, फादर्स नेम इज सुधाकर।
सोहन, मेरी पत्नी चारू से मिलो।	Sohan, meet my wife, Charu. सोहन, मीट माई वाइफ, चारू।
हैलो रमेश! आप कहाँ कार्यरत हैं?	Hello Ramesh! Where are you working? हेलो रमेश! वेर आर यू वर्किंग
मेरा भतीजा कुलाधिपति है।	My nephew is a Chancellor. माइ नेफ्यू अ चान्सलर।
क्या तुम्हारे चाचाजी राज्यपाल हैं?	Is your uncle a Governor? इज योअर अंकल अ गवर्नर?
मेरा बड़ा पुत्र प्रवक्ता है।	My elder son is a lecturer. माइ एल्डर सन इज अ लेक्चरर।
मेरी बड़ी बहन न्यायाधीश है।	My elder sister is a judge. माइ एल्डर सिस्टर इज अ जज।
मेरी छोटी बहन डॉक्टर है।	My younger sister is a doctor. माइ यंगर सिस्टर इज अ डॉक्टर।
मेरा छोटा पुत्र प्रबंध निदेशक है।	My younger son is a managing director. माइ यंगर सन इज अ मैनेजिंग डायरेक्टर।
मेरा मित्र राकेश आशुलिपिक है।	My friend, Rakesh is a stenographer. माई फ्रेंड, राकेश इज अ स्टेनोग्राफर।
वह मेरा रिश्तेदार है।	He is my relative. ही इज माइ रिलेटिव।
मेरे पिता गृह मंत्रालय में कार्यरत हैं।	My father is working in home ministry. माइ फादर इज वर्किंग इन होम मिनिस्ट्री

स्मरणीय

पाठकों को सलाह दी जाती है कि उपर्युक्त पाठ में परिवार के सदस्यों के बारे में दिये गये अंग्रेजी वाक्यों को अच्छी तरह समझने के लिए, इसका बार-बार अभ्यास करें। अपने मित्रों तथा रिस्तेदारों के साथ इन वाक्यों का निरंतर अभ्यास करने से आपके आत्मविश्वास में वृद्धि होगी।

24 कथनात्मक वाक्य (STATEMENT)

इस पाठ में सामान्य रूप से दैनिक जीवन में प्रयोग होने वाले विभिन्न वाक्यों की जानकारी दी गयी है। वार्तालाप के दौरान कब और किस समय कौन से वाक्य का प्रयोग करना है, यह उस समय की स्थिति, व्यक्तिगत विचार या सोच पर निर्भर करता है, जैसे-

आज छुट्टी है। Today is a holiday, टुडे इज अ हॉलीडे।

☆ इसी प्रकार छुट्टी के दिन की जगह सप्ताह के अन्य दिनों के नाम बताये जा सकते हैं। इस पाठ में तीस कथनात्मक हिन्दी वाक्यों के अंग्रेजी वाक्यों (English Sentences) के बारे में बताया गया है। सभी हिन्दी वाक्यों के अंग्रेजी रूपांतरों को पढ़कर उनके अर्थ समझने का प्रयत्न करें।

वह मेरा अच्छा दोस्त है।	He is my good friend. ही इज माइ गुड फ्रेंड।
मैं उन्हें अच्छी तरह जानता हूँ।	I know him very well. आइ नो हिम वेरी वेल।
उन्हें रुपयों की सख्त जरूरत है।	Hs is in urgent need of money. ही इज इन अर्जेंट नीड ऑफ मनी।
सूर्य पूरब में उगता है।	The sun rises in the east. द सन राइजिज इन द इस्ट।
पुस्तक मेज के ऊपर रखी है।	The book is on the table. द बुक इज ऑन द टेबल।
ट्रेन सही वक्त पर आ रही है।	The train is arriving on time. द ट्रेन इज अराइविंग ऑन टाइम।
मैं ठीक हूँ।	I am fine. आइ एम फाइन।
राज एक अच्छा लड़का है।	Raj is a good boy. राज इज ए गुड ब्वाय।
भारत एक महान देश है।	India is a large country. इंडिया इज अ लार्ज कन्ट्री
स्वयं पर भरोसा रखिए।	Be self reliant. वी सेल्फ रीलाएन्ट।
राम मेहनती व्यक्ति है।	Ram is a laborious man. राम इज अ लेबोरीअस मैन।
उससे काम लेना कठिन है।	It is difficult to take work out of him. इट इज डिफिकल्ट टु टेक वर्क आउट ऑफ हिम।
जनवरी वर्ष का प्रथम महीना है।	January is the first month of a year. जनवरी इज द फर्स्ट मंथ ऑफ द यिअर।
मेरा जन्म सितम्बर के महीने में हुआ था।	I was born in September. आइ वाज बोर्न इन सेप्टेम्बर।
उसकी उम्र सोलह वर्ष है।	He is sixteen years old. ही इज सिक्सटीन यिअर्स ओल्ड।
उसके पास रुपये नहीं हैं।	He has no money. ही हैज नो मनी।
वहाँ कोई नहीं है।	Nobody is there. नोबॅडी इज देअर।
राजीव मुम्बई में है।	Rajeev is in Mumbai. राजीव इन मुम्बई।
आज सोमवार है।	Today is Monday. टूडे इज मंडे।

कल राष्ट्रीय अवकाश दिवस है।	Tomorrow is a national holiday. टुमॉरो इज अ नेशनल हॉलिडे।
आज काफी गर्मी है।	It is too hot today. इट इज टु हाट टूडे।
हमारी कम्पनी के बड़े अच्छे व्यावसायिक सम्बन्ध हैं।	Our company has very good business relations. आवर कम्पनी हैज वेरी गुड बिजनेस रिलेसन्स।
आदर्श की कंपनी अच्छा मुनाफा बटोर रही है।	Aadarsh's company is making good profit. आदर्श कंपनी इज मेकिंग गुड प्रॉफिट।
यह बहुत असरदार लेख है।	It is an impressive article. इट इज ऐन इम्प्रेसिव आर्टिकल।
ग्राहकों को आकर्षित करने का यह बहुत कारगर नुस्खा है।	It is a sound way to attract customers. इट इज अ साउण्ड वे टु अट्रेक्ट कस्टमर्स।
आज मेट्रो में ज्यादा भीड़ है।	There is too much crowd in the Metro today. देअर इज टु मच क्राउड इन द मेट्रो टूडे।
सीमा खुश दिखाई दे रही है।	Seema is looking happy. सीमा इज लुकिंग हैप्पी।

स्मरणीय

पाठकों को सलाह दी जाती है कि वे उपर्युक्त पाठ Statement (कथनात्मक वाक्य) में दिये गये दैनिक व्यवहार में आने वाले हिन्दी वाक्यों के English Sentences (अंग्रेजी वाक्य) अच्छी तरह समझकर अपने Friends (मित्रों) और Relatives (सगे-सम्बन्धियों) के साथ बोलने का Practice (अभ्यास) करें, जिससे आपको English Conversation (अंग्रेजी वार्तालाप) में दक्षता हासिल होगी।

25 अनुरोध सम्बन्धी वाक्य (REQUEST)

वार्तालाप में अनुरोध करना दैनिक जीवन की एक सामान्य आवश्यकता है। अंग्रेजी में अनुरोध करने के कई तरीके हैं। अनुरोध सामान्य भी हो सकता है, Polite (विनम्र) भी हो सकता है एवं Very Polite (अति विनम्र) भी। यह उस वक्त की परिस्थितियों एवं जिस व्यक्ति से अनुरोध किया जा रहा है, उससे हमारे सम्बन्ध एवं ओहदे पर निर्भर करता है, जैसे-

आइए, काम की शुरूआत करें। Let us start the work. लेट्स स्टार्ट द वर्क।

- इसी प्रकार परिस्थितियों के अनुसार अंग्रेजी वाक्य में Let की जगह Please का प्रयोग कर हम अनुरोध सम्बन्धी अन्य वाक्य बना सकते हैं। अंग्रेजी भाषा में बातचीत में प्रवीण होने के लिए अनुरोध सम्बन्धी वाक्यों में प्रवीण होना आवश्यक है। यहाँ दैनिक बोलचाल में प्रयोग किये जाने वाले तीस से अधिक हिन्दी वाक्यों के अंग्रेजी रूपान्तर दिये गये हैं। इन वाक्यों को अच्छी तरह समझकर आप परिस्थिति के अनुसार अन्य नये वाक्यों का प्रयोग कर सकते हैं।

आइए, काम की शुरुआत करें।	Let us start the work. लेट्स स्टार्ट द वर्क।
कृपया ऑफिस में समय पर आयें।	Please come to the office in time. प्लीज़ कम टु द ऑफिस इन टाइम।
कृपया विलम्ब न करें।	Please don't be late. प्लीज़ डोंट बी लेट।
लाइन पर रहें।	Please stay on line. प्लीज़ स्टे ऑन लाइन।
कृपया दोबारा दर्शन दीजिए।	Please come again. प्लीज़ कम अगेन।
कृपया इसे किसी से नहीं कहिए।	Please don't disclose it to anybody. प्लीज़ डोंट डिसक्लोज इट टु एनीबडी।
कृपया ऑफिस में शांति बनाये रखें।	Please keep quiet in the office. प्लीज़ कीप क्वाइट इन द ऑफिस।
कृपया नियमों का पालन करें।	Please follow the rules. प्लीज़ फालो द रूल्स।
कृपया भोजन का पूरा आनन्द लीजिए।	Please have your meal in comfort. प्लीज़ हैव योर मील इन कम्फर्ट।
कृपया अपना वचन निभायें।	Please keep your promise. प्लीज़ कीप योर प्रॉमिस।
कृपया प्रत्येक वस्तु व्यवस्थित तरीके से रखें।	Please keep everything in order. प्लीज़ कीप एवरीथिंग इन ऑर्डर।
कृपया अतिथियों की सेवा करें।	Please attend to the guests. प्लीज़ अटेंड टु द गेस्ट्स।
कुर्सी लीजिए।	Please have a chair. प्लीज़ हैव अ चेयर।
उसे जाने दें।	Let him go. लेट हिम गो।
कृपया मित्रों को सहयोग करें।	Please extend help to friends. प्लीज़ एक्सटेंड हेल्प टु फ्रेंड्स।

कृपया यहाँ हस्ताक्षर करें।	Please sign here. प्लीज़ साइन हिअर।
कृपया मेरी बातों का बुरा नहीं मानें।	Please don't mind my words. प्लीज़ डोंट माइन्ड माइ वर्ड्स।
कृपया कुछ देर तक इंतजार करें।	Please wait for a while. प्लीज़ वेट फॉर अ ह्वाइल।
कृपया एक ओर से जायें।	Please move aside. प्लीज़ मूव एसाइड।
जरा कागज/पेन देना।	Please give me a pen/paper. प्लीज़ गिव मी अ पेन/पेपर।
कृपया मेरे लिए खाना लाओ।	Please bring food for me. प्लीज़ ब्रिंग फूड फॉर मी।
बैठिये न।	Please be seated. प्लीज़ बी सीटेड।
कृपया इसे मजबूती से पकड़ें।	Kindly hold it cautiously. काइंडली होल्ड इट कासमली।
कृपया बतायें आपकी घड़ी में कितने बजे हैं।	Please tell me the time by your watch. प्लीज़ टेल मी द टाइम बाई योर वाच।
कृपया मुझे विद्यालय जाने का रास्ता बतायें।	Kindly tell me the way to the school. प्लीज़ टेल मी द वे टु द स्कूल।
कृपया काम पर ध्यान दें।	Please pay attention to your job. प्लीज़ पे अटेंशन टु योर जॉब।
कृपया मेरी सहायता करें।	Please help me. प्लीज़ हेल्प मी।
कृपया तेज आवाज में बात नहीं करें।	Please don't speak loudly. प्लीज़ डोंट स्पीक लाउडली।
कृपया अपना परिचय दीजिए।	Please introduce yourself. प्लीज़ इन्ट्रोड्यूज योरसेल्फ।
क्या आपको मेरी मदद चाहिए?	Do you need my help? डू यू नीड माइ हेल्प?
कृपया समय बताने का कष्ट करें!	Time please! टाइम प्लीज़!
कृपया थोड़ी देर के लिए मुझे अकेला छोड़ दें।	Please leave me alone for a while. प्लीज़ लीव मी अलोन फॉर ए ह्वाइल।
कृपया मुझे थोड़ा वक्त दें।	Please give me some time. प्लीज़ गिव मी सम टाइम।
यहाँ आयें/पधारने का कष्ट करें।	Please come here. प्लीज़ कम हिअर।
मुझे शर्मिंदा न करें।	Please don't embarass me. प्लीज़ डोंट इम्ब्रास मी।
कृपया पुनः कोशिश करें।	Please try again. प्लीज़ ट्राई अगेन।
कृपया डॉक्टर को फोन करें।	Please call the doctor. प्लीज़ काल द डॉक्टर।
कृपया मुझे परेशान न करें।	Please don't disturb me. प्लीज़ डोंट डिस्टर्ब मी।
कृपया मेरे काम में दखलदांजी मत करें।	Please don't interfare in my work. प्लीज़ डोंट इंटरफेयर इन माइ वर्क।
मुझे वहाँ जाने दें।	Let me go there. लेट मी गो देअर।
कृपया मेरे लिए थोड़ा वक्त निकालें।	Please spare some time for me. प्लीज़ स्पेअर सम टाइम फॉर मी।

कृपया यहाँ शोर मत मचायें।	Please don't make a noise here. प्लीज़ डोंट मेक अ नॉइज हिअर।
थोड़ा-सा खिसकने का कष्ट करें।	Will you please move a little? विल यू प्लीज़ मूव अ लिटल?
कृपया मुझे बाहर निकलने का रास्ता दें।	Please allow me to go out. प्लीज़ अलाउ मी टु गो आउट।
आराम से बैठिए।	Make yourself comfortable. मेक योरसेल्फ कम्फर्टेबल।
कृपया मेरी बात ध्यानपूर्वक सुनें।	Please listen to me carefully. प्लीज़ लिसन टु मी केअरफुली।
कृपया मुझे बोलने की अनुमति प्रदान करें।	Please allow me to say. प्लीज़ अलाउ मी टु से।
कृपया मुझे बतायें आप आ रहे हैं या नहीं?	Please inform me if you are coming or not? प्लीज इन्फोर्म मी इफ यू आर कमिंग आर नॉट?
क्या आप नजदीक के अस्पताल का पता बता सकते हैं?	Can you tell me the way to a nearby hospital? कैन यू टेल मी द वे टु ए नियरबाइ हॉस्पीटल?
क्या आप मुझे रश्मि के घर का पता बता सकते हैं?	Can you tell me where Rashmi lives? कैन यू टेल मी ह्वेयर रश्मि लिव्स?
क्या मैं मरीज को देख सकता हूँ?	May I attend to the patient? मे आइ अटैण्ड टु द पेसेन्ट?
क्या आप मेरी सहायता करेंगे?	Will you help me? विल यू हेल्प मी?
मेरी ओर से उनसे क्षमा माँग लेना।	Offer apology on my behalf. ऑफर अपॉलजी ऑन माइ बीहाफ।
कृपया सभी व्यक्ति ध्यान दें।	All of you please pay attention. ऑल ऑफ यू प्लीज़ पे अटेंशन।
कृपया धीमे बोलिये।	Please speak slowly. प्लीज़ स्पीक स्लोली।
खुशी के साथ लीजिए।	Kindly take with pleasure. काइंडली टेक विद प्लीज़र।
मेरे लिए कोई सेवा बतायें।	Please tell me what can I do for you. प्लीज़ टेल मी ह्वाट कैन आइ डू फॉर यू।
इसे अपना ही समझें।	It is yours. इट इज योर्स।
क्या मैं आपकी मदद कर सकता हूँ?	May I help you? मे आइ हेल्प यू?
थोड़ी चीनी दीजिए।	Please give me some sugar. प्लीज़ गिव मी सम शुगर।
कृपया यहाँ बैठिये।	Please be seated here. प्लीज़ बी सिटेड हिअर।
कृपया मुझे क्षमा करें।	Please forgive me. प्लीज़ फोरगिव मी।
मेरी बात ध्यानपूर्वक सुनिये।	Please listen to me carefully. प्लीज़ लिस्न टु मी केअरफुली।
कृपया एक गिलास पानी दीजिए।	Pleae give me a glass of water. प्लीज़ गिव मी अ ग्लास ऑफ वाटर।
आइए/आपका स्वागत है।	You are most welcome. यू आर मोस्ट वेलकम।
अंदर आने की कृपा करें।	Please come in. प्लीज़ कम इन।
कृपया काफी लीजिए।	Coffee please. कॉफी प्लीज़।

कृपया मुझे थोड़े दिनों की छुट्टी दें।	Please grant me leave for a few days. प्लीज़ ग्रांट मी लिव फॉर ए फ्यू डेज।
कृपया मुझे पाँच हजार रुपये उधार दें।	Please lend me five thousand rupees. प्लीज़ लेंड मी फाइव थाउजेंट रुपीज।
कृपया थोड़ी देर के लिए अपनी कार दें।	Please give me your car for a while. प्लीज़ गिव मी योर कार फॉर ए ह्वाइल।
कृपया मेरे दोस्त से मिलिए।	Please meet my friend. प्लीज़ मिट माइ फ्रेंड।
कृपया आप कभी दिल्ली आयें तो मुझे एक फोन अवश्य करें।	Kindly give me a call whenever you are in Delhi. काइंडली गिव मी ए कॉल ह्वेनइवर यू आर इन डेल्ही।
आइये, मैं आपका परिचय अपने परिवार से कराऊँ।	May I introduce my family to you. मे आइ इन्ट्रोड्यूज माई फेमिली टु यू।
मैं आपके साथ चलूँ?	May I come with you? मे आइ कम विद यू?
क्या मैं एक टेलीफोन कर लूँ?	Can I make a call? कैन आइ मेक अ काल?
क्या मैं आपके मोबाइल का प्रयोग कर सकता हूँ?	May I use your mobile phone? मे आइ यूज योर मोबाइल फोन?
क्या आप मेरे साथ एक कप काफी पीना पसंद करेंगे?	Will you like to take a cup of coffee with me? विल यू लाइक टु टेक अ कप ऑफ कॉफी विद मी?
क्या मैं यहाँ धूम्रपान कर सकता हूँ?	May I smoke here? मे आई स्मोक हिअर?
क्या आप मुझे अपनी कार में लिफ्ट देंगे?	Will you please offer me a lift in your car? विल यू प्लीज़ ऑफर मी अ लिफ्ट इन योर कार?
क्या हम लोग यहाँ कुछ देर के लिए आराम कर लें?	Should we take rest here for a while. शुड वी टेक रेस्ट हिअर फॉर ए ह्वाइल ?
क्या तुम मेरे साथ फिल्म देखने चलोगी?	Would you like to go to a movie with me? वुड यू लाइक टु गो टु अ मूवी विद मी?
कृपया मुझे सुबह जगा देना।	Please wake me up in the morning. प्लीज़ वेक मी अप इन द मोर्निंग।
कृपया नम्रतापूर्वक बात करें।	Please talk politely. प्लीज़ टाक् पोलाइटली।
कृपया मम्मी को स्टेशन तक छोड़ आइए।	Kindly drop mummy at the station. काइंडली ड्रॉप मम्मी एट द स्टेशन।
कृपया उन्हें दिल्ली का दर्शन करा दें।	Kindly take them out for Delhi visit. काइंडली टेक देम आउट फॉर डेल्ही विजिट।
कृपया पिछला हिसाब चेक कर लें।	Please check the previous account. प्लीज़ चेक द प्रिवियस अकाउंट।
कृपया डॉक्टर के आने का इंतजार करें।	Please wait for the doctor. प्लीज़ वेट फॉर द डॉक्टर।
कृपया जल्दी आयें।	Please come soon. प्लीज़ कम सून।
कृपया लाइट ऑन करें।	Please switch on the light. प्लीज़ स्विच ऑन द लाइट।
कृपया गाड़ी रोकिए।	Please stop the car. प्लीज़ स्टाप द कार।
कृपया बचे हुए रुपये रखें।	Please keep the balance amount. प्लीज़ कीप द बैलेंस अमाउंट।

क्या मैं थोड़ी देर के लिए आपकी साइकिल ले सकता हूँ?	May I borrow your cycle for a while? मे आइ बारो योर साइकिल फॉर अ वाइल?
कृपया गुस्सा मत कीजिए।	Please don't be angry. प्लीज़ डोंट बी एंग्री।
कृपया चाय लीजिए	Please have tea. प्लीज़ हैव टी।
कृपया शांत रहिए।	Please maintain silence. प्लीज़ मेंटेन साइलेन्स।
कृपया लाइन पर रहें।	Please hold on. प्लीज़ होल्ड ऑन।
कृपया यह प्रश्न हल करें।	Please solve this problem. प्लीज़ सॉल्व दिस प्रॉबलम।
अपना स्थान ग्रहण कीजिए।	Please take your seat. प्लीज़ टेक होल्ड योर सीट।
कृपया अपने साथियों का सहयोग करें।	Please co-operate with your fellows. प्लीज़ कोआपरेट विद योर फेलोज।
थोड़ी देर और रुक जाइए	Please stay a little longer. प्लीज़ स्टे अ लिट्ल लॉन्गार।
आप सावधान रहेंगे न?	Will you please be careful? विल यू प्लीज़ बी केअरफुल?
तकल्लुफ न कीजिए।	Don’t be formal. डोंट बी फोर्मल।
थोड़ा और लीजिए।	Do have some more. डू हैव सम मोर।
कुछ समय और रुकिए।	Please stay a little while more. प्लीज़ स्टे अ लिट्ल ह्वाइल मोर।
हम आपकी अच्छी तरह खातिर न कर सके।	We couldn’t entertain you properly. वी कुडन्ट एन्टरटेन यू प्रोपरली।
क्या मैं आपका परिचय पा सकता हूँ?	May I have the pleasure of your introduction? मे आइ हैव द प्लेजर ऑफ योर इन्ट्रोडक्शन?
अच्छा कोई बात नहीं।	Well, never mind. वेल नेवर माइंड
कृपया ध्यान दीजिए।	Your attention, please. योर अटैंशन प्लीज़।
आपकी बहुत मेहरबानी।	Very kind of you. वेरी काइंड ऑफ यू।
अंदर आने की कृपा करें।	Please step in. प्लीज़ स्टेप इन।
कोई बात नहीं।	No mention. नो मेन्शन।
जैसा आप चाहें।	As you like. एज यू लाइक।
जैसी आपकी मर्जी।	As you please. एज यू प्लीज़।
मेरा सौभाग्य है।	My pleasure. माइ प्लेजर।
बहुत अच्छा जी।	It is fine. इट इज फाइन।
धन्यवाद जैसी कोई बात नहीं।	It is all right. इट इज आल राइट।
क्या आज कोई डाक नहीं आई?	Is there no mail today? इज देअर नो मेल टुडे?
क्या आपने मुझे बुलाया था?	Had you asked for me? हैड यू आस्क्ड फॉर मी?
और कुछ?	Any thing else? एनीथिंग एल्स?
बस रहने दो।	That’s enough. दैट्स इनफ।
कल मिलेंगे।	See you tomorrow. सी यू टुमॉरो।
ध्यान रखना।	Take care. टेक केअर।

स्मरणीय

पाठकों को सलाह दी जाती है कि वे उपर्युक्त पाठ में दिये गये Request (अनुरोध सम्बन्धी) अंग्रेजी रूपांतरों के हिन्दी अर्थ अच्छी तरह समझने के पश्चात् अपने मित्रों या सगे-सम्बन्धियों के साथ इन्हें बोलने का बार-बार अभ्यास करें। ऐसा करने से आपको अंग्रेजी भाषा की बोलचाल में प्रवीणता हासिल होगी।

वार्तालाप में भाव भंगिमा का महत्त्वपूर्ण स्थान है। अनुरोध सम्बन्धी वाक्यों को बोलने के दौरान आपका विनम्र बने रहना आवश्यक है। अनुरोध सम्बन्धी अधिकतर अंग्रेजी रूपांतरों में please, may, let, would, should या could का प्रयोग किया जाता है। इसके प्रयोग से व्यक्ति के शिष्ट स्वभाव का पता चलता है।

26 विस्मयादिबोधक वाक्य (EXCLAMATORY SENTENCES)

अंग्रेजी भाषा में अलग-अलग मनोभावों को प्रकट करने का अपना ही तरीका है। इस पाठ में वार्तालाप के दौरान खुशी, हैरानी दुःख, गुस्सा आदि मनोभावों वाले हिन्दी वाक्यों के अंग्रेजी रूपान्तर द्वारा इसके प्रयोग की आसान विधि के बारे में जानकारी दी गयी है, जैसे-

कितना अद्‌भुत दृश्य है। What a pleasant scene! ह्वाट ए प्लीजेंट सीन!

☆ पाठक उपर्युक्त वाक्य में pleasant scene की जगह परिस्थिति के अनुसार दूसरे अंग्रेजी शब्द का प्रयोग कर नये वाक्य बना सकते हैं।

कितना अद्‌भुत दृश्य है!	What a pleasant scene! ह्वाट ए प्लीजेंट सीन!
कितने आश्चर्य की बात है!	What a surprise! ह्वाट अ सरप्राइज!
मुझे तो विश्वास ही नहीं हो रहा!	I cannot believe it! आई कैननॉट बिलीव इट!
प्रभु की माया!	God heavens! गॉड हैवन्स!
असम्भव सा सत्य!	Unbelievable but true! अनबिलीवएबल बट ट्रू!
क्या मुसीबत है!	What a bother! ह्वाट ए बॉदर!
मुझसे बात करने की आपकी हिम्मत कैसे हुई!	How dare you talk to me! हाउ डेयर यू टॉक टु मी!
कितनी शर्मनाक बात है!	What a shame! ह्वाट ए शेम!
कितना सुखद आश्चर्य है!	What a pleasant surprise! ह्वाट ए प्लीजेन्ट सरप्राइज!
सचमुच!	Really! रीअली!
क्या ऐसा वास्तव में संभव है!	Is it really possible! इज इट रीअली पासिबल!
मुझे विश्वास नहीं हो रहा!	How do I believe it! हाऊ डू आई बिलीव इट!
अद्‌भुत!	Splendid! स्प्लेन्डिड!
वाह क्या आइडिया है!	Wow! What an idea! वाव! ह्वॉट एन आइडिया!
कमाल कर दिया!	That's wonderful! दैटस वण्डरफुल!
धीरज रखिये!	Have patience! हैव पेशेन्स!
हम आपके साथ हैं!	We are with you. वी आर विद यू!
वाह! तुम जीत गये!	Wow! You have won! वाउ! यू हैव वॉन!
चिन्ता न करें!	Don't worry! डोंट वरी!
क्या बेहुदगी है!	What nonsense! ह्वाट नॉनसेंस!
कितनी अप्रिय बात है!	How disgusting! हाउ डिसगस्टिंग!
ध्यान दें!	Attention please! अटैन्शन प्लीज़!
चुप रहिए!	Keep quiet! कीप क्वाइट!
हे भगवान! यह क्या हो गया!	Oh God! what happened! ओह गाड! ह्वाट हैपेन्ड!
कितना भयानक!	How terrible! हाउ टेरिबल!

शाबाश! बहुत अच्छा किया।	Well done! वेल डन।
कितनी शानदार जीत है!	What a great victory! ह्वाट ए ग्रेट विक्टरी!
वाह!	Wow! वॉव!
कितना खूबसूरत दृश्य है!	What a beautiful scene! ह्वाट ए ब्यूटिफुल सीन!
कितनी खूबसूरत तारों भरी रात है!	What a beautiful starry night! ह्वाट ए ब्यूटीफुल स्टारी नाइट!
कितना सुन्दर वाक्य है!	What a nice line! ह्वाट ए नाइस लाइन!
कितनी मजेदार फिल्म थी!	What an interesting film! ह्वाट एन इन्टरेस्टिंग फिल्म!
कितनी खूबसूत झील है!	What a beautiful lake! ह्वाट अ ब्यूटीफुल लेक!
कितनी सुहावनी जगह है!	What a beautiful sight! ह्वाट अ ब्यूटीफुल साइट!
ऐसा अद्‌भुत दृश्य मैंने कभी नहीं देखा!	I have never seen such a beautiful scene!आइ हैव नेवर सीन सच अ ब्यूटीफुल सीन!
कितने अपमान की बात है!	How disgraceful! हाउ डिसग्रेसफुल!
मेरी बात सुनिये!	Listen to me. लिस्न टु मी
कितना आनन्ददायक!	How pleasant! हाउ प्लीजेन्ट!
हाय!	Hi! हाय!
कितना दुखद समाचार है!	What a bad news! ह्वाट अ बैड न्यूज!
हम आपके साथ हैं!	We are with you! वी आर विद यू!
चिन्ता मत करो!	Don't worry! डोंट वरी!
वाह मेरे बहादुर दोस्त!	Wow! My brave friend! वॉव माइ ब्रेव फ्रेन्ड!
काफी है!	It is enough! इट इज इनफ!
आश्चर्यजनक/अति सुन्दर!	Wonderful! वंडरफुल!
कितना प्यारा! कितना मोहक!	How lovely! how beautiful! हाउ लवली! हाउ ब्यूटिफुल!
कितनी आश्चर्य की बात है!	What a surprise! ह्वाट ए सरप्राइज!
अत्यन्त मनमोहक!	Extremely beautiful! एक्सट्रीमली ब्यूटीफुल!
बहुत अच्छा!	Excellent! एक्सीलेन्ट!
कितने दुख की बात है!	How disgusting! हाउ डिस्गस्टिंग!
मैं भी कितना नासमझ/बेवकूफ हूँ!	How foolish of me! हाउ फूलिश ऑफ मी!
मूर्ख! नासमझ!	Stupid! स्टयूपिड!
मुझे खेद है!	I am sorry! आइ एम सॉरी!
कितना अच्छा सुझाव है!	What a good idea! ह्वाट ए गुड आइडिया!
कितना डरावना दृश्य है!	How terrible scene! हाउ टेरिबल सीन!
वास्तव में!	Really! रियली!
क्या खूब!	How Sweet! हाउ स्वीट!
आसानी से!	Easily! इजली!
शर्मनाक!	Shameful! शेमफुल!
नामुमकिन!	Impossible! इम्पॉसिब्ल!
कितना सुन्दर बच्चा/बालक है!	What a beautiful child! ह्वाट ए ब्युटीफुल चाइल्ड!
वाह! क्या हसीन नजारा है!	What a nice scene! ह्वाट ए नाइस सीन!

उफ् कितनी भयानक दुर्घटना है!	What a terrible accident! ह्वाट अ टेरिबल एक्सीडेंट!
खुदा आपको बरक्कत दे!	God will bless you. गाड विल ब्लेस यू!
आपने कमाल कर दिया!	You have done a marvellous job! यू हैव डन ए मारेवल्स जॉब!
कितना सुन्दर!	How beautiful! हाउ ब्यूटीफुल!
बहुत बढ़िया!	Very good! वेरी गुड!
ऐसा कहने की तुम्हारी हिम्मत कैसे हुई!	How dare you say this! हाउ डेयर यू से दिस!
कितनी फिजूल बात है!	How awful! हाउ ऑफुल!
उसकी यह हिम्मत!	How he dare! हाउ ही डेयर?
बधाई हो!	Congratulation! कांग्रेच्युलेशन!
दरअसल ऐसा गलती से हो गया!	Actually, it was done by mistake! एक्चुअली, इट वॉज डन बाइ मिस्टेक!
बेकार की बात है!	How absurd! हाउ आब्सर्ड!
शर्म कीजिए!	Shame! Shame! शेम! शेम!
खबरदार!	Beware! बीवेअर!
जल्दी कीजिए!	Hurry up! हरी अप!
हाँ, यह सच है!	Yes, it is true! यस, इट इज ट्रू!

स्मरणीय

1. हिन्दी के वाक्यों में जहाँ अल्पविराम (,) या पूर्णविराम (।) लगाया जाता है। वहीं भावबोधक वाक्य (Exclamatory Sentences) में विस्मयादिबोधक चिह्न (!) का प्रयोग किया जाता है, जैसे–
   वास्तव में! Really!
   आश्चर्यजनक! Wonderful!
2. हर्ष, विषाद, क्रोध आदि भावों को प्रकट करने के लिए What, How आदि प्रश्नवाचक शब्दों का प्रयोग किया जाता है।
3. विस्मयादिबोधक वाक्य बोलते समय ध्वनि के उच्चारण में उपर्युक्त सभी भावों के अनुसार स्वर का प्रयोग करना चाहिए।

27 प्रश्नावाचक वाक्य (INTERROGATIVE SENTENCES)

अंग्रेजी वार्तालाप में कुशल होने के लिए प्रश्न करने में कुशल होना आवश्यक है। यदि आप प्रश्न करने में कुशलता हासिल कर लेते हैं तो वार्तालाप को आगे बढ़ाने में अहम भूमिका निभा सकते हैं।

अंग्रेजी में प्रश्न पूछने के कई तरीके हैं। यहाँ बतायी गयी विधि भी उन प्रचलित विधियों में से एक है। इस पाठ में प्रश्न पूछने के पचास से ज्यादा हिन्दी वाक्यों के अंग्रेजी रूपांतर दिये गये हैं। प्रत्येक अंग्रेजी वाक्य के नीचे हिन्दी में उसके उच्चारण की जानकारी दी गयी है, जैसे-

आप कौन हैं? Who are you? हू आर यू?

☆ पाठक इन वाक्यों का निरंतर अभ्यास कर अपने दैनिक जीवन में इनका प्रयोग कर सकते हैं। इन वाक्यों का बहुत ही ध्यानपूर्वक अध्ययन करें।

आप कौन हैं?/ तुम कौन हो?	Who are you? हू आर यू?
तुम्हारे पिता क्या करते हैं?	What does your father do? वाट डज योर फादर डू?
तुम्हारे कितने-भाई बहन हैं?	How many brothers and sisters have you? हाउ मेनी ब्रदर्स एंड सिस्टर्स हैव यू?
तुम्हारा स्कूल यहाँ से कितनी दूर है?	How far is your school from here? हाउ फार इज योर स्कूल फ्रॉम हिअर?
तुम्हारे कॉलेज का प्रिंसीपल कौन है?	Who is the principal of your college? हू इज द प्रिंसीपल ऑफ योर कॉलेज?
यहाँ का सबसे बड़ा अधिकारी कौन है?	Who is the senior most officer here? हू इज द सीनियर मोस्ट ऑफिसर हिअर?
मैं आपसे कितने बजे मिल सकता हूँ?	At what time can I meet you? एट ह्वाट टाइम आइ कैन मीट यू?
क्या तुम मुझे साफ सुन रहे हो?	Are you listening to me clearly? आर यू लिस्निंग टु मी क्लीयरली?
तुम्हारा मकान मालिक कौन है?	Who is your landlord? हू इज योर लेंडलॉर्ड?
क्या आप कल आयेंगे?	Will you come tomorrow? विल यू कम टूमॉरो?
क्या तुम/आप जोधपुर जाओगे?	Will you go to Jodhpur? विल यू गो टु जोधपुर?
क्या तुम्हारे पापा सो गये हैं?	Has your father gone to sleep? हैज योर फादर गॉन टु स्लीप?
तुम प्रतिदिन कितने बजे उठते हो?	At what time do you get up? एट ह्वाट टाइम डू यू गेट अप?
हम इतने ज्यादा रुपए क्यों खर्च करें?	Why should we spend so much rupees? वाइ शुड वी स्पेंड सो मच रुपीज?

एक सप्ताह में कितने दिन होते हैं?	How many days are there in a week? हाउ मेनी डेज आर देअर इन अ वीक?
क्या यह कार आपकी है?	Is this your car? इज दिस योर कार?
क्या तुम्हें पता है, वहाँ कौन रहता है?	Do you know, who lives there? डू यू नो, हू लिव्स देअर?
तुम्हारी उम्र कितनी है?	How old you are? हाउ ओल्ड यू आर?
तुम कौन सी कक्षा में पढ़ते हो?	In which class do you read? इन ह्विच क्लास डू यू रीड?
आप किससे बातें कर रहे हैं?	Whom are you talking to? हूम आर यू टाकिंग टु?
आपका सबसे अच्छा मित्र कौन है?	Who is your best friend. हू इज योर बेस्ट फ्रेंड?
अब हमलोग कहाँ जायेंगे?	Where will we go now? ह्वेअर विल वी गो नाउ?
क्या मैं कल आपसे मिलने आ सकता हूँ?	Can I come to meet you tomorrow? कैन आइ कम टु मीट यू टूमॉरो?
क्या आज कोई मरीज नहीं आया?	Did no patient come today? डिड नो पेशेन्ट कम टूडे?
तुम्हारे घर आज कौन आ रहा है?	Who is coming to your home today? हू इज कमिंग टु योर होम टूडे?
क्या तुम मेरी प्रतीक्षा करोगे?	Will you wait for me? विल यू वेट फॉर मी?
क्या गाड़ी (ट्रेन) चली गई?	Has the train departed? हैज द ट्रेन डिपार्टेड?
क्या क्लास में शिक्षक आ गये?	Has the teacher come in the class? हैज द टीचर कम इन द क्लास?
क्या वहाँ वर्षा हो रही है?	Is it raining there? इज इट रेनिंग देयर?
क्या तुम उसे पंसद करते हो?	Do you like her? डू यू लाइक हर?
क्या वह प्रतिदिन आता है?	Does he come everyday? डज ही कम एवरीडे?
क्या वह आ गया?	Did he come? डिड ही कम?
क्या सीता ऑफिस चली गई?	Did Seeta go to the office? डिड सीता गो टु द ऑफिस?
क्या कोई कल मुझसे मिलने आया था?	Did anybody come to meet me yesterday? डिड ऐनीबॅडि कम टु मीट मी ऐस्टरडे?
इस घटना के बारे में तुम्हारी क्या राय है?	What is your opinion about this incident? ह्वाट इज योर ओपीनियन अबाउट दिस इन्सीडेंट?
तुम बाजार से कब लौटोगे?	When will you return from the market? ह्वेन विल यू रिटर्न फ्रॉम द मार्केट?
तुमने यह सब कैसे पूरा किया?	How did you finish it? हाउ डिड यू फिनिश इट?
तुम किसके साथ ठहरे थे?	Whom did you stay with? ह्वूम डिड यू स्टे विद?
तुम किसे चाहते हो?	Whom do you want? ह्वूम डू यू वांट?
दिल्ली में मैं कहाँ ठहरूँगा?	Where will I stay in Delhi? ह्वेयर विल आइ स्टे इन डेल्ही?
क्या तुम मुझे पहचानते/जानते हो?	Do you know me? डू यू नो मी?
कब तक?	How long? हाउ लांग?
तुम्हें कौन-सा रंग पंसद है?	Which colour do you like? ह्विच कलर डू यू लाइक?

यहाँ कौन रहता है?	Who lives here? हू लीव्स हियर?
कौन परवाह करता है?	Who cares? हू केयर्स?
तुम इतना लेट क्यों हो?	Why are you so late? ह्वाई आर यू सो लेट?
क्या?	What? ह्वाट?
कौन?	Who? हू?
क्यों?	Why? ह्वाइ?
कितना?	How much? हाउ मच?
कौन सा?	Which one? ह्विच वन?
कितनी दूर?	How far? हाउ फार?
कितने आदमी हैं?	How many men? हाउ मेनी मेन?
किसलिए?	What for? ह्वाट फॉर?
किसके लिए?	For whom? फॉर हूम?
किस दिन?	Which day? ह्विच डे?
कौन से महीने में?	In which month? इन ह्विच मंथ?
किस वक्त?	At what time? एट ह्वाट टाइम?
अब हम कहाँ जायें?	Where do we go now? ह्वेयर डू वी गो नॉउ?
तुम्हे देर क्यों हुई?	Why are you late? वाइ आर यू लेट?
कहाँ बैठें?	Where to sit? ह्वेयर टु सिट?
हम अपना कीमती समय क्यों बेकार करें?	Why should we waste our precious time? ह्वाई शुड वी वेस्ट आवर प्रीसिअस टाइम?
क्या आपने मुझे बुलाया है?	Have you asked for me? हैव यू आस्कड फॉर मी?
क्या यह सच हो सकता है?	Can it be true? कैन इट बी ट्रू?
क्या मैं आपसे मिलने आ सकता हूँ?	May I come to see you? मे आइ कम टु सी यू?
फिर कब मुलाकात होगी?	When will we meet again? ह्वेन विल वी मीट अगैन?
आप इतने गंभीर क्यों हैं?	Why are you so serious? ह्वाइ आर यू सो सीरियस?
क्या कोई परेशानी है?	Is there any trouble? इज देयर एनी ट्रबल?
क्या आप उन्हें पहचानते हैं?	Do you know him? डू यू नो हिम?
यह मोबाइल नम्बर किसका है?	Whose mobile number is this? हूज मोबाइल नम्बर इज दिस?
तुम मेरी बात क्यों नहीं सुनते?	Why did you not listen to me? ह्वाइ डिड यू नॉट लिस्न टु मी?
आप कैसे हैं?	How are you? हाउ आर यू?
तुम क्या सोच रही हो?	What are you thinking? ह्वाट आर यू थिकिंग?
तुमने पढ़ना क्यों छोड़ दिया?	Why did you leave studying? ह्वाई डिड यू लीव स्टडिंग?
क्या हुआ?	What happened? ह्वाट हैपन्ड?
अभी कितने बजे हैं?	What is the time now? ह्वाट इज द टाइम नाउ?
तुम्हारे पापा कहाँ है?	Where is your father? ह्वेयर इज योर फादर?
क्या मतलब?	What do you mean? ह्वाट डू यू मीन?
क्या तुम मुझसे नाराज हो?	Are you angry with me? आर यू एंग्री विद मी?

क्या आपको मुझसे कुछ काम है?	Have you any work with me? हैव यू एनी वर्क विद मी?
तुम यहाँ क्यों बैठे हो?	Why are you sitting here? ह्वाइ आर यू सिटिंग हियर?
वह इतनी कठोर क्यों है?	Why is she so rude? ह्वाइ इज शी सो रयूड?
वह इतना खुश क्यों है?	Why is he so happy? ह्वाइ इज ही सो हैप्पी?
रमेश इतना क्रोधित क्यों है?	Why is Ramesh so angry? ह्वाइ इज रमेश सो एंग्री?
यहाँ से पुलिस स्टेशन कितनी दूर है?	How far is police station from here? हाउ फार इज पुलिस स्टेशन फ्रॉम हिअर?
अब तुम कैसा महसूस कर रहे हो?	How are you feeling now? हाउ आर यू फीलिंग नाउ?
तुम क्या करना चाहते हो?	What do you want to do? ह्वाट डू यू वांट टु डू?
यह क्या है?	What is this? ह्वाट इज दिस?
इस काम को कौन कर सकता है?	Who will do this work? हू विल डू दिस वर्क?
क्या साहब अन्दर केबिन में हैं?	Is the boss in the cabin? इज द बॉस इन द केबिन?
क्या कल छुट्टी है?	Is it a holiday tomorrow? इज इट अ हॉलीडे टुमॉरो?
मैं आपकी क्या मदद कर सकता हूँ?	What can I do for you? ह्वाट कैन आइ डू फॉर यू?
मुझे उसे कहाँ तलाश करना चाहिए?	Where should I search him? ह्वेअर शुड आइ सर्च हिम?
क्या मैं आपका मोबाइल इस्तेमाल कर सकता हूँ?	May I use your mobile phone? मे आइ यूज योर मोबाइल फोन?
क्या तुम वहाँ गये थे?	Did you go there? डिड यू गो देअर?
तुम कब से बीमार हो?	How long have you been sick? हीउ लाँग हैव यू बिन सिक?
तुम वहाँ क्यों गये थे?	Why did you go there? ह्वाइ डिड यू गो देअर?
आपने इतनी देर क्यों की?	Why did you get so late? ह्वाइ डिड यू सो लेट?
विशाल ने ये नौकरी क्यों छोड़ी?	Why did Vishal quit this job? ह्वाइ डिड विशाल क्विट दिस जॉब?
राहुल ने नौकरी से इस्तीफा क्यों दिया?	Why did Rahul resign his job? ह्वाइ डिड राहुल रीजाइन हिज जॉब?
तुम सीधी तरह जवाब क्यों नहीं देते?	Why don't you give straight answers? ह्वाइ डोंट यू गिव स्ट्रेट आंसर?
मैं तुम्हें क्यों जवाब दूँ?	Why should I answer to you? ह्वाइ शुड आइ आन्सर टु यू?
तुम श्वेता से बात क्यों नहीं करते?	Why don't you talk to Shweta? ह्वाइ डोंट यू टॉक टु स्वेता?
तुम कहाँ नौकरी करते हो?	Where do you do your job? ह्वेअर डू यू योर जॉब?
तुम कब आओगे?	When will you come? ह्वेन विल यू कम?
आपकी पुत्री की शादी कब है?	When is your daughter getting married? ह्वेन इज योर डॉटर गेटिंग मैरिड?
तुम्हें कितने रुपये चाहिए?	How many rupees do you want? हाउ मेनी रुपीज डू यू वांट
तुम्हें देखकर वह क्यों हँसा?	Why did he laugh to see you? वाई डिड ही लाफ टु सी यू?
तुम्हारे कितने बच्चे हैं?	How many children do you have? हाउ मेनी चिल्ड्रेन डू यू हैव?

वह तुम्हारा कौन है? How is he related to you? हाऊ इज ही रीलेटेड टु यू?
यह क्या है? What is this? ह्वाट इज दिस?
इसका क्या मतलब है? What does it mean? ह्वाट डज इट मीन?
आपकी हॉबी क्या है? What is your hobby? ह्वाट इज योर हॉबी?
कुछ ठण्डा लोगे या गर्म? Would you like cold or hot? वुड यू लाइक कोल्ड ऑर हॉट?
क्या तुम शादीशुदा हो? Are you married? आर यू मैरिड?
ट्रेन कितने बजे आयेगी? When will the train arrive? ह्वेन विल द ट्रेन अराइव?
तुम सोमवार को ऑफिस क्यों नहीं आये? Why did you not attend the office on Monday? ह्वाइ डिड यू नॉट अटेंड द ऑफिस ऑन मंडे?
सीता इतनी खुश क्यों हैं? Why is Seeta so happy? ह्वाइ इज सीता सो हैप्पी?
वह मोहन से क्यों हाथ मिला रहा है? Why does he shake hands with Mohan? ह्वाइ डज ही शेक हैंड विद मोहन?
तुम मुझसे हाथ क्यों नहीं मिलाते? Why do you not shake hand with me? ह्वाइ डू यू नॉट शेक हैंड विद मी?
रश्मि बिस्तर में क्यों लेटी है? Why is Rashmi lying on the bed? ह्वाइ इज रश्मि लेइंग ऑन द बेड?
क्या तुम खुश हो? Are you happy? आर यू हैप्पी?
क्या सत्यम अंग्रेजी बोल सकता है? Can Satyam speak in English? कैन सत्यम स्पीक इन इगंलिश?
क्या तुम फिल्म देखने जा रहे हो? Are you going to see the movie? आर यू गोइंग टु सी द मूवी?
क्या राम ने ऐसा किया था? Did Ram do this? डिड राम डू दिस?
क्या तुम रामायण पढ़ती हो? Do you read the Ramayana? डू यू रीड द रामायणा?
क्या तुम जाने के लिए तैयार हो? Are you ready to go. आर यू रेडी टु गो?
क्या माता जी मंदिर जा रही है? Is mother going to the temple? इज मदर गोइंग टु द टेंपल?
क्या ज्योति खाना बना सकती है? Does Jyoti know how to cook food? डज ज्योति नो हाउ टु कुक फूड?
क्या आप कार चलाना जानते हैं? Do you know how to drive a car? डू यू नो हाउ टु ड्राइव अ कार?
क्या तुम किसी समस्या से परेशान हो? Are you worried about something? आर यू वरिड अबाउट समथिंग?
क्या आलोक पार्टी में मौजूद था? Was Aalok present in the party? वाज आलोक प्रजेंट इन द पार्टी?
वहाँ कौन है? Who is there? हू इज देअर?
तुम्हें कितना चाहिए? How much do you want? हाउ मच डू यू वांट?
मेरा पत्र किसने खोला? Who opened my letter? हू ओपन्ड माइ लेटर?
आप दूध पसंद करेंगे या कॉफी? Would you like milk or coffee? वुड यू लाइक मिल्क ऑर कॉफी?
क्या मैं आपसे पहले मिल चुका हूँ? Have I met you before? हैव आइ मेट यू बिफोर
रेलवे स्टेशन कितनी दूर है? How far is railway station? हाउ फार इज रेलवे स्टेशन?

क्या आप सुनंदा को जानते हैं?	Do you know Sunanda? डू यू नो सुनंदा?
क्या आप उसे पहचानते हैं?	Do you know her? डू यू नो हर?
तुम किसके साथ ठहरे हो?	Who did you stay with? हू डिड यू स्टे विद?
तुम किसे चाहते हो?	Whom do you want? ह्रूम डू यू वांट?
आपने उसे कहाँ देखा?	Where did you see him? ह्वेयर डिड यू सी हिम?
तुम क्या सोच रही हो?	What is in your mind? ह्वाट इज इन योर माइंड?
क्या साहब अंदर है?	Is the boss in? इज द बॉस इन?
तुम जानते हो?	Do you know? डू यू नो?
कौन है?	Who is? हू इज?
शुरू करें?	Shall we begin? शैल वी बिगन?
आपके/बाल-बच्चे अच्छे हैं न?	How is your family? हाउ इज योर फैमिली?
आपको मुझसे कुछ काम है?	Have you any business with me? हैव यू एनी बिजनेस विद मी?
हमलोग अब कहाँ हैं?	Where are we now? ह्वेअर आर वी नाउ?
आप क्या समझे?	Do you understand? डू यू अंडरस्टैंड?
मैं भी चलूँ?	May I accompany you? मे आइ अकम्पनी यू?
तुम्हारी क्या राय है?	What is your opinion? ह्वाट इज योर ओपनियन?
आप कल रात घर कब पहुँचे?	When did you reach home last night? ह्वेन डिड यू रीच होम लास्ट नाइट?
क्या तुम फिल्म देखने जाना पसंद करोगे?	Would you like to go to the movie? वुड यू लाइक टु गो टु द मूवी?
क्या मैं अब इसे ले सकता हूँ?	May I take it now? मे आइ टेक इट नाउ?
आपको यह पता किसने दिया?	Who gave you this address? हू गेव यू दिस अड्रेस?
तुम कितने समय से यहाँ हो?	How long have you been here? हाउ लौंग हैव यू बिन हिअर?
क्या आप धूम्रपान नहीं करते?	Don't you smoke? डोन्ट यू स्मोक?

स्मरणीय

1. सामान्यतौर पर Helping Verb – is, am, are, was, were, had, will, would, shall, should आदि को वाक्य के आरम्भ में प्रयोग कर अंग्रेजी के प्रश्नवाचक वाक्य बनाते हैं।
2. 'Wh' words से आरम्भ हुए प्रश्नवाचक शब्दों के अर्थ निम्नलिखित हैं-
   What – क्या, Who – कौन, Which – किसका/किसकी, कौन-सा, Where – कहाँ, Why – क्यों, Whose – किसका।
3. Who का प्रयोग मनुष्यों के लिए होता है और Which का प्रयोग पशुओं अथवा बेजान वस्तुओं के लिए किया जाता है।

28

नकारात्मक वाक्य (NEGATIVE SENTENCES)

सामान्यतौर पर वार्तालाप के दौरान हमें कभी-कभी नकारात्मक वाक्यों की आवश्यकता पड़ती है। इस पाठ में सामान्य वार्तालाप के दौरान प्रयोग होने वाले पचास से अधिक नकारात्मक हिन्दी वाक्यों के अंग्रेजी रूपांतर की जानकारी दी गयी है। प्रत्येक अंग्रेजी वाक्य के साथ उसके उच्चारण की भी जानकारी दी गयी है। इन वाक्यों का बार-बार अभ्यास करने से आप अंग्रेजी में नकारात्मक वाक्यों का अच्छी तरह प्रयोग करना सीख जायेंगे, जैसे-

रसोई में चाकू नहीं है। There is no knife in the kitchen. देअर इज नो नाइफ इन द किचन।

☆ उपर्युक्त वाक्य में चाकू की जगह किसी दूसरी वस्तु के नाम का उपयोग कर आप आसानी से दूसरा वाक्य बना सकते हैं।

सुनिधि अंग्रेजी बोलना नहीं जानती है।	Sunidhi does not know how to speak English. सुनिधि डज नॉट नो हाउ टु स्पीक इंगलिश।
राम और मोहन अच्छे दोस्त नहीं हैं।	Ram and Mohan are not good friends. राम एंड मोहन आर नॉट गुड फ्रेंडस्।
रसोई में चाकू नहीं है।	There is no knife in the kitchen. देअर इज नो नाइफ इन द किचन।
डॉक्टर क्लीनिक में नहीं है।	The doctor is not in the clinic. द डॉक्टर इज नॉट इन द क्लीनिक।
मैं यह काम नहीं कर सकता।	I cannot do this. आइ कैननॉट डू दिस।
आधे घंटे तक कोई गाड़ी/ ट्रेन नहीं आ रही है।	No train has arrived in the last half an hour. नो ट्रेन हैज एराइव्ड इन द लास्ट हाफ एन ऑवर।
आज छुट्टी का दिन नहीं है।	Today is not a holiday. टूडे इज नॉट ए होली डे।
राजीव आज ऑफिस/फैक्ट्री नहीं जा रहा है।	Rajeev is not going to the office/actory today. राजीव इज नॉट गोइंग टु द ऑफिस/फैक्ट्री टूडे।
सपना गाना नहीं जानती।	Sapna doesn't know how to sing a song. सपना डज नॉट नो हाउ टु सिंग ए सांग।
उसने कालीदास को नहीं पढ़ा है।	He has not read the Kalidas. ही हैज नॉट रेड द कालीदास।
वह कड़ी मेहनत नहीं करता है।	He does not work hard. ही डज नॉट वर्क हार्ड।
विशाल कार चलाना नहीं जानता।	Vishal does not know how to drive a car. विशाल डज नॉट नो हाउ टु ड्राइव ए कार।
उसकी तबियत ठीक नहीं है।	He is not well. ही इज नॉट वेल।
हरि के पास अच्छे कपड़े नहीं हैं।	Hari doesn't have good clothes. हरि डज नॉट हैव गुड क्लाथ्स।

मैं बस में नहीं जाऊँगा।	I will not go by bus. आइ विल नॉट गो बाइ बस।
अशोक कल दिल्ली में नहीं था।	Ashok was not in Delhi yesterday. अशोक वाज नॉट इन डेल्ही यस्टरडे।
सूरज सच नहीं बोल रहा है।	Suraj is not telling the truth. सूरज इज नॉट टेलिंग द ट्रूथ।
मैं वहाँ जाने के लिए बाध्य नहीं हूँ।	It is not compulsory for me to go there. इट इज नॉट कम्पल्सरी फॉर मी टु गो देअर।
मैं वहाँ नहीं जाना चाहता हूँ।	I don't want to go there. आइ डोंट वांट टु गो देअर।
रश्मि चाय नहीं पीती है।	Rashmi does not like to drink tea. रश्मि डज नॉट लाइक टु ड्रिंक टी।
सुमित भूखा नहीं था।	Sumit was not hungry. सुमित वाज नॉट हंग्री।
स्वाति को रुपयों की जरूरत नहीं है।	Swati does not need money. स्वाति डज नॉट नीड ऑफ मनी।
मुझे अच्छी तरह जानकारी है कि वह कल स्कूल नहीं आयेगा।	I know very well that he will not come to school tomorrow. आइ नो वेरी वेल दैट ही विल नॉट कम टु स्कूल टुमॉरो।
मेरा कोई दोस्त नहीं है।	I have no friend. आइ हैव नो फ्रेंड।
मेरी फिल्म देखने की इच्छा नहीं है।	I am not interested in watching the movie. आइ एम नॉट इंटरेस्टेड इन वाचिंग द मूवी।
वह मेरा बड़ा भाई नहीं है।	He is not my elder brother. ही इज नॉट माइ इल्डर ब्रदर।
वह तुम्हें रुपये उधार नहीं देगा।	He will not lend you money. ही विल नॉट लेंड यू मनी।
मुझे क्रिकेट खेलना नहीं आता।	I do not know how to play cricket. आई डोंट नो हाऊ टु प्ले क्रिकेट।
रमेश यहाँ आने का साहस नहीं कर सकता।	Ramesh cannot dare to come here. रमेश कैननॉट डेअर टु कम हिअर।
तुम्हें यह सब करने की जरूरत नहीं है।	You don't have any need to do this. यू डोंट हैव एनी नीड टु डू दिस।
वह तुम्हें प्यार नहीं करती।	She does not love you. शी डज नॉट लव यू।
उसे चाय बनाना नहीं आता।	She does not know how to make tea. शी डज नॉट नो हाउ टु मेक टी।
वह शादीशुदा नहीं है।	He is not married. ही इज नॉट मैरिड।
मुझे कल देर नहीं होगी।	I shall not delay tomorrow. आइ शैल नॉट डीले टुमॉरो।
मुझे कोई परेशानी नहीं होगी।	I would not be inconvenienced. आइ वुड नॉट बी इनकॉन्वीनिएन्स्ड।
मैं देर से नहीं पहुँचा।	I did not reach late. आइ डिड नॉट रिच लेट।
यह कार मेरी नहीं है।	This is not my car. दिस इज नॉट माइ कार।
घर में कोई नहीं है।	No body is in the home. नो बॉडी इज इन द होम।

काउंटर पर कोई नहीं है।	No body is on the counter. नो बॉडी इज ऑन द काउंटर।
कविता में भावनाओं की अभिव्यक्ति नहीं है।	There is no emotional touch in the poem. देअर इज नो इमोशनल टच इन द पोएम।
मैं तुमसे नाराज नहीं हूँ।	I am not angry with you. आई एम नॉट एंग्री विद यू।
मेरे पैरों में दर्द नहीं है।	I have no pain in my leg. आइ हैव नो पेन इन माइ लेग।
यह जिन्दगी आसान नहीं हैं।	This life is not easy. दिस लाइफ इज नॉट इजी।
मुझे प्यास नहीं लगी।	I am not thirsty. आइ एम नॉट थ्रस्टी।
यह काम मुश्किल नहीं है।	This is not a difficult work. दिस इज नॉट अ डिफिकल्ट वर्क।
अंगारों पर चलना आसान नहीं है।	It is not easy to walk on fire. इट इज नॉट इजी टु वॉक ऑन फायर।
मैं कल ऑफिस/फैक्ट्री नहीं आऊँगा।	I shall not come to office/factory tomorrow. आइ शैल नॉट कम टु ऑफिस/फैक्टरी टुमॉरो।
इसमें तुम्हारा दोष नहीं था।	It was not your fault. इट वाज नॉट योर फॉल्ट।
तुम मेरी बात क्यों नहीं सुनते।	Why do you not listen to me ह्वाइ डू यू नॉट लिस्न टु मी।
कुछ भी नहीं।	Nothing. नथिंग।
मुझे कोई एतराज नहीं है।	I have no objeciton. आइ हैव नो ऑब्जेक्शन।
मेरा काम खत्म नहीं हुआ है।	My work is not finished yet. माइ वर्क इज नॉट फीनिस्ड ऐट।
यह नहीं हो सकता।	It is not possible. इट इज नॉट पॉसिबल।
मुकुल शराब नहीं पीता है।	Mukul does not take alcohol. मुकुल डज नॉट टेक एल्कोहल।
गुस्सा मत करो।	Don't be angry. डोंट बी एंग्री।
वह लंच नहीं करेगी क्योंकि आज उसका व्रत है।	She is on fast and would not take lunch. शी इज ऑन फास्ट एंड वुड नॉट टेक लंच।
इसका कोई प्रयोग नहीं है।	There is no use of it. देअर इज नो यूज ऑफ इट।
मैं नाम और प्रसिद्धि में विश्वास नहीं रखता हूँ।	I don't believe in either name or fame. आइ डोंट बीलिव इन आइदर नेम आर फेम।
पुस्तक मेज पर नहीं है।	The book is not on the table. द बुक इज नॉट ऑन द टेबल।
मैं नहीं थका हूँ।	I am not tired. आइ एम नॉट टायर्ड।
यह ठीक नहीं है।	It is not right. इट इज नॉट राइट।
अभी तक मेरे पत्र का जवाब नहीं आया है।	I have not yet received reply to my letter आइ हैव नॉट येट रिसीव्ड रिप्लाइ टु माइ लेटर।
मैं देर से नहीं आया।	I did not come late. आइ डिड नॉट कम लेट।
यह पुस्तक अच्छी नहीं है।	This is not a good book. दिस इज नॉट अ गुड बुक।
मैं खाना नहीं खाऊँगा।	I shall not eat. आइ शैल नॉट इट।

मुझे नृत्य नहीं आता।	I don't know how to dance. आइ डोंट नो हाउ टु डांस।
वह तुमसे बात नहीं करेगा।	He will not communicate with you. ही विल नॉट कॉम्यूनिकेट विद यू।
अलका सागर को पसंद नहीं करती है।	Alka does not like Sagar. अलका डज नॉट लाइक सागर।
चीनी नहीं है।	There is no sugar. देअर इज नो शुगर।
यमुना नदी में पानी नहीं है।	There is no water in Yamuna River. देअर इज नो वाटर इन यमुना रिवर।
क्लर्क सीट पर मौजूद नहीं है।	The clerk is not present at the seat. द क्लर्क इज नॉट प्रजेण्ट एट द सीट।
फैक्ट्री/ऑफिस में जगह खाली नहीं है।	There is no vacancy in the office. देअर इज नो वेकेंसी इन द ऑफिस।
मेरे मन में उसके लिए कोई जगह नहीं है।	There is no place in my heart for her/him. देअर इज नो प्लेस इन माई हार्ट फॉर हर/हिम।
होटल में कोई कमरा खाली नहीं है।	There is no room vacant in the hotel. देअर इज नो रूम वेकेंट इन द होटेल।
ट्रेन में कोई बर्थ खाली नहीं है।	There is no vacant berth in the train. देअर इज नो वैकेन्ट बर्थ इन द ट्रेन।
मैं क्रिकेट मैच देखने नहीं जाऊँगा।	I shall not go to watch the cricket match. आइ शैल नॉट गो टु वाच द क्रिकेट मैच।
कल मैं ऑफिस नहीं जाऊँगा।	I shall not go to the office tomorrow. आइ शैल नॉट गो टु द ऑफिस टुमॉरो।
आज मैं बाजार नहीं जाऊँगा।	I shall not go to the market today. आइ शैल नॉट गो टु द मार्केट टुडे।

स्मरणीय

यहाँ पर हमने दैनिक जीवन में कामकाज के दौरान प्रयोग किये जाने वाले Negative Sentences (नकारात्मक वाक्यों) के बारे में बताया है। सामान्य तथा सकारात्मक वाक्यों (Assertive Sentences) को नकारात्मक बनाने के लिए अंग्रेजी वाक्य में do, did, is, are, was, were, has, have, had, will, would, shall आदि Helping Verbs (सहायक क्रियाओं) के साथ not जोड़ा जाता है। इनका सावधानीपूर्वक अभ्यास करें।

29 ऑफिस सम्बन्धित वाक्य (OFFICIAL SENTENCES)

इस पाठ में ऑफिस से सम्बन्धित सामान्य वार्तालाप के दौरान प्रयोग होने वाले हिन्दी वाक्यों के अंग्रेजी रूपान्तर की जानकारी दी गयी है। प्रत्येक अंग्रेजी वाक्य के साथ उसके उच्चारण की भी जानकारी दी गयी है। इन वाक्यों का अच्छी तरह अभ्यास करने के पश्चात् आप उन्हें अपने ऑफिस में प्रयोग कर सकते हैं, जैसे-

मुझे कंपनी के डायरेक्टर से मिलना है। I want to meet the director of the company. आइ वांट टु मिट द डायरेक्टर ऑफ द कम्पनी।

☆ उपर्युक्त वाक्य में डायरेक्टर की जगह परिस्थिति के अनुसार किसी दूसरे पद अथवा ओहदे का प्रयोग कर अंग्रेजी में दूसरा वाक्य बना सकते हैं।

मुझे कंपनी के डायरेक्टर से मिलना है।	I want to meet the director of the company. आइ वांट टु मिट द डायरेक्टर ऑफ द कम्पनी।
मेरी एक दिन की छुट्टी मंजूर हो गई।	My leave for one day has been granted. माइ लीव फॉर वन डे हैज बीन ग्रांटेड।
ऑफिस में आज मेरा पहला दिन है।	It is my first day in the office. इट इज माइ फर्स्ट डे इन द ऑफिस।
क्या मेरे लिए कोई फोन आया है?	Was there any phone call for me? वाज देयर एनी फोन कॉल फॉर मी?
क्या आज आप आधा घंटा देर से ऑफिस आये हैं?	Did you come half an hour late in the office? डिड यू कम हाफ एन आवर लेट इन द ऑफिस?
आप यहाँ किस पद पर कार्य करते हैं?	In which post do you work here? इन विच पोस्ट डू यू वर्क हीअर?
वह ऑफिस का सबसे मेहनती कर्मचारी है।	He is the most labourious person in the office. ही इज द मोस्ट लेबोरियस पर्सन इन द ऑफिस।
लेटर जल्दी टाइप करें।	Type the letter quickly. टाइप द लेटर, क्विकली।
ऑफिस का लंच टाइम क्या है?	What is the lunch time of the office? ह्वॉट इज द लंच टाइम ऑफ द ऑफिस?
क्या मैं आने में लेट हो गया?	Did I come late? डिड आइ कम लेट?
इस विषय पर आज कोई चर्चा नहीं हुई।	There was no discussion on this subject. देयर वाज नो डिस्कशन ऑन दिस सब्जेक्ट।
क्या तुम यह काम पूरा कर सकते हो?	Can you complete this work? कैन यू कम्पलीट दिस वर्क?
बॉस ने सुधा को चेतावनी दी है।	Boss has warned Sudha. बॉस हैज वार्न्ड सुधा।

आजकल दफ्तर में काम का दबाव ज्यादा है।	There is too much pressure of work in the office these days. देयर इज टु मच प्रेशर ऑफ वर्क इन द ऑफिस दीज डेज।
इस ऑफिस में हेड क्लर्क की तूती बोलती है।	The head clerk calls the shot in this office. द हेड क्लर्क काल्स द शॉट इन दिस ऑफिस।
बॉस ने आलोक का इस्तीफा मंजूर कर लिया।	Boss has accepted Alok's resignation. बॉस हैज एकसेप्टेड आलोक्स रीजिनेशन।
नोटिस बोर्ड पर नोटिस चिपका दो।	Stick the notice on the notice board. स्टिक द नोटिस ऑन द नोटिस बोर्ड।
क्या आप मेरी सिफारिश कर देंगे?	Will you please recommend me? विल यू प्लीज़ रीकॉमेंड मी?
मैं आपकी हिदायत का ख्याल रखूँगा।	I will take proper care of you. आइ विल टेक प्रॉपर केअर ऑफ यू।
इस ऑफिस के सभी कर्मचारी मृदुभाषी हैं।	Almost all staff in this office are soft-spoken. आलमोस्ट आल स्टाफ इन दिस ऑफिस आर सॉफ्ट-स्पोकन।
बॉस अनुशासनप्रिय व्यक्ति हैं।	Boss is a disciplinarian person. बॉस इज ए डिसिप्लिनेरियन पर्सन।
मैं आपकी बात समझ गया।	I have understood your point. आइ हैव अंडरस्टूड योर प्वाइंट।
बेहतर होता आप समय पर सारा काम निबटा दें।	It would have been better if your work was completed in time. इट वुड हैव बीन बेटर इफ योर वर्क वाज कम्पलीट इन टाइम।
मैं आपका बड़ा आभारी हूँ।	I am greatly obliged. आइ एम ग्रेटली अब्लाइज्ड।
राहुल की मैनेजर के पद पर पदोन्नति हो गई है।	Rahul has been promoted to the post of manager. राहुल हैज बीन प्रमोटेड टु द पोस्ट ऑफ मैनेजर।
बिना अनुमति के कार्यालय में प्रवेश करना मना है।	Without permission entry in the office is prohibited. विदाउट परमिशन एन्ट्री इन द ऑफिस इज प्रोहिबिटेड।
जाने से पहले साहब से मिल लेना।	Please meet the manager before you leave. प्लीज़ मीट द मैनेजर बीफोर यू लिव।
क्या कंपनी के डायरेक्टर अभी नहीं आये हैं?	Has the director of the company not arrived yet? हैज द डायरेक्टर ऑफ द कम्पनी नॉट अराइव्ड येट?
मेरी मेज साफ कर दो।	Please dust my table. प्लीज़ डस्ट माइ टेबल।
आप यहाँ किस पद पर कार्यरत हैं?	At which post are you working here? ऐट ह्विच पोस्ट आर यू वर्किंग हिअर?
फैक्टरी कितने शिफ्टों में चलती है?	How many shifts are there in this factory? हाउ मेनी शिफ्ट्स आर देयर इन दिस फैक्टरी?
आज वह देर से ऑफिस आयेगा।	He will come late to the office today. ही विल कम लेट टु द ऑफिस टूडे।
रश्मि चार दिनों की छुट्टी पर है।	Rashmi is on the leave for four days. रश्मि इज ऑन द लिव सिंस फोर डेज।

चपरासी चार दिनों से काम पर नहीं आ रहा है।	The peon has not been coming to the duty since last four days. द प्यून हैज नॉट बीन कमिंग ऑन ड्यूटी सिन्स लास्ट फोर डेज।
सौरभ सात दिनों से टूर पर गया है।	Saurav is on tour since last seven days. सौरव इज ऑन टूर सिन्स लास्ट सेवन डेज।
मैंने भी इस पद के लिए आवेदन किया है।	I have also applied for this post. आइ हैव आल्सो अप्लाइड फॉर दिस पोस्ट।
मेरे ऑफिस में कम्प्यूटर ऑपरेटर का एक पद खाली है।	There is a post of computer operator vacant in my office. देअर इज अ पोस्ट ऑफ कम्प्यूटर ऑपरेटर वेकेंट इन माइ ऑफिस।
उसे रिश्वत लेने के आरोप में हटा दिया गया है।	He has been dismissed for taking bribe. ही हैज बिन डिस्मिस्ड फॉर टेकिंग ब्राइब।
इस बैंक की कार्य अवधि क्या है?	What is the working hour of this bank? वाट इज द वर्किंग आवर ऑफ दिस बैंक?
क्या तुम्हारी छुट्टियाँ मंजूर हो गई?	Is your leave application approved? इस योर लिव एप्लिकेशन अप्रूव्ड?
सोनिया इस ऑफिस में रिसेप्शनिस्ट है।	Sonia is a receptionist of the office. सोनिया इज रिसेप्शनिस्ट ऑफ द ऑफिस।
विशाल इस पद के लिए उचित उम्मीदवार है।	Vishal is the right condidate for this post. विशाल इज द राइट केन्डीडेट फॉर दिस पोस्ट।
नोटिस बोर्ड कहाँ पर है?	Where is the notice board? ह्वेयर इज द नोटिस बोर्ड?
बॉस का चेम्बर किधर है?	Where is the boss's chamber? ह्वेयर इज द बॉसेज चेम्बर?
ऑफिस में मोबाइल का प्रयोग वर्जित है।	The use of mobile phone is banned in this office. द यूज ऑफ मोबाइल फोन इज बैन्ड इन दिस ऑफिस।
फैक्टरी की कार्यविधि कितने घंटे है।	What is the working hour of this factory? ह्वाट इज द वर्किंग ऑवर ऑफ दिस फैक्टरी?
क्या यहाँ ओवर टाइम में भी काम होता है।	Is there a system of overtime here? इज देअर अ सिस्टम ऑफ ओवरटाइम हेयर?

स्मरणीय

1. ऑफिस में वार्तालाप के दौरान इस बात का ध्यान रखना विशेषतौर पर आवश्यक है कि वार्तालाप किन दो व्यक्तियों के बीच हो रहा है।
2. पाठकों को सलाह दी जाती है कि वे उपर्युक्त पाठ में दिये गये अंग्रेजी रूपांतरों के हिन्दी अर्थ समझकर ही इसे वार्तालाप के दौरान प्रयोग करें।
3. नियम रटकर न तो अंग्रेजी बोली जा सकती है और न ही लिखी जा सकती है। अंग्रेजी में वार्तालाप करने के लिए आपको इसका निरंतर अभ्यास करना होगा।

30

बधाई सम्बन्धित वाक्य (CONGRATULATIONS)

हमें अपने दैनिक जीवन में कभी न कभी बधाई सम्बन्धी वाक्यों को बोलने की आवश्यकता पड़ती है। यहाँ हम हिन्दी वाक्यों के माध्यम से अंग्रेजी भाषा में बधाई या शुभकामना की जानकारी दे रहे हैं। इन वाक्यों का अध्ययन करने के पश्चात् आप अपने दैनिक जीवन में अलग-अलग परिस्थितियों के अनुरूप बधाई सम्बन्धी वाक्यों का प्रयोग कर सकते हैं, जैसे-

जन्मदिन मुबारक हो! Happy Birthday to You! हैप्पी बर्थ डे टु यू।

☆ उपर्युक्त वाक्यों में Birthday की जगह अलग-अलग परिस्थितियों के अनुसार शब्दों का प्रयोग कर अंग्रेजी के नये वाक्य आसानी से बनाये जा सकते हैं। इन वाक्यों का अधिक से अधिक अभ्यास आपके आत्मविश्वास में सहायक सिद्ध होगा।

जन्मदिन मुबारक हो!	Happy Birthday to You! हैप्पी बर्थ डे टु यू!
शादी की पच्चीसवीं सालगिरह मुबारक हो!	Happy silver marriage anniversary to you. हैप्पी सिल्वर मैरिज एनिवर्सरी टू यू!
शुभ दशहरा!	Happy Dashehra! हैप्पी दशहरा!
शुभ दीपावली!	Happy Deepawali! हैप्पी दीपावली!
होली मुबारक हो!	Happy Holi! हैप्पी होली!
ईद मुबारक!	Happy Eid! हैप्पी ईद!
बड़ा दिन मुबारक हो!	Happy Christmas! हैप्पी क्रिसमस!
ईश्वर करें यह शुभ दिन बार-बार आये!	Many happy returns of the day! मैनी हैप्पी रिटर्न्स ऑफ द डे!
नववर्ष मंगलमय हो!	Happy New Year! हैप्पी न्यू इयर!
नववर्ष की शुभकामनाएँ!	Happy New Year! हैप्पी न्यू इयर!
नूतन वर्ष अभिनन्दन!	Warm wishes for the New Year! वार्म विशेज फॉर द न्यू इयर!
सभी मित्रों की तरफ से आपको हार्दिक बधाई!	Greetings to you on behalf of all friends! ग्रीटिंग टु यू ऑन बीहाफ ऑफ ऑल फ्रेंड्स!
पदोन्नति होने पर आपको हार्दिक बधाई!	Congratulations on your promotion! कांग्रेच्युलेशन्स ऑन योर प्रमोशन!
आपकी सफलता पर बधाई!	Congratulations on your success! कांग्रेच्युलेशन ऑन योर सक्सेस!
खुशी के मौके पर आप सबका स्वागत है!	Warm welcome to all of you on this happy occasion. वार्म वेलकम टु आल ऑफ यू ऑन दिस हैप्पी ओकेजन।

आपको जन्मदिन की शुभकामनायें!	Best wishes on the occasion of your birthday! बेस्ट विशेज ऑन दी ओकेजन ऑफ योर बर्थडे!
मेरी बधाई स्वीकार करें।	Please accept my best wishes. प्लीज़ एकसेप्ट माइ बेस्ट विशेज।
साब! मैं अपने दोस्तों की तरफ से आपका अभिनंदन कर रहा हूँ।	Sir, I am greeting you on behalf of all my friends. सर, आइ एम ग्रीटिंग यू ऑन बीहाफऑफ आल माइ फ्रेंड्स।
मुझे विश्वास है कि आप उन्नति के शिखर पर अवश्य पहुँचेंगे।	I am sure you will reach the pinnacle of success one day. आइ एम श्योर यू विल रिच द पिनकल ऑफ सक्सेज वनडे।
आपको देखकर बहुत खुशी हुई है।	I am pleased to meet you. आइ एम प्लीज्ड टु मीट यू।

स्मरणीय

1. बधाई के वाक्यों का उच्चारण करते समय हमें उत्साहपूर्वक मुस्कराते हुए बधाई के वाक्य बोलना चाहिए।
2. यदि आप भावरहित होकर बधाई के वाक्यों का प्रयोग करेंगे तो बधाई देने का उद्देश्य अधूरा रह जायेगा।
3. ऐसे वाक्यों के अन्त में विस्मयादिबोधक का चिह्न लगा होता है।

31 आज्ञा/निर्देश सम्बन्धित वाक्य (ORDER/INSTRUCTION)

हमें अपने दैनिक जीवन में प्रतिदिन आदेश सम्बन्धी वाक्यों की आवश्यकता पड़ती है। कथनात्मक और प्रश्नात्मक वाक्यों के पश्चात् आदेश सम्बन्धी वाक्य सबसे अधिक महत्त्वपूर्ण हैं। इस पाठ में हिन्दी वाक्यों के माध्यम से आदेश सम्बन्धी अंग्रेजी वाक्यों की जानकारी दी गयी है। प्रत्येक अंग्रेजी वाक्य के साथ उसके उच्चारण की भी जानकारी दी गयी है। आम बोलचाल में प्रयुक्त होने वाले तीस से अधिक आदेश सम्बन्धित वाक्य दिये गये हैं, जैसे-

संभल कर चलो। Walk carefully. वॉक केअरफुली।

☆ उपर्युक्त वाक्य में carefully की जगह दूसरे शब्द का प्रयोग कर नये वाक्य बना सकते हैं।

सारा हिसाब जोड़ लो।	Check the accounts. चेक द अकांउट्स।
सारा को टैक्सी स्टैण्ड तक छोड़ आओ।	Please drop Sara at the taxi stand. प्लीज़ ड्रॉप सारा एट द टैक्सी स्टैंड।
अपना काम करो।	Do your work. डू योर वर्क।
बाईं ओर चलो।	Keep to the left. कीप टु द लेफ्ट।
कार धीमे चलाओ।	Drive slow. ड्राइव स्लो।
नम्रतापूर्वक बातें करो।	Be polite. बी पोलाइट।
शराब मत पिओ।	Don't consume alcohol. डोंट कन्स्यूम अल्कोहल।
धूम्रपान मत करो।	Don't smoke. डोंट स्मोक।
सब कुछ तैयार रखना।	Keep everything ready. कीप एवरीथिंग रेडी।
मुझे एक गिलास गर्म दूध दो।	Give me a glass of hot milk. गिव मी अ ग्लास ऑफ हॉट मिल्क।
गर्म चाय धीमे-धीमे पियो।	Sip the hot tea slowly. सिप द हॉट टी स्लोली।
अपने आप को सुधारो।	Mind yourself. माइंड योरसेल्फ।
संभलकर चलो।	Walk carefully. वॉक केअरफुली।
मुझे प्रातः चार बजे जगा देना।	Wake up me at 4 O'clock in the morning. वेक अप मी एट फोर ओ क्लाक इन द मार्निंग।
ऐसी बातें मत करो।	Don't say like this. डोंट से लाइक दिस।
तुम वहीं रहना।	You stay there. यू स्टे देअर।
मैं जब तक न आऊँ, तुम मेरा इंतजार करना।	Wait for me until I come back. वेट फॉर मी अंटिल आइ कम बैक।
जरा सब्र करो।	Have patience. हैव पेशेन्स।
अच्छे वक्त का इंतजार करो।	Hope for good times. होप फॉर गुड टाइम्स।
शीघ्र आओ।	Come soon. कम सून।

अपना जवाब लिखकर दो।	Tender your reply in writing. टेंडर योर रिप्लाइ इन राइटिंग।
बच्चों का ध्यान रखना।	Take care of children. टेक केअर ऑफ द चिल्ड्रेन।
मरीज की निगरानी रखना।	Look after the patient. लुक आफ्टर द पेशेंट।
फिर कभी मिलना।	Let's meet again. लेट्स मीट अगेन।
पर्दा गिरा दो।	Draw the curtain. ड्रा द कर्टन।
दरवाजा खोल दो।	Open the door. ओपन द डोर।
यह बात मुझे समय पर याद दिलाना।	Remind me about this at appropriate time. रीमाइंड मी अबाउट दिस एट एप्रोप्रियट टाइम।
मुझे कल इसकी याद दिलाना।	Remind me about this tomorrow. रीमाइंड मी अबाउट दिस टुमॉरो।
बाद में आना।	Come later. कम लैटर।
सदा सच बोलो	Always speak the truth. आलवेज स्पीक द ट्रुथ।
झूठ मत बोलो	Don't tell a lie. डोंट टेल अ लाइ।
तैयार रहना।	Be ready. बी रेडी।
बिजली जला दो।	Put on the light. पुट ऑन द लाइट।
देर मत करो।	Don't delay. डोंट डिले।
दूसरों की नकल मत करो।	Don't copy others. डोंट कॉपी अदर्स।
मुझे खबर देना मत भूलना।	Don't forget to inform me. डोंट फॉरगेट टु इन्फार्म मी।
चिट्ठी पोस्ट कर दो।	Post the letter. पोस्ट द लेटर।
खाने के पहले हाथ जरूर धोओ।	Wash your hands before dinner. वाश योर हैंडस् बिफोर डिनर।
भविष्य में ऐसा मत करना।	Don't do so in future. डोंट डू सो इन फ्यूचर।
बुरी आदतें त्याग दो।	Give up bad habits. गिव अप बैड हैबिट्स।
दाँतों को ब्रश करो।	Brush your teeth. ब्रश योर टीथ।
मूर्ख मत बनो।	Don't be silly. डोंट बी सिली।
कम्प्यूटर रीसेट करो।	Reset the computer. रीसेट द कम्प्यूटर।
समय बरबाद मत करो।	Don't waste time. डोंट वेस्ट टाइम।
समय पर काम करो।	Work on time. वर्क ऑन टाइम।
प्रत्येक वस्तु क्रम से रखो।	Arrange everything in order. अरेंज एवरीथिंग इन ऑर्डर।
मूर्ख मत बनो।	Don't be stupid. डोंट बी स्टूपिड।
अच्छे समय की आशा करो।	Hope for good times. होप फॉर गुड टाइम।
फिर कभी आकर मिलना।	Come and see me after sometime. कम एंड सी मी आफ्टर समटाइम।
चलो, देर हो रही है।	Move, we are getting late. मूव वी आर गेटिंग लेट।
अपना काम देखो।	Please mind your business. प्लीज माइंड योर बिजनेस।
इसे लिख लो।	Note this down. नोट दिस डाउन।
बड़ों का आदर करो।	Respect your elders. रिस्पेक्ट योर इल्डर्स।

भविष्य में ऐसा मत करना।	Let this not happen in future. लेट दिस नॉट हैपन इन द फ्यूचर।
इस रेजगारी को रखो।	Keep the change. कीप द चेन्ज।
समय का पालन करो।	Be punctual. बी पंक्चुअल।
तुम क्या समझते हो ?	What do you think? ह्वाट डू यू थिंक?
इसको उधर/वहाँ रखो।	Keep it there. कीप इट देयर।
फौरन आओ।	Come fast. कम फास्ट।
आपको क्या मालूम है?	What do you know? ह्वाट डू यू नो?
धीरे जाओ।	Go slow. गो स्लो।
जल्दी जाओ।	Go quickly. गो क्विक्ली।
इसे/इसको संभालिये।	Take care of this. टेक केअर ऑफ दिस।
चुपचाप रहो।	Keep quiet कीप क्वाइट।
यहाँ/इधर आओ।	Come here. कम हिअर।
खामोश।	Keep quiet. कीप क्वाइट।
यहाँ/इधर देखो।	Look this side. लुक दिस साइड।
देखो/देखिए।	See/Look. सी/लुक।
हटो/हठिए।	Move away. मूव अवे।
हटाइए।	Remove. रिमूव।
कोशिश करो।	Keep trying. कीप ट्राइंग।
तैयार रहिए।	Be ready. बी रेडी।
यह खाओ।	Eat this. इट दिस।
उसको छोड़ो।	Spare that. स्पेअर दैट।
इसको छोड़ दो।	Leave it out. लीव इट आउट।
धीरे-धीरे चलो।	Move slowly. मूव स्लोली।
तुम यहाँ रुको।	Wait here. वेट हिअर।
सोच समझकर बोलो।	Speak with care. स्पीक विद केअर।
देखकर चलो।	Walk carefully. वाक केअरफुली।
भूलना मत/मत भूलो।	Don't forget. डोंट फॉरगेट।
बोलना मत/मत बोलो।	Don't speak. डोंट स्पीक।
मत बताना।	Don't tell. डोंट टेल।
उन्हे तंग मत करो।	Don't irritate him. डोंट इरिटेट हिम।
असली बात बताओ।	Tell the truth. टेल द ट्रूथ।
देर से मत जाना।	Don't get delayed. डोंट गेट डिलेयड।
मुझे परेशान मत करो।	Don't irritate me. डोंट इरिटेट।
मुझे जाने दो।	Let me go. लेट मी गो।
वापस जाइए।	Go back. गो बैक।

पढ़ो, लिखो आगे बढ़ो। Read, write and move ahead. रीड एंड मूव अहेड।
आप थोड़ा समझ लेना। You should try to understand. यू शुड ट्राई टु अंडरस्टैंड।
तुम मुझे समझाओ। Guide me. गाइड मी।

स्मरणीय

प्रस्तुत पाठ में Order/Instruction (आज्ञा/निर्देश) के वाक्य दिये गये हैं, जिनका Daily Life (दैनिक जीवन) में बहुतायत प्रयोग होता है। उपर्युक्त अंग्रेजी वाक्यों के हिन्दी अर्थ समझकर अपने Friends (मित्रों) या Relatives (सगे-सम्बन्धियों) के साथ इन्हें बोलने का अभ्यास कर, Speaking (बोलचाल) में प्रवीणता लायें।

32 प्रोत्साहन सम्बन्धित वाक्य (ENCOURAGEMENT)

दैनिक जीवन में किसी को प्रोत्साहित करना आपस के वार्तालाप का एक हिस्सा है। इस पाठ में प्रोत्साहन से सम्बन्धित हिन्दी वाक्यों के माध्यम से अंग्रेजी वाक्यों की जानकारी दी गयी है। प्रत्येक अंग्रेजी वाक्य के साथ उसके हिन्दी उच्चारण की भी जानकारी दी गयी है, जैसे-

मुझे तुम पर गर्व है। I am proud of you. आइ एम प्राउड ऑफ यू।

☆ पाठकों को सलाह दी जाती है कि समय और परिस्थिति के अनुसार उपर्युक्त अंग्रेजी वाक्य की जगह दूसरे वाक्यों का प्रयोग करें।

हिचकिचाओ नहीं/मत।	Don't hesitate. डोंट हेजिटेट।
कोई बात नहीं।	Doesn't matter. डज नॉट मैटर।
मेरी चिन्ता मत करो।	Don't worry for me. डोंट वरी फॉर मी।
जिस चीज की जरूरत हो वह ले जाओ।	You may borrow things you need. यू मे बारो थिंग्स यू नीड।
फिक्र करने की कोई बात नहीं है।	Don't worry. डोंट वरी।
विश्वास रखो।	Have faith. हैव फेथ।
बच्चों की तरह मत रोओ।	Don't cry like a child. डोंट क्राइ लाइक अ चाइल्ड।
कोई कठिनाई हो तो मुझे बताओ।	Tell me if you face any problem. टेल मी इफ यू फेस एनी प्रॉब्लम।
मुझे तुम पर गर्व है।	I am proud of you. आइ एम प्राउड ऑफ यू।
तुम बेकार में परेशान हो रहे हो।	You are unnecessarily worrying. यू आर अननेसेसरिली वरीइंग।
तुमने बहुत साहस का काम किया है।	Bravado! You have done a great job. ब्रेवेडो! यू हैव डन अ ग्रेट जॉब।
शाबाश!	Well done! वेल डन!
रीता का काम तारीफ के काबिल है।	Rita's work is commendable. रीताज वर्क इज कमेन्डेबल।
तुम कितने अच्छे हो।	How nice of you. हाउ नाइस ऑफ यू।
तुमने मेरी बड़ी सहायता की है।	You have helped me a lot. यू हैव हेल्पड मी ए लॉट।
विश्वास रखिए।	Rest assured. रेस्ट अश्योर्ड।
तुम्हें चिंता किस बात की है?	What's bothering you? वाटस बॉदरिंग यू?
डरो मत।	Don't be scared. डोन्ट बी स्कअर्ड।
मुझे इसकी परवाह नहीं।	I am not bothered about it. आइ एम नॉट बॉदर्ड अबाउट इट।
जिस चीज की जरूरत पड़े वह ले लेना।	Take whatever you need. टेक वॉटेवर यू नीड।

चिंता न करें, हम आपके साथ हैं।	Don't worry, I am with you. डोंट वरी, आइ एम विद यू।
हिचकिचाएँ नहीं मुझे बतायें।	Don't hesitate, tell me. डोंट हेजिटेट, टेल मी।
तुम यह कर सकते हो।	You can do it. यू कैन डू इट।
ईश्वर उनकी सहायता करता है, जो स्वयं अपनी सहायता करते हैं।	God help those who help themselves. गॉड हेल्प दोज हू हेल्प देमसेल्व्ज।

स्मरणीय

उपर्युक्त पाठ में Encouragement (प्रोत्साहन) से सम्बन्धित वाक्य दिये गये हैं, जिनका आज के दैनिक जीवन में उचित समय पर प्रयोग होता है। आप अंग्रेजी रूपांतरों के हिन्दी अर्थ समझकर अपने मित्रों अथवा रिश्तेदारों के साथ इन्हें बोलने का निरंतर अभ्यास करें। इन वाक्यों को निरंतर अभ्यास करने से आपके आत्मविश्वास में अवश्य वृद्धि होगी।

33 सांत्वना सम्बन्धित वाक्य
(CONSOLATION)

हमें अपने दैनिक जीवन में कभी न कभी किसी मित्र या सगे-सम्बन्धियों के दुःख की बेला में सांत्वना व्यक्त करने की आवश्यकता पड़ती है। इस पाठ में हिन्दी वाक्यों के माध्यम से सांत्वना सम्बन्धी अंग्रेजी वाक्यों की जानकारी दी गयी है। प्रत्येक अंग्रेजी वाक्य के साथ उसके उच्चारण की भी जानकारी दी गयी है, जैसे–

मेरी सहानुभूति आपके साथ है। My sympathy with you. माइ सिम्पैथी विद यू।

★ पाठक उपर्युक्त वाक्य की जगह समय और परिस्थिति के अनुसार सांत्वना व्यक्त करने वाले दूसरे वाक्यों का प्रयोग कर सकते हैं।

बड़े अफसोस की बात है।	It is very sad. इट इज वेरी सैड।
ईश्वर को यही मंजूर था।	It was God's will. इट वाज गाड्स विल।
भगवान पर भरोसा रखो, संकट टल जायेगा।	Trust God! Hard time will pass. ट्रस्ट गॉड हार्ड टाइम विल पास।
ईश्वर तुम्हें इस संकट से उबरने की शक्ति दे।	May God give you strength to overcome this difficult time. मे गाड गिव यू स्ट्रेंथ टु ओवर कम दिस डिफीकल्ट टाइम।
आपके पिता के देहांत पर हम दुःखी हैं।	We are deeply grieved at the death of your father. वी आर डीपली ग्रीव्ड एट द डेथ ऑफ योर फादर।
संसार का यही नियम है।	This is the way the world moves. दिस इज द वे द वर्ल्ड मुव्स्।
इस दुःखद घड़ी में हम सभी आपके प्रति अपनी संवेदना प्रकट करते हैं।	We offer our heartfelt condolences to you at this juncture. वी ऑफर अवर हर्ट फेल्ट कन्डोलेंसिज टु यू एट दिस जंक्चर।
बड़ी दुःखद घटना है।	It is very sad news. इट इज वेरी सैड न्यूज।
हिम्मत नहीं हारें।	Please don't lose heart. प्लीज़ डोंट लुज हार्ट।
आपकी असफलता पर अफसोस है।	I am sorry for your failure. आइ एम सॉरी फॉर योर फेल्योर।
हम आपके साथ हैं।	We all are with you. वी ऑल आर विद यू।
मेरी सहानुभूति आपके साथ है।	My sympathy with you. माइ सिम्पैथी विद यू।
यह सुनकर मुझे बड़ा दुःख हुआ।	I felt sorry to hear this. आइ फेल्ट सॉरी टु हीअर दिस।
ईश्वर इस क्षति को सहन करने की शक्ति प्रदान करें।	May God give you strength to bear this loss. मे गॉड गिव यू स्ट्रेंग्थ टू बेर दिस लॉस।

उन्हें सांत्वना दो।	Consol him/her. कन्सोल हिम/हर।
जिस कष्ट को इलाज नहीं हो सकता, उसे सहना ही पड़ता है।	What cannot be cured must be endured. वॉट कैननाट बी क्योर्ड मस्ट बी एन्ड्योर्ड।
ईश्वर पर भरोसा रखो संकट टल जायेगा।	Have faith in God, misfortune will pass. हैव फेथ इन गॉड, मिस्फॉर्च्यून विल पास।

स्मरणीय

1. पाठकों को सलाह दी जाती है कि वे किसी के दुःख में शामिल होते समय Consolation (सांत्वना) सम्बन्धी अंग्रेजी वाक्यों का प्रयोग करें। उस समय आपकी भाव-भंगिमा गंभीर होनी चाहिए। जिससे पीड़ित व्यक्ति को महसूस हो कि आप उसके दुःख में सचमुच सहभागी हैं।
2. सांत्वना प्रकट करने वाले ये शब्द परस्पर सम्बन्धों को और भी मजबूत और दृढ़ बनाते हैं।

34 प्रशंसा सम्बन्धित वाक्य (PRAISE)

हमारे दैनिक जीवन में कोई न कोई ऐसा अवसर अवश्य आता है, जब हम अपने मित्रों, परिवार के सदस्यों, सगे-सम्बन्धियों या कई बार अपरिचित व्यक्ति के भी सराहनीय कार्यों के लिए उनकी प्रशंसा करते हैं। इस पाठ में हिन्दी वाक्यों के माध्यम से प्रशंसा सम्बन्धी अंग्रेजी रूपांतरों की जानकारी दी गयी है। प्रत्येक अंग्रेजी वाक्यों के साथ उनके सटीक उच्चारण की जानकारी भी दी गयी है, जैसे-

तुम कितने अच्छे आदमी हो। How nice a person are you? हाउ नाइस अ पर्सन आर यू?

★ पाठक उपर्युक्त वाक्य की जगह समय और परिस्थिति के अनुसार प्रशंसा सम्बन्धी दूसरे वाक्यों की रचना कर सकते हैं।

आपने अच्छा किया।	You did a good job. यू डिड अ गुड जॉब।
वह अच्छा है।	He is fine. ही इज फाइन।
वह दृश्य देखकर मैं खुश हुआ।	I felt happy looking at that. आइ फेल्ट हैप्पी लुकिंग एट दैट।
तुम सच बोलते हो।	Do you tell the truth. डू यू टेल द ट्रुथ।
तुम कितने अच्छे आदमी हो!	How nice a person are you! हाउ नाइस अ पर्सन आर यू!
वह औरत सुन्दर है।	She is a good-looking lady. शी इज अ गुड लुकिंग लेडी।
मुझे वह बहुत पसंद है।	I like him very much. आइ लाइक हिम वेरी मच।
आपने यह काम इतनी जल्दी कैसे कर दिया?	How could you do this job so fast? हाउ कुड यू डू दिस जॉब सो फास्ट?
आपने जो सेवा की उसे मैं जिंदगी भर याद करूँगा।	I will remain grateful to you for your service. आइ विल रिमेन ग्रेटफुल टु यू फॉर यूअर सर्विस।
आप जैसा कोई बात नहीं कर सकता है।	No one can talk the way you do. नो वन कैन टाक द वे यू डू।
भगवान की कृपा से आप मुझे मिल गये।	Thank God, I could meet you. थैंक गॉड आइ कुड मीट यू।
अच्छी तरह बात करने के लिये भी भगवान की कृपा चाहिए।	To talk well, you need God's grace. टु टाक वेल, यू नीड गॉड्स ग्रेस।
उस औरत के बाल कितने लंबे हैं?	How long hair that lady has? हाऊ लाँग हेअर दैट लेडी हैज?
तुम्हारे साथ बैठना कितना अच्छा है!	How nice it is to sit here with you! हाउ नाइस इट इज टु सिट हिअर विद यू!

वह कितनी मोहक है!	How charming she is! हाउ चार्मिंग शी इज!
उसकी आँखें कितनी सुंदर हैं!	What pretty eyes she has got! वाट प्रेटी आइज शी हैज गॉट!
यह कितना आकर्षक विचार है!	What a fascinating idea it is! वाट ए फैसिनेटिंग आइडिया इट इज!
मैं आपका एहसान मानता हूँ।	I acknowledge your obligation. आइ एकनॉलेज योर ओबलिगेशन।
मुझ पर आपका सदा आभार रहेगा।	I shall always be under your obligation. आइ शैल आलवेज बी अंडर योर ओबलिगेशन।
कितना शानदार प्रदर्शन है!	What a grand show! वॉट अ ग्रांड शो!
कितनी अच्छी सूझबूझ है!	What an idea! वॉट एन आइडिया!
बड़ी खुशी की बात है!	How joyful! हाउ जॉयफुल!
कितनी शानदार विजय है!	What a great victory! वॉट अ ग्रेट विक्ट्री
तुमने बड़े साहस का काम किया है।	That was very brave of you. दैट वाज वेरी ब्रेव ऑफ यू।
कमाल कर दिया।	That's wonderful. दैट्स वन्डरफुल।
तुम्हारा काम तारीफ के काबिल है।	Your work is praiseworthy. योर वर्क इज प्रेजवर्दी।
आपने मेरी बड़ी सहायता की।	You have been a great help to me. यू हैव बीन अ ग्रेट हेल्प टु मी।

स्मरणीय

1. पाठकों को सलाह दी जाती है कि वे उपर्युक्त Praise (प्रशंसा सम्बन्धी) अंग्रेजी वाक्यों के हिन्दी अर्थ समझकर अपने मित्रों या सगे-सम्बन्धियों के साथ इसे बोलने का अभ्यास करें। अंग्रेजी वाक्यों को बोलने का निरंतर अभ्यास करने से उनके आत्मविश्वास में वृद्धि होगी।
2. प्रशंसा से सम्बन्धित वाक्यों का उच्चारण धीमे स्वर में तथा मुस्कराकर करना चाहिए।

35 क्षमा याचना/खेद प्रदर्शन (APOLOGY)

हमें अपने दैनिक जीवन में कई बार मित्रों या सगे-सम्बन्धियों की गलतियों या भूलों को क्षमा करने की भी आवश्यकता पड़ती है। इस पाठ में हिन्दी वाक्यों के माध्यम से क्षमा सम्बन्धी अंग्रेजी वाक्यों की जानकारी दी गयी है। प्रत्येक अंग्रेजी वाक्य के साथ उसके हिन्दी उच्चारण की भी जानकारी दी गयी है। जैसे–

मुझे माफ कर दें। I am sorry. आइ एम सॉरी।

★ पाठक उपर्युक्त वाक्य की तरह समय और परिस्थिति के अनुसार प्रशंसा सम्बन्धी दूसरे वाक्यों का प्रयोग कर सकते हैं।

मुझे माफ कर दें।	I am sorry. आइ एम सॉरी।
बेटे, मुझे दुःख है।	My son, I am sorry. माइ सन, आइ एम सॉरी।
श्रीमान् मुझे खेद है।	I am sorry, sir. आइ एम सॉरी, सर।
मुझे बहुत दुःख है।	I am really sorry. आइ एम रीअली सॉरी।
मम्मी, वास्तव में मुझे बहुत दुःख है।	Mummy, I am really very sorry. मम्मी, आइ एम रीअली वेरी सॉरी।
मेरी तरफ से उनसे माफी/क्षमा माँग लेना।	Beg pardon of them on my behalf. बेग पार्डन ऑफ देम ऑन माइ बिहाफ।
इस असुविधा के लिए मुझे खेद है।	I am sorry for this inconvenience. आइ एम सॉरी फॉर दिस इनकान्वीनिअंस।
मुझे वास्तव में बहुत दुःख है।	I am very sorry. आइ एम वेरी सॉरी।
आप बुरा न मानें।	Please don't mind. प्लीज़ डोंट माइंड।
मैं तो मजाक कर रहा था।	I was just joking. आइ वाज जस्ट जोकिंग।
मुझे माफ कीजिए, मैं समय पर नहीं आ सका।	I am sorry, I got late. आइ एम सॉरी, आइ गॉट लेट।
कोई गलती हो गई हो तो क्षमा करना।	Pardon me if I have erred somewhere. पार्डन मी इफ आइ हैव अर्ड समह्वेयर।
बीच में बोलने के लिए मुझे माफ करें।	I am sorry for interrupting you. आइ एम सॉरी फॉर इन्टरप्टिंग यू।
यह अनजाने में हुआ।	It was done unknowingly. इट वाज डन अननोइंगली।
माफ कीजिए, मैं आपको टेलीफोन नहीं कर सका।	Sorry, I could not call you. सॉरी, आइ कुड नॉट काल यू।
यह आपका दोष नहीं था।	It was not your fault. इट वाज नॉट योर फॉल्ट।
मुझे अफसोस है कि आपको इतनी देर तक मेरा इंतजार करना पड़ा।	I am sorry to have kept you waiting so long. आइ एम सॉरी टु हैव केप्ट यू वेटिंग सो लांग।

अगर अनजाने में मैंने आपको कोई दुःख पहुँचाया तो मुझे इसका अफसोस है।	I am very sorry if I have unknowingly hurt you. आइ एम वेरी सॉरी इफ आइ हैव अननोइंगली हर्ट यू।
यह गलती से हो गया।	It was done by mistake. इट वाज डन बाइ मिस्टेक।
आप चिंता न करें, कोई हानि नहीं हुई।	Don't worry, no harm is done. डोंट वरी, नो हार्म इज डन।
वास्तव में तुम्हारी गलती नहीं थी।	Indeed it was not your fault. इन्डीड इट वाज नॉट योर फॉल्ट।
मैं तुम्हें कभी माफ नहीं करूँगी।	I will never forgive you. आइ विल नेवर फॉरगिव यू।
उसने यह बात मजाक में कहा था।	He said it light heartedly. ही सेड इट लाइट हार्टेडली।
क्षमा करें, मुझसे गलती हो गई।	Excuse me, I did mistake. एक्सक्यूज मी, आइ डिड मिस्टेक।
मुझे अफसोस है।	I am sorry. आइ एम सॉरी।
आप मेरी बातों का बुरा मत मानें।	Don't feel sorry for what I said. डोंट फील सॉरी फोर ह्वाट आइ सेड।
मुझे यह सब जानकर बहुत दुःख हुआ।	I was pained to hear this. आइ वाज पेन्ड टु हिअर दिस।
बीच में बोलने के लिए मुझे माफ करें।	Pardon me for interrupting you. पार्डन मी फॉर इन्टरप्टिंग यू।
माफी मत माँगिए, कोई बात नहीं।	Don't feel sorry it doesn't matter. डोंट फील सॉरी इट डज नॉट मेटर।
अनजाने में, मैंने कोई दुःख पहुँचाया हो तो मुझे खेद है।	I regret if I have caused inconvenience to you unknowingly. आइ रिग्रेट इफ आइ हैव काउज्ड इनकान्वीनिअंस टु यू अननोइगली।
गलती आपकी नहीं थी।	It was not your fault. इट वाज नॉट योर फाल्ट।
इतनी देर इंतजार कराने के लिए माफी चाहता हूँ।	I feel sorry for having kept you waiting for long. आइ फील सॉरी फॉर हैविंग केप्ट यू वेटिंग फॉर लोंग
मुझे माफ कर दीजिए।	Excuse me. एक्सक्यूज मी।
गुस्सा करना बेकार है।	It is no use to give vent to anger. इट इज नो यूज टु गिव वेन्ट टु ऐंगर।
मैं क्षमाप्रार्थी हूँ।	I apologise. आइ अपॉलॉजाइज।
मैंने मिलने का समय दिया था, परन्तु मैं आ नहीं सका, मुझे माफ करें।	I'm sorry, I couldn't make it that day. आईम सॉरी, आई कुडन्ट मेक इट दैट डे।
कष्ट के लिए क्षमा करें।	Sorry for the inconvenience. सॉरी फार द इन्कन्वीन्यन्स।
खेद है, मेरी वजह से आपको कष्ट हुआ।	I'm sorry, you had to suffer because of me. आइम वेरी सॉरी, यू हैड टु सफर बिकॉज ऑफ मी।
मुझे यह सुनकर बड़ा दुःख हुआ।	I'm very sorry to hear this. आइम वेरी सॉरी टु हियर दिस।

स्मरणीय

1. पाठकों को सलाह दी जाती है कि उपर्युक्त अंग्रेजी वाक्यों के हिन्दी अर्थ भलीभाँति समझकर प्रत्येक अंग्रेजी वाक्यों के साथ दिये गये हिन्दी उच्चारण का शुद्ध-शुद्ध उच्चारण करें। इन वाक्यों का बार-बार अभ्यास करने से आत्मविश्वास में वृद्धि होगी।

2. यदि कोई व्यक्ति आपसे क्षमा माँगता है अथवा खेद व्यक्त करता है, तो इस अवसर पर निम्न वाक्यों का प्रयोग करना उचित रहता है।
    a. चिंता न करें। Dont't worry डोंट वरी।
    b. सब ठीक है। It's O.K. इट्स ओ.के।

3. क्षमा माँगते या क्षमा देते समय अपना स्वर विनम्र बनायें रखें।

36 साक्षात्कार सम्बन्धित वाक्य (INTERVIEW)

करियर की तलाश में प्रत्येक व्यक्ति को जीवन में कभी न कभी Interview (साक्षात्कार) देने की आवश्यकता पड़ती है। इस पाठ में हिन्दी के माध्यम से साक्षात्कार सम्बन्धी वाक्यों की जानकारी दी गयी है। प्रत्येक अंग्रेजी वाक्य के साथ उसके उच्चारण की भी जानकारी दी गयी है। जैसे–

इन्टरव्यू कितने बजे प्रारम्भ होगा? When will the interview begin? ह्वेन विल द इंटरव्यू बिगिन?

☆ पाठक उपर्युक्त वाक्य की तरह अन्य वाक्यों का अभ्यास कर सकते हैं।

इन्टरव्यू कितने बजे प्रारम्भ होगा?	When will the interview begin? ह्वेन विल द इंटरव्यू बिगिन?
क्या साक्षात्कार शुरू हो गया है?	Has the interview begun? हैज द इंटरव्यू बिगन?
मेरा नाम हर्षवर्धन है, अभी बुलाया तो नहीं।	I am Harshvardhan. Hope I have not been called in yet. आइ एम हर्षवर्धन, होप आइ हैव नॉट बीन काल्ड इन ऐट।
मैं इन्टरव्यू के लिए उपस्थित हूँ।	I am present for the interview. आइ एम प्रजेंट फॉर द इन्टरव्यू।
महाशय, क्या मैं अन्दर आ सकता हूँ?	Sir, may I come in? सर, मे आइ कम इन?
नमस्ते, महाशय मेरा नाम हर्षवर्धन है।	Good morning sir, my name is Harshvardhan. गुड मार्निंग सर, माइ नेम इज हर्षवर्धन।
मैंने डी.टी.पी. ऑपरेटर पद के लिए आवेदन किया है।	I have applied for the post of D.T.P. operator. आइ हैव अप्लाइड फॉर द पोस्ट ऑफ डी.टी.पी. ऑपरेटर।
मैंने एनआइआइटी दिल्ली से ट्रेनिंग ली है।	I got trained at NIIT Delhi. आइ गोट ट्रेन्ड एट एनआइआइटी डेल्ही।
मैंने ग्रेजुएशन किया है।	I am a graduate. आइ एम ए ग्रेजुएट।
मेरे विषय इतिहास और राजनीतिशास्त्र हैं।	My subjects are History and Political Science. माइ सब्जेक्ट्स आर हिस्ट्री एण्ड पोलिटिकल साइंस।
मुझे कम्प्यूटर में तीन साल का अनुभव है।	I have three years of experience in computer. आइ हैव थ्री यिअर्स ऑफ एक्सपीरियंस इन कम्प्यूटर।
मेरा शौक कला और संगीत है।	My hobby is art and music. माइ हॉबी इज आर्ट एण्ड म्यूजिक।
मैं एक प्रकाशन संस्थान में पिछले दो वर्षों से कार्यरत हूँ।	I have been working in a publication house for last two years. आइ हैव बिन वर्किंग इन ए पब्लिकेशन हाउस फॉर लास्ट टु यिअर्स।

मुझे पढ़ाने में रुचि है।	I have interest in teaching. आइ हैव इंट्रेस्ट इन टीचिंग।
मैंने दिल्ली विश्वविद्यालय से एम.ए. किया है।	I have done M.A. from Delhi University. आइ हैव डन एम ए फ्रॉम डेल्ही यूनिवर्सिटी।
क्या मैं यहाँ बैठ सकता हूँ?	May I sit here? मे आइ सिट हिअर?
आपकी मदद के लिए धन्यवाद!	Thanks for your help! थैंक्स फॉर योर हेल्प!
मैं आपकी कैसे मदद कर सकता हूँ?	How can I help you? हाउ कैन आइ हेल्प यू?
क्या आपने वहाँ नौकरी छोड़ दी है?	Have you left the job? हैव यू लेफ्ट द जॉब?
जी नहीं, पर अब मैं नौकरी बदलना चाहता हूँ।	No, but I am looking for a chance now. नो, बट आइम लुकिंग फॉर अ चान्स नाऊ।
अब नौकरी क्यों बदलना चाहते हैं?	But, why are you looking for a chance. बट वाई आर यू लुकिंग फॉर अ चान्स?
वह जगह बहुत दूर है। इसके अलावा वेतन भी काफी नहीं है।	The place is very far. Besides the salary is not enough. द प्लेस इज वेरी फॉर। बिसाइड्स द सैलरी इज नॉट इनफ।
आप कितने वेतन की आशा करते हैं?	What salary do you expect? वॉट सैलरी डू यू इक्स्पेक्ट?
क्या आप अंग्रेजी में बातचीत कर सकते हैं?	Can you communicate in English? कैन यू कम्यूनीकेट इन इंग्लिश?
जी हाँ, बिल्कुल।	Of course, I can. ऑफ कोर्स आइ कैन।
हम जल्दी ही आपको बतायेंगे।	We will let you know soon. वी विल लेट यू नो सून।

स्मरणीय

1. पाठकों को सलाह दी जाती है कि वे उपर्युक्त अंग्रेजी रूपांतरों के हिन्दी अर्थ समझकर इसे साक्षात्कार में प्रयोग करने के पूर्व मित्रों या सगे-सम्बन्धियों के साथ इसे बोलने का नियमित रूप से अभ्यास करें।
2. Interview (साक्षात्कार) जीवन का सबसे महत्त्वपूर्ण अवसर होता है, इसलिए इस दौरान पूछे गये प्रत्येक प्रश्नों के सटीक उत्तर देने के साथ आपका विनम्र बने रहना आवश्यक है।

37 चेतावनी सम्बन्धित वाक्य (WARNING)

घर हो या ऑफिस कई बार किसी कार्य को ढंग से करने या नहीं करने के लिए मित्रों, सहयोगियों या बच्चों को चेतावनी देना एक सामान्य-सी बात है। इस पाठ में हिन्दी वाक्यों के माध्यम से चेतावनी सम्बन्धी अंग्रेजी वाक्यों की जानकारी दी गयी है। प्रत्येक अंग्रेजी वाक्य के आगे उसके उच्चारण की जानकारी दी गयी है। जैसे–

यहाँ गाड़ी खड़ी मत कीजिए। No parking here. नो पार्किंग हिअर।

☆ पाठक उपर्युक्त वाक्य की तरह चेतावनी से सम्बन्धित अन्य वाक्यों का अभ्यास कर सकते हैं।

बायीं ओर चलिए।	Keep to the left side. कीप टु द लेफ्ट साइड।
यहाँ गाड़ी खड़ी मत कीजिए।	No parking here. नो पार्किंग हिअर।
धीरे चलिए।	Drive slowly. ड्राइव स्लोली।
घास पर मत चलिये।	Keep off the grass. कीप ऑफ द ग्रास।
केवल महिलाओं के लिए।	For ladies only. फॉर लेडिज ओनलि ।
फोटो लेना मना है।	Photography is prohibited. फोटोग्राफी इज प्रोहिबिटेड।
यहाँ धूम्रपान न करें।	Don't smoke here. डोंट स्मोक हिअर।
आगे खतरनाक मोड़ है।	Dangerous turn ahead. डेंजरस टर्न अहेड।
किराये के लिए मकान खाली है।	To let. टु लेट।
सड़क पार करने के लिए पहले दायें और बायें देख लीजिए।	Before crossing the road, see right and left. बिफोर क्रॉसिंग द रोड, सी राइट एण्ड लेफ्ट।
एक पंक्ति में खड़े हो जायें।	Please stand in a queue. प्लीज़ स्टैंड इन अ क्यू।
बिना टिकट मात्रा करना जुर्म है।	It is crime to travel without ticket. इट इज क्राइम टु ट्रवेल विदाउट टिकट।
चलती हुई बस में चढ़ना खतरनाक है।	It is dangerous to board a running bus. इट इज डेंजरस टु बोर्ड ए रनिंग बस।
बुजुर्गों और महिलाओं को जगह दीजिए।	Offer space to women and elderly. ऑफर स्पेस टु वुमेन एंड एल्डरली।
खतरे की स्थिति में जंजीर खींचें।	Please pull the chain during emergency. प्लीज़ पुल द चेन ड्यूरिंग इमरजेंसी।
आगे रास्ता बन्द है।	Road closed ahead. रोड क्लोज्ड अहेड।
यह आम रास्ता नहीं है।	This is not a public road. दिस इज नॉट ए पब्लिक रोड।
यहाँ इश्तहार लगाना मना है।	Stick no bills. स्टिक नो बिल्स।
फूल तोड़ना मना है।	Plucking flower is prohibited. प्लकिंग फ्लावर इज प्रोहिबिटेड।

कुत्तों से सावधान।	Beware of dogs. बीवेयर ऑफ डॉग्स।
आगे स्कूल है।	There is a school ahead. देयर इज ए स्कूल अहेड।
अच्छी बात सीखें।	Follow good manners. फॉलो गुड मैनर्स।
उसे विदा करो।	See him off. सी हिम ऑफ।
उसे मत चिढ़ाओ।	Don't tease her. डोंट टीज हर।
जल्दी परोसो।	Serve fast. सर्व फास्ट।
फर्श पर मत थूको।	Do not spit on the floor. डोंट स्टिप ऑन द फ्लोर।
पन्नों के कोने न मोड़ो।	Don't turn the corners of the pages. डोंट टर्न द कार्नर्स ऑफ द पेजेज।
काम करते हुए मत ऊँघों।	Don't doze while working. डोंट डोज वाइल वर्किंग।
नंगे पैर बाहर मत जाओ।	Don't go out barefoot. डोंट गो आउट बेयरफुट।
दूसरों पर निर्भर मत रहो।	Don't depend on others. डोंट डिपेंड ऑन अदर्स।
पुस्तक पढ़ते समय हाथ हमेशा साफ रखो।	Handle a book with clean hands. हैंडल अ बुक विद क्लीन हैंड्ज।

स्मरणीय

पाठकों को सलाह दी जाती है कि वे चेतावनी सम्बन्धित अंग्रेजी रूपांतरों के हिन्दी अर्थ भलीभाँति समझकर अपने मित्रों या सगे-सम्बन्धियों के साथ चेतावनी सम्बन्धी वाक्यों का अभ्यास करें। इस तरह के वाक्य साधारण बातचीत में अकसर उपयोग में आते हैं।

38 क्रोध सम्बन्धित वाक्य (ANGER)

क्रोध करना मनुष्य का स्वभाव है। इस पाठ में Anger (क्रोध) से सम्बन्धित हिन्दी वाक्यों के अंग्रेजी वाक्य दिये गये हैं। प्रत्येक अंग्रेजी वाक्य के साथ उसके उच्चारण की भी जानकारी दी गयी है। इन वाक्यों का ध्यानपूर्वक अध्ययन करने के पश्चात् दैनिक बोलचाल में प्रयोग करें। जैसे–

मैंने आपका क्या बिगाड़ा है? What harm have I done to you? ह्वाट हार्म हैव आइ डन टु यू?

☆ पाठक उपर्युक्त वाक्य की तरह अन्य वाक्यों की रचना कर सकते हैं।

आप मुझ पर क्यों गुस्सा कर रहे हैं?	Why are you angry on me? वाई आर यू एंग्री ऑन मी?
मैंने आपका क्या बिगाड़ा है?	What harm have I done to you? ह्वाट हार्म हैव आइ डन टु यू?
तुम्हें खुद को सुधारना पड़ेगा।	You have to mend yourself. यू हैव टु मेंड योरसेल्फ।
आप होश में तो हैं?	Are you in your senses? आर यू इन योर सेंसज?
तुम व्यर्थ में झगड़ा कर रहे हो?	Why are you unnecessarily quarrelling? ह्वाइ आर यू अननेससेरली क्वॉयरलिंग?
बात को अधिक न बढ़ाओ।	Don't stretch the matter further. डोंट स्ट्रेच द मैटर फर्दर।
भाड़ में जाओ।	Go to hell. गो टु हेल।
मेरी आँखों से दूर चले जाओ।	Get lost. गेट लॉस्ट।
यहाँ दोबारा मत आना।	Don't come here again. डोंट कम हिअर अगेन।
मैं तुम्हारी परवाह नहीं करता/करती।	I don't care for you. आइ डोंट केअर फॉर यू।
तुम्हारा इन बातों से क्या सम्बन्ध है?	How are you concerned with these things? हाउ आर यू कन्सर्न्ड विद दिज थिंग्स।
झगड़े का फैसला हो गया।	The quarrel is settled. द क्वॉरल इज सेटल्ड।
दोबारा ऐसी बात मत कहना।	Don't say things like this again. डोंट से थिंग लाइक दिस अगेन।
इन्हें दोनों पक्षों के बीच फैसला करने दो।	Let him mediate between the two parties. लेट हिम मेडिएट बिटवीन द टु पार्टीज।
मुझे गुस्सा मत दिला।	Don't irritate me. डोंट इरीटेट मी।
तुम्हारे पापा बहुत गुस्सैल स्वभाव के हैं।	Your father is very hot tempered. योर फादर इज वेरी हॉट टेम्पर्ड।
बकवास बंद करो।	Don't talk nonsense. डोंट टॉक नॉनसेन्स।
तुम्हारी बेशर्मी की कोई सीमा नहीं है।	There is no limit to your shamelessness. देअर इज नो लिमिट टु योर सेमलेसनेस।

मैं कभी बेइज्जती बर्दाश्त नहीं करता।	I never tolerate insult आइ नेवर टालरेट इनसल्ट।
बड़े चलता-पुर्जा आदमी हो।	You are too clever. यू आर टु क्लेवर।
यहाँ से बाहर निकल जाओ।	Get out from here. गेट आउट फ्रॉम हिअर।
उसका बॉस गुस्से से लाल हो गया।	His boss was extremely angry. हिज बॉस वाज एक्सट्रीमलि एंग्री।
वह सनकी हो गया है।	He has gone crazy. ही हैज गॉन क्रेजी।
यह बकवास बंद करो।	Stop talking nonsense like this. स्टॉप टॉकिंग नॉनसेन्स लाइक दिस।
वह किस बात पर झगड़ पड़ा?	Over which matter he quarreled? ओवर ह्विच मैटर ही क्वार्ल्ड?
केवल तुम्हीं झगड़े को खत्म कर सकते हो।	Only you can settle the quarrel. ओनलि यू कैन सेट्ल द क्वारल।
तुमसे गलती हो रही है।	You are committing mistakes. यू आर कॅमीटिंग मिस्टेकस्।
ऐसा बेहूदगी से बोलने की तुम्हारी हिम्मत कैसे हुई।	How dare you to speak this nonsense. हाउ डेअर यू टु स्पीक दिस नॉनसेन्स।
ऐसा लगता है काम के प्रति तुम्हारी दिलचस्पी नहीं है।	It seems you have no interest for this work. इट सीम्स यू हैव नो इन्टरेस्ट फॉर दिस वर्क।
अपने काम से मतलब रखो।	Mind your business. माइंड योर बिजनेस।
तुम मुझे क्यों घूर रहे हो?	Why are you eyeing me? ह्वाइ आर यू आईंग मी?
मेरा एक काम कर दीजिएगा?	Will you please do me a favour? विल यू प्लीज़ डू मी अ फेवर।
यह काम तुमने क्यों किया?	Why did you do this? ह्वाई डिड यू डू दिस?
यह बोलने वाले तुम कौन हो?	Who are you to question me? हू आर यू टु क्वेशचन मी?
तुमको अक्ल नहीं है।	You don't have brain. यू डोंट हैव ब्रेन।
तुम मेरी बात सुनो।	Listen to me. लिसेन टु मी।
सीधी तरह बात करो।	Talk straight. टॉक स्ट्रेट।
फिजुल बातें मत करो।	Don't talk nonsense. डोंट टॉक नॉनसेंस।
नाराज मत हो।	Don't get upset. डोंट गेट अपसेट।
गुस्सा मत करो।	Don't get angry. डोंट गेट एंग्री।
मैं क्या करूँ?	What do I do? ह्वाट डू आइ डू?
मेरी नजर से दूर हो जाओ।	Get out of my sight. गेट आउट ऑफ माइ साइट।
वह बेकार है।	That is useless. दैट इज यूजलेस।
मैं तुमको कभी भी माफ नहीं करूँगा।	I will not forgive you. आइ विल नॉट फॉरगिव यू।
घूर कर देखना अच्छा नहीं है।	It's not good to stare. इट्स नॉट गुड टु स्टेर।
वह बकवास करती है।	She talks crap. शी टॉक्स क्रैप।
मेरी बोलचाल बन्द है।	We don't talk. वी डोंट टॉक।
फिजुल झगड़ा मत करो।	Don't fight unnecessarily. डोंट फाइट अन्नेससेरली।
तुम पर यकीन नहीं है।	I don't trust you. आइ डोंट ट्रस्ट यू।

गलती किसकी है?	Whose fault is this? हूज फॉल्ट इज दिस?
गलती किसी की नहीं है।	No one is at fault. नो वन इज ऐट फॉल्ट।
सीधा खड़े रहो।	Stand straight. स्टेंड स्ट्रेट।
आप मुझसे बात मत कीजिए।	Don't talk to me. डोंट टॉक टु मी।
वह बहुत सुस्त है।	He is lazy. ही इज लेजी।
मुझे शौक नहीं है।	I am not interested. आइ एम नॉट इन्ट्रस्टेड।
तुम अपना वादा भूल गये क्या?	Have you forgotten your promise? हैव यू फॉर्गाटन योर प्रामिस?
कैसे आदमी हो तुम?	What kind of a person are you? ह्वाट काइन्ड ऑफ अ पर्सन आर यू?
मुझसे बचकर नहीं जा सकते।	You can't escape by avoiding me. यू कान्ट स्केप बाइ अवॉडिंग मी।
तुम यह जानबूझकर कर रहे हो।	You are doing it willingly. यू आर डूइंग इट विलिंगली।
ये/यह सब तुम्हारी वजह से ही हो रहा है।	These things are happening because of you. दीज थिंगज आर हैपनिंग बीकॉज ऑफ यू।
यह काम तुमने क्यों किया?	Why did you do this? वाई डिड यू डू दिस?
यह बोलने वाले तुम कौन हो?	Who are you to question me? हू आर यू टु क्वेशचन मी?
और कैसे बात करूँ?	How should I talk? हाउ शुड आइ टाक?

स्मरणीय

प्रस्तुत पाठ में क्रोध से सम्बन्धित वाक्यों की जानकारी दी गयी है। पाठकों को सलाह दी जाती है कि क्रोध में बोलते समय हमेशा ऊँची/कर्कश आवाज में बोलें। धीमे आवाज में बात कदापि न करें, क्योंकि धीमी आवाज में बोलने पर क्रोध सम्बन्धी वाक्यों का श्रोता पर उचित प्रभाव नहीं पड़ेगा।

39 यात्रा सम्बन्धित वाक्य (JOURNEY)

हमें अपने दैनिक जीवन में प्रतिदिन या अपनी आवश्यकता के अनुसार यात्रा करने की आवश्यकता होती है। इस पाठ में हम यात्रा से सम्बन्धित हिन्दी वाक्यों के अंग्रेजी वाक्यों की जानकारी दे रहे हैं। अंग्रेजी वाक्यों के साथ उनके उच्चारण की भी जानकारी दी गयी है। आप इन वाक्यों का ध्यानपूर्वक अध्ययन करने के पश्चात् अपने दैनिक जीवन में प्रयोग करें, जैसे-

ट्रेन कितने बजे आयेगी? When will the train arrive? ह्वेन विल द ट्रेन अराइव?

✭ पाठक उपर्युक्त अंग्रेजी वाक्य में अलग-अलग ट्रेन अथवा बस के नाम के बारे में पूछकर नये वाक्यों की रचना कर सकते हैं।

जल्दी चलिए। — Hurry up, please. हरी अप प्लीज़।

यात्रा लंबी है। — It's a long journey. इट्स अ लॉन्ग जर्नी।

आप कहाँ ठहरे हुए हैं? — Where are you staying? वेअर आर यू स्टेइंग?

क्या आपने टिकट ले लिया? — Have you bought the ticket? हैव यू बॉट द टिकिट?

मैं साढ़े दस बजे की गाड़ी से कोलकाता जाऊँगा। — I'll go to Kolkata by the 10.30 train. आइल गो टु कोलकाता बाइ द टेन-थर्टी ट्रेन।

हम साथ-साथ चलेंगे। — We'll go together. वी'ल गो टुगेदर।

हम समय पर पहुँच जायेंगे। — We'll reach in time. वी'ल रीच इन टाइम।

गाड़ी किस प्लेटफार्म पर आयेगी? — On which platform will the train arrive? ऑन विच प्लेटफॉर्म विल द ट्रेन अराइव?

रेलवे स्टेशन यहाँ से कितनी दूर है? — How far is the railway station from here? हाउ फॉर इज द रेलवे स्टेशन फ्राम हिअर?

मैं उन्हें लेने स्टेशन जा रहा हूँ। — I'm going to the station to receive them. आइम गोइंग टु द स्टेशन टु रिसीव देम।

सड़क मरम्मत के लिए बंद है। — The road is closed for repairs. द रोड इज क्लोज्ड फॉर रिपेयर्ज।

मैं साइकिल चलाने का शौकीन हूँ। — I'm fond of cycling. आइम फौंड ऑफ साइक्लिंग।

मैंने सहारनपुर में गाड़ी बदली। — I changed the train at Saharanpur. आइ चेंज्ड द ट्रेन ऐट सहारनपुर।

क्या यह गाड़ी सीधी कोलकाता जाती है? — Is this a direct train to Kolkata? इज दिस अ डायरेक्ट ट्रेन टु कोलकाता।

मैं आपके साथ स्टेशन चलूँगा। — I'll accompany you to the station. आइल अकम्पनी यू टु द स्टेशन।

रेल की पटरी पर से जाना मना है। Crossing the railway tracks is prohibited. क्रॉसिंग द रेलवे ट्रैक्स इज प्रोहिबिटेड।

अब आगे दिल्ली का स्टेशन है। The next station is Delhi. द नेक्स्ट स्टेशन इज डेलही।

अभी गाड़ी चलने में आधा घंटा है। There is still half an hour for the train to start. देअर इज स्टिल हाफ ऐन आवर फॉर द ट्रेन टु स्टार्ट।

गाड़ी का ठीक समय साढ़े ग्यारह बजे है। The train is due at half-past eleven. द ट्रेन इज ड्यू ऐट हाफ-पास्ट इलेवन।

मार्ग में हमारी मोटर खराब हो गयी। Our car broke down on the way. आवर कार ब्रोक डाउन ऑन द वे।

वह सोमवार को मुंबई उतरेगा। He will land in Mumbai on Monday. ही विल लैंड इन मुंबई ऑन मंडे।

मैंने एक घोड़ा किराये पर लिया। I hired a horse. आइ हायर्ड अ हॉर्स।

यह डिब्बा तो सैनिकों के लिए रिजर्व है। This bogey is reserved for soldiers. दिस बोगी इज रिजर्व्ड फॉर द सोल्जर्ज।

हम शयनयान कोच में यात्रा कर रहे हैं। We are travelling by the sleeper coach. वी आर ट्रैवलिंग बाइ द स्लीपर कोच।

कुली, इधर आओ। Coolee, come here. कुली, कम हिअर।

मेरा सारा सामान प्लेटफॉर्म पर ले चलो। Please carry all my luggage to the platform. प्लीज़ कैरी ऑल माइ लगेज टु द प्लेटफार्म।

रिजर्वेशन चार्ट कहाँ पर लगा है? Where is the reservation chart placed? वेयर इज द रिजर्वेशन चार्ट प्लेस्ड?

रिजर्वेशन की स्थिति देख लो। Let us check the reservation chart. लेट अस चेक द रिजर्वेशन चार्ट।

विश्रामगृह किधर है। Where is the waiting room? ह्वेअर इज द वेटिंग रूम?

ट्रेन कितने बजे आयेगी? When will the train arrive? ह्वेन विल द ट्रेन अराइव?

विक्रमशिला एक्सप्रेस कितने बजे आयेगी? When will Vikramshila express arrive? वेन विल विक्रमशिला एक्सप्रेस अराइव?

क्या ट्रेन सही वक्त पर आ रही है? Is the train arriving on time? इज द ट्रेन अराइविंग ऑन टाइम?

ट्रेन कितनी घंटे लेट है? How many hours is the train late? हाउ मेनी आवर्स इज द ट्रेन लेट?

स्मरणीय

उपर्युक्त पाठ में यात्रा से सम्बन्धित अंग्रेजी रूपांतरों की जानकारी दी गयी है। पाठकों को सलाह दी जाती है कि वे अंग्रेजी रूपांतरों के साथ दिये जा रहे उन वाक्य के सटीक उच्चारण को भलीभाँति समझकर इनका समय एवं परिस्थिति के अनुसार उपयुक्त समय पर बोलने का अभ्यास करें। यात्रा सम्बन्धी पूछताछ के समय सदैव दूसरे यात्री के साथ विनम्रतापूर्वक से बात करना चाहिए।

40 एयरपोर्ट सम्बन्धित वाक्य (AIRPORT)

हमें अपने दैनिक जीवन में कभी न कभी एयरपोर्ट पर जाने की आवश्यकता पड़ती है। इस पाठ में हिन्दी वाक्यों के माध्यम से एयरपोर्ट पर प्रयोग होने वाले अंग्रेजी वाक्यों की जानकारी दी गयी है। प्रत्येक अंग्रेजी वाक्यों के साथ उसके हिन्दी उच्चारण की भी जानकारी दी गयी है। जैसे–

विमान के आने का समय क्या है? What is the arrival time of the plane? ह्वाट इज द अराइवल टाइम ऑफ द प्लेन?

☆ पाठक उपर्युक्त वाक्यों की तरह एयरपोर्ट सम्बन्धित अन्य वाक्य बनाने का अभ्यास कर सकते हैं।

मेरा दोस्त अमेरिका से आ रहा है।	My friend is coming from America. माइ फ्रेंड इज कमिंग फ्रॉम अमेरिका।
विमान के आने का समय क्या है?	What is the arrival time of the plane? ह्वाट इज द अराइवल टाइम ऑफ द प्लेन?
अभी विमान के उतरने में थोड़ा समय बाकी है।	There is still some time before landing of the plane. देअर इज स्टिल सम टाइम बिफोर लैंडिंग ऑफ द प्लेन।
एयरपोर्ट यहाँ से कितना दूर है?	How far is the airport from here? हाउ फार इज द एअरपोर्ट फ्रॉम हिअर?
एयरपोर्ट पर काफी सख्त सुरक्षा है।	There is tight security at the airport. देयर इज टाइट सिक्योरिटी एट द एयरपोर्ट।
हमें सुरक्षा जाँच से गुजरना पड़ेगा।	We have to pass through the security check. वी हैव टु पास थ्रो द सिक्योरिटी चेक।
फ्लाइट का वक्त बदल गया है।	The flight has been rescheduled. द फ्लाइट हैज बीन रिशेड्यूल्ड।
क्या तुम्हारा पासपोर्ट है?	Have you your passport? हैव यू योर पासपोर्ट?
फ्लाइट खराब मौसम के कारण रद्द कर दी गई है।	Flight has been cancelled due to bad weather. फ्लाइट हैज बीन कैंसिल्ड डियू टु बैड वेदर।
मैं हवाई जहाज से जाऊँगा।	I will go by air. आइ विल गो बाइ एअर।
तुम्हें कौन-सी फ्लाइट पकड़नी है?	Which flight do you have to catch? ह्विच फ्लाइअ डू यू हैव टु कैच?
अब हवाई जहाज उतर रहा है।	The aeroplane is landing now. द ऐरोप्लेन इज लैंडिंग नाउ।
क्या आपके पास वीजा है?	Have you got a visa? हैव यू गॉट ए वीजा?
एयरपोर्ट कहाँ है?	Where is the airport? ह्वेअर इज द एअरपोर्ट?

विमान जमीन पर सुरक्षित उतर गया।	The plane landed safely. द प्लेन लैंडेड सेफलि।
कृपया अपनी सीट बेल्ट बाँध लें।	Please fasten your seat belt. प्लीज़ फास्टन योर सीट बेल्ट।
वह हवाई जहाज से आयेगा।	He will come by a flight. ही विल कम बाइ अ फ्लाइट।
यह एयरक्राफ्ट बहुत बड़ा है।	This arircraft is very big. दिस एयरक्रापफ्ट इज वेरी बिग।
यह रनवे काफी लम्बा है।	This runway is very long. दिस रनवे इज वेरी लांग।
सुरक्षा का बहुत बन्दोबस्त है।	Security is very tight. क्योरिटी इज वेरी टाइट।
वे पाइलट और विमान परिचायिका हैं।	They are the pilots and air hostesses. दे आर द पाइलट एण्ड एयर होस्टेज।

स्मरणीय

उपर्युक्त पाठ में हवाई अड्डा से सम्बन्धित वाक्यों की जानकारी दी गयी है। पाठकों को सलाह दी जाती है कि वे प्रत्येक अंग्रेजी रूपांतर के साथ दिये गये उच्चारण को भलीभाँति समझकर इन्हें बोलने का अभ्यास करें। बार-बार अभ्यास करने से उनके आत्मविश्वास में वृद्धि होगी।

41 खरीददारी सम्बन्धित वाक्य (SHOPPING)

हमें अपने दैनिक जीवन में प्रतिदिन दुकान से समान खरीदने की आवश्यकता पड़ती है। इस पाठ में हिन्दी वाक्यों के माध्यम से दुकानों में अंग्रेजी वाक्यों के प्रयोग की जानकारी दी गयी है। प्रत्येक हिन्दी वाक्य के सामने उसके अंग्रेजी वाक्य एवं उनके उच्चारण की जानकारी दी गयी है, जैसे–

यह फल कैसे दे रहे हो? How much for this fruit? हाउ मच फॉर दिस फ्रूट?

☆ आप उपर्युक्त वाक्य में फल की जगह अपनी आवश्यकता के अनुसार किसी अन्य वस्तु का नाम लेकर दुकानदार से वस्तु के मूल्य के बारे में पूछ सकते हैं।

सर्फ एक्सेल है, आपकी दुकान में।	Is Surf Excel available in your shop. इज सर्फ एक्सेल एवलेबेल इन योर शॉप।
अमृतपाणी केले बहुत अच्छे हैं।	Bananas from Amritpani are quite delicious. बनानाज फ्रॉम अमृतपाणी आर क्वाइट डीलिसिअस।
एक किलोग्राम का एक पैकेट दो।	Give me a packet of one K.G. गिव मी अ पैकेट ऑफ वन के. जी.।
डव साबुन की दो टिकियाँ दे दो।	Please give me two cakes of Dove soap. प्लीज़ गिव मी टु केक्स ऑफ डव शोप।
मुझे कितने रुपये चुकाने हैं?	How much do I have to pay? हाउ मच डू आइ हैव टु पे?
ये लो पाँच सौ रुपये और मेरे पास खुले हुए रुपये नहीं है।	Here is a note of rupees five hundred, I don't have smaller notes. हिअर इज अ नोट ऑफ रुपीज फाइव हंड्रेड, आइ डोंट हैव स्मालर नोट्स।
यह फल कैसे दे रहे हो?	How much for this fruit? हाउ मच फॉर दिस फ्रुट?
अच्छे दाम में दे रहा हूँ।	Quite reasonable. क्वाइट रीजनेबल।
अच्छे दाम का मतलब क्या है?	What's meant by reasonable price? ह्वॉट्स मिंट बाइ रीजनेबल प्राइज?
ये फल तो कच्चे दिख रहे हैं?	This fruit is not ripe enough. दिस फ्रूट इज नॉट राइप इनफ।
ये अभी ठीक से पके नहीं है शायद।	They haven't ripened, perhaps. दे हैवन्ट राइपन्ड परहेप्स।
शक मत करो।	Don't doubt. डोंट डाउट।
तो क्या करूँ, सीधा खरीद लूँ क्या?	What do I do then? Buy them impromptu? ह्वॉट डू आइ डू देन? बाय देम इम्प्राम्प्ट?
वैसे नहीं! नाराज नहीं होना।	Not like that! Don't get angry. नॉट लाइक दैट! डोंट गेट एंग्री।

तुम्हारे पास अच्छे संतरे हैं क्या?	Have you got good quality oranges? हैव यू गॉट गुड क्वालिटी आरेंज?
ये महँगे हैं।	They are expensive. दे आर एक्सपेंसिव।
खूबी तो ठीक है मगर दाम ही अच्छा नहीं है।	Quality is fine but not the price. क्वालिटी इज फाइन बट नॉट द प्राइज।
अमरूद देखकर अभी खाने को दिल कर रहा है।	Looking at guavas I feel like eating at ones. लुकिंग ऐट ग्वावाज आइ फील लाइक इटिंग ऐट वन्स।
लेकिन इन पर काले धब्बे हैं।	But there are dark spots on them. बट देअर आर डार्क स्पॉट्स ऑन देम।
क्या बात है, इतनी कीमत!	What's the matter, so much price! वाट्स द मैटर, सो मच प्राइज!
ये सेब सड़े हुए हैं।	These apples are rotten. दीज एप्पल्स आर रॉटन।
हमारा यह संस्करण धड़ल्ले से बिक रहा है।	This edition is selling like hot cake. दिस एडीशन इज सेलिंग लाइक हॉट केक।
मेरे पास पचास रुपये कम हैं।	I am short by fifty rupees. आइ एम शार्ट बाइ फिफ्टी रुपीज।
कुछ ताजा वस्तुएँ दिखाओ।	Show me some fresh stuffs. शो मी सम फ्रेश स्टफस।
यह मिलावटी दूध है।	This is adulterate milk. दिस इज अडल्टरेट मिल्क।
यह लीजिए बिलकुल नया है।	Take this, it's new brand. टेक दिस, इट्स न्यू ब्रांड।
आप कितना चुकाना चाहते हैं?	How much do you want to pay? हाउ मच डू यू वांट टू पे?
चीनी सस्ता बिक रहा है।	Suger is selling cheap. शुगर इज सेलिंग चीप।
उसने मुझे दस रुपये कम लौटाए।	He returned me ten rupees short. ही रीटर्न्ड मी टेन रुपीज शॉर्ट।
अच्छा, इसकी क्या कीमत लेंगे?	Well, how much will you charge for it. वैल, हाउ मच विल यू चार्ज फॉर इट?
सभी सामान हाथों हाथ बिक गये।	All the goods found a ready sale. ऑल द गुड्स फाउण्ड अ रेडि सेल।

स्मरणीय

उपर्युक्त पाठ में दुकानदार के साथ वार्तालाप में प्रयुक्त होने वाले संभावित वाक्यों की जानकारी दी गयी है। इनका ध्यानपूर्वक अभ्यास करें। इन्हें सीखने के पश्चात् आप किसी भी दुकानदार से अंग्रेजी में वार्तालाप के दौरान इनका कुशलतापूर्वक प्रयोग कर सकते हैं।

42

समय
(TIME)

हमें प्रतिदिन अपने दैनिक जीवन में समय एवं मौसम के बारे में पूछने की आवश्यकता पड़ती है। यहाँ हिन्दी वाक्यों के माध्यम से बीस से अधिक अंग्रेजी वाक्यों की जानकारी दी जा रही है। प्रत्येक अंग्रेजी वाक्य के नीचे उच्चारण के बारे में भी बताया है। जैसे–

आपकी घड़ी में कितने बजे हैं? What is the time by your watch? ह्वाट इज द टाइम बाइ योर वाच?

☆ पाठक उपर्युक्त वाक्यों की तरह समय से सम्बन्धित अन्य वाक्य बनाने की रचना कर सकते हैं।

आपकी घड़ी में कितने बजे हैं?	What is the time by your watch? ह्वाट इज द टाइम बाइ योर वाच?
इस समय नौ बजे हैं।	It is 9 O' clock. इट इज नाइन ओ क्लॉक।
आज कितनी तारीख है?	What is the date today? ह्वाट इज द डेट टुडे?
आपका जन्म दिन कब है?	When is your birthday? ह्वेन इज योर बर्थ डे?
उठने का वक्त हो गया है।	It is time to wake up. इट इज टाइम टु वेक अप।
मैं सुबह पाँच बजे उठता हूँ।	I wake up every morning at 5 O' clock. आइ वेक अप एवरी मार्निंग एट फाइव ओ क्लाक।
उसने देर नहीं की है।	He has not delayed. ही हैज नॉट डीलेड।
प्रत्येक काम का एक उचित वक्त होता है।	There is a proper time for everything. देअर इज अ प्रॉपर टाइम फॉर एवरीथिंग।
दो बजकर पन्द्रह मिनट हुए हैं।	It is quarter past two. इट इज क्वाटर पास्ट टू।
दस बजने में दस मिनट बाकी है।	It is ten to ten. इट इज टेन टु टेन।
आपके पिताजी कितने बजे घर में आ जाते हैं?	By what time does your father come home? बाइ ह्वाट टाइम डज योर फादर कम होम?
हम बहुत पहले ऑफिस/फैक्ट्री आ गये हैं।	We have reached office too early. वी हैव रीच्ड ऑफिस टू अर्ली।
अच्छे दिन आयेंगे।	Good days are ahead. गुड डेस आर अहेड।
अपने समय का पूरा लाभ उठाओ।	Make the best use of your time. मेक द बेस्ट यूज ऑफ योर टाइम।
आज 26 जनवरी 2015 है।	It is 26 January 2015. इट इज 26 जनवरी 2015।
वह ठीक समय पर आ गया।	He came at right time. ही केम एट राइट टाइम।
हमारे पास बहुत समय है।	We have enough time. वी हैव इनफ टाइम।
बीता हुआ समय वापस नहीं आता।	Time once lost can never be regained. टाइम वन्स लास्ट कैन नेवर बी रीगेन्ड।

क्या आप कुछ वक्त दे सकते हैं।	Can you spare a little time? कैन यू स्पेयर अ लिट्ल टाइम?
मैं एक-एक क्षण बचाने की कोशिश कर रहा हूँ।	I am trying to save every moment. आइ एम ट्राईंग टु सेव एवरी मोमेंट।
वह अपना समय बरबाद करता है।	He wastes his time. ही वेस्टेज हिज टाइम।
हर चीज का एक सही वक्त होता है।	There is a time for everything. देअर इज अ टाइम फॉर एवरीथिंग।
सीता सही समय पर ऑफिस पहुँच गयी।	Sita reached office at right time. सीता रीच्ड ऑफिस ऐट राइट टाइम।
हम बहुत जल्दी आ गये।	We are too early. वी आर टू अर्ली।
मैं रात नौ बजे घर पहुँचता हूँ।	I reach home at 9 p.m. आइ रीच होम ऐट नाइन पी.एम.।
कल कितनी तारीख है?	What's the date tomorrow? ह्वाट्स द डेट टूमॉरो?
समय का पूरा लाभ उठाओ।	Make best use of your time. मेक बेस्ट यूज ऑफ योर टाइम।
आज सोमवार है।	Today is Monday. टूडे इज मनडे।
रविवार छुट्टी का दिन है।	Sunday is a holiday. सनडे इज अ हॉलीडे।

स्मरणीय

a.m. और p.m. क्रमशः लैटिन शब्द हैं। इसका पूर्ण रूप Ante Meridien और Post Meridien है। a.m. का अर्थ है- before noon (दोपहर से पहले) और रात 12 बजे से दिन के 12 बजे तक का समय तथा p.m. का अर्थ है- after noon (दोपहर के बाद) रेल विभाग में a.m. और p.m. द्वारा उत्पन्न अस्पष्टता को दूर करने के लिए 24 घंटे का उपयोग किया जाता है, जैसे- 14 बजे। 14 बजे का अर्थ अपराह्न 2 बजे होता है।

43

मौसम/पर्यावरण सम्बन्धित वाक्य (SEASON/ENVIRONMENT)

हमें बातचीत के दौरान मौसम सम्बन्धी वाक्यों की आवश्यकता पड़ती है। इस पाठ में मौसम/पर्यावरण सम्बन्धी हिन्दी वाक्यों के माध्यम से अंग्रेजी वाक्यों की जानकारी दी गयी है। प्रत्येक अंग्रेजी वाक्य के साथ उसके उच्चारण की भी जानकारी दी गयी है। जैसे–

आज मौसम अच्छा है। The weather is good. द वेदर इज गुड।

☆ पाठक उपर्युक्त वाक्यों की तरह मौसम से सम्बन्धित अन्य वाक्य बनाने का अभ्यास कर सकते हैं।

आज मौसम खुशगवार/अच्छा है।	The weather is good. द वेदर इज गुड।
मुझे जाड़े का मौसम बहुत पसन्द है।	I like winter season. आइ लाइक विंटर सीजन।
सुबह की हवा ताजी है।	Morning air is fresh. मॉर्निंग एअर इज फ्रेश।
आज मौसम खराब है।	The weather today is bad. द वेदर टुडे इज बैड।
वर्षा खेती के लिए जरूरी है।	Rain is necessary for agriculture. रेन इज नेसिसरी फॉर एग्रीकल्चर।
जमीन गीली है।	The soil is wet. द सॉइल इज वेट।
आज गर्मी अधिक है।	It is too hot today. इट इज टू हॉट टूडे।
और पेड़ लगाओ	Grow more trees. ग्रो मोर ट्रीज।
मौसम खराब है	The weather is cloudy. द वेदर इज क्लाउडी।
यह मंद वायु है।	The breeze is quite slow. द ब्रीज इज क्वाइट स्लो।
आकाश नीले रंग का है।	The sky is blue. द स्काई इज ब्लू।
आकाश बादलों से भरा है।	The sky is full of clouds. द स्काई इज फुल ऑफ क्लाउड्स।
पत्ते हवा में उड़ रहे हैं।	Leaves are swaying due to winds. लीव्स आर स्वैइंग ड्यू टु विंड्स।
मेघों ने सूरज को ढक दिया है।	Clouds have covered the sun. क्लाउड्स हैव कवर्ड दी सन।
सारी जमीन बारिश से भींग गयी है।	The ground here is wet due to rain. द ग्राउण्ड हिअर इज वेट ड्यू टु रेन।
आज बहुत गर्मी है।	It's pretty warm today. इट्स प्रीटी वार्म टुडे।
कल पूरी रात बारिश गिरती रही।	It rained the whole of night yesterday. इट रेन्ड द होल ऑफ नाइट यस्टरडे।

परसों तो मुसलधार बारिश हो रही थी।	It was raining heavily day before yesterday. इट वाज रेनिंग हैविली डे बीफोर यसटरडे।
लेकिन आज तो तेज धूप है।	But sun rays are quite strong today. बट सन रेज आर क्वाइट स्ट्रांग टुडे।
इसलिए पसीना ज्यादा आ रहा है।	That's why I am sweating profusely. दैट्स वाई आइ एम स्वीटिंग प्रफ्यूस्ली।
मैं मेंढक का टर्र-टर्र सुनना चाहता हूँ।	I want to hear the croaking of a frog. आइ वांट टु हियर द क्रोएकिंग ऑफ अ फ्रॉग
इस साल गर्मी बहुत ज्यादा है।	It's quite warm this year. इट्स क्वाइट वार्म दिस यिअर।
बाहर धूप ज्यादा है।	It is stinging hot outside. इट इज स्टिंगइंग हॉट आउटसाइड।
गर्मी से सिर चक्कर खा रहा है।	The heat has made me giddy. द हीट हैज मेड मी गिडी।
अधिक वर्षा में छाता भी काम नहीं देता।	Even an umbrella is useless in heavy rain. ईवन ऐन अम्ब्रेला इज यूजलेस इन हेवी रेन।
कल रात थोड़ी-थोड़ी वर्षा होती रही।	It kept drizzling throughout the night yesterday. इट केप्ट ड्रिजलिंग थ्रुआउट नाइट यस्टरडे।
दिन प्रतिदिन सर्दी बढ़ रही है।	It is getting colder by the day. इट इज गेटिंग कोल्डर बाइ द डे।
आजकल बड़ी लू चल रही है।	Hot winds are blowing these days. हॉट विंड्ज आर ब्लोइंग दीज डेज।
आपको पसीना आ रहा है।	You are perspiring. यू आर पर्स्पाइरिंग।
मैं ठिठुर रहा हूँ।	I am shivering. आइ एम शिवरिंग।
मैं नहीं भीगा।	I did not get drenched. आइ डिड नॉट गेट ड्रेंच्ड।
बहुत धूल है।	It's terribly dusty. इट्स टेरिबली डस्टी।
आशा करता हूँ, मौसम अच्छा रहेगा।	I hope the weather will remain pleasant. आइ होप द वेदर विल रिमेन प्लेजण्ट।

स्मरणीय

पाठकों को सलाह दी जाती है कि सभी अंग्रेजी वाक्यों के हिन्दी अर्थ समझकर बार-बार इनका उच्चारण करने का अभ्यास करें। ऐसा करने से आपके अंग्रेजी बोलने की क्षमता में वृद्धि होगी। सामान्य वार्तालाप के दौरान इस प्रकार के वाक्यों का प्रयोग आपके आत्मविश्वास की वृद्धि में सहायक होगा।

44

स्वास्थ्य सम्बन्धित वाक्य (HEALTH)

हमें अपने दैनिक जीवन में कभी न कभी अपनी या सगे-सम्बन्धियों के स्वास्थ्य सम्बन्धी समस्याओं का सामना करना पड़ता है। इन मौकों पर हमें किसी डॉक्टर के क्लीनिक या अस्पताल में जाकर उपचार सम्बन्धी सलाह लेने की आवश्यकता पड़ती है। इस पाठ में हिन्दी वाक्यों के माध्यम से स्वास्थ्य सम्बन्धी अंग्रेजी वाक्यों की जानकारी दी गयी है। प्रत्येक अंग्रेजी वाक्य के साथ उनके उच्चारण की भी जानकारी दी गयी है। जैसे–

मेरा पेट ठीक नहीं है। My stomach is upset. माइ स्टमैक इज अपसेट।

☆ पाठक उपर्युक्त वाक्यों की तरह स्वास्थ्य से सम्बन्धित अन्य वाक्य बनाने का अभ्यास कर सकते हैं।

क्या यहाँ निकट में किसी डॉक्टर का क्लीनिक है?	Would you tell me the way to the nearest clinic of a doctor? वुड यू टेल मी द वे टु द नियरेस्ट क्लीनिक ऑफ अ डॉक्टर?
मेरा पेट ठीक नहीं है।	My stomach is upset. माइ स्टमैक इज अपसेट।
मेरी छाती में दर्द है।	I have pain in chest. आइ हेव पेन इन चेस्ट।
आलोक का बुखार उतर आया है।	Alok's fever is down now. आलोक्स फीवर इज डाउन नाउ।
मोहित को डेंगू हो गया है।	Mohit is suffering from dangue. मोहित इज सफरिंग फ्रॉम डेंगू।
अब उसकी हालत खतरे से बाहर है।	His condition is out of danger now. हिज कंडीशन इज आउट ऑफ डेंजर नाउ।
मरीज की हालत नाजुक है।	The patient's condition is critical. द पेशेंटस् कंडीशन इज क्रिटीकल।
मुझे डॉक्टर से मिलना है।	I have to consult a doctor. आइ हैव टु कान्सल्ट अ डॉक्टर।
मुझे कब्ज रहता है।	I have constipation. आइ हैव कान्स्टीपेशन।
उसके दादाजी दिल के मरीज हैं।	His grand father is having heart trouble. हिज ग्रैंड फादर इज हैविंग हर्ट ट्राबल।
मेरा दिल तेजी से धड़क रहा है।	My heart is beating fast. माइ हार्ट इज बिटिंग फास्ट।
प्रत्येक चार घंटे के पश्चात् दवा लें।	Take a dose of the medicine after every four hours. टेक अ डोज ऑफ द मेडिसीन ऑफ्टर एवरी फोर आवर्स।
इलाज से परहेज बेहतर है।	Prevention is better than cure. प्रीवेंशन इज बेटर देन क्योर।
सुबह की सैर हमारी सेहत के लिए आवश्यक है।	Morning walk is useful for our health. मार्निंग वाक इज यूजफुल फॉर आवर हेल्थ।

अच्छे स्वास्थ्य के लिए नींद बहुत जरूरी है।	Sleep is necessary for good health. स्लीप इज नेसेसरी फॉर गुड हेल्थ।
मेरी आँखें ठीक नहीं है।	My eyes are not well. माइ आइज आर नॉट वेल।
अच्छे स्वास्थ्य में सौंदर्य है।	There is beauty in good health. देअर इज ब्यूटी इन गुड हेल्थ।
कैंसर एक गंभीर रोग है।	Cancer is a serious disease. कैंसर इज अ सीरियस डिसीज।
ज्यादा मत खाओ।	Don't eat too much. डोंट इट टु मच।
मेरा जी मितला रहा है।	I feel like vomiting. आइ फील लाइक वोमिटिंग।
गरमी से सिर चकरा रहा है।	The heat has made me feeling giddy. द हीट हैज मेड मी फीलिंग गिड्डी।
मैं बुखार जैसा महसूस कर रहा हूँ।	I am feeling feverish. आइ एम फीलिंग फीवरिश।
क्या तुम्हें थर्मामीटर देखना आता है?	Can you read the thermometer? कैन यू रीड द थर्मामीटर
स्वास्थ्य ही संपत्ति है।	Health is wealth. हेल्थ इज वेल्थ?
स्वस्थ शरीर एक वरदान है।	Healthy body is a boon. हेल्दी बॉडी इज अ बून।
उत्तम आहार सर्वोत्तम डाक्टर है।	A good diet is the best doctor. ए गुड डाइट इज द बेस्ट डॉक्टर।
दूध पूर्ण आहार है।	Milk is a perfect diet. मिल्क इज अ परफेक्ट डाइट।
वह शरीर और मन से स्वस्थ है।	He is physically and mentally fit. ही इज फिजिकली एण्ड मेंटली फिट।
रोज एक सेब खाओ और डाक्टर को दूर रखो।	An apple a day keeps the doctor away. एन एप्पल अ डे कीप्स् द डॉक्टर अवे।

स्मरणीय

1. पाठकों को सलाह दी जाती है कि वे प्रत्येक अंग्रेजी रूपांतर के हिन्दी अर्थ भलीभाँति समझकर इसका निरंतर अभ्यास करें। निरंतर अभ्यास करने से उनके आत्मविश्वास में वृद्धि होगी।
2. 'Ache' का उच्चारण 'एक' है। इसका अर्थ है- दर्द। अंग्रेजी शब्दों के आगे 'ache' जोड़कर उस अंग का दर्द बताया जाता है, जैसे-
Headache–हेडएक–सिर दर्द, Bodyache–बॉडीएक–शरीर दर्द, Toothache–टूथएक– दाँत दर्द

45

जन्मदिन की पार्टी
(BIRTHDAY)

हमें अपने दैनिक जीवन में परिवार के किसी सदस्य के जन्मदिन की पार्टी का आयोजन करने की आवश्यकता पड़ती है। इस अवसर पर बहुत से लोग एक जगह एकत्रित होकर खुशियाँ मनाते हैं प्रत्येक अंग्रेजी वाक्य के साथ उसके उच्चारण की भी जानकारी दी गयी है। इस पाठ में ऐसे अवसर पर प्रयोग किये जाने वाले हिन्दी वाक्यों के अंग्रेजी वाक्यों की जानकारी दी गयी है। जैसे–

जन्मदिन मुबारक हो। Happy birthday. हैप्पी बर्थडे।

✯ पाठक उपर्युक्त वाक्यों की तरह जन्मदिन से सम्बन्धित अन्य वाक्य बनाने का अभ्यास कर सकते हैं।

मुझे दोस्त के जन्मदिन की पार्टी में जाना है।	I have to go to a friend's birthday party. आइ हैव टु गो टु अ फ्रेंड्स बर्थडे पार्टी।
इस पैकेट में क्या है?	What is in the packet? ह्वाट इज इन द पैकेट?
यह शोभना के जन्मदिन का उपहार है।	It is a gift for Shobhna's birthday. इट इज अ गिफ्ट फॉर शोभनाज बर्थडे।
मुझे भी उसके लिए कोई खूबसूरत सा उपहार खरीदना है।	I have to buy a great gift for her. आइ हैव टु बाय ए ग्रेट गिफ्ट फॉर हर।
यह बहुत सुन्दर उपहार है।	It is a beautiful gift. इट इज अ ब्यूटीफुल गिफ्ट।
जन्मदिन मुबारक हो शोभना।	Happy birthday, Shobhna. हैप्पी बर्थडे शोभना।
यह शुभ दिन बार-बार आये, शोभना।	Many happy returns of the day, Shobhna. मेनी हैप्पी रिटर्न्स ऑफ द डे, शोभना।
तुमने घर को बहुत सुंदर तरीके से सजाया है।	You have decorated your home beautifully. यू हैव डेकारेटेड योर होम ब्यूटीफूलि।
तुम्हें धन्यवाद।	Thank you. थैंक्यू।
शोभना, आज तुम बेहद खूबसूरत लग रही हो।	Shobhna, you are looking so beautiful today. शोभना यू आर लुकिंग सो ब्यूटिफूल टूडे।
यह पोशाक तुम पर जंच रही है।	You look fabulous in this dress. यू लुक फेबुलस इन दिस ड्रेस।
मैं तुम्हारे के लिए विशेष उपहार लाया हूँ।	I have brought a special gift for you. आइ हैव ब्राउट अ स्पेशल गिफ्ट फॉर यू।
इस विशेष उपहार के लिए तुम्हें धन्यवाद।	Thanks for this special gift. थैंक्स फॉर दिस स्पेशल गिफ्ट।
संकेत, तुम्हारे दूसरे मित्र कहाँ हैं?	Sanket, where are your other friends? संकेत, ह्वेअर आर योर अदर फ्रेंड्स।

अन्दर कमरे में सभी तुम्हारा इंतजार कर रहे हैं।	Inside the room, all are waiting for you. इनसाइड द रूम आल आर वेटिंग फॉर यू।
कुछ जलपान कर लो।	Have some refreshments. हैव सम रिफ्रेशमेंट्स।
ठीक है वहीं चलते हैं।	Ok. Let us go there. ओ.के. लेट्स गो देअर।
पार्टी नीरस रही।	The party was boring. द पार्टी वाज बोरिंग।
रिसेप्शन अच्छा था।	Reception was nice. रिसेप्शन वाज नाइस।
क्या आप मेरे साथ नाचेंगी?	Would you dance with me? वुड यू डांस विद मी?
यह मेरे लिए खुशी की बात है।	It's my pleasure. इट्स माइ प्लेजर।
भाग्य आपके साथ हो।	My luck be with you./Best of luck. मे लक बी विद यू/बेस्ट ऑफ लक।
यह बहुत कीमती उपहार है।	This is a very expensive gift. दिस इज वेरी एक्सपेन्सिव गिफ्ट।
आप पर भाग्य सदा मुस्कराए।	May you always be lucky. मे यू आलवेज बी लकी।
मैं आपको सबकी ओर से बधाई देता हूँ।	I congratulate you on behalf of all. आइ कॉग्रेच्युलेट यू ऑन बिहॉफ ऑफ आल।
आप सफल हों।	Wish you all all the best. विश यू ऑल द बेस्ट।
आओ, अब खाना खायें।	Let's have food now. लेट्स हैव फूड नाउ।
मेरे पास आपको धन्यवाद देने के लिए शब्द नहीं है।	I have no words to express my gratitude to you आइ हैव नो वर्ड्स टु एक्सप्रेस माइ ग्रेटीट्यूड।
मैं आपका बहुत आभारी हूँ।	I am much grateful to you. आइम एम मच ग्रेटफुल टु यू।
आपके जन्मदिन पर हार्दिक अभिनंदन।	Hearty felicitations on your birthday. हार्टी फेलिसिटेशन्ज ऑन योर बर्थडे।

स्मरणीय

पाठ में जन्मदिन की पार्टी से सम्बन्धित आम बोलचाल में प्रयोग किये जाने वाले वाक्यों की जानकारी दी गयी है। पाठकों को सलाह दी जाती है कि वे पाठ में दिये गये सभी अंग्रेजी वाक्यों के हिन्दी अर्थ भलीभाँति समझकर वार्तालाप के दौरान इसे अपने मित्रों एवं सगे-सम्बन्धियों के साथ बोलचाल में प्रयोग करें।

46

कानून सम्बन्धित वाक्य (LAW)

समाज में एक साथ रहने के लिए समाज और सरकार के नियमों का पालन करना अत्यंत आवश्यक है। इस महत्त्वपूर्ण पाठ में हम दैनिक बोलचाल के दौरान प्रयुक्त होने वाले कानून सम्बन्धी अंग्रेजी वाक्यों की जानकारी दे रहे हैं। प्रत्येक हिन्दी वाक्य के साथ उसके अंग्रेजी उच्चारण की भी जानकारी दी जा रही है, जैसे-

यह बहुत ही संगीन अपराध है। This is a heinous crime. दिस इज अ हेनस क्राइम।

यह बहुत ही संगीन अपराध है।	This is a heinous crime. दिस इज अ हेनस क्राइम।
इस मामले से सम्बन्धित जाँच चल रही है।	Investigation regarding this case is going on. इनवेस्टीगेशन रिगार्डिंग दिस़ केस इज गोइंग ऑन।
अपराधी के खिलाफ वारंट निकल गया है।	A warrant has been issued against the criminal. अ वारंट हैज बिन इश्यूड अगेन्स्ट द क्रिमिनल।
अपराध साबित हो चुका है।	Crime has been proved. क्राइम हैज बिन प्रूव्ड।
क्या सबूत है?	What is the evidence? ह्वाट इज द एविडेन्स?
पुलिस के पास पुख्ता सबूत हैं।	The police have authentic proofs. द पुलिस हैव अथेंटिक प्रुफ्स।
अमरेश एक बुद्धिमान वकील है।	Amresh is an intelligent lawyer. अमरेश इज एन इंटलीजेंट लायर।
उसके खिलाफ पुलिस में शिकायत दर्ज की गई है।	A complaint has been lodged against him. ए कम्पलेन्ट हैज बिन लाज्ड अगेंस्ट हिम।
वह जेल से छूट गया है।	He has been released from prison. ही हैज बिन रीलिज्ड फ्रॉम प्रिजन।
मुझ पर झूठा इल्जाम मत लगाओ।	Don't blame me. डोंट ब्लेम मी।
मुकेश को बेवजह शारीरिक रूप से प्रताड़ित किया जा रहा है।	Mukesh has been tortured unnecessarily. मुकेश हैज बिन टार्चरड अननेसेसरिली।
मामला (केस) स्थगित कर दिया गया है।	The case has been postponed. द केस हैज बिन पोस्टपोन्ड।
वह भयंकर अपराधी है।	He is a hardcore criminal. ही इज अ हार्डकोर क्रीमिनल।
मनु को कोर्ट ने अपराधी घोषित कर दिया है।	Manu was convicted by the court. मनु वाज कन्विक्टेड बाई द कोर्ट।
यह जघन्य हत्या थी।	It was a brutal murder. इट वाज अ ब्रुटल मर्डर।

रमेश तीन दिनों से पुलिस के लॉकअप में बंद है।	Ramesh is in police lock-up for last three days. रमेश इज इन पोलिस लॉक अप फॉर लास्ट थ्री डेज।
अपराधी फरार हो चुका है।	The criminal has absconded. द क्रिमिनल हैज एब्सकांडेड।
तुम्हारा काम गैरकानूनी है।	Your act is illegal. योर एक्ट इज इलीगल।
यह सभी नकली दस्तावेज हैं।	These are all forged documents. दीज आर ऑल फोर्ज्ड डॉकूमेंटस।
वकील ने गवाहों से प्रश्न किये।	The lawyers cross examined the witness. द लायर्ज क्रॉस इगजैमिन्ड द विटनेस।
अपराधी को मृत्युदण्ड मिला है।	The criminal has been sentenced to death. द क्रीमिनल हैज बिन सन्टेंस्ड टु डेथ।
इस मुकदमे का क्या फैसला हुआ है?	What is the judgement in the case? वॉट इज द जजमेंट इन द केस?
तेजपाल चश्मदीद गवाह है।	Tejpal is an eyewitness. तेजपाल इज एन आइ विटनेस।
न्याय में देरी होने का मतलब अंधेर है।	Justice delayed is justice denied. जस्टिस डिलेड इज जस्टिस डिनाइड।
बचाव पक्ष के वकील ने बढ़िया पैरवी की।	The defence counsel argued the case well. द डिफेंस कांउसिल आर्ग्यूड द केस वेल।
अशोक ने सीमा के खिलाफ आपराधिक मुकदमा दर्ज कराया है।	Ashok has filed a criminal case against Seema. अशोक हैज फाइल्ड अ क्रिमिनल केस अगेंस्ट सीमा।
जज ने उसके पक्ष में फैसला दिया है।	The jury gave its verdict in his favour. द ज्यूरी गेव इट्स वर्डिक्ट इन हिज फेवर।
वह कानून का पालन करने वाला व्यक्ति है।	He is a law abiding man. ही इज अ लॉ अबाइडिंग मैन।

स्मरणीय

पाठकों को सलाह दी जाती है कि इन वाक्यों का निरंतर अभ्यास करें। अंग्रेजी वाक्यों के शुद्ध-शुद्ध उच्चारण करने से उनके आत्मविश्वास में वृद्धि होगी।

47

लेन-देन सम्बन्धित वाक्य
(DEALING)

हमें अपने दैनिक जीवन में कभी न कभी किसी से कोई वस्तु लेने अथवा देने की आवश्यकता पड़ती है। लेन-देन हमारी रोजमर्रा जिन्दगी का एक महत्त्वपूर्ण अंग है। इस पाठ में लेन-देन से सम्बन्धित अंग्रेजी वाक्यों की जानकारी दी गयी है। जैसे–

मेरे पास रुपये नहीं है। I don't have cash. आइ डोंट हैव कैश।

☆ उपर्युक्त वाक्यों की तरह लेन-देन से सम्बन्धित अन्य वाक्य बनाने का अभ्यास कर सकते हैं।

रुपये गिन लो।	Please count the money. प्लीज़ काउंट द मनी।
उसने अपना धन व्यापार में लगाया है।	He has invested his wealth on business. ही हैज इनवेस्टेड हिज वेल्थ इन बिजिनेस।
मुझे रुपयों की कमी है।	I have shortage of funds. आइ हैव शॉर्टिज ऑफ फड्ंस।
तुम्हारे पास कितने रुपये हैं।	How many rupees do you have. हाउ मेनी रुपीज डू यू हैव।
सभी रुपये खर्च हो गये।	All the money has been spent. ऑल द मनी हैज बिन स्पेंट।
क्या तुम मुझे पाँच सौ रुपये उधार दोगे?	Will you lend me five hundred rupees? विल यू लेंड मी फाइव हंड्रेड रुपीज।
एडवांस रुपया देना होगा।	Advance money will have to be paid. एडवांस मनी विल हैव टु बी पैड।
वह अपना सारा रुपया बैंक में जमा करा देगा।	He will deposit all his money in the bank. ही विल डिपाजिट आल हिज मनी इन द बैंक।
मजदूरी तय कर लो।	Please settle the wages. प्लीज़ सेटल द वेजिज।
सोने का भाव क्या है?	What is the rate of gold? ह्वाट इज द रेट ऑफ गोल्ड?
आपका धंधा कैसा चल रहा है?	How is your business going? हाउ इज योर बिजिनेस गोइंग।
कृपया बिल बना दीजिए।	Please prepare the bill. प्लीज़ प्रिपेर द बिल।
आमदनी से ज्यादा खर्च मत करो	Don’t spend more than you earn. डोन्ट स्पेंड मोर देन यू अर्न।
मैं उसके धोखे में आ गया।	I got duped by him. आइ गॉट ड्यप्ट बाइ हिम।
यह खोटा सिक्का है।	This is a counterfeit coin. दिस इज अ काउण्टरफिट काइन।

तुम्हारी मजदूरी मिल गयी।	Did you get your wages? डिड यू गेट योर वेजिज?
अब मेरा आपका हिसाब साफ है।	Now I'm square with you. नाउ आइम स्क्वेअर विद यू।
आपके पास कितनी नकदी है।	How much is the cash in hand? हाउ मच इज द कैश इन हैंड?
मैं पैसों का भूखा नहीं हूँ।	I am not after money. आइम नाट आफ्टर मनी।
मैं बिजनेस में अपनी सारी पूँजी लगा दूँगा।	I'll invest everything in the business. आइल इन्वेस्ट एवरीथिंग इन द बिजनेस।
मुझे कई बिलों का पैसा चुकाना है।	I have to pay several bills. आइ हैव टु पे सेवरल बिल्स।
इन दिनों मुझे पैसे की तंगी है।	I'm hard up these day. आइम हार्ड अप दीज डेज।
अनाज का क्या भाव है?	How is the grain market? हाउ इज द ग्रेन मार्केट?

स्मरणीय

उपर्युक्त पाठ में लेन-देन से सम्बन्धित हिन्दी वाक्यों के अंग्रेजी रूपांतरों की जानकारी दी गयी है। अंग्रेजी रूपांतर के साथ उनके उच्चारण भी दिये गये हैं। पाठकों को सलाह दी जाती है कि वे प्रत्येक अंग्रेजी शब्द के सटीक उच्चारण का अभ्यास नियमित रूप से करें।

48

खेल के मैदान में
(IN THE PLAYGROUND)

खेलकूद जीवन का अभिन्न अंग हैं। हमें अपने दैनिक जीवन में खेल या खिलाड़ियों के बारे में जानने के लिए खेल सम्बन्धी वाक्यों की आवश्यकता पड़ती है। इस पाठ में खेल सम्बन्धी हिन्दी वाक्यों के माध्यम से अंग्रेजी वाक्यों की जानकारी दी गयी है, जैसे-

इडेन गार्डन स्टेडियम कहाँ हैं? Where is the Eden Garden stadium? ह्वेअर इज द इडेन गार्डन स्टेडियम?

☆ उपर्युक्त पाठ में Eden Garden stadium के बारे में पूछा गया है। इसी प्रकार पाठक खेल से सम्बन्धित दूसरे वाक्यों को समझकर दैनिक वार्तालाप में इनका प्रयोग कर सकते हैं।

खिलाड़ियों को प्रोत्साहित करो।	Encourage players. एन्करेज प्लेयर्स।
प्रतियोगिता कब से शुरू हो रही है?	When will the tournament begin? ह्वेन विल द टुर्नामेंट बिगेन?
आँकड़ें (टोटल) क्या है?	What is the score? ह्वाट इज द स्कोर?
अच्छी तरह से अभ्यास करो।	Practise properly. प्रैक्टिस प्रॉपरली।
इडेन गार्डन स्टेडियम कहाँ है?	Where is the Eden Garden stadium? ह्वेअर इज द इडेन गार्डन स्टेडियम?
खिलाड़ियों को चुनो।	Select the players. सेलेक्ट द प्लेअर्स।
वह बहुत अच्छा खिलाड़ी है।	He is a very good player. ही इज अ वेरी गुड प्लेअर।
बल्ले से गेंद को मारो।	Hit the ball with the bat. हिट द बॉल विद द बैट।
वह शतरंज खेल रहा है।	He is playing chess. ही इज प्लेईग चेस।
खेल शुरू हो चुका है।	The match has begun. द मैच हैज बिगन।
तुम्हें कौन-सा खेल पसंद है।	Which sport do you like? ह्विच स्पोर्ट डू यू लाइक।
कौन जीता?	Who won? हू वॉन?
पावेल ने ऊँची कूद में रिकार्ड बनाया है।	Powel has created a record in high jump. पांवेल हैज क्रिएटेड अ रिकार्ड इन हाइ जम्प।
हमारे स्कूल का मैदान काफी बड़ा है।	Our school playground is really big. आवर स्कूल प्ले ग्राउंड इज रियली बिग।
तुम्हारे कॉलेज के क्रिकेट की टीम का कप्तान कौन है?	Who is the captain of your college cricket team? हू इज द कैप्टन ऑफ योर कॉलेज क्रिकेट टीम?
बोल्ट दुनिया का सबसे तेज धावक है।	Bolt is the fastest runner in the world. बोल्ट इज द फास्टेस्ट रनर इन द वर्ल्ड।
आपको ज्यादा चोट तो नहीं आई।	Hope, you are not hurt badly. होप, यू आर नॉट हर्ट बैडली।
तुम कौन-सा खेल खेलते हो?	What games do you play? वॉट गेम्स डू यू प्ले?
चलो खेलें।	Come let's play. कम, लेट्स प्ले।

तुम पत्तों को मिलाओ, मैं काटता हूँ। You shuffle the cards and I'll cut. यू शफल द कार्ड्स एण्ड आइल कट।

छलाँग लगाते हुए मुझे मोच आ गयी। I sprained my ankle while jumping. आइ स्प्रेंड माइ ऐंकल वाइल जम्पिंग।

उसने ऊँची कूद में रिकार्ड कायम किया है। He has set a record in high jump. ही हैज सेट अ रिकार्ड इन हाई जम्प।

वह तेज दौड़ने वाला है। He is a fast sprinter. ही इज अ फास्ट स्प्रिंटर।

क्या तुम्हारे स्कूल में व्यायाम सिखाते हैं? Do they teach you exercise/gymnastics in your school? डू दे टीच यू एक्सरसाइज/जिमनास्टिक्स इन योर स्कूल।

क्या तुम्हें लाठी चलानी आती है? Can you wield a *Lathi*? कैन यू वील्ड अ लाठी?

खेलना उतना ही आवश्यक है जितना कि पढ़ना। Games are as important as studies. गेम्ज आर ऐज इम्पॉर्टेंट ऐज स्टडीज।

स्मरणीय

प्रस्तुत पाठ में खेलों से सम्बन्धित प्रयोग होने वाले हिन्दी वाक्यों के अंग्रेजी रूपांतर की जानकारी दी गयी है। पाठकों को सलाह दी जाती है कि वे सभी अंग्रेजी वाक्यों के अर्थ समझकर वार्तालाप के दौरान इसे अपने मित्रों एवं सगे-सम्बन्धियों के साथ बोलचाल में प्रयोग करें।

49 निमंत्रण सम्बन्धित वाक्य (INVITATION)

हमें अपने दैनिक जीवन में अलग-अलग अवसरों पर अपने सगे-सम्बन्धियों या मित्रों को निमंत्रण देने की आवश्यकता पड़ती है। अंग्रेजी भाषा में वार्तालाप के दौरान शिष्टाचार के तौर पर छोटी-छोटी बातों के लिए भी निमंत्रण देने का चलन है। इस पाठ में दैनिक वार्तालाप के दौरान हिन्दी वाक्यों के द्वारा निमंत्रण देने से सम्बन्धित अंग्रेजी वाक्यों की जानकारी दी गयी है। जैसे–

टहलने के लिए आइए। Please come for a walk. प्लीज़ कम फॉर अ वाक।

☆ उपर्युक्त वाक्यों की तरह निमंत्रण से सम्बन्धित अन्य वाक्य बनाने का अभ्यास कर सकते हैं।

क्या तुम मेरे साथ यह फिल्म देखने चलोगी?	Will you come with me for a movie? विल यू कम विद मी फोर ए मूवी?
आइये मैट्रो में चलें।	Come, let's go by metro. कम लेटस गो बाइ मेट्रो ट्रेन।
आओ डांस करें।	Come, let us dance. कम, लेट अस डांस।
क्या तुम मेरे साथ डांसिंग फ्लोर पर चलोगे?	Will you come with me to the dancing floor? विल यू कम विद मी टु द डांसिंग फ्लोर?
आओ ताश खेलें।	Let us play cards. लेट अस प्ले कार्ड्स।
क्या आप कल का सारा दिन मेरे साथ बितायेंगे।	Will you spend all day with me tomorrow? विल यू स्पेंड आल डे विद मी टुमारो?
खाने पर आपके निमंत्रण के लिए धन्यवाद।	Thanks for your invitation for dinner. थैंक्स फॉर योर इनवीटेशन फॉर डिनर।
मुझे दुःख है, मैं आपका निमंत्रण स्वीकार नहीं कर सकता क्योंकि मैं कल व्यस्त हूँ।	I am sorry, I can not accept you invitation because I am busy tomorrow. आइ एम सॉरी आइ कैन नॉट एक्सेप्ट योर इनविटेशन बिकाज आइ एम बिजी टुमॉरो।
आपको रात्रि भोज पर आमंत्रित किया है।	You are invited to dinner. यू आर इनवाइटेड टु डिनर।
अंदर आइये।	Come in, please. कम इन प्जीज।
क्या आप जरा यहाँ आयेंगे?	Will you please come over here? विल यू प्लीज कम ओवर हिअर?
कुछ ठंडा लीजिए।	Please have something cold. प्लीज हैव समथिंग कोल्ड।
खाने पर आपके निमंत्रण के लिए धन्यवाद।	Thanks for your invitation to dinner. थैंक्स फॉर योर इन्विटेशन टु डिनर।

आपके आमंत्रण के लिए बहुत-बहुत धन्यवाद।	Many thanks for your kind invitation. मेनी थैंक्स फॉर योर काइंड इन्विटेशन।
मैं खाने पर आपका निमंत्रण स्वीकार नहीं कर सकता इसका मुझे खेद है।	I am sorry. I can't accept your invitation to dinner. आइ एम सॉरी। आइ कांट एक्सेप्ट योर इन्विटेशन टु डिनर।
आओ बस में चलें।	Let's go by bus. लेट्स गो बाइ बस।
आप सादर आमंत्रित हैं।	You are cordially invited. यू आर कार्डिअली इनवाइटेड।
आइए, कॉफी पीने चलें।	Come, let's go for coffee. कम लेट्स गो फॉर कॉफी।
क्या आप हमारे साथ लंच करना पंसद करेंगे?	Would you like to join us for lunch? वुड यू लाइक टु ज्वाइन अस फॉर लंच।

स्मरणीय

1. पाठकों को सलाह दी जाती है कि निमंत्रण सम्बन्धित अंग्रेजी रूपांतरों के हिन्दी अर्थ भलीभाँति समझकर साथ में दिये जा रहे उच्चारण का निरंतर अभ्यास करें। सही उच्चारण सीखने से वार्तालाप में प्रवीणता आयेगी।
2. निमंत्रण से सम्बन्धित वाक्यों का प्रयोग सदैव मुस्कराकर धीमे स्वर में करना चाहिए।
3. केवल Thanks कहना वार्तालाप में रूखेपन का आभास दिलाता है। इसकी जगह 'thank you' का प्रयोग करें।

50 मुहावरेदार वाक्य (IDIOMATIC SENTENCES)

वार्तालाप के दौरान कभी-कभी मुहावरे का प्रयोग करने से आपके द्वारा प्रयोग किया गया वाक्य सुन्दर प्रतीत होता है। वार्तालाप के दौरान बीच-बीच में मुहावरे का प्रयोग भाषा में आपकी पकड़ को दर्शाते हैं एवं आपके व्यक्तित्व को प्रभावशाली बनाते हैं। इस पाठ में मुहावरेदार हिन्दी वाक्यों के माध्यम से अंग्रेजी वाक्यों की जानकारी दी गयी है, जिनका प्रयोग करने से वाक्यांश बेहद सुन्दर बन जाते हैं। प्रत्येक अंग्रेजी वाक्यों के साथ इसके उच्चारण की भी जानकारी दी गयी है। जैसे–

यह पुस्तक हाथों-हाथ बिक गयी। This book sold like hot cake. दिस बुक सोल्ड लाइक हॉट केक।

☆ उपर्युक्त वाक्यों की तरह अपने दैनिक जीवन में प्रयोग होने वाले अन्य मुहावरेदार वाक्यों का प्रयोग कर सकते हैं।

वह कार की दुर्घटना में बाल-बाल बचा।	He had a narrow escape in car accident. ही हैड अ नैरो एस्केप इन द कार एक्सीडेंट।
वह रंगेहाथों पकड़ी गयी।	She was caught red handed. शी वाज कॉट रेड हैंडिड।
मुझे उस बात का पता चल गया।	I got wind of this matter. आइ गॉट विंड ऑफ दिस मैटर।
ख्याली पुलाव पकाने का क्या फायदा है?	Building castles in the air won't help? बिल्डिंग कासल्ज इन द एयर वोन्ट हेल्प?
राम ने अपने जीवन में बहुत से उतार-चढ़ाव देखे।	Ram had seen many ups and downs in his life. राम हैड सीन मेनी अप्स एण्ड डाउन्स इन हिज लाइफ।
वह किसी तरह ऊँचे पद पर पहुँचना चाहती है।	She wants to reach the top by hook or by crook. शी वॉन्टस टु रीच द टॉप बाइ हुक ऑर बाइ क्रुक।
यह खोटा सिक्का है।	It is a counterfeit coin. इट इज अ काऊन्टरफीट क्वाइन।
जीवन फूलों की सेज नहीं है।	Life is not a bed of roses. लाइफ इज नॉट अ बेड ऑफ रोजेज।
मैं दुविधा में हूँ कि क्या करूँ?	I am in a fix what to do? आइ एम इन अ फिक्स वाट टु डू?
वह सूखकर काँटा हो गया।	He is reduced to a skeleton. ही इज रेड्यूस्ड टु अ स्केलटन।
हम सबको तुम्हारी बहुत याद आती है।	We all miss you very much. वी आल मिस यू वेरी मच।
यह तुम्हारे भले की बात है।	It is in your interest. इट इज इन योर इन्टरेस्ट।
यह तुम्हारा काम नहीं है।	It is none of your business. इट इज नन ऑफ योर बिजनेस।

उचित समय पर प्रयास करें।	Strike the iron when it is hot. स्ट्राइक द आइरन वेन इट इज हॉट।
निराशा में आशा छिपी होती है।	Every cloud has a silver lining. एवरी क्लाउड हैज अ सिल्वर लाइनिंग।
वर्ग में पूर्ण शान्ति थी।	There was a pindrop silence in the class. देअर वाज अ पिनड्रॉप साइलेन्स इन द क्लास।
हमने दिल खोलकर बातें की।	We had a heart to heart talk. वी हैड अ हर्ट टु हर्ट टॉल्क।
वह हमेशा मेरे रास्ते में रोड़ा अटकाता है।	He always stands in my way. ही आल्वेज स्टैण्ड्स इन माइ वे।
लिखने में गलती हो गयी।	It is only a slip of pen. इट इज ओनली अ स्लिप ऑफ पेन।
अपने मुँह मियाँ मिट्ठू।	Self praise is no recommendation. सेल्फ प्रेज इज नो रिकमन्डैशन।
उसका कठिनता से निर्वाह होता है।	He lives from hand to mouth. ही लिव्ज फ्रॉम हैंड टु माउथ।
हमें छोटी-छोटी बातों पर आपे से बाहर नहीं होना चाहिए।	We should not lose our temper over trifle matters. वी शुड नॉट लूज आवर टेम्पर ओवर ट्राइफल मैटर्स।

स्मरणीय

1. प्रत्येक भाषा में लम्बे समय के अंतराल में कुछ शब्द या वाक्य इतने प्रचलित हो जाते हैं कि वे अपना मूल अर्थ छोड़कर विशेष अर्थ देने लग जाते हैं, इन्हें Idiom (मुहावरा) कहा जाता है।
2. पाठकों को सलाह दी जाती है कि उपर्युक्त मुहावरेदार अंग्रेजी वाक्यों के हिन्दी अर्थ भली-भाँति समझकर उपयुक्त परिस्थिति आने पर इनका प्रयोग करें। मुहावरेदार अंग्रेजी वाक्यों का बार-बार अभ्यास करने से उनके आत्मविश्वास में वृद्धि होगी।

51 विविध वाक्य (MISCELLANEOUS SENTENCES)

अभी तक आपको दैनिक जीवन में प्रयोग होने वाले विभिन्न अवसरों जैसे– अभिवादन, शिष्टाचार, आदेशसूचक, प्रश्नवाचक तथा निमंत्रण सम्बन्धी अंग्रेजी वाक्यों का अच्छी तरह ज्ञान हो गया होगा। इस पाठ में हिन्दी वाक्यों के माध्यम से उपर्युक्त सभी प्रकार के अंग्रेजी वाक्यों को एक साथ दिया गया है। सभी अंग्रेजी वाक्यों के साथ उसके उच्चारण की भी जानकारी दी गयी है। जैसे–

ऐसी भी क्या जल्दी है? What is the hurry? ह्वाट इज द हरी?

☆ इस प्रकार के विविध प्रकार के वाक्यों की जानकारी आपके English Speaking में प्रवीणता लायेगी। इनको आप बार-बार पढ़ें एवं उनका प्रयोग करने का अभ्यास करें।

आइये, मैं आपको अपने परिवार के सदस्यों से मिलाऊँ।	Let me introduce you to my family. लेट मी इन्ट्रोड्यूस यू टु माइ फैमली।
ये है मेरी पत्नी माधुरी, मेरा बेटा सौरभ और सिद्धान्त।	Please meet my wife Madhuri, my sons Saurabh and Siddhant. प्लीज़ मीट माइ वाइफ माधुरी, माइ सन्स सौरभ एण्ड सिद्धांत।
आपके बच्चे बेहद प्यारे हैं।	You have lovely children. यू हैव लवली चिल्ड्रन।
आप क्या लेना पसंद करेंगे चाय या कॉफी?	What would you like to have tea or coffee? ह्वाट वुड यू लाइक टु हैव टी ऑर कॉफी?
मेरे पास आपको धन्यवाद देने के लिए शब्द नहीं है।	I have no words to express my thanks to you. आइ हैव नो वर्डस टु एक्सप्रेस माइ थैंक्स टु यू।
आपका विवाहित जीवन लम्बा और सुखी हो!	May your married life be happy! मे योर मैरिड लाइफ बी हैप्पी!
मुझे भूख लग रही है।	I am hungry. आइ एम हंग्री।
आप क्या खाना पसंद करेंगे?	What will you like to eat? ह्वाट विल यू लाइक टु इट?
नास्ता तैयार करो।	Make the breakfast ready. मेक द ब्रेकफास्ट रेडी।
आपके पास मीठी वस्तुएँ क्या हैं?	Have you got some sweets? हैव यू गॉट सम स्वीट्स?
इसे चखकर देखो।	Please taste it. प्लीज़ टेस्ट इट।
आपने कुछ नहीं खाया।	You did not eat anything. यू डिड नॉट इट एनीथिंग।
थोड़ा और लीजिए।	Please have some more. प्लीज़ हैव सम मोर।
मुझे थोड़ा ताजा मक्खन दीजिए।	Please give me some fresh butter. प्लीज़ गिव मी सम फ्रेश बटर।
थोड़ा और लाइये।	Give me a little more. गिव मी अ लिट्ल मोर।
क्या आप शाकाहारी हैं?	Are you vegetarian? आर यू वेजिटेरियन?

आज मैं बाहर खाना खाऊँगा।	I will dine out today. आइ विल डाइन आउट टुडे।
मैं मीठा नहीं खाता।	I don't like sweets. आइ डोंट लाइक स्वीट्स।
खाने के बाद मीठा में क्या है?	What sweet dish is there after dinner? ह्वॉट स्वीट डिश इज देअर आफ्टर डिनर?
मैं अब तक प्यासा हूँ।	I am still thirsty. आइ एम स्टिल थर्स्टी।
उसकी पार्टी में कई व्यंजन हैं।	There were a variety of eatables in his party. देअर वेयर ए वेराइटी ऑफ इटेब्ल्स इन हिज पार्टी।
उसने मुझे दोपहर के खाने पर बुलाया है।	He has invited me for lunch ही हैज इनवाइटेड मी फॉर लंच।
नूपुर एक अच्छी पत्नी है।	Nupur is a good wife. नूपुर इज ए गुड वाइफ।
वह अच्छा खाना बनाती है।	She makes tasty food. शी मेक्स टेस्टी फूड।
प्लेट बदल दीजिए।	Please change the plate. प्लीज़ चेंज द प्लेट।
मुझे थोड़ी तरी दीजिए।	Give me a little soup. गिव मी अ लिटल सूप।
शाही पनीर मेरा मनपसंद खाना है।	*Shahi paneer* is my favourite dish. शाही पनीर इज माइ फेवरिट डिश।
खाली पेट में पानी मत पिओ।	Don't drink water on an empty stomach. डोंट ड्रिंक वाटर ऑन एन इम्पटी स्टामक।
चार रोटियों से मेरी भूख नहीं मिटी।	Four *chappaties* are not enough for me. फोर चपातीज आर नॉट इनफ फॉर मी।
मुझे चिकन पसंद है।	I like chicken. आइ लाइक चिकन।
अपना काम करो।	Do your job. डू योर जॉब।
सच बोलो, झूठ मत बोलो।	Speak out the truth, don't lie. स्पीक आउट द ट्रुथ, डोंट लाई।
नम्रतापूर्वक बात करो।	Please talk politely. प्लीज़ टॉक पोलाइट्ली।
मुझे सुबह उठा देना।	Wake up me in the morning. वेक अप मी इन द मार्निंग।
मुझे पाँच बजे जगा देना।	Wake up me at 5 O'Clock in the morning. वेक अप मी एट फाइव ओ क्लॉक इन द मार्निंग।
ऐसी बात नहीं कहते।	Don't say like this. डोन्ट से लाइक दिस।
जरा सब्र करो।	Have patience. हैव पेशेन्स।
बच्चे का ध्यान रखना।	Take care of the child. टेक केअर ऑफ द चाइल्ड।
अच्छे समय की प्रतीक्षा करो।	Wait for an appropriate time. वेट फॉर एन एप्रोप्रिएट टाइम।
कृपया जब भी आप दिल्ली आयें, मुझसे जरूर मिलें।	Please meet me whenever you come to Delhi. प्लीज़ मीट मी ह्वेनइवर यू कम टु डेल्ही।
कृपया एक कप कॉफी बना दीजिए।	Please prepare a cup of coffee. प्लीज़ प्रिपेअर अ कप ऑफ कॉफी।
यह रास्ता छोटा पर खतरनाक है।	This route is short but risky. दिस रूट इज शॉर्ट बट रिस्की।

चपाती बासी और कड़ी है।	This *chapati* is stale and hard. दिस चपाती इज स्टेल एण्ड हार्ड।
इसका क्या अर्थ होता है?	What does it mean? वॉट इज इट मीन?
उसे कुछ नहीं आता-जाता।	He is good for nothing. ही इज गुड फॉर नथिंग।
बकवास क्यों करते हो, मुँह बंद करो।	Why do you speak nonsense? Hold your tongue. वाइ डू यू स्पीक नॉन्सेन्स? होल्ड योर टंग।
हमारा एक-दूसरे के घर आना-जाना नहीं है।	We are not on visiting terms. वी आर नॉट ऑन विजिटिंग टर्म्स।
मैं थककर चूर हो गया हूँ।	I am extremely tired. आइम एक्सट्रीमली टायर्ड।
मच्छरों ने नाक में दम कर रखा है।	Mosquitoes are a menace. मॉस्किटोज आर अ मेनेस।
आप अपनी उम्र से कम दिखाई देते हैं।	You look younger than your age. यू लुक यंगर देन योर ऐज।
मुझे अकेला छोड़ दो।	Leave me alone. लीव मी अलोन।
कुछ तो ख्याल करो।	Have a heart. हैव अ हर्ट।
मैं प्रात: जल्दी नहीं उठता।	I do not get up early in the morning. आइ डोंट गेट अप अर्ली इन द मॉर्निंग।
तुम यहाँ क्यों बैठे हो?	Why are you sitting here? ह्वाइ आर यू सिटिंग हिअर।
मैं उस लड़की से मिला जो मॉनीटर है।	I met the girl who is the monitor. आइ मेट द गर्ल हू इज द मॉनीटर।
मैं आपका बहुत एहसानमंद हूँ।	I am very thankful to you. आइ ऐम वेरी थैंकफुल टु यू।
यह मेरा कसूर नहीं था।	This was not my fault. दिस वॉज नॉट माइ फॉल्ट।
फिल्म किस समय शुरू होगी?	When will the movie start? ह्वेन विल द मूवी स्टार्ट?
उसका वेतन कम है।	Her wages are low. हर वेजिज आर लो।

स्मरणीय

याद रहे शिष्टाचार से सम्बन्धित वाक्यों में विनम्रता, क्रोध आदि भाव का ध्यान रखना बहुत आवश्यक है। जिन शब्दों के अंत में ant होता है, वे Noun अथवा Adjective होते हैं, परन्तु कुछ शब्द जिनके अंत में ant होता है, वे केवल Noun होते हैं। जैसे– Applicant (आवेदक) आदि। इसका अध्ययन करना भी बहुत आवश्यक है। ent में समाप्त होने वाले शब्द भी Noun अथवा Adjective होते हैं, जैसे– Ascent (चढ़ाई) तथा Violent (हिंसक) विशेषण हैं।

खण्ड–5
वार्तालाप
Section–5
Conversation

प्रस्तुत वार्तालाप खण्ड के दो भाग हैं। पहले भाग के अन्तर्गत चालीस अलग-अलग Situations (परिस्थितियों) पर आधारित पाठ जैसे कि In the Bank (बैंक में), At Salon (नाई की दुकान में), On the Road (सड़क पर) आदि सम्मिलित किये गये हैं। यह वार्तालाप डायलाग पर आधारित है। प्रत्येक हिन्दी डायलाग के सामने उसका अंग्रेजी रूपांतर तथा उच्चारण की जानकारी दी गयी है। दूसरे भाग में वार्तालाप की शैली थोड़ी अलग है। इस भाग में पहले पृष्ठ का सम्पूर्ण वार्तालाप हिन्दी में और उसका अंग्रेजी रूपांतर दूसरे पृष्ठ में दिया गया है। हमें आशा है, इस खण्ड का आरम्भ करने से पहले हमारे पाठक अंग्रेजी वार्तालाप की कला में निपुण हो चुके होंगे और वार्तालाप का दूसरा भाग उनके लिए उपयोगी होगा।

वार्तालाप
(TIPS FOR CONVERSATION)

जो लोग वार्तालाप की कला को भलीभाँति जानते हैं, वे किसी भी व्यक्ति से किसी विषय पर सरलतापूर्वक बात कर सकते हैं। उनके अतिरिक्त अन्य लोग भी बातचीत की कला को विकसित कर अंग्रेजी में धाराप्रवाह वार्तालाप कर सकते हैं। किसी भी प्रकार की सफलता प्राप्त करने के लिए आपका वार्तालाप की कला में प्रवीण होना ज़रूरी है। आपको अपनी बात दूसरों तक सफलतापूर्वक पहुँचाने के लिए कुछ टिप्स यहाँ दिये गये हैं। इन टिप्स को समझने के लिए इस लेख को पढ़ें।

वार्तालाप एक प्रकार से विचारों का आदान-प्रदान है, हालाँकि इसे अधिक सहज और कम औपचारिक भी बनाया जा सकता है। नये लोगों से मिलने के दौरान हम सदैव प्रसन्नता भरे माहौल में बातचीत करते हैं और बातचीत के दौरान दूसरों का अभिप्राय जानने की कोशिश करते हैं। वार्तालाप, मजाक और बौद्धिक बहस के दौरान वे भिन्न-भिन्न तरीकों से बातें करते हैं।

इसके लिए सबसे पहले आपको एक अच्छा श्रोता बनना होगा। उनसे सटीक सवाल करने के साथ उनकी बातों को गौर से सुनना होगा। वार्तालाप की कला में प्रवीण होने के लिए इन बातों को जानना आवश्यक है। लगातार अभ्यास के साथ कोई भी वार्तालाप की कला सुधार सकता है।

वार्तालाप की कला को विकसित करने के टिप्स

इच्छा जागृत करें और जिज्ञासु बनें। जो मुनष्य दूसरों में दिलचस्पी लेते हैं, आमतौर पर वे खुद भी दिलचस्प होते हैं क्यों? क्योंकि वे नई चीजों को सीखने के लिए तैयार रहते हैं। जिज्ञासा दिखाना, दूसरों को भी अपनी बात आसानीपूर्वक कहने के लिए उत्साहित करता है। आँखों से आँखें मिलाकर दूसरों की बातों को सावधानीपूर्वक सुनें।

अब अगर आप अपनी बात कहने में शरमाते हैं या लोगों से घुलने-मिलने में वक्त लेते हैं, तो दूसरों को अपने मन की बात कहने के लिए प्रोत्साहित करें। ऐसा करने से बातचीत का एक उपयुक्त माहौल तैयार हो जाता है।

वार्तालाप के दौरान कहने और सुनने के बीच सामंजस्य स्थापित होना चाहिए। एक वार्तालाप तब शीघ्र ही अरुचिकर हो जाता है, जब दूसरा व्यक्ति उसकी बातों को सुनने में रुचि नहीं ले रहा हो। यदि ऐसा हो जाये, तो जो कोई बातें नहीं करना चाहता, वह बातों से बाहर हो जाता है और वार्तालाप खत्म हो जाता है।

वार्तालाप में कमी के कई कारण हो सकते हैं। कई बार हताशा के कारण आप जड़वत हो जाते हैं और आगे की बातें भूल जाते हैं। अगर आपके साथ ऐसा होता है, तो एक गहरी साँस लें और बातों पर ध्यान केन्द्रित करें फिर एक मुस्कराहट के पश्चात् आप जो कहना चाहते हैं, बोलना शुरू करें। यदि दूसरा व्यक्ति असंबंद्ध बात करने वाला हो और आपने कई बार अपनी बात कहने की कोशिश की परन्तु इसमें सफल नहीं हुए, तो उनसे विनम्रतापूर्वक क्षमा माँग लीजिए और चलते बनिए।

अगर बाद में आप यह महसूस करते हैं कि आप बातूनी हैं, तो कम से कम आपने सुधार की तरफ जागरूकता का महत्त्वपूर्ण कदम बढ़ा लिया है।

अगर वार्तालाप में आप बढ़-चढ़कर बोलते हैं, तो आपको इस बात की समीक्षा करने की आवश्यकता है कि यह किसी कुंठा के कारण है या आत्मविभोर होने के कारण है। पूरे वार्तालाप का संज्ञान लेकर यह निश्चित करने की कोशिश करें कि कब आप सामने वाले को बोलने का मौका दे सकते थे? आप सदैव कोशिश करें कि कुछ भी कहने के बाद सामने वाले की ओर देखें और उसके संकेत की प्रतीक्षा करें। सामने वाला अगर इधर-उधर देखे या 'हाँ', 'हूँ' में जवाब दे या बिलकुल शांत-सा बैठ जाये, तो यह मान लीजिए कि आपकी बातों से वह ऊब चुका है।

अच्छे वार्तालाप के लिए आपके पास अच्छी जानकारी होनी चाहिए। जरूरी नहीं कि यह उच्चस्तरीय हो। लेकिन आपके शौक में विविधता होनी चाहिए, नहीं तो आप अपने बारे में कहने के अलावा वार्तालाप में अधिक सहयोग नहीं कर सकेंगे। आपको आस-पड़ोस में घटने वाली घटनाओं की जानकारी होनी चाहिए। प्रतिष्ठित व्यक्तियों के बारे में जानकारी होनी चाहिए। खेल और संगीत से जुड़ी जानकारी होनी चाहिए। विज्ञान से भी अनभिज्ञ नहीं होना चाहिए। आप वार्तालाप में ईमानदारी बरतें, न कि आप अपने को वैसा व्यक्ति होने का आभास दें, जो आप वाकई न हों अन्यथा आपका व्यवहार स्वाभाविक नहीं होगा। वार्तालाप में संभव है, आप वह सब बोल जायें जो वास्तविकता से परे हो।

वार्तालाप के दौरान समय-समय पर गर्मजोशी से मुस्कराते भी रहें। इससे आप खुश रहेंगे। ढोंग करने की कोशिश कतई न करें। वार्तालाप शुरू करने के लिए आप अमुख व्यक्ति के पास जायें और अपना परिचय दें। यह विनम्र, आवश्यक एवं सामाजिक तरीका है। आप हाथ भी मिला सकते हैं और मुस्कराकर दूसरे से मिल भी सकते हैं। सौहार्दपूर्ण व्यवहार दूसरे व्यक्ति पर अनुकूल प्रभाव डालता है। अगर आपको अपने प्रयास में सफलता नहीं मिलती है, तो आपको निराश होने की आवश्यकता नहीं है। संभव है, उस व्यक्ति की मनोस्थिति किसी अन्य विचार से ओत-प्रोत रही हो। वार्तालाप और व्यवहार में सुधार लाने के लिए आपको निरंतर अभ्यास की आवश्यकता है। सबसे अच्छा तरीका यह है कि आप अपने परिवार वालों के बीच वार्तालाप सीखने की कोशिश करें। ये लोग आपकी पीठ पीछे हँसेंगे नहीं और आपको प्रोत्साहित भी करेंगे।

- वार्तालाप के दौरान बीच में टोका-टाकी न करें। उसे अपनी बात पूरी करने दें।
- सामने वाला ऐसा कुछ कह रहा है, जिससे आप पूरी तरह सहमत नहीं हैं, तो भी आप उसे ध्यानपूर्वक सुनें।
- हर व्यक्ति को अपनी बात रखने का अधिकार है।
- राजनीति, धर्म या सेक्स सम्बन्धी विषयों पर अपना मंतव्य प्रकट करने की कोशिश न करें।
- देश-विदेश के समाचार तथा समसामयिक विषयों की जानकारी में अभिरुचि रखें।

अच्छे वार्तालाप के गुण

1. कुछ लोगों के वार्तालाप का तरीका अन्य लोगों से बेहतर होता है। क्या वे वार्तालाप के किसी विशेष तकनीक को अपनाते हैं? वे कौन-से गुण हैं, जो वे अपनाते हैं और दूसरे नहीं अपनाते?
2. स्वार्थ से अभिभूत होकर ऐसा कुछ न कहें जिससे सामान्य वार्तालाप अरुचिकर हो रही हो।
3. सामने वाले को देखकर ही कोई भी कौतुहलपूर्ण प्रश्न उठायें।
4. किसी समूह में उस विषय पर वार्तालाप न करें जिसमें सभी सहयोग नहीं कर सके।
5. किसी नाम या विषय वस्तु का नाम याद नहीं आने पर अनावश्यक समय लेकर सामने वाले को मानसिक रूप से प्रताड़ित न करें। बातों का तारतम्य न तोड़ें। बातों का सिलसिला जारी रखें।
6. किसी व्यावसायिक वार्तालाप में सिर्फ एक उद्देश्य पर ही चर्चा हो ऐसी अनिवार्यता आवश्यक नहीं है। किसी उद्देश्य के लिए निष्ठावान होना एक बात है। जबकि व्यापारिक मुलाकातों में बहुत सी अन्य छोटी-बड़ी बातों पर भी चर्चा होती है।
7. कभी-कभी वार्तालाप में मोड़ लाना भी आवश्यक होता है। कई बार किसी विषय पर वार्तालाप बेहद गंभीर हो जाती है, जो एक प्रकार से वार्तालाप में रुकावट भी पैदा करती है। ऐसे में वार्तालाप को नई दिशा देकर किसी दिलचस्प मुद्दे पर वार्तालाप करना एकरसता को तोड़ता है।

8. किसी एकांकी या सामूहिक वार्तालाप में किसी की भी उपेक्षा नहीं करें। प्रत्येक को अपनी बात कहने का मौका देना चाहिए। किसी को भी नजरअंदाज न करें।
9. यातायात के नियमों का पालन करें। कहने का अर्थ यह है कि पहले तीस सेकंड तक आप जो कुछ भी कहते हैं। सामने वाला उस पर ध्यान देता है, जैसे कि सिग्नल हरा हो। अगर आप इसके बाद भी अपनी बात जारी रखते हैं तो उसका ध्यान विचलित होगा, वह असहज होगा, जैसे कि पीली बत्ती जल गयी हो। इसके बाद भी एकतरफा वार्तालाप जारी रहने पर लालबत्ती जल जायेगी और वार्तालाप समाप्त हो जायेगा।
10. वार्तालाप में खामोशी का भी महत्त्वपूर्ण स्थान है। आप बिना कहे भी बहुत कुछ कह जाते हैं, प्रत्यक्ष या परोक्ष रूप में।
11. सामूहिक वार्तालाप में प्रत्येक व्यक्ति को बोलने का मौका दें। जिन्होंने कुछ नहीं भी कहा है, उनसे भी बोलने का आग्रह करें।
12. वार्तालाप के दौरान महत्त्वपूर्ण तथ्यों को लिखना भी सार्थक सिद्ध होता है। जिससे कि बाद में आवश्यकता पड़ने पर उस विषय में वार्तालाप किया जा सके।
13. **कहानी सुनाना**-संचार विशेषज्ञों का मानना है कि किसी विषय वस्तु को अच्छी तरह समझाने के लिए वास्तविक या काल्पनिक कहानी को आधार बनाया जा सकता है
14. **वार्तालाप कब समाप्त करें**- अमूमन वार्तालाप के दौरान घुमफिर कर पहले विषय पर लौट आना दरअसल में वार्तालाप की समाप्ति का द्योतक है। अगर सामने वाला थोड़ी भी असहजता दर्शाये तो यह समझना चाहिए कि वह वार्तालाप जारी रखने के पक्ष में नहीं है। ऐसी स्थिति में सलीके से यह कहकर कि "आपसे मिलकर बहुत अच्छा लगा। आशा है, हमलोग आगे भी ऐसे ही सौहार्दपूर्ण तरीके से किसी अन्य विषय पर भविष्य में वार्तालाप करेंगे" इस वार्तालाप को समाप्त कर देना चाहिए।

52 बैंक में
(IN THE BANK)

इस प्रकार के वार्तालाप विषय के ऊपर निर्भर करते हैं, फिर भी व्यक्ति को विनम्रतापूर्वक, संक्षिप्त और केवल काम की बातें पूछना चाहिए।

ग्राहक : क्षमा कीजिए महाशय! मैं इस बैंक में बचत खाता खोलना चाहता हूँ।

Customer : Excuse me sir! I want to open a saving bank account in this bank. एक्सक्यूज मी सर! आइ वांट टु ओपन अ सेविंग बैंक अकाउंट इन दिस बैंक।

बैंककर्मी : ठीक है जी! मैं आपको एक आवेदन पत्र देता हूँ।

Bank Off. : Thanks sir, I am giving you an application form. थैंक्स सर, एम गिविंग यू एन एप्लीकेशन फॉर्म।

ग्राहक : इसे कैसे भरना है महाशय?

Customer : Sir, how do I fill it? सर, हाउ डू आइ फिल इट?

बैंककर्मी : इसे अच्छी प्रकार से पढ़ने के पश्चात् सही ढंग से भरिए।

Bank Off. : Read it carefully and then fill up in correct manner. रीड इट केअरफुली एंड देन फिल अप इन करेक्ट मैनर।

ग्राहक : इस पत्र के साथ और कुछ दस्तावेज़ देना है क्या?

Customer : Are some documents to be attached with this application? आर सम डाक्यूमेंट्स टु बी अटैच्ड विद दिस एप्लीकेशन?

बैंककर्मी : इस आवेदन पत्र के साथ एक हजार रुपये जमा करें।

Bank Off. : Make a deposit of rupees one thousand along with this application. मेक अ डिपोजिट ऑफ रुपीज वन थाउजेंड अलांग विद दिस एप्लीकेशन।

ग्राहक : और कुछ महाशय?

Customer : Anything else, sir? एनीथिंग एल्स्, सर?

बैंककर्मी : हमारे एक पुराने बैंक ग्राहक का आवेदन पत्र पर हस्ताक्षर जरूरी है।

Bank Off. : This application form is required to be introduced/authenticated by a customer having account in this bank. दिस एप्लीकेशन फॉर्म इज रीक्वायर्ड टु बी इन्ट्रोड्यज्ड/अथेंटिकेटेड अ कस्टमर हैविंग अकाउंट इन बैंक।

ग्राहक	: इसका क्या मतलब हुआ?	**Customer** :	What does it mean? वाट डज इट मीन?
बैंककर्मी	: कुछ नहीं, वह आवेदन पत्र में हस्ताक्षर करेगा बस।	**Bank Off. :**	Nothing, he will just put his signature on it. नथिंग, ही विल जस्ट पुट हिज सिग्नेचर ऑन इट।
ग्राहक	: इसके बाद आप पासबुक देते हैं क्या?	**Customer** :	Do you issue a pass book after this? डू यू इशू अ पासबुक आफ्टर दिस?
बैंककर्मी	: हाँ, जरूर !	**Bank Off.** :	Yes, sure. यस, श्योर।
ग्राहक	: मेल ट्रान्सफर का क्या उपयोग है?	**Customer** :	How is mail transfer beneficial? हाउ इज मेल ट्रांसफर बेनीफिशियल।
बैंककर्मी	: यह डी.डी. से बहुत आसान है।	**Bank Off.** :	It is simpler than a D/D. इट इज सिम्पलर देन अ डी/डी।
	: अब आप यहाँ नगद जमा करोगे तो वह सीधा आपके खाते में जमा हो जाता है।	:	If you deposit any cash it gets credited directly in to your account. इफ यू डिपोजिट एनी कैश इट गेट्स क्रेडिटेड डाइरेक्टलि इन टु योर अकाउंट।
ग्राहक	: मैं एक जमीन खरीदना चाहता हूँ। आपके बैंक में ऋण सुविधा है क्या?	**Customer** :	I want to purchase a property. Does your bank extends loan facility? आइ वांट टु परचेज अ प्रोपर्टी। डज योर बैंक एक्सटेंड्स लोन फेसिलिटी?
बैंककर्मी	: आप यह फार्म भर दीजिए। आपको ऋण मिल जायेगा।	**Bank Off** :	Fill this form. Loan will be extended. फिल दिस फॉर्म। लोन विल बी एक्सेटेंडिड।
ग्राहक	: गहनों को सुरक्षित रखने के लिए आपके पास लॉकर की सुविधा है क्या?	**Customer**.:	Do you have locker facility for safe-keeping of jewellery? डू यू हैव लॉकर फेसीलिटी फॉर सेफ कीपिंग ऑफ ज्वैलरी?
बैंककर्मी	: हाँ, हमारे बैंक में लॉकर की सुविधा है।	**Bank Off** :	Yes, we provide the locker facility in our bank. यस, वी प्रोवाइड द लॉकर फेसीलिटी इन आवर बैंक।

53 नाई की दुकान में
(AT SALON)

इस प्रकार के वार्तालाप छोटे होते हैं। एक नाई को अपने ग्राहकों के प्रति विनम्र तथा आज्ञाकारी बने रहना चाहिए। यहाँ प्रश्नात्मक एवं आदेश सम्बन्धी वाक्यों का प्रयोग करें।

ग्राहक	: बाल काटने के कितने रुपये लेते हो?	Customer	: How much do you charge of hair cut? हाउ मच डू यू चार्ज ऑफ हेयर कट।
नाई	: चालीस रुपये।	Barber	: Rupees 40 only. रुपीज 40 ऑन्लि।
ग्राहक	: क्या! चालीस रुपये?	Customer	: What, Rupees 40? वाट, रुपीज 40?
	: इससे तो बिना बाल कटाये ही अच्छा है।		: It is better to have the head unshaved. इट इज बेटर टु हैव द हेड अनसेव्ड।
	: दाढ़ी बनाने का कितना लेते हो?		: How much for shaving? हाउ मच फॉर शेविंग?
नाई	: दस रुपये?	Barber	: Rupees 10 only. रुपीज 10 ऑन्लि।
ग्राहक	: यह सब देखकर ऐसा लगता है गृहस्थ जीवन छोड़कर संन्यासी बन जाऊँ।	Customer	: It appears I should become a heretic by leaving behind the domestic life. इट अपीयर्स आइ शुड बीकम अ हेरेटिक बाई लीविंग बिहाइंड द डोमेस्टिक लाइफ।
	: मेरे बाल कम करो।		: Trim my hair. ट्रिम माई हेयर।
	: मेरे बाल काटिए।		: Cut my hair. कट माई हेयर।
	: इसके साथ दाढ़ी भी बनाओ।		: Do shave alongside. डू शेव अलांगसाइड।
	: दाढ़ी बनाने के समय शेवर, ट्रिम्मर जैसे यन्त्रों का इस्तेमाल नहीं करना।		: While shaving, avoid use of equipments like shaver and trimmer. वाइल हैविंग अवॉइड यूज ऑफ इक्वीपमेंट्स लाइक शेवर एंड ट्रिमर।
	: मेरे बाल कुछ-कुछ झड़ रहे हैं।		: My hair is a bit falling. माई हेयर इज अ बिट फालिंग।

नाई	: यह परंपरा खानदानी है, शायद।	**Barber**	: Perhaps it is genetic. परहैप्स इट इज जनेटिक्
	: बाल बढ़ाने के लिए कुछ किया है क्या?		: Did you do anything to increase hair growth? डिड यू डू एनीथिंग टु इन्क्रीज हेयर ग्रोथ?
ग्राहक	: कई इस्तेमाल किये मगर फायदा कुछ नहीं मिला।	**Customer**	: Used many, there was no improvement. यूज्ड मेनी, देअर वाज नो इम्प्रूवमेंट।
	: तुम्हारा उस्तरा तेज नहीं है।		: Your razor is not sharp. योर रेजर इज नॉट शार्प।
	: दाढ़ी बनाते समय खरोंच नहीं लगनी चाहिये।		: There should be no scratch during shaving. देअर शुड बी नो स्क्रेच डूरिंग शेविंग।
	: मेरी मूँछें भी ठीक करो।		: Clip my moustache. क्लिप माई मुस्टाश।
	: तुम्हारे उस्तरे ने काट दिया है।		Your razor has caused a cut. योर रेजर हैज काउज्ड् अ कट।
नाई	: वहाँ पर थोड़ी फिटकरी लगा दूँगा।	**Barber**	: I will rub alum there over the cut. आई विल रब अलम देअर ओवर द कट।
ग्राहक	: सिर पर थोड़ा तेल लगा दो।	**Customer**	: Apply a bit of oil on my head. अप्लाई अ बिट ऑफ ऑयल ऑन माई हेड।
	: मेरे नाखून काट दो।		: Trim my nails. ट्रिम माई नेल्स।
	: सबेरे कितने बजे दुकान खोलते हो?		: What time do you open your shop in the morning? वाट टाइम डू यू ओपेन योर शॉप इन द मॉर्निंग।
नाई	: रविवार को बहुत भीड़ रहती है।	**Barber**	: There are a lot of customers on Sunday. देअर आर अ लॉट ऑफ कस्टमर्ज ऑन सनडे।
	: मंगलवार को हम दुकान नहीं खोलते हैं।		We remain closed on Tuesday. वी रिमेन क्लोज्ड ऑन ट्यूज्डे।

54

सड़क पर
(ON THE ROAD)

इस प्रकार के वार्तालाप में व्यक्ति को किसी दूसरे अपरिचित व्यक्ति/सहयात्री से विनम्रतापूर्वक और धीमी आवाज में अपने प्रश्न को पूछना चाहिए ताकि वह आपकी विनम्रता से प्रभावित होकर आपके प्रश्न का सही उत्तर दे सकें।

पहला	: यह रास्ता कहाँ जाता है?	**First**	: Where does this road lead to? वेर डज दिस रोड लीड टु?
दूसरा	: यह कहीं भी नहीं जाता, हम ही जाते हैं।	**Second**	: It doesn't go anywhere, rather we go ourselves. इट डजन्ट गो एनीवेर, रदर वी गो आर्सेल्व्ज।
पहला	: आपकी बात पर मुझे हँसी आ रही है।	**First**	: I feel like laughing at what you said. आइ फील लाइक लाफिंग एट वाट यू सेड।
	: पास में कोई अच्छा सा होटल है क्या?		Is there any good hotel nearby? इज देअर एनी गुड होटल नियरबाइ?
दूसरा	: हाँ है, मगर वहाँ का पानी अच्छा नहीं है।	**Second**	: Yes, but the quality of water supply there is not good. यस, बट द क्वालिटी ऑफ वाटर सप्लाई देअर इज नॉट गुड।
पहला	: इस सड़क में कई स्पीड ब्रेकर्स हैं।	**First**	: There are many speed breakers along this road. देअर आर मेनी स्पीड ब्रेकर्स अलांग दिस रोड।
	: इस सड़क पर अकेले मोटर बाइक पर जाना अच्छा लगता है।		It feels good to go alone on a bike on this road. इट फील्स गुड टु गो अलोन ऑन अ बाइक ऑन दिस रोड।
दूसरा	: वैसा क्यों?	**Second**	: Why so? वाइ सो?
पहला	: क्यों मालूम? थोड़ा ऊपर, नीचे होते हुए आप जोश में आ सकते हैं।	**First**	: Why? Bumps on the road may drive excitement in you. वाइ? बम्प्स ऑन द रोड मे ड्राइव एक्साइटमेंट इन यू।
	: इस सड़क के दोनों ओर एक झाड़ भी नहीं है।		There are no bushes on either side of the road. देयर आर नो बुशेज ऑन आइदर साइड ऑफ दि रोड।

दूसरा	: झाड़ नहीं है तो क्या? वहाँ एक नल है देखो।	Second	:	How does it matter if there are no bushes? You can notice a water tap. हाउ डज इट मैटर इफ देअर आर नो बुशेज? यू कैन नोटिस अ वाटर टैप।
पहला	: नल है तो क्या? उसमें पानी भी रहना चाहिए?	First	:	What if there is a water tap? It should deliver water also. वाट इफ देअर इज अ वाटर टेप? इट शुड डिलीवर वाटर आल्सो।
दूसरा	: मैं तुम्हें नमस्कार करता हूँ। वह सब छोड़ दो।	Second	:	I beg you to quit all those activities. आइ बेग यू टु क्विट आल दोज एक्टिवीटिज।
पहला	: इस सड़क द्वारा मैं रेलवे स्टेशन जा सकता हूँ क्या?	First	:	Can I go to the railway station using this road? कैन आइ गो टु दि रेलवे स्टेशन यूजिंग दिस रोड?
दूसरा	: हाँ, सीधा जाइए।	Second	:	Yes, please go straight. यस, प्लीज़ गो स्ट्रेट।
पहला	: यह सड़क बहुत अच्छी है। आईने जैसी है।	First	:	It's a nice road. इट्स अ नाइस रोड। Like a mirror. लाइक अ मिरर।
पहला	: यह सही है, तो तुम अपना मुँह उसी में देख लो।	First	:	If so, why not see your face on it. इफ सो, वाइ नॉट सी योर फेस ऑन इट।
दूसरा	: आपको कुछ भी लेना हो, तो इस दुकान में पूछकर लीजिए।	Second	:	If you want to buy anything, seek our assistance. इफ यू वांट टु बाय एनीथिंग सीक आवर असिस्टन्स।

55 पंसारी की दुकान में (AT GROCERY SHOP)

इस प्रकार के वार्तालाप में विक्रेता को अपने ग्राहक के साथ आत्मविश्वास के साथ वार्तालाप करना चाहिए जिससे वह ग्राहक को अपनी दुकान से उत्पाद खरीदने के लिए प्रेरित कर सके।

ग्राहक	: आपके पास अचार में लगने वाली सब वस्तुएँ मिलती हैं क्या?	**Customer**	: Do you keep items needed to make pickle? डू यू कीप आइटम्स नीडेड टु मेक पिक्ल।
दुकानदार	: हाँ, जरूर।	**Shopkeeper**	: Yes, sure. यस, स्योर।
ग्राहक	: आधा किलो सरसों का तेल दीजिए।	**Customer**	: Give me half a kg of mustard oil. गिव मी हाफ अ केजी ऑफ मस्टर्ड आयल।
दुकानदार	: और क्या?	**Shopkeeper**	: What else? वाट एल्ज?
ग्राहक	: मेथी, धनियाँ, हींग और लहसून है क्या?	**Customer**	: Do you have fenugreek, coriander, asafoetida and garlic? डू यू हैव फेनूग्रीक, कोरिअंडर, ऐसेफोटिडा एंड गार्लिक।
	: चावल बेचते हैं क्या?		: Do you sell rice? डू यू सेल राइस?
	: बासमती चावल क्या रेट है?		: How much for Basmati rice? हाउ मच फॉर बासमती राइस?
	: एक बार इधर ही मैं घर गृहस्थी में लगने वाली कुछ चीजें खरीदकर ले गया।		: Once I bought household items from this area. वन्स आइ बॉट हाउसहोल्ड आइटम्स फ्रॉम दिस एरिया।
	: आटा बहुत मोटा लग रहा है।		: The wheat flour appears quite coarse. द वीट फ्लोर अपीयर्स क्वाइट कोअर्स।
	: मुझे काजू, लौंग, किसमिस, इलायची आदि चाहिए।		: I need cashew nut, clove, dry raisin, cardamom etc. आइ नीड कैशू नट, क्लोव, ड्राई रेजिन, कार्डामॉम इटीसी।

	: बेसन, मूँगफली, तिल, साबूदाना, ये वस्तुयें एक-एक किलो देना।		: Give me one kg each of besan, groundnut, sesame, sago, etc. गीव मी वन केजी इच ऑफ बेसन, ग्राउण्डनट, सेजम, सागो इटीसी।
	: यह तराजू ठीक नहीं लग रहा है।		: This weighing machine doesn't appear balanced. दिस वैइंग मशीन डज नॉट अपीयर बैलेन्स्ड।
दुकानदार	: नहीं जी, ठीक है। मैं फिर से इसे तौल देता हूँ।	**Shopkeeper**	: No, it's ok. I will weigh the items. again for your satisfaction. नो, इट्स ओके. आइ विल वे दि आइट्म्स अगेन फॉर योर सैटिसफेक्शन।
ग्राहक	: परसों दिया हुआ उड़द का दाल घटिया किस्म का था।	**Customer**	: The *urad dal* I bought day before yesterday appeared of poor quality. द उरद दाल आई बॉट डे बीफोर ऐस्टरडे अपीयर्ड ऑफ पुअर क्वालिटी।
दुकानदार	: हमारी चीजों को खराब कहने वाला आज तक कोई नहीं है।	**Shopkeeper**	: No one has blamed us for poor quality stocks so far. नो वन हैज ब्लेम्ड अस फॉर पुअर क्वालिटी स्टॉक्स सो फार।
ग्राहक	: आपके पास की चीजों में कुछ मिलावट तो नहीं है?	**Customer**	: Are you sure there is no adulteration in your products/items? आर यू स्योर देअर इज नो एडल्ट्रेशन इन योर प्रोडक्ट्स/आइट्म्स?
दुकानदार	: आप यह बात यकीन से कह सकते हैं क्या?	**Shopkeeper**	: Can you say this for sure? कैन यू से दिस फॉर स्योर?
ग्राहक	: इस पनीर के पैकेट में कोई उपहार है क्या?	**Customer**	: Is there any free gift with this packet of cheese? इज देयर ऐनी फ्री गिफ्ट विथ दिस पैकेट ऑफ चीज?
	: बिना मिलावट मिट्टी का तेल भी मिलता है क्या?		: Can I get even kerosene oil free of adulteration? कैन आइ गेट इवन कैरोसीन आयल फ्री ऑफ एडल्ट्रेशन?
	: सुना है कि कुछ भ्रष्टाचारी लोग आजकल मिट्टी के तेल में भी मिलावट कर रहे हैं।		: I have heard some corrupt people adulterate even kerosene oil these days. आइ हैव हियर्ड सम करप्ट पीपुल एडल्ट्रेट इवन कैरोसीन आयल।

56 कपड़े की दुकान में (AT CLOTH SHOP)

इस प्रकार के वार्तालाप में विक्रेता को अपने ग्राहक के साथ सदैव विनम्रतापूर्वक पेश आना चाहिए, ताकि ग्राहक उत्साहित होकर उससे अपनी पसंद के कपड़े खरीद सके।

दुकानदार	: आइये, आइये, अंदर आइये, यहाँ बैठिये।	**Customer**	: Come in, come in please be seated. कम इन, कम इन प्लीज़ बी सीटेड।
	: आपको क्या चाहिये? क्या दिखाना है बोलिये?		What do you want? What would you like to see? वाट डू यू वांट? वाट वुड यू लाइक टु सी?
ग्राहक	: हमें साड़ी दिखाइये।	**Customer**	: Show me sarees. शो मी सारीज।
दुकानदार	: किस कीमत में चाहिए जी?	**Shopkeeper**	: What's the price range? वाट्स दि प्राइस रेंज?
ग्राहक	: कोई सस्ती सी।	**Customer**	: Something cheaper. समथिंग चीपर।
	: आपके पास रेशमी साड़ियाँ हैं क्या?		: Do you have silk sarees also? डू यू हैव सिल्क सारीज आल्सो?
दुकानदार	: है, लेकिन महँगी है।	**Shopkeeper**	: I have but they are quite expensive. आइ हैव बट दे आर क्वाइट एक्पेंसिव।
ग्राहक	: आप ये साड़ियाँ कहाँ से लाते हैं?	**Customer**	: Where from do you buy these sarees? वेयर फ्रॉम डू यू बाय दीज सारीज?
दुकानदार	: कई प्रांतों से लाते हैं।	**Shopkeeper**	: From different states. फ्रॉम डिफरेंट स्टेट्स।
ग्राहक	: इस साड़ी की क्या कीमत है? यह नमूना मुझे पसंद नहीं है।	**Customer**	: What's the price of this saree? I don't like this one. वाट्स दि प्राइस ऑफ दिस सारी? आइ डोंट लाइक दिस वन।
दुकानदार	: यह पसंद नहीं तो दूसरी साड़ी दिखाता हूँ।	**Shopkeeper**	: If you don't like this one, I will show another. इफ यू डोन्ट लाइक दिस वन, आइ विल शो अनादर।

ग्राहक :	यह वह नहीं, रोजमर्रा के लिए मुझे कुछ साड़ियाँ दिखाइये।	**Customer** :	Not these but show me something for daily use. नॉट दीज बट शो मी समथिंग फॉर डेली यूज।
:	साड़ी कितनी लम्बी है।	:	What's the length of *saree*? वाट्स दि लेंथ ऑफ सारी?
दुकानदार :	हमारी प्रत्येक साड़ी छह मीटर लंबी है।	**Shopkeeper** :	Each *saree* is 6 metres long. इच सारी इज 6 मीटर्स लाँग।
ग्राहक :	मुझे एक कपड़ा चाहिए।	**Customer** :	I want a piece of cloth. आइ वांट अ पीस ऑफ क्लॉथ।
:	लेकिन मैं जितना चाहता हूँ, उतना नाप कर देना।	:	But give me in proper size. बट गिव मी इन प्रोपर साइज।
:	यहाँ के कपड़े देखकर तो सभी खरीदने को मन कर रहा है।	:	I feel like buying all clothes stocked here. आइ फील लाइक बाईंग आल क्लॉथ स्टॉक्ड हिअर।
दुकानदार :	देर क्यों करते हैं अभी खरीद लीजिए।	**Shopkeeper** :	Why delay, buy it now. वाइ डिले, बाय इट नाउ।
ग्राहक :	मेरे पास पैसे कम पड़ गये हैं, नहीं तो मैं अभी सब खरीद लेता।	**Customer** :	I am short of cash or else I would have bought all. आइ एम शॉर्ट ऑफ कैश आर इल्ज आइ वुड हैव बाउट आल।
दुकानदार :	कोई परवाह नहीं, आपके पास पैसे नहीं हों तो बाद में भी दे सकते हैं।	**Shopkeeper** :	Don't care if you are short of money. You can always pay later. डोंट केयर इफ यू आर शॉर्ट ऑफ मनी, यू कैन आलवेज पे लेटर।
ग्राहक :	वह कैसे?	**Customer** :	How can? हाउ कैन?
दुकानदार :	हम क्रेडिट कार्ड स्वीकार करते हैं ।	**Shopkeeper** :	No problem. We accept payment through credit cards. नो प्रोब्लम। वी एक्सेप्ट पेमेंट थ्रो क्रेडिट कार्ड्स।
ग्राहक :	नहीं जी! भागते हुए दूध क्यों पीना?	**Customer** :	Oh no, why should I drink milk while rushing? ओह नो, वाइ शुड आइ ड्रिंक मिल्क वाइल रशिंग?
:	अच्छी बात है, सब लोग आप जैसे होते तो यह दुनिया कितनी सुंदर होती?	:	It is so nice, the world would have been much better if all people had been like you? इट्स सो नाइस, द वर्ल्ड वुड हैव बीन मच बेटर इफ आल पीपुल हैड बीन लाइक यू?

57 बाजार में
(IN THE MARKET)

बाजार में आपको अनेक प्रकार के लोगों से वार्तालाप करने की आवश्यकता पड़ती है। आपको हमेशा संक्षिप्त और अपने काम की बातें पूछनी चाहिए।

पहला आदमी :	इस शहर में बाज़ार कहाँ है?	**First Man** :	Where is the market in this town? वेर इज द मार्केट इन दिस टाउन?
दूसरा आदमी :	कौन-सा बाजार?	**Second Man** :	Which market? विच मार्केट?
पहला आदमी :	कौन-सा बाज़ार का क्या मतलब है?	**First Man** :	What do you mean, by which market? वाट डू यू मीन, बाय विच मार्केट?
दूसरा आदमी :	आपका मतलब ! मछली का बाज़ार, सब्जी का बाज़ार या कपड़े का बाज़ार है?	**Second Man** :	You mean, fish market, vegetable or clothes market? यू मीन, फिश मार्केट, वेजीटेबल ऑर क्लॉथ्स मार्केट?
पहला आदमी :	यहाँ (इधर) इतने बाज़ार होते हैं, मुझे मालूम नहीं है।	**First Man** :	I don't know the different types of markets here. आइ डोंट नो द डिफरेंट टाइप्स ऑफ मार्केट्स हियर।
:	मुझे साधारण बाज़ार जाना है।	:	I want to go to the ordinary market. आइ वांट टु गो टु द ऑर्डिनरी मार्केट।
दूसरा आदमी :	इस तरफ से गये तो मोन्डा मार्केट आता है।	**Second Man** :	Monda market is this side. मोंडा मार्केट इज दिस साइड।
:	वहाँ (उधर) आपको सभी चीजें मिल जायेगी।	:	There you will get all items of daily use. देयर यू विल गेट आल आइटम्स ऑफ डेली यूज।
पहला आदमी :	आपके पास पाँच रुपये के छुट्टे पैसे हैं क्या?	**First Man** :	Have you got change for rupees five? हैव यू गॉट चेंज फॉर रुपीज फाइव?

	: इधर सब चीजें बहुत महँगी लग रही है।		: All items appear expensive here. आल आइटम्स अपीयर एक्सपेंसिव हिअर।
दूसरा आदमी	: वह सब आपका भ्रम है।	Second Man	: Your worry is unfounded. योर वरी इज अनफाउंडिड।
पहला आदमी	: वही है क्या?	First Man	: Is that so? इज दैट सो?
दूसरा आदमी	: इसके बिना कुछ भी नहीं है?	Second Man	: There is nothing without this. देअर इज नथिंग विदाउट दिस।
पहला आदमी	: इधर क्या खास चीज मिलती है?	First Man	: What special items are available here? वाट स्पेशल आइटम्स आर अवलेब्ल हिअर?
दूसरा आदमी	: कई चीजें हैं।	Second Man	: Many things. मेनी थिंग्स
पहला आदमी	: वे क्या हैं?	First Man	: What are they? वाट आर दे?
दूसरा आदमी	: यहाँ लकड़ी से बनायी गई गुड़िया भी मिलती है।	Second Man	: You can get dolls made of wood here. यू कैन गेट डाल्स मेड ऑफ वुड हियर।
पहला आदमी	: मुझे चंदन की लकड़ी से बनायी गई एक टोकरी चाहिए।	First Man	: I want a basket made of sandalwood. आइ वांट अ बास्केट मेड ऑफ सेंडलवुड।
दूसरा आदमी	: वह तो नहीं मिलती मगर हाथी दाँत की चीजें मिलती हैं।	Second Man	: You won't get that but can have items made of ivory. यू वोंट गेट दैट बट कैन हैव आइटम्स मेड ऑफ आइवरी।
पहला आदमी	: अब तो सब कुछ देखकर ही जायेंगे।	First Man	: Now, we will have a look at those. नाउ वी विल हैव अ लुक एट दोज।

58 भोजनालय
(AT RESTAURANT)

छोटे वार्तालाप का प्रयोग पार्टी या दूसरे अवसरों पर लोगों से मिलने के दौरान किया जाता है। ऐसे वार्तालाप कई बार अधिक रूचिकर हो सकते हैं। वेटर के साथ हमेशा विनम्रतापूर्वक व्यवहार करना चाहिए।

पहला मित्र	:	मुझे भूख लग रही है।	1st Friend	:	I am feeling hungry. आइ एम फीलिंग हंग्री।
दूसरा मित्र	:	इधर एक ही भोजनालय है।	2nd Friend	:	There is just one eating centre here. देर इज जस्ट वन इटिंग सेन्टर हिअर।
पहला मित्र	:	वहाँ पर अच्छा खाना मिलता है क्या?	1st Friend	:	Is food good there? इज फूड गुड देर?
दूसरा मित्र	:	स्वाद अच्छा है।	2nd Friend	:	Quite tasteful. क्वाइट टेस्टफुल।
वेटर	:	क्या चाहिए साब?	Waiter	:	What would you have, sir? वाट वुड यू हैव सर?
पहला मित्र	:	मुझे मेनू की सूची चाहिए।	1st Friend	:	Let me see the menu. लेट मी सी द मेन्यू।
वेटर	:	क्या चाहिए साब?	Waiter	:	What would you have, sir? वाट वुड यू हैव सर?
पहला मित्र	:	मुझे साऊथ इंडियन खाना चाहिए।	1st Friend	:	I want South Indian meal. आइ वांट साउथ इंडियन मील।
दूसरा मित्र	:	आपको साऊथ इंडियन भोजन ज्यादा पसंद है क्या?	2nd Friend	:	Do you prefer South Indian food? डू यू प्रफर साउथ इंडियन फूड?
पहला मित्र	:	हाँ, मुझे बहुत पसंद है।	1st Friend	:	Yes, I do. यस, आइ डू।
दूसरा मित्र	:	किसलिए इतना पसंद है आपको?	2nd Friend	:	Why so special about it? वाइ सो स्पेशल अबाउट इट?
पहला मित्र	:	इस खाने में मुझे छह प्रकार के स्वाद मिलते हैं।	1st Friend	:	I get six varieties of tastes in this meal. आइ गेट सिक्स वेरायटीज ऑफ टेस्ट्स इन दिस मील।
दूसरा मित्र	:	क्या मतलब?	2nd Friend	:	Meaning? मीनिंग?

पहला मित्र	: जैसे चावल को लीजिए वह फीका रहता है।	**1st Friend**	: Take rice, for example. Its taste is quite bland. टेक राइस फॉर एक्जाम्पल इट्स टेस्ट इज क्वाइट ब्लैंड।
दूसरा मित्र	: क्या तुम जानते हो इसमें तूर दाल, घी, अचार आदि मिलाने से कितना स्वादिष्ट लगता है?	**2nd Friend**	: Do you know how delicious it tastes when lentil, ghee, pickle etc are added to it? डू यू नो हाउ डीलिसियस इट टेस्ट्स वेन लेन्टिल, घी, पीक्ल इटीसी आर एडिड टु इट?
पहला मित्र	: नहीं बता सकता मैं।	**1st Friend**	: No, I can't say. नो, आइ कांट से।
दूसरा मित्र	: तुम ही खाकर समझ लो।	**2nd Friend**	: Eat it, sir you will know. yourself. ईट इट, सर यू विल नो योरसेल्फ।
	: भोजन में गुझिया भी हैं।		: There is a sweet dish alongside the meal. देर इज अ स्वीट डिस अलांगसाइड द मील।
वेटर	: खाली गुझिया नहीं साब, पूड़ी, छोंका बात, बरोयें, सूखी सब्जी भी देंगे।	**Waiter**	: Not just sweet dish there are pure vegetable rasam, butter milk, dry vegetable also. नॉट जस्ट स्वीट डिश देर आर प्योर विजिटेबल रसम, बटर मिल्क, ड्राइ विजिटेब्ल आल्सो।
पहला मित्र	: धन्यवाद भाई, मुझे अच्छा खाना खिलाया।	**1st Friend**	: Thank you brother, I ate heartily. थैंक यू ब्रदर, आइ एट हर्टली।
दूसरा मित्र	: मैं कितना बख़्शीश दूँ?	**2nd Friend**	: How much should I tip? हाउ मच शुड आइ टिप?
वेटर	: आपकी मर्जी है साब!	**Waiter**	: Your choice, sir! योर च्वाइस सर!
पहला मित्र	: इधर सेवा थोड़ी सुस्त है।	**1st Friend**	: Service is a bit slow here. सर्विस इज अ बिट स्लो हिअर।

59 रेलवे स्टेशन में (AT RAILWAY STATION)

ऐसे वार्तालाप काफी संक्षिप्त होते हैं। आपको रेलवे स्टेशन के किसी कर्मचारी या दूसरे सहयात्री से छोटे एवं सटीक प्रश्न पूछने चाहिए।

राम	:	आज मैं राजमुंद्री जाना चाहता हूँ।	**Ram**	:	I want to go to Rajamundry today. आइ वांट टु गो टु राजमुन्ड्री टूडे।
श्याम	:	कैसे जाना चाहते हैं? रेल से या बस से?	**Shyam**	:	How would you like to travel? By rail or bus? हाउ वुड यू लाइक टू ट्रैवल? बाइ रेल आर बस?
राम	:	रेल द्वारा तो नौ घंटे में आराम से जा सकते हैं।	**Ram**	:	By rail, we can travel comfortably within nine hours. बाइ रेल, वी कैन ट्रैवल कम्फर्टब्ली विदइन नाइन आवर्स।
श्याम	:	आपने आरक्षण करा लिया क्या?	**Shyam**	:	Have you got your seat reserved? हैव यू गॉट योर सीट रिजर्व्ड?
राम	:	हाँ, हो गया है।	**Ram**	:	Yes, we have. यस, वी हैव।
	:	हमारे नसीब से खिड़की के पास सीट मिली है।		:	Fortunately, we have got a window seat. फार्च्यूनेटली, वी हैव गॉट अ विंडो सीट।
श्याम	:	आप आपनी सीट पर बैठे या दूसरे की सीट पर बैठे हैं, देख लिजिए।	**Shyam**	:	Please check whether you are occupying your own seat or someone else. प्लीज़ चेक वेदर यू आर आक्यूपाइंग योर ओन सीट ऑर समवन इल्ज।
राम	:	मैं सब देखकर बैठा हूँ।	**Ram**	:	I have checked that for sure. आइ हैव चेक्ड दैट फॉर श्योर।
श्याम	:	वह खिड़की बंद कर लो नहीं तो कचरा अंदर आ जायेगा है।	**Shyam**	:	Please shut the window or else dust particles will enter the compartment. प्लीज़ शट द विन्डो ऑर इल्ज डस्ट पार्टिकल्ज विल इंटर द कम्पार्टमेंट।
राम	:	खाने का डिब्बा किस तरफ है?	**Ram**	:	Which side is the pantry car? विच साइड इज द पेन्ट्री कार?
श्याम	:	वह उस तरफ है।	**Shyam**	:	It's on that side. इट्स ऑन दैट साइड।

राम	:	मैं कल रात की गाड़ी से मुंबई जाऊँगा।	**Ram**	:	I will travel to Mumbai by train tomorrow evening. आइ विल ट्रैवल टू मुम्बई बाइ ट्रेन टूमारो इवनिंग।
श्याम	:	मुंबई के लिए एक ही गाड़ी जाती है क्या?	**Shyam**	:	Is there just one train that goes to Mumbai? इज देर जस्ट वन ट्रेन दैट गोज टू मुम्बई?
राम	:	हाँ, एक ही गाड़ी जाती है।	**Ram**	:	Yes, just one only. यस, जस्ट वन ओनली।
श्याम	:	कोई बात नहीं।	**Shyam**	:	No problem. नो प्राब्लम।
राम	:	नहीं तो बीच में गाड़ी बदलना पड़ेगा।	**Ram**	:	Otherwise we will have to change train midway. अदरवाइज वी विल हैव टु चेंज ट्रेन मिडवे।
श्याम	:	मैं आपके साथ स्टेशन जाऊँगा।	**Shyam**	:	I will accompany you to the station. आइ विल अकम्पनी यू टु द स्टेशन।
राम	:	ऐसा है, तो तुम जल्दी तैयार हो जाना।	**Ram**	:	If so, please get ready fast. इफ सो, प्लीज़ गेट रेडी फास्ट।
श्याम	:	वे लोग गाड़ी नहीं पकड़ सके।	**Shyam**	:	They failed to board the train. दे फेल्ड टू बोर्ड द ट्रेन।
राम	:	आज गाड़ी बहुत देर से आ रही है।	**Ram**	:	Trains are arriving quite late today. ट्रेन्स आर अराइविंग क्वाइट लेट टूडे।
श्याम	:	हाँ, आज गाड़ी सही समय से पीछे चल रही है।	**Shyam**	:	Yes sir! The trains are running behind schedule time for previous stations. यस सर! द ट्रेन्स आर रनिंग बीहाइन्ड शेड्यूल टाइम फॉर प्रीवियस स्टेशन्स।
राम	:	खाने के लिए गाड़ी से उतरने की जरूरत नहीं है।	**Ram**	:	There is no need to get down from the train to buy eatables. देर इज नो नीड टु गेट डाउन फ्रॉम द ट्रेन टु बाय इटेब्ल्स।
श्याम	:	खाना गाड़ी में ही मिलता है।	**Shyam**	:	Meals are provided inside the train. मील्स आर प्रोवइडेड इनसाइड द ट्रेन।
राम	:	खाना अच्छा मिले तो कितना भी दूर हो, मैं आसानी से सफर कर सकता हूँ।	**Ram**	:	If I get good quality foods, I can travel long distance with ease. इफ आइ गेट गुड क्वालिटी फुड्स, आई कैन ट्रैवल लांग डिस्टेंस विद इजी।

टिकट खिड़की पर (At Ticket Counter)

यात्री	:	नई दिल्ली का एक टिकट दीजिए।	**Passenger**	:	Give me a ticket to New Delhi. गिव मी अ टिकट टु न्यू डेल्ही।
क्लर्क	:	किस श्रेणी का।	**Clerk**	:	In which class? इन विच क्लास?

यात्री	:	फर्स्ट क्लास, ब्रह्मपुत्र मेल में।	**Passenger**	:	First class in Brahmaputra mail. फर्स्ट क्लास इन ब्रह्मपुत्र मेल।
	:	यहाँ से दिल्ली का कितना किराया है?		:	What is the fair for Delhi from here? वाट इज द फेअर फॉर डेल्ही फ्रॉम हियर?
क्लर्क	:	एक सौ पचास रुपये।	**Clerk**	:	One hundred fifty rupees only. वन हंड्रेड फिफ्टी रुपीज ओनली।
यात्री	:	मुझे राजधानी एक्सप्रेस में दिल्ली से मुम्बई तक का रिजर्वेशन कराना है।	**Passenger**	:	I have to get reservation from Delhi to Mumbai. आइ हैव टु गेट रिजर्वेशन फ्रॉम डेल्ही टु मुम्बई।
क्लर्क	:	कौन-सी तारीख का रिजर्वेशन चाहिए?	**Clerk**	:	For which date do you want the reservation? फार विच डेट डू यू वांट द रिजर्वेशन?
यात्री	:	06-01-2015 का।	**Passenger**	:	For 6th January 2015. फॉर सिक्सथ जनवरी 2015।
क्लर्क	:	1500 रुपये दीजिए।	**Clerk**	:	Fifteen hundred rupees only. फिफ्टीन हण्ड्रेड रुपीज ओनली।
यात्री	:	रिजर्वेशन कन्फर्म है न?	**Passenger**	:	Is reservation confirmed? इज रिर्जवेशन कन्फर्म्ड?
क्लर्क	:	हाँ, लीजिए।	**Clerk**	:	Yes sir, please take the ticket. यस सर, प्लीज़ टेक द टिकट।
यात्री	:	धन्यवाद।	**Passenger**	:	Thank you. थैंक्यू।

प्लेटफार्म पर (At Platform)

राम	:	कितने बजे हैं?	**Ram**	:	What is the time? वाट इज द टाइम
श्याम	:	सात बजे हैं।	**Shyam**	:	It is 7 O'clock. इट इज सेवन ओ क्लॉक
राम	:	क्या ट्रेन सही वक्त पर आ रही है?	**Ram**	:	Is the train arriving on time? इज द ट्रेन अराविंग ऑन टाइम।
श्याम	:	हाँ, अभी उद्घोषणा हुई है।	**Shyam**	:	Yes, it has been announced now. यस, इट हैज बिन अनांउस्ड नाउ।
राम	:	ट्रेन कलकत्ता कब पहुँचेगी?	**Ram**	:	What time will it reach Kolkata? वाट टाइम विल इट रीच कोलकाता?
श्याम	:	कल दोपहर में अगर लेट नहीं हुई तो।	**Shyam**	:	Tomorrow afternoon, if it's not late. टुमारो आफ्टरनून इफ इट्स नॉट लेट।
राम	:	धन्यवाद।	**Ram**	:	Thank you. थैंक्यू।
श्याम	:	हमें मुम्बई का टिकट कहाँ मिलेगा।	**Shyam**	:	Where will we get tickets for Mumbai? वेअर विल गेट टिकिटस फॉर मुम्बई?
राम	:	टिकट खिड़की नम्बर 105 से।	**Ram**	:	From window number 105. फ्रॉम विन्डो नम्बर 105।
श्याम	:	प्लेटफार्म नम्बर 15 किधर है?	**Shyam**	:	Where is the platfrom number 15? वेअर इज द प्लेटफार्म नम्बर फिफ्टीन?

60 दो मित्रों के बीच वार्तालाप (CONVERSATION BETWEEN TWO FRIENDS)

इस प्रकार के वार्तालाप का प्रयोग पार्टी या औपचारिक रूप से मिलने के दौरान किया जाता है। इस दौरान हाजिरजवाबी और मनोरंजक बातें कर आप माहोल में ताजगी भर सकते हैं।

पहला मित्र	: आप कौन-सा खेल खेलते हैं?	**1st Friend**	: Which game do you play? विच गेम डू यू प्ले?
दूसरा मित्र	: मैं शतरंज खेलता हूँ।	**2nd Friend**	: I like to play chess. आइ लाइक टु प्ले चेस।
	: आपको कौन-सा खेल पसंद है।		: Which game do you prefer? विच गेम डू यू प्रेफर?
पहला मित्र	: मैं फुटबाल खेलता हूँ।	**1st Friend**	: I like to play football. आइ लाइक टु प्ले फूटबाल।
दूसरा मित्र	: वे लोग किस खेल के कुशल खिलाड़ी हैं?	**2nd Friend**	: Which game do they excel in? विच गेम डू दे इक्सेल इन?
पहला मित्र	: वे लोग कबड्डी अच्छा खेलते हैं।	**1st Friend**	: They enjoy playing *kabaddi*. दे इंज्वाय प्लेइंग कबड्डी।
दूसरा मित्र	: आजकल क्रिकेट को अधिक प्रोत्साहन मिल रहा है।	**2nd Friend**	: Cricket is getting quite an encouragement these days. क्रिकेट इज गेटिंग क्वाइट एन एनकरेजमेंट दीज डेज।
पहला मित्र	: आजकल नहीं भाई, हमेशा प्रोत्साहन मिलता है आपको नहीं मालूम?	**1st Friend**	: It's not only these days but it has always been encouraged, don't you know that? इट्स नॉट ओनली दीज डेज बट इट हैज आलवेज बीन एनकरेज्ड डोंट यू नो दैट?
दूसरा मित्र	: क्रिकेट के अलावा कोई दूसरा खेल नहीं है क्या?	**2nd Friend**	: Is there no game other than cricket? इज देयर नो गेम अदर देन क्रिकेट।
पहला मित्र	: मुझे ऊँची कूद पसंद है।	**1st Friend**	: I enjoy high jumps. आइ इंज्वाय हाइ जम्प्स।

दूसरा मित्र	: क्या तुम उसमें अच्छा कर सकते हो?	2nd Friend	:	Do you hope to excel in that? डू यू होप टु इक्सेल इन दैट?
पहला मित्र	: नहीं ! नहीं ! मैं अच्छा देख सकता हूँ।	1st Friend	:	No! No! I enjoy watching instead. नो! नो! आइ इंज्वाय वाचिंग इनस्टीड।
दूसरा मित्र	: वह कौन है, आपको मालूम है?	2nd Friend	:	Do you know who is he? डू यू नो, हू इज ही?
पहला मित्र	: मालूम है, तेज धावक है।	1st Friend	:	I know, he is a sprinter. आइ नो ही इज अ स्प्रींटर?
दूसरा मित्र	: आपके संस्था में रोजाना खेलने के लिए पीरियड है क्या ?	2nd Friend	:	Do you get a period allotted for games every day in your institution? डू यू गेट अ पीरियड अलॉटेड फॉर गेम्स एवरी डे इन योर इन्स्टीच्यूशन?
पहला मित्र	: जी हाँ! हम प्रतिदिन चार बजे मैदान में जाते हैं।	1st Friend	:	Yes! We go to the playground every day at 4p.m. यस! वी गो टु दि प्लेग्राउण्ड एवरीडे एट फोर पी.एम.।
दूसरा मित्र	: आप लोग उधर कौन-कौन से खेल खेलते हैं?	2nd Friend	:	Which games do you play there? विच गेम्स डू यू प्ले देर?
पहला मित्र	: आप नहीं हँसो तो मैं बोलूँ।	1st Friend	:	I will tell you provided you don't breakout into laughter. आइ विल टेल यू प्रोवाइडेड यू डोंट ब्रेकआउट इन टु लाफ्टर।
दूसरा मित्र	: मैं नहीं हँसूगा बोलो।	2nd Friend	:	Tell me, I won't laugh. टेल मी, आइ वोंट लाफ।
पहला मित्र	: हम वहाँ कंचे भी खेलते हैं।	1st Friend	:	We play a game of glass marbles. वी प्ले अ गेम ऑफ ग्लास मार्बल्स।
दूसरा मित्र	: उसको तैरना पसंद है।	2nd Friend	:	He likes swimming. ही लाइक्स स्वीमिंग।
पहला मित्र	: लेकिन वहाँ पानी नहीं है।	1st Friend	:	But there is no water. बट देर इज नो वाटर।
दूसरा मित्र	: खेलों में कौन हारेगा, कौन जीतेगा किसी को भी मालूम नहीं है।	2nd Friend	:	No one knows which side will win or lose the game. नो वन नोज विच साइड विल विन आर लॉस दि गेम।
पहला मित्र	: एक चीज तो पक्की है कि खिलाड़ियों का स्वास्थ्य अच्छा रहता है।	1st Friend	:	At least one thing is for sure. Players stay healthy. एट लीस्ट वन थिंग इज फॉर स्योर। प्लेयर स्टे हेल्दी।

61 डॉक्टर से परामर्श (CONSULTATION WITH A DOCTOR)

इस प्रकार के वार्तालाप में मरीज को डॉक्टर से अपनी समस्या के बारे में खुलकर प्रश्न पूछना चाहिए, ताकि डॉक्टर उसके रोग की वजह जानकर उसका सही इलाज कर सके।

डॉक्टर	: यहाँ बैठिये। समस्या क्या है?	**Doctor**	: Please sit here. What's the problem? प्लीज़ सिट हिअर। वाट्स दि प्राब्लम?
मरीज	: मुझे श्वाँस लेते समय दर्द हो रहा है।	**Patient**	: I have respiratory problem. आइ हैव रिस्पाइरेट्री प्राब्लम।
डॉक्टर	: श्वाँस लीजिए।	**Doctor**	: Breathe. ब्रेथ।
	: यह समस्या कब से है?		How long has it been like this? हाउ लाँग हैज इट बीन लाइक दिस?
मरीज	: सात महीने से।	**Patient**	: For the last seven months. फ्रॉर द लास्ट सेवन मंथ्स।
डॉक्टर	: और क्या समस्या है आपको?	**Doctor**	: Any other problem? एनी अदर प्राब्लम?
मरीज	: मुझे भूख नहीं लग रही है।	**Patient**	: I don't feel like eating. आई डोंट फील लाइक इटिंग।
	: मेरा भार बढ़ गया है। अक्सर खाँसी होती है।		: My weight has increased. There is problem of coughing often. माइ वेट हैज इन्क्रीज्ड। देर इज प्राब्लम ऑफ कफिंग आफन।
	: कुछ भी करने को मन नहीं करता है। मन में चिड़चिड़ापन हो रहा है।		: I don't feel like doing anything. There is a sense of irritation. आइ डोंट फील लाइक डूइंग एनीथिंग। देर इज ए सेंस आफ इरिटेशन।
डॉक्टर	: एक सवाल पूछा तो सौ जवाब दे दिया।	**Doctor**	: For one question, you listed one hundred symptoms? फॉर वन क्वेश्चन, यू लिस्टेड वन हंड्रेड सिम्पटम्स?
मरीज	: क्या करें साब? समस्याओं से मैं जूझ रहा हूँ।	**Patient**	: What to do? I am just facing problems. वाट टु डू? आइ एम जस्ट फेसिंग प्राब्लम्स।

डॉक्टर	:	सबसे पहला और सबसे बड़ी दवा क्या है मालूम, आप बातें कम कीजिए।	Doctor	:	The first and best medicine is to talk less. द फर्स्ट एंड बेस्ट मेडिसिन इज टु टॉक लेस।
	:	अपने आहार के बारे में जागरूक रहिये।		:	Be conscious of the foods you consume. बी कान्शस ऑफ दी फुड्स यू कान्स्यूम।
	:	थोड़े दिनों तक दो बार ही खाना खाईए।		:	Eat just twice a day for some time. इट जस्ट ट्वाइस अ डे फॉर सम टाइम।
	:	घबराइए मत।		:	Don't worry. डोंट वरी।
	:	उपवास की आवश्यकता नहीं है।		:	There is no need to fast. देर इज नो नीड टु फास्ट।
	:	मैं कुछ गोलियाँ दे रहा हूँ। आप उनको समय पर लीजिए।		:	I am prescribing you some tablets. Take them as advised. आइ एम प्रिस्क्राइबिंग यू सम टेबलेट्स। टेक देम एज एडवाइस्ड।
	:	आपको जुकाम तो नहीं है ना?		:	Hopefully, you are not suffering from cold. होपफुली, यू आर नॉट सफरिंग फ्रॉम कोल्ड।
	:	प्रतिदिन सुबह में व्यायाम भी शुरू कीजिये।		:	Indulge in simple exercises in the morning everyday. इंडल्ज इन सिम्पल एक्सरसाइजेज इन द मार्निंग एवरीडे।
मरीज	:	धन्यवाद, डॉक्टर साहब!	Patient	:	Thank you, doctor. थैंक यू, डॉक्टर।

62 कम्प्यूटर की खरीदारी
(COMPUTER PURCHASE)

इस प्रकार के वार्तालाप में ग्राहक को विक्रेता से केवल काम की बातें पूछना चाहिए। यहाँ छोटे वाक्यों का प्रयोग करें, ताकि विक्रेता उसे अपने उत्पाद के बारे में सटीक जानकारी दे सकें।

ग्राहक	: मुझे एक कंप्यूटर चाहिए।	Customer :	I want to buy a computer. ग्राहक वांट टु बाइ अ कम्प्यूटर।
दुकानदार	: किस कंपनी का चाहिए?	Shopkeeper :	Which company? विच कंपनी?
ग्राहक	: आपके पास किस कंपनी का है?	Customer :	What brands do you have? वाट ब्रान्ड्स डू यू हैव?
दुकानदार	: हमारे पास कई कंपनी के हैं?	Shopkeeper :	Many? मेनी?
ग्राहक	: कौन-सी कंपनी सबसे अच्छी है?	Customer :	Which is the best? विच इज दि बेस्ट?
दुकानदार	: साब, मैं बेचने वाला हूँ। मुझे सब अच्छे लगते हैं।	Shopkeeper :	Sir, I am a retailer. I like all of them. सर, आइ एम रिटेलर। आइ लाइक आल ऑफ देम।
ग्राहक	: कौन-सी कंपनी का कम्प्यूटर ज्यादा बेच रहे हैं?	Customer :	Which make of the computer you are selling most? विच मेक ऑफ दि कम्प्यूटर यू आर सेलिंग मोस्ट?
दुकानदार	: सच बोलें तो हम बनाकर बेचते हैं।	Shopkeeper :	In fact, we sell the assembled ones. इन फेक्ट, वी सेल द असेम्बल्ड वन्स।
ग्राहक	: मतलब?	Customer :	Means? मीन्स?
दुकानदार	: अलग-अलग कंपनी की चीजें लगाकर एक सेट बनाते हैं।	Shopkeeper :	We assemble components of different make and then sell. वी असेम्बल कम्पोनेंट्स ऑफ डिफरेंट मेक एंड देन सेल।
ग्राहक	: मुझे समझ में नहीं आया।	Customer :	I can't understand that. आइ कान्ट अण्डरस्टैंड दैट।
	: किस प्रकार बताऊँ तो आपकी समझ में आएगा?		: How may I explain you? हाउ मे आइ एक्सप्लेन यू?
दुकानदार	: देखिये साब।	Shopkeeper :	See sir. सी सर।

वार्तालाप   297

	जैसे, मानीटर 'एक्स' कंपनी का है तो की बोर्ड 'वाई' कंपनी का, यूपीएस 'जेड' कंपनी का तो माउस 'ए' कंपनी का।		For example, monitor could be of company X, keyboard of company Y, UPS of Z Company and mouse of A. फॉर एक्सम्पल मॉनिटर कुड बी ऑफ कम्पनी एक्स, की बोर्ड ऑफ कम्पनी वाइ, यूपीएस ऑफ जेड कंपनी एंड माउस ऑफ ए।
ग्राहक :	मेरे लिए एक अच्छा सेट बनाइये।	**Customer** :	Assemble one for me. असेम्बल वन फॉर मी।
:	वैसा तैयार करने में कितना खर्च हो जाएगा?	:	How much will it cost? हाउ मच विल इट कॉस्ट?
दुकानदार :	कम से कम बत्तीस हजार रुपये।	**Shopkeeper** :	Nearly 32 thousand rupees. नियरली 32 थाउजेन्ट रुपीज।
ग्राहक :	आप उसे चालू करके दिखाते हो क्या?	**Customer** :	Will you demonstrate its working? विल यू डिमोंस्ट्रेट इट्स वर्किंग।
:	किस्तों पर खरीदने की व्यवस्था है क्या?	:	Can we buy on installments? कैन वी बाइ ऑन इंस्टालमेंट्स?
दुकानदार :	चालीस प्रतिशत नकद देना और जो बच गये उसे प्रति महीने छह प्रतिशत बराबर किश्तों में देना है।	**Shopkeeper** :	Yes, 40% down payment and the rest in six equated monthly installments. यस 40% डाउन पेमेंट एंड दि रेस्ट इन सिक्स इक्वेटेड मंथली इस्टालमेंट।
ग्राहक :	यह सेट कब तक तैयार मिलेगा?	**Customer** :	When will the set be ready? वेन विल दि सेट बी रेडी?
दुकानदार :	कल शाम तक सेट आपके घर में रहेगा।	**Shopkeeper** :	We will deliver it to your house by evening tomorrow. वी विल डिलीवर इट टु योर हाउस बाइ इवनिंग टुमारो।

63

दवाइयों की दुकान पर (AT MEDICAL SHOP)

इस प्रकार के वार्तालाप में ग्राहक को (Chemist) केमिस्ट से संक्षिप्त और अपने जरूरत की बातें करना चाहिए। वार्तालाप के दौरान छोटे-छोटे वाक्यों का प्रयोग करें, ताकि आपको वार्तालाप में आसानी हो।

ग्राहक	: इस पर्ची में लिखी हुई दवाइयाँ दीजिए।	**Customer**	: Please give the medicines as per this prescription. प्लीज़ गिव द मेडीसिन्ज एज पर दिस प्रिस्क्रिप्सन।
दुकानदार	: हमारे पास 'एक्स' गोली नहीं है। 'वाइ' देना है क्या?	**Shopkeeper**	: We don't have 'X' tablet. Should we give 'Y' tablet? वी डोंट हैव 'एक्स' टैबलेट शुड वी गिव 'वाइ' टैबलेट?
ग्राहक	: डॉक्टर ने जो लिखा है मुझे वही चाहिये।	**Customer**	: Give me what the doctor has prescribed. गिव मी वाट द डॉक्टर हैज प्रिस्क्राइब्ड।
दुकानदार	: कृपया मुझे माफ कर दीजिए।	**Shopkeeper**	: Please excuse me. प्लीज़ एक्सक्यूज मी।
	: हमारे पास माल खत्म हो गया है।		: We are short of this. वी आर शॉर्ट ऑफ दिस।
ग्राहक	: कब तक ये दवाइयाँ आ जायेंगी?	**Customer**	: When will it be replenished? वेन विल इट बी रिप्लेनिस्ड?
दुकानदार	: परसों तक नया समान आने की आशा है?	**Shopkeeper**	: Hope to be replenished by day after tomorrow. होप टु बी रिप्लेनिस्ड बाइ डे आफ्टर टुमॉरो।
ग्राहक	: मुझे एक दर्दनाशक दवा चाहिए?	**Customer**	: I want a pain killer. आइ वांट अ पेन किलर।
दुकानदार	: किसके लिए?	**Shopkeeper**	: For whom? फॉर हूम?
ग्राहक	: बड़ी उम्र के लिये।	**Customer**	: For an adult. फॉर एन एडल्ट।
दुकानदार	: डॉक्टर का पर्चा नहीं होने पर हम दवाइयाँ नहीं बेचते हैं?	**Shopkeeper**	: We don't give medicines without prescription. वी डोंट गिव मेडीसिन्स विदाउट प्रिस्क्रिप्सन।
ग्राहक	: इस बार दे दीजिए अगली बार नहीं देना।	**Customer**	: Please give me this time. You may refuse next time. प्लीज़ गिव मी दिस टाइम। यू मे रिफ्यूज नेक्स्ट टाइम।

दुकानदार	: देने में कुछ नहीं है मगर मरीज के साथ कुछ समस्या उत्पन्न हुई तो कौन जिम्मेदार होगा?	Shopkeeper :	Giving it is no problem but who would be responsible if any complication arises? गिविंग इट इज नो प्राब्लम बट हू वुड बी रिस्पांसिबल इफ एनी काम्पलीकेशन अराइजेज?
ग्राहक	: साब, मुझे एक मलहम दीजिए।	Customer :	Sir, I want an ointment. सर, आइ वांट एन आइंटमेंट।
दुकानदार	: यह मलहम सिर्फ ऊपरी इस्तेमाल के के लिए है।	Shopkeeper :	This ointment is for external use only. दिस आइंटमेंट इज फॉर एक्सटरनल यूज ओनली।
ग्राहक	: मुझे मालूम है। : मैंने पिछले महीने में एक टानिक खरीदा था। : एक और वही टॉनिक दीजिये।	Customer :	That I know. दैट आइ नो। I had bought a tonic last month. आइ हैड बाउट अ टॉनिक लास्ट मंथ। Give me a phial of that tonic. गिव मी अ फाइल ऑफ दैट टॉनिक।
दुकानदार	: देता हूँ, लेकिन दाम वह नहीं है।	Shopkeeper :	I am giving but price is not the same. आइ एम गिविंग बट प्राइस इज नॉट दि सेम।
ग्राहक	: दीजिये हम क्या कर सकते हैं।	Customer :	Give me, what else can I do. गिव मी, वाट इल्स कैन आइ डू।
दुकानदार	: वैसे नाराज मत होना, साब।	Shopkeeper :	Sir, don't feel upset. सर, डोंट फील अपसेट।
ग्राहक	: नाराज नहीं हों तो क्या, मैं खुशी से नाचूँ?	Customer :	If not upset, should I jump with joy? इफ नॉट अपसेट, शुड आइ जम्प विथ जॉइ?

64 सिटी बस स्टॉप
(CITY BUS STOP)

ऐसे स्थानों पर विनम्रता की आवश्यकता होती है। एक ओर तो आपमें सुनने की उदारता होनी चाहिए। केवल सुनने भर की नहीं, दूसरा व्यक्ति जो काम की बातें कह रहा है, उसे समझने की भी आवश्यकता होती है।

पहला यात्री :	मौलाली जाने वाली बस कहाँ से मिलती है?	1st Passenger :	Where can I board a bus for Maulali? वेर कैन आइ बोर्ड अ बस फॉर मौलाली?
दूसरा यात्री :	इधर सीधा जाकर बायीं तरफ मुड़िये।	2nd Passenger :	Go straight and turn left. गो स्ट्रेट एंड टर्न लेफ्ट।
पहला यात्री :	क्या इस बस स्टॉप से मौलाली के लिए बस मिलती है?	1st Passenger :	Is this the stop for buses going to Maulali? इज दिस स्टॉप फॉर बसेज गोइंग टु मौलाली?
दूसरा यात्री :	हाँ! यही बस स्टॉप है।	2nd Passenger :	Yes! It is. यस! इट इज।
पहला यात्री :	बस कब आयेगी?	1st Passenger :	When will the bus arrive? वेन विल दि बस अराइव?
दूसरा यात्री :	लगभग दस मिनट में आना चाहिए।	2nd Passenger :	Within ten minutes. विदइन टेन मिनट्स।
पहला यात्री :	यहाँ से मौलाली पहुँचने में कितना समय लगता है?	1st Passenger :	How much time will it take to reach Maulali? हाउ मच टाइम विल इट टेक टु रीच मौलाली?
दूसरा यात्री :	लगभग तीस मिनट।	2nd Passenger :	About half an hour. अबाउट हाफ एन आउर।
पहला यात्री :	बसें समय पर आती हैं या नहीं?	1st Passenger :	Do buses arrive timely? डू बसेज अराइव टाइम्ली?
दूसरा यात्री :	हाँ, आती है।	2nd Passenger :	Yes they do. यस दे डू।
पहला यात्री :	बसें समय पर आने से भीड़ नहीं रहती है।	1st Passenger :	There would be little crowd if buses ply in time. देयर वुड बी लिटिल क्राउड इफ बसेज प्ले इन टाइम।
दूसरा यात्री :	बसों में भीड़ अधिक होती है क्या?	2nd Passenger :	Are buses crowded? आर बसेज क्राउडेड?
पहला यात्री :	वैसा नहीं है, लेकिन देर हुई तो क्या होगा?	1st Passenger :	It's not like that but what if

			they are late. इट्स नॉट लाइक दैट बट वाट इफ दे आर लेट।
दूसरा यात्री :	लोग जमा होते रहते हैं या नहीं?	**2nd Passenger :**	Don't people keep gathering here? डोंट पीपुल कीप गेदरिंग हिअर?
पहला यात्री :	ज्यादा भीड़ में मुझे डर लगता है।	**1st Passenger :**	I am fearful of crowd. आइ एम फीयरफुल ऑफ क्राउड।
दूसरा यात्री :	डरना मत, इस शहर में भीड़ होना आम बात है।	**2nd Passenger :**	Don't be afraid, this town treats crowd gathering as quite normal. डोंट बी अफ्रेड, दिस टाउन ट्रीट्स क्राउड गेदरिंग एज क्वाइट नॉर्मल।
पहला यात्री :	मेरे बचपन के दिनों में इस शहर में डबलडेकर बसें चलती थी।	**1st Passenger :**	During my childhood, this city had double decker buses. ड्यूरिंग माई चाइल्डहुड, दिस सिटी हैड डबल डेकर बसेज।
दूसरा यात्री :	वह जमाना बदल गया है।	**2nd Passenger :**	Times have changed now. टाइम्स हैव चेंज्ड नाउ।
:	अब तो देखने के लिए भी एक बस नहीं मिलती।	:	Now you can't see even one. नाउ यू कांट सी इवन वन।
पहला यात्री :	वह आने वाली बस किधर जाती है?	**1st Passenger :**	Where does the bus arriving now goes to? वेर डज दि बस अराइविंग नाउ गोज टु?
दूसरा यात्री :	वह तो टान्क बंड की ओर जाती है।	**2nd Passenger :**	It goes to tank bund. इट गोज टु टैंक बंड।
पहला यात्री :	इसमें चढ़ें तो बीच में उतरने का मौका मिलता है क्या?	**1st Passenger :**	If you board this bus, will it stop in between. इफ यू बोर्ड दिस बस विल इट स्टॉप इन बिटविन।
दूसरा यात्री :	नहीं।	**2nd Passenger :**	No. नो।
पहला यात्री :	क्यों?	**1st Passenger :**	Why? वाइ?
दूसरा यात्री :	वह मेट्रो लैनर है।	**2nd Passenger :**	That's metrolaner. दैट्स मेट्रोलेनर।
:	वह कहीं भी नहीं रुकती है।	:	That plies non-stop. दैट प्लाइज नॉन-स्टॉप।

65

सिटी बस में
(IN THE CITY BUS)

यदि हम अजनबी लोगों से मिलते है और उनसे बातचीत करने की जरूरत पड़ती है, तो ऐसे अवसर पर हमारी बात करने की योग्यता उभरकर आती है। एक यात्री बस में यात्रा करने के दौरान कंडक्टर से बाते करता है। ऐसे वार्तालाप में छोटे वाक्यों का प्रयोग करें।

पहला यात्री :	रोको भाई, रोको, रोको।	**1st Passenger** :	Stop, please stop! स्टॉप, प्लीज़ स्टॉप!
:	बस स्टाप वहाँ है, तो आपने बस यहाँ क्यों रोकी?	:	Why did you stop here as the proper stop is there? वाइ डिड यू स्टॉप हीर एज द प्रापर स्टॉप इज देर?
कंडक्टर :	चढ़ो भाई! चढ़ो-चढ़ो। अंदर जाओ।	**Conductor** :	Get in! Get in. गेट इन! गेट इन। Get Inside! गेट इनसाइड!
पहला यात्री :	अंदर जगह नहीं है।	**1st Passenger** :	There is not empty seat. देर इज नॉट एम्प्टी सीट ।
:	बोलकर रोको मगर यहाँ नहीं।	:	Ask for stoppage but not here. आस्क फॉर स्टॉपेज बट नॉट हिअर।
कंडक्टर :	जगह नहीं रहे तो क्या करूँ?	**Conductor** :	What else to do if there is no vacant seat? वाट इल्ज टु डू इफ देअर इज नो वेकेन्ट सीट?
:	जगह बनाकर अंदर जाओ।	:	Get inside by making way. गेट इनसाइड बाइ मेकिंग अवे।
पहला यात्री :	मैं वैसा नहीं कर सकता हूँ।	**1st Passenger** :	I can't do that. आइ कान्ट डू दैट।
कंडक्टर :	वैसा है, तो हट जाओ।	**Conductor** :	In that case, please move away. इन दैट केस, प्लीज़ मूव वे।
:	हट जाओ! हटो!	:	Move away, move aside. मूव अवे, मूव असाइड।
दूसरा यात्री :	कहाँ हटें भाई?	**2nd Passenger** :	Where should I move out? वेर शुड आइ मूव आउट?
पहला यात्री :	आप थोड़ा हटो, तो मैं अंदर जा सकता हूँ।	**1st Passenger** :	If you make way, I can get in. इफ यू मेक वे, आइ कैन गेट इन।
:	देखो इधर।	:	See here! सी हिअर!

दूसरा यात्री :	थोड़ी भी जगह है तो अंदर जाओ।	**2nd Passenger :**	Please get in if there is an iota of space. प्लीज़ गेट इन इफ देर इज एन आयोटा ऑफ स्पेस।
पहला यात्री :	हवा नहीं आ रही है।	**1st Passenger :**	There is little air flow. It's suffocating. देर इज लिट्ल एयर फ्लो। इट्स सफोकेटिंग।
:	आगे चलो! आगे चलो!	:	Move forward! मूव फारवर्ड!
:	पीछे सीटें है।	:	There are vacant seats in the rear. देर आर वेकन्ट सीट्स इन रिर।
कंडक्टर :	औरतों के सीटों पर पुरुष नहीं बैठ सकते।	**Conductor :**	Men can't occupy seats reserved for women. मेन कान्ट अकुपाइ सीट्स रिजर्व्ड फॉर वूमैन।
:	उठो!	:	Get up! गेट अप!
:	औरतों को इज्जत दो।	:	Respect women! रिस्पेक्ट वूमैन!
पहला यात्री :	भाई साब! सेक्रेटरीयट आये तो मुझे बताना।	**1st Passenger :**	Inform me when the bus reaches secretariat. इनफॉर्म मी वेन बस रीचेज सेक्रिटेरीअट।
कंडक्टर :	हमलोग पहुँचने वाले हैं।	**Conductor :**	We are about to reach. वी आर अबाउट टु रीच।
:	आपका स्टाप आ गया है, उतरिये।	:	Your stop has arrived, please get down. योर स्टॉप हैज अराइव्ड, प्लीज़ गेट डाउन।

66 दो महिलाओं के बीच वार्तालाप
(CONVERSATION BETWEEN TWO LADIES)

इस प्रकार के वार्तालाप का प्रयोग औपचारिक रूप से राह चलते हुए दो महिलाओं के बीच किया जाता है। इस दौरान परिस्थिति के अनुसार कथनात्मक और विधि वाक्यों का प्रयोग करना चाहिए।

लता	:	इस गली में एक भी पेड़ नहीं है।	Lata	:	There is no tree in this lane. देर इज नो ट्री इन दिस लेन।
मोहिनी	:	गली में क्या? सड़कों के किनारे भी नहीं है।	Mohini	:	Why just the lane, there is not one even on the road. वाइ जस्ट द लेन, देर इज नॉट वन इवन ऑन द रोड।
लता	:	ऐसा क्यों है?	Lata	:	Why so? वाइ सो?
मोहिनी	:	इनसान की आशा बढ़ जाने के कारण ऐसा हो रहा है।	Mohini	:	It is due to man's greed. इट इज डू टु मैन्स ग्रीड।
लता	:	हमें पेड़ लगाना चाहिए।	Lata	:	We should plant seedlings. वी शुड प्लांट सिड्लिंग्स।
मोहिनी	:	पेड़ों से हमें अच्छी हवा मिलती है।	Mohini	:	Trees provide us fresh air. ट्री प्रोवाइड अस फ्रेश एयर।
लता	:	गर्मी के मौसम में पेड़ की छाया में बैठने से मन प्रसन्न होता है।	Lata	:	During summer, it is pleasant to sit under the shade of a tree. ड्यूरिंग समर, इट इज प्लीजेंट टु सिट अंडर द शेड ऑफ अ ट्री।
मोहिनी	:	पौधे लगाना एक अच्छी आदत है।	Mohini	:	Tree plantation is a good habit. ट्री प्लान्टेशन इज अ गुड हैबिट।
लता	:	पेड़ रात ही रात में नहीं बढ़ जाते।	Lata	:	Trees don't grow by the night. ट्रीज डोंट ग्रो बाइ द नाइट।
मोहिनी	:	वे धीरे-धीरे बढ़ते हैं।	Mohini	:	They grow slowly. दे ग्रो स्लोली।
लता	:	पेड़ लगाना और उसकी रखवाली करना हमारी जिम्मेदारी है।	Lata	:	We are responsible for plantation and upkeep of trees. वी आर रिस्पोन्सिबल फॉर प्लान्टेशन एण्ड अपकीप ऑफ ट्रीज।
मोहिनी	:	हमलोगों को पेड़-पौधों की रखवाली करनी चाहिए।	Mohini	:	We should take care of the trees. वी शुड टेक केर ऑफ द ट्रीज।

▶ वार्तालाप

लता	: पेड़-पौधों में पत्ते रहते हैं।	Lata	: There are leaves on the tree. देर आर लीव्ज ऑन द ट्री।
मोहिनी	: पत्तों से हमें शुद्ध हवा प्राप्त होती है।	Mohini	: We get fresh air from leaves. वी गेट फ्रेश एयर फ्राम लीव्ज।
लता	: शुद्ध हवा से हमारा श्वास और स्वास्थ्य अच्छा रहता है।	Lata	: Fresh air keeps our respiratory system and health in proper condition. फ्रेश एयर कीप्स आवर रिस्पाइरेटरि सिस्टम एंड हेल्थ इन प्रापर कंडीशन।
मोहिनी	: पेड़ों पर चढ़ना शरीर के लिये अच्छा है।	Mohini	: It is healthy to climb trees. इट इज हेल्दी टु क्लाइम्ब ट्रीज।
लता	: कुछ पेड़ और पौधे हमेशा हरे ही रहते हैं।	Lata	: There are some evergreen trees. देर आर सम एवर्ग्रीन ट्रीज।
मोहिनी	: कुछ पेड़ हमें लकड़ी देते हैं।	Mohini	: Some trees provide us timber. सम ट्रीज प्रोवाइड अस टिम्बर।
लता	: हमें भी अपने बगीचे में पेड़-पौधे लगाना चाहिए।	Lata	: We should plant trees in our garden. वी शुड प्लांट ट्रीज इन आवर गार्डन।
मोहिनी	: पेड़ और पौधे हमें जिन्दगी देते हैं।	Mohini	: Plant and trees provide us life. प्लांट एंड ट्रीज प्रोवाइड अस लाइफ।
लता	: कुछ पेड़ बड़े वृक्ष बनते हैं।	Lata	: Some trees grow into enormous size. सम ट्रीज ग्रो इनटू इनॉर्मस साइज।
मोहिनी	: कुछ वृक्ष फैलते हैं।	Mohini	: Some trees grow in size all-round. सम ट्रीज ग्रो इन साइज आल राउंड।
लता	: और कुछ लता के समान फैलते हैं।	Lata	: And some grow as creepers. एंड सम ग्रो एज क्रीपर्स।

67 दो व्यापारियों के बीच वार्तालाप (CONVERSATION BETWEEN TWO BUSINESSMEN)

इस प्रकार के वार्तालाप का प्रयोग दो व्यापारियों के बीच औपचारिक रूप से मिलने के दौरान किया जाता है। इस दौरान प्रश्नात्मक एवं कथनात्मक वाक्यों का प्रयोग विषय के अनुरूप करें।

संदीप	: हाय! डेविड कैसे हो?	**Sandeep**	: Hi! David how do you do? हाय! डेविड हाऊ डू यू डू?
डेविड	: मैं ठीक हूँ।	**David**	: I am fine. आइ एम फाइन।
संदीप	: तुम्हारा व्यवसाय कैसा चल रहा है?	**Sandeep**	: How is your business running? हाउ इज योर बिजनेस रनिंग?
डेविड	: अच्छा नहीं है।	**David**	: Not so fine. नॉट सो फाइन
संदीप	: क्या हुआ?	**Sandeep**	: What happened? वाट हैपन्ड?
डेविड	: उन दिनों यहाँ सिर्फ मेरी ही दुकान थी।	**David**	: Those days mine was the only shop here. दोज डेज माइन वाज द ओनली शॉप हिअर।
	: दुकान अच्छा चलता था।		: I was doing well that time. आइ वाज डूइंग वेल दैट टाइम।
	: मेरा धंधा देखकर दो तीन लोगों ने दुकान शुरू कर दिया।		: Taking a cue from me, two three people opened shops. टेकिंग अ क्यू फ्रॉम मी, टु थ्री पीपुल ओपेन्ड शॉप्स।
	: इसलिए मेरा धंधा चौपट हो गया।		: This adversely affected my business. दिस ऐडवर्सली अफेक्टेड माइ बिजनेस।
संदीप	: चिन्ता मत करो।	**Sandeep**	: Don't worry. डोंट वरी।
	: भगवान पर विश्वास रखकर कोशिश करते जाओ।		: Have faith in God and be happy. हैव फेथ इन गॉड एंड बी हैप्पी।
	: तुम अच्छा धंधा करते हो।		: You are doing a good business. यू आर डूइंग अ गुड बिजनेस।
	: हम आपके साथ हैं।		We are with you. वी आर विथ यू।
	: हमारा समर्थन हमेशा आपके साथ है।		: Our support is always with you. आवर सपोर्ट इज आल्वेज विद यू।

: आप जरूर सफल होंगे। : You would definitely succeed. यू वुड डिफनेटिली सक्सीड।

: आप मत डरना। : Never worry. नेवर वरी।
: व्यापार में सबको समस्याएँ आती हैं। : Every business has ups and downs. एवरी बिजनेस हैज अप्स एंड डाउन।

: आप हिम्मत से आगे बढ़िये। : Proceed with confidence. प्रोसीड विद कान्फीडेन्स।

: व्यापार के लिए ऋण चाहिए तो हमें बतायें। : Ask us if you need loan for business. आस्क अस इफ यू नीड लोन फॉर बिजनेस।

: लेकिन हिम्मत नहीं हारना चाहिए। : But never lose hope. बट नेवर लूज होप।

: अगर हिम्मत है, तो गया हुआ धन भी वापस लौट आयेगा। : When there is hope, even the lost things will come back to you. वेन देर इज होप, इवन द लॉस्ट थिंग्स विल कम बैक टु यू।

: आप सही रास्ते पर हैं। : You are on the right path. यू आर ऑन द राइट पथ।

68 टेलीफोन पर वार्तालाप (TELEPHONIC CONVERSATION)

इस प्रकार के वार्तालाप में व्यक्ति को सदा विनम्र रहकर अपने मित्र से परिस्थिति के अनुसार करना चाहिए। यहाँ निमंत्रण सम्बन्धी एवं कथनात्मक वाक्यों का प्रयोग करें।

राकेश	: मैं परसों एक पार्टी दे रहा हूँ।	**Rakesh**	: I am organizing a party day after tomorrow. आइ एम आर्ग्नेनाइजिंग अ पार्टी डे आफ्टर टूमारो।
	: इसमें आपको जरूर आना है।		: Please ensure your presence there. प्लीज़ इन्स्योर योर प्रेजन्स देर।
मोहन	: कहाँ दे रहे हैं?	**Mohan**	: Where is the party? वेर इज दि पार्टी?
राकेश	: अपने घर में।	**Rakesh**	: At my house. एट माइ हाउस।
मोहन	: उधर बस जाती है क्या?	**Mohan**	: Do buses ply there? डू बसेज प्ले देर?
राकेश	: कृपया अंदर आईए।	**Rakesh**	: Please come in. प्लीज़ कम इन।
	: वहाँ पंखे के नीचे बैठिए।		: Please be seated underneath the fan. प्लीज़ बी सिटेड अण्डरनीथ द फैन।
मोहन	: कल हम सभी एक नाटक का प्रदर्शन देखने के लिये जा रहे हैं।	**Mohan**	: We are going to witness play tomorrow. वी आर गोइंग टु विटनेस प्ले टुमारो।
राकेश	: आप भी जायेंगे क्या?	**Rakesh**	: Would you go? वुड यू गो?
मोहन	: ऐसा नहीं है, लेकिन मुझे कल एक और काम है।	**Mohan**	: It's not like that. In fact I have some work to do tomorrow. इट्स नॉट लाइक दैट। इन फैक्ट आइ हैव सम वर्क टु डू टूमॉरो।

69

उपहार की खरीदारी

अपने या दूसरों के लिए एक उपहार खरीदना काफी महत्त्वपूर्ण है। यदि हम किसी के लिए कोई विशेष उपहार खरीदना चाहते हैं, तो इसके लिए एक बेहतर संवाद कौशल की आवश्यकता है।

दुकानदार : नमस्कार, मैं आपकी क्या मदद कर सकता हूँ?

ग्राहक : हाँ, आप अवश्य मेरी मदद कर सकते हैं, मुझे अपनी पुत्री के जन्मदिन के अवसर पर एक अच्छा-सा उपहार खरीदना है।

दुकानदार : बहुत अच्छा महाशय, क्या आप उनके लिए कोई वस्त्र जैसे-जींस, टॉप, शार्ट या बरमुडा आदि खरीदना चाहते हैं?

ग्राहक : नहीं, वह बड़ी हो गयी है और उसके पास ढेरों कपड़े हैं। इसके अलावा मेरी पसंद उसे भी पसंद आयेगी इसके प्रति मैं आश्वस्त नहीं हूँ। वह घड़ी कैसी रहेगी?

दुकानदार : यह अमेरिका की प्रसिद्ध घड़ी राडो है।

ग्राहक : अच्छी है, इसके अलावा मुझे दूसरी घड़ियाँ जैसे- ओमेगा, कर्टिअर भी दिखाइये।

दुकानदार : अच्छा, वे काफी मँहगी हैं। आपका बजट क्या है?
आपके पास जापान की बनी सीको, कैसिओ आदि घड़ियाँ भी देख सकते हैं।

: अच्छा, आप ठीक कह रहे हैं महाशय, यह कोई घड़ी की दुकान नहीं है। हमारे पास सीमित आइटम हैं। आप इस दीवाल घड़ी को देखिये। इसमें एक कक्कू चिड़िया भी है, जो प्रत्येक घंटे की सूचना देगा। बच्चे इसे देखते ही मंत्रमुग्ध हो जायेंगे। क्या आपके पोते, पोतियाँ हैं?

ग्राहक : हाँ, बच्चे इसे पसंद कर सकते हैं। क्या आपके पास और कोई दूसरी सुंदर वस्तु है?

दुकानदार : यह एक चायनीज फूलदान है।

ग्राहक : आप ठीक कहते हैं, यह बहुत खूबसूरत दिखाई देती है। बेशक यह नकली है, लेकिन बहुत सुन्दर है। इस पर एक नजर डालें।

दुकानदार : महाशय, मुझे माफ करेंगे, इस समय भीड़ अधिक है। आप अपनी पसंद के बारे मे बाद में मुझे फोन कर सकते हैं। अगर आपको आधुनिक पेंटिग्स पसंद हैं। वे काफी आकर्षक हैं, साथ में प्रत्येक पेंटिग्स पर उनकी कीमत भी लिखी है।

ग्राहक : एक सेकंड रुको, मैंने अपनी पसंद की वस्तु ढूँढ़ ली है। उसकी कीमत भी मेरी क्षमता के अनुसार है, क्या आप वह फूलदान पैक कर देंगे।

दुकानदार : ज़रूर महाशय, धन्यवाद!

69

BUYING A GIFT

Buying a gift is important and happens to us or the other sometime and therefore requires a good communication skill if we are looking for something specifically.

Shopkeeper : "Hello sir! May I help you?"

Customer : Indeed you may. I'm looking for a birthday present for my daughter.

Shopkeeper : Very well sir, would you go for some wearing material like jeans, tops, shorts, Bermudas?

Customer : Oh no! She is a grown up one and has lots of clothes. Besides, I'm not sure my choice will exactly match hers. What about that watch?

Shopkeeper : It is Rado, the American watch.

Customer : Looks good. But then there are other watches like Omega, Cartier.

Shopkeeper : Well. They are costly ones. What is your budget?
You have these Japanese ones, Seiko, Casio etc.

: Well, exactly speaking sir, it is not a watch shop. So we have selected items. Why don't you have a look as this wall clock? There is a Cuckoo bird also which announces hours. Children will be quite fascinated by it. You have grand children?

Customer : Yes, Thank you. May be they will welcome it. Is there anything else?

Shopkeeper : There is Chinese Ming vase (laughs). Of course it is an imitation but a very clever and beautiful one. Have a look at it.

Customer : You're right, it looks very attractive.

Shopkeeper : You'll excuse me sir. There is a bit of crowd. You can call me when you have made a choice if you fancy paintings. There is a piece hanging over there it is quite attractive. There is a price tag attached to every item. You can take your pick.

Customer : A moment please, I think I have made my choice, the price also suits me. Will you please pack that vase for me?

Shopkeeper : Sure sir. Thank you.

70

मेट्रो प्लेटफार्म पर वार्तालाप

जब हम अजनबी व्यक्तियों से वार्तालाप करते हैं, तो ऐसे अवसर पर हमारी बात करने की योग्यता उभरकर सामने आती है। इस दौरान हमें विनम्र बने रहना चाहिए। (दो लोग मेट्रो के प्लेटफार्म पर खड़े होकर मेट्रो ट्रेन के आने का इंतजार कर रहे हैं। उनमें से एक यात्री दूसरे यात्री के निकट खड़े होकर बातें करना आरम्भ करता है।)

पहला यात्री : क्या करोलबाग की ओर जाने वाली मेट्रो ट्रेन इसी प्लेटफार्म पर आयेगी?

दूसरा यात्री : हाँ।

पहला यात्री : कितनी देर में आएगी? क्या यह अभी तुरंत आने वाली है?

दूसरा यात्री : तीन मिनट में आयेगी। इसके बारे में आप वहाँ ऊपर टंगे डिस्प्ले बोर्ड पर देख सकते हैं।

पहला यात्री : मुझे लगता है कि यह थोड़ी लेट आयेगी।

दूसरा यात्री : ऐसा तो नहीं होता है। क्या आप पहली बार मेट्रो में यात्रा कर रहे हैं?

पहला यात्री : हाँ, मैं थोड़ा घबराया हुआ हूँ। यह सब काफी मुश्किल लगता है। मुझे हर बात पूछनी पड़ी। टोकन की खिड़की पर पैसेंजर की काफी लम्बी कतारें थी तथा काउंटर पर रेजगारी की भी कमी थी।

दूसरा यात्री : शुरुआत में मुझे भी कठिनाई होती थी, लेकिन समय के साथ इसका अभ्यस्त हो गया हूँ। अच्छा, अब ट्रेन आने वाली है। पटरी के नजदीक मत जाओ और पीली लाइन के पीछे खड़े हो जाओ।

पहला यात्री : धन्यवाद, वैसे आप कहाँ जा रहे हैं?

दूसरा यात्री : वहीं .... करोलबाग।

पहला यात्री : बहुत अच्छा, ... हम लोग एक साथ जायेंगे।

दूसरा यात्री : उधर अब, ट्रेन रुक रही है, अपने कदमों पर ध्यान दो। वाह! हमारी किस्मत अच्छी है। वहाँ दो सीटें खाली दिखाई पड़ रही है।

पहला यात्री : मैंने मुम्बई के लोकल ट्रेन में भी यात्रा की है, लेकिन उसकी दिल्ली के मेट्रो ट्रेन के आगे कोई बराबरी नहीं है। यह कोलकाता में चलने वाली मेट्रो के समान है। दिल्ली मेट्रो उन सबमें बहुत अच्छी है।

: यह मुझे बहुत अच्छी लगी। यह कितनी शांत और साफ-सुथरी है। इसके अतिरिक्त इसमें सभी आने वाले स्टेशन के पहले उनके नाम दरवाजे किस ओर खुलेंगे इसकी उद्घोषणा पहले की जाती है।

दूसरा यात्री : हाँ, अगर तुम्हें सीट मिल गई तो तुम वाकई आराम से यात्रा कर सकते हो। मैं चाहता हूँ कि दिल्ली मेट्रो रेल कॉरपोरेशन (डीएमआरसी) व्यस्त लाइनों पर और अधिक कोच जोड़ें। महिलाओं के लिए डीएमआरसी ने एक अतिरिक्त महिला कोच पहले ही जोड़ चुका हैं।

पहला यात्री : अलग महिला कोच के बारे में जानकर मुझे खुशी हुई। मेरी पत्नी भीड़भाड़ वाली जगहों पर घबरा जाती है। करोलबाग आने वाला है। मेरी यात्रा सुखद रही। अच्छा, तुम्हारा साथ पाने के लिए धन्यवाद।

दूसरा यात्री : तुम्हें भी मेरा धन्यवाद!

70

TALK ON METRO PLATFORM

When we meet strangers and need to hit a conversation with them, the ability to communicate comes to the forefront and here we need to be polite, courteous and distant at the same time. (Two people are standing on the platform, waiting for the train. One passenger talks to the other standing nearby).

First Passenger : Will the train to Karol Bagh arrive at this platform?

Second Passenger : Yes.

First Passenger : How much time will it take? Will it arrive shortly?

Second Passenger : In three minutes, you can see it on the display board over there.

First Passenger : I hope it will be late.

Second Passenger : That is rare. Are you travelling for the first time?

First Passenger : Yes I'm rather nervous. It all looks so complicated. I had to ask for everything. At the ticket window it was a long queue and there was problem of change also.

Second Passenger : Initially, even I had problems but one gets the hang of it over a period of time. Well. The train is coming. Get ready. Be careful, don't go too near the track, and stand behind the yellow line.

First Passenger : Thanks, by the way where are you going?

Second Passenger : Same destination, Karol Bagh.

First Passenger : Fine then we can be together.

Second Passenger : There now. The train is stopping. Watch your step. Ah! Lucky we are there are two seats vacant.

First Passenger : I have travelled in Mumbai local also, but they are not even a match for Delhi Metro. It is almost the same in Kolkata. Delhi metro is by far the best.

First Passenger : I'm going to like it. It is so cool, calm and clean here. It is a noiseless train. Besides, they are clearly announcing all the coming stations and also which side the doors will open.

Second Passenger : Yes, if you find a seat vacant, you can really relax. I wish Delhi Metro Rail Corporation (DMRC) add more coaches on busy routes. It has already added an extra coach for ladies only.

First Passenger : I'm glad about the ladies coach. My wife becomes nervous in a crowd. Karol bagh is approaching. I have found the journey delightful. Well. Thanks for your help and company.

Second Passenger : You are welcome.

71

पुलिस स्टेशन में एफआईआर दर्ज कराना

कानून का पालन करने के दौरान जहाँ आवश्यकता हो, वहाँ कुशलतापूर्वक अपनी बात रखनी चाहिए और इस बात का अवश्य ध्यान रखना चाहिए कि हमलोग किसी भी समय कानून की भावनाओं को आहत न करें।

एक आदमी : (पुलिस स्टेशन के बाहर दूसरे व्यक्ति से) - एफआइआर दर्ज कराने के लिए कहाँ जाना पड़ेगा?

दूसरा आदमी : आपका क्या खो गया?

पहला आदमी : मेरा ड्राइविंग लाइसेंस।

दूसरा आदमी : कहाँ?

पहला आदमी : मुझे याद नहीं है, शायद! बस स्टैंड के समीप कहीं पर।

दूसरा आदमी : ड्यूटी पर मुस्तैद पुलिसकर्मी से यह मत बताना। उसे कहना कि इसे तुम घर में भूल आये हो। इससे आसानी होगी।

पहला आदमी : धन्यवाद!

दूसरा आदमी : ठीक है, तुम वहाँ वह काउंटर देख रहे हो। तीन या चार पुलिसकर्मी वहाँ बैठे हैं। जाओ और उन्हें बताओ।

पहला आदमी : (टेबल के पीछे पुलिसकर्मी से) महाशय, मैं एक रिपोर्ट दर्ज कराना चाहता हूँ। मेरा ड्राइविंग लाइसेंस खो गया है।

पुलिसकर्मी : आपका नाम क्या है? आप कहाँ रहते हैं?

आदमी : मेरा नाम राजीव दुआ है और मैं गीता कॉलोनी में रहता हूँ।

पुलिसकर्मी : आपने लाइसेंस कब और कहाँ खो दिया?

मिस्टर दुआ : घर में महाशय, कुछ दिनों पहले।

पुलिसमैन : आप अपना नाम, पिता का नाम, अपना पता तथा लाइसेंस कब और कहाँ खो गया, इन बातों को स्पष्ट रूप से उल्लेख करते हुए एस.एच.ओ. के नाम एक आवेदन पत्र लिखिये।
(मिस्टर दुआ एक कागज लेकर आवेदन पत्र पर सब कुछ लिखकर उसे पुलिस वाले को देता है।)

पुलिसकर्मी : (पढ़ने के पश्चात्) क्या आपके पास खो गये लाइसेंस की एक फोटो कॉपी है।

मिस्टर दुआ : नहीं, महाशय।

पुलिसकर्मी : आगे से फोटोस्टेट ज़रूर रखना। इससे काम आसान हो जाता है।

मिस्टर दुआ : ज़रूर महाशय। मुझे यह रिपोर्ट कब मिलेगी?

पुलिसकर्मी : रिपोर्ट कम्प्यूटर के द्वारा तैयार की जायेगी जो एक कम्प्यूटराइज्ड रिपोर्ट होगी। एक घंटे तक इंतजार करें अथवा आप कल आ सकते हो ।

मिस्टर दुआ : धन्यवाद महाशय, मैं इंतजार करूँगा।

71

LODGING AN FIR AT THE POLICE STATION

The need to rope in the law where it is necessary and to do it with the best possible skills in communication and ensuring that at no point of time we hurt or anger the sentiments of law.

A man	:	(*to another man outside the police station*) Where to go for lodging an FIR?
Another man	:	What have you lost?
First man	:	My driving license.
Second man	:	Where?
First man	:	I don't remember, may be somewhere at the bus stand.
Second man	:	Don't mention that to the policeman at the duty. Tell him you left it at home. That will make things easy.
First man	:	Thank you.
Second man	:	That's alright. You see that counter over there? There are three or four policeman sitting there. Go, talk to anyone of them.
First man	:	(*to a policeman sitting behind the table*) Sir, I want to lodge a report. I have lost my driving license.
Policeman	:	Your name, please? And where do you live?
Man	:	My name is Rajiv Dua and I live in Geeta colony.
Policeman	:	When and where did you lose it?
Mr. Dua	:	At home, sir, only a few days ago.
Policeman	:	Well, write down an application mentioning all the details your name, father's name, address, when and where you lost it etc. Address it to the SHO. (Mr. Dua asks for a paper and writes down an application mentioning necessary details and hands it over to the policeman.
Policeman	:	(after reading it) have you got a zerox copy of the lost license.
Mr. Dua	:	No, sir.
Policeman	:	Do so in further. It makes things easy.
Mr. Dua	:	Yes, sir. When shall I get the report?
Policeman	:	The report will be prepared at the computer or you can say it will be a computerized report. Wait for an hour or you can come tomorrow.
Mr. Dua	:	Thanks, sir. I'll prefer to wait.

72. नाश्ते के समय एक परिवार

परिवार में मिलने के दौरान आपस में वार्तालाप आवश्यक है। इस दौरान हम परिवार के सभी सदस्यों से अपने विचार, सलाह तथा रोज की घटनाओं की जानकारी साझा करते हैं।

माँ	:	गुडमॉर्निंग, टीना! गुडमॉर्निंग, राहुल! क्या तुम्हारे उठने का समय नहीं हुआ है?
बच्चे	:	मॉर्निंग, माम!
माँ	:	अपने बेड को अस्त-व्यस्त मत छोड़ो। यह बुरी आदत है। बेड सीट को ठीक करो। तकिया को अपनी जगह पर रखो और चादर को अच्छी तरह मोड़कर रखो। इसके पश्चात् अपने सुबह की दिनचर्या पूरी करो।
टीना	:	मेरा टूथपेस्ट कहाँ है?
राहुल	:	और मेरा तौलिया कहाँ है?
माँ	:	अपनी चीजों की देखभाल करना सीखो। अब आप बड़े हो रहे हो। तुम अपनी दराज़ में देखो। तुम्हारा तौलिया वहाँ होगा और टीना तुम मेरे बेडरूम से पेस्ट ले सकती हो। राहुल क्या तुमने जूते पर पालिश कर लिया?
राहुल	:	ओह! मैं भूल गया, मम्मी। मैं नहाने से ठीक पहले उन्हें पालिश कर लूँगा।
माँ	:	ठीक है, स्नान करने के बाद अपना स्कूल बैग ठीक करो और नास्ते के लिए आ जाओ। (माँ नास्ता मेज पर लगाती है।)
टीना	:	नास्ते में क्या है, मम्मी?
माँ	:	तुम दोनों के लिए आमलेट और दो गिलास दूध है।
पिता	:	(जल्दी में प्रवेश करते हैं) सॉरी प्रिये, क्या मैं भी नास्ता कर सकता हूँ? ओह! मैं तुम्हें कहना भूल गया कि मेरी मीटिंग सुबह 9 बजे से शुरू होगी।
माँ	:	आपको मुझे बता देना चाहिए। मैं बच्चों को देख रही हूँ। उन्हें स्कूल जाने में देरी नहीं होनी चाहिये। कृपया अपनी मदद स्वयं करो। फ्रिज से जूस निकाल लाओ, यहाँ सैंडविच रखे हैं।
टीना	:	मम्मी, यहाँ आपके लिए कॉफी रखी है। मुझे इसे आपको देने में खुशी होगी, लेकिन मेरे स्कूल जाने का वक्त हो चुका है।
माँ	:	कोई बात नहीं बच्चों, धन्यवाद! मैं तुम्हारी भावनाओं को समझती हूँ।

72

A FAMILY AT BREAKFAST

A family get together is the most interactive place in a day. It's the time when we interact with all members of the family and share our day-to-day life proceedings with opinions and advice galore.

Mother : Good morning, Tina! Good morning, Rahul! Isn't it time you get up?

Children : Morning, mom.

Mother : Please don't leave your bed unmade. It's a bad habit. Smoothen the bed sheet, put the pillows right, and fold the covering sheets properly. Kindly attend to your daily morning routine after that.

Tina : Where is my toothpaste?

Rahul : And where is my towel?

Mother : Learn to take care of your things. You've grown up children now. Rahul, look into your drawer. Your towel may be there and Tina, you can take toothpaste from my bedroom. Are your shoes polished, Rahul?

Rahul : Oh! I forgot mummy. I'll just polish them before taking bath.

Mother : Ok, after taking bath, arrange your school bags and come for breakfast.
(Mother lays the breakfast table)

Tina : What is there in breakfast, mom?

Mother : Omelet and two glasses full of milk for you two.

Father : *(enters in a hurry)* sorry dear, can I have my breakfast too. Oh! I forgot to tell you that I have a meeting at sharp 9'o' clock.

Mother : You should have told me. I'm attending to children. They shouldn't be late for school. Please help yourself, take out the juice from the fridge and here are a couple of sandwiches.

Tina : Here is your coffee, mom. I would love to serve you but it is already our school time.

Mother : It's alright dear, thanks. I appreciate your sentiments.

73

एक साक्षात्कार का दृश्य

एक अच्छे वार्तालाप में कुछ बातों का होना आवश्यक है– किसी के साथ सहज महसूस करना, दूसरे व्यक्ति में रुचि दिखाना, बिना आपा खोये दूसरों के मन की बात जानना। इसमें एक संतुलन की आवश्यकता होती है। जिसमें न तो बात की तह में जाने की आवश्यकता होती है और न ही ज्यादा संक्षेप में, आपको सदैव दृढ़ रहना है ताकि आने वाली स्थिति के लिए तैयार रहा जा सके।

प्रत्याशी : *(क्लर्क से)* मेरा नाम आर.के. गुप्ता है। मुझे यहाँ इंटरव्यू के लिए बुलाया गया है।

क्लर्क : *(लिस्ट में देखता है)* हाँ, आपका नाम इसमें है। कृपया बैठ जाइए। आपकी बारी आने पर मैं आपका नाम पुकारूँगा।

आर. के. गुप्ता : धन्यवाद।

क्लर्क : (थोड़ी देर बाद) अब आप जा सकते हैं मिस्टर गुप्ता।

आर. के. गुप्ता : *(अनुमति लेकर अंदर प्रवेश करता है)* गुडमॉर्निंग जेंटलमैंन!

एक सदस्य : गुडमॉर्निंग, बैठिए। आपका नाम आर.के गुप्ता है।

आर. के. गुप्ता : हाँ महाशय, मेरा नाम आर.के. गुप्ता है। मुझे इन्टरव्यू हेतु यहाँ बुलाने के लिए धन्यवाद।

दूसरा सदस्य : ठीक है, आपकी शैक्षणिक योग्यता क्या है?

आर. के. गुप्ता : महाशय, मैंने एम.ए. और बी.एड. किया है।

तीसरा सदस्य : आपने कहाँ से पढ़ाई की है?

आर. के. गुप्ता : महाशय, मैंने दिल्ली विश्वविद्यालय के के.एम. कॉलेज द्वारा अंग्रेजी विषय में ग्रैजुएशन और पोस्ट ग्रैजुएशन किया है। मैंने बी. एड. भी इसी विश्वविद्यालय के सेन्ट्रल इन्स्टीट्यूट ऑफ एजुकेशन से किया है।

चौथा सदस्य : आपके तकनीकी विषय क्या हैं?

आर. के. गुप्ता : ग्रैजुएशन में अंग्रेजी और राजनीति विज्ञान।

तीसरा सदस्य : आपने यही पेशा क्यों चुना?

आर. के. गुप्ता : महाशय, मेरे विचार से पढ़ाना एक उत्तम व्यवसाय है। यहाँ आपको छोटे बच्चों के भविष्य संवारने के बेहतरीन अवसर मिलता है। जो हमारे राष्ट्र निर्माता बनने जा रहे हैं।

दूसरा सदस्य : आपके शौक क्या हैं?

आर. के. गुप्ता : पढ़ना, लिखना, यात्रा करना और निश्चित रूप से पढ़ाना भी। मैं इसी को अपना करिअर बनाना चाहता हूँ।

पहला सदस्य : धन्यवाद, मि. गुप्ता, अब आप जा सकते हैं। हम आपको रिजल्ट के विषय में सूचित करेंगे।

73

AN INTERVIEW SCENE

A good conversation demands a certain strength — the strength to feel comfortable with someone else; the strength to remain in and of oneself even while being so intent on another; the strength to enter strange, new realms without getting lost. It demands that peculiar posture of poise, leaning neither too far in nor too far back but standing strong while always ready for what may come next.

Candidate	:	*(to clerk)* My name is R.K Gupta. I have been called here for interview.
Clerk	:	*(checks in the list)* Yes, your name is there. Please, sit down. I'll call you as soon as your turn comes.
R.K Gupta	:	Thanks.
Clerk	:	*(after sometime)* You can go in now Mr. Gupta.
R.K Gupta	:	*(enters after knocking)* Good morning, gentleman.
One member	:	Good morning, please have a seat. Your name is R.K Gupta?
R.K Gupta	:	Yes sir, my name is R.K Gupta. Thank you very much for calling me to interview.
Second member	:	That's alright, what is your educational qualifications?
R.K Gupta	:	Sir, I am M.A, B.Ed.
Third member	:	Where did you study?
R.K Gupta	:	Sir, I did my graduation and post graduation in English from K.M college, Delhi University. I did my B.Ed from the same university, Central Institute of Education.
Fourth member	:	Good, what are you technical subjects?
R.K Gupta	:	English and Political science in B.A.
Third member	:	Why did you choose this profession?
R.K Gupta	:	Sir, I think that teaching is a very noble profession. Here, you have a great opportunity of shaping the career and character of youngsters who are going to be builder of our nation.
Second member	:	What are your hobbies?
R.K Gupta	:	Reading, writing, travelling and teaching, of course. I want to make it my career as well.
First member	:	Thanks, Mr. Gupta. You can go now, we'll let you know about the result.

74 किसी परिवार में अपना परिचय देना

जब आप किसी अज्ञात व्यक्तियों से मिलने जाते हैं, तो सबसे पहले आपको विनम्रतापूर्व अपना परिचय देना चाहिए तथा अपना वह सन्दर्भ जिससे आप आये है बताना चाहिए। आपको परिवार के सभी सदस्यों से मिलना चाहिए तथा उनके साथ महत्त्वपूर्ण बातों पर विचार-विमर्श करना चाहिए।

मकान मालकिन : (कॉल बेल की घंटी सुनकर दरवाजा खोलती है) क्या है?

अजनबी : आप ममता आँटी हैं न, क्या आप नहीं हैं?

मिसेज कौशिक : हाँ, मैं ही हूँ। आप कौन हैं?

अजनबी : मैं दीपक हूँ। आप आगरा की लता आँटी को जानती हैं। मैं उनके जीजा का बेटा हूँ।

मिसेज कौशिक : ओह, तो तुम राजीव के बेटे हो। कृपया अन्दर आ जाओ।

दीपक : धन्यवाद आँटी!

मिसेज कौशिक : आगरा में सब कैसे हैं?

दीपक : सब ठीक हैं।

मिसेज कौशिक : (उसे साथ में लेकर नास्ते के टेबल पर पहुँचती हैं) तुम ठीक समय पर आये। परिवार के सभी लोग यहाँ उपस्थित हैं। सुनो, यह लड़का मेरे दूर का रिश्तेदार है। तुम लोग इसे अपना चचेरा भाई समझ सकते हो। दीपक, कृपया अपना परिचय दो।

दीपक : सभी को मेरा नमस्कार। (सभी उसके अभिवादन का उत्तर देते हैं। वह टेबल की बगल में बैठ जाता है) मेरा नाम दीपक आर्य है। मैं आगरा में राधास्वामी कॉम्प्लेक्स के निकट रहता हूँ। मेरे पिता अनिल कुमार आर्य एक डॉक्टर हैं और निजी प्रैक्टिस करते हैं। मेरी माँ एक गृहिणी है। मेरे एक भाई और एक बहन हैं। दोनों स्कूल में पढ़ते हैं। मैंने 12वीं पास की है और एम.बी.बी.एस. के संयुक्त प्रवेश परीक्षा में शामिल हुआ हूँ। आँटी, मेरी मम्मी ने आपके लिए कुछ पेठा और नमकीन भेजा है। मैं उनकी तरफ से आप सभी को शुभकामनाएँ भी देता हूँ।

मिस्टर कौशिक : तुम्हारी मम्मी को धन्यवाद दीपक। हमारे साथ बैठकर नास्ता करो। मैं तुम्हें अपने परिवार के सदस्यों से मिलाऊँगा।

मि. कौशिक का पुत्र : भाई दीपक, मैं आशा करता हूँ कि तुम कुछ दिनों तक हमारे साथ रहोगे। हम लोग आगरा के ताजमहल, लाल किला और फतेहपुर सीकरी जैसी ऐतिहासिक जगहों के बारे में जानने के लिए बहुत उत्सुक हैं। इसने हमेशा मुझे अपनी ओर आकर्षित किया है।

दीपक : अवश्य, मैं आशा करता हूँ कि हम सभी एक साथ मिलकर अच्छा समय बिताएँगे।

74. INTRODUCTION TO A FAMILY

When you visit someone unknown to you, first you need to introduce yourself politely giving the reference that you have. You should meet all family members and discuss important things with them.

House lady	:	*(opens the door after hearing the bell)* Yes?
Stranger	:	You're Mamta aunty, aren't you?
Mrs. Kaushik:		Yes I am. Who are you?
Stranger	:	I'm Deepak. You know Lata aunty in Agra; I'm her brother-in-law's son.
Mrs. Kaushik:		Oh! You're Rajeev's son, come in, please.
Deepak	:	Thanks, aunty.
Mrs. Kaushik:		How is everybody in Agra?
Deepak	:	All are fine.
Mrs. Kaushik:		*(leading him to breakfast table)* You are at the right time. All the family is here. Listen, everybody, this boy is in my distant relation. Children you can consider him your cousin. Deepak, kindly introduce yourself.
Deepak	:	Good morning, everybody. *(All say,' good morning. He sits at the table)* my name is Deepak Arya. I live in Agra near Radha Swami complex. My father Anil Kumar Arya is a doctor having his own practice. My mother is a house lady. I have a sister and a brother both are studying in school. I have passed my 12th grade and have appeared in joint entrance examination for MBBS. Aunty, here is some *petha* and *namkeen* my mother has sent for you. I convey her best wishes to all of you.
Mr. Kaushik	:	Thanks to your mom, Deepak. Please sit down and enjoy the breakfast with us. I'll introduce all members of my family to you.
Mr. Kaushik's son	:	Brother Deepak. I hope you will be staying with us for some time. We are all so eager to hear about Taj Mahal, Red Fort and Fatehpur Sikri. Agra is a great historical city. It has always fascinated me.
Deepak	:	Sure, I hope all of us will spend a lot of happy time together.

वार्तालाप

75 माता और पुत्र के बीच वार्तालाप

माँ और बेटे के बीच होने वाली वार्तालाप में निरपवाद रूप से भविष्य की संभावनाओं की सलाह तथा उनके विचारों का आदान-प्रदान होता है।

माँ : *(बेटे से)* तुम्हें देर हो गई सोनू, इस समय तीन बजे हैं। तुम्हारी परीक्षा एक बजे खत्म हो गई होगी।

सोनू : ओह माँ, मैं स्कूल में खेलने लगा था।

माँ : तुम्हें मुझे बताना चाहिये था।

सोनू : कैसे माँ? कुछ लड़के बैडमिंटन खेल रहे थे। उन्होंने मुझे बुला लिया। मैं कुछ नहीं कर सका। तुम जानती हो हमारे पीटीआई सर बहुत ही अच्छे हैं। वह कहते हैं कि परीक्षा के बाद छात्रों को थोड़ा आराम करना चाहिए। उन्होंने हमें खेलने के लिए नेट, बैडमिंटन रैकेट दिये .....

माँ : ठीक है, मुझे अपनी परीक्षा के बारे बताओ?

सोनू : यह अच्छा हुआ है। उनमें से अधिक के उत्तर मैं जानता था।

माँ : बहुत अच्छा। भविष्य में स्कूल में ज्यादा देर मत रुकना। तुम्हारी पढ़ाई कैसी चल रही है? मैंने इसे पूरा कर दिया था।

सोनू : ठीक है। हमारे ज्यादातर शिक्षक अच्छे हैं, केवल संस्कृत को छोड़कर।

माँ : बात क्या है?

सोनू : कई बार वह कक्षा में क्लास लेने नहीं आते हैं। वह स्कूल के कार्यों में व्यस्त रहते हैं। आपकी संस्कृत अच्छी है। क्यों नहीं आप इस विषय में मेरी सहायता करती हैं?

माँ : मैं खुशी से यह करूँगी। तुम्हारे दोस्त कैसे हैं?

सोनू : निगम को छोड़कर सभी अच्छे हैं। वह मेरी आलोचना करता है और मेरी पीठ पीछे बुराई करता है। इसके अलावा वह मेरे वर्ग का मॉनीटर भी है।

माँ : मैं तुम्हारे क्लास टीचर से बात करूँगी और मैं उसकी माँ को भी जानती हूँ। मैं उनसे भी बात करूँगी। सोनू, तुम दोस्तों का चयन सोच-समझकर करना। एक व्यक्ति अपने दोस्तों से ही जाना जाता है। बुरे दोस्तों के सिवा बुरी आदतों को भी छोड़ो। अभी तुम्हारी उम्र दूसरों से प्रभावित होने वाली है।

सोनू : मैं सावधान रहूँगा माँ।

माँ : अच्छा, नास्ते की टेबल पर दूध को मत छोड़ो। मैं जानती हूँ तुम चाय पसंद करते हो मगर इसे छोड़ दो।

सोनू : अच्छा माँ, लेकिन क्या मैं रविवार को चाय पी सकता हूँ?

माँ : हाँ, रात को देर तक मत जागो, आमतौर पर तुम देर से सोते हो। मैं आशा करती हूँ, तुम उपन्यास नहीं पढ़ते होगे।

सोनू : नहीं माँ, लेकिन कभी-कभी मैं हार्डी बॉय की उपन्यास पढ़ता हूँ। वे अच्छी हैं।

माँ : कोई बात नहीं, लेकिन इसे आदत मत बनाओ और दो घंटे से अधिक मत पढ़ो। अपनी दिनचर्या का सख्तीपूर्वक पालन करो। इसे मैंने तुम्हारे लिए ही बनाया है।

सोनू : अच्छा माँ, मैं उनका पालन करूँगा।

75 A DIALOGUE BETWEEN MOTHER AND SON

A conversation between mother and her son invariably discusses future prospects, advice, and exchange of views and opinions.

Mother	:	*(to son)* you're late, Sonu. It is 3'o' clock now, your exam must have been over by 1'o' clock.
Sonu	:	Oh! Mom I began to play in the school!
Mother	:	You should have told me.
Sonu	:	How mom? Some students were playing badminton and they invited me. I couldn't help it, you know our PTI sir is very good. He says that after the exam, students should relax a bit. He gives us net and badminton rackets to play......
Mother	:	Ok, ok tell me about your exam.
Sonu	:	It was well. I knew most of the answers.
Mother	:	That's good. In future don't overstay in school. How are your studies going?
Sonu	:	All right. Most of our teachers good except that of Sanskrit.
Mother	:	What's the matter?
Sonu	:	Many times he doesn't take class. He is busy with some school work. You know Sanskrit so well, mom. Why don't you help me cover the topic?
Mom	:	I'll gladly do that. How is you friend circle?
Sonu	:	They are all good boys except Nigam. He criticizes me and talks ill of me behind my back. Besides, he is the monitor of the class and bit of a bully.
Mom	:	I'll talk to your class teacher and I think I know his mother. I'll talk to her also. Sonu, choose you friends wisely, a person is known by the company he keeps. Besides bad friends, inculcate bad habits and yours is a very impressionable age.
Sonu	:	I'll be careful, mom.
Mom	:	Good, also don't avoid the glass of milk at your breakfast table. I know you like tea, but that is ruled out.
Sonu	:	All right mom but can I drink tea on Sundays?
Mom	:	Ok, also don't wakeup late hours. You usually sleep late. I hope you aren't into reading novels.
Sonu	:	No mom. But sometimes I do read Hardy Boys novel, they are good.
Mom	:	No harm, but don't make it a habit and do not exceed the time limit of two hours' play in the evening stick strictly to the time table, I have made for you.
Sonu	:	Ok mom, I'll do that.

76

पति-पत्नी और बच्चों के बीच वार्तालाप

घर को एक संसद के रूप में जाना जाता है। इस प्रकार की बातचीत भविष्य की योजना बनाने, छुट्टियों में कहीं बाहर जाने या किसी विशेष अवसर पर परिवार के लोगों को इकट्ठा करने के लिए बनायी जाती है।

पिता : अच्छा सुमित, तुम्हारे भविष्य की योजनाएँ क्या है?

सुमित : 12वीं उत्तीर्ण करने के बाद मेरी योजना बीसीए उत्तीर्ण करना और एक मल्टीनेशनल कम्पनी में नौकरी करने की है।

माँ : लेकिन कुछ समय पहले तुमने मुझे कहा था कि तुम वायु सेना में जाने की योजना बना रहे हो।

सुमित : हाँ, लेकिन अभी मैंने पूरी तरह से निश्चिय नहीं किया है।

बहन : पापा, सुमित का वजन एयरफोर्स के शारीरिक परीक्षण में कठिनाई पैदा कर सकता है।

पिता : तुम ठीक कहती हो। क्या तुम इसे घटा सकते हो सुमित?

सुमित : मैं कर सकता हूँ, लेकिन इसके लिए मुझे लंबी कोशिश करनी पड़ेगी। जबसे मैंने स्कूल में कम्प्यूटर पर काम करना शुरू किया है। मुझे उसके प्रति अधिक झुकाव हो गया है।

पिता : ठीक है, तो तुम कम्प्यूटर की तैयारी करो। एयर फोर्स में जाने का विचार त्याग दो।

माँ : निधि तुमने क्या सोचा है।

निधि : मेरी रुचि कम्प्यूटर में नहीं है। मेरा अंग्रेजी और दूसरी भाषाओं जैसे– स्पेनिश, फ्रेंच के प्रति आकर्षण है। आप जानती हैं माँ वे लोग मुझे स्कूल में फ्रेंच पढ़ा रहे हैं।

पिता : अच्छा है, लेकिन तुमने आगे करिअर में क्या लेने का विचार किया है?

सुमित : पिताजी, मेरे विचार से उसे पहले अंग्रेजी विषय से ग्रैजुएशन में प्रतिष्ठा पूरा करना चाहिए।

निधि : हाँ, यह हो सकता है, लेकिन मैं कुछ भाषा सीखूँगी और एक दुभाषिया बनूँगी। सरकारी और प्राइवेट नौकरी में बहुत सारी रिक्तियाँ अच्छे वेतनमान और प्रतिष्ठित पदों की मिलती है।

माँ : विचार बुरा नहीं है। मैं सोचती हूँ निधि तुम्हें ऐसा ही करना चाहिए।

पिता : हाँ, प्रत्येक व्यक्ति का अपना अलग विचार होता है।

76 CONVERSATION BETWEEN HUSBAND-WIFE AND CHILDREN

Also known as the house parliament, this type of conversation is about future plans, be it holiday or outing or any kind of family gathering or function.

Father	:	Well Sumit, what are your plans for future?
Sumit	:	After my 12th I plan to do BCA and find a job in an MNC.
Mother	:	But sometime back Sumit you told me you were planning to get into Air Force.
Sumit	:	Yes, but I'm undecided.
Sister	:	Papa, Sumit's weight can be a problem in physical tests in Air Force.
Father	:	You're right. Can you reduce, Sumit?
Sumit	:	I can but then it has to be a life long effort, moreover since I began to do computers in school. I have developed a fascination for it.
Father	:	Well, then you go for computers. Drop the Air Force idea.
Mother	:	What about you, Nidhi?
Nidhi	:	I have no head for computers. I'm fond of English language and for that matter any other language like Spanish, French. You know mom they are teaching us French in school.
Father	:	That's good. But what career do you intend to take up?
Sumit	:	Dad I think she should graduate in English honors and then plan ahead.
Nidhi	:	Yes, it can be but I would rather learn a couple of languages and become an interpreter. There are lots of vacancies in private and public sectors with handsome salaries and honourable posts.
Mother	:	Not a bad idea. I think you should go for it Nidhi.
Father	:	Yes, everyone to him or her taste.

77

चाँदनी चौक में बस के बारे में पूछताछ

नये दोस्त बनने के दौरान आमतौर पर बातचीत के तीन भाग होते हैं। इसमें पहला अभिवादन का है। इस भाग में आप और आपके दोस्त एक-दूसरे का अभिवादन करेंगे और एक-दूसरे को अपना नाम बतायेंगे। दूसरा हिस्सा वार्तालाप है। कभी तो वार्तालाप छोटा हो सकता है और कभी वार्तालाप काफी महत्त्वपूर्ण विषय के ऊपर हो सकता है। वार्तालाप का तीसरा हिस्सा बात खत्म करने को लेकर है। इस भाग में आप अपने नये दोस्तों से बोलें कि आपको उनसे मिलकर खुशी हुई और बातचीत खत्म कर दें।

एक व्यक्ति : *(एक रास्ते पर जा रहे व्यक्ति से)* क्षमा करें, क्या आप मुझे नेहरू प्लेस जाने की बारे में बता सकते हैं?

राहगीर : तुम यहाँ से मैट्रो द्वारा जा सकते हो *(मेट्रो स्टेशन की ओर इशारा करते हुए)*, लेकिन तुम्हें इसे राजीव चौक में बदलना होगा।

एक दूसरा व्यक्ति: हाँ, क्या तुम यहाँ से लाल किला देख सकते हो? सीधे जाकर रोड को पार करो। तुम्हें यहाँ कई बस स्टॉप दिखेंगे। तुम वहाँ पहुँचकर अन्य जानकारी प्राप्त कर लेना।

व्यक्ति : धन्यवाद! *(लाल किला के बस स्टॉप पर दूसरे व्यक्ति से)* नेहरू प्लेस जाने के लिए बस किधर मिलेगी?

दूसरा आदमी : तुम्हें यहाँ से तीसरे बस स्टॉप पर बस मिलेगी।

व्यक्ति : धन्यवाद, (कंडक्टर से) क्या यह बस नेहरू प्लेस जायेगी?

कंडक्टर : नहीं, लेकिन तुम 425 नम्बर की बस पकड़ सकते हो। तुम रेडलाइन या ब्लूलाइन की बस से जा सकते हो।

व्यक्ति : इनमें क्या अन्तर है?

एक दूसरा व्यक्ति: *(निकट में खड़ा)* लाल वाली बस का किराया दोगुना है। यह वातानुकूलित बस है। ब्लू लाइन में साधारण किराया लागू है। दोनों बसें आरामदेह हैं, देखो ब्लूलाइन की बस आ गई। इसमें चढ़ जाओ, यह नेहरू प्लेस जायेगी।

व्यक्ति : *(बस पर चढ़ता है)* धन्यवाद। *(बस के अन्दर कंडक्टर से)* कृपया मुझे नेहरू प्लेस का एक टिकट दीजिए और जब बस वहाँ पहुँच जाये, तो मुझे बता देना। मैं यहाँ के लिए नया हूँ।

कंडक्टर : *(टिकट देता है)* वहाँ पर बैठ जाओ। नेहरू प्लेस आने पर मैं तुम्हें बता दूँगा।

77 ASKING FOR BUS ROUTE AT CHANDNI CHOWK

While making new friends, there are usually three parts to the conversation you will have with your new friend. The first is the greeting. In this part, you and your new friend will greet each other and tell each other your names. The second part is the conversation. Sometimes the conversation is small talk and sometimes the conversation is about important matters. The third part of the conversation is the leave-taking. In this part, you tell your new friend that you are happy to meet him and that you must end the conversation.

A person : *(to a passer-by)* Excuse me, could you please tell me how to reach Nehru Place.

Passer by : Well, you can catch the metro from here *(pointing to the metro station)* but you'll have to change at Rajiv Chowk.

The person : Yes, do you see the Red Fort from here? Go straight cross the road. You'll find many bus stands there. You can further enquire from there.

The person : Thank you *(at Red Fort bus stand from another person)* from where can I get bus for Nehru Place?

Other person : You can get the bus from the third stand from here.

The person : Thanks. *(from the conductor)* will this bus go to Nehru Place?

Conductor : No but you can board bus number 425 from here. You can get into a blue line or a red line.

The person : What's the difference?

A person : *(standing nearby)* the red bus will charge you double the fare, it's air conditioned. The blue one has normal rates. Both are comfortable buses. Look! Here comes the blue line, get into it, it'll go to Nehru Place.

The person : *(boarding the bus)* Thanks a lot. *(Inside the bus to the conductor)*
Please give me a ticket for Nehru Place and tell me when we reach there. I am new here.

Conductor : *(giving the ticket)* Sit over there. I'll tell when we reach Nehru Place.

78

एक अस्पताल का परिदृश्य

यह स्थान उदासी भरा और दुखदायी हो सकता है, इसलिए जब भी कोई प्रश्न पूछें, तो ऐसे प्रश्न पूछें जिसका जवाब एक शब्द में दिया जा सके। अपनी निजी जानकारी देने की बजाय उससे जुड़े प्रश्न पूछें।

मुलाकाती : *(रिसेप्शनिस्ट से)* क्या आप मुझे बतायेंगी कि मिस्टर एच. के. सरीन कहाँ भर्ती हैं?

रिसेप्शनिस्ट : कृपया मुझे मरीज का पूरा नाम और तिथि बताइए, जब मरीज को यहाँ भर्ती किया गया था।

मुलाकाती : अच्छा, मरीज का नाम हरीश कुमार सरीन है और उन्हें कल भर्ती किया गया।

रिसेप्शनिस्ट : *(कम्प्यूटर में देखकर)* वार्ड नम्बर-4, कमरा नम्बर-416

मुलाकाती : मैं उन्हें कैसे तलाश करूँ?

रिसेप्शनिस्ट : सीधे जाकर आर्थोपेडिक्स विभाग में जाकर वहाँ किसी वार्ड ब्वॉय से पूछें। वह आपको रास्ता बता देगा।

मुलाकाती : धन्यवाद, *(अन्दर एक कर्मचारी से)* क्या आप मुझे बता सकते हैं कि वार्ड न.-4, कमरा नम्बर-416 कहाँ है?

कर्मचारी : बायें मुड़कर सीधे जाइए।

मुलाकाती : धन्यवाद!

मुलाकाती : *(कमरे के अन्दर)* नमस्ते चाची, चाचाजी कैसे हैं? यह कैसे हुआ?

चाचीजी : तुम्हारे चाचाजी की बाइक फिसल गई और उनका पैर टूट गया।

गोविंद : लगता है चाचाजी सो रहे हैं। मैं आशा करता हूँ, ज्यादा चिन्ता करने जैसी कोई बात नहीं है।

चाचीजी : नहीं ईश्वर की कृपा से ऐसी कोई बात नहीं है। उन्हें नींद की दवा दी गई है। लेकिन उन्हें यहाँ कुछ दिनों के लिए रखा जायेगा।

गोविन्द : *(डाक्टर से जो अभी-अभी अन्दर आये हैं)* नमस्ते डाक्टर साहब, मैं मरीज का भतीजा हूँ। मैं आशा करता हूँ, गंभीर चिन्ता करने जैसी कोई बात नहीं है।

डॉक्टर : चिन्ता नहीं करो। यह साधारण फ्रैक्चर है। हमलोगों ने हड्डी को ठीक करके पैर पर प्लास्टर चढ़ा दिया है। सौभाग्यवश दुर्घटना के तुरन्त बाद उन्हें यहाँ जल्दी भर्ती करा दिया गया।

गोविन्द : महाशय, उन्हें यहाँ से कब छुट्टी मिलेगी?

डॉक्टर : कुछ दिनों में, चूँकि उनके पीछे की ओर भी चोट लगी है, इसलिए हमने उन्हें अपनी निगरानी में रखा है।

गोविन्द : धन्यवाद महाशय! चाचीजी, जब तक मैं यहाँ हूँ, आप कुछ देर के लिए आराम कर सकती हैं।

चाचीजी : ठीक है, क्या तुम सीढ़ियों के नीचे से यह दवा ला सकते हो। ये रहे रुपये।

गोविन्द : अवश्य चाचीजी, मुझे कोई परेशानी नहीं है।

78 A HOSPITAL SCENARIO

This place could be grim and hold unhappy prospects, so when you do ask a question that can be answered in a single word; instead of just supplying your own information in response, ask a follow-up question.

Visitor	:	*(to the receptionist)* could you please tell me where Mr. H.K. Sareen is admitted.
Receptionist	:	Please tell the full name and the date when the patient was admitted.
Visitor	:	Well, the name is Harish Kumar Sareen and he was admitted yesterday.
Receptionist	:	*(after checking in computer)* it is Ward No -4, Room No 416.
Visitor	:	How do I find it?
Receptionist	:	Go straight and enter the door marked 'Orthopedics.' Ask any ward boy there and he will guide you.
Visitor	:	Thanks. *(Inside from any employee)* Could you please guide me to Ward No. 4, Room No. 416?
Employee	:	Turn to your left and then straight.
Visitor	:	Thanks.
Visitor	:	*(inside the room)* Good morning aunty. How is uncle now? What happened?
Aunt	:	Well, Govind your uncle's bike slipped and he fractured his leg.
Govind	:	Uncle seems to be sleeping. I hope it is nothing serious.
Aunt	:	No, by God's grace it is not, he has been given sedatives. But he will be kept here for a few days.
Govind	:	*(to doctor who has just entered)* Good morning doctor. I'm the patient's nephew. I hope nothing is serious.
Doctor	:	Don't worry. It is a simple fracture; we have set the bone and plastered his leg. Fortunately he was admitted here very quickly after the accident.
Govind	:	When could he leave, sir?
Doctor	:	In a few days, I hope. Since he has hurt his back also, we are keeping him under observation for a few days.
Govind	:	Thank you, sir. Aunty you can rest for a while I'm here.
Aunty	:	Oh! It is alright. Can you bring these medicines from downstairs? Here, is the money.
Govind	:	Sure, aunty, no problem.

79

डॉक्टर से परामर्श

फोन पर होने वाले इस प्रकार के वार्तालाप काफी संक्षिप्त होते हैं। बीमार व्यक्ति को अपने शारीरिक और मानसिक परेशानियों के बारे में विस्तार से बताने के अलावा उसे बीमारी के लक्षणों के बारे में भी बताना पड़ता है।

मरीज : मैं पिछले कुछ दिनों से अच्छा नहीं महसूस कर रहा हूँ।

डॉक्टर : मुझे इसके बारे में बताओ।

मरीज : *(खाँसता है)* इस खाँसी को देखिये। यद्यपि इन दिनों ठंड नहीं है, फिर भी मैं हमेशा ठंड महसूस करता हूँ।

डॉक्टर : *(उसका ब्लड प्रेशर और तापमान देखता है)* तुम्हारा ब्लड प्रेशर ठीक है, लेकिन शरीर थोड़ा गर्म है। शरीर में कहीं दर्द तो नहीं है?

मरीज : किसी एक जगह पर दर्द नहीं है, लेकिन हर समय मैं बुझा और थका-थका सा रहता हूँ। मैं बिस्तर पर भी बेचैन रहता हूँ।

डॉक्टर : कितने दिनों से ऐसा हो रहा है?

मरीज : दो-तीन दिनों से।

डॉक्टर : अपनी जीभ बाहर निकालो और मुझे तुम्हारा गला देखने दो *(गले का निरीक्षण करता है)*। मुझे गले में संक्रमण दिखाई पड़ रहा है। कोई और बात जिसे आप मुझे बताना चाहते हों?

मरीज : जैसा कि मैं बता चुका हूँ, मैं परेशान थका-थका सा रहता हूँ और खाँसते समय गले में जलन-सी होती है, जो गले में संक्रमण होने का कारण हो सकती है। मैं बाहर खाने-पीने के मामले में काफी सावधान रहता हूँ।

डॉक्टर : आप कुछ नहीं कह सकते। कभी-कभी आप साँस में कीटाणु अन्दर खींच लेते हैं। कभी मसाले या दूसरे ठंडी पेय से गले के अन्दर संक्रमण हो जाता है। यह टेबलेट और सिरप दिन में तीन बार लेना और कल आकर बताना।

मरीज : मैं आशा करता हूँ कि इसमें चिन्ता करने की तो कोई बात नहीं है?

डॉक्टर : नहीं! यहएक साधारण संक्रमण है। मिर्च, खट्टी चीजों और ठंडे पानी से दूर रहो। कुछ ही दिनों में तुम बिलकुल ठीक हो जाओगे।

मरीज : धन्यवाद डॉक्टर साहब!

79

IN CONSULTATION WITH A DOCTOR

This type of conversation should be brief and to the point. One has to tell his physical and mental ailments in details and also the symptoms of the affected disease to the doctor.

Patient : I have not been feeling well for the last few days.
Doctor : Tell me about it:
Patient : *(coughs)* you see doctor there is this cough, also I'm feeling cold all the time although it is no season for cold.
Doctor : *(checks his BP and temperature)* Your BP is alright but you are running a mild temperature. Anywhere pain in the body.
Patient : Not pain at any exact place but all the time I seem run down and exhausted. I'm restless even in bed.
Doctor : For how many days it has been like that?
Patient : Well two, three days.
Doctor : Take out your tongue and let me see your throat. *(Checks)* well it seems to me a mild sort of throat infection. Is there any other thing that you would like to tell me?
Patient : As I told you, I feel restless, exhausted and cough at times – a sort of burning sensation in throat which might have caused this throat infection. I'm very careful about not eating or drinking out.
Doctor : You can never say. Sometimes, you can even inhale germs; sometimes the throat gets irritated by spices or very cold drinks. Here, take these tablets and syrup three times a day and come tomorrow.
Patient : I hope it is nothing serious.
Doctor : Oh no! It's just an ordinary infection. Avoid chilies, sour things and cold water. You'll be alright within a few days.
Patient : Thanks doctor.

80 टेलीफोन पर डॉक्टर से तीव्र पेट दर्द के बारे में परामर्श

ऐसे वार्तालाप बेहद सटीक और संक्षिप्त होते हैं, जिसमें बीमारी के लक्षण के बारे में प्रश्न पूछे जाते हैं तथा दवाइयाँ एवं खाने के बारे में सलाह दी जाती है।

मरीज	:	हैलो डॉक्टर, मेरे पेट मे भयंकर दर्द हो रहा है। क्या आप इससे छुटकारा दिलाने के लिए कुछ कर सकते हैं?
डॉक्टर	:	आप कहाँ से बोल रहे हैं?
मरीज	:	सेक्टर–44 आर.के. पुरम से। यह आपकी क्लीनिक से ज्यादा दूर नहीं हैं, लेकिन मैं नहीं आ सकता। कृपया मुझे कोई दवा के बारे में बताएँ जिससे यह दर्द खत्म हो जाये।
डॉक्टर	:	बिना चेकअप किये फोन पर कुछ भी कहना बहुत मुश्किल है। अपना नाम और उम्र बताओ।
मरीज	:	मेरा नाम राजेश है और मेरी उम्र 35 वर्ष है। कृपया डॉक्टर मुझे फोन पर जल्द से जल्द दर्द खत्म होने की दवा बतायें। मैं आपके क्लीनिक में आऊँगा।
डॉक्टर	:	आपको किस प्रकार का दर्द है, क्या आपको लूज मोशन्स हो रहे हैं अथवा कब्जियत रहती है?
मरीज	:	कुछ भी नहीं, मुझे पेट में भारी पत्थर के जैसा महसूस हो रहा है। दर्द कम और ज्यादा हो रहा है?
डॉक्टर	:	ठीक है, अच्छा, कुछ भी नहीं खाना–पीना। क्या नजदीक में कोई दवाइयों की दुकान है?
मरीज	:	मैं थोड़ी दूर तक जा सकता हूँ।
डॉक्टर	:	'स्पाजमिंडन' दवाई खरीदो। यह (लिक्विड) तरल है; इसकी कुछ बूँदें गर्म पानी के साथ लें, इससे दर्द कम हो जाएगा। इसके पश्चात् चेकअप के लिए आ जाना।
मरीज	:	अगर दर्द बिलकुल खत्म हो जाये, तो क्या फिर भी मुझे आना है?
डॉक्टर	:	हाँ, पेट में कोई गंभीर संक्रमण हो गया है, जिसका दवाइयों से उपचार किया जाना ज़रूरी है। ठीक होने में 3–4 दिन लग सकते हैं।
मरीज	:	ठीक है, मैं वैसा ही करूँगा। धन्यवाद, डॉक्टर साहब।

80 TELEPHONIC TALK WITH DOCTOR ABOUT SEVERE STOMACH PAIN

The conversation needs to be clear, concise and to the point, namely questions and answers about medicines, and food, etc.

Patient	:	Hello doctor, I'm having severe stomach ache. Can you do something about it?
Doctor	:	From where are you speaking?
Patient	:	Sector 44 R, K Puram. It is not very far from your clinic but I can't come. Please tell me some medicine so that the pain goes away.
Doctor	:	It is very difficult to say something on phone without proper checkup. What is your name and age?
Patient	:	My name is Rajesh and I am 35. Please, doctor do tell me some treatment on phone; as soon as the pain lessens, I'll come to your clinic.
Doctor	:	Ok, what sort of pain you have, are you having loose motions or is it constipation?
Patient	:	None, my stomach feels heavy like a stone and the pain comes and goes.
Doctor	:	Well, don't drink or eat anything. Is there a chemist nearby?
Patient	:	Yes, I can manage to walk a little.
Doctor	:	Ok, buy a medicine 'Spasmindon! It is liquid; take a few drop of it with warm water. That will reduce the pain, after that come for a checkup.
Patient	:	If the pain stops, even then I have to come?
Doctor	:	Yes, it might be severe stomach infection which will have to be treated with medicines. It might take you 3-4 days to get alright.
Patient	:	I'll do that. Thanks, doctor.

81 दोस्त की बीमार माँ को देखने जाना

ऐसा स्थान उदासी भरा और दुखदायी हो सकता है, इसलिए जब भी आप कोई प्रश्न पूछें, तो ऐसे प्रश्न पूछें जिसका जवाब एक शब्द में दिया जा सके। अपनी निजी जानकारी देने के अलावा उनसे जुड़े प्रश्न पूछें।

विपुल : केतन इन दिनों तुम्हारी माँ की तबियत कैसी है? पिछली बार तुमने मुझे उनकी जोड़ों मे दर्द होने की जानकारी दी थी।

केतन : हाँ, उन्हें यह दर्द है। मैंने उन्हें हड्डी विभाग में दिखाया था और उन्होंने इसे 'ओस्टोआर्थराइटिस' बताया है।

विपुल : कुछ ज्यादा चिन्ता करने की बात तो नहीं हैं?

केतन : हाँ और ना दोनों ही बातें हैं। इसके लिए तुम्हें एक फिजियोथेरेपिस्ट के यहाँ जाना होगा। इसके पश्चात उसके द्वारा बताए गये व्यायाम को घर पर करना होगा। इसमें आराम तो मिल सकता है, लेकिन यह रोग एकदम से उपचार योग्य नहीं है।

विपुल : यह अच्छी खबर नहीं हैं। क्या तुम घर जा रहे हो? मैं तुम्हारे साथ जाना चाहता हूँ।

केतन : तुम्हारा स्वागत है।

(घर पहुँचने पर)

विपुल : चाची जी, आप कैसा महसूस कर रही हैं? मैंने केतन से सुना कि आपकी तबियत ठीक नहीं है।

केतन की माँ : *(मुस्कराती है)* – ज्यादा परेशानी नहीं है। अधिकतर लोगों को बूढ़े होने पर या अधेड़ उम्र में यह परेशानी हो जाती है।

विपुल : डॉक्टर का क्या राय है? केतन मुझे बताओ क्या इसका कोई उपचार नहीं है?

माँ : हाँ, लेकिन व्यायाम करने से इसे बढ़ने से रोका जा सकता है।

विपुल : अब आप कैसा महसूस कर रही हैं? क्या इसमें ज्यादा दर्द है?

माँ : जब मैं बैठी या लेटी रहती हूँ, तो कोई दर्द नहीं होता है, लेकिन चलने के दौरान प्रयास करना पड़ता है।

विपुल : डॉक्टर ने कोई दवा लिखी है, क्या?

माँ : हाँ, मैं इसे प्रतिदिन ले रही हूँ और इससे दर्द काफी कम हुआ है।

विपुल : बहुत अच्छा। चाची जी, मुझे चलकर दिखाएँ।

चाची : *(थोड़ी कोशिश के बाद लंगड़ाते हुए खड़ी होती है)* देखो बेटा, मैं चल तो सकती हूँ, लेकिन इसके लिए मुझे कोशिश करनी पड़ती है।

विपुल : ओह! चाचीजी, इसमें ज्यादा चिन्ता करने जैसी कोई बात नहीं हैं। मुझे विश्वास हैं, आप लगातार दवाइयों के सेवन और व्यायाम करने से ज़रूर ठीक हो जायेंगी। मैं एक प्रसिद्ध वैद्य को जानता हूँ। मैं उनसे आपके विषय में बात करूँगा।

81

A VISIT TO FRIEND'S SICK MOTHER

In a hospital when you ask a question that can be answered in a single word; instead of just supplying your own information in response, ask a follow-up question.

Vipul	:	How is your mother these days, Ketan, last time you told me she had some sort of pain in joints.
Ketan	:	Well she has that pain, I showed her to an orthopedic and he diagnosed it Ostoarthritis.
Vipul	:	Is it something serious?
Ketan	:	Yes. If you attend a physiotherapy clinic and then do the prescribed exercise at home it can be checked, but it is not curable.
Vipul	:	That is not good news. Are you going home? I would like to accompany you.
Ketan	:	you're welcome.
		(After reaching home)
Vipul	:	How are you feeling aunty? I heard from Ketan that you were not well.
Ketan's mother	:	*(smiles)* it is not much of a bother. Most of the people in old age or even middle age get it.
Vipul	:	What does the doctor say; Ketan tells me there is no cure for it.
Mother	:	Yes, but with exercises it can be checked.
Vipul	:	How are you feeling now? Is there much pain?
Mother	:	There is no pain when I'm sitting or lying but walking has become an effort.
Vipul	:	Any medicines that the doctor has prescribed.
Mother	:	Yes, I'm taking them regularly and the pain is much less.
Vipul	:	That is good. Show me your walk aunty.
Aunty	:	*(gets up with an effort there is a slight limp)* you see son, I can walk but with an effort.
Vipul	:	Oh! Aunty, it seems nothing serious I'm sure you'll be alright with regular medication and exercises. I know a renowned Vaidya, I'll talk to him about you.
Aunty	:	God bless you my son and thanks for coming.

82 परचून की दुकानदार से वस्तुएँ खरीदना

वार्तालाप में विनम्रता की आवश्यकता होती है। एक ओर तो सुनने की उदारता होनी चाहिए और केवल सुनने भर की नहीं, बल्कि दूसरा व्यक्ति जो काम की बातें कह रहा है उसे समझने की भी।

(दर्शन सिंह दुकानदार कृष्णलाल से बातें करता है।)

दर्शन : आप कैसे हैं किशन?

किशन : मैं बिलकुल ठीक हूँ, मैं तुम्हें क्या दूँ?

दर्शन : *(एक लिस्ट को पढ़कर)* 10 रुपये की इमली।

किशन : 20 रुपये का पैकेट है, मैं इसे खुला नहीं बेचता।

दर्शन : ठीक है, लेकिन तुम खुला घी बेचते हो, मुझे 250 ग्राम घी दो। इसके कितने दूँ,?

किशन : 65 रुपये।

दर्शन : तीन सर्फ एक्सल साबुन, आधी-2 किलो राजमा, अरहर, उड़द, चना, आधा किलो टाटा की चाय। क्या इस पर कोई स्कीम लागू है?

किशन : टाटा की चाय पर तो नहीं, लेकिन दूसरे ब्रांड के ऊपर है।

दर्शन : नहीं, टाटा ही रहने दो, इस कसूरी मेथी के पैकेट के कितने हुए।

किशन : केवल दस रुपये।

दर्शन : ओ.के.। उस गरम मसाला के पैकट के कितने? यह एमडीएच की है न?

किशन : केवल दस रुपये।

दर्शन : ठीक है। आधी किलो सर्फ वाशिंग पाउडर, ये मसाले 100 ग्राम। *(एक लिस्ट उसे सौंपता है)* एक ब्राउन ब्रेड पैकेट, 200 ग्राम मक्खन और वह आम के आचार का जार, यह कितने रुपये का है?

किशन : 1/2 किलो के केवल अस्सी रुपये।

दर्शन : वाजिब है; पापड़ का वह पैकेट दो और वह चना मसाला का पैकेट, आधा किलो सफेद चना भी।

किशन : और कोई चीज?

दर्शन : हाँ, दस रुपये वाला लिम्का की बोतल।

किशन : हम छोटी बोतल नहीं रखते, केवल 1 लीटर की रखते हैं, जिसकी कीमत 60 रुपये है।

दर्शन : ठीक है, सभी वस्तुओं को इस थैली में डाल दो और कृपया इनके बिल दो।

किशन : ये रहा, 650 रुपये मात्र।

82

PURCHASE FROM GENERAL MERCHANT

A conversation demands great generosity. On the one hand, it demands the generosity of listening. And perhaps not just of listening but of assuming that the other person is saying something of value, something worth listening to.

(Customer Darshan Singh talks to general merchant Kishan lal)

Darshan	:	How are you Kishan?
Kishan	:	I'm alright, what shall I give you.
Darshan	:	*(reading from a list)* Tamarind worth ten rupees.
Kishan	:	It is in a pack of 20 rupees. We don't sell loose.
Darshan	:	Ok, but you do sell loose ghee, give me 250 gms. How much for it?
Kishan	:	65 rupees.
Darshan	:	Three bars of surf excel soap, ½ kg *dal* each of *rajma, arhar, urad, chana*, ½ kg of Tata tea. By the way any scheme on it?
Kishan	:	No not on Tata tea but on other brands there is.
Darshan	:	No let it be Tata. How much in this kasoori methi pack?
Kishan	:	Only ten rupees.
Darshan	:	Ok, how about that garam masala pack, it is MDH, isn't it.
Kishan	:	Ten rupees only.
Darshan	:	Ok, give ½ kg Surf washing powder, these spices 100 gms. Each *(gives him a list)*, one big brown bread, 200 gms of butter and that mango pickle jar how much for it?
Kishan	:	Only eighty rupees for ½ kg.
Darshan	:	That is quite fair; give me that pack of *papads* and that *chana masala* packet, half kg of white grams also.
Kishan	:	Anything else?
Darshan	:	Yes, one ten rupees limca bottle.
Kishan	:	We no longer keep small bottles. Only 1 ltr bottle worth rupees 60.
Darshan	:	Ok, put all these items in this bag and the bill, please.
Kishan	:	There it is, only 650 rupees.

83 स्कूल में अभिभावक और शिक्षकों की मुलाकात

एक अभिभावक के तौर पर शिक्षक से वार्तालाप के दौरान उसकी बातों पर उचित प्रतिक्रिया दें और बातचीत की प्रक्रिया जारी रखें।

सुधा : *(शिक्षिका से)* नमस्ते मेम, मैं निधि की माँ सुधा हूँ। ये उसके पिता हैं। वह आठवीं कक्षा के 'बी' सेक्शन में पढ़ती है। कृपया मुझे बताएँ वह सभी विषयों में पढ़ने में कैसी है?

शिक्षिका : *(पेज पलटते हुए)* वह निधि अग्रवाल है, है ना? अब तक में जहाँ तक उसके प्रदर्शन का सवाल है, यह बहुत संतोषजनक नहीं हैं।

मिसेज अग्रवाल : मुझे परीक्षा के परिणामों और उसकी गतिविधियों के बारे में भी बतायें।

शिक्षिका : सब मिलाकर वह अच्छी है। उसकी उपस्थिति, उसका स्वाभाव और अनुशासन अच्छा है, लेकिन वह विज्ञान और गणित में थोड़ी कमजोर है।

सुधा : उसके दूसरे विषय की क्या स्थिति है?

शिक्षिका : वह अच्छी है। तीन परीक्षाओं के कुल 60 नम्बर में उसे संस्कृत में 50 नम्बर, अंग्रेजी में 45 नम्बर तथा हिन्दी में 40 नम्बर मिले हैं।

मिस्टर अग्रवाल : उसकी अन्य गतिविधियाँ कैसी हैं?

शिक्षिका : खासतौर पर वह अभिनय में बेहद कुशल है तथा खेलों में भी अव्वल है।

सुधा : क्या वह कक्षा में अन्य सहपाठियों के साथ अच्छी तरह मिलजुल कर रहती है?

शिक्षिका : हाँ, वह सभी लड़कियों के साथ मित्रतापूर्वक घुलमिल कर रहती है।

मिस्टर अग्रवाल : धन्यवाद मेम, नमस्कार!

83

PARENTS-TEACHER MEETING IN SCHOOL

React to what the teacher says to you as a parent in the spirit in which that comment was offered and continue with the flow of the conversation.

Sudha : *(to teacher)* Good morning, ma'am. I'm Sudha, Nidhi's mother, this is her father. She is in class 8th B. Please tell us how she is doing in her studies.

Teacher : *(turning the pages)* she is Nidhi Aggarwal, isn't she? Well, so far as her performance in tests is concerned, it is not very satisfactory.

Mr. Aggarwal : Please, tell us about exam results and her over all performance.

Teacher : On the whole she is good. Her attendance is regular; and behaviour, and discipline is good. But she is lagging behind in science and maths.

Sudha : What about other subjects?

Teacher : She is good. In the three class tests of 60 marks she got 50 in Sanskrit, 45 in English and 40 in Hindi.

Mr. Aggarwal : How is extra curricular activities.

Teacher : She is very good, especially in drama; she is good in sports also.

Sudha : Does she adjust well with her class mates?

Teacher : Oh yes, she is very friendly with almost all of them.

Mrs. & Mr. Aggarwal : Thanks ma'am and bye.

84

कॅरियर सम्बधी परामर्श

इस प्रकार के वार्तालाप विचार-विमर्श से थोड़े हटकर होते हैं। कॅरियर विशेषज्ञ छात्रों को उसकी इच्छा के अनुसार उच्च शिक्षा जारी रखने में उनके विषयों के चुनाव तथा उनके कॅरियर को संवारने की सलाह देते हैं।

लोकेश : नमस्कार सर, क्या आप मुझे थोड़ा वक्त देंगे? मैं अपने कॅरियर के बारे में आपसे सलाह लेना चाहता हूँ।

परामर्शदाता : अवश्य, आपकी उम्र और शैक्षिक योग्यता क्या है?

लोकेश : मेरी उम्र 18 वर्ष है, मैंने कला में 12वीं की है।

परामर्शदाता : अच्छा, अकांउट तथा दवा के क्षेत्र में कॅरियर संभावना नहीं है। आपके अंकों का प्रतिशत क्या है?

लोकेश : सभी विषयों को मिलाकर 85 प्रतिशत है।

परामर्शदाता : अच्छा, आप शिक्षा के क्षेत्र में जा सकते हैं। आप अपने पसंद की विषयों में प्रतिष्ठा लें सकते हैं।

लोकेश : नहीं महाशय, इसके लिए मेरी योग्यता नहीं है।

परामर्शदाता : सेना की परीक्षा में शामिल होने के बारे में तुम्हारा क्या विचार है?

लोकेश : नहीं सर, मेरा स्वास्थ्य ठीक नहीं रहता है, इसके सिवा मेरी आँखें भी कमजोर हैं।

परामर्शदाता : क्या तुम्हें कम्प्यूटर में रुचि है?

लोकेश : हाँ मुझे कम्पयूटर पर काम करना अच्छा लगता है।

परामर्शदाता : ठीक है, तुम इग्नो से बीसीए कर सकते हो। तुम किसी विश्वविद्यालय में अपना नामांकन करा सकते हो, क्योंकि तुम्हारे अंकों के प्रतिशत अच्छे हैं। बीसीए या एमसीए करने के बाद तुम्हें मल्टीनेशनल कम्पनी में आकर्षक नौकरी मिल सकती है। तुम्हारा ड्राईंग कैसा है? क्या यह तुम्हारे पसंद के विषयों में से एक है?

लोकेश : मैं चित्राकंन में बहुत अच्छा हूँ।

परामर्शदाता : ठीक है, फिर तो तुम आर्किटेक्चर के क्षेत्र में जा सकते हो? तुम्हारा कम्प्यूटर ज्ञान इसमें काफी मदद करेगा।

लोकेश : महाशय, यह एक अच्छा विचार है। मुझे कहाँ आवेदन करना चाहिए?

परामर्शदाता : आईटीओ क्रॉसिंग पर अर्किटेक्चर एण्ड प्लानिंग का स्कूल है। अपने प्रमाणपत्रों को लेकर वहाँ जाओ। मुझे उम्मीद है, इस समय नामांकन चल रहा होगा। नामांकन का आवेदन पत्र भर देना।

लोकेश : दिल्ली में कोई और दूसरा इंस्टीच्यूट है?

परामर्शदाता : नहीं, अगर तुम्हें यहाँ दाखिला नहीं मिला, तो तुम नासिक जा सकते हो। नासिक आर्किटेक्चर स्कूल काफी प्रसिद्ध है।

लोकेश : मैं आपकी सलाह का पालन करूँगा।

84. CAREER COUNSELLING

 This kind of conversation is different from normal discussion. In career counselling, experts or counsellors talk and advise the students to opt for their choice of subjects and continue their higher education, and make a career for themselves.

Lokesh	:	Good morning, sir, could you spare me a little time. I want to consult you about my career.
Counsellor	:	Sure, What is your qualification and age?
Lokesh	:	I'm eighteen sir, I have passed my 12th in Arts stream.
Counsellor	:	Well, any career in accountancy or medicine is ruled out. What is your percentage?
Lokesh	:	Average 85% in all subjects.
Counsellor	:	Good you can go in teaching line. You can do graduation with honors in your favourite subjects.
Lokesh	:	No sir, I don't have any aptitude for that.
Counsellor	:	What about appearing in defense services exams.
Lokesh	:	No sir, I do not keep very good health, besides my eye sight is weak.
Counsellor	:	Do you like computers?
Lokesh	:	Yes sir, I like computer operating.
Counsellor	:	Well, then you can do BCA from IGNOU. You can get admission in any university because your percentage is good. After BCA or MCA you can get a handsome job in any MNC. How is your drawing? Was it one of your subjects?
Lokesh	:	I'm very good at drawing.
Counselor	:	Good, then you can go in architecture line also. Your expertise in computers will be of great help.
Lokesh	:	That seems a good idea, sir. Where should I apply?
Counsellor	:	There is a School of Architecture and Planning at ITO crossing. Go there with your certificates and testimonials. I hope the admission is still open, fill up the application form for admission.
Lokesh	:	Any other institute in Delhi.
Counsellor	:	No, but you can go to Nasik if you don't get admission here. Nasik Architecture School has a very good reputation.
Lokesh	:	Thank sir, I'll do as you advise.

85

छात्र का कॉलेज में प्रथम दिन

पार्टियों में जहाँ लोग मिलते हैं, वार्तालाप करते हैं, एक-दूसरे से मिलते हैं, वहाँ वार्तालाप छोटी होनी चाहिए। इससे वार्तालाप अधिक रुचिकर होता है। यद्यपि छोटे वार्तालाप में उचित मुहावरों का प्रयोग वार्तालाप को प्रवाहमय बनाने में मदद करता है।

एक छात्र : *(घबराया हुआ थोड़ी दूर पर खड़े एक लड़के के पास जाकर पूछता है)*– हैलो!

दूसरा छात्र : क्या तुम यहाँ नये हो?

पहला लड़का : हाँ, मेरा नाम मुकेश है।

दूसरा छात्र : मैं आकाश हूँ।

मुकेश : *(हाथ मिलाता है।)* तुम्हें देखकर खुशी हुई, तुम्हारे विषय क्या हैं?

आकाश : बी.काम, तुम्हारा विषय क्या है?

मुकेश : अंग्रेजी आनर्स, आज मेरा यहाँ पहला दिन है और मैं काफी घबराया हुआ हूँ। जैसे किसी मछली को पानी से बाहर निकाल दिया गया हो।

आकाश : मैं भी वैसा ही महसूस कर रहा हूँ, लेकिन घबराने की कोई ज़रूरत नहीं है, अन्यथा यह अपने लिए नुकसानदेह हो सकता है।

मुकेश : क्या तुमने रैगिंग के बारे में सुना है? हम जैसे नये छात्रों को यहाँ शिकार बनाया जाता है।

आकाश : आओ चले वहाँ बगीचे में चलकर बैठते हैं।
(दोनों एक बेंच पर जाकर बैठते हैं।)

मुकेश : तुमने किस स्कूल से 12वीं उत्तीर्ण किया है?

आकाश : दरियागंज के एंग्लो संस्कृत स्कूल से ।

मुकेश : मैंने आर.के.पुरम के एसबीवी स्कूल से 12वीं की है।

आकाश : मैंने नोटिस बोर्ड देखा, लेकिन अपना क्लास नहीं ढूँढ़ सका? क्या तुमने कोशिश किया?

मुकेश : *(हँसता है)* हाँ और मैं भी नहीं ढूँढ़ सका। इस वक्त काफी भीड़भाड़ है। क्यों नहीं इस वक्त यहाँ से चलें और कल यहाँ आ जायें?
(एक हट्ठा-कट्ठा लड़का उनके समीप आता है)

साथी : क्या तुम लोग यहाँ नये हो?

दोनों : *(घबराते हुए खड़े होकर)* हाँ, महाशय।

साथी : मैं तुम्हारा सीनियर हूँ। हमलोग यहाँ नये लड़कों की परेड करा रहे हैं, चलो खड़े हो जाओ।

दोनों : *(घबराकर)* कृपया जाने दें।

साथी : *(पुन: हँसकर)* मैं तो मजाक कर रहा था। वास्तव में मैं प्रिंसिपल के द्वारा यह देखने के लिए नियुक्त किया गया हूँ कि इधर कहीं रैगिंग वैगरह तो नहीं हो रही है। घबराओ मत मैं संजीव मेहता हूँ। बी.काम के तीसरे वर्ष का छात्र हूँ। *(उनके साथ हाथ मिलाता है।)*

मुकेश : महाशय, मैं अपने क्लास का पता लगा रहा था। मैं भी बी.काम का छात्र हूँ। क्या आप हमारी मदद करेंगे? आकाश ने अंग्रेजी में प्रतिष्ठा विषय लिया है।

संजीव : मेरे साथ आओ। मैं तुम्हारी सहायता करूँगा।

85

FIRST DAY OF A STUDENT IN COLLEGE

Small talk is used at parties, when meeting people, etc. to be kind and get along with others at the events. Hopefully, small talk leads to more interesting conversations. However, the ability to small talk and use appropriate phrases can help get the conversation flowing.

A student : *(nervously looks at the crowd and consciously approaches a boy standing apart)* Hello!

Other student : Hello, are you new here?

First student : Yes, my name is Mukesh.

Other student : I am Akash.

Mukesh : *(shakes his hand)* Glad to see you. What is your subject?

Akash : B.Com, what is yours?

Mukesh : English Honours. It is my first day here and I'm feeling very nervous, like a fish out of water.

Akash : The same here, but nervousness is of no use, rather it may be to our disadvantage.

Mukesh : Right, have you heard about ragging! Nervous new comers like us are sitting targets!

Akash : Come, let's go out and sit in the garden there.

(Both sit on a bench)

Mukesh : From which school did you pass your 12th?

Akash : Anglo Sanskrit School in Daryaganj.

Mukesh : I'm from SBV, R.K. Puram.

Akash : I looked at the notice board but couldn't locate my class. Did you try?

Mukesh : *(laughs)* Yes and I also failed. There is so much crowd here. Why not leave now and come tomorrow.

(A burly fellow approaching them)

Fellow : Are you guys new here?

Both : *(nervously standing up)* Yes, sir.

Fellow : *(laughs)* I'm your senior we're parading the fresher's here, come, get up.

Both : *(very nervously)* please let's go, sir.

Fellow : (again laughs) I was joking. Actually, I have been deputed by the principal to check out if there is any ragging. Be at ease, I'm Sanjeev Mehta. 3rd year B.Com. *(Shakes hands with them)*

Mukesh : Sir, I was looking for my class. I'm also a B.Com student. Could you help us, Akash is English honors.

Sanjeev : Come with me. I'll help you.

86

कॉलेज में लड़के-लड़की का वार्तालाप

नये दोस्त बनने के दौरान आमतौर पर वार्तालाप के तीन भाग होते हैं। इसमें पहला अभिवादन का है। इस भाग में आप और आपके दोस्त एक-दूसरे का अभिवादन करेंगे और एक-दूसरे को अपना नाम बतायेंगे। दूसरा हिस्सा वार्तालाप है। कभी तो वार्तालाप छोटा हो सकता है और कभी वार्तालाप काफी महत्त्वपूर्ण विषय के ऊपर हो सकता है। वार्तालाप का तीसरा हिस्सा बात को खत्म करने को लेकर है। इस भाग में आप अपने नये दोस्तों से बोलें कि आपको उनसे मिलकर खुशी हुई और बातचीत खत्म कर दें।

प्रथम वर्ष का छात्र : एक्सक्यूज मी, क्या आज मिस्टर कोहली ने क्लास लिया था?

लड़की : क्या मैं तुम्हें जानती हूँ?

लड़का : मैं कुणाल कपूर हूँ। हम दोनों एक ही क्लास में पढ़ते हैं। परेशानी के लिए क्षमा चाहता हूँ। मैं कल कॉलेज नहीं आया था।

लड़की : मिस्टर कोहली ने क्लास लिया था।

कुणाल : *(थोड़ा रुककर)* क्या तुम उनकी क्लास में उपस्थित थी?

लड़की : हाँ।

कुणाल : तुमने अवश्य नोट्स तैयार किये होंगे। अगर तुम्हें ज्यादा परेशानी नहीं हो, तो क्या मैं एक नजर उन्हें देख सकता हूँ?
मिस्टर कोहली मेरे प्रिय लेक्चरर हैं। मैं उनकी क्लासों में कभी अनुपस्थित नहीं रहता हूँ।

लड़की : वह मेरे भी प्रिय लेक्चरर है। मुझे देखने दो उनके नोट्स कहाँ हैं। वैसे मेरा नाम संजना गर्ग है।

कुणाल : तुमसे मिलकर मुझे खुशी हुई।

संजना : *(नोटबुक से एक पेज निकालकर)* यह लो।

कुणाल : धन्यवाद, मैं इसे थोड़ी देर के बाद दूँगा। अगर तुम्हें एतराज नहीं हो, तो चलो एक समझौता करें।

संजना : कैसा समझौता?

कुणाल : जब कभी हम दोनों में से कोई एक मिस्टर कोहली के क्लास में नहीं आयेगा, तो दूसरा उसे नोट्स तैयार करने में मदद करेगा।

संजना : मंजूर है। अब क्लास शुरू होने का समय हो गया है, बाय!

कुणाल : बाय!

86

A BOY TALKING TO A GIRL IN COLLEGE

While making new friends, there are usually three parts of the conversation you will have with your new friend. The first is the greeting. In this part, you and your new friend will greet each other and tell each other your names. The second part is the conversation. Sometimes, the conversation is small talk and sometimes the conversation is about important matters; the third part of the conversation is the leave-taking. In this part, you tell your new friend that you are happy to meet him and that you must end the conversation.

A first year student: Excuse me; did Mr. Kohli take class yesterday?

Girl : Do I know you?

Boy : I am Kunal Kapoor. We study in the same class. Sorry for the botheration, I didn't come to college yesterday.

Girl : Mr. Kohli took the class.

Kunal : *(after a pause)* did you attend his class?

Girl : Yes.

Kunal : You must have taken notes if it is not much of trouble, could I have a look at them. Mr. Kohli is my favourite lecturer. I never miss his classes.

Girl : He is my favourite too. Let me see where his notes are. By the way I'm Sanjana Garg.

Kunal : Glad to meet you, Sanjana.

Sanjana : *(opening a page in the notebook)* Here are the notes.

Kunal : Thanks, I'll give it back to you in a short while. If you don't mind, let's make a pact.

Sanjana : What pact?

Kunal : Whenever one of us misses Mr. Kohl's lecture. The other one will help him or her with notes.

Sanjana : Agreed. It's time for class now, bye!

Kunal : Bye!

87 होटल में कमरा लेने हेतु रिसेप्शनिस्ट से वार्तालाप

छोटे वार्तालाप का प्रयोग पार्टी या दूसरे अवसरों पर लोगों से मिलने के दौरान किया जाता है। छोटा वार्तालाप भी कई बार अधिक रुचिकर हो सकता है। छोटे वार्तालाप में मुहावरों का उचित प्रयोग वार्तालाप को धाराप्रवाह बनाने में मदद करता है।

आदमी : *(रिसेप्शनिस्ट से)* एक्सक्यूज मी, क्या यहाँ रौशन तनेजा के नाम से कोई कमरा बुक है?

रिसेप्शनिस्ट : एक सेकंड महाशय, *(रजिस्टर में देखकर)* नहीं महाशय, इस नाम से होटल का कोई कमरा बुक नहीं है। क्या मैं आपका नाम जान सकती हूँ?

आदमी : मेरा नाम रोशन तनेजा है, मैंने यहाँ एक कमरा बुक कराया है।

रिसेप्शनिस्ट : क्या आप मुझे कमरा नम्बर बता सकते हैं?

मिस्टर तनेजा : नहीं, मेरे पास कमरा नम्बर नहीं है।

रिसेप्शनिस्ट : बात यह है कि वास्तव में आपने बुकिंग की पुष्टि नहीं की थी।

मिस्टर तनेजा : मैं समझ गया मगर अब क्या करें? मुझे एक कमरा चाहिए। यह बेहद ज़रूरी है।

रिसेप्शनिस्ट : मुझे देखने दीजिए, मैं आपके लिए क्या कर सकती हूँ?

मिस्टर तनेजा : प्लीज़!

रिसेप्शनिस्ट : *(कुछ क्षण रुककर)* महाशय, अभी कोई कमरा खाली नहीं है। कृपया बैठ जाइए। लेकिन क्या आप थोड़ी देर प्रतीक्षा कर सकते हैं। एक यात्री कमरा छोड़ने वाला है। आपको छोटा कमरा चाहिए, है न? कृपया बैठिए।

मिस्टर तनेजा : ठीक है, मैं प्रतीक्षा करूँगा। *(इंतजार करता है)*

रिसेप्शनिस्ट : यहाँ मिस्टर तनेजा, आप भाग्यशाली हैं। एक ग्राहक अभी कमरा छोड़ गया है। आपका कमरा नम्बर 203 है। क्या आप यह फार्म भर देंगे? यह लड़का आपको आपके कमरा तक जाने में आपकी मदद करेगा। वह आपका सामान भी उठा ले जायेगा। आपका कोई परिचय पत्र है?

मिस्टर तनेजा : *(फार्म भरता है)* यह रहा मेरा आइ-डी, धन्यवाद!

रिसेप्शनिस्ट : आपका यहाँ स्वागत है।

87

CONVERSATION WITH A RECEPTIONIST IN HOTEL

Small talk is used while meeting with the people, etc. to be kind and get along with others at the events. Hopefully, small talk leads to more interesting conversations. However, the ability to small talk and use appropriate phrases can help get the conversation flowing.

Man : *(to the hotel receptionist)* Excuse me, is there a room booked in the name, Roshan Taneja.

Receptionist : One moment, sir. *(Checks)* No sir, I'm sorry there is no such booking. May I know your name, sir?

Man : I'm Roshan Taneja, I myself booked a room here.

Receptionist : Can you tell me the room number?

Mr. Taneja : No, I don't have it.

Receptionist : That is it. Actually, sir you didn't confirm the booking.

Mr. Taneja : I see. So what happens now? I want a room and it is urgent.

Receptionist : Let me see. What I can do for you.

Mr. Taneja : Please!

Receptionist : *(after a while)* Right now there is no room vacant sir, I'm sorry. But should you wait a while. One customer is about to check out. You want a single room, isn't it? Please have a seat.

Mr. Taneja : It's alright I'll wait. *(waits)*

Receptionist : Here, you're Mr. Taneja. You're lucky. The customer has checked out. Yours room is no 203. Will you please fill up this form? This boy here will escort you to your room. He'll also carry your baggage. Have you an ID card?

Mr. Taneja : *(filling in the form)* Here is my ID and thanks.

Receptionist : You're welcome.

88 बैंक में खाता खुलवाने के दौरान

वार्तालाप में विनम्रता की आवश्यकता होती है। व्यक्ति को एक ओर तो सुनने की उदारता होनी चाहिए और केवल सुनने भर की नहीं, बल्कि दूसरा व्यक्ति जो काम की बातें कह रहा है, उसे समझने की भी आवश्यकता होती है।

ग्राहक : *(एक बैंक कर्मचारी से)* महाशय, मैं एक बैंक अकाउंट खुलवाना चाहता हूँ। मुझे इस प्रक्रिया की जानकारी दें।

कर्मचारी : *(आवेदन पत्र देकर)* आप कहाँ रहते हैं?

ग्राहक : लक्ष्मी नगर में।

कर्मचारी : ओ.के. इस आवेदन पत्र को ध्यानपूर्वक पढ़िये। आप सेविंग अकाउंट खुलवाना चाहते हैं या करंट अकाउंट?

ग्राहक : सेविंग।

कर्मचारी : संयुक्त या एकल?

ग्राहक : एकल।

कर्मचारी : ठीक है, मैं इससे जुड़े अन्य ज़रूरी कागज पर काम करता हूँ। आप ये दो कॉलम देख रहे हैं। आपको प्रत्येक कॉलम के लिए, जैसे घर के पते के लिए बिजली का बिल या एमटीएनएल फोन का बिल, दूसरे कॉलम के लिए आपका इलेक्शन आइडी, ड्राइविंग लाइसेंस या पासपोर्ट इत्यादि कागजात चाहिए।

ग्राहक : अकाउंट खुलवाने के लिए मुझे कितने रुपये जमा कराने होंगे?

कर्मचारी : क्या आपको चेक बुक की सुविधा भी चाहिए?

ग्राहक : हाँ।

कर्मचारी : आप एक हजार रुपये से अपना अकाउंट खोल सकते हैं। आपका अकाउंट खुलने के (10-15) दिन के बाद पोस्ट द्वारा आपको चेकबुक मिल जायेगा।

ग्राहक : क्या मुझे एटीएम कार्ड मिल सकता है?

कर्मचारी : क्यों नहीं? इससे सम्बधित कॉलम में टिक (√) लगा दो। चेक बुक की तरह कुछ समय के बाद यह आपको मिल जायेगा।

ग्राहक : *(फार्म को पढ़ता है)* इसमें दो गवाह और एक व्यक्ति जिसका इस बैंक में पहले से अकाउंट हो उसके द्वारा गारंटी दिए जाने के बारे में लिखा है।

कर्मचारी : हाँ, यह काफी महत्त्वपूर्ण है। एक व्यक्ति जिसका अकाउंट पहले से यहाँ हो और वह आपको जानता भी हो। उसके दस्तखत और अकाउंट नम्बर की भी यहाँ ज़रूरत पड़ेगी। अपने पड़ोस में जाकर गवाहों का इंतजाम करें। आपके आवेदन फार्म को स्वीकार करने तथा 1000 रुपये जमा किये जाने के बाद आपके नाम पासबुक जारी की जायेगी।

ग्राहक : धन्यवाद, महाशय!

कर्मचारी : ठीक है, सावधानीपूर्वक यह आवेदन पत्र भरें और आपके दो फोटोग्राफ की ज़रूरत है। आपको एक फोटो अपने आवेदन फार्म पर चिपकाना है और दूसरा आपके पासबुक पर चिपकाया जायेगा।

ग्राहक : आपको पुनः धन्यवाद महाशय!

88. BANK SCENARIO FOR OPENING AN ACCOUNT

 A conversation demands great generosity. On the one hand, it demands the generosity of listening. And perhaps not just of listening but of assuming that the other person is saying something of value, something worth listening to.

Customer	:	*(to a bank employee)* Sir, I would like to open a bank account, what is the procedure?
Employee	:	*(gives him an application form)* where do you live?
Customer	:	In Laxmi Nagar.
Employee	:	Ok, please read this form very carefully. Do you want to open savings or current account?
Customer	:	Savings.
Employee	:	Joint or single?
Customer	:	Single
Employee	:	Ok, here I'll work the relevant papers. You see two columns here, you'll have to bring a document for each column for address proof, and for example, from this column you can bring an electricity bill or MTNL phone bill. For the other column you can bring your election ID card or driving license or passport.
Customer	:	How much I'll have to deposit for opening the account?
Employee	:	Do you want a cheque book?
Customer	:	Yes.
Employee	:	You have to open the account with one thousand rupees. You'll get the check book by post after 10 or 15 days from the date you open the account.
Customer	:	Can I have an ATM card also?
Employee	:	Why not? Just tick at the relevant column. Like check book, you'll get it after some time.
Customer	:	*(reads the form)* It says two witnesses are needed and a person whose account is in this bank.
Employee	:	Yes, that is very important, a person who has his account here must be known to you. His signature and account number will be needed, witness you can arrange from your neighbourhood, after your form is accepted and you have deposited Rs. 1000, and you'll be issued the passbook.
Customer	:	Thanks, Sir.
Employee	:	That's alright, fill in the form carefully and two photos will be needed, one you have to affix on the form, the other will be pasted on your passbook.
Customer	:	Again thanks, sir.

89

बैंक में चेक जमा करना

जब आप सार्वजनिक दफ्तरों या स्थानों पर किसी कर्मचारी या अधिकारी से मिलने जायें, तो विनम्र तथा स्नेहपूर्वक बात करें। अपनी बारी की प्रतीक्षा करें, दूसरों का सहयोग करें और अपने वार्तालाप को रुचिकर तथा उपयोगी बनायें।

ग्राहक : *(क्लर्क से)* मैंने अभी-अभी यहाँ अपना अकाउंट खुलवाया है और मैं बैंकों के कामकाज के लिए नया हूँ। क्या आप मुझे बतायेंगे कि बैंक में चेक जमा करने की क्या प्रक्रिया है?

क्लर्क : यह आसान है, कृपया बैठ जाइए और मुझे अपना चेक दिखायें। (चेक देखता है) यह ठीक है। कृपया शेल्फ पर रखी एक नीले रंग की चेक जमा करने का फार्म निकालकर इसे भरें। वहाँ डिमांड ड्रॉफ्ट तथा कैश जमा करने के अलग-अलग पर्चियाँ रखी हैं। भरने के बाद इसे मुझे दिखाएँ।

क्लर्क : *(ग्राहक को भरा हुआ फार्म दिखाता है)* ठीक है, इसके ऊपर अपना दस्तखत करो। आपको इस पर चेक का नम्बर लिखना है। नंबर सीरीज में पहला ही चेक का नम्बर है। मैंने इसे सही कर दिया है। अब आप मशीन के पास जाओ और अपना चेक तथा यह फार्म इसमें डाल दो। आपको दोनों की छायाप्रति वहाँ मिल जायेगी।

ग्राहक : धन्यवाद, क्या आप मुझे खाते में शेष जमा राशि के बारे में बता सकते हैं?

क्लर्क : हाँ, आप अपना पासबुक मुझे दीजिए। यह यहाँ है। पिछले पन्द्रह दिनों से आपके अकाउंट में कोई लेन-देन नहीं हुआ है।

ग्राहक : क्या मुझे अपने अकाउंट की जानकारी लेने के लिए यहाँ स्वयं आना होगा?

क्लर्क : किसी भी चेक या राशि को जमा कराने के लिए आपको यहाँ आना है। लेकिन हमलोग आपके अकाउंट में हुए लेन देन की जानकारी एसएमएस के द्वारा भेजेंगे। अभी अपना मोबाइल नम्बर दीजिए।

ग्राहक : ठीक है, यह लीजिए।

क्लर्क : इससे भी ज्यादा आपके अकांउट के प्रत्येक महीने के लेन-देन की जानकारी आपको एसएमएस द्वारा भेजी जायेगी।

ग्राहक : धन्यवाद, अगर मैं रुपये निकालना चाहूँ?

क्लर्क : आप सफेद रंग वाले फार्म को भरकर काउंटर पर चले जाएँ। आपके पास आपका पासबुक अवश्य होना चाहिए। अगर आप दस हजार से ज्यादा रुपये निकालना चाहते हैं, तो आपको इसके लिए एक चेक जमा करना होगा। चेक को भरते समय 'पे' लिखी हुई जगह के आगे वहाँ सेल्फ लिखकर। वहाँ शब्दों एवं अंकों में निकाले जाने वाली रकम लिखना है, फिर अपना अकाउंट नम्बर लिखकर उस पर दस्तखत करना है।

ग्राहक : धन्यवाद महाशय!

89

DEPOSITING A CHEQUE IN BANK

Be very polite and soft spoken while meeting people/officials at public places/offices. Wait for your turn, cooperate with others and make your conversation interesting and smooth.

Customer : *(to clerk)* I have just opened an account here and I am new to bank procedures. Could you please tell me how to deposit this cheque?

Clerk : It is simple, please take a seat and show me your cheque. *(see the cheque)* It's ok, kindly take out a blue coloured cheque deposit slip from that shelf and fill it. There are different slips for demand draft and cash deposit. Show it to me after filling.

Clerk : *(shows him the filled form)* right, put your signature over here. You have written the cheque number. In this number series on the cheque, the first one is the cheque number. I have corrected it, now you go to that machine and put your cheque and this form in that slot. You'll get a photocopy of both from the other right hand slot.

Customer : Thanks, can you show me the balance in my account.

Clerk : Yes, give me your passbook well, here it is. For the last fifteen days there has been no transaction in your account.

Customer : Shall I have to come here personally to check my account?

Clerk : For depositing cash or cheque, you'll have to come but we can send you any transaction in your account by SMS, just give me your cell number.

Customer : Ok, here it is.

Clerk : Moreever, every month the details of your account will be sent to you by SMS.

Customer : Thanks, if I want to withdraw cash?

Clerk : You have to fill that white coloured withdrawal slip to draw cash from the counter. You must have your passbook with you. If you want to draw more than ten thousand you have to submit a cheque for that. While writing the cheque, write 'self' on the line where it is printed 'pay' fill in the amount in words and figure, write your account number and sign it.

Customer : Thanks again.

90

विक्रेता के द्वारा सामान का प्रदर्शन

इस प्रकार के वार्तालाप में विक्रेता (सेल्समैन) को अपनी कम्पनी के बारे में साफ, स्पष्ट और पूरे आत्मविश्वास के साथ धाराप्रवाह बात करना चाहिए। जिससे वह ग्राहक को अपनी कम्पनी के उत्पाद खरीदने के लिए प्रेरित कर सके।

गृहिणी : *(दरवाजे पर दस्तक सुनकर दरवाजा खोलती है)*

सेल्समैन : नमस्ते मेम, क्या मैं आपका एक मिनट ले सकता हूँ?

गृहिणी : यह क्या है?

सेल्समैन : मैडम, फिलिप्स के 500 वॉट का मिक्सर और ग्राइंडर केवल 2,229 रुपये में, तीन स्टेनलेस स्टील के जार के साथ। मुझे इसके कार्यों के बारे में बताने दें- यह पीसने वाला जार ....

गृहिणी : यह तो बहुत महँगा है। हमें इस प्रकार के दूसरी कम्पनी के उपकरण 1500 से 1900 के बीच मिल जाते हैं, यहाँ तक कि 1000 में भी मिल जाते हैं।

सेल्समैन : कृपया हल्के तथा सस्ते ब्रांडों की ओर मत जायें यह ज्यादा दिनों तक नहीं चलेगा। फिलिप्स का नाम दुनिया भर में प्रसिद्ध है; कृपया मुझे एक मिनट के लिए अंदर आने की अनुमति देंगी।

गृहिणी : ठीक है, ... अंदर आइये।

सेल्समैन : *(अन्दर आकर बैठने के बाद अपना समान खोलता है)* ये स्टेनलेस स्टील के तीन जार हैं। सूखी या गीली चटनी बनाने के लिए है। इस मिक्सर को मिलाने और जूस निकालने के लिए प्रयोग किया जा सकता है। यह मॉडल बेहतरीन मिश्रण मिलाने तथा सुरक्षित ड्रिप टेक्नोलोजी युक्त है। इसकी तीन अलग-अलग स्पीड है।

गृहिणी : इसका मोटर कैसा है? आमतौर पर ये जल जाते हैं।

सेल्समैन : फिलिप्स के साथ ऐसा नहीं है। इसमें ड्रिप 550 वाट का सुरक्षित टेक्नॉलाजी युक्त हैवी ड्यूटी का मोटर और अलग होने वाले ब्लेड लगे हैं। जिसे आसानी से साफ किया जा सकता है।

गृहिणी : इसकी बनावट तो अच्छी है। आप इसमें क्या छूट दे रहे हैं?

सेल्समैन : इसमें 11 प्रतिशत की छूट है। इसका मतलब आपको 296 रुपये कम देने हैं।

गृहिणी यह ज्यादा नहीं है? फिर भी इसकी वारंटी क्या है?

सेल्समैन : 24 महीने की। आप चिन्ता न करें इसके अतिरिक्त आपको 500 रुपये का गिफ्ट वाउचर भी दिया जा रहा है। क्या मैं इसे आपके लिए बुक कर दूँ?

गृहिणी : ठीक है, वास्तव में मुझे एक अच्छे मिक्सर की ज़रूरत है। मेरी पुरानी मिक्सर जल गई है। क्या मैं आपको नगद रुपये दूँ?

सेल्समैन : अवश्य मेम, धन्यवाद!

90

A SALESMAN VISITS A HOME

In this type of conversation, a person who is a salesman of a particular company represents his or her company. He/She has to be brief, very clear, confident and fluent in the language he/she speaks so that he/she can convince his/her customers to buy the products of his/her company.

Housewife : *(opening the door after hearing a knock)*

Salesman : Good morning, ma'am, can I have a minute of your time, please?

Housewife : What is it?

Salesman : Ma'am Phillips is offering 500 Watt mixer and grinder only for Rs. 2,299. There are three jars of best quality stainless steel; let me tell you about its functions, this grinding Jar....

Housewife : It's very costly, we can get such appliances from any other company between Rs. 1500/- and 1900 even for Rs. 1000

Salesman : Please don't go for local ones or cheap brands, it wouldn't pay in the long run. Phillips is a world renowned company; please allow me to come in for a moment.

Housewife : O.K.

Salesman : *(enters and takes a seat. He unpacks his wares)* These are three jars of stainless steel for *chutney*, dry and wet grinding, this mixer can be used for blending, mincing, pureeing and as a juicer. This model offers superior kind of grinding, mixing and whipping protected by drip-safe technology. Also, it has three levels of speed.

Housewife : What about the motor, they usually burn out?

Salesman : That doesn't happen with Phillips. It has a 550W heavy duty motor with drip-safe technology and detachable blades which can be easily cleaned.

Housewife : It looks impressive, what discount you're offering.

Salesman : 11% that means you pay Rs. 296 less.

Housewife : That's not much, still, what about the warranty?

Salesman : 24 months besides you'll be given Rs. 500 worth gift vouchers; don't worry ma'am, it is an excellent offer if you can buy right now. Shall I book it for you?

Housewife : O.k. actually I was in need of a good mixer as my old one is worn out; can I pay you cash?

Salesman : Of course ma'am, and thank you.

91

फोन द्वारा फिल्म के टिकट की बुकिंग

टेलीफोन पर इस तरह के वार्तालाप में व्यक्ति को परिस्थिति के अनुसार बातें करनी चाहिए।

ग्राहक : हैलो, क्या यह डीलाइट सिनेमा हॉल है?

कर्मचारी : हाँ, महाशय।

ग्राहक : मुझे 'सिंघम' पिक्चर की कुछ टिकटें खरीदनी है।

कर्मचारी : किस 'शो' की?

ग्राहक : शाम 7 बजकर 15 मिनट की।

कर्मचारी : कितने टिकट?

ग्राहक : चार, टिकट कितने की है?

कर्मचारी : बालकनी के 110 रुपये?

ग्राहक : टिकट बुक कराने के लिये क्या करना होगा? क्या आपको मेरे क्रेडिट कार्ड के नम्बर की आवश्यकता है?

कर्मचारी : नहीं महाशय, केवल आप अपना नाम बता दें।

ग्राहक : एस.के. वर्मा।

कर्मचारी : इतना ही काफी है, आपकी टिकट बुक हो गई।

ग्राहक : मैं ये टिकटें कहाँ से प्राप्त करूँ?

कर्मचारी : आप इन्हें 'बालकनी' के काउन्टर से प्राप्त कर सकते हैं।

ग्राहक : धन्यवाद!

कर्मचारी : ठीक है, महाशय!

91

BOOKING MOVIE TICKETS ON PHONE

In this type of telephonic conversation, react to what a person says in the spirit in which that comment was offered.

Customer	:	Hello, is it the Delite Cinema?
Employee	:	Yes, Sir.
Customer	:	I'd like to book tickets for the movie 'Singham.'
Employee	:	Which show?
Customer	:	7:15 p.m.
Employee	:	How many tickets?
Customer	:	Four, what is the rate of tickets?
Employee	:	Rs. 110 for balcony.
Customer	:	What is to be done for booking? Do you need my credit card number?
Employee	:	No sir, just tell me your name.
Customer	:	S.K. Verma.
Employee	:	That's enough, your tickets are booked.
Customer	:	From where do I collect my tickets?
Employee	:	You can collect them from the ticket counter marked 'Balcony'
Customer	:	Thanks.
Employee	:	It's alright, sir.

92 बिक्री कार्यपालक की अपने अधिकारी को रिपोर्ट

इस प्रकार के वार्तालाप विचार-विमर्श से अलग हटकर होते हैं। विचार-विमर्श में प्रत्येक व्यक्ति कुछ न कुछ अवश्य कहता है।

मालिक	: अन्तिम सप्ताह कैसा बीता?
बिक्री कार्यपालक	: बहुत अच्छा महाशय, हमलोगों ने 20 'प्योर वाटर' सिस्टम बेचने का लक्ष्य रखा था, जिसमें हमलोगों ने 14 बेचे।
मालिक	: हमलोगों ने छह सिस्टम कम बेचे हैं, इसलिए हम नहीं कह सकते कि पिछले सप्ताह की बिक्री बहुत अच्छी हुई।
बिक्री कार्यपालक	: सर, मेरा इलाका गीता कॉलोनी है। जहाँ लगभग 30 बीमित व्यक्ति रहते है। मेरे साथ चार व्यक्तियों की टीम थी; वे दस से चार बजे तक काम कर रहे थे। उस इलाके को देखते हुए मेरा विचार है कि उन्होंने अच्छा काम किया है।
मालिक	: उस जगह के बारे में बताओ।
बिक्री कार्यपालक	: यह पॉश कालोनी नहीं है। वहाँ जल बोर्ड द्वारा पानी की सप्लाई अच्छी है और सभी के घरों में पानी के नल लगे हैं। इसलिए उन लोगों को शुद्ध पानी के लिए एक हजार रुपये खर्च करवाने पर राजी करना थोड़ा मुश्किल काम है।
मालिक	: जो चार आदमी तुम्हारे अन्दर काम कर रहे थे, क्या वे काम के प्रति ईमानदार थे?
बिक्री कार्यपालक	: एक को छोड़कर सभी ईमानदार हैं। मैं जल्द ही उसकी जगह दूसरा आदमी रखूँगा।
मालिक	: दूसरे इलाके की बिक्री रिपोर्ट तुम्हारे इलाके से बेहतर है। अपनी कोशिशें बढ़ाओ।
बिक्री कार्यपालक	: मैं अपने स्टॉफ की संख्या बढ़ाऊँगा। मेरे दिमाग में चार व्यस्त शापिंग सेंटर हैं, जहाँ हम अपने प्योर वाटर सिस्टम को अच्छे स्लोगन जैसे कीटाणुरहित 'प्योर वाटर इज स्योर वाटर' के साथ प्रदर्शित कर सकते हैं।
मालिक	: मैं नहीं समझता कि यह बहुत आकर्षक स्लोगन है। मैं तुम्हें एक या दो स्लोगन और दूँगा जिसका प्रयोग दूसरे लोग भी करते हैं। व्यस्त जगहों पर सिस्टम को प्रदर्शित करना एक अच्छा कदम है, लेकिन इस बात से आश्वस्त रहो कि स्मार्ट लड़के-लड़कियाँ वहाँ अपनी बात को अच्छी तरह समझा सकें। तुम सड़क के किनारे एक स्टॉल लगा सकते हो।
बिक्री कार्यपालक	: मैं वैसा ही करूँगा महाशय।
मालिक	: अब तुम जा सकते हो। अगले सप्ताह बेहतर बिक्री के आँकड़ों के साथ मुझे रिपोर्ट करना।

92

SALES EXECUTIVE REPORTING TO HIS BOSS

This kind of conversation is different from a discussion. In a discussion everyone in talking about something.

Boss : How did the last week go?

Executive : Pretty well sir, we had targeted to sell 20 'Pure Water' systems. We sold 14.

Boss : We fell six short, I can't call it pretty well!

Executive : My area is Geeta Colony, sir, where about 30 insured people are living. I have a team of four persons; they're working from ten to four. Seeing the locality, I think they have worked well.

Boss : What about the locality?

Executive : It's not a posh colony sir, secondly the water supply from the Jal Board is good and people have taps. So, it becomes rather hard to convince them to spend Rs. 1000 more for better water.

Boss : The four people working under you, are they sincere?

Executive : They are, except one, I'll soon replace him.

Boss : Sales reports from other areas are better than yours. Intensify your efforts.

Executive : I'll have to increase my staff, sir. I have in my mind four busy shopping centres where we can display our 'Pure water' system with catchy slogans like 'Pure water is sure water' with surity of being germ-free.

Boss : I don't think it is a very catchy slogan. I'll provide you with one or two which others are using. Displaying the system in busy areas is a good step, but be sure that smart girls and boys sit there, who can offer a convincing talk. You can also arrange make-shift stalls on road-side.

Executive : I'll do that, sir.

Boss : You may go now, report to me next week with better sale figures.

93 टेलीफोन पर वार्तालाप और एक संदेश छोड़ना

आप एक ऐसा प्रश्न पूछें जिसका एक शब्द में जवाब दिया जा सके, जवाब में अपनी जानकारी देने की बजाय उससे जुड़े प्रश्न पूछें।

मिस्टर बी.के. गुप्ता : *(फोन पर)* हैलो! क्या मैं मिस्टर खन्ना से बात कर सकता हूँ?
रिसेप्शनिस्ट : क्या मैं जान सकती हूँ, आप कौन बोल रहे हैं?
मिस्टर बी.के. गुप्ता : मैं मिस्टर खन्ना का दोस्त, बी.के. गुप्ता बोल रहा हूँ।
रिसेप्शनिस्ट : इस वक्त मिस्टर खन्ना ऑफिस में नहीं है।
मिस्टर बी.के. गुप्ता : मुझे उनके साथ अत्यंत ज़रूरी बात करनी थी।
रिसेप्शनिस्ट : आप उनके मोबाइल पर फोन कर सकते हैं, महाशय क्या आपके पास उनका नम्बर है?
मिस्टर बी.के. गुप्ता : मैंने उनके मोबाइल पर कॉल किया था, किन्तु स्वीच ऑफ आ रहा है।
रिसेप्शनिस्ट : संभव है महाशय, वास्तव में वह एक ज़रूरी मीटिंग में हैं।
मिस्टर बी.के. गुप्ता : मैं समझ गया। मैं आपके पास एक संदेश छोड़ रहा हूँ । कृपया जैसे ही वह लौटें उन्हें बता दीजिएगा।
रिसेप्शनिस्ट : अवश्य महाशय, क्या संदेश है?
मिस्टर बी.के. गुप्ता : वास्तव में कुछ दिन पहले हमलोग अस्पताल में एक दोस्त से मिले थे। मिस्टर खन्ना को कल दस बजे मुझे घर से ले जाना है। यह कार्यक्रम रद्द हो गया क्योंकि मैं आज मुम्बई रवाना हो रहा हूँ। मैं कुछ दिनों में लौट आऊँगा। लौटते ही मैं उनसे सम्पर्क करूँगा।
रिसेप्शनिस्ट : मैं आपका संदेश मिस्टर खन्ना तक पहुँचा दूँगी।
मिस्टर बी.के. गुप्ता : यह बहुत ज़रूरी है, कृपया इसे भूलना मत।
रिसेप्शनिस्ट : आप निश्चिंत रहें। मैं संदेश पहुँचा दूँगी। मैंने इसे लिख भी लिया है।
मिस्टर बी.के. गुप्ता : धन्यवाद!

93 TELEPHONIC CONVERSATION AND LEAVING A MESSAGE

In this kind of telephonic talk, you do ask a question that can be answered in a single word, instead of just supplying your own information in response, ask a follow-up question.

Mr. B.K. Gupta : *(on phone)* Hello! Can I speak to Mr. Khana?

Receptionist : May I know who is speaking?

Mr. B.K. Gupta : I am B.K. Gupta, a friend of Mr. Khana.

Receptionist : Sir, at the moment Mr. Khana is not in the office.

Mr. B.K. Gupta : I want to speak to him urgently.

Receptionist : You can try his mobile, do you have his number, sir?

Mr. B.K. Gupta : I want tried his mobile, it is coming switched off.

Receptionist : Quite possible, sir. Actually he has gone to attend an important meeting.

Mr. B.K. Gupta : I see, I'm going to leave a message with you, please convey it to him as soon as he comes.

Receptionist : Sure sir, what's the message?

Mr. B.K. Gupta : Actually, we had to meet a friend of ours who is in the hospital. Mr. Khana has to pick me up from my home at 10 a.m. tomorrow. This program stands cancelled as I am leaving for Bombay today. I'll be back within a few days. As soon as I come back, I'll contact him.

Receptionist : I'll convey the message to Mr. Khana.

Mr. B.K. Gupta : It's very urgent, please don't forget.

Receptionist : Rest assured sir, I'll convey the message, and I have already noted it down.

Mr. B.K. Gupta : Thanks.

94 मोबाइल फोन के बिल की शिकायत करना

इस प्रकार के वार्तालाप महत्त्वपूर्ण एवं संक्षिप्त होते हैं। आधिकारिक तौर पर शिकायत के दौरान आपको अपनी बातों पर दृढ़ रहना चाहिए, लेकिन कठोरता से नहीं।

ग्राहक : *(फोन पर)* क्या यह ग्लोबल फोन का ऑफिस है?

उत्तर : हाँ बतायें।

ग्राहक : मुझे मोबाइल फोन के बढ़े हुए बिल की रकम के बारे में शिकायत दर्ज करनी है।

उत्तर : कृपया, अपने फोन के बिल में से 'कस्टमर केयर' का फोन नम्बर देखकर उस पर फोन करें।

ग्राहक : धन्यवाद, *(कस्टमर केयर को फोन लगता है)* हैलो, मैं दिवाकर रस्तोगी बोल रहा हूँ। यह मेरे फोन के बिल के बारे में है। यह रकम मेरी कल्पना से ज्यादा है।

कस्टमर केयर : मुझे अपना मोबाइल नंबर और बिल में बतायी गयी रकम के बारे में बतायें।

मिस्टर दिवाकर : मेरा मोबाइल नम्बर 9771056756 है और बिल की राशि 20,000 रुपये है।

कस्टमर केयर : एक सेकंड रुकें। *(कुछ समय पश्चात्)* महाशय, आपका बिल एकदम सही है।

मिस्टर दिवाकर : यह असम्भव है; अपने मैनेजर से मेरी बात कराओ *(लाइन पर मैनेजर से)* मुझे 20,000 रुपये का बिल प्राप्त हुआ है। इसमें कुछ गलती है। आप देखिये, मैं एक ऑफिस जाने वाला आदमी हूँ, कोई बिजनेसमैन नहीं हूँ। मैं ज्यादा फोन नहीं करता। मेरा बिल 2000 से अधिक नहीं हो सकता। कृपया मेरे बिल को अच्छी तरह देखिये। क्या मैं स्वयं आपके नजदीक आऊँ?

मैनेजर : नहीं, मैं कुछ समय बाद इसके बारे में बताऊँगा।

अगले दिन

मैनेजर : *(फोन पर)* हैलो, क्या मिस्टर दिवाकर बोल रहे हैं?

दिवाकर : हाँ।

मैनेजर : महाशय, आपका बिल सही कर दिया गया है। कम्प्यूटर की गलती से ऐसा हुआ था।

दिवाकर : अब बिल की राशि क्या है?

मैनेजर : 2000/- रुपये।

दिवाकर : धन्यवाद, कृपया ध्यान रखें। ऐसी गलती भविष्य में दोबारा नहीं हो।

94

COMPLAINT ABOUT MOBILE PHONE BILL

This type of conversation should be to the point and concise as well as very official. One must be firm while complaining, but not rude.

Customer : *(on phone)* is it global phone office?
Answer : Yes, please.
Customer : I have to make a complaint about an inflated cell phone bill.
Answer : Please locate the customer care number on your phone bill and ring that number.
Customer : Thanks, *(rings customer care number)* Hello, I'm Diwakar Rohatgi speaking; it is about my phone bill. The amount is beyond my imagination. Please tell me your phone number and the amount of bill that you have received.
Mr. Diwakar : My cell phone number is 9771056756 and the bill amount is Rs. 20,000.
Employee : Please hold on for a moment. *(After a pause)* Sir, the bill is alright.
Diwakar : It's impossible; please connect me to your manager. *(Manager on line)* Sir, I have received a bill of Rs. 20,000. There is something wrong somewhere. You see I'm an office goer and no businessman. I don't make many calls. My bills are never over Rs. 2000/-. Please get my bill thoroughly checked. Shall I come to you in person?
Manager : No, It's alright, you'll shortly hear from me.

Next Day
Manager : *(on phone)* Hello! Mr. Diwakar speaking?
Diwakar : Yes.
Manager : Sir, your bill has been corrected, It was a computer mistake.
Diwakar : What's the bill amount now?
Manager : Rs. 2000/-
Diwakar : Thanks, please take care that such mistakes don't happen in future.

95 फोन पर ऑर्डर देना

इस प्रकार के टेलीफोन के वार्तालाप में किसी व्यक्ति के कहने के अनुसार ही अपनी प्रतिक्रिया दें।

आवाज	:	(फोन के जवाब में) मैकडोनाल्ड, महाशय, हम आपके लिए क्या कर सकते हैं?
उत्तर	:	हमलोग एक पार्टी कर रहे हैं। बताओ, आधे घंटे में क्या आप हमारे लिए कुछ खाने का समान भेज सकते हैं?
आवाज	:	अवश्य महाशय, हमें ये समान कहाँ पहुँचाने हैं?
उत्तर	:	जी.के. सेकंड, कमरा नम्बर ई०- 355.
आवाज	:	कृपया अपना नाम बतायें?
उत्तर	:	पी.के. आहुजा।
आवाज	:	ठीक है, मिस्टर आहुजा अपना ऑर्डर बताएँ।
मिस्टर आहुजा	:	हमें चार चिकन हैम्बर्गर, चार वेज हेमबर्गर और आठ पिज्जा चाहिए।
आवाज	:	हम आपका ऑर्डर अभी तुरन्त भेज रहे हैं।
मिस्टर आहुजा	:	धन्यवाद! क्या मैं आपका नाम जान सकता हूँ?
आवाज	:	सुनील मित्तल, महाशय।

95

PLACING ORDERS ON PHONE

In this kind of telephonic talk, react to what a person says in the spirit in which the comment is offered.

Voice : *(in answer to a phone call)* McDonalds, sir, what can we do for you?
Answer : We're having a party, can you send us some dishes, say, in half an hour.
Voice : Sure sir, where do you want us to deliver?
Answer : GK II, House Number E 355.
Voice : Your good name, please?
Answer : P.K. Ahuja.
Voice : O.k. Mr. Ahuja, what is the order?
Mr. Ahuja : We want four chicken hamburgers, four vegetable hamburgers, and eight pizzas.
Voice : We'll be sending them right away.
Mr. Ahuja : Thanks, may I know your name?
Voice : Sunil Mittal at your service, sir.

96

कॉलेज में दाखिला लेना

इस प्रकार के वार्तालाप में संक्षिप्त और केवल जरूरत की बातें करते समय सतर्क रहने की आवश्यकता होती है।

छात्र : *(पुकारे जाने के बाद अन्दर प्रवेश करता है)* गुड मार्निंग सर!

डीन : गुड मॉर्निंग, कृपया बैठ जाओ। तुम्हारा नाम वी. के. सारस्वत है?

छात्र : हाँ सर, वेद कुमार सारस्वत।

डीन : तुमने बी.काम आनर्स में एडमिशन लेने के लिये आवेदन दिया है?

वी.के. : हाँ, सर।

डीन : तुगने किरा विद्यालय से गरीक्षा उर्त्तीण की है?

वी.के. : मॉडर्न पब्लिक स्कूल।

डीन : *(प्रतिलिपि में पढ़ते हैं)* कुल योग नब्बे प्रतिशत है और चौरानबे प्रतिशत कॉमर्स में है। 'प्रभावशाली है।'

वी.के. : धन्यवाद सर!

डीन : तुमने इसी कॉलेज को क्यों चुना?

वी.के. : आपका दिल्ली यूनिवर्सिटी के नार्थ कैम्पस में बड़ा नाम है। इसके अतिरिक्त यहाँ के कॉमर्स और अर्थशास्त्र विभाग अच्छे हैं।

डीन : तुम यह कैसे जानते हो?

वी.के. : मैंने कुछ दोस्तों से सुना है, जिन्होंने यहाँ पढ़ाई की है।

डीन : तब तो तुम अवश्य जानते होंगे कि यहाँ पाठ्यक्रम के अतिरिक्त अन्य गतिविधियाँ भी होती हैं।

वी.के. : मैं जानता हूँ और मैं आपको निराश नहीं करूँगा। मैं खेल और भाग-दौड़ के बारे में ज्यादा कुछ नहीं कह सकता, लेकिन मैं नाटक, वाद-विवाद तथा मंच का शौकीन हूँ। मैं अपने विद्यालय की पत्रिका का सम्पादक भी था।

डीन : अंग्रेजी में तुम्हारे अच्छे नम्बर हैं। तुमने इसे क्यों नहीं चुना?

वी.के. : कॉमर्स और इकोनामिक्स *(वाणिज्य और अर्थशास्त्र)* में मुझे गहरी रुचि है। ये मेरे प्रिय विषय हैं।

डीन : मिस्टर सारस्वत, अब तुम जा सकते हो और आपके यहाँ आने के लिए तुम्हें धन्यवाद! एडमिशन की सूची कल प्रदर्शित की जायेगी।

वी.के. : धन्यवाद सर!

96. GETTING ADMISSION TO COLLEGE

Be very attentive, concise and to the point in this type of conversation.

Student	:	*(enters after being called)* Good morning, sir!
Dean	:	Good morning. Please be seated. Your name is V.K. Saraswat.
Student	:	Yes, sir. Ved Kumar Sarswat.
Dean	:	You have applied for B.Com (Hons.)
V.K.	:	Yes, sir.
Dean	:	Which school did you pass from?
V.K.	:	Modern Public School.
Dean	:	*(reads from transcripts)* 90% in aggregate and 94% in commerce, 'impressive'!
V.K.	:	Thank you, sir.
Dean	:	Why did you choose this college?
V.K.	:	Well sir, yours is one of the most reputed colleges in North Campus Delhi University. Besides Commerce and Economics sections are especially good here.
Dean	:	How do you know that?
V.K.	:	Sir, I have heard from some of my friends who have studied here.
Dean	:	Then you must also know that there are a lot of extra-curricular activities.
V.K.	:	I know that sir and I'll not disappoint you, I can't say much about sports or athletics but I'm fond of stage, dramatics, debates, etc. I was also the editor of my school magazine.
Dean	:	In English, you have good marks. Why didn't you go for that?
V.K.	:	Commerce and Economics fascinate me. They're my favourites.
Dean	:	You can go now Mr. Sarswat and thanks for coming here. The admission results will be displayed tomorrow.
V.K.	:	Thank you, sir.

97

प्रधानाचार्य द्वारा बच्चे के माता-पिता का साक्षात्कार

वार्तालाप में विनम्रता की आवश्यकता होती है। एक ओर तो आपमें सुनने की उदारता होनी चाहिए और केवल सुनने भर की नहीं बल्कि दूसरा व्यक्ति जो काम की बातें कह रहा है, उसे समझने की भी आवश्यकता होती है।

प्रिंसीपल : *(बच्चों के माता-पिता से)* तो यह आपका पुत्र है। बेटे, तुम्हारा क्या नाम है?

बच्चा : मेरा नाम अमनदीप है।

प्रिंसीपल : *(मुस्कराते हुए बच्चे के माता-पिता से)* क्या आप फर्स्ट ग्रेड में एडमिशन करना चाहते हैं?

पिता : हाँ महाशय।

प्रिंसीपल : मुझे देखने दें कि उसने नर्सरी और के.जी. में कैसा प्रदर्शन किया है? *(रिपोर्ट देखता है)* अच्छा है, बुरा नहीं है। आपके आस-पड़ोस में दूसरे स्कूल भी हैं, क्या आपने वहाँ कोशिश की?

माता : हाँ हैं, मगर हम अपने बच्चे का नामांकन यहीं करवाना चाहते हैं।

प्रिंसीपल : मैडम, आपकी शैक्षणिक योग्यता क्या है और क्या आप कोई नौकरी करती हैं?

माता : मैंने अंग्रेजी में एम.ए. किया है, मैं कहीं भी नौकरी नहीं करती। मेरे लिए घर और बच्चों की देखभाल मेरी पहली जिम्मेदारी है।

प्रिंसीपल : मुझे यह सुनकर खुशी हुई और आप महाशय! आप क्या काम करते हैं?

पिता : मैं एक मल्टीनेशनल कंपनी में कम्प्यूटर अकाउंटेंट हूँ।

प्रिंसीपल : मैं समझ रहा हूँ। क्या मैं आपके वेतन के बारे में जान सकता हूँ?

पिता : अभी मुझे प्रतिमाह 40 हजार रुपये तथा कुछ दूसरी सुविधायें वहाँ मिलती हैं।

प्रिंसीपल : अच्छा है। आपका कोई और बच्चा भी है?

माता : उसकी छोटी बहन दीपा है।

प्रिंसीपल : वह कहाँ पढ़ रही है?

माता : हमलोग अभी तक इंतजार कर रहे हैं।

पिता : महाशय, अगर मेरे पुत्र को यहाँ नामांकन के लिए चुन लिया गया, तो क्या उसका भी यहाँ नामांकन हो जायेगा?

प्रिंसीपल : *(मुस्कराते हुए)* क्या आप लोग बच्चे का होमवर्क कराने पर ध्यान देंगे? बच्चों के अध्ययन की नियमित निगरानी, हमारे स्कूल के लिए यह आवश्यक है।

माता : घर के कामकाज के अतिरिक्त मेरा सारा समय उसी के लिए है। मेरे पति भी बच्चों को पढ़ाने में रुचि रखते हैं।

प्रिंसीपल : साक्षात्कार में पधारने के लिए धन्यवाद! हम आपको कॉल करेंगे।

97 PRINCIPAL INTERVIEWING A CHILD'S PARENTS

 This type of conversation demands great generosity. On one hand, it demands the generosity of listening, and perhaps not just of listening but of assuming that the other person is saying something of value, something worth listening to.

Principal	:	*(to parents)* So this is your child. What is your name, son?
Child	:	My name is Amandeep.
Principal	:	*(smiles)* Good. *(to parents)* You are seeking admission in the Ist grade?
Father	:	Yes, sir.
Principal	:	Let me see how he has done in his nursery and K.G. *(sees the reports)* well! Not bad, there must be other schools in your vicinity. Did you try there?
Mother	:	There are, sir but please, we would like our child to be admitted here.
Principal	:	*(to mother)* What is your qualification and are you doing any job, madam?
Mother	:	I'm an M.A. in English and I don't do any job; for me, house job and care of my children comes first.
Principal	:	I'm glad to hear that, and you sir, what profession you're in?
Father	:	I work as a Computer Accountant in an MNC.
Principal	:	I see your salary, please?
Father	:	Right now, it is Rs. 40,000/- p.m. and increments and other perks are also there.
Principal	:	That is good. Any other children, you have?
Mother	:	Her younger sister, Deepa.
Principal	:	Where is she studying?
Mother	:	We're still waiting.
Father	:	Sir, if our son is selected for admission, will she get admission as well.
Principal	:	*(smiles)* Will you people have time enough to devote to your child's completion of homework, and regular pursuing of studies which are a must for our school?
Mother	:	I have all the time apart from my housework. My husband also likes teaching kids.
Principal	:	Thank you for the interview. You'll hear soon from us.

98 विवाह के सम्बन्ध में दो परिवारों के बीच वार्तालाप

एक अच्छे वार्तालाप में कुछ बातों का होना आवश्यक है। किसी के साथ सहज महसूस करना, दूसरे व्यक्ति में रुचि दिखाना और बिना आपा खोये दूसरों के मन की बात जानना। इसमें एक संतुलित अवस्था की आवश्यकता होती है। जिसमें न तो बात के ज्यादा अन्दर जाने की आवश्यकता होती है और न ही ज्यादा संक्षेप में। आपको सदैव दृढ़ रहना है, ताकि आने वाली स्थिति के लिए तैयार रहा जा सके।

ईश्वर प्रसाद	:	(पत्नी से) कल मिस्टर भजनलाल का फोन आया था। उन्होंने कहा कि उनका परिवार शादी से कम से कम पन्द्रह दिन पहले हमसे मिलना चाहता है।
पत्नी	:	उन्हें आमंत्रित करते हैं। शादी के पहले कुछ विषयों पर मिलकर विचार-विमर्श करना महत्त्वपूर्ण है।
ईश्वर प्रसाद	:	ठीक है, मैं इस शुक्रवार को उन्हें आमंत्रित करता हूँ। (दोनों परिवार एक साथ बैठकर चाय, स्नैक्स तथा मिठाई वैगरह लेते हैं)
ईश्वर प्रसाद	:	हाँ मिस्टर भजनलाल, हमलोग शादी के व्यवस्था के बारे में बातें करें।
भजनलाल	:	महाशय, हम लड़की के माता-पिता हैं। सारा इंतजाम आपकी इच्छा के अनुसार की होगा।
ईश्वर प्रसाद	:	यह पुरानी रीति है। भजनलाल जी, हम दोनों बराबर हैं। लड़का और लड़की इन दिनों बराबर भागीदारी करते हैं। हम चाहते हैं कि आप जितने रुपये शादी के ऊपर खर्च करना चाहते हैं उसे आप लड़की के इच्छानुसार रुपये खर्च करें?
भजनलाल	:	यह आपकी विनम्रता है। शादी के लिए मेरा बजट दस लाख रुपये है।
ईश्वर प्रसाद	:	बहुत अच्छा, मेरा सुझाव है कि आप सजावट और लाइट आदि के ऊपर कम से कम खर्च करें। बारातियों के खाने के लिए कुछ चीजें चुनी हुई हो। सभी व्यंजन के स्टालों को लगाने का कोई ज़रूरत नहीं है। वे डिनर प्लेट भर देते हैं। लेकिन आधा खाने के बाद लोग इसे कूड़ेदान में डाल देते हैं।
भजनलाल	:	मैं इससे सहमत हूँ। यह काफी उचित रहेगा।
ईश्वर प्रसाद	:	एक साधारण बैंड बाजा किराये पर लें, बैक्वेंट हॉल की कोई ज़रूरत नहीं है, किसी नगर निगम के साधारण गेस्ट हाउस को बुक करें। इस प्रकार से हम काफी धन बचा सकते हैं।
भजनलाल	:	ठीक है, और कुछ?
ईश्वर प्रसाद	: और कुछ ज्यादा नहीं, ये मेरे सुझाव थे। आप अपनी पसंद के अनुसार करने को स्वतन्त्र हैं। हमें कुछ नहीं चाहिये। भगवान ने हमें बहुत कुछ दिया है।
भजनलाल	:	आपने मुझे निरुत्तर कर दिया। हमलोगों ने बहुत कुछ देने की योजना बनाई थी।
ईश्वर प्रसाद	:	आप जो कुछ भी देना चाहें, अपनी लड़की को नगद या किसी वस्तु के रूप में दें। शुभम को दहेज इत्यादि पर यकीन नहीं रखता है।
भजनलाल	:	आपकी बड़ी मेहरबानी, क्या हमलोग दूसरे पक्षों पर भी विस्तारपूर्वक चर्चा करें। उदाहरण के लिए दूसरे अन्य कार्यक्रम के बारे में, खाने के मेनू आदि के बारे में।
ईश्वर प्रसाद	:	आइये, हम महिलाओं को भी बातचीत में शामिल करें। इसलिये हम कहाँ से शुरू करें?
मिस्टर प्रसाद	:	सगाई की तिथि के बारे में और ....

98. CONVERSATION BETWEEN TWO FAMILIES REGARDING MARRIAGE

 A good conversation demands a certain strength — the strength to feel comfortable with someone else; the strength to remain in and of oneself even while being so intent on another; the strength to enter strange, new realms without getting lost. It demands that peculiar posture of poise, leaning neither too far in, nor too far back but standing strong while always ready for what may come next.

Ishwar Prasad	:	*(to his wife)* Yesterday, Mr. Bhajan Lal's ring came. He said that his family wanted to meet us at least a fortnight before marriage.
Wife	:	Let's invite them. It's important to discuss certain details before marriage.
I P	:	Ok, I'll invite them this Friday.
		[Both families sitting together over tea, snacks and sweets]
I P	:	Yes, Mr. Bhajan Lal. Let's talk about marriage arrangements.
Bhajan Lal	:	Sir, we're parents of the girl, arrangements shall be as you wish.
I P	:	That is old fashioned Mr. Bhajan Lal, we're on equal footing. Girls and boys share the same platform these days. What we want is that the money you intend to spend on marriage should be spent in the interest of your daughter.
B L	:	That's very generous of you. My budget for marriage is Rs. 10 Lakh.
I P	:	Good, my suggestion is that you spend the minimum on decoration, lights etc. for dinner of baratis, have selected items. It's no use having stalls of all kinds. Before reaching the dinner table, their stomach is full. They fill their plate for dinner but put it into the dustbin half eaten.
B L	:	I agree with that, quite reasonable.
I P	:	Please hire a simple band baja and no banquet hall, book a corporation guest house. That way we shall save a lot of money.
I P	:	Ok, what else.
B L	:	Nothing much, these are my suggestions, you're free to act as you like. We need nothing. God has given us a lot.
I P	:	You have left me speechless, we had planned so much to give.
B L	:	Whatever you want to give, give it to your daughter in cash or kind. Shubham doesn't believe in dowry either.
B L	:	That's so kind of you, shall we discuss other aspects in details for example, dates of various function, menu for food etc.?
I P	:	Let's include ladies also in our talk. So where do we start?
Mrs. Prasad	:	What about the sagai date and…..

99 बीमारी से सम्बन्धित वार्तालाप

इस प्रकार के वार्तालाप में विचार-विमर्श से अलग हटकर होते हैं। विचार-विमर्श के दौरान प्रत्येक व्यक्ति कुछ न कुछ कहना चाहता है।

विक्रम	:	(अस्पताल में) तुम कैसा महसूस कर रहे हो सुरेश?
सुरेश	:	मैं भयभीत हूँ। यह अच्छी खबर नहीं है।
विक्रम	:	क्या हुआ?
सुरेश	:	डाक्टर ने मुझसे कहा है कि आंत में खतरनाक संक्रमण हो गया है, उसका ऑपरेशन करना पड़ सकता है। एंटीबायोटिक्स और अकेलापन मुझे काफी परेशान कर रहा है।
विक्रम	:	कृपया परेशान न हो, मैं तुम्हारे साथ हूँ। तुम्हारे परिवार के लोगों का क्या स्थिति है?
सुरेश	:	वे लोग आते तो हैं, लेकिन हमेशा नहीं। पिताजी सुबह से लेकर रात तक व्यस्त रहते हैं। माँ नियमित रूप से आती है मगर वह देर तक नहीं रुक सकती।
विक्रम	:	दूसरे दोस्त भी तुम्हें देखने के लिए आते होंगे।
सुरेश	:	हाँ, लेकिन वही बात है, वे यहाँ अधिक देर तक नहीं रुक सकते। मैं इस वक्त बहुत अकेलापन महसूस करता हूँ, इसलिए भयभीत और अवसादग्रस्त हूँ।
विक्रम	:	ऐसा होना स्वाभाविक है, लेकिन तुम भयभीत नहीं हो, मेरी तीन लगातार छुट्टियाँ आ रही है। मैं अपने एक दोस्त के साथ तुम्हें देखने के लिए प्रतिदिन आऊँगा और हम तीनों मिलकर घंटों बातें करेंगे, ताश खेलेंगे और संगीत सुनेंगे। मैं तुम्हें अपना पॉड लाकर दूँगा इसलिए जब तुम्हें उदासी बढ़ जायेगी, तुम्हारे पास इसे दूर करने के साधन रहेंगे। अब तुम संगीत के शौकीन हो, क्या यह सच नहीं है? मुझे तुम्हारे बारे में बातें करने दो, बाद में मैं तुम्हें इस बारे में बताऊँगा।
विक्रम	:	(बाहर में डॉक्टर से) महाशय, क्या मैं जान सकता हूँ कि सुरेश यहाँ कब तक भर्ती रहेगा? मुझे उम्मीद है कि वह ठीक हो जाएगा।
डॉक्टर	:	आंत में कुछ परेशानी है, हमलोग जाँच कर रहे हैं। चिन्ता मत करो, वह शीघ्र ठीक हो जाएगा।
विक्रम	:	लेकिन डॉक्टर, वह कितने समय तक यहाँ रहेगा?
डॉक्टर	:	जब तक परीक्षण नहीं हो जाये, तब तक निश्चित रूप से कुछ नहीं कहा जा सकता।
विक्रम	:	धन्यवाद डाक्टर, कृपया मेरे दोस्त का ख्याल रखियेगा।
विक्रम	:	(सुरेश से) चिन्ता मत करो यार, सब कुछ ठीक होने जा रहा है, मैंने डॉक्टर से बात की है। ताश खेलो। यह संक्रमण कुछ हल्के प्रकार का है। आओ, ताश खेलें।

99

CONVERSATION ON ILLNESS

This kind of conversation is different from a discussion. In a discussion everyone is talking about something.

Vikram : *(in hospital)* How are you feeling, Suresh?
Suresh : I'm afraid it is no good news.
Vikram : What happened?
Suresh : The doctor was telling me that there is a severe kind of infection in intestines and they may have to operate. The antibiotics and loneliness are *almost* killing me.
Vikram : Please don't worry, I'm with you. What about the members of your family?
Suresh : They do come but not often. Father is busy from morning till night. Mother drops in regularly but she can't stay for long.
Vikram : Other friends must be visiting you.
Suresh : Yes, but the same thing, they can't stay for long. I feel so lonely and at times, so afraid and depressed.
Vikram : That's but natural. But don't you be afraid. I have three consecutive holidays coming. I'll be coming to you daily with a friend of mine and we all three will spend long hours chatting, playing cards, listening to music. I'll also bring you my pod, so that in moments of intense boredom, you can have diversion. You have an ear for music, don't you?
(Suresh words). Let me talk to you then I'll tell you what it is all this about.
Vikram : *(to the doctor outside)* Sir, may I know how long Suresh will be here. I hope he'll get well.
Doctor : He has some problem in his intestines, we are doing the tests. He'll get well, don't worry.
Vikram : But how long will he remain here, doctor?
Doctor : Nothing can be said with certainty till tests are done.
Vikram : Thanks doctor, please take care of my friend.
Vikram : *(to Suresh)* Don't worry, *yaar* everything is going to be ok. I have talked to the doctor. It is some mild sort of infection. Come, let's play cards.

100 किसी व्यक्ति के निधन पर संवेदना प्रकट करना

इस प्रकार की बातचीत बिलकुल अलग प्रकार की होती है। ऐसे में व्यक्ति को अपनी भावभंगिमा और शब्दों के प्रति बेहद सावधान रहना चाहिए। जिस प्रकार की बातें कही गई हो उसी के अनुसार प्रतिक्रिया जाहिर करना चाहिए।

कान्ति प्रसाद : आपके पिताजी के निधन के बारे में सुनकर सचमुच बहुत दुख हुआ। यह अपूरणीय क्षति है।

राजेश : कोई नहीं जानता था, वह इस प्रकार अचानक चले जायेंगे। (रोता है)

के.पी. : हौसला रखो। क्या हुआ था?

राजेश : पिताजी को दिल की बीमारी थी। वह ठीक से चल, बोल रहे थे और अचानक ही उनका निधन हो गया। वह नीचे गिरे और उनकी मृत्यु हो गयी।

के.पी. : अगर मुझे ठीक से याद है, तो कुछ समय पहले उनके दिल का एक सफल आपरेशन हुआ था।

राजेश : हाँ।

के.पी. : फिर क्या हुआ?

राजेश : डॉक्टर ने कहा कि दिल से खून ले जाने वाली नली एक थक्का बन जाने से बंद हो गई। और अचानक ही मौत हो गई।

के.पी. : कितनी दु:खद घड़ी है!

राजेश : *(रोने लगता है)*

के.पी. : कृपया अपने को संभालिये। थोड़ी ही देर में पगड़ी की रस्म होने वाली है। आप इस परिवार के मुखिया हैं। इसलिये आपको खुद पर संयम रखना है। *(राजेश मायूस है, चुप हो जाता है)*

के.पी. : इस रस्म की फोटो खींचवा लो। तुम्हारे पिताजी का बहुत नाम था। मुझ सहित उन्हें जो कोई जानता था, सबके मन में उनके लिए बहुत प्यार और आदर है। उनकी अनुपस्थिति में उत्पन्न खाली जगह कभी नहीं भरा जा सकता। तथापि हमें तो जिन्दगी जीना है। अपने दैनिक कामकाज और कर्त्तव्यों का पालन करो।

राजेश : *(आह भरता है)* हाँ, हमें सामान्य हो जाना चाहिए। फिर भी ऐसी क्षति को बर्दाश्त करना कठिन है।

के.पी. : तुम ठीक कहते हो। लेकिन धैर्य रखो, मैं आज दु:ख की घड़ी में तुम्हारे साथ हूँ, जैसा कि हमेशा रहता हूँ; आज की रात भी मैं तुम्हारे साथ रहूँगा। तुम चिन्ता मत करो।

100 CONDOLENCES ON DEATH OF SOMEONE

This kind of conversation is entirely different from regular conversation. One has to make use of sorrowful words and be in serious gestures. One has to wear simple and plain clothes on such occasions. React to what a person says in the spirit in which the comments are offered.

Kanti Prasad	:	So sorry to hear about the demise of your father; really, it's a great loss.
Rajesh	:	Nobody knew he would go like that (weeps)
K.P.	:	Please take heart. What happened?
Rajesh	:	Father had a history of heart problem, he was walking, talking and suddenly he was no more, he fell down and passed away.
K.P.	:	If I remember right, he had a successful heart surgery sometime back.
Rajesh	:	Yes.
K.P.	:	What happened then?
Rajesh	:	Doctor says that a clot blocked the vein carrying blood to the heart and the death was instant.
K.P.	:	What a misfortune.
Rajesh	:	*(breaks down)*
K.P.	:	Please take hold of yourself. In a short while there is going to be *Pugree Rasam*, you'll be the head of the family, so Rajesh, you have to control yourself. *(Rajesh keeps silent, brooding)*
K.P.	:	Rajesh, please snap to of this state. Your father was a great name. Whoever knew him, including me, had great respect and love for him and the void created by his absence will never be fulfilled. Yet, we have to carry on with the life, do our daily chores and duties
Rajesh	:	*(sighs)* Yes; we have to get normal, yet how difficult it is to bear such a loss.
K.P.	:	You're right, but take heart. I'm here with you as I always have been; today, even tonight I'll remain with you. Don't you worry? *(Rajesh moves and presses his hand)*

Note: Small domestic jobs, pronounced as 'chores'.

101 अच्छे प्राप्तांक लाने के लिए मित्र को प्रोत्साहित करना

इस प्रकार के वार्तालाप काफी अलग तथा अपने आप में महत्त्वपूर्ण होते हैं। इसमें व्यक्ति को शब्दों के इस्तेमाल में बहुत सावधानी बरतनी चाहिए, अर्थात् हमेशा सहानुभूतिपूर्वक बातें करनी चाहिए और आवाज में भी नरमी होनी चाहिए। जो बहुत प्रेरणादायक प्रतीत हो।

दीपक : क्या बात है नीतीश, तुम बहुत मायूस दिखाई पड़ते हो?

नीतीश : कुछ भी नहीं यार, (रुककर) लेकिन समस्या यह है कि मुझे लगभग सभी विषयों में काफी कम नबंर आये हैं। मैं लगभग फेल हूँ। मैं यह सोचकर काँप जाता हूँ कि मैं अपने परिवार के सदस्यों का सामना कैसे करूँगा।

दीपक : हाँ, समस्या तो है, लेकिन इतनी बड़ी नहीं। इसका समाधान यह है कि पुनः परीक्षा दो, कड़ी मेहनत करो और अच्छे नम्बर लाओ।

नीतीश : वो तो है, लेकिन एक साल बेकार हो जायेगा।

दीपक : क्या फर्क पड़ता? जिन्दगी लम्बी है और एक साल का बहुत महत्त्व नहीं है। समय वैसे ही गुजर जाता है, चाहे तुम पास हो या फेल।

नीतीश : तुम ठीक कहते हो।

दीपक : इस बीच तुम किसी प्राइवेट कम्प्यूटर इंस्टीच्यूट में एक साल का कोर्स कर लो। अगर मैं ठीक हूँ तो तुमने डिग्री कोर्स के दौरान कम्प्यूटर में एकाउटेंसी ली थी।

नीतीश : हाँ, इस बारे में सोचता हूँ। मैं प्रारम्भिक कम्प्यूटर एकांउटेन्सी सीख सकता हूँ, जो परीक्षा में शामिल होने के समय मेरा अतिरिक्त विषय होगा।

दीपक : यही करना ठीक रहेगा। उस प्रकार तुम्हारे माता-पिता अलग प्रकार के तरीके से प्रतिक्रिया करेंगे, उनसे बात करने की हिम्मत जुटाओ।

नीतीश : धन्यवाद! तुम एक सच्चे दोस्त हो।

101 ENCOURAGING A FRIEND TO SCORE GOOD MARKS

This type of conversation is very different and unique in itself. One must be very careful with the usage of words, i.e., one should always use sympathetic words and the tone should be soft, yet very inspiring.

Deepak : What's the matter Nitish, you look so downcast?

Nitish : Nothing *yaar, (pause)* but the problem is real. I have scored very poor marks in almost every subject, I almost failed. I shiver to think how I'll face the members of my family.

Deepak : Yeah, the problem is there but not that big. The solution is to appear again, work hard, and get better marks.

Nitish : That's there but a year will be wasted.

Deepak : Does it matter? Life is long and one year doesn't matter much. Time passes all the same whether you pass or fail.

Nitish : You seem to be right.

Deepak : In the mean time you can take up any computer one year course in a private computer institution. If I remember rightly, you've opted for computer accountancy in your degree course.

Nitish : Yes, and come to think of it, I can learn preliminary computer accountancy steps which are addition to my academic studies for reappearing.

Deepak : That'll be the right thing to do. That way your parents will react in a somewhat difficult way, have the courage to talk to them.

Nitish : Thanks buddy, you're a real friend.

102 अपने अधिकारी से छुट्टी के लिए आग्रह करना

इस प्रकार के वार्तालाप में व्यक्ति को अपने काम की बातें बेहद नम्रतापूर्वक और संक्षिप्त रूप से करना चाहिए।

बॉस	:	(रिंग हो रहे फोन को उठाता है) हाँ?
रित्विक	:	मैं रित्विक बोल रहा हूँ। क्या आप मुझे आज की छुट्टी दे सकते हैं?
बॉस	:	तुम्हें छुट्टी क्यों चाहिए। तुम्हें पता है कि तुम काम में कितने पिछड़ रहे हो? वास्तव में ऐसा इसलिए है क्योंकि तुम पहले ही काफी छुट्टियाँ ले चुके हो।
रित्विक	:	आप ठीक कहते हैं सर, लेकिन मैं क्या करूँ? मैं बीमार हूँ और डॉक्टर प्रतिदिन नये परीक्षण लिखते हैं।
बॉस	:	ठीक है, तुम आज छुट्टी कर सकते हो। कल के बारे में बताओ?
रित्विक	:	मैं कल ऑफिस आऊँगा। सभी परीक्षण हो चुके हैं। यह लगभग खत्म हो गया है। केवल बाद में होने वाले टेस्ट और उसका रोगनिदान होना बाकी है। अब मैं प्रतिदिन आऊँगा।
बॉस	:	ठीक है।

102

ASKING FOR LEAVE FROM YOUR BOSS

In this kind of conversation, one should be very brief, to the point, and polite.

Boss	:	*(picks up the ringing phone)* Yes?
Ritwik	:	I'm Ritwik speaking, could you please grant me leave today.
Boss	:	Why do you want a leave, you know how much you're lagging behind in your work schedule. Actually, it is all because you take so many leaves.
Ritwik	:	You're right, sir, but what shall I do. I keep on ailing and doctors daily write new tests to be done.
Boss	:	Ok, you can have it today. What about tomorrow?
Ritwik	:	I'll attend the office tomorrow. All the tests are done. It's almost over. Only retests and then diagnosis are awaited. I'll be regular now.
Boss	:	It's all right.

103. मित्र से मिलने के लिए माता से अनुमति माँगना

एक अच्छे वार्तालाप में कुछ बातों का होना आवश्यक है। किसी के साथ सहज महसूस करना, दूसरे व्यक्ति में रुचि दिखाना और बिना आपा खोये दूसरों के मन की बात जानना। इसमें एक संतुलित अवस्था की आवश्यकता होती है। जिसमें न तो बात के ज्यादा अन्दर जाने की आवश्यकता होती है और न ही ज्यादा संक्षेप में आपको सदैव दृढ़ रहना है ताकि आने वाली स्थिति के लिए तैयार रहा जा सके।

पुत्र	:	प्रिय माँ, तुम कितनी अच्छी हो।
माता	:	मैं सब समझती हूँ, ज़रूर तुम्हें अपनी कोई बात मनवानी है।
पुत्र	:	ऐसा किसलिए?
माता	:	जब तुम इस खास अंदाज में बोलते हो, तो तुम ज़रूर किसी बात के लिए कहते हो।
पुत्र	:	माँ तुम बहुत चालाक हो, मैं ललित के घर जाना चाहता हूँ।
माता	:	तुम जानते हो कि मैं नहीं चाहती कि तुम उसकी संगति में रहो।
पुत्र	:	ऐसा किसलिए माँ?
माता	:	मैं उसे अफवाह फैलाने वाला बच्चा समझती हूँ। इससे दो दोस्तों, दो अभिभावकों और उनके बच्चों के बीच गलतफहमी पैदा हो सकती है।
पुत्र	:	तुम कैसे जानती हो माँ?
माता	:	मैंने उसके बारे में सुना है और उसकी कुटिल, चालाक आँखों में देखा है। एक दिन वह तुम्हारे बारे में भी मुझसे बेकार की बातें कर रहा था।
पुत्र	:	ओह! छोड़ो भी माँ, वह थोड़ा मूर्ख भी है, उसका मतलब किसी प्रकार के नुकसान से नहीं होगा। आज उसका जन्मदिन है। कृपया मुझे जाने दो।
माता	:	ठीक है, केवल इस बार ही, भविष्य में उसकी संगति से दूर रहना, तुम्हें मालूम है एक व्यक्ति अपनी संगति से ही पहचाना जाता है। अपने दोस्तों का दायरा बढ़ाओ और अच्छे दोस्तों का चुनाव करो।
पुत्र	:	धन्यवाद माँ, मैं वही करूँगा जैसा आप कहेंगी।

103 SON ASKING PERMISSION TO MEET A FRIEND

In this kind of conversation, one has to be very polite and make use of persuasive words. Children need to convince their parents and guardians to allow them to do the tasks which their parents do not want them to do.

Son	:	Dear Mom, how sweet you are!
Mom	:	I see, so you want a favour.
Son	:	Why so?
Mom	:	When you speak in that special tone of yours, you sure ask for something.
Son	:	You're quite smart mom, I want to go to Lalit's house.
Mom	:	You know I don't want that you should keep his company.
Son	:	Why so, Mom?
Mom	:	I suspect him to be a rumour monger, it won't take him even a fraction of second to create misunderstanding between two friends or between parents and their children.
Son	:	How do you know, Mom?
Mom	:	Well, I have heard about him and I have seen his shifty, cunning eyes. One day he was talking ill of you even to me.
Son	:	Oh! Come on Mom, he is a sort of fool, he means no harm. Today is his birthday, let me go please.
Mom	:	Ok, for this once only. In future, avoid his company. You know, a person is known by the company he keeps. Widen your friend's circle and choose your friends wisely.
Son	:	Thanks Mom. I'll do as you say.

104 सूचना का अधिकार पाने के लिए आवेदन कैसे करें?

ऐसे वार्तालाप में बिलकुल सटीक और तथ्यों से जुड़े शब्दों के प्रयोग की आवश्यकता होती है। यहाँ पर किसी को अधिक बातें करने से हमेशा बचना चाहिए।

धीरज	:	(हरीश से) क्या तुम्हें सूचना का अधिकार प्राप्त करने के बारे में कुछ जानकारी है। कृपया मेरा मार्गदर्शन करो।
हरीश	:	हाँ, मैं तुम्हारी मदद करूँगा, तुम किस एजेंसी से सूचना प्राप्त करना चाहते हो?
धीरज	:	हुडा? फरीदबाद।
हरीश	:	ठीक है, तुम एक साधारण सफेद कागज लेकर जनसूचना अधिकारी हुडा फरीदाबाद नाम एक आवेदन पत्र लिखो।
धीरज	:	क्या इस पत्र को लिखने के लिए कोई प्रारूप है?
हरीश	:	नहीं, आवेदन पत्र के आरम्भ में सूचना का अधिकार के तहत आवेदन (आरटीआई एक्ट, 2005) लिखो। इसके पश्चात् तुम अपने प्रश्नों को क्रमानुसार लिखो।
हरीश	:	पत्र का समापन कैसे करूँ?
धीरज	:	पत्र के अन्त में तुम्हें निम्नलिखित घोषणा करना है: मैं घोषणा करता हूँ कि मैं भारत का नागरिक हूँ। मैं आपसे निवेदन करता हूँ कि आप मुझे आवेदन प्राप्त होने के 30 दिनों के अन्दर सारी जानकारी भेजें।
हरीश	:	इसके लिए कोई फीस जमा करने का तरीका क्या है?
धीरज	:	फीस अलग-अलग हैं, उदाहरण के लिए हरियाणा सरकार के हुडा डीटीसीपी इत्यादि के लिये 50 रुपये, एनएचएआई के लिए 10 रुपये। तुम इसका भुगतान पोस्टल ऑर्डर के द्वारा कर सकते हो, क्योंकि यह डिमांड ड्राफ्ट से सस्ता है।
हरीश	:	कोई अन्य महत्त्वपूर्ण जानकारी?
धीरज	:	आवेदन के अन्त में अपना पत्र व्यवहार करने का पता लिखकर रजिस्ट्री द्वारा इसे भेजो। कुरियर से नहीं।
हरीश	:	अलग-अलग जगहों में सूचना का अधिकार पाने के लिए आवेदन जमा करने की जगह कहाँ है, जैसे गीता कॉलोनी दिल्ली में?
धीरज	:	इसका ऑफिस सीनियर सेकेण्डरी स्कूल आनंद विहार में है और इसकी शिकायत के लिए डायरेक्टर ऑफ एजुकेशन तथा अन्य दूसरे विभागों के लिए दूसरी जगहें हैं। तुम किसी शिक्षित व्यक्ति को इंटरनेट पर देखने के लिए कह सकते हो या जस्ट डायल फोन इनक्वायरी पर भी इस बारे में पूछताछ कर सकते हो।
हरीश	:	धन्यवाद! धीरज, तुमने सभी बातें साफ-साफ बता दी हैं।
धीरज	:	ठीक है, यह दो दोस्तों के बीच की बात जो है!

104

HOW TO FILE AN RTI APPLICATION

This conversation requires to be precise, to the point, and the use of technical words. One should aviod being verbose.

Dheeraj : *(to his friend Harish)* You have some knowledge of filing RTI, don't you? Kindly guide me.

Harish : Yes, I'll help you, from which agency you're seeking information?

Dheeraj : HUDA, Faridabad.

Harish : Ok, then you take a simple piece of paper and address it to public information officer. HUDA, Faridabad.

Dheeraj : Is there any format for the letter?

Harish : No, except that the subject of letter should start with 'Request for information under right to information (RTI Act, 2005) act.' Then you should write your queries point wise.

Harish : How to close the letter.

Dheeraj : At the end you have to write the following declaration:
"I do hereby declare that I am a citizen of India. I request you to ensure that the information is provided before the expiry of 30 days period after you have received the application."

Harish : Any fee to be deposited and how?

Dheeraj : The fee varies, for example, for departments falling under the Haryana govt. like HUDA, DTCP, etc., it is ₹ 50, for NHAI ₹ 10 only. You can pay it by postal order as it is cheaper than Demand Draft.

Harish : Any other important points.

Dheeraj : Yes, write your postal address send it by registered post and not by courier.

Harish : How to find the place for filing and submitting RTI at various places, say in Delhi, Geeta Colony?

Dheeraj : I think the office is located in the building of Sr. Sec. School, Anand Vihar for complaints against the Director of Education. For other departments there must be other places. You can ask some knowledgeable person or try internet or just dial phone enquiry service.

Harish : Thanks Dheeraj. You have made everything clear.

Dheeraj : It's alright. After all it is between friends.

105 गलती के लिए सहयोगियों से माफी माँगना

इस प्रकार के वार्तालाप में व्यक्ति को सदा विनम्र रहकर अपनी भावनाओं तथा विचारों से दूसरों को उचित तरीके से व्यक्त करना चाहिए।

सुधीर	:	(ऑफिस पहुँचने पर) हैलो मित्र, ... नमस्कार! आप लोग कैसे हैं? (वहाँ चुप्पी छा जाती है)
सुधीर	:	क्यों? क्या बात है? क्या कोई गलती हो गयी?
एक सहयोगी	:	हाँ, बहुत ही गलत हुआ है।
सुधीर	:	मेरे प्रिय मित्र हेमन्त, क्या गलत हुआ?
हेमन्त	:	तुम्हें कल किस कीड़े ने काटा था? और तुम कृष्णा के खिलाफ क्या दुर्भावना रखते हो?
सुधीर	:	अच्छा वह? यह कुछ भी नहीं था यार, कृपया बुरा मत मानो। बस मेरा मूड खराब था।
एक साथी	:	ऐसा नहीं करो। तुम्हें कल के अपने रूखे व्यवहार के लिए क्षमा माँगना चाहिए।
हेमन्त	:	तुमने हमलोगों में से किसी से बात नहीं की, लंच के समय तुमने कृष्णा के साथ झगड़ा कर लिया।
सुधीर	:	मित्रों, मुझे खेद है। मेरे मनोस्थिति ठीक नहीं है। तुम्हें पता है कि घर में मेरे पापा ....
हेमन्त	:	हमें कोई मतलब नहीं है कि तुम्हारे घर में क्या हुआ, जो कुछ भी हुआ उसे यहाँ ऑफिस में क्यों लाते हो?
सुधीर	:	मुझे माफ कर दो।
हेमन्त	:	अपनी परेशानी के मुख्य कारणों को जानने और इसका हल तलाशने के बदले, तुम यहाँ खुंदक निकालने और लड़ने के लिए तैयार हो।
सुधीर	:	ठीक है, ठीक है, मैं वास्तव में शर्मिंदा हूँ। पुनः ऐसा दोबारा नहीं होगा। कृष्णा कहाँ है? कृष्णा, मेरे कल के बुरे बर्ताव के लिए मुझे माफ कर दो। मैं साफ दिल से तुम सबसे माफी माँगता हूँ। प्रायश्चित के तौर पर मैं तुम सबसे अच्छे व्यवहार करने के लिए तैयार हूँ।
हेमन्त	:	मुझे लगता है, हमें उसे माफ कर देना चाहिए। वैसे भी वह प्रतिदिन ऐसा व्यवहार नहीं करता है। (सभी मुस्कराते हैं) तो वह विशेष बर्ताव क्या है?

105. APOLOGISING FOR A MISTAKE TO COLLEAGUES

 In this type of conversation, one has to be polite and be able to put across one's thoughts and feelings in an appropriate manner.

Sudhir	:	*(at his arrival in the office)* Hello guys, good morning! How're you. [There is silence, a few nods]
Sudhir	:	Why? What's the matter? Is there something wrong?
Colleague	:	Yes, very wrong.
Sudhir	:	What is wrong, my dear Hemant?
Hemant	:	What bug had bitten you yesterday? And what grudge do you bear against Krishna?
Sudhir	:	Oh that? It was nothing *yaar*, please don't mind. Just bad mood.
Colleague	:	That would not do. You must apologise for your rude behaviour yesterday.
Hemant	:	You talked to none of us, at lunch and you picked up a quarrel with Krishna.
Sudhir	:	I'm sorry guys, I was in a bad mood. You know at home, my dad….
Hemant	:	We're not concerned as to what happened at your home. Whatever happened, why should you carry it here to the office?
Sudhir	:	I'm sorry.
Hemant	:	Instead of finding the root cause of your problem and find a solution to it. You come snaking here rude and ready to tight.
Sudhir	:	Ok, ok, guys, I'm really sorry. It will not happen again. Where is Krishna? Here is my friend Krishna, please forgive me for my bad behaviour yesterday. I do apologise to you all sincerely. As penance, I am ready to give special treat to you all with the promise of good behaviour.
Hemant	:	I think we should forgive him. After all, it is not daily routine that he indulges in such odd behaviour *(all smile)*. So what is the special treat?

106 अनौपचारिक मुलाकात होने पर किसी की प्रशंसा करना

इस प्रकार के वार्तालाप में विशेष प्रकार की उदारता की आवश्यकता होती है। इसमें आपके बुद्धिमत्तापूर्ण जीवंत रहने तथा दूसरे व्यक्ति की बातों को न केवल इच्छापूर्वक सुनना, बल्कि उसे एक नई दिशा देने की भी आवश्यकता होती है।

[घर में आयोजित एक पार्टी में लोगों का मिलना-जुलना]

केतन : विशाल, क्या तुम जानते हो कि निखिल कितना जिन्दादिल इनसान है?

विशाल : हाँ, वह बुद्धिमत्ता और हास्य से भरा है, आओ उससे बातें करें।

दोनों : हैलो निखिल!

निखिल : ओह! दोस्तों तुम लोग कैसे हो?

केतन : ठीक हूँ, निखिल। मैं पूरे यकीन के साथ कह सकता हूँ कि तुम प्रत्येक पार्टी की जान हो।

निखिल : ओह! मेरी इतनी प्रशंसा मत करो कि मैं मुहावरे में प्रयोग होने वाले मेंढक की तरह फूलना आरम्भ कर दूँ।

विशाल : मुझे बताओ कि तुम बुद्धि और हास्य का मिश्रण कैसे कर लेते हो? हर वक्त किसी भी प्रश्न का उत्तर तुम्हारे दिमाग में तैयार रहता है। हमेशा काफी खुश रहते हो तथा किसी भी विषय पर बुद्धिमत्तापूर्ण बातें कर लेते हो।

निखिल : (हँसता है) तुम फिर वही बातें कर रहे हो, अगर तुम जानना चाहते हो, तो आत्मविश्वास तथा आराम से बातें करना शुरू करो, बाद में तुम्हें ऐसे स्वाभाव की आदत पड़ जायेगी। स्वाभाव से ही मैं एक भाग्यशाली व्यक्ति हूँ। मैं चीजों को उसकी योग्यता के अनुसार परखता हूँ। प्रकृति के साथ हम क्यों हस्तक्षेप करें?

केतन : मैं किस प्रकार तुम्हारे जैसा बन जाऊँ, बहिर्मुखी और अल्हड़। मैं सच कहता हूँ कि मैं तुम्हारा प्रशंसक हूँ। मेरे लिए तो तुम्हारे बिना यह पार्टी बेजान-सी है।

निखिल : मेरी प्रशंसा के लिए धन्यवाद। लेकिन किसी की तरह बनने की कोशिश करने का कोई मतलब नहीं है। अगर तुम शर्मीले और अंतर्मुखी स्वभाव के हो। तुम्हें इस स्वभाव को छोड़कर बाहर आना चाहिए लेकिन अधिक बातें नहीं। इस गाने को याद रखो।
'डोंट वरी .... बी हैप्पी' ...!

106 COMPLEMENTING SOMEONE AT A GET TOGETHER

 This kind of conversation demands the generosity of your own lively intellect, your willingness not just to listen to others but to take what they give you and move it into new territory. It's not just a matter of listening but of giving — and giving wholly of yourself.

[A get together party at a house]

Ketan	:	Vishal, do you see what a lively person Nikhil is!
Vishal	:	Yes, he's almost a live wire, bubbling with wit and humour, let's talk to him.
Both	:	Hello, Nikhil
Nikhil	:	Oh! Hello, how're you, guys.
Ketan	:	Well, fine *yaar* Nikhil, I must say that you're the life of every party.
Nikhil	:	Oh! Please don't praise me so much otherwise I'll start bloating like the proverbial frog.
Vishal	:	Just tell me how do you manage to be so full of humour and wit, always ready with answers, always so happy and full of lively and intelligent talk on any topic.
Nikhil	:	*(laughs)* You're at it again well, if you want to know, confidence and being relaxed do the trick to start with, later on you get into the habit of that particular behaviour. By nature also, I'm a happy-go-lucky person. I take things as they come. Why interfere with the cosmic scheme of things.
Ketan	:	How I wish I were like you, extrovert, carefree. Honestly speaking Nikhil, I'm your fan, to me a party seems colourless without you.
Nikhil	:	Thanks for the complement. But it is no use trying to be like somebody. If you're shy or introvert kind, you have to break out of it, but no more lectures. Remember the song 'Don't worry, be happy!'

107 विवाह के अवसर पर निमंत्रण

इस प्रकार के वार्तालाप में किसी भी व्यक्ति को सदा विनम्र बने रहना चाहिए। यद्यपि एक दोस्त को आमंत्रित करना अनौपचारिक भी हो सकता है।

हर्ष : नमस्ते पुनीत, तुम कैसे हो?

पुनीत : हमेशा की तरह ठीक हूँ। तुम अपने बारे में बताओ?

हर्ष : सब ठीक है। मेरे पास तुम्हें सुनाने के लिए एक अच्छी खबर है। मेरी बहन की शादी आने वाले 18 तारीख को होने जा रही है।

पुनीत : वाकई यह एक अच्छा समाचार है। उसका नाम शिल्पा है। क्यों यही नाम है न? सुंदर व्यक्तित्व की लड़की। मैंने उन्हें दो या तीन बार तुम्हारे घर पर ही देखा है। हर्ष क्या उन्होंने एमबीए कर लिया है? और लड़के के बारे में बताओ।

हर्ष : धैर्य रखो। मैं तुम्हें बताऊँगा। उन्होंने एमबीए कर लिया है और इन दिनों एक अन्तरराष्ट्रीय कम्पनी में परचेज ऑफिसर के पद पर कार्य कर रही है। लड़का, अमेरिका से एमडी करने के बाद लौटा है। वह हड्डी विशेषज्ञ (कार्डियोलोजिस्ट) है।

पुनीत : मुझे कहना होगा ..... एक सुन्दर जोड़ी रहेगी। यह सब कैसे हुआ?

हर्ष : वास्तव में मेरे बंगलुरु वाले चाचा ने यह रिश्ता ढूँढ़ा है। शुरुआत में कुछ परेशानी हुई जैसे जन्म कुंडली का मिलान और शिल्पा शादी के बाद काम करेगी या नहीं आदि? लेकिन इस सबका अन्त सुखद हुआ।

पुनीत : कैसे?

हर्ष : हम लोगों ने कुछ विद्वान पंडितों को लड़के तथा जन्मकुंडली के मिलान करने के लिए लगाया। उसका नाम करण है, उसने दिल्ली में ही नौकरी ढूँढ़ ली है और वह शिल्पा की नौकरी जारी रखने पर भी सहमत हो गया है। याद रखो पुनीत, तुम्हें शादी के दो दिन पहले आना है। आखिरकार तुम मेरे सबसे अच्छे और करीबी दोस्त हो।

पुनीत : बिलकुल ठीक, तुम्हारे किसी काम में आकर मुझे बेहद खुशी होगी।

107

INVITATION FOR WEDDING

One has to be naturally very polite and formal in this type of conversation. However, while inviting a friend, one can be informal too!

Harsh	:	Hello Punet, how're you?
Puneet	:	Fine, just as ever, how about you?
Harsh	:	Everything is fine. I have good news to tell you. My sister's wedding is going to take place on the coming 18th.
Puneet	:	Well that's really good news. Her name is Shilpa, isn't it? A bright young lady, I have seen her twice or thrice at your house. Harsh she completed her MBA and what about the boy.
Harsh	:	Take it easy, man. I'll tell you. She has done her MBA and is right now serving as a purchase officer in a multinational company. The boy has returned from the USA having done his MD, he is a cardiologist.
Puneet	:	A fine match, I must say. How did it all happened?
Harsh	:	Actually, my uncle who lives in Bangaluru found the match. There were some initial hurdlers, like matching of horoscope, whether Shilpa would work after marriage or not etc., etc. but it all ended fine.
Puneet	:	How?
Harsh	:	We put some clever pandit on trail for matching horoscope and the boy, his name is Karan, found a job right in Delhi and as such he agreed to let Shilpa do her job. Mind you Puneet, you have to come two days in advance for the marriage. After all, you are my best and closest friend.
Puneet	:	Done, I'll be too glad to be of any service to you.

108

कुछ समसामयिक विषयों पर चर्चा

कोई भी वार्तालाप, एक वाद-विवाद से अलग हटकर होती है। वाद-विवाद में प्रत्येक व्यक्ति किसी विषय के बारे में कुछ कहता है।

दर्शन : *(अपने दोस्त से)* इन दिनों अन्ना हजारे टीवी पर छाए हैं। उनके तथा उनके आंदोलन के बारे में आपका क्या विचार है? मैं उनसे पूरी तरह सहमत हूँ।

हरीश : मैं भी। मैंने एक साधारण व्यक्ति के पीछे ऐसा व्यापक सहयोग और आंदोलन इसके पहले कभी नहीं देखा।

दर्शन : हाँ, यह गांधी जी के सत्याग्रह आंदोलन या तुम कह सकते हो कि अस्सी के दशक में जयप्रकाश नारायण के आन्दोलन की तरह है।

हरीश : अन्ना ने सरकार के सामने घुटने नहीं टेके। इसके विपरीत सरकार उनके सामने बात करने में कठिनाई महसूस कर रही है। उनके उपवास पर जाने पर सरकार ने 21 शर्तें रखी है। लेकिन अन्ना टीम पहले दौर में जीत गई है। यह लगभग बिना शर्त के है। अब एक शर्त के अनुसार वह 15 दिनों तक उपवास करने पर सहमत हो गये हैं।

दर्शन : हम पर अन्ना का बहुत सारा अहसान है, इसलिए भ्रष्टाचार के विरुद्ध लड़ते हैं तो इसके अन्तर्गत दूसरी बहुत चीजें आती है। उन्होंने मुम्बई में विजय प्राप्त कर लिया है और अब दिल्ली की बारी है।

हरीश : मैं लगभग सभी राज्यों के लोगों को जुड़ते देखकर आश्चर्यचकित हूँ। स्कूल और कॉलेज के लड़के भी जुड़ रहे हैं। थ्री-ह्वील्अर, टैक्सी यूनियन सभी उन्हें सहयोग कर रहे हैं।

दर्शन : इसका कारण उनका निष्कलंक चरित्र तथा स्वतंत्रता की लड़ाई से लगातार लड़ते रहना है। डराने वाली बात यह है कि यह सब राजनीतिज्ञों, मंत्रियों और मुख्यमंत्रियों द्वारा बिना किसी को बख्शे खुले आम बेशर्मी से हो रहा है।

हरीश : यही कारण है कि पूरा भारत की प्रमुख हस्तियाँ जैसे किरण बेदी, बाबा रामदेव, स्वामी अग्निवेश सहित और भी दूसरे लोग उनके साथ खड़े हैं।

दर्शन : मुझे आश्चर्य है कि उनलोगों ने उन्हें तिहाड़ क्यों भेजा? वह अपराधी नहीं है। वे उन्हें घर में नजरबंद रख सकते थे।

हरीश : तुम जानते हो कि उन्होंने तिहाड़ जेल से बाहर आने से इनकार कर दिया है। अब वे लोग रामलीला मैदान को उनके उपवास के लिए तैयार कर रहे हैं। बम स्क्वाड तथा स्निफर डॉग वहाँ मौजूद हैं। डॉक्टर त्रेहन अन्ना हजारे के स्वास्थ्य पर नजर रख रहे हैं। भगवान की कृपा से अब वह अच्छे हैं।

दर्शन : मैं समझता हूँ उनकी सबसे बड़ी ताकत उनका साधारण, स्पष्ट और सीधी तरह बात करना है। उनका कहना उचित है कि कीमतें भ्रष्टाचार के कारण ही बढ़ रही हैं। लोग भ्रष्टाचार के कारण बीमार हो गये हैं।

हरीश : तुम क्या सोचते हो, अन्ना हजारे अपने संघर्ष में सफल हो जायेंगे?

दर्शन : मैं भी वही ही सोच रहा हूँ। लोकपाल बिल को पेश और पारित कर देना चाहिए अन्यथा अन्ना रामलीला मैदान में कल से 15 दिनों का उपवास शुरू कर देंगे।

हरीश : ईश्वर उन्हें दीर्घायु रखें। चलो रामलीला मैदान चलते हैं।

108 DISCUSSION ON SOME CURRENT AFFAIRS

A conversation is different from a discussion. A discussion is everyone talking about something.

Darshan	:	*(to his friend)* It is Anna Hazare all over the TV these days, what is your opinion about him and his movement. I fully support him.
Harish	:	So do I. I have never seen such mass movement and such massive support for a single person.
Darshan	:	Yes, it looks like Gandhi ji's Satyagrah, a movement or you can say, Jai Prakash's movement in eighties.
Harish	:	Anna hasn't given in to the government at all. On the contrary, the government is finding it tough to deal with him. The government put 21 conditions in case he goes on a fast. But team Anna won its first round; it is almost unconditional, now the one condition he has agreed to is to go on fast for 15 days.
Darshan	:	We owe a lot to Anna Hazare because he fight against corruption has covered many other things. We owe the RTE facility to him. He won in Bombay (Mumbai) and now it is the turn of Delhi.
Harish	:	I was amazed to see people pouring in from almost all states, even school and college students. Three-wheelers, taxi unions, all are supporting him.
Darshan	:	The reason is his impeccable character and the cause he is fighting for since independence – the most horrible thing that has been happening on large scale is shameless, open corruption by politicians, ministers, chief ministers almost everyone without exception.
Harish	:	That is why the whole of India and prominent personalities like Kiran Bedi, Baba Ramdev, Swami Agnivesh among others are with him.
Darshan	:	I wonder why did they send him to Tihar? He is no criminal. They could have him or kept him in house arrest.
Harish	:	You know he refused to come out of the Tihar jail. Now they're preparing the Ram Lila Maidan for him where he will fast. Bomb squads and sniffer dogs are there. Dr. Trehan is checking Anna Hazare's health. By God's grace, he is doing fine now.
Darshan	:	I think his main strength is that he talks simple, direct and straightforward. He is very right when he says that prices are rising because of corruption. People are just sick of corruption.
Harish	:	Do you think, Anna will succeed in his mission?
Darshan	:	I think so, the Lokpal Bill should be introduced and passed, or Anna will begin his 15-day fast from the Ram Lila Maidan tomorrow.
Harish	:	God bless Anna. Let's also go to the Ram Lila Maidan.

109 परीक्षा में श्रेष्ठ प्रदर्शन करने पर किसी को बधाई देना

इस प्रकार के वार्तालाप में व्यक्ति को सहज, उत्साहित और जीवंत बने रहना चाहिए। उसे इस अवसर पर प्रयोग किये जाने वाले सही शब्दों का ज्ञान होना चाहिए जो ऐसे अवसर पर सटीक साबित हो।

लतिका	:	चारू बधाई हो! तुम अच्छे नम्बर से उत्तीर्ण हो गई हो।
चारू	:	(मुस्कराते हुए) धन्यवाद।
लतिका	:	तुम अपना कुल प्राप्तांक बताओ और तुमने अपने सबसे पसंदीदा विषय में कितना अंक प्राप्त किया है?
चारू	:	कुल योग 96 प्रतिशत है और अंग्रेजी विषय में 98 प्रतिशत नम्बर आये हैं।
लतिका	:	मैंने अंग्रेजी जैसे विषय में इससे पहले कभी इतने उच्च प्राप्तांक के बारे में नहीं सुना।
चारू	:	शत प्रतिशत भी आते हैं।
लतिका	:	मैं जानती हूँ तुम एक मेधावी छात्रा हो, इस प्रकार की उपलब्धि अद्भुत और शानदार है।
चारू	:	बस करो लतिका। बहुत प्रशंसा हो गयी।
लतिका	:	मुझे अपनी सफलता का राज बताओ।
चारू	:	कुछ भी नहीं यार। ईश्वर मुझ पर दयालु हैं। उन्होंने मुझे तीव्र स्मरणशक्ति तथा विषय के ऊपर ध्यान केन्द्रित करने की शक्ति दी है। मैं जो एक बार पढ़ती हूँ उसे भूलती नहीं। मैं आशा करती हूँ कि मैं अपनी प्रशंसा में नहीं उड़ूँ। शायद तकदीर मुझ पर मेहरबान है।
लतिका	:	बहरहाल पुनः मेरी हार्दिक बधाई स्वीकार करो। तुम्हारे भविष्य के बारे में क्या योजना है? क्यों नहीं तुम आईएएस की तैयारी करो?
चारू	:	तुम मेरा सबसे प्रिय विषय जानती हो। मैं अंग्रेजी में लेक्चरार बनना चाहती हूँ और यह दिल्ली विश्वविद्यालय में हो, तो और भी अच्छा।
लतिका	:	तुम तो जानती हो, इसके लिए तुम्हें कुछ लोगों से मिलने की ज़रूरत पड़ेगी।
चारू	:	अब तक मेरे अंग्रेजी के प्राध्यापक गणपति सर का मेरे प्रति व्यवहार बहुत दयालु तथा सहयोगात्मक है। उन्होंने मुझे अंग्रेजी में आनर्स लेने के लिए प्रोत्साहित किया है। उन्होंने वादा किया है कि अगर मेरा परीक्षाफल अच्छा हुआ, तो वह मेरी अवश्य मदद करेंगे।
लतिका	:	यह तो बहुत अच्छा है। कभी मेरे घर आओ। माँ ने तुम्हें विशेषतौर पर आमंत्रित किया है।
चारू	:	वहाँ आकर मुझे खुशी होगी।

109 CONGRATULATING SOMEONE FOR DOING WELL IN THE EXAMINATION

In this kind of conversation, one should be very spontaneous, encouraging and lively. One must also know to use the right words that fit the occasion.

Latika	:	Hai Charu! Congrats, you have passed with flying colours.
Charu	:	*(smiles)* Thanks.
Latika	:	Tell me your aggregate and how much you have scored in your favourite subject.
Charu	:	Aggregate is 96 p.c. and in English it is 98 p.c.
Latika	:	I have never heard about such high score in a subject like English.
Charu	:	There have been cent percent results also.
Latika	:	I knew you were a brilliant student, still such achievement is stupendous, brilliant, great.
Charu	:	Hold it, Latika, enough of adjectives.
Latika	:	Tell me the secret of your success.
Charu	:	Oh nothing *yaar*. God has been kind to me and given me the power to focus with a sharp memory. I once read and don't forget. I hope I'm not blowing my own trumpet. May be lady luck was smiling on me.
Latika	:	Anyway, please accept my heartiest congratulation again. What rare your future plans? Why not aim for IAS exams?
Charu	:	You know my favourite subject. I'll prefer to be a lecturer in English and that too god willing, in Delhi University.
Latika	:	You know you'll need some connections for that.
Charu	:	My English lecturer sir, Ganpati has been very kind and co-operative with me so far. He has encouraged me to do B.A. English honours. If my result is good, he has promised to help me.
Latika	:	That is great, drop home some time, mom has specially invited you.
Charu	:	I'll be glad to come.

110 मकान मालिक और किरायेदार के मध्य वार्तालाप

इस प्रकार के वार्तालाप में व्यक्ति को काम की ज़रूरी बातें ही करना चाहिए।

किरायेदार	:	(दस्तक सुनकर दरवाजा खोलता है) नमस्ते कश्यप साहब! कृपया अंदर आइये।
मिस्टर कश्यप	:	आप कैसे हो मिस्टर देव! (मजाक से) क्या आप मेरे घर की अच्छी तरह देखभाल कर रहे हैं?
मिस्टर देव	:	अवश्य महाशय, आप स्वयं देख लीजिये और वैसे भी हमलोग यहाँ रहते हैं।
मिस्टर कश्यप	:	हाँ, यह बात तो है। मुझे देखने दें। रसोईघर की दीवारें गीली क्यों है? यह तो पुरानी शिकायत है।
मिस्टर देव	:	आप ही देखिये महाशय। उपर रहने वाले लोग कुछ लापरवाह हैं। उनके सिंक में हमेशा कुछ पानी जमा रहता है, क्योंकि वह ढलवाँ नहीं है।
मिस्टर कश्यप	:	क्या आपने उनसे इस बारे में बात की है?
मिस्टर देव	:	कई बार, मगर कोई फायदा नहीं हुआ।
मिस्टर कश्यप	:	मैं एक राजमिस्त्री को जानता हूँ। वह बढ़िया कारीगर है और इस प्रकार की कठिनाइयों का हल तलाशने में विशेषज्ञ है। मैं उसे यहाँ भेज दूँगा और वह ज़रूरी काम कर देगा। आपको उसे पेमेंट करना पड़ेगा। घर में पेंट कराने की भी ज़रूरत है।
मिस्टर देव	:	मैं इसे अगले महीने पेंट कराऊँगा।
मिस्टर कश्यप	:	बाकी सब कुछ ठीक है, क्या आप सोसाइटी के रखरखाव का खर्च समय पर चुका देते हैं?
मिस्टर देव	:	हाँ महाशय, मैं उसका अच्छी तरह ख्याल रखता हूँ। आप बैठेंगे नहीं, एक कप चाय तो पी लेते।
मिस्टर कश्यप	:	नहीं धन्यवाद। मैं थोड़ी जल्दी में हूँ। ऐसा कहते हुए मुझे खेद हो रहा है, लेकिन आपका एक चेक रद्द हो गया है।
मिस्टर देव	:	मैं जानता हूँ और इसके लिए मैं शर्मिंदा हूँ। कुछ असंभावित खर्च सामने आ गये। क्या आप अभी इस वक्त नगद रुपये लेंगे?
मिस्टर कश्यप	:	यही ठीक रहेगा। लेकिन भविष्य में इसका ध्यान रखें।
मिस्टर देव	:	अवश्य महाशय! पुनः ऐसा नहीं होगा।

110 CONVERSATION BETWEEN LANDLORD AND TENANT

One should be precise, to the point and careful with one's words in this kind of conversation.

Tenant : *(opens the door after hearing the knock)* Good morning Kashyap Saheb. Please come in.

Mr. Kashyap : How are you Mr. Dev! *(Jokingly)* Are you taking good care of my house?

Mr. Dev : Of course sir, please look for yourself, and after all we live here.

Mr. Kashyap : Yes, that's there. Let me see it. Why this dampness in kitchen wall? It's quite an old complaint.

Mr. Dev : You see sir, the people living upstairs are rather careless. Some amount of water is always there in their kitchen under the sink area because the slope is not right.

Mr. Kashyap : Have you talked to them?

Mr. Dev : Many times but no use.

Mr. Kashyap : I know a mason, he is a good one and an expert in dealing with such problems. I'll send him here and he'll do the needful; of course, you have to pay him; the house also needs painting.

Mr. Dev : I'll have it painted next month.

Mr. Kashyap : The rest seems ok. Are you paying the maintenance charges of society regularly?

Mr. Dev : Yes, sir, I take care of that, won't you sit down, and have a cup of tea.

Mr. Kashyap : No, thanks, I'm rather in a hurry. I'm sorry to say, but one of your cheques has bounced.

Mr. Dev : I know and I rather feel ashamed. Some unexpected expenditure came. Would you like to be paid in cash right now?

Mr. Kashyap : That will be good. But be careful in future.

Mr. Dev : Yes, sir. It'll not happen again.

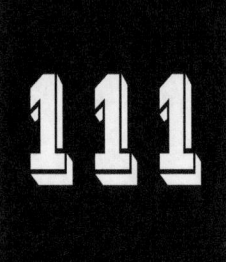

111

रेस्टोरेंट में वेटर द्वारा टेबल से ऑर्डर लेना

इस प्रकार के वार्तालाप विनम्रतापूर्वक और छोटे होते हैं। एक वेटर को अपने अतिथियों (ग्राहकों) के प्रति विनम्र तथा आज्ञाकारी बने रहना चाहिए। उसी प्रकार वहाँ जाने वाले ग्राहकों को भी व्यवहारकुशल होना चाहिए।

[एक रेस्टोरेंट में मिस्टर गुप्ता अपने परिवार के साथ आकर एक खाली टेबल के इर्द-गिर्द बैठ जाते हैं।]

मिस्टर गुप्ता : *(एक वेटर की ओर देखकर)* सभी के लिए पानी ले आओ।
(पानी पीने के बाद मिस्टर गुप्ता और उनका परिवार मेनू कार्ड को पढ़कर उसे वेटर को लौटा देते हैं)

मिस्टर गुप्ता : आज तुम्हारे रेस्टोरेंट की कोई स्पेशल डिश है क्या?

वेटर : कड़ाही दाल और पनीर कोफ्ता।

मिस्टर गुप्ता : अच्छा, सभी के लिए एक-एक प्लेट ले आओ। हमलोग इसे पहले खाकर देखेंगे।

वेटर : (एक पैड के उपर लिखता है) और भी कुछ लेंगे महाशय?

मिस्टर गुप्ता : तुम दोनों लड़कियाँ, क्या लोगी?

खुशी : मेरे लिए शाही पनीर।

मुस्कान : मेरे लिए दम आलू ले आना।

मिस्टर गुप्ता : प्रत्येक के लिए आधी-आधी प्लेट ले आओ। आप ..... पापा और मम्मी?

पापा : हम दोनों के लिए पालक पनीर।

मिस्टर गुप्ता : (वेटर से) दो प्लेट पालक पनीर, एक प्लेट आलूमटर और एक प्लेट कढी ले आओ। शुरू में सभी के लिए टोमाटो सूप ले आओ।

मिसेज गुप्ता : एक प्लेट रायता और एक प्लेट चावल भी लाना।

मुस्कान : प्याज और आचार भी।

मिस्टर गुप्ता : ओह बेटा, वे इसे साथ में देंगे, तुम्हें पापड़ भी मिलेगा।

वेटर : चपाती के लिए कोई आर्डर; महाशय?

मिस्टर गुप्ता : हाँ, दो लच्छा पराठा, दो रूमाली रोटी और दो मिस्सी रोटी बस।
(डिनर के पश्चात)

वेटर : महाशय, आप डेजर्ट में क्या लेना पसंद करते हैं?

मिसेज गुप्ता : प्रत्येक के लिए गुलाब जामुन ले आओ और बेहतर सर्विस देने के लिए धन्यवाद! साथ ही बिल भी ले आओ।

111 WAITER TAKING AN ORDER IN A RESTAURANT

This talk or conversation should be polite, precise and one must be very careful with the words, one uses, ie, a waiter should be very formal and polite to his customers. Similarly, the customers should also be well-mannered. [Mr. Gupta in a restaurant with family]

Mr. Gupta	:	*(gestures to a waiter)* Water for all, please. [After drinking water, Mr. Gupta and family read the menu cards handed over to them by waiter]
Mr. Gupta	:	Any special dish of your restaurant today?
Waiter	:	Yes sir, *Karhai daal* and *Paneer Koftas*.
Mr. Gupta	:	Good, one plate of each, we would like to taste it first.
Waiter	:	*(writing on note pad)* what else sir?
Mr. Gupta	:	(to children) what will you two girls have?
Khushi	:	*Shahi Paneer* for me.
Muskan	:	*Dam Aloo* for me.
Mr. Gupta	:	*(to waiter)* half plate of each, you papa and mom?
Papa	:	*Palak Paneer* for both of us.
Mr. Gupta	:	*(to waiter)* two plates of *palak paneer* one plate *aloo mutter* and one plate curry. To begin with bring tomato soup for each of us.
Mrs. Gupta	:	One plate of Rice and *Raita* also.
Muskan	:	Onions and pickle also.
Mr. Gupta	:	Oh *Beta*, they serve it free, you'll get papads also.
Waiter	:	What about Chapattis, sir?
Mr. Gupta	:	Yes, two *Laccha Paranthas*, two Roomali *Rotis* and two Missi *Rotis*. That's all. [After dinner]
Waiter	:	What would you like for dessert, sir?
Mr. Gupta	:	Gulab Jamuns for each and thanks for the prompt service. Bring the bill, as well.

112 व्यवसाय तय करने के लिए अधिकारी से मुलाकात

इस प्रकार के वार्तालाप में व्यक्ति को सावधानीपूर्वक औपचारिक, संक्षिप्त और केवल आवश्यक बातें करना चाहिए।

मिस्टर अरोड़ा	:	हैलो मिस्टर संदीप, आप कैसे हैं?
संदीप (वास्तुविद)	:	मैं ठीक हूँ, मिस्टर अरोड़ा।
मिस्टर अरोड़ा	:	क्या हम लोग कल थोड़ी देर के लिए मिल सकते हैं? मैं अपने आगामी प्रोजेक्ट के विषय में आपके साथ कुछ विचार-विमर्श करना चाहता हूँ।
संदीप	:	कल मेरे लिए मुश्किल होगा; वैसे यह प्रोजेक्ट क्या है?
मिस्टर अरोड़ा	:	इस बार एक बड़ा प्रोजेक्ट (परियोजना) है। यह 500 आवासों की एक ग्रुप हाउसिंग प्रोजेक्ट है और हमें जल्दी भी है। इसलिए कल ही मिलने की कोशिश करें।
संदीप	:	जैसा कि मैंने कहा कल तो मुश्किल है, आप की ही तरह एक प्रिय ग्राहक मुझसे मिलने के लिए दुबई से आ रहे हैं। परसों के बारे में आपका क्या विचार है?
मिस्टर अरोड़ा	:	ठीक है, किस वक्त?
संदीप	:	प्रात: 11 बजे मेरे ऑफिस में।
मिस्टर अरोड़ा	:	11 बजे नहीं, मुझे मेरे बच्चे के स्कूल में होने वाले फंक्शन में जाना है। मैं 12.30 बजे वहाँ से निकलूँगा। अगर आपके लिए मुनासिब हो तो मैं दोपहर के खाने पर आपसे मिलूँगा।
संदीप	:	अवश्य, मैं खाने पर आपका इंतजार करूँगा। मुझे बतायें आप क्या खाना पसंद करेंगे?
मिस्टर अरोड़ा	:	दक्षिण भारतीय व्यंजन, सड़क के पार वाली मशहूर दुकान से।
संदीप	:	फिर परसों आपसे मिलेंगे।

112 MEETING WITH AN OFFICIAL TO SEAL A DEAL

In this kind of conversation, one should be precise, formal, to the point and careful with the words one uses.

Mr. Arora (client)	:	Hello, Mr. Sandeep, how are you?
Sandeep (architect)	:	I am fine Mr. Arora.
Mr. Arora	:	Can we meet some time tomorrow; I wish to discuss our upcoming project with you.
Sandeep	:	Tomorrow shall be difficult for me; by the way what project is it?
Mr. Arora	:	This time it is a big one. It is a group housing project with 500 dwelling units and we are in a hurry. So try to make it tomorrow.
Sandeep	:	As I told you tomorrow is difficult, one of my dear clients like you is coming to meet me all the way from Dubai. How about, day after tomorrow?
Mr. Arora	:	That suits me, what time?
Sandeep	:	11 a.m. at my office!
Mr. Arora	:	Not eleven, I have to attend my kid's school function, I shall be free by 12:30 p.m. we can meet at lunch if it suits you.
Sandeep	:	By all means, I will wait for you at lunch. Do let me know what you would like to eat.
Mr. Arora	:	South Indian food, from the famous shop across the street.
Sandeep	:	Great, see you day after tomorrow then.

113

क्लर्क का ग्राहक के साथ वार्तालाप

इस प्रकार की बातचीत में क्लर्क को अपने मुवक्किल या ग्राहक पर प्रभाव डालने के लिए साफ और स्पष्ट बातें करनी चाहिए। ठीक उसी प्रकार मुवक्किल को भी अपने शब्दों के प्रति विनम्र और सावधान रहना चाहिए।

अजय (मुवक्किल) : नमस्ते अंकित!

अंकित (क्लर्क) : हाँ, महाशय बताइए, मैं किस प्रकार आपकी सहायता कर सकता हूँ?

अजय : मैं इंग्लैंड में अपने भाई को कुछ रुपये भेजना चाहता हूँ।

अंकित : अवश्य, महाशय, कृपया बैठ जाइए।

अजय : धन्यवाद।

अंकित : क्या हमारे बैंक में आपका कोई अकाउंट है?

अजय : हाँ।

अंकित : कृपया अपना नाम और अकाउंट नम्बर बताइए।

अजय : अजय वर्मा, अकाउंट नम्बर एपीएन 0035987651234

अंकित : एक मिनट के लिए रुकें, मुझे कम्प्यूटर पर आपका अकाउंट खोलने दें।

अजय : ज़रूर।

अंकित : रकम भेजने के पीछे क्या कारण है?

अजय : शिक्षा।

अंकित : क्या आपके भाई का अकाउंट इंगलैंड के बैंक में है?

अजय : वह केवल 15 दिन पहले वहाँ पहुँचा है; उसका कोई बैंक अकाउंट नहीं है। मेरी योजना उसके साथी के अकाउंट में रकम भेजने की है।

अंकित : तो आपको इसे एक उपहार की तरह दिखाना होगा।

अजय : यही ठीक रहेगा; मुझे केवल 500 यू.के. पाउंड भेजना है।

अंकित : ठीक है, लेकिन एक समस्या और भी है। आपका अकाउंट केवल एक महीना पुराना है। इस प्रकार की रकम भेजने के लिए कम से कम एक साल पुराना अकाउंट या किसी दूसरे बैंक की एक साल की बैंक स्टेटमेंट चाहिए, जहाँ आपका अकाउंट एक साल से अधिक दिनों का हो।

अजय : ओह! यह हास्यस्पद है। आप लोग अपने बैंक में अकाउंट खोलने के समय सभी प्रकार की सुविधाएँ देने की बात करते हैं। अब क्या हुआ जब हमें वास्तव में आपकी सेवा की ज़रूरत हुई।

अंकित : महाशय, समझने की कोशिश कीजिये। हम लोग बैंक के नियमों से बंधे हैं।

अजय : इतना समय देने के लिये धन्यवाद। मैं दूसरे बैंक में अकाउंट खुलवाने की कोशिश करूँगा और निश्चित रूप से मैं यहाँ का अपना अकाउंट बन्द करा दूँगा।

113 A CLERK WITH A CLIENT IN MEETING

 In this type of conversation, the clerk has to be clear, concise and assertive in his talks to convince and influence his/her client or customer. Similarly, the client also has to be polite and careful of the words he/she uses.

Ajay (Client)	:	Good Morning, Ankit!
Ankit (Clerk)	:	Yes sir, how may I help you?
Ajay	:	I wish to transfer some money for my brother in UK.
Ankit	:	Sure sir, please have a seat.
Ajay	:	Thanks.
Ankit	:	Do you have an account in our bank?
Ajay	:	Yes.
Ankit	:	Please tell me your name and account number.
Ajay	:	Ajay Verma, Account Number APN0035987651234.
Ankit	:	Give me a minute, let me open your account details on computer.
Ajay	:	Sure.
Ankit	:	What is the purpose of this remittance?
Ajay	:	Education.
Ankit	:	Sir, does your brother have an account in a UK bank?
Ajay	:	He reached there just 15 days ago; he does not have any bank account. I plan to transfer money to one of his colleague's account.
Ankit	:	Then you will have to show it as gift.
Ajay	:	That's fine; I have to send just 500 UK Pounds.
Ankit	:	Ok, but one more problem, your account is just one month old, you need at least one year old account for such remittance or produce a one year statement of some other bank account where you hold an account for more than one year.
Ajay	:	Oh man! That is ridiculous, you people promise all possible services when you want us to open an account in your bank and this is what happens when we actually need your service.
Ankit	:	Sir, try to understand, we have to abide by the rules of the bank.
Ajay	:	Thank you so much for your time, I will try my other bank account and make sure that I close my account here.

वार्तालाप

114 अधिकारी द्वारा अपने सचिव को निर्देश

इस प्रकार के वार्तालाप में अधिकारी का लहजा आदेशात्मक, संक्षिप्त एवं सचिव को सजग तथा विनम्रतापूर्वक अधिकारी के आदेश को सुनकर उसके प्रश्नों के उत्तर देना चाहिए।

सेक्रेटरी : नमस्ते महाशय, क्या आपने मुझे बुलाया?

बॉस : हाँ आरती, लेकिन तुम प्रत्येक बार मेरे बुलाने पर कलम और कागज साथ आने की आदत डालो।

सेक्रेटरी : मुझे माफ करें, मैं अभी एक मिनट में वापस लौटती हूँ।
(वह पेन और कागज लेने के लिए वापस लौटती है)

सेक्रेटरी : हाँ, महाशय!

बॉस : अपने लिये कुछ निर्देश लिखो जिसे इस सप्ताह तुम्हें पूरा करना है। मेरा मोबाइल फोन ले जाओ और इसमें रक्षित सभी नाम और नम्बर को कम्प्यूटर में डालो। सूची का शीर्षक देकर उसमें (क्लाइंट) मित्रों, विक्रेताओं के सलाहकार, सप्लायर्स तथा ऑफिस स्टाफ आदि की पृथक सूची तैयार करो

सेक्रेटरी : ठीक है, महाशय।

बॉस : मुझे इसकी आवश्यकता है क्योंकि जब मुझे किसी से बात करने की ज़रूरत होगी तो तुम तुरन्त मुझे इसकी जानकारी दे सको।

सेक्रेटरी : जी महाशय!

बॉस : मै आशा करता हूँ मैंने जो कुछ कहा उसे तुम स्पष्ट तौर पर समझ गई होगी ।

सेक्रेटरी : जी महाशय!

सेक्रेटरी : क्या मैं जा सकती हूँ महाशय?

बॉस : एक और बात, हमें लगता है कि ऑफिस का खर्च दिन प्रतिदिन बढ़ता जा रहा है। मैं चाहता हूँ कि इस बार तुम पूरे महीने के खर्च लिखकर मुझसे महीने के आखिर में इस पर चर्चा करो। जिससे मैं खर्चों में कटौती कर सकूँ।

सेक्रेटरी : ठीक है महाशय! मैं वैसा करके आपको सूचित करूँगी।

बॉस : धन्यवाद, अब तुम जाकर अपना काम करो और वेस्टर्न डेवलपर्स के मिस्टर राजीव से फोन पर मेरी बात कराओ।

सेक्रेटरी : जी महाशय!

114 BOSS GIVING INSTRUCTIONS TO HIS SECRETARY

This conversation should be brief, to the point and commanding as far as the boss is concerned, and the secretary should be attentive and courteous, while listening and answering.

Secretary	:	Good Morning Sir, did you call me?
Boss	:	Yes Arti, but make a habit to bring pen and writing pad every time, I call you.
Secretary	:	Sorry Sir, I will be back in minute.
		(She goes back to bring pen and paper)
Secretary	:	Yes, Sir!
Boss	:	Note down a few tasks you have to do within this week: Take my mobile phone and try to transfer all the contacts on computer. Make an elaborate contact list segregating clients, friends, vendor's consultants, office staff, suppliers etc.
Secretary	:	Ok Sir!
Boss	:	This list should have a title, contact name, phone number, email ID, address, office and land line number etc.
Secretary	:	Ok Sir!
Boss	:	I need this because when I need to talk to somebody, all I need to give you is some reference and you should be able to give any contact information of that very reference immediately.
Secretary	:	Ok Sir!
Boss	:	Hope you clearly understood what I mean.
Secretary	:	Yes, Sir!
Boss	:	Arti, this document should remain confidential and not to be shared by anyone.
Secretary	:	Yes, Sir!
Secretary	:	May I leave, Sir?
Boss	:	One more thing, we feel office expenditure is going up day by day, I want you to make a list of monthly expenses this time and discuss it with me at the end of the month so as to where we can cut down the costs, and I want all staff to be part of this discussion.
Secretary	:	Ok Sir, I will do that and keep you informed.
Boss	:	Thanks, you may carry on with your work now, and connect me to Mr. Rajeev from Western Developers.
Secretary	:	Yes, Sir.

115 निर्माण स्थल पर डिवेलपर्स, अर्किटेक्ट और कान्ट्रैक्टर

यह एक व्यवसायिक या औपचारिक वार्तालाप है। अतः इसमें शब्दों का प्रयोग बड़ी सावधानी से करना चाहिए। सामान्य तौर पर इसमें हमें संक्षेप और आवश्यकतानुसार बातें करनी चाहिए।

अनिल (डिवेलपर) : विजय और अरूण मैं चाहता हूँ कि आप दोनों साइट को अच्छी तरह देखें, मुझे शंका है कि मैंने जो डिजाइन तैयार किया है उसकी प्रभावी लागत अधिक होगी।

विजय (आर्किटेक्ट) : (अनिल जी) इस बात पर मैं आपसे सहमत नहीं हूँ। मैं आपसे सहमत हूँ कि साइट पर बहुत सारे परिवर्तन किये गये है।

अनिल (डिवेलपर) : विजय, मैं तुम्हारी टीम की कड़ी मेहनत पर शंका नहीं कर रहा हूँ लेकिन निर्माण स्थल पर दलान वाले हिस्से का निर्माण पत्थर के चौकर हिस्से के टुकड़ों का प्रयोग न करें, समतल टुकड़ों का प्रयोग करें, जिससे कि निर्माण शीघ्र और सस्ते में हो जाये।

अरुण (कान्ट्रैक्टर) : अनिल जी और मुझे एक डिजाइनर होने के नाते खूबसूरती एवं उपलब्ध पूँजी के बीच एक सामंजस्य बैठाना होता है। इसलिए हम समझते हैं कि ढलाई वाले क्षेत्र में भवन निर्माण करने पर इस रिसोर्ट के लिए एक विशेष आकर्षण और अनोखा डिजाइन उत्पन्न होगा।

अनिल (डिवेलपर) : लेकिन इसमें ज्यादा पूंजी और समय भी लगेगा।

विजय (आर्किटेक्ट) : ऐसा करने पर खर्च थोड़ा अवश्य अधिक होगा और दो महीना ज्यादा वक्त भी लगेगा, पर इससे भवन की एक अपूर्व छवि उत्पन्न होगी ।

अरुण (कान्ट्रैक्टर) : अनिल जी, मैं विजय की बात से पूर्ण रूप से सहमत हूँ।

अनिल : ठीक है, मैं तुम दोनों से निवेदन करता हूँ कि तुम दोनों सोच-विचार करने के पश्चात्, हिसाब लगाकर मुझे बताओ कि इस काम में कितनी अधिक पूँजी लगेगी?

विजय और अरूण : हम इससे सहमत हैं?

अनिल (डिवेलपर) : ठीक है, तो हमारी मुलाकात अगले सोमवार को होगी। हम उसी दिन इस विषय पर अंतिम निर्णय लेंगे।

115 DEVELOPER, ARCHITECT & CONTRACTOR AT A CONSTRUCTION SITE

This is a business or official talk and one must be careful of the usage of words. Generally, one should be very concise and to the point.

Anil (Developer)	:	Vijay and Arun, I want both of you to assess the site conditions once again since I doubt that the designs we have made should result in cost effective construction.
Vijay (Architect)	:	Anil ji I disagree with you on this one, I agree that the site has lot of contours, but we have worked on a lot of permutations and combinations before finalizing the present design.
Anil	:	Vijay, I do not doubt the hard work and capabilities of your team, but instead of making the building blocks on the sloping portions of the site, why not use the flat pieces, so that the construction is fast and economical.
Arun (Contractor)	:	Anil ji and me, as designers we have to strike a balance between aesthetics and cost keeping in mind the existing parameters. In this particular case, placing building blocks on contoured parts of land shall result in a very unique look of building, enhancing the character of the resort.
Anil	:	What about the increased cost and time factor?
Vijay	:	Might be a bit expensive and will take couple of months longer but right from the start you told us that this building should become an address, a landmark….! And you approved the three dimensional view also.
Arun	:	Anil ji, I think Vijay has a point too.
Anil	:	Ok guys, what I request is, do a small working on the cost and give me an analysis of it and the time difference involved if we are to go for the present scheme.
Vijay and Arun	:	Ok, sounds fine to us.
Anil	:	Ok, see you next Monday, we shall take the final decision the same day.

116 टैक्स जमा कराने के दौरान क्लर्क से वार्तालाप

इस प्रकार के वार्तालाप विनम्र, औपचारिक, संक्षिप्त तथा केवल काम से सम्बन्धित होते हैं।

कुणाल : महाशय, मुझे इनकम टैक्स जमा करना है, क्या आप कुछ प्रश्नों के जवाब देकर मेरी सहायता करेंगे?

क्लर्क : ज़रूर, बताइये।

कुणाल : क्या टीडीएस पूरे चालान पर लागू होना चाहिए या सेवा कर को छोड़कर, इसे पेशेवर शुल्क पर ही लगना चाहिए?

क्लर्क : टी.डी.एस. पूरे चालान के मूल्य के ऊपर लागू होगा।

कुणाल : मैं यह जानना चाहता हूँ कि विदेशी कंसल्टेन्ट से व्यावसायिक सलाह लेने पर कितना टैक्स देने वाले व्यक्ति को काटना चाहिए। साथ ही साथ हमें टैक्स काटने के प्रावधान से भी अवगत करायें।

क्लर्क : कृपया यह बताये कि कंसल्टेन्ट किस देश के हैं और किस प्रकार सेवा ली गयी है। आमतौर पर अगर विदेशी कंसल्टेन्ट के पास पैन नबर (उस देश का) है, तब स्रोत पर 10.5575 प्रतिशत टैक्स काटना होता है, अगर नहीं है तब 20 प्रतिशत।

कुणाल : हमारी एक डिजाइन कंसल्टेन्सी कंपनी है। हम इंटेरियर डिजाइनिंग करते हैं। (सामग्री और मजदूर सहित) हमने अभी-अभी सर्विस टैक्स जमा करवाया है, क्या हमें कोई और टैक्स भी देना पड़ेगा?

क्लर्क : अगर कॉन्ट्रैक्ट को वर्क कॉन्ट्रैक्ट 1.6.2007 के अधीन पूरा किया गया है। (1.6.2007 से पहले कोई लेवी नहीं) तो 1.6.2007 से 1.3.2008 तक 2.06 प्रतिशत एसटी और उसके बाद के समय के लिए 4.12% देर से टैक्स चुकाने पर 13% ब्याज।

कुणाल : धन्यवाद!

क्लर्क : शुक्रिया!

116 CONVERSATION WITH CLERK TO PAY TAXES

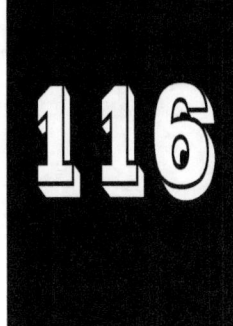

This talk has to be very polite, formal, brief and to the point.

Kunal	:	Sir, I wish to pay Income tax, could you help me with certain queries?
Clerk	:	Sure, go ahead.
Kunal	:	Should TDS be applicable on the entire invoice value or is it only on professional fee excluding Service Tax?
Clerk	:	TDS shall be applicable on full bill value.
Kunal	:	Sir, I want to know about deduction of TDS on professional services taken from foreign consultants and the rate of TDS applicable as well.
Clerk	:	Specify the country and the exact nature of services rendered by consultant. But normally TDS is deductible @ 10.5575% if the foreign party has PAN, and 20% if it doesn't have a PAN.
Kunal	:	We are a design consultancy company, we do Interior designing with execution (material and labour) we have just paid service tax, do we have to pay any other tax too?
Clerk	:	Execution of contracts could be under works contract w.e.f. 1.6.2007. prior to that, no levy. Composition applicable for period from 1.6.2007 to 1.3.2008 is + 2.06% ST and thereafter 4.12% on receipt of money basis. Interest on delayed payment is 13%.
Kunal	:	Thank you so much for your help.
Clerk	:	You are welcome.

117
टेलीफोन पर पूछताछ

इस प्रकार के वार्तालाप विषय के ऊपर निर्भर करते हैं। फिर भी व्यक्ति को विनम्रतापूर्वक, संक्षिप्त और केवल काम की बातें ही पूछनी चाहिए।

आवाज	:	(फोन पर) क्या मैं मिस्टर नागपाल से बात कर सकता हूँ?
उत्तर	:	इस समय वह यहाँ नहीं हैं। क्या मैं आपकी मदद कर सकता हूँ?
आवाज	:	पिछले सप्ताह मैंने साक्षात्कार दिया था। मैं उसके परिणाम के बारे में जानना चाहता हूँ। क्या मैं जान सकता हूँ कि आप कौन बोल रहे हैं?
उत्तर	:	मैं मिस्टर नागपाल की सेक्रेटरी (सचिव) विनीता बोल रही हूँ। मैं आपका नाम, जिस पोस्ट के लिए आपने साक्षात्कार दिया उसका नाम तथा साक्षात्कार की तारीख के बारे में जान सकती हूँ?
आवाज	:	मेरा नाम वेणुगोपाल है, मैंने कम्प्यूटर आपरेटर के पद लिए आवेदन किया है और मेरा साक्षात्कार इस माह की सात तारीख को हुआ था।
विनीता	:	मिस्टर वेणुगोपाल, कृपया एक सेकंड के लिए रुकिये। मुझे देखने दीजिए (रुककर) आप अगले दौर के लिए चुन लिए गये हैं। अगला राउंड इस माह की 21 तारीख को होगा।
वेणुगोपाल	:	धन्यवाद, मिस विनीता।

117

TELEPHONIC ENQUIRY

This conversation has to be very subjective and depends upon the type of enquiry you have to make. Nonetheless, one has be very polite, precise and to the point.

Voice	:	*(on phone)* Can I speak to Mr. Nagpal, please?
Answer	:	He is not here at the moment. May I help you?
Voice	:	I gave an interview last week. I'd like to know the result. May I know who is speaking?
Answer	:	I'm vineeta, Mr. Nagpal's secretary. May I know your good name, the post which you applied for and the date of interview?
Voice	:	My name is Venugopal. I applied for the post of computer operator and I was interviewed on the 7th of this month.
Vineeta	:	Please hold on for a moment Mr. Venugopal, let me check. *(Pause)* you have been shortlisted for the next round which will take place on the 21st of this month.
Venugopal	:	Thanks, Ms. Vineeta.

118 सरकारी नौकरी के लिए साक्षात्कार देना

यह एक साक्षात्कार है इसलिए अभ्यर्थी को विनम्रतापूर्वक उन्हीं सवालों के जवाब देने चाहिए जिनके बारे में उन्हें पूछा गया हो और बेकार की बातों से बचना चाहिए। (अभ्यर्थी स्टेट बैंक ऑफ इंडिया के प्रोबेशनरी ऑफिसर के पद के साक्षात्कार के लिए बुलावे का इंतजार कर रहे हैं।)

चपरासी : मिस्टर के. सी. चावला।

के.सी. : जी, बताएँ।

चपरासी : आपको अन्दर बुलाया गया है। आप साक्षात्कार के लिए जा सकते हैं।

के.सी. : *(दस्तक देकर अंदर प्रवेश करता हैं। इंटरव्यू बोर्ड में साक्षात्कार लेने के लिए के लिए तीन व्यक्ति बैठे हैं।)*

पहला सदस्य : नमस्ते मिस्टर चावला कृपया बैठ जाइये आपका पूरा नाम क्या है?

के.सी. : केशव चन्द्र चावला।

दूसरा सदस्य : (उसके कागज देखते हुए) आपको बैंक में नौकरी करना क्यों पसंद है? अपने परीक्षा में अच्छा प्रदर्शन किया है।

के.सी. : धन्यवाद महाशय। मैं नौकरी के दौरान जिम्मेदारी और चुनौती पसंद करता हूँ।

तीसरा सदस्य : क्या आपका मतलब हैं कि दूसरी नौकरियों में कोई जिम्मेदारी नहीं होती।

के.सी. : हाँ होती है, कुछ में तो ज्यादा होती है लेकिन बैंक एक प्रभावशाली जगह है, क्योंकि यह सबसे शक्तिशाली वस्तु का लेन-देन करती है। बैंक वही होता हैं, जहाँ पैसा होता है।

दूसरा सदस्य : अगर आपको नियुक्त किया जाए तो आप किस पद पर नियुक्त होना चाहेंगे और क्यों?

के.सी. : एक पब्लिक रिलेशन आफिसर के पद पर। मैं लोगों की उनकी मुश्किलों में मदद करना चाहता हूँ। उनका मार्गदर्शन करना और प्रत्येक काम में उन्हें निर्देश देना चाहता हूँ। आप जानते हैं सर हमारा काम काफी उत्सुक्ता भरा और काफी लम्बे समय तक होता है।

तीसरा सदस्य : लेकिन नियमों का कड़ाई से पालन किया जाना चाहिए।

के.सी. : हाँ महाशय, लेकिन समय तथा एक व्यक्ति के हालातों को देखकर कुछ बातों को छोड़ा जा सकता है।

पहला सदस्य : एक अच्छे बैंक को क्या करना चाहिए?

के.सी. : मेरे विचार से महाशय वहाँ काफी पारदर्शिता होनी चाहिए। विनम्रता से बातचीत करना चाहिए स्टॉफ ज्यादा और लम्बी कतारें नहीं होना चाहिए। एक बैंक को काफी रुपये कमाना चाहिए और अपने ग्राहकों को बेहतर सुविधाएँ देनी चाहिए। हमें अपना धैर्य नहीं खोना चाहिए और क्रोध पर काबू रखना चाहिए। बैंक के सभी अधिकारी अच्छे कपड़े पहने हुए तथा काउंटर अच्छे होने चाहिए। जो लोगों की काफी मदद करें।

तीसरा सदस्य : (मुस्कराते हुए) जब आप सेवा में आये तो इसे प्रयोग करें और कोई सुझाव मिस्टर चावला?

के.सी. : महाशय, मैंने विनम्रतापूर्वक अपने विचारों के बारे में बताया था। कृपया इसे अन्यथा नहीं लें। शायद मैं कुछ ज्यादा कह गया।

पहला सदस्य : ठीक है मिस्टर चावला, आपको परिणाम के बारे में आगामी सप्ताह में सूचना दी जायेगी। अब आप जा सकते हैं।

के.सी. : धन्यवाद महाशय!

118 GIVING INTERVIEW FOR A PSU

 In interview, the candidate has to be polite, brief and precise while answering the questions that have been asked and avoid talking anything extra or frivolous. [Candidates waiting to be interviewed for the post of Probationary Officer at SBI]. A 'PSU' stands for a Public Sector Unit.

Peon	:	Mr. K.C. Chawla.
K.C.	:	Yes, please.
Peon	:	Go in, please.
K.C.	:	*(knocks and enters; three persons are sitting in the interview board)* Good morning, gentlemen.
1st Member	:	Good morning Mr. Chawla, please sit down. Your full name?
K.C.	:	Keshav Chandra Chawla.
2nd member	:	*(looks at papers)* Mr. Keshav, what made you interested in a bank job? You have done well in your exam.
K.C.	:	Thanks, Sir. I like responsible and challenging jobs, sir.
3rd member	:	You mean to say other jobs carry no responsibility.
K.C.	:	Of course they do, sir, some even more but a bank is a powerful place because it deals with the most powerful commodity money. A bank is where money is.
2nd member	:	If you're appointed what kind of post would you like to hold and why?
K.C.	:	A post like that of PRO. I like to help people with their difficulties, guide them, instruct them in any and every way. You know sir, our paper work is so ardors and so long.
3rd member	:	But rules are to be strictly adhered to.
K.C.	:	Yes, sir but seeing the age and circumstances of a person some minor things can be overlooked.
1st member	:	How do you think a good bank should operate?
K.C.	:	In my humble opinion sir, there should be more transparency. More polite and helpful talk, more staff and subsequently no long queues. A bank should earn good money and give quality service to its clients; we should never lose our patience or temper. Smartly dressed people and smart counters help a lot.
3rd member	:	*(smiles)* Good, try that when you are in service. Any more suggestions Mr. Chawla?
K.C.	:	Please sir, I was only giving my humble views, don't take it otherwise. May be I talked too much.
1st member	:	It's alright Mr. Chawla. You'll be informed about the result next week. You can go now.
K.C.	:	Thank you, gentlemen.

119 खिलाड़ियों का कोच के साथ बातचीत

इस प्रकार के वार्तालाप में एक कोच को अपने खिलाड़ियों की प्रेरणादायी, उत्साहवर्धक, बहुत ही सटीक और ज़रूरी बातें बतानी चाहिए। दूसरी ओर खिलाड़ियों को कोच के प्रति अत्यंत विनम्र और सजग बने रहना चाहिए।

प्रशिक्षक : (मैच आरम्भ होने से पहले टीम के खिलाड़ियों से) हम लोग रणजी ट्रॉफी के तीसरे दौर में प्रवेश कर जायेंगे। दूसरी टीम काफी शक्तिशाली है इसलिए तुमलोग शुरू से ही आक्रामक हो जाओ।

एक खिलाड़ी : आप मेरी परेशानी जानते हैं, जिस समय मैं बॉल को मारना चाहता हूँ, मैं प्राय: आउट हो जाता हूँ।

प्रशिक्षक : हाँ, मुझे यह कहते हुए खेद है कि तुम्हारे लिफ्ट स्ट्रोक में कमी है। अगर तुम अपना प्रोफाइल 'लो' रखो तो इस प्रकार ज्यादा रन जोड़ सकोगे। तुम खाली जगहों में बाल को मारने में विशेषज्ञ हो। तुम बायें हाथ से ड्राइव करना छोड़ दो, इससे कोई फायदा नहीं है। मुझे विशाल से कुछ नहीं कहना हैं। वह एक प्रतिभाशाली खिलाड़ी है। केतन और स्वामी तुम लोग आखिरी खिलाड़ी हो, तुम गेंदबाजी में सिद्धहस्त हो बल्लेबाजी में नहीं।

एक खिलाड़ी : आज बादल छाये हुए हैं। कभी अंधेरा तो कभी प्रकाश छा जाता है। आने वाले गेंद की दिशा के बारे में कभी अनुमान गलत हो सकते हैं।

प्रशिक्षक : ठीक है, उसका एक ही हल है। अन्यथा यह प्रथम श्रेणी खेल की रणनीति है। जैसा कि मैंने आपको कई बार कहा है। अपनी आँखें आने वाली गेंद के ऊपर जमाये रखो, अगर तुमने ऐसा किया तो अगर बॉल सीधी रही तो तुम इसे किसी भी दिशा में मार कर सकते हो। चौके और छक्कों के लिए भी। अगर कोई खतरनाक गुगली तो भी तुम रक्षात्मक बल्लेबाजी कर सकते हो। किसी और को कोई संदेह या प्रश्न है?
(चुप्पी छा जाती है)।
इसलिए खेलो और इस प्रकार खेलो मानो तुम्हारी जिन्दगी जीत पर ही निर्भर करती हो।

119

A COACH TALKING TO PLAYERS

In this kind of conversation, the coach should be very inspiring and encouraging to his players and he should be very precise and to the point. The players, on the other hand must be polite and attentive towards their coach.

Coach	:	*(to a team before beginning of a match)* we'll soon be entering the 3rd round for the Ranji Trophy. The opposite team is very strong, so I want all of you to be aggressive right from the beginning.
One player	:	You know my problem sir, the moment I begin to hit, I'm usually caught out.
Coach	:	Yeah, that's there I'm sorry to say that your lift strokes lack poser, it would be better if you keep a low profile, that way more runs can be scored. You're an expert in hitting the ball in right direction between spaces. So don't lift, keep the ball to ground. *(Looks at another player)* You avoid your left hand drives. It has not paid so far. I have nothing to say to Vishal, he is a brilliant player. Ketan and Swami, you'll be at the tail end. Your specialty is bowling and not batting.
One player	:	It seems a cloudy today. Sudden darkness and brightness sometimes result in wrong judgement of the direction of the oncoming ball.
Coach	:	That is right there is only one solution for that. Even otherwise it is a first class strategy, as I have told you many times also, keep your eyes glued to the oncoming ball, if you can do that then if the ball is straight you can drive it in any direction, even for fours and sixes. If it is a dangerous googly, you can be on defense. Any more doubts or questions? *[Silence]* Then play and play, as if your life depends on victory.

120 शिक्षक कक्षा में पढ़ाते हुए

इस प्रकार के वार्तालाप बहुत ही विशिष्ट और अलग होते हैं। शिक्षक को बहुत ही स्पष्ट, विषय के सार और संक्षिप्त बातें करना चाहिए। विषय को सहज तथा रोचक बनाना चाहिए। विद्यार्थी को भी अपने शिक्षक के प्रति आदर से पेश आना चाहिए।

शिक्षक : हमारा आज का विषय आर्टिक्ल है। ये तीन की संख्या में हैं, जिनके नाम a, an और the है। 'a' और 'an' को इनडिफिनिट आर्टिक्ल कहते हैं जबकि, 'the' को डिफिनिट आर्टिक्ल कहा जाता है।

एक छात्र : महाशय, इन्हें डिफिनिट और इनडिफिनिट आर्टिक्ल क्यों कहा जाता है?

शिक्षक : a और an का प्रयोग किसी भी संज्ञा के पहले किया जाता है। उदाहरण के लिए *(ब्लैकबोर्ड पर लिखते हैं)* I saw a dog. अब यह कोई भी कुत्ता हो सकता है। *(ब्लैक बोर्ड पर लिखते है)* The dog was black in colour. इस प्रकार यह एक निश्चित कुत्ता हो गया। जिसके बारे में पहले भी बताया गया है?

दो छात्र : महाशय 'a' और 'an' के प्रयोग में क्या अन्तर है?

शिक्षक : अंग्रेजी में 26 वर्ण होते है, जिनमें 21 consonant तथा 5 vowel a,e,i,o,u होते हैं। (ब्लैक बोर्ड पर लिखकर बताते हैं।) जिस शब्द की शुरुआत vowel से होती है, जैसे egg के आगे 'a' का नहीं 'an' का प्रयोग किया गया है।

दूसरा छात्र : लेकिन हमलोग an hour क्यों कहते हैं? यह एक consonant है।

शिक्षक : अच्छा सवाल है, लेकिन तुमने मुझे ध्यानपूर्वक नहीं सुना। मैंने कहा कि एक शब्द जिसका आरंभ vowel स्वर से होता है vowel से नहीं *(लिखते हैं।)* इसीलिए हमलोग कहते हैं- an honest man, an ink pot, an heir जिसका इस प्रकार उच्चारण होता है।

दूसरा छात्र : हमलोग 'the' का प्रयोग कहाँ करते हैं?

शिक्षक : इसका प्रयोग हम लोग नदियों के नाम, समुद्र, महासागर, पर्वत शृंखलाओं, द्वीपों तथा देशों के नाम के पहले करते हैं। हमलोग proper noun के पहले 'the' का प्रयोग नहीं करते हैं। बस, आज के लिए इतना ही।

120 A TEACHER TEACHING IN THE CLASS

This type of conversation is very exclusive and different. The teacher has to be very clear, subjective and precise. At the same time, he/she should be able to make the subject simple and interesting to the students. The students also have to be very attentive and polite to their teacher.

Teacher	:	Our today's topic is articles which are three in number, namely a, an and the. They are used before nouns. 'A' and 'an' are called indefinite articles while 'the' is known as definite article.
First student	:	Sir, why are they called definite and indefinite?
Teacher	:	'A' and 'an' are used for any noun which is one in number. For example, *(teacher writes on blackboard)* I saw a dog. Now it can be any dog, not a definite one. But if you refer to the same dog again and say *(again writes on blackboard)* the dog was black in colour; then it becomes a definite dog because it has already been referred to.
Second student	:	What is the difference between the use of 'a' and 'an', sir?
Teacher	:	There are 26 alphabets in English language, 21 consonants and 5 vowels namely a, e,i,o,u. *(writes on blackboard)* A word that begins with a vowel sound, say, egg, will take article 'an' before it, e.g., an egg.
Second student	:	But we say an hour, sir, Why? It is a consonant.
Teacher	:	Good question, but you didn't listen to me carefully. I said a word that begins with a vowel sound and not vowel. That is why we say – an honest man, an inkpot, an heir which is pronounced as air.
Second student	:	Where do we use 'the', sir?
Teacher	:	There are many rules but I'll mention some important ones. We use 'the' before the names of rivers, sea, oceans mountain ranges, islands, countries with plural names, scriptures etc. we don't use the before proper nouns. That's all for today.

121 चर्च में पादरी के समक्ष पापस्वीकारोक्ति

इस प्रकार की बातें (दोष स्वीकारोक्ति) केवल चर्च में होती है। जो व्यक्ति दोष स्वीकार करता है वह विनम्रतापूर्वक स्पष्ट रूप से अपना दोष स्वीकार करता है। दूसरी ओर पादरी चौकस होकर सारी बातें सुनता है उससे प्यार से बातें करता है।

(चर्च में एक व्यक्ति घुटने टेककर अपनी गलती स्वीकार कर रहा है। बातें करते हुए और उसके बीच एक दीवार है।)

व्यक्ति : फादर, मैं घोर पापी हूँ। कृपया मुझे माफ करें। मैं बहुत बेचैन हूँ। मैं बिना गोलियाँ खाये सो नहीं सकता हूँ और सारा दिन मेरा अपराध मुझे धिक्कारता रहता है। मैं धनी और शक्तिशाली हूँ लेकिन इससे मुझे शान्ति नहीं मिलती।

पादरी : तुमने क्या किया है? बच्चे बिना किसी डर और भय के तुम मुझे बताओ। तुम ईश्वर के घर में हो यहाँ कोई भी पापी नहीं है और मैं तुम्हारा न्याय करने वाला नहीं हूँ। न्याय देने की शक्ति केवल ईश्वर के हाथों में है, इसलिए बोलो बेटे।

व्यक्ति : मैंने धन और प्यार में अपने दोस्त को धोखा दिया है।

पादरी : कहते जाओ पुत्र।

व्यक्ति : हम बचपन के साथी थे, हम लोगों ने एक व्यापार शुरू किया। मेरे मन में दोस्त की पत्नी के प्रति आसक्ति पैदा हो गई। वह इस बात को जान गई। उसने मेरे प्रति न तो अपना पक्ष जाहिर किया और न ही विरोध जाहिर किया। जब मैं उसे बहुत प्यार करने लगा तो उसने मुझसे धन मांगा। उसने जितना माँगा मैंने उसे दिया लेकिन शीध्र मैं उसकी मांगें पूरी नहीं कर सका। इस प्रकार मैंने दोस्त के प्रति बेईमानी की।

पादरी : अब वह कहाँ है?

व्यक्ति : उसने हम दोनों को छोड़ दिया और मेरा दोस्त कंगाल हो गया। मेरे धोखा देने से वह चिंता की स्थिति में अस्पताल में पड़ा है।

पादरी : बेटे क्या तुम विवाहित हो?

व्यक्ति : हाँ मेरी पत्नी गहरी चिंता में डूबी है। मुझे नहीं मालूम कि क्या करना चाहिए? सब भ्रमित, परेशान और कष्ट में है।

पादरी : बेटे तुम्हें शान्ति मिले। जब से तुमने गलतियों को स्वीकार किया है, मैं तुम्हें ईश्वर की तरफ से क्षमा करता हूँ, दोबारा पाप मत करना। अपनी पत्नी और दोस्त से क्षमा मांगो। तुम्हारे ऐसा करने से जो धन की क्षति हुई थी उसकी पूर्ति करो, अस्पताल में उसकी देखभाल करो जब तक वह स्वस्थ नहीं हो जाता।

व्यक्ति : नीचे झुककर, फादर कृपया मुझे माफ कर दीजिए।

पादरी : अमीन! बेटे तुम्हें शान्ति मिले और ईश्वर तुम्हें माफ करें।

121 CONFESSION TO FATHER IN A CHURCH

This kind of conversation takes place in churches. The ones who confesses has to be clear, concise and polite. The Father (priest), on the other hand, is very attentive, living and caring in his talks. [A man is kneeling in confession in a church. There is a partition between him and the priest or father, who is listening and talking to him.]

Man	:	I have gravely sinned father, please forgive me. My soul is restless, I cannot sleep without tablets and throughout the day guilt is eating me like a worm. I am rich and powerful but it is of no consolation.
Father	:	What have you done? Speak to me, child without fear for you are in the house of God. Nobody is a sinner here and it is not for me to judge you. Power of judgment rests with God. So, speak.
Man	:	I have betrayed my friend in money and in love.
Father	:	Keep on talking, my son.
Man	:	We were childhood friends, we established a business together. The business ran well but I developed a weakness for my friend's wife. She knew it. She showed neither favour nor disfavour. When I was deeply involved with her, she asked me for money. I gave her what she asked for but soon I couldn't meet her demands, so I bungled the accounts of my friend.
Father	:	Where is she now?
Man	:	She has left both of us and my friend is bankrupt. Betrayed by me, he is in a shocked state in a hospital.
Father	:	Are you married, son.
Man	:	Yes and my wife is also grief-stricken. I just don't know what to do. It is all confusion, chaos and misery.
Father	:	Peace be onto you, son. Since you have confessed, I forgive you in the name of God. Don't sin again. Do penance. Ask for forgiveness from your wife and your friend; compensate him for the financial loss you have caused. Take care of him in the hospital till he recovers.
Man	:	*(sobs)* Oh! Father forgive me forgive me, please.
Father	:	Amin! Go in peace son for God has forgiven you.

122 केमिस्ट से दवाई की खरीदारी

इस प्रकार के वार्तालाप में ग्राहक को विनम्रतापूर्वक आवश्यकतानुसार काम की बातें करनी चाहिए। दूसरी तरफ दुकानदार को काफी विनम्र, चौकस तथा सावधान रहना चाहिए।

ग्राहक : क्या आप मुझे ये दवाइयाँ दे सकते हैं? *(उसे दवाइयों की एक पर्ची सौंपता है)*

केमिस्ट : नहीं महाशय ये अनुसूचित 'एल' ड्राप बिना चिकित्सक की पर्ची के नहीं दी जा सकती, आप इसे ओटीसी काउंटर से नहीं खरीद सकते।

ग्राहक : यह ओटीसी *(ओवर द काउंटर)* क्या है?

केमिस्ट : काउंटर पर कुछ विशेष प्रकार की दवाइयाँ जैसे दर्द निवारक, कुछ एन्टी बायोटिक्स पेट और सिर दर्द से जुड़ी दवायें या पाचन सम्बधी दवाइयाँ आप खरीद सकते हैं।

ग्राहक : मैंने जो आपको दिखायी, वे कौन-सी दवाइयाँ हैं?

केमिस्ट : *(पर्ची देखकर पढ़ता है)* जोलफ्रेश 10mg पेहिल 5mg, सेरेवेस 25mg सभी दवाइयाँ दिमाग की है और डिप्रेशन और एंग्जाइटी डिस्ऑर्डर से जुड़ी हैं। कोई भी दवा विक्रेता आपको ये दवाइयाँ बिना चिकित्सक की पर्ची के नहीं देगा।

ग्राहक : मैं समझ गया वास्तव में मेरी पर्ची खो गई है फिर मैंने डाक्टर को फोन किया। उन्होंने दवाइयों के नाम बताये जिसे मैंने लिख लिया।

केमिस्ट : कृपया आप डाक्टर के नजदीक जाकर उसकी पर्ची पर दवा के नाम लिखवा लें।

ग्राहक : ठीक है, लेकिन आप मुझे क्रोसिन और जिनटेक दे सकते हैं क्या?

केमिस्ट : ज़रूर, कितने दूँ?

ग्राहक : प्रत्येक पाँच। मुझे एक अच्छा कफ सिरप भी दीजिए।

केमिस्ट : बेनाड्रिल ले जाओ यह बहुत अच्छी है, यह गले के सभी परेशानियों को ठीक करता है। आप नोवाकलोकस भी ले सकते हो, यह एक एंटीबायोटिक है लेकिन इसके लिये डाक्टर से परामर्श करना उचित रहेगा।

ग्राहक : धन्यवाद, मुझे सिरप और टेबलेट दीजिए, बाकी दवाइयों की मैं पर्ची बनवा लूँगा।

122. BUYING MEDICINES FROM A CHEMIST

 In this type of conversation, the customer has to be polite, clear and to the point as to what he/she requires. The chemist, on the other hand has to very polite, attentive and careful of the words he/she uses while dealing with the customers.

Customer	:	Can you give me these medicines? *(Hands him over a paper)*
Chemist	:	No sir, these are schedule 'L...' drops which can't be given without a physician's prescription you can't buy them OTC.
Customer	:	What's OTC?
Chemist	:	Over the counter. Certain drops like pain killers, some antibiotics, stomach and headache or digestion medicines you can buy right away.
Customer	:	What about the medicines I have showed you.
Chemist	:	*(Reads from the paper)* These are zolfresh 10mg, pehil 5mg, serevace 25mg. These are all medicine concerned with mind for sleep depression and anxiety disorders. No chemist will give these to you without medical prescription.
Customer	:	I see. Actually I lost the prescription. Then I phoned the doctor, he named the medicine and I wrote them down.
Chemist	:	Please, go to the doctor again and have them prescribed.
Customer	:	Ok, but you can give me Crocin and Zintec.
Chemist	:	Sure, how many?
Customer	:	Five each. Also give me some good cough syrup.
Chemist	:	Take Benadryl, it is a good one, cures all sorts of throat disorders. You can have pack of Novaclox as well, it is an antibiotic but better consult a doctor for it.
Customer	:	Thanks, give me the syrup and tablets, the rest I'll get prescribed.

123

टेलीविजन से खरीदारी

टेलीविजन खरीदारी का एक बेहतर माध्यम है। इसका इस्तेमाल कर हम तुरंत और आसानी से अपनी ज़रूरतों के सामान खरीद सकते हैं।

(घर में बैठा एक दम्पत्ति टी. वी. पर आ रहे टेलीशॉपिंग के प्रोग्राम देख रहे हैं)

अनिता : कितना सुन्दर हार है राहुल। इसकी कीमत 1998 रुपये है, इसके साथ में वे इयररिंग, चूड़ियों का सेट तथा फैंसी रिस्ट बैंड भी दे रहे हैं।

राहुल : क्या वे तुम्हें पसंद हैं? अगर वे तुम्हें अच्छी लगी, तो तुम उन्हें खरीद सकती हो।

अनिता : हाँ, यह ऑफर केवल आज भर के लिए है। राहुल क्या तुम टी.वी. के स्क्रीन पर फोन नम्बर पढ़कर बताओगे?

राहुल : हाँ, इसका दिल्ली का नम्बर 011-22348567 है। एक मिनट अनिता, तुम क्या सोच रही हो वे जैसी स्क्रीन पर दिख रही हैं, क्या सचमुच वे वैसी ही होगी?

अनिता : तुम फिक्र न करो। ये लोग विश्वसनीय होते हैं। मेरी कई सहेलियाँ उनसे ज्वेलरी की वस्तुएँ खरीदती हैं और अब तक उसमें कोई शिकायत नहीं आयी है।

राहुल : *(फोन करती है)* ठीक है, फिर तो तुम उसे खरीद सकती हो।

अनिता : हैलो, मैं दिल्ली से बोल रही हूँ। मेरा नाम अनिता है। इस समय मैं आपका होम शापिंग प्रोग्राम देख रही हूँ। यह एक हार और कुछ दूसरी वस्तुएँ हैं।

विक्रेता : *(दूसरी ओर से)* हाँ मेम, मैंने एक प्रोग्राम प्रदर्शित किया है। क्या आप कोई आर्डर दे रही हैं?

अनिता : हाँ।

विक्रेता : मेरे पास आपका नाम और मोबाइल नम्बर है। कृपया आप मुझे अपना पता और वस्तु का आइटम कोड नम्बर बताएँगी।

अनिता : एक पल के लिये रुको। आइटम कोड का नम्बर कहाँ है?

विक्रेता : सावधानीपूर्वक स्क्रीन के कोने की ओर देखें। वहाँ कुछ शब्द आइटम कोड के रूप में स्पष्ट दिखाई पड़ रहे होंगे।

अनिता : हाँ, ... हाँ मैं उसे देख रही हूँ। कृपया इसे लिखें। यह 3489 है।

विक्रेता : धन्यवाद और आपके घर का पता।

अनिता : *(पता बताती है)* मेरा टेलीफोन नम्बर नोट कर लो। यह 24367892 है।

विक्रेता : धन्यवाद। हम सात दिनों में समान की डिलीवरी कर देंगे।

अनिता : ठीक है, और इसकी भुगतान?

विक्रेता : जैसे ही आपको समान मिलेगा। कृपया समान पहुँचाने वाले को 1998 रुपये का भुगतान कर दीजिये। इसकी रसीद सावधानीपूर्वक रखियेगा।

अनिता : धन्यवाद, हमलोग सामान के डिलीवरी की प्रतीक्षा करेंगे।

123

TELESHOPPING

Television is a medium of buying and we can make use of it to fulfil our requirement in quick and easy way.

(A couple is watching a teleshopping programme at home.)

Anita : What a beautiful necklace, Rahul .The price is Rs.1,998. They are also offering a free bangle set, earrings and that fancy wrist band.

Rahul : Do you like them? If you fancy them, you can buy them.

Anita : Well the offer is for today only. Will you read the phone number for me, Rahul?

Rahul : Well, The Delhi number is 011-22348567. Do you think they will be as good as they look on the screen?

Anita : Don't worry, Rahul. These people are reliable. Many of my friends have purchased jewellery items from them and so far there have been no complaints.

Rahul : Ok. Go ahead then.

Anita : *(rings)* Hello! Well I'm speaking from Delhi. My name is Anita and right now I'm seeing your home shopping programme. It's a necklace and some other items.

Salesman : *(from other end)* yes, ma'm. I have the programme displayed before me as well. Would you like to place an order?

Anita : Yes, please.

Salesman : I have your name and phone number. Please tell me your postal address and also the item code number.

Anita : Hold on for a moment. Where is the item code number?

Salesman : Please look carefully at the left corner of the screen. The words are clearly displayed there as item code number.

Anita : Yes, yes I see them. Please write the number, it is 3489.

Salesman : Thanks, and your address please.

Anita : *(tells the address)* Please note down my landline number also. It is 24367892.

Salesman : Thanks. We shall make the delivery within seven days.

Anita : Alright, and the payment?

Salesman : As soon as you get, the delivery. Kindly pay the amount of Rs.1998 to the delivery man. Please, keep the receipt carefully.

Anita : Thanks, we'll waiting for the delivery.

124
बिग बाज़ार में खरीदारी

बाज़ार वह जगह है जहाँ वस्तुओं की खरीद-बिक्री की जाती है। यहाँ थोड़ा कोलाहल ज़रूर होता है परन्तु यह जगह दिलचस्प होती है।

(पति और पत्नी एक अखबार में पुराने समान के बदले नये समान लेने का विज्ञापन देखते हैं। वे अपनी वस्तुओं को कार में लेकर बिग बाज़ार में पहुँचते हैं।)

राजीव	:	(प्रवेश द्वार पर खड़े गार्ड से) हम लोगों को अपने पुराने सामान नये समान से बदलना है। किधर से जायें?
गार्ड	:	कृपया सीधा जायें, उसके पश्चात् बाईं ओर वह जगह आपको मिल जाएगी।
राजीव	:	धन्यवाद!
एक मुलाजिम	:	(जैसे ही वे उस जगह पर पहुँचते हैं) कृपया अपनी कार यहाँ खड़ी करें।
राजीव	:	लेकिन फिर हम अपने सामान लेकर कैसे जायेंगे? समान अदला-बदली करने वाला काउंटर यहाँ से दूर है।
मुलाजिम	:	चिन्ता न करें महाशय, हमलोग आपकी सहायता करेंगे।
		(वे उस जगह पहुँचते हैं।)
पत्नी सुनीता	:	लोग यहाँ कितनी पुरानी और बेकार वस्तुओं को लेकर आते हैं। हमारी इच्छा अपने पुराने फ्रिज को यहाँ लाने की भी है।
राजीव	:	तुम ठीक कहती हो। इसमें बिजली की बहुत खपत होती है। लेकिन कार में जगह नहीं बची थी। उस आदमी की ओर देखो जो हमारा सामान ला रहा है। मैं उस व्यक्ति के साथ जा रहा हूँ, ताकि समान कहीं खो न जाये। तुम यहीं खड़ी रहो। हम अपना सारा सामान यहीं रखेंगे। (एक घंटे के अन्दर उनके समानों की कीमत आँकी जाती है और उन्हें नये समान खरीदने के कूपन दिए जाते हैं)
सुनीता	:	(अब खरीदारी के लिए) मैं खुश हूँ कि हमलोगों ने जमकर नास्ता किया था। यहाँ काफी वक्त लग सकता है।
राजीव	:	(एक कर्मचारी से) क्या आप मुझे बताएँगे किस दरवाजे से हमें सामान खरीदने के लिए प्रवेश करना चाहिए।
कर्मचारी	:	बीच वाले रास्ते से। आप देखेंगे जहाँ से काफी लोग अन्दर जा रहे हैं।
राजीव	:	धन्यवाद!
सुनीता	:	(अन्दर में) ओह! कितनी बड़ी जगह है और बहुत सारी वस्तुएँ हैं। ऐसा प्रतीत होता है यहाँ तीन या चार मंजिलें हैं। (एक विक्रेता से) - किचन सम्बन्धी वस्तुएँ कहाँ मिलती हैं?
विक्रेता	:	मैडम आपको यह दाहिनी ओर मिलेगी। सभी समानों के उपर साइनबोर्ड लगे हैं।
राजीव	:	सुनीता मैं वाशिंग मशीन और फ्रिज के लिये जा रहा हूँ। भूल मत जाना। सारा काम खत्म हो जाने पर इलेट्रॉनिक्स वस्तुओं की ओर पहुँच जाना।

विक्रेता : क्या मैं आपकी मदद कर सकता हूँ? आप क्या तलाश कर रहे हैं?

राजीव : वाशिंग मशीन और फ्रिज।

विक्रेता : ठीक है, मेरे साथ आइए, *(दूसरे सेल्समैन से)* कुछ फ्रिज और वाशिंग मशीन इन्हें दिखाओ।

दूसरा विक्रेता : 5 के.जी. कैपेसिटी की कोरिया की बनी हुई कोरयो वाशिंग देखिये। इसे देखिये यह कितनी मजबूत है। इसमें दो ढक्कन हैं। इसकी कीमत महज 5000 रुपये हैं। *(वह वाशिंग मशीन की खूबियों को समझता है।)*

राजीव : यह मुझे अच्छी लगी, मैं इसे खरीदूँगा। क्या इसकी पेमेंट यहाँ की जायेगी?

विक्रेता : नहीं महाशय, आप कृपया अपना नाम, पता और मोबाइल नम्बर मुझे बताइये। क्या आप वहाँ पेमेंट काउंटर देख रहे हैं। मशीन को पैक करके वहाँ भेज दिया जायेगा। इस मशीन के साथ एक रूम हीटर मुफ्त दिया जा रहा है।

राजीव : धन्यवाद!

सुनीता : *(कीचन सेक्शन में सेल्समैन के साथ)* यह फ्राइंग पैन कितने रुपये का है?

सेल्समैन : *(कीमत दिखाकर)* इसकी कीमत केवल 700 रुपये है। यह नॉनस्टिक तथा अच्छी क्वालिटी का है।

सुनीता : इस डिनर सेट की कीमत ..... ?

ग्राहक : कृपया इसे इत्मीनान होकर पसंद करें। प्रत्येक वस्तु के साथ उसकी कीमत लगी हुई है। अगर आप को किसी प्रकार की सहायता की ज़रूरत हो तो मुझे बुलायें।

सुनीता : *(कुछ वस्तुएँ पसंद करने के पश्चात)* मैंने इन्हें पसंद किया है, अब क्या करूँ?

विक्रेता : मुझे अपने नाम वैगरह बताइये। यह हर चीज कम्प्यूटराइज्ड है। आप उस भुगतान काउंटर पर पहुँचें वहाँ आपको सारा समान मिल जायेगा।

सुनीता : धन्यवाद! *(राजीव से काउंटर पर मिलती है)* तुमने क्या खरीदा?

राजीव : वाशिंग मशीन, हम अगली बार फ्रिज खरीद सकते हैं।

काउंटर मैम : आपका और आपकी पत्नी का नाम क्या है? मैं रसीद बना रहा हूँ। ठीक है आपने 8000 रुपये का सामान खरीदा है। अगर आप और 2 हजार रुपये के सामान खरीदेंगे तो आपको दस प्रतिशत की छूट मिलेगी। आपके लिए एक अच्छा अवसर है।

राजीव : धन्यवाद, फिर कभी।

काउंटर मैन : यह एक पुस्तक इनाम के तौर पर आपको दी जा रही है। भविष्य में खरीदारी करते समय आपको छूट दी जायेगी। कृपया अगली बार जब आप यहाँ आयें, तो इसे अपने साथ लायें। यह रहा आपका बिल।

राजीव : यह सेल्स टैक्स क्यों?

काउंटरमैन : अच्छा, कुछ दुकान इसे अपने अपने बिल में शामिल करती है। मगर हम ऐसा नहीं करते। हाँ एक बात और, यह एक लकी कूपन है। मुझे शुक्रवार को फोन करना आप एक कार जीत सकते हैं। *(मुस्कुराता है)*

राजीव : *(मुस्कराते हुए)* धन्यवाद, ये रहे रुपये। क्या हमलोग क्रेडिटकार्ड से भुगतान कर सकते हैं?

काउंटरमैन : अवश्य, आप ऐसा कर सकते हैं। वास्तव में बहुत से लोग ऐसा करना पसंद करते हैं। *(राजीव और सुनीता एक सहायक के द्वारा खरीदे गये वाशिंग मशीन को ट्राली में लेकर बाहर निकलने वाले रास्ते की ओर पहुँचते हैं। वहाँ एक गार्ड रसीद देखकर खरीदे हुए समान की जाँच करता है। सहायक उनके सामान को कार में रख देता है, जहाँ से वे अपने घर चले जाते हैं।)*

124

SHOPPING AT BIG BAZAAR

The big bazaar or market place where trade takes place is noisy and haphazard yet interesting, captivating, colourful and interactive.

(A husband and wife come across an advertisement in the newspaper regarding exchange of old things for new. They load their things in their car and reach big bazaar.)

Rajiv (Husband) : *(to the guard at entrance)* We have to exchange our old things for new. Which way to go?

Guard : Please go straight and then left you'll find the place.

Rajiv : Thanks.

An attendant : *(when they reach the place)* Please park your car here.

Rajiv : But then how shall we carry our goods? The exchange counter looks far away.

Attendant : Don't worry sir. We'll help you.

(They reach the spot)

Sunita (Wife) : What an odd variety of things people have brought here. I wish we had brought our old fridge too.

Rajiv : You're right. It consumes a lot of electricity. But then there was no room in the car. Look that guy is bringing our things. I'm going to be with him so that our things are not misplaced. You keep standing here; we'll dump all our things here.

(within an hour their things are valued and they are given purchase coupons)

Sunita : (Now ready for shopping.) I'm glad we' had a heavy breakfast because it is taking time to shop here.

Rajiv : *(to an employee)* could you please tell me which door to enter, we want to make purchases.

Employee : The middle one. You see a lot of people are entering from there.

Rajiv : Right, Thank you.

Sunita : *(inside)* Oh! What a big place and so many items! It seems to have three or four floors. *(To a salesman)* Where is the kitchen section?

Salesman : You'll find it on the right hand side madam. There are sign boards all over the place.

Rajiv : Sunita I going to look for washing machine and fridge. Don't get lost. When you're finished, reach the electronic goods section.

A salesman : May I help you, sir? What are you looking for?

Rajiv : Washing machine and fridge.

Salesman : Right sir, come with me. *(To another salesman)* Show some washing machines and fridges to sir.

Salesman	:	This Koryo washing machine from Korea is with a 5kg capacity. Look, sir how sturdily it is build. It has two lids. The price is only 5000/- . *(Further explains about the machine)*
Rajiv	:	It seems good to me. I'll buy it. Is the payment to be made here?
Salesman	:	No sir. Please tell me your name, home address and phone number. Do you see that payment counter there? The machine will be packed and sent there. Also with this machine there is a free room heater.
Rajiv	:	Thanks.
Sunita	:	*(to the salesman in kitchen section)* How much is this frying pan?
Salesman	:	*(shows him the piece)* It is only Rs700. It's a good quality non stick and....
Sunita	:	What about this dinner set?
Salesman	:	Please feel free to check and select them. All items have price tags attached to them. If you need any help. Call me.
Sunita	:	*(makes some purchases)* Well I have selected these ones. What now?
Salesman	:	Please tell me your name etc. Everything is computerized here. Reach that cash counter over there and you'll find your goods.
Sunita	:	Thanks *(meets Rajiv at the counter)* what have you bought?
Rajiv	:	Only a washing machine. Fridge may be next time we can buy.
Counterman	:	What is your and your wife's name, sir? I'm typing out the receipts. Well! You have purchases worth Rs 8000/-. If you buy for two thousand rupees more of goods, you'll be given ten percent discount. It's a good opportunity.
Rajiv	:	Thanks, but some other time.
Counterman	:	Here is a book to keep reward of your purchases in future so that you can get a discount. Please bring it with you when you come next. Today's entries have been made. Here is your bill.
Rajiv	:	Why this sales tax?
Counterman	:	Well, it has to be paid. Some shops include it in the selling price. But we don't. One thing more sir, here is a lucky coupon. Ring me this Friday. You may win something, even a car. *(smiles)*
Rajiv	:	*(smiles)* Thanks, here is the money. By the way can we pay with credit card also?
Counterman	:	Of course you can. Actually a lot of people prefer that mode of payment. *(Rajiv and Sunita collect their purchases; the washing machine is being carried on a trolley by an attendant. They are checked by a guard at the exit gate and having their things placed in their car, they leave for home.)*

▶ वार्तालाप

125

जन्मदिन की पार्टी

सकारात्मकता के साथ लोगों से जुड़ने तथा सामाजिक आवश्यकताओं की पूर्ति करने के लिए ऐसे आयोजन किये जाते हैं।

(शाम के समय पार्टी जारी है कुछ बच्चे अपने माता-पिता और दादा-दादी के साथ वहाँ उपस्थित हैं)

संदीप : वेलकम, मिस्टर खन्ना, मैं आपको काफी लम्बे समय के बाद देख रहा हूँ। कैसे हैं आप?

मिस्टर खन्ना : मैं ठीक हूँ मगर इस उम्र में कुछ स्वास्थ्य सम्बन्धी परेशानियाँ हो जाती हैं। हाँ, यह मुस्कान के जन्मदिन का उपहार है। वह कहाँ है?

संदीप : वह वहाँ पर है। हैलो मिस्टर हरीश, आप कैसे हैं? कृपया इधर आकर बैठ जायें। कुछ ड्रिंक्स वैगरह लें। *(एक बच्चे से)* तुम अवश्य ही पुष्कर हो, मुस्कान के सहपाठी। जाओ वह वहाँ पर है।

रितु : आपका स्वागत है मिसेज जैन, आप कैसी हैं?

मिसेज जैन : मैं ठीक हूँ धन्यवाद!

रितु : आप शायद ही कभी यहाँ आती हैं।

मिसेज जैन : तुम जानती हो रितु, हम यहाँ से काफी दूर शिफ्ट कर गये हैं। इसलिये मैं यहाँ बार-बार नहीं आ पाती। कृपया मुस्कान के लिए उपहार स्वीकार करें।

रितु : धन्यवाद! मैं आशा करती हूँ कि मिस्टर जैन ठीक होंगे। कृपया बैठ जाइये।
(संदीप उम्रदराज लोगों की देखभाल कर रहे हैं जिनमें से कुछ उनके मित्र हैं। रितु बच्चों के लिए खेल का आयोजन कर रही है।)

रितु : अब तुम लोग ताजगी प्राप्त करने के लिए कुछ ड्रिंक्स और स्नैक्स आदि ले सकते हो, जिससे तुम्हें म्यूजिकल चेयर और पिलो गेम्स के लिए कुछ स्फूर्ति आ जाये। *(बच्चे खेलने में व्यस्त हैं। वहाँ हँसने खिलखिलाने के लिए बहुत कुछ है। कुछ लड़ते भी हैं।)*
रितु दक्षतापूर्वक ऐसी स्थितियों को संभालती है। इसी बीच बर्थडे केक लाया जाता है। सभी दोस्त केक के निकट उपस्थित होते हैं। मोमबत्तियाँ जलाने के बाद मुस्कान उसे बुझा देती है।

सभी : हैप्पी बर्थडे ..... मुस्कान!
(मुस्कान सभी को धन्यवाद देती है। केक काटने के बाद उसके टुकड़े सभी बच्चों में बाँट दिए जाते हैं फिर सभी बच्चे दूसरे खेलों में व्यस्त हो जाते हैं।)

महिला अतिथि : *(दूसरे से)* रितु बच्चों के खेल में बहुत चालाक है। देखो वह कैसे सबको संभाल रही है और वह उसे पसंद भी करती है।

दूसरी अतिथि : हाँ, अब वे रितु के यहाँ आने में हमेशा आगे रहेगी। वह लम्बे समय से वैसे इवेंट का आयोजन कर रही है। तुमने उसकी बेटी खुशी को देखा कितनी प्यारी है वह!

महिला अतिथि : हाँ, लेकिन मुस्कान उससे भी कम नहीं है। तुम्हें पता है वह मेरे बेटे विवेक की सहपाठी है।
(कुछ देर के बाद पार्टी खत्म हो जाती है। बच्चे रितु और संदीप के हाथों अपने-अपने उपहार लेते हैं। मुस्कान और खुशी अपने दोस्तों को विदा करते हैं। बड़ों को भी गर्मजोशी से विदाई दी जाती है।)

125

BIRTHDAY PARTY

A child's birthday party is a sociological need to connect with people and this event has to be dealt with style and positive interaction.

(It is evening. The party has begun; some children are accompanied by their parents or grandparents.)

Sandeep	:	Welcome Mr. Khanna. I'm seeing you after a long time. How are you?
Mr. Khanna	:	I'm fine but there are some health problems in this age, well here is Muskan's gift. Where is she?
Sandeep	:	She is over there. Hello, Mr. Harish, how are you? Please come and be seated, have some drinks. *(To a child)* well, you must be Pushkar, Muskan's class friend, 'go, she is over there.'
Ritu	:	Welcome Mrs. Jain. How are you!
Mrs. Jain	:	I'm fine, Thank you.
Ritu	:	You seldom visit us.
Mrs. Jain	:	You know Ritu. We have shifted to a far off place. That is why I don't visit you so often. Please accept Muskan's gift.
Ritu	:	Thank you. I hope Mr. Jain is fine. Please be seated. *(Sandeep is taking care of elderly people and some of his friends. Ritu is organizing games for children.)*
Ritu	:	Now you can have some drinks and snacks to energize yourself for musical chairs and passing the pillow games. *(Children are busy in playing games. There is a lot of laughter and fun. There are quarrels and also even fisting).* Ritu expertly handles all such situations. In the meantime, the birthday cake arrives. All the guests gather around the cake. After lighting the candles, Muskan blows them out.
All	:	Happy Birthday, Muskan. *(Muskan thanks them all, the cake is cut and pieces are distributed to all the children who got busy with more games.)*
A lady guest	:	*(to another)* Ritu is so clever with children's games see how well she is managing the entire affair, she surely has a way with children and they also like her.
Another one	:	Yes the children are having a whale of time, they always look forward to coming to Ritu's place. She has been organising such events for long. You see her daughter Khushi, how cute she is!
Lady Guest	:	Yes but Muskan is also no less. You know she is a classmate of my son, Vivek. *(After some time party gets over. Children receive their gifts from Ritu and Sandeep. Muskan and Khushi see off their friends. The elderly ones are given a warm good bye by the host couple.)*

126 व्यावसायिक सहयोगियों के साथ डिनर पार्टी

रात्रि भोज (डिनर पाटी) औपचारिक होते हैं और वे सामाजिक शिष्टाचार और संतुलित व्यवहार का उदाहरण भी होते हैं।

(मिस्टर और मिसेज शर्मा गेट के समीप खड़े होकर आने वाले अतिथियों का स्वागत कर रहे हैं।)

मिस्टर संदीप : आपका स्वागत है मिस्टर कश्यप। आपको देखकर मैं बहुत खुश हूँ। आपका भी बहुत –बहुत स्वागत है मिसेज कश्यप। बच्चे कहाँ हैं?

मिसेज कश्यप : वे अपने दादा-दादी के घर गये हैं। आप तो जानते हैं इन दिनों छुट्टियाँ चल रही हैं।

मिसेज रितु : ज़रूर! आपका स्वागत है मिसेज शिवानी। कैसी हैं आप?

मिसेज शिवानी : मैं ठीक हूँ, धन्यवाद! मुबारक हो, आपके पति को नया कांट्रेक्ट मिला है।

मिसेज रितु : धन्यवाद! तुम्हारे पति कहाँ हैं?

मिसेज शिवानी : चिन्ता मत करो, वह थोड़ी ही देर में यहाँ आ रहे हैं।

(शीघ्र ही यह जगह लोगों से भर जाती है और वे खाना खाने के साथ बातें करना शुरू कर देते हैं।)

मिस्टर संदीप वहाँ सब पर नजर रखते हैं। वह अतिथियों से बातें भी कर रहे हैं।

मिस्टर संदीप : *(पानी के काउंटर पर)* इतनी ही गिलासें क्यों? कुछ और गिलासों का इंतजाम करो। वहाँ पानी है न?

मुलाजिम : हाँ महाशय, और भी गिलास आ गई हैं और उनमें पानी भर दिया गया है।

मिस्टर संदीप *(एक वेटर से)* नान खत्म हो रहे हैं क्या बात है? मिस्टर मलहोत्रा को फोन करो।

मिस्टर मलहोत्रा : चिन्ता की कोई बात नहीं है महाशय, हमलोग शीघ्रतापूर्वक काम कर रहे हैं। मिसेज शर्मा ने थोड़ी देर पहले सभी व्यंजनों का स्वाद चखा है। उन्होंने सबको ठीक बताया।

मिस्टर संदीप : अच्छा, हैलो विपुल आप कैसे हैं? खाना कैसा बना है?

विपुल : बहुत अच्छा, सब कुछ ठीक है। मैं खुश हूँ कि यह कांस्ट्रैक्ट आपको मिला। बड़ी मुश्किल स्पर्धा थी। आपको पता है कितनी कम्पनियाँ मैदान में थी?

मिस्टर संदीप : मुझे कुछ आइडिया था जब हमारी फर्म को चुना गया। मुझे अपनी आँखों पर विश्वास नहीं हुआ। अब भी मुझे सब कुछ एक सपने जैसा लग रहा है। आपके साथ क्या चल रहा है।

विपुल (मुस्कराते हुए) : ठीक है, मैं भी कुछ अच्छे फल के इंतजार में हूँ।

मिस्टर संदीप : इंतजार न करो, शुरू करो।

(एक दोस्त और सहयोगी को देखता है।)

क्षमा करें, मैं थोड़ी देर में वापस लौटता हूँ। हैलो ऋषि, नमस्ते भाभी जी मुझे विश्वास नहीं हो रहा है कि आप सभी सिंगापुर से केवल मेरी पार्टी में शामिल होने के लिए यहाँ आये हैं।

मिस्टर ऋषि : *(हँसते हुए)* तुम ठीक कहते हो। मुझे दिल्ली में कुछ काम था। इसलिए मैंने सोचा एक तीर से दो शिकार कर लूँ।

मिस्टर संदीप : हमलोगों ने पिछली बार एक साथ मिलकर काम किया था। यह काफी अच्छा था। अमेरिका के उस अर्किटेक्ट फर्म के साथ क्या हुआ था।

मिस्टर ऋषि : मैंने इस पर काम किया था। मैंने उनसे आपकी फर्म की जोरदार सिफारिश की थी। सब कुछ जल्दी हो गया।

मिस्टर संदीप : धन्यवाद! यह जयपुर एयरपोर्ट की परियोजना फिर भी मेरे लिये बहुत अधिक है। लेकिन सब कुछ एक साथ सम्पन्न हो गया। ऋषि क्या तुम वहाँ उस टेबल के निकट बैठे जैंटलमैन को देख रहे हो। आओ मैं तुम्हारा उससे परिचय कराऊँ। इस आदमी ने दो काम एक साथ पूरा कर दिया।

मिस्टर संदीप : *(उस जैंटलमैन से)* गुड इवनिंग मिस्टर नारायण, आपने यहाँ पार्टी में आकर मेरी काफी शान बढ़ाई है। मेरे दोस्त और मेरे बिजनेस सहयोगी मिस्टर ऋषि से मिलिए। यह सिंगापुर में रहते हैं।

ऋषि : *(हाथ मिलाता है)* आपसे मिलकर मुझे बहुत खुशी हुई।

मिस्टर नारायण : इसलिए आपने ऐसा किया संदीप, मैं खुश हूँ।

मिस्टर संदीप : वास्तव में महाशय, यह आपके लिये नहीं मैं.....

मिस्टर नारायण : कृपया! मैंने इस बात को थोड़ा आगे बदला है, वर्ना यह आपके लिए कठिन कार्य था।

मिस्टर संदीप : ज़रूर महाशय, वह मेरी खुशकिस्मती होगी। कृपया खाना शुरू करें।

मिस्टर नारायण : *(मुस्कराकर)* - इसीलिए मैं यहाँ आया हूँ।
मिस्टर संदीप (अपने सहयोगी से) विनीत, तुम कैसे हो? क्या तुमने खाना खा लिया?

मिस्टर विनीत : हाँ, मैंने कल इमारत बनाने की योजना का निरीक्षण किया था। सब कुछ ठीक है। मिस्टर गुप्ता

मिस्टर संदीप : मैं उनसे बात करूँगा, क्या आपने मुख्य ए.सी. प्रणाली, खिड़की की ऊँचाई, प्रकाश की व्यवस्था आदि भलीभाँति देख लिया था?

मिस्टर विनीत : हाँ, कुछ भी मिस्टर गुप्ता को खुश नहीं कर सके। हमलोग पेशेवर हैं लेकिन वह स्वयं इससे ऊपर देखते हैं।

मिस्टर संदीप : ओह! परेशान मत हो, मैं उन्हे बोल दूँगा। सब कुछ कैसा रहा? सभी लोग मिलजुल कर खुशियाँ मनाएँ। खाना कैसा बना है?

सभी लोग : बहुत अच्छा, *(सभी - मिस्टर संदीप को बधाई देते हैं)* पार्टी खत्म होती है। मिस्टर एंड मिस्टर संदीप सभी को भावभीनी विदाई देते हैं।

संदीप : (एक वृद्ध सज्जन व्यक्ति से) अच्छा विदा मिस्टर खुराना, आपका ड्राईवर कहाँ है?

मिस्टर खुराना : वह आ रहा है। धन्यवाद! यह एक बेहतरीन पार्टी थी।

संदीप : धन्यवाद मिस्टर खुराना, विदा! अपना ख्याल रखना।

126. A DINNER PARTY WITH BUSINESS ASSOCIATES

 Dinner parties are formal and they are also an example of social etiquettes and balanced good behaviour and friendly camaraderie.

Mr. and Mrs. Sharma are standing at the gate and receiving guest.

Mr. Sandeep	: Welcome Mr. Kashyap. I'm so glad that you have come. Welcome Mrs. Kashyap. Where are the kids?
Mrs. Kashyap	: They have gone to their granny's house. You know these are holidays.
Ms. Ritu	: Of course. Welcome Shivani! How are you?
Ms. Shivani	: I'm fine, Thank you. Congratulations your husband has got a new contract.
Ms. Ritu	: Thanks. Where is your husband?
Ms Shivani	: Don't worry; he'll be coming in a while.
	(*Soon the place is crowded and people start eating and talking.*)
	(*Mr. Sandeep is keeping an eye over the place; he is also talking to the guests.*)
Mr. Sandeep	: (*at the water counter*) Why so few glasses, arrange for more. Is there enough mineral water?
Man	: Yes, sir. More glasses have arrived and water is being filled in them.
Mr. Sandeep	: (*to a waiter*) naan supply seems to be short, what's the matter? Call Mr. Malhotra.
Mr. Malhotra	: Don't worry sir, we are working quickly. Dishes were tasted by Mrs. Sharma a short while ago. She has Ok'd them.
Mr. Sandeep	: Good. Hello Vipul how are you? How is the food?
Vipul	: Fine, everything is fine. I'm glad you got the contract. The race was tough. Do you know how many companies were in the fray?
Mr. Sandeep	: I have some idea when our firm was shortlisted. I couldn't believe my eyes. Even now it seems almost like a dream. Anyway how are things with you?
Vipul	: (*smiles*) well I'm pulling on and waiting for a break.
Mr. Sandeep	: Don't wait, attack.
	(Sees a friend and business associate)
	Please excuse, I'll be back in a short while. Hello Rishi, Namaste Bhabhiji, I can't believe you have come all the way from Singapore to attend the party.
Mr. Rishi	: (*laughs*) you're right. I had some work to attend to in Delhi. So I thought I'll kill two birds with a stone.
Mr. Sandeep	: We worked together last time. It was fine. What happened to the collaboration with that architect firm in U.S.A.?
Mr. Rishi	: I'm working on it; I have strongly recommended your firm's name to them. Something will happen soon.

Mr. Sandeep	:	Thanks. This Jaipur airport project is rather too much for me. But all the same, it has clicked. Rishi, do you see that gentleman near that table over there? Come let me introduce you. This man is a winner hands down.
Mr. Sandeep	:	*(to gentleman)* Good evening Mr. Narayana. You have really done me great honour attending this humble party. Meet my friend and business associate Mr. Rishi, he is based in Singapore.
Rishi	:	*(shaking hands)* Glad to meet you, sir.
Mr. Narayana	:	My pleasure. So you have done it Sandeep, I'm glad.
Mr. Sandeep	:	Actually sir, had it not been for you, I would.......
Mr. Narayana	:	Please! I only gave the matter a little push. Otherwise it was your hard work. Drop in at my office tomorrow. We may work out something new together.
Mr. Sandeep	:	Sure sir, that will be an honour. Please have food.
Mr. Narayana	:	*(smiles)* Sure, that's what I have come here for.
Mr. Sandeep	:	*(to his partner)* Hey Vineet, how are you? Have you eaten?
Mr. Vineet	:	Yes, I have. Yesterday, I checked the plan of the building, it seems alright. The owner Mr. Gupta is complaining in vain.
Mr. Sandeep	:	I'll talk to him. Have you checked the central A.C. system, height of window, light arrangement, the cable and air ducts etc.
Mr. Vineet	:	Yes, but nothing seems good to please Mr. Gupta, we are professionals but he thinks himself above everybody.
Mr. Sandeep	:	Oh! Chill out, I'll talk to him. *(To a bunch of guests)* How is everything? Please enjoy yourself. How is the food?
People around	:	Very nice *(all compliment Mr. Sandeep)* *(The party draws to a close. Mr. and Mrs. Sandeep with everyone a hearty good bye and good night)*
Sandeep	:	*(to an old gentleman)* Bye, Mr. Khurana.
Mr. Khurana	:	He is coming all the same. Thanks for your concern. It was a nice party.
Sandeep	:	Thanks, Mr. Khurana and bye, take care.

127

आगरा भ्रमण

पर्यटन स्थल पर जाने के दौरान हमें रास्ते की पूछताछ के लिए वार्तालाप कौशल में प्रवीण होने की आवश्यकता हैं, ताकि लोगों से अच्छी तरह बातचीत किया जा सके।
(दिल्ली के शर्मा जी ने कार द्वारा फतेहपुर सिकरी और ताजमहल देखने का निश्चिय किया है। कार में संदीप शर्मा उनकी पत्नी रितु, दोनों बच्चे मुस्कान और खुशी जिसकी उम्र क्रमश: 11वर्ष और 5 वर्ष तथा संदीप के माता-पिता हैं। वे सभी आगरा जा रहे हैं।)

पापा : संदीप, आगरा पहुँचने में हमें कितना वक्त लगेगा?
संदीप : लगभग पाँच घंटे। अगर हम लोग ताज एक्सप्रेस हाइवे से जायें तो थोड़ा और पहले पहुँच सकते हैं।
पापा : मैं नहीं सोचता कि यह अभी आम लोगों के खुला है। खिड़की के शीशे नीचे करो। किसी से आगरा जाने का रास्ता पूछना अच्छा रहेगा। (वहाँ खड़े एक व्यक्ति से) क्या आप मुझे आगरा जाने का रास्ता बता सकते हैं?
व्यक्ति : सीधा जाकर बायें मुड़ जाना। वहाँ एक मस्जिद भी है। धन्यवाद! *(वे उस रास्ते की ओर बढ़ जाते हैं)*
रितु : वह रही मस्जिद, अब किसी से पुछने की ज़रूरत नहीं है। आगरा जाने के लिए यहाँ साफ लिखा है। वह आदमी सच कह रहा था।
बच्चे : हमें हमारी टॉफी और च्यूइंगगम चाहिए।
रितु : बिलकुल भी नहीं, पहले कुछ फल खाओ बाद में जूस लो, इसके बाद हम देखेंगे। *(सभी स्नैक्स और फल खाते हैं।)*
संदीप : हमलोग आगरा के निकट हैं। फतेहपुर सिकरी जाने के लिए किसी आदमी से अवश्य पूछना चाहिए। हैलो, क्या आप मुझे फतेहपुर सिकरी जाने का रास्ता बता सकते हैं?
आदमी : दाएँ मुड़िए वहाँ आपको एक साइनबोर्ड दिखाई पड़ेगा जिसके ऊपर रास्ते के बारे में निर्देश लिखा है।
संदीप : धन्यवाद!
(उनके फतेहपुर सिकरी के निकट पहुँचने पर कुछ व्यक्ति गाड़ी को रोकने की कोशिश करते हैं।)
संदीप : हाँ?
एक आदमी : आपको यह कार यहाँ रोक देनी चाहिए। पार्किंग की फीस केवल सौ रुपये है।
रितु : चलते रहो संदीप, यह आदमी मुझे ठीक नहीं लग रहा है।
संदीप : *(गाड़ी चलाते हुए)* लेकिन यहाँ कोई गाड़ी नजर नहीं आ रही है। सभी पैदल जा रहे हैं।
पापा : ड्राईव करते रहो।
एक आदमी : आप यहाँ गाड़ी खड़ी कर सकते हैं। दरगाह के लिए यहाँ से चादर और फूल ले लो।
रितु : चादर की क्या कीमत है?
आदमी : केवल दो सौ रुपये।

रितु	:	इसे आधी करो तो हम खरीदेंगे, वरना यहाँ और भी फूल बेचने वाले हैं।
आदमी	:	ठीक है मैडम, यहाँ चादर और फूल है। फूल के लिए कुछ रुपये चुका दें।
संदीप	:	यह बुलंद दरवाजा है। सीढ़ियाँ ऊँची है। मम्मी लाओ अपना हाथ दो। मम्मी-पापा पहले से सीढ़ियाँ चढ़ रहे हैं।
खुशी	:	(दरवाजें पर) छत पर क्या है दादाजी?
दादाजी	:	वे मधुमक्खियों के छत्ते हैं। तुम्हें इस बारे में पढ़ा या सुना अवश्य होगा। वे जान बुझकर छत्तों को काफी ऊँची जगह पर बनाती है; वरना लोग उसके छत्ते को तोड़कर मधु निकाल लेंगे। (बहुत सारे लोग नीचे बैठकर हार और चुड़ियाँ के साथ अन्य आकर्षक वस्तुएँ बेच रहे हैं। बच्चे मंत्रमुग्ध होकर उसकी तरफ देखते हैं।) बहुत ज्यादा उत्साहित मत हो। हम लोग दरगाह पर जाने के बाद कुछ अवश्य खरीदेंगे। क्या हमलोग एक गाइड रख लें संदीप? निस्संदेह। यह जगह मुझे आकर्षित करता है। (वे लोग एक गाइड की सुविधा लेते हैं।)
गाइड	:	यह इमारत बुलंद दरवाजा है। फतेहपुर सिकरी इसके आसपास है। क्या आप नीचे की समतल जगहों को देख रहे हैं। बाबर ने यहाँ के स्थानीय राजाओं के साथ यहाँ लड़ाइयाँ लड़ी थी। उसने उन्हें हरा दिया और अपनी विजय की स्मृति में यह इमारत बनाना शुरू किया। बाद में इसे दूसरे राजाओं के द्वारा पूरा किया गया।
संदीप	:	(लौटते समय एक व्यक्ति से शहर का रास्ता पूछते हुए) क्या आप मुझे ताजमहल जाने का रास्ता बता सकते हैं?
आदमी	:	बायें मुड़िए, लगभग एक किलोमीटर चलने के बाद ताज जाने वाली बैट्री ट्रेन के बारे में पूछें।
संदीप	:	धन्यवाद!
रितु	:	मुझे लगता है, मैंने फतेहपुर सिकरी जाने के समय वह जगह देखा था। वहाँ एक रेस्टोरेन्ट भी है। हमलोग दोपहर का भोजन वहीं करेंगे। (रेस्टोरेन्ट में)
संदीप	:	(वेटर से) सबके लिए पानी दो और मीनू ले आओ।
वेटर	:	हाँ, महाशय।
रितु	:	(मीनु कार्ड को पढ़कर) दो दाल, दो सब्जियाँ, शाही पनीर तथा रायता ले आओ। दस रोटियाँ भी ले आना। आखिर में लिम्का की एक बड़ी बोतल ले आना।
संदीप	:	(खाना खाने के बाद) बिल ले आओ। हमें यह भी बताओ कि ताज जाने वाली ट्रेन की टिकट कहाँ मिलेगी।
वेटर	:	बाहर निकलते ही महाशय!
रितु	:	(टिकट की खिड़की के सामने) कृपया चार टिकट दीजिये, दो बच्चों के लिए। खुशी और मुस्कान तुम जाकर नल से अपनी वाटर बोतल में पानी भर लाओ। (ट्रेन पर सवार होने के दौरान)
पापा	:	यह धुँआरहित तथा शोररहित छोटी ट्रेन कितनी अच्छी है।
ड्राइवर	:	यह केवल ताज तक पहुँचने के लिए है, क्योंकि इससे ताजमहल की चमक पेट्रोल और धुएँ के कारण फीकी पड़ रही थी।
पापा	:	एक समझदारी भरा कदम है। (ट्रेन रुकती है और पुलिस का आदमी तलाशी लेता है।)
पुलिस वाला	:	(दादाजी से) ये चाकलेट आदि, इसे लेकर अन्दर नहीं जा सकते।
दादाजी	:	क्यों? ये तो हानिरहित और बच्चों के लिए है।

▶ वार्तालाप

पुलिस : महाशय ऐसा नियम है। हमें उनका पालन करना चाहिए। कृपया जाकर इसे किसी दुकानदार के पास रख दें।

दादाजी : यह हास्यस्पद है। *(वह बाहर जाते हैं।)* ताज के अन्दर जाने के पहले सभी के जूतों को प्लास्टिक से अच्छी तरह ढक दिया जाता है।

पर्यटक *(जापानी)* क्या आप इस खूबसूरत इमारत के बारे में कुछ बतायेंगे?

संदीप : ज़रूर, आप अच्छी तरह से समझने के लिए एक गाइड की सेवा ले सकते हैं।

पर्यटक : हाँ, लेकिन मैं उन्हें समझने में कठिनाई महसूस कर रहा हूँ।

संदीप : *(परिवार से)* आधे घंटे में मुझे सीढ़ियों से नीचे मिलो।

संदीप : अच्छा, बादशाह शाहजहाँ ने यह स्मारक अपनी प्यारी रानी मुमताज महल की याद में बनवाया था। 22000 लोगों ने मिलकर इसे 22 वर्षों में बनवाया। विशेषज्ञ और पत्थरों के दुर्लभ टुकड़े ईरान और दूसरे देशों से मँगवाये गये थे। आप देख रहे है किस तरह गुंबद गोल और सुडौल मीनारें हैं। मजदूरों .....

(परिवार के लोग सीढ़ियों से नीचे मिल जाते हैं और सभी बाहर निकल आते हैं।)

खुशी : दादाजी, कृपया हमारे चाकलेट और टॉफी ले आओ।

दादाजी : माफ करना बच्चों! मैं उसे लगभग ही भूल गया। ट्रेन की ओर जाओ। मैं उन्हें लाने के लिए जाता हूँ।

खुशी : *(एक महिला से)* आंटी, कृपया दूसरी सीट पर जाओ हम पीछे अंत में बैठी सवारी का मजा लेना चाहते है, आओ मुस्कान दीदी।

महिला : *(मुस्कराती है)* ज़रूर बच्चों, यह तुम्हारे लिए हैं। मैं दूसरी सीट ले लूंगी।

(दिल्ली लौटते समय सभी लाल किला के बगल से होकर गुजरते हैं)

मुस्कान : पापा आपने मुझसे लाल किला दिखाने के बारे में कहा था। हम लोग वहाँ चलते हैं।

संदीप : सॉरी मुस्कान, हमलोग थक चुके हैं। इसके सिवा यह बहुत बड़ी इमारत है और हमें रात में दिल्ली पहुँचना है।

मुस्कान : ओ, पापा, कम से कम मुझे वह जगह दिखा दो जहाँ शाहजहाँ को उसके बेटे ने बंदी बनाकर कैद रखा था। जहाँ से वह ताजमहल को एक छोटे से काँच के टुकड़े से देखता था।

संदीप : यह तो कहानी है। लेकिन इस बार नहीं मुस्कान, अगली बार जब हम आगरा जायेंगे तो इसे पहले देखेंगे।

(रात में हाइवे पर)

रितु : कार में कुछ खराबी आ गयी है। यह धीमी हो गयी है। *(कार रुक जाती है)* ओह गाड, अब हम लोग क्या करेंगे। यहाँ कोई भी मैकेनिक नहीं है और काफी अंधेरा भी है। अपने कार को क्यों नहीं देखा जब हम लोग आखिरी ढाबे पर रुके थे?

संदीप : मुझे देखना चाहिए था। कोई बात नहीं तुम सभी कार में रुको। दरवाजा मत खोलना, यह एक व्यस्त हाइवे है। वह नीचे जाकर टायर देखते हैं। मुझे एक टायर मिल गया है। मैं इसे लगा दूँगा। पापा, सावधानीपूर्वक बाहर निकलिए। मेरी सहायता कीजिये। *(वे जैक निकालकर नये टायर को लगा देते हैं।)*

पापा : हमलोग सौभाग्यशाली थे। केवल टायर में एक जगह खराबी थी और इंजन में कोई खराबी नहीं थी। ईश्वर को धन्यवाद!

127

A VISIT TO AGRA

We need to have good communication skills to find our way around and interact people of different religious backgrounds while visiting a tourist location.
(The Sharma's of Delhi decide to visit Fatehpur Sikri and Taj Mahal by car. Sandeep Sharma, his wife, Ritu their two daughters, Muskan and Khushi aged 11 and 5 and the parents of Sandeep are on their way to Agra)

Papa	:	How much time do you think Sandeep, will it take for us to reach Agra?
Sandeep	:	I guess five hours. If we take Taj Express Highway, we'll make it sooner.
Papa	:	I don't think it's open to public yet. Rolls down the window. It's better if we ask for our way to Agra. *(To a person standing by)* could you please tell us the way to Agra?
Person	:	Go straight and then left. There is a Masjid also. Thank you. *(They follow the route)*
Ritu	:	There is the Masjid. No need to ask now. The way to Agra is clearly written over there. The fellow was right.
Children	:	We want our toffees and chewing gums.
Ritu	:	No way, first eat some fruits and then take juice. After that we'll see. *(All eat snacks and fruits)*
Sandeep	:	We are nearing Agra, must ask some person for way to Fatehpur. Hello! Could you tell us the road to Fatehpur Sikri?
Man	:	Turns right and you'll find a signboard indicating the way. Actually it is a straight road from there.
Sandeep	:	Thank you.
		(As they near Fatehpur some people try to stop the car.)
Sandeep	:	Yes?
One person	:	You should park the car here. The parking fee is only hundred rupees.
Ritu	:	Drive on, Sandeep, these guys don't seem alright to me.
Sandeep	:	*(driving)* But I see no vehicle here. All are going on foot.
Papa	:	Just keep driving.
		(As they reach Fatehpur a person beckons them)
A person	:	You can park here. Buy from here a *chaddar* and flower for the *Dargah*.
Ritu	:	How much for the chaddar?
The person	:	Only 200 rupees.
Ritu	:	Make it half we shall buy otherwise; there are others also.
The person	:	Ok madam. Here is the *chaddar* and flowers. Please pay some money for the flowers. Sandeep; here is the Buland Darwaza. These are high stairs. Come, give me your hand, mummy. Papa is already ascending the stairs.

Khushi	:	*(at the gate)* What are those things on the ceiling, grandpa?
Grandpa	:	They are hives of honeybees. You must have read or heard about them. They are clever to make their hives so high; otherwise people will just break them and take away the honey. *(Many people on the floor are selling necklaces and bangles along with other fancy items, children are fascinated.)* Ritu; don't be so excited, we shall buy something after we have visited the Dargah. Shall we hire a guide, Sandeep?
Sandeep	:	By all means. The place fascinates me. *(They hire a guide)*
Guide	:	Sir, this building is called Buland Darwaza. Fatehpur Sikri is the place around here. Do you see those plains below? Babar fought a war with the local kings. He defeated them and started to build this structure as a mark of his victory. Later it was completed by other kings.
Sandeep	:	*(on their way back to the city asks a person)* could you please tell us the way to Taj?
The person	:	Turn left, after about a kilometer, ask for the place from where the battery train leaves for Taj.
Sandeep	:	Thanks.
Ritu	:	I think I saw the place on our way to Fatehpur Sikri. There is a restaurant also. We'll take our lunch there. *(In the restaurant)*
Sandeep	:	*(to the waiter)* please bring the menu and give us water.
Waiter	:	Yes, sir.
Ritu	:	*(reads the menu card)* Bring us two *dals*, two vegetables, *shahi paneer* and *raita*. Also bring ten *chapattis*. At the end, bring a large limca bottle.
Sandeep	:	*(after the lunch)* Please bring our bill. Also tell us from where to buy tickets for train to Taj.
Waiter	:	Just outside, sir.
Ritu	:	*(at the ticket window)* Four tickets, please and two for children. Khushi and Muskan you go and fill your water bottle from that tap. *(During the train ride)*
Papa	:	What a smokeless and noiseless cute little train.
Driver	:	Now, this is the only means to reach the Taj because earlier the Taj had begun to lose its shine because of the petrol and diesel smoke.
Papa	:	A sensible thing to do. *(Train stops and they are frisked at the by policeman)*
Policeman	:	*(to grandpa)*, these chocolates etc, are not allowed to take inside.
Grandpa	:	Why? These are for children quite harmless.
Policeman	:	Rules, sir. We have to follow them. Please go out and deposit them with some shopkeeper.
Grandpa	:	It is ridiculous. *(He goes out)* (Before entering the Taj they all wear plastic covering over their shoes) A Japanese tourist to Sandeep: Could you please tell me something about the beautiful building.
Sandeep	:	Sure, you may hire a guide as well.
Tourist	:	Yes, but I find it difficult to follow them.
Sandeep	:	*(to the family)* meet me down stairs in half an hour.

Sandeep	:	Well, Emperor Shah Jahan built this great monument in memory of his beloved queen Mumtaj. It took 22 years and 22000 people to build it. Experts and rare pieces of stone were brought from Iran and other countries. You see how perfectly circular is the dome and symmetrical the four minarets. The workers....... *(The family unites downstairs and they come out.)*
Khushi	:	Dadaji, please bring our chocolates and toffees.
Grandpa	:	Sorry, child! I almost forgot them. Go towards the train, I'm going to bring them.
Khushi	:	*(to lady in the train)* Aunty, please take some other seat. We want to enjoy the ride sitting at the rear end, come Muskan didi.
Lady	:	(smiles) Of course child. It's all yours. I'll take some other seat. *(On their way back to Delhi the Sharmas pass the Red Fort)*
Muskan	:	Papa, you promised me a visit to the Red Fort also. Let's go there.
Sandeep	:	Sorry, Muskan. We are all tired. Besides it's a very big building and we have to reach Delhi by night at all.
Muskan	:	Oh, papa! At least show me the place where Shahjahan was kept prisoner by his son and from where he used to see the Taj Mahal in a small piece of glass.
Sandeep	:	That is how the story goes but not this time, Muskan. It will be the first place to see when we visit Agra next. *(At night on the highway)*
Ritu	:	Something wrong with the car, Sandeep. It's slowing down. *(The car stops)* Oh god! What shall we do now? There is no mechanic here and it is so dark. Why didn't you check the tyre at the last *dhaba* we stopped?
Sandeep	:	I should have. Anyway all of you stay in the car. Don't open the door it is a busy highway. *(He gets down and checks the tyres)*. Nothing to worry we have got a flat tyre. I'll fix it. Papa come out carefully, help me. *(They take out the jack and another tyre from the dickey and fix the new wheel)*.
Papa	:	*(On back)* we were lucky. It was only a damaged tyre and not some trouble in the engine. Thank god!

Note: Flat means punctured tyre.

128 बैंक में एटीएम कार्ड के खोने की रिपोर्ट करना

मुश्किल परिस्थिति में सकारात्मक सामाजिक प्रतिक्रिया और संतोषजनक उत्तर पाने के लिए धैर्य को बनाये रखना अत्यंत आवश्यक है।

ग्राहक : *(क्लर्क से)* मेरा एटीम कार्ड खो गया है।

क्लर्क : कृपया उस काउंटर पर जाकर मिस्टर गुप्ता से बात करें।

ग्राहक : *(मिस्टर गुप्ता से)* महाशय, मेरा एटीएम कार्ड खो गया है। कृपया मुझे बतायें कि नया एटीम कार्ड बनाने की प्रक्रिया क्या है?

मिस्टर गुप्ता : ठीक है, क्या आपके पास एटीएम मशीन की बैलेंस स्लीप है?

ग्राहक : हाँ महाशय, यह है।

मिस्टर गुप्ता : अच्छा, आप नीचे लिखा टेलीफोन नम्बर देख रहे हैं। इस फोन नम्बर पर आप अपने एटीम कार्ड को बंद करा दीजिए, ताकि कोई भी दूसरा आदमी इसका प्रयोग नहीं कर सके। उसे अपना एकाउंट नम्बर बतायें।

ग्राहक : इसके पश्चात् महाशय?

मिस्टर गुप्ता : वह आपको एक नम्बर देगा, जिसे आप सावधानीपूर्वक लिख लें। इसके पश्चात बैंक के मैंनेजर को एक आवेदन पत्र लिखें। इस आवेदन में कोड नम्बर के साथ नये एटीएम कार्ड जारी करने के लिए एक प्रार्थना पत्र लिखें।

ग्राहक : नये एटीएम कार्ड प्राप्त करने में मुझे कितना समय लग जायेगा?

मिस्टर गुप्ता : हमें आवेदन करने के दस से पन्द्रह दिन के बाद बैंक से भेजा गया पत्र मिलेगा। उसे यहाँ लेकर आयें *(दस दिनों के बाद ग्राहक ए.के. जैन को बैंक से भेजा पत्र मिलता है।)*

मिस्टर जैन : यह पत्र मिला है महाशय!

मिस्टर गुप्ता : आपका ड्राइविंग लाइसेंस या आपका वोटर आइ कार्ड? बैंक चाहता है कि एटीएम कार्ड सही व्यक्ति को मिले। क्या आप अपना बैंक पासबुक लाये हैं?

मिस्टर जैन : हाँ महाशय!

मिस्टर गुप्ता : बहुत अच्छा, सारे कागजात मिस्टर शर्मा को दिखाओ।
(मिस्टर जैन, मिस्टर शर्मा को सारे कागज़ात दिखाते हैं)

मिस्टर शर्मा : ठीक है मिस्टर जैन, एक सेकंड रुकिये (एक रजिस्टर लेकर उसमें नाम ढूँढ़ता है) अपने नाम के सामने हस्ताक्षर कीजिए। *(मिस्टर जैन वैसा करते हैं)*
यह आपका लिफाफा है। इसे सावधानीपूर्वक अपने घर में खोलिये। जहाँ कोई नहीं हो। क्योंकि इसमें आपका एटीएम कार्ड और आपका पिन नम्बर है। आपके सिवा किसी को इसका पिन नम्बर मालूम नहीं होना चाहिये। इस नये एटीएम कार्ड की फीस 200 रुपये है। यह रकम आपके खाते से काटी जायेगी।

मिस्टर जैन : धन्यवाद मिस्टर शर्मा!

मिस्टर शर्मा : ठीक है।

128. REPORTING THE LOSS OF A.T.M CARD IN BANK

 The need to maintain equanimity in the times of adversity is a paramount need and necessity for positive social interaction and satisfactory outcome.

Customer	:	*(to the clerk)* I have lost my A.T.M card.
Clerk	:	Please go to that counter and talk to Mr. Gupta.
Customer	:	*(to Mr. Gupta)* Sir, I have lost my A.T.M card; please tell me the procedure of how to get a new one.
Mr. Gupta	:	Ok. Do you have the balance slip from the A.T.M machine?
Customer	:	Yes, sir there it is.
Mr. Gupta	:	Very well, you see this phone number at the bottom. Instruct the person at this phone number to block your A.T.M card so that no other person can use it. Tell him your account number.
Customer	:	After that, Sir?
Mr. Gupta	:	He'll give you a number, note it down carefully. Then write an application to the manager of the bank. In the application quote that code number along with the request to issue you a new A.T.M card.
Customer	:	How much time will it take to get me a new card?
Mr. Gupta	:	Ten or fifteen days after you have submitted the application to us. After that you'll receive a letter from the bank. Bring it here. *(After ten days the customer A.K Jain gets a letter from the bank.)*
Mr. Jain	:	*(to Mr. Gupta)* there is the letter, sir.
Mr. Gupta	:	Your driving license or your election ID card. The bank wants to make sure that the card goes to the right person. Have you brought your bank passbook?
Mr. Jain	:	Yes, sir.
Mr. Gupta	:	Very well, show all those documents to Mr. Sharma. *(Mr. Jain shows the paper to Mr. Sharma)*
Mr. Sharma	:	All right, Mr. Jain a moment, please. *(Takes a register and finds his name).* Please, sign against your name. *(Mr. Jain does so.)* Here is your envelope. Open it carefully, preferably at home in privacy because it contains your ATM card as well as the ATM pin number. None other than you must know that number. The fee of the new card is Rs. 200. The amount will be deducted from your account. Open the envelope carefully.
Mr. Jain	:	Thank you, Mr. Sharma.
Mr. Sharma	:	It is alright.

129

बस स्टैंड का एक दृश्य

सार्वजनिक परिवहन का बस स्टॉप एक महत्त्वपूर्ण जगह है, जहाँ हमारे समाज के सभी वर्ग के लोग आते हैं।

एक आदमी : *(खिड़की पर मौजूद क्लर्क से)* – कृपया क्या आप मुझे बतायेंगे कि अजमेर की टिकट कहाँ मिलेगी?

दूसरा आदमी : वह बहुत व्यस्त है, आओ मैं तुम्हें बताता हूँ।

पहला आदमी : क्या आप भी वहीं जा रहे हैं?

दूसरा आदमी : हाँ, मेरा नाम फतेह खान है।

पहला आदमी : मेरा नाम कैलाश गुप्ता है, मुझे आपसे मिलकर बड़ी प्रसन्नता हुई।

खान : मुझे भी खुशी हुई। हमें टिकट खिड़की की ओर चलना चाहिये। यह वहाँ पर है। क्या तुम वह लंबी कतार देख रहे हो?

कैलाश : हाँ, इसमें काफी वक्त लगेगा।

खान : हम दोनों को कतार में खड़े रहने की क्या ज़रूरत है? अगर तुम चाहो तो वहाँ बेंच पर बैठ सकते हो। मैं अजमेर की दो टिकटें खरीद लूँगा।

कैलाश : ओह, धन्यवाद। वास्तव में मुझे आराम की आवश्यकता है। कृपया टिकट के लिए पैसे ले लीजिए।

खान : तुम आराम करने जा सकते हो। *(टिकट की खिड़की पर पहुँचकर)* अजमेर जाने के लिए दो टिकट के कितने रुपये दूँ?

क्लर्क : चार सौ तीस रुपये।

खान : ये रुपये लीजिए, कृपया मुझे दो टिकट दीजिए। (कैलाश से) मैंने टिकट खरीद लिया है। अब हमें बस में जाकर बैठ जाना चाहिए।

कैलाश : टिकट लेने के लिए धन्यवाद। यह आईएसबीटी का बस स्टॉप है। क्या तुम यहाँ की भीड़ देखकर भ्रमित हो रहे हो।

खान : *(एक आदमी से)* हमें अजमेर की बस कहाँ मिलेगी?

आदमी : तुम इसके बारे में टिकट खिड़की से पूछ सकते हो। मैं भी यहाँ नया हूँ। क्या तुम कुली जैसे लोगों को वहाँ देख रहे हो? शायद वह तुम्हें बता सकता है।

खान : धन्यवाद! हैलो, क्या तुम मुझे अजमेर जाने की बस के बारे में बता सकते हो?

आदमी : वहाँ से रास्ता पार करो, चलती हुई बसों से सावधान रहो। जहाँ पर 'दस' लिखा है, वहाँ पहुँचने पर तुम्हें यह बस मिलेगी।

खान : धन्यवाद! आइए, कैलाश जी, सावधानीपूर्वक रास्ता पार करें।

(बस में)

कैलाश : अगर मैं गलत नहीं हूँ तो तुम अवश्य अजमेरशरीफ दरगाह जा रहे हो।

खान : हाँ और तुम?

कैलाश : मैं पवित्र तलाब पुष्कर के लिए जा रहा हूँ। लेकिन मैं दरगाह भी जाऊँगा। लगभग सभी व्यक्ति जो यहाँ आते हैं, वे अजमेरशरीफ दरगाह अवश्य जाते हैं।

कैलाश : खान साहब मैं आपका बहुत आभारी हूँ। अजनबी होकर भी आपने मेरी काफी मदद की। आप बहुत ही दयालु प्रवृत्ति के इनसान हैं।

खान : धन्यवाद, अगर तुम दूसरों की मदद करोगे तो ईश्वर तुम्हारी मदद करेगा।

129

SCENE AT A BUS STAND

The 'bus stop' of a public transport is an important hub where we come across the entire cross section of our society

Man	:	*(to the clerk at the window)*. Could you please tell me from where to buy ticket for Ajmer? There are no clear directions anywhere.
Another man	:	He is too busy to answer. Come I'll tell you.
First man	:	Are you also going there?
Second man	:	Yes, my name is Fateh Khan.
First man	:	I am kailash Gupta. Glad to meet you.
Khan	:	Same here. Let's go to the ticket window. It is over there. Do you see that long queue?
Kailash	:	Yes, it is going to take time.
Khan	:	What is the use of both of us standing in the queue? If you want you can sit over there on the bench. I'll buy two tickets for Ajmer.
Kailash	:	Oh! Thank you. I really need some rest. Here, please take the ticket money.
Khan	:	You can go and relax. *(At the ticket window)* How much for two tickets for Ajmer?
Clerk	:	Four hundred and thirty.
Khan	:	Here is the money, please give me two tickets *(to kailash)* I have bought tickets, let us go and sit in the bus.
Kailash	:	Thanks for tickets. This is the I.S.B.T stand, can you see the crowd and confusion around here.
Khan	:	*(to a man)* Can you tell us where we will find the bus for Ajmer?
Man	:	You could have asked at the ticket window itself. I'm also new here. Do you see that coolie type of fellow over there? May be he will tell you.
Khan	:	Thanks. Hello, there! Can you tell us where to find the bus for Ajmer?
Man	:	Cross from over there. Be careful of the moving buses. You'll find the bus where number 10 is written.
Khan	:	Thanks come Kailashji. Let's cross carefully. *(In the bus)*
Kailash	:	If I am not mistaken you must be going to the Ajmer Sharif Dargah.
Khan	:	Yes, and you?
Kailash	:	I'm heading towards the sacred pond in Pushkar. But I'll visit the Dargah also. Almost all people who came here, visit Ajmer Sharif Dargah.
Kailash	:	Be it so, I'm very thankful to you, Khan Sahib. Although as a stranger you have helped me a lot. You are a very caring kind of person.

130
दोस्तों के बीच वार्तालाप

पार्टियों में जब लोग मिलते हैं, वहाँ उदारतापूर्वक छोटे वार्तालाप का प्रयोग किया जाता है। इससे वार्तालाप अधिक रुचिकर हो सकता है। यद्यपि छोटे वार्तालाप में बातचीत करने की योग्यता और उचित मुहावरों का प्रयोग इसे प्रवाहमय बनाने में मदद करता है।

राकेश	:	हमलोग अच्छी जगह पर मिले हैं। यह क्रॉसरिवर मॉल उनमें सबसे अच्छा है जिनको मैं जानता हूँ।
सुशांत	:	आप ठीक कहते हैं। क्या हम लोग कोई खरीदारी करेंगे?
राजन	:	कितने अच्छे शर्ट और पतलून हैं और यहाँ आने वाले लोग कितने ऊँचे दर्जे के हैं।
श्रीकांत	:	अफसोस। हम लोग केवल उन्हें देख सकते हैं, खरीदना तो एक सपना है। लोकप्रिय ब्रांड की कीमत कहीं भी 2 से 3 हजार रुपयों से शुरू होती है।
राजन	:	हमें वी 3 एस सिनेमा चलना चाहिए। हमलोग निर्माण विहार के आउटलेट से कुछ खरीदेंगे और साथ ही एक सिनेमा भी देखेंगे।
राजन	:	(वी 3एस माल में) सुशान्त तुम अंदर जाकर सिनेमा की चार बजे के शो की टिकटें खरीद लो। इस बीच में हम लोग खरीदारी के बाद खा-पी लेंगे। प्रीत विहार के काफी निकट एक मैकडोनाल्ड की आउटलेट है।
श्रीकांत	:	(मॉल में) इस शर्ट की क्या कीमत है?
विक्रेता	:	एक हजार रुपये।
श्रीकांत	:	यहाँ तो बहुत महँगा है। राजन, वह जगह कहाँ है, जहाँ हम लोग कम कीमतों में कपड़े खरीद सकें?
राजन	:	ठीक है, वहाँ गली के उस पार मिलती है। किस्मत से तुम्हें वहाँ लोकप्रिय ब्रांड के शर्ट या जींस पर 50% डिस्काउंट भी मिल सकती है, लेकिन तुम इंतजार करो, सुशांत आ रहा है। क्या तुम्हें टिकट मिल गई?
सुशांत	:	हाँ, अब किधर जाना है?
		(सभी अंदर जाते है और कुछ खरीदारी करते हैं।)
श्रीकांत	:	यह बहुत अच्छी जगह हैं, अच्छी चीजें लगभग आधी कीमत पर मिल रही हैं।
सुशांत	:	मुझे भूख के साथ प्यास भी लगी है। अब हमें रेस्टोरेंट की ओर चलना चाहिए।
		(मैकडोनलाल्ड के अन्दर)
राजन	:	तीस रुपये की वेजिटेबल बर्गर अच्छी लग रही है। चार हैम्बर्गर और चार कोक ठीक है। यहाँ स्वयं ही सब कुछ करना पड़ता है, इसलिए मैं सब चीजें लेकर आता हूँ।
		(सभी मंजूरी देते हैं।) सुशांत आओ और इन प्लेटों को ले जाओ।
		(रेस्टोरेंट और सिनेमा देखने के पश्चात्)
सुशांत	:	इन लोगों से अलग हो जायें या कोई दूसरी योजना है?
श्रीकांत	:	काफी देर हो चुकी है, हमें घर जाना चाहिए।
		(सभी अपने-अपने घर की ओर बढ़ जाते हैं।)

130

A DISCUSSION AMONG FRIENDS

 Small talk is used at parties, when meeting people, etc. to be kind and get along with others at the events. Hopefully, small talk leads to more interesting conversations. However, the ability to small talk and use appropriate phrases can help get the conversation flowing.

Rakesh	:	We have met at the right place. This Cross River Mall is one of the best I have known.
Sushant	:	You're right. Shall we make some purchases?
Rajan	:	What an array of shirts and trousers and what classy crowd here!
Shrikant	:	Alas! We can only see them, buying is a dream. Popular brands will start anywhere from 2 to 3 thousand.
Rajan	:	Let's go to Laxmi Nagar V3S cinema. We can buy something at a Nirman Vihar outlet as well as watch a movie.
Rajan	:	(at V3S mall) Sushant you go in and buy for 4 p.m. movie show tickets, by that time, we'll finish shopping and eating. There is a McDonald outlet very near in Preet Vihar.
Shrikant	:	(in the mall) How much is this shirt?
Salesman	:	One thousand rupees.
Shrikant	:	It's costly here. Rajan, where is the place where we can buy something at a less price.
Rajan	:	Right there across the street. You see there is 50% discount with luck we can find a popular brand shirt or jeans. But wait Sushant is coming. Have you got the tickets?
Sushant	:	Yes, where to now?
		(They all move inside and make some purchases)
Shrikant	:	This is a good place, nice stuff at almost half the price.
Sushant	:	I'm hungry as well as thirsty. Let's go to the restaurant now.
		(Inside McDonald)
Rajan	:	The vegetable hamburger at Rs. 30 seems very good. Four hamburgers and four cokes, Ok. It's self help here, so I'm getting the stuff.
		(All nod)
		(After the restaurant and movie)
Sushant	:	Shall we part ways or any other plans?
Shrikant	:	What about Ansal Plaza, it is fantastic place to sit in the open on the full moon night.
Sushant	:	We are getting late. We should to return our homes.

131 शादी के पहले एक जोड़े का वार्तालाप

इस प्रकार के वार्तालाप में विशेष प्रकार की उदारता की आवश्यकता होती है। इसमें आपके बुद्धिमत्तापूर्ण जीवंत रहने तथा दूसरे व्यक्ति की बातों को न केवल इच्छापूर्वक सुनना, बल्कि उसे एक नई दिशा देने की भी आवश्यकता होती है।

राहुल : *(पार्क में इंतजार करता है, प्रेमिका को देखकर खड़ा होकर स्वागत करता है)* हैलो, तुम कैसी हो, बैठो।

अलका : हमेशा की तरह लेट, वह मुहावरा क्या है जो तुम कहते हो बेटर ....?

राहुल : लेट देन नेवर।

अलका : *(मुस्कराकर)* मुझे बताओ, तुम कैसे हो ..... ?

राहुल : सब ठीक है। मुझे प्यार करने वाले माता-पिता अब मेरी शादी को लेकर चिन्तित हैं जबकि मैंने उन्हें कह दिया है कि मैंने अपने लिये एक लड़की पसंद कर ली है। उन्हें इस बारे में चिन्ता करने की ज़रूरत नहीं है।

अलका : क्या तुमने पसंद कर लिया। कौन है वह भाग्यशाली लड़की?

राहुल : वह ठीक मेरे बगल में बैठी है।

अलका : *(शरमाते हुए)* तुम पूरे यकीन से कैसे कह सकते हो?

राहुल : प्यार में बहुत ताकत होती है और अधिकतर भावनायें खामोश होती हैं।

अलका : ज्यादा दार्शनिक मत बनो।

राहुल : क्या मैं तुमसे शारीरिक छेड़छाड़ कर रहा हूँ?

अलका : इस प्रकार की बातें फूहड़ होती हैं।

राहुल : तुम मुझे कहीं का नहीं रहने दोगी। ओ. के. चलो, मैं तुम्हें एक बढ़िया 'कैफे कॉफी डे' में लेकर चलता हूँ। वहाँ हमलोग खाने, पीने के अलावा बहुत सारी बातें करेंगे *(कॉफी हाउस के अन्दर)*

राहुल : *(वेटर से)* दो कैपुसिनो कॉफी और नूडल्स। *(अलका की ओर देखता है, जो नजर झुका लेती है)* ठीक है, एक वेज कटलेट तथा एक ग्रिल्ड सैंडविच भी। अलका तुमने वह फिल्म देखी है, 'जिन्दगी न मिलेगी दोबारा?'

अलका : हाँ, अच्छी फिल्म है।

राहुल : क्यों नहीं? हम लोग इसे एक साथ और अभी देखने के बारे में विचार करें।

अलका : अब? ओह, कितनी सुन्दर काफी और कटलेट है।

राहुल : शुक्रिया।

अलका : मुझे हृतिक और कैटरीना के वे डायलॉग याद हैं जिसमें हृतिक कहता है, 'मैं आज व्यस्त हूँ ताकि 40 की उम्र में रिटायर हो सकूँ।' कैटरीना कहती है, 'तुम इतने यकीन से कैसे कह सकते हो कि तुम 40 साल तक जियोगे?' आज तुम्हारा है, इसे जी भरकर जियो!

राहुल	:	अच्छा डॉयलाग है। चलो अलका हम दोनों साथ में फिल्म देखते हैं। अच्छा, फिर कभी लेकिन डायलॉग ही फिल्म का सार है। क्या तुम इसे महसूस करती हो?
राहुल	:	क्या तुम?
अलका	:	हाँ।
राहुल	:	किस संदर्भ में?
अलका	:	तुम फिर बहस करने के मूड में हो। बहस का सिरा किसी भी ओर हो जाता है क्योंकि कोई एक दूसरे को तर्क को झुकाने पर आमादा होता है चाहे वह सही हो या गलत हो।
राहुल	:	ठीक है, मुझे एक बात पूछने दो।
अलका	:	क्या?
राहुल	:	मैं तुम्हें प्यार करता हूँ। क्या तुम भी मुझे प्यार करती हो?
अलका	:	क्या तुम मुझे बताओगे कि प्यार करने से तुम्हारा मतलब क्या है?
राहुल	:	अब कौन बहस कर रहा है?
अलका	:	(हँसती है) नहीं, मेरे कहने का मतलब यह नहीं है। जब तुम किसी को प्यार करते हो तो उसके सामने बिना शर्त आत्मसमर्पण कर देते हो। तुम उसकी देखभाल करते हो, इज्जत करते हो तथा बहुत प्यार करते हो। मैं तो ऐसा सोचती हूँ। तुम्हारा विचार भिन्न हो सकता है।
राहुल	:	नहीं, ऐसा नहीं है। क्या मैं हाथ में फूल लेकर, घुटनों के बल बैठकर तुम्हारे आगे शादी का प्रस्ताव रखूँ?
अलका	:	यह ज़रूरी नहीं है। तुम बहुत ही प्यारे हो। मैं तो तुम्हें पहले से ही प्यार करती हूँ। तुम्हारे माता-पिता का क्या विचार है?
राहुल	:	एक बार तुम्हें देख लेने के बाद वे तुम्हें स्वीकार कर खुश होंगे। तुम्हारे यहाँ इस बारे में क्या विचार हैं?
अलका	:	पापा अनिर्णय की स्थिति में होंगे लेकिन अगर मम्मी अड़ गई तो पापा को सहमति देनी पड़ेगी।
राहुल	:	क्या तुम सोचती हो कि वह ऐसा करेंगी?
अलका	:	मैं उन्हें जानती हूँ, मैं कह सकती हूँ कि वह ऐसा करेंगी। इसके अतिरिक्त तुम व्यवसाय के उत्तराधिकारी घोषित हो रहे दिखते हो ...।
राहुल	:	बस बहुत हो गया, मुझे अपनी प्रशंसा सुनने की आदत नहीं है। लेकिन शादी होने के बाद परिस्थितियाँ बदल जायेंगी।
अलका	:	मुझे इसका आभास है।
राहुल	:	ठीक है, तो फिर मुझे बताओ।
अलका	:	कर्तव्य और जिम्मेदारी जैसे कठिन शब्द हावी हो जायेंगे। स्वतंत्रता खत्म हो जायेगी और दोनों पर स्वामित्व का भाव आ जायेगा। प्यार लगभग खत्म ही हो जायेगा, और झगड़े शुरू हो जायेंगे।
राहुल	:	तो फिर क्या किया जाये?
अलका	:	तुम चिन्ता न करो, हम पहले से जागरूक हैं। हम इनमें से ज्यादा पर काबू पा लेंगे।
राहुल	:	मैं यह सुनकर खुश हूँ, अब चलते हैं।
अलका	:	कल फिर मिलेंगे, विदा!

131 CONVERSATION BETWEEN A COUPLE DURING COURTSHIP

 This type of conversation demands the generosity of your own, lively intellect, your willingness not just to listen to this other person, but to take what the other gives you and move it into a new dimension. It's not just a matter of listening, but of giving and giving wholly of yourself.

Rahul : *(who is waiting in the park, stands up to greet his girl friend, Alka)* Hello, how are you, please be seated.

Alka : Late as ever. What is that proverb you quote, 'Better…?

Rahul : Better late than never.

Alka : *(smiles)* Tell me, how you are?

Rahul : Everything fine at this end. My loving, doting parents are worried still about my marriage since the time I told them that I have selected a girl for myself and that they needn't worry.

Alka : Have you? And who is that lucky girl?

Rahul : She's sitting right beside me.

Alka : *(blushes)* How are you so sure?

Rahul : Love is the most powerful and most silent of emotions.

Alka : Please, don't be philosophical.

Rahul : Shall I become physical?

Alka : That kind of talk is downright cheap.

Rahul : You never let me stay anywhere. Ok, come on, let me take you to a nice place Café Coffee Day, there we can drink, eat and talk a lot. *[Inside the cafe]*

Rahul : *(to the waiter)* Two Cappuccino coffees and noodles. *(Looks at Alka, who declines)* Ok then a vegetable cutlet, a grilled veg-sandwich. Alka, have you seen that film, 'Zindagi Na Milegi Dobara?'

Alka : Yes, a nice film.

Rahul : Why don't we see it together and how about seeing it now?

Alka : Now? Oh! What a nice coffee and what nice cutlets.

Rahul : My pleasure.

Alka : I remember that dialogue between Hrithik and Katrina where Hrithik says, "I'm busy today so that I can retire at 40." Katrina says, "How are you sure, you'll live up to 40?" Today is yours, live it to the full.

Rahul : Nice piece of dialogue. Come on Alka; let's see the film together. Well, some other time but that dialogue is the crux of the film. Do you follow it?

Rahul : Do you?

Alka : Yes.

Rahul : In what sense?

Alka : Again you are in a mood to argue. Argument leads nobody anywhere because one is bent upon bringing down one's point whether right or wrong.

Rahul	:	Ok, let me ask you one thing.
Alka	:	Yes?
Rahul	:	I'm in love with you. Is it the same from your side or not?
Alka	:	Will you tell me what do you mean by love?
Rahul	:	Now, who is arguing?
Alka	:	*(laughs)* No, it isn't that I mean when you love somebody, it is an unconditional surrender. You're caring, respectful and full of love. That's what I think. Your version may be different?
Rahul	:	No, it isn't. May I propose to you on my knees and with a flower in my hand?
Alka	:	It isn't necessary. You're such a sweet darling. I'm already in love with you. What about your parents?
Rahul	:	They'll be only too happy to accept you once they see you. What's it like at your end?
Alka	:	Papa will be in a state of indecision, but should mom put her foot down, he'll have to give in.
Rahul	:	Do you think she'll do it?
Alka	:	Knowing her, I must say she will. After all, you're to be pronounced as heir to a business, good looking…..(Pronounced 'air').
Rahul	:	Please, please enough. I'm not used to hearing my own praise. But things are going to change after marriage.
Alka	:	I have inkling.
Rahul	:	Well, tell me then.
Alka	:	Heavy words like duty and responsibility creep in. One's freedom is curbed and often a sense of ownership settles on both the party. Love is almost killed, and quarrels start.
Rahul	:	What's to be done then?
Alka	:	Don't you worry, as we're aware beforehand. We'll make the most of it.
Rahul	:	I'm glad to hear it. Let's leave now.
Alka	:	See you tomorrow, Bye!

132

एक प्रतिष्ठित व्यक्ति का साक्षात्कार

एक अच्छे वार्तालाप में कुछ बातों का होना आवश्यक है। किसी के साथ सहज महसूस करना, दूसरे व्यक्ति में रुचि दिखाना, बिना आपा खोये दूसरों के मन की बात जानना। इसमें एक संतुलित अवस्था की आवश्यकता होती है। जिसमें न तो बात के ज्यादा अन्दर जाने की आवश्यकता होती है और न ही ज्यादा संक्षेप में। आपको सदैव दृढ़ रहना है, ताकि आने वाली स्थिति के लिए तैयार रहा जा सके। एक फिल्म स्टार का सेक्रेटरी प्रतीक्षारत रिपोर्टर को अन्दर जाने का इशारा करता है।

रिपोर्टर : गुड मार्निंग, मिस्टर अजय कुमार।

अजय कुमार : गुड मार्निंग, बैठिये।

रिपोर्टर : धन्यवाद!

अजय कुमार : मैं आपके लिए कुछ मँगवाऊँ, कॉफी वैगरह?

रिपोर्टर : ओह! यह ज़रूरी नहीं है।

(तथापि वह फोन पर दो कॉफी और स्नैक्स लाने का आदेश देता है)

रिपोर्टर : क्या हमलोग आगे की कार्रवाई शुरू करें?

अजय : हाँ, शूट शुरू करें।

रिपोर्टर : मैंने सुना है, आप एक छोटे से शहर के विनम्र आदमी थे। इस जबर्दस्त सफलता के मुकाम पर आप कैसे पहुँचे?

अजय : मैं छत्तीसगढ़ के एक छोटे शहर रहने वाला हूँ तथा शुरू से ही विनम्र स्वभाव का हूँ। मेरी प्रारंभिक और माध्यमिक शिक्षा सरकारी स्कूलों में हुई और मैं पढ़ने में तेज भी नहीं था। *(हँसता है)*

रिपोर्टर : अभिनय के कीड़े ने आपको कब काटा?

अजय : कोई कीड़ा नहीं बल्कि एक अद्वितीय शिक्षक ने?

रिपोर्टर : कौन? कोई बड़े फिल्म स्टार?

अजय : नहीं, नहीं, वह इन सब चीजों से दूर रहते हैं। यह मेरे स्कूल के शिक्षक थे जो मेरे स्कूल के सांस्कृतिक कार्यकलापों के प्रभारी थे। तुम जानते हो, मेरी काबिलियत मेरा चेहरा और स्पष्ट आवाज थी, अमिताभ की तरह नहीं। मेरे शिक्षक ने मेरा परिचय नाटकों की दुनिया से करा दिया। और मैं इसे करता गया, जिसने मुझे आश्चर्यचकित कर दिया।

रिपोर्टर : आप फिल्मों की ओर कैसे आए?

अजय : स्कूल के बाद इंटर स्कूल तथा अन्तरराज्यीय प्रतियोगिताओं में गया। एक फिल्म के डायरेक्टर ने मेरी प्रतिभा को पहचाना। उसने मुझे मुम्बई आने के लिए कहा और इस प्रकार मैं यहाँ आ गया।

रिपोर्टर : आपकी पहली फिल्म जबर्दस्त हिट रही लेकिन उसके बाद......

अजय	:	*(हँसता है)* यह एक अस्थायी हिट थी, इसके बाद फिल्में फ्लाप होने लगी क्योंकि मैंने दिलीप साहब और अमित जी की नकल करने की कोशिश की।
रिपोर्टर	:	आपने अपनी जगह कैसे बनाई?
अजय	:	मैं अपने पुराने गुरु से मिला। वह मुझे देखकर बहुत खुश हुए। उन्होने मुझे चिंता किये बिना अपने वास्तविक रूप में रहने की सलाह दी। उन्होंने कहा, "अपने वास्तविक रूप में रहो या अभिनय करना छोड़ दो।" मैं इसे कभी नहीं भूला। उन्होंने मुझे कुछ सच्ची बातें सिखायी जिसे मैं नहीं भूला और आज मैं जो कुछ भी हूँ, उसी के वज़ह से हूँ।
रिपोर्टर	:	कौन सी सच्चाई?
अजय	:	अच्छा, उन्होंने कहा कि फिल्में कल्पना और सपनों पर आधारित होती हैं। वे आभासी हैं असली नहीं, लेकिन फिल्मों में आप जितनी वास्तविकता लाओगे, तुम्हारे लिए अच्छा रहेगा। दूसरे शब्दों में, तुम बहुत सच्चाई के साथ झूठ बोलो, नकल उतारो या बढ़ा-चढ़ा कर अभिनय करोगे, इसका कोई फायदा नहीं होगा।
रिपोर्टर	:	आपके रुचियाँ क्या हैं?
अजय	:	पढ़ना, इंटरनेट पर बैठना और टी.वी. देखना।
रिपोर्टर	:	आपका मनपसंद खाना क्या है?
अजय	:	घर की बनी दाल, रोटी, राजमा और पनीर से बनी वस्तुएँ।
रिपोर्टर	:	बहुत ही साधारण है। मैं बता सकता हूँ कि आपकी मनपसंद फिल्म कौन सी है?
अजय	:	ग्लेडियेटर और दूसरी भूल-भूलैया, वांटेड और अब्बास मस्तान की सभी फिल्में।
रिपोर्टर	:	आपके पसंदीदा हीरो।
अजय	:	जीवित किंवदंतियाँ जैसे- दिलीप साहब, अमित जी, आमिर तथा सलमान।
रिपोर्टर	:	आपकी पसंदीदा हीरोइन?
अजय	:	सभी अच्छी हैं।
रिपोर्टर	:	यह तो एक कूटनीतिक जवाब है।
अजय	:	*(मुस्कराकर)* जहाँ तक महिलाओं का सवाल है, आप बेहतर बता सकते हैं।
रिपोर्टर	:	आपकी कोई बुरी यादें?
अजय	:	हाँ, मैं नहीं जानता कि क्या हुआ था मगर एक बार दर्जनों रीटेक हुए जब मेरे डायलॉग में कोई जान नहीं थी और चेहरा भावशून्य था।
रिपोर्टर	:	सबसे अच्छी फिल्म?
अजय	:	जब मेरी पहली फिल्म हिट हुई। मैं पापा और मम्मी तीनों एक दूसरे से लिपटकर खुशी से खूब रोये। मैं अपने स्कूल के गुरुजी का आर्शीवाद भी प्राप्त करना चाहता था।
रिपोर्टर	:	आप शादी कब करना चाहते हैं?
अजय	:	यह एक निजी मामला है और यह लोगों को बताना ज़रूरी नहीं है। इसलिए इस पर कोई टिप्पणी नहीं। *(मुस्कराता है।)*
रिपोर्टर	:	ठीक है, आपको बहुत-बहुत धन्यवाद! मिस्टर अजय बॉय!

132

INTERVIEW OF A CELEBRITY

A good conversation demands a certain strength — the strength to feel comfortable with someone else; the strength to remain in and of oneself even while being so intent on another; the strength to enter strange, new realms without getting lost. It demands that peculiar posture of poise, leaning neither too far in nor too far back but standing strong while always ready for what may come next.

[Personal Secretary of the film star gestures the waiting reporter to go in.]

Reporter : Good morning, Mr. Ajay Kumar.

Ajay Kumar : Good morning, please have a seat.

Reporter : Thanks!

Ajay kumar : Shall I order something, say coffee.

Reporter : Oh! It isn't necessary.

[Nevertheless he orders two coffees and snacks on phone]

Reporter : Shall we proceed?

Ajay : By all means, shoot.

Reporter : I have heard that you had a humble beginning in a small town. How come you had this tremendously successful journey?

Ajay : Yes, I had a humble beginning I belong to a town in Chhattisgarh. My primary and senior secondary education was completed in the two govt. schools and let me tell you I wasn't good at my studies either *(laughs)*.

Reporting : When did the acting bug bite you?

Ajay : There was never a bug, but a super teacher.

Reporter : Who? Some big film star?

Ajay : No, no, far from it, it was my school teacher who was in-charge of my cultural activities. *(Pause)* You see my only asset was a good appealing face and clear ringing voice, not the baritone of Mr. Amitabh. Out of curiosity, my teacher introduced me to the theatre world and I carried on with it that even surprised me.

Reporter : How did you come to act in films?

Ajay : After school, there were inter-school, and inter-state competitions. At such an event, a film director noticed me. He invited me to Bombay (Mumbai) and well here I'm.

Reporter : Your first film was a hit but then.....

Ajay : *(laughs)* It was hit by fluke, later films flopped because I tried to copy Dilip *saab* and Amitji.

Reporter : How was the situation saved?

Ajay : I met my old guru who was very happy to see me. He advised me to be my original self without bothering about the outcome. He said, "either be original,

		your natural self or quit." I never forgot that. He told me some truth which I didn't forget either and that is what made me what I am today.
Reporter	:	What truth?
Ajay	:	Well, what he said was that films are based on fantasy and dreams, they are virtual not real, but the more real you are in a film, the better it is. In other words, you must lie very truly, copying, or overacting is of no use.
Reporter	:	What are your hobbies?
Ajay	:	Reading, sitting on internet and, of course, watching T.V.
Reporter	:	Your favourite dish?
Ajay	:	Home made *daal roti, rajma and paneer* dishes.
Reporter	:	Very simple, I must say which is your favorite film?
Ajay	:	'Gladiator' among many others, 'Bhool Bhuliya', 'Wanted' and all films of Abbas Mastan.
Reporter	:	Your favourite hero?
Ajay	:	Besides living legends like Dilip Saab, Amitji, Amir and Salman.
Reporter	:	Your favourite heroine?
Ajay	:	All are good.
Reporter	:	That's a diplomatic answer.
Ajay	:	*(smiles)* You better be, where women are concerned.
Reporter	:	Your very bad moment?
Ajay	:	Yes, I don't know what happened, but once there were dozens of retakes, when my dialogue carried no punch and the face was a dead pan.
Reporter	:	Your best?
Ajay	:	When my first film was hit, Me, Mom and Papa, all three of us hugged and wept with joy. I want to seek the blessings of my school *guruji* also.
Reporter	:	When do you intend to marry?
Ajay	:	Sorry, it is a private matter and not a public one. So no comments. *(smiles)*
Reporter	:	Well thanks a lot, Mr. Ajay, bye!

133 वृद्ध व्यक्ति के द्वारा पौत्र को जीवन का पाठ

एक अच्छे वार्तालाप में कुछ बातों का होना आवश्यक है। किसी के साथ सहज महसूस करना, दूसरे व्यक्ति में रुचि दिखाना एवं बिना आपा खोये दूसरों के मन की बात जानना। इसमें एक संतुलित अवस्था की आवश्यकता होती है, जिसमें न तो बात के ज्यादा अन्दर जाने की आवश्यकता होती है और न ही ज्यादा संक्षेप में। आपको सदैव दृढ़ रहना है, ताकि आने वाली स्थिति के लिए तैयार रहा जा सके।

दादाजी : बेटे, तुम कैसे हो?

पौत्र : मैं अच्छा हूँ दादाजी। आपको मुझे कहानी सुनाये हुए काफी दिन हो गये।

दादाजी : बेटे! अब तुम बड़े हो गये हो। मैं आज तुम्हें कुछ दूसरी बातें बताऊँगा।

पौत्र : वह क्या दादाजी?

दादाजी : वह जीवन के बारे में। जिन्दगी को जिया जाता है, किसी तरह काटा नहीं जाता।

पौत्र : मतलब?

दादाजी : मतलब, जिन्दगी को खुश रहकर जियो, इसे बोझ की तरह मत ढोओ। इसके लिए तुम्हें कुछ बातों का ख्याल रखना होगा।

पौत्र : वे कौन-सी बातें हैं?

दादाजी : पहले तुम्हें निर्णय करना चाहिए कि तुम्हें जीवन में क्या बनना है? और इसके बाद तुम्हें अपनी समस्त ऊर्जा लक्ष्य को हासिल करने में लगा देना चाहिए।

पौत्र : मैं एक डॉक्टर बनना चाहता हूँ।

दादाजी : बहुत अच्छा। अपने लक्ष्य पर कायम रहो। आगे रुपयों को उचित तरीके से खर्च करने का तरीका सीखो। ज्यादा कमाओ, बचाओ भी अधिक और खर्च में कमी करो।

पौत्र : क्यों दादाजी? मैं बहुत सारी चीजें खरीदना चाहता हूँ।

दादाजी : वास्तव में आवश्यकताएँ बहुत हैं और रुपये सीमित हैं, इसलिए तुम्हें समझदार, बुद्धिमान और चुनाव करने की योग्यता होनी चाहिए। तुम एक डाक्टर बनना चाहते हो।

पौत्र : हाँ।

दादाजी : तुम मरीजों की चिकित्सा करोगे लेकिन पहले तुम्हें धैर्य सीखना चाहिए।

पौत्र : कृपया विस्तार से बतायें।

दादाजी : धैर्य का फल हमेशा मीठा होता है। अचानक कुछ भी नहीं होता। जल्दबाजी और चिन्ता आधुनिक जीवन का अभिशाप है। इनसे और जीवन में शार्टक्ट्स से बचो।

पौत्र : मुझे भूख लगी है दादाजी। मुझे केक और बर्गर चाहिए।

दादाजी : इसकी जगह मैं तुम्हें सलाद और जूस दूँगा। सोडा या कोला और जंक फूड का इस्तेमाल मत करो। इसकी लत लग जाती है। पुष्टिकारक, ठीक से पके हुए और बहुत सारे फल खाओ। हमेशा अच्छा खाओ और अच्छा पहनो।

पौत्र : वह क्या?

दादाजी	:	एक आदमी अपने संगति से जाना जाता है। माता-पिता के बाद वह अपनी संगति से जाना जाता है। बुरे साथियों को छोड़ो, जो क्लास छोड़ते हैं, सिगरेट पीते हैं या बिना मतलब इधर-उधर भटकते हैं। मुझे अपने साथियों के बारे में बताओ।
पौत्र	:	दादाजी सभी अच्छे हैं। आपने पहले भी इस बारे में मुझे कहा था। इसके प्रति मैं सावधान हूँ और मेरे ज्यादातर दोस्तों को तो आप जानते हैं।
दादाजी	:	अच्छी बात है। एक और बात इसके पहले तुम बोरियत महसूस करो, जीवन में संतुलन बनाये रखो।
पौत्र	:	जरा विस्तार से बतायें।
दादाजी	:	भगवान बुद्ध ने जीवन में सम्यक् मार्ग या मध्य मार्ग पर चलने पर जोर दिया है। जिसे वह सुनहरा मार्ग भी कहते हैं। जीवन में कुछ भी अधिक होना बुरा है। अधिक अच्छा होना भी गलत साबित हो सकता है।
पौत्र	:	वह कैसे?
दादाजी	:	अगर तुम बहुत अच्छे हो तो लोग तुम्हारी अच्छाई का गलत फायदा उठायेंगे और तुम्हें बेवकूफ बनायेंगे। इसलिए किसी भी चीज में अति का त्याग करो। क्या तुमने डार्विन के बारे में पढ़ा है?
पौत्र	:	हाँ।
दादाजी	:	तब तुम्हें जानना चाहिए, जो सबसे मजबूत और स्वास्थ्य है। वह हमेशा रहता है। केवल मजबूत का अस्तित्व रहता है, बाकी नष्ट हो जाते हैं। तन और मन से मजबूत रहो, हमेशा अपने चारों ओर से सावधान रहो। ख्यालों में खो जाना एक बुरी आदत है। तुम्हारा मस्तिष्क वहीं रहना चाहिए, जहाँ तुम्हारा शरीर हो। जो भी काम करो, पूरे लगन के साथ तथा सजग होकर करो। ठीक है, समझ गये।
पौत्र	:	हाँ, मैं ऐसी ही करूँगा दादाजी। आप बहुत अच्छे हैं और मैं आपको बहुत प्यार करता हूँ। (उन्हें चूमता है) आपने आज जो कुछ भी कहा या भविष्य में भी जो कुछ आप कहेंगे, उसके प्रति मैं हमेशा सजग रहूँगा।

133 AN ELDERLY PERSON TEACHING HIS GRANDSON ABOUT LIFE

A good conversation demands a certain strength — the strength to feel comfortable with someone else; the strength to remain in and of oneself, even while being so intent on another; the strength to enter strange, new realms without getting lost. It demands that peculiar posture of poise, leaning neither too far in nor too far back, but standing strong while always ready for what may come next.

Grandpa	:	Hello, son how are you!
Grandson	:	I'm very well, grandpa. It has been many days since you told me a story.
Grandpa	:	My son! You're grown up now. I'll tell you something different today.
Grandson	:	What's that grandpa?
Grandpa	:	That's about life. Life is to be lived and not to be spent.
Grandson	:	Meaning?
Grandpa	:	Meaning: Enjoy life, don't carry it like a burden. For this you must take care of a few things.
Grandson	:	What are they?
Grandpa	:	First you should decide what you're going to become in life and then put your whole energy into achieving that goal.
Grandson	:	I want to become a doctor.
Grandpa	:	That's good, just stick to it. Next, learn to handle money, earn more, save even more and spend less.
Grandson	:	Why grandpa? I want to buy so many things.
Grandpa	:	Exactly, things are so many and money is always limited, so you should be discerning, wise and choosy. Your aim is to become a doctor?
Grandson	:	Yes.
Grandpa	:	You'll be treating patients but you must first learn to be patient yourself.
Granson	:	Please explain.
Grandpa	:	Patience always pays. Nothing happens at once. Hurry and worry are a curse of modern life. Avoid them and avoid short cuts.
Grandson	:	I'm hungry, grandpa; I want a cake and burger.
Grandpa	:	I'll offer you *salad* and juice instead. Don't go for soda or cola drinks and junk food. They're addictive. Eat nutritious and cooked food and lots of fruits. Eat well and dress well always.
Grandson	:	What's that?
Grandpa	:	A man is known by the company he keeps. After parents it's the company that counts, avoid bad boys who bunk classes, smoke or wander aimlessly. Tell me about your friends.

Grandson	:	They're all good grandpa. You have said it to me before also. I'm careful about that and most of my friends are known to you.
Grandpa	:	That's good, one more thing before you feel bored. Lead a balanced life.
Grandson	:	Explain, grandpa.
Grandpa	:	Lord Buddha laid great emphasis on *Samyak marg* or middle path which he also called golden path. Excess of everything is bad, even goodness in excess may prove bad.
Grandson	:	How so?
Grandpa	:	Well if you're too good, people will misuse your gentleness and exploit or cheat you. So avoid extremes in any matter. Have you read about Darwin?
Grandson	:	Yes.
Grandpa	:	Then you should know about survival of the fittest. Only the strong survive, rest perish. Be strong in mind and body, be fully aware of yourself and your surroundings, it is a bad habit to be lost in thoughts. Your mind should be where your body is. Do everything with great awareness and sharp focus.
Grandson	:	Ok, I'll do, grandpa, you're so good and I love you so much (kisses him). I'll always be aware of what you said today or what you may say in future.

134

अभिभावक और अध्यापक मुलाकात

एक अभिभावक के तौर पर शिक्षक से वार्तालाप के दौरान उसकी बातों पर उचित प्रतिक्रिया दें और वार्तालाप की प्रक्रिया जारी रखें।

बच्चे के पिता : नमस्कार, मि०एस०के० यादव। मैं राजीव का पिता हूँ।

क्लास टीचर : जी बैठिए। यह राजीव की मासिक रिपोर्ट है। वह तीन विषयों में फेल है।

पिता : जी, वह साइंस और मैथ्स के टेस्ट में बीमार था।

क्लास टीचर : ठीक है, पर सामाजिक विज्ञान में क्या हुआ? उसे 20 में से 4 अंक मिले। अंग्रेजी में भी वह बड़े मुश्किल से पास हुआ।

पिता : हाँ, दरअसल, मैं भी उसके बारे में काफी परेशान हूँ। राजीव पढ़ाई में दिलचस्पी नहीं लेता।

क्लास टीचर : मेरे ख्याल से उसकी सेहत खराब है।

पिता : जी सर, आप ठीक कहते हैं।

क्लास टीचर : आप उसकी आँखें टेस्ट कराइए। मैंने नोट किया है कि वह ब्लैक बोर्ड पर ठीक से नहीं पढ़ पाता।

पिता : मैं आज ही उसे नेत्र विशेषज्ञ के पास ले जाऊँगा। मैं डॉक्टर से उसके सामान्य स्वास्थ्य के बारे में सलाह करूँगा।

क्लास टीचर : राजीव को साइंस और मैथ्स में अलग से सहायता की जरूरत है। घर में उसे कौन पढ़ाता है?

पिता : मैं ही पढ़ाता हूँ। लेकिन नियमित रूप से नहीं।

क्लास टीचर : कृपया आगे से नियमित पढ़ाएँ। उसका लेख भी खराब है। उसके लिए घर पर लिखने का अभ्यास जरूरी है।

पिता : मैं अब निश्चय ही उसका पहले से अधिक ध्यान दूँगा।

क्लास टीचर : कृपया ऐसा ही करें। थोड़ी कोशिश से ही उसमें अवश्य सुधार आयेगा।

पिता : मैं पूरी कोशिश करूँगा। आपका बहुत-बहुत धन्यवाद। कृपया उसके बारे में मुझे सूचित करते रहना।

क्लास टीचर : जी, जरूर।

पिता : अच्छा, नमस्कार मि०एस०के० यादव।

134

PARENTS TEACHER MEETING

Interact with the teacher in the spirt of understanding the comments made about your ward and continue with the flow of the conversation.

Father	:	Good morning, Mr. S.K. Yadav. I am Rajeev's father.
Class Teacher	:	Yes, please sit down. Here is Rajeev's monthly progress report. He has failed in three subjects.
Father	:	Yes, he was unwell during the Science and Maths test.
Class Teacher	:	Fine, but what about Social Science? He got only 4 marks out of 20. In English also, he has hardly got pass-marks.
Father	:	Yes. Actually, even I'm quite worried about him. Rajeev does not take interest in studies.
Class Teacher	:	I think, he is a bit weak physically also.
Father	:	Yes, you are right.
Class Teacher	:	Please, get his eyes tested. I have noticed that he is unable to read the blackboard properly.
Father	:	I will take him to an eye specialist today itself. I will also consult the doctor regarding his general health.
Class Teacher	:	Besides, Rajeev needs extra coaching in Science and Maths. Who teaches him at home.
Father	:	I do. But not regularly.
Class Teacher	:	Please, be regular in future. His writing is also poor. He must practice hand writing at home.
Father	:	Yes, I'll definitely pay more attention to him now.
Class Teacher	:	Please do that. With a little effort, he will definitely improve.
Father	:	I will try my best. Thank you very much. Please keep me informed about him.
Class Teacher	:	Yes, of course.
Father	:	O.K. Bye Mr. S.K. Yadav.

135 हवाई अड्डे पर

हवाई अड्डे पर पहुँचने के दौरान हमें रास्ते की पूछताछ के लिए वार्तालाप कौशल में प्रवीण होने की आवश्यकता होती है, ताकि लोगों से अच्छी तरह वार्तालाप किया जा सके।

पोर्टर	:	आपको कौन-सी फ्लाइट पकड़नी है?
यात्री	:	लंदन वाली, जल्दी करो भाई।
पोर्टर	:	आप चिन्ता न करें, अभी काफी समय है। आप इस काउंटर पर सामान का किराया (भाड़ा) दे दीजिए।
घोषणाकर्ता	:	कृपया ध्यान दीजिए। लंदन जाने वाले यात्रियों से अनुरोध है कि वे टिकट काउंटर पर अपना सामान चेक करा लें। धन्यवाद!
टी०सी०ओ०	:	क्या मैं आपका टिकट देख सकता हूँ?
यात्री	:	जी हाँ, यह लीजिए।
टी०सी०ओ०	:	कृपया अपना सामान मशीन पर रखो।
यात्री	:	जी सर।
टी०सी०ओ०	:	यह रहा आपके सामान का टिकट, बैग का बिल्ला और आपका टिकट एवं बोर्डिंग कार्ड।
यात्री	:	अब मुझे क्या करना है?
टी०सी०ओ०	:	आप लाउन्ज में चलिए। थोड़ी देर में आपके लिए बस आ जायेगी, जो आपको हवाई अड्डे तक ले जायेगी।
घोषणाकर्ता	:	कृपया ध्यान दें! लंदन जाने वाले सभी यात्रियों से निवेदन है कि वे सुरक्षा अधिकारियों की ओर चलें।
सुरक्षा अधिकारी	:	कोई हथियार वगैरह तो नहीं हैं?
यात्री	:	नहीं, श्रीमानजी।
सुरक्षा अधिकारी	:	अपना बोर्डिंग कार्ड मोहर लगाने के लिए दीजिए।
यात्री	:	यह लीजिए बोर्डिंग कार्ड।
सुरक्षा अधिकारी	:	(मोहर लगाकर) आप इसे रखें।
घोषणाकर्ता	:	लंदन जाने वाला जहाज उड़ान के लिए तैयार है। यात्रियों से अनुरोध है कि वे अपना बोर्डिंग कार्ड चेकिंग के लिए तैयार रखते हुए एयरक्राफ्ट की ओर चलें।
परिचारिका	:	इधर से आइए महाशय। अपनी सीट ग्रहण करें।
यात्री	:	धन्यवाद मिस!

135 AT THE AIRPORT

 Within the precincts of the airport we need to be equipped with good communication skills to find our way around to our queries and concerns.

Porter	:	Which flight do you want to board.
Passenger	:	London bound, hurry up.
Porter	:	Don't worry Sir, there is still sufficient time. Please pay cartage of your luggage at the counter. .
Announcer	:	Your attention please; London bound passengers are requested to get their luggage checked at the ticket counter. Thanks!
T.C.O.	:	May I see your ticket please?
Passenger	:	Yes sir, take this.
T.C.O.	:	Please put your luggage on the machine.
Passanger	:	Yes, sir.
T.C.O.	:	Here is the ticket for your luggage, a tag for your hand bag and here is your ticket and boarding pass.
Passenger	:	What have I to do, now?
T.C.O.	:	You please move to the lounge. After sometime a bus will come which would take you to the aerodrome.
Announcer	:	Attention please! All London bound passengers are requested to move towards the Security Officer.
S.O.	:	You don't have any arms etc.
Passenger	:	No, Sir.
S.O.	:	Please, give your boarding card to be stamped.
Passenger	:	Take this, Sir.
S.O.	:	*(After Stamping)* you keep it, please.
Announcer	:	London bound plane is ready to take off. Passengers are rqeuested to move towards the aircraft and to keep their boarding cards ready for checking.
Hostess	:	Come this way Sir, Take your seat, please.
Passenger	:	Thank you, Miss!

वार्तालाप

136 सेल्समैन और दुकानदार

इस प्रकार के वार्तालाप में विक्रेता (सेल्समैन) को अपनी कम्पनी के बारे में पूरे आत्मविश्वास के साथ वार्तालाप करना चाहिए, जिससे वह अपने ग्राहक को अपनी कम्पनी के उत्पाद खरीदने के लिए प्रेरित कर सके।

सेल्समैन	:	(मुस्कराते हुए) गुडमार्निंग सर। मैं 'हेल्दी हार्ट्स' से राकेश वर्मा हूँ। हमारी कम्पनी ने नास्ते में उपयोग होने वाला अन्न निकाला है। यह बहुत ही स्वादिष्ट, पौष्टिक और दिल (हर्ट) के लिए अच्छा है।
दुकानदार	:	कृपया दिखाइए।
सेल्समैन	:	ये देखिए, अपने प्रोडक्ट की बिक्री बढ़ाने के लिए हम आपसे बहुत कम कीमत ले रहे हैं। 750 ग्रा० का डिब्बा, 500 ग्रा० की कीमत में मिलेगा। ऊपर से यह वायुरोधक (एअरटाइट) डिब्बा हर 750 ग्रा० के पैक के साथ बिल्कुल मुफ्त मिलेगा।
दुकानदार	:	क्या कीमत है?
सेल्समैन	:	जी, मात्र पचास रुपये। आप इसे प्रिंट रेट पैंसठ का बेच सकते हो।
दुकानदार	:	और कोई डिस्काउंट?
सेल्समैन	:	बीस डिब्बा की खरीद पर 15% डिस्काउंट।
दुकानदार	:	और लेन-देन का क्या हिसाब है?
सेल्समैन	:	अगर आप बीस डिब्बा से ज्यादा खरीदते हैं, तो कुल राशि का 50% नकद देना होगा और 50% दो सप्ताह बाद।
दुकानदार	:	ठीक है, पच्चीस डिब्बे दे दो।
सेल्समैन	:	ये लीजिए सर।
दुकानदार	:	यह लीजिए कुल धनराशि का 50% राशि रुपये 650।
सेल्समैन	:	धन्यवाद सर! मैं आपको कम्पनी की एक डायरी उपहार स्वरूप देता हूँ।
दुकानदार	:	बहुत अच्छा! इसमें मैं अपने ग्राहकों का लेखा-जोखा रखूँगा।
सेल्समैन	:	धन्यवाद! आपका दिन शुभ हो, सर बाय!

136

SALESMAN AND SHOPKEEPER

In this type of conversation the salesman of a company be confident and fluent in the speech so that he/she can convince his/her customers to buy the products of the company.

Salesman : *(Smiling pleasantly)* Good morning, Sir. I am Rakesh Verma, a salesman from Healthy Hearts. Our company has brought out a breakfast cereal. It is very delicious, nourishing and good for heart.

Shopkeeper : Please, show me.

Salesman : Take this, for promotion we are offering a bargain price. You will get 750 gm. pack for the price of 500 gm. Besides, this airtight container comes free with the 750 gm. pack.

Shopkeeper : What is it's price?

Salesman : Only fifty rupees, Sir. You can sell at print rate Rs. 65.

Shopkeeper : Any discount?

Salesman : If you purchase twenty packs, you will get 15% discount.

Shopkeeper : What are bussiness terms?

Salesman : If you purchase more than twenty packs, you will have to pay 50% amount of the whole purchasing and rest 50% after two weeks.

Shopkeeper : Good! Give me twenty five packs.

Salesman : Take these, sir.

Shopkeeper : Receives 50% amount Rs. 650 of whole amount.

Salesman : Thank you, sir! I offer you a company diary as a gift.

Shopkeeper : Very good. I will maintain account of my customers in it.

Salesman : Thank you! Have a good day, sir, bye.

137 ट्रैवेल एजेण्ट और यात्री

इस प्रकार के वार्तालाप में ट्रैवेल एजेण्ट को अपनी कम्पनी के बारे में आत्मविश्वास के साथ टूर पैकेज के बारे में बातें करनी चाहिए। जिससे वह ट्रेवलर को अपने टूर पैकेज खरीदने के लिए उत्साहित कर सके।

मि० कपूर	:	हैलो सर, गुड मॉर्निंग!
ट्रैवेल एजेण्ट	:	गुड मॉर्निंग सर! आपका हार्दिक स्वागत है। आप कैसे हैं, मैं आपकी क्या सेवा कर सकता हूँ?
मि० कपूर	:	मैं अपनी पत्नी के साथ एक हफ्ते के लिए मलेशिया भ्रमण हेतु जाना चाहता हूँ।
ट्रैवेल एजेण्ट	:	बहुत अच्छा। मुझे यह सुनकर बड़ी खुशी हुई।
मि० कपूर	:	कृपया आप मुझे मलेशिया टूर पैकेज के बारे में बतायें।
ट्रैवेल एजेण्ट	:	सर, एक सप्ताह के टूर में दो आदमियों के आने-जाने का किराया, होटल में ठहरने और खाने का तथा प्रतिदिन चार दर्शन स्थलों को दिखाने आदि का कुल खर्च दो लाख रुपये होगा। दूसरा पैकेज चार दिन का टूर, इसका कुल खर्च रुपये 1 लाख 20 हजार।
मि० कपूर	:	ठीक है, मुझे सात दिन का टूर पैकेट दीजिए।
ट्रैवेल एजेण्ट	:	ठीक है सर।
मि० कपूर	:	यह व्यवस्था कैसे करोगे?
ट्रैवेल एजेण्ट	:	मै। आपको 'एअर इंडिया' का टिकट देकर एयरपोर्ट पर छोड़ आऊँगा। मलेशिया पहुँचने पर मेरी ही एजेंसी का गाइड आपको एयरपोर्ट से होटल ले जायेगा।
मि० कपूर	:	और आगे की प्लानिंग।
ट्रैवेल एजेण्ट	:	वहाँ हमारा गाइड आपको प्रतिदिन चार दर्शनीय स्थल दिखायेगा।
मि० कपूर	:	ठीक है, कृपया मेरी दो टिकटें बुक करायें।
ट्रैवेल एजेण्ट	:	ठीक है सर। आप मुझे इसके लिए 2 लाख रुपये कैश दें।
मि० कपूर	:	मैं आपको 2 घंटे बाद पैसे देता हूँ।
ट्रैवेल एजेण्ट	:	ठीक है सर! (एक घंटे के बाद)
मि० कपूर	:	यह लीजिए दो लाख रुपये।
ट्रैवेल एजेण्ट	:	ठीक है, मैं आपकी टिकटें एक घंटे तक आपके पास पहुँचा दूँगा।
मि० कपूर	:	धन्यवाद!

137

TRAVEL AGENT AND TRAVELLER

In this type of conversation the travel agent is expected to be fully conversant with different tour packages for various locations and their duration. This knowledge will help a traveller choose a plan as per his preference and budget.

Mr. Kapoor : Hello sir, Good morning.
Travel Agent : Good morning sir, welcome. How are you? What can I do for you?
Mr. Kapoor : I want to go on Malaysia Tour for a week with my wife.
Travel Agent : Very good. I am very glad to hear this.
Mr. Kapoor : Please tell me about Malaysia Tour package.
Travel Agent : Sir, for a week tour — the total package amount including fare for two persons up and down tickets, stay and lodging in a hotel and visit four places every day etc. is two lakhs rupees. Second package for four days rupees is for 1.20 lakhs.
Mr. Kapoor : Right sir. Give me seven day tour package, please.
Travel Agent : O.K. sir.
Mr. Kapoor : How will you manage.
Travel Agent : I will drop you at airport, giving the ticket of Air-India. When you will reach Malaysia, the guide of our agency will receive you at airport and take off you in hotel.
Mr. Kapoor : And next planning.
Travel Agent : There our guide will introduce four prospects every day.
Mr. Kapoor : O.K, sir. Please book my two tickets.
Travel Agent : O.K, sir. Please pay rupees two lakhs for it.
Mr. Kapoor : I will pay after two hours.
Travel Agent : O.K, sir.
(After one hour)
Mr. Kapoor : Here is the money.
Travel Agent : Right sir, I will give your tickets, within an hour to you.
Mr. Kapoor : Thank you, sir!

138 एल०आई०सी० एजेण्ट और ग्राहक के बीच वार्तालाप

इस प्रकार के वार्तालाप में एलआईसी एजेण्ट को अपनी कम्पनी के बारे में आत्मविश्वास के साथ बीमा कराने के विभिन्न उत्पाद के बारे में बातचीत करनी चाहिए, ताकि बीमा कराने को इच्छुक व्यक्ति उसकी बातों को स्पष्टतौर पर समझकर उससे अपनी बजट के अनुसार कोई सही बीमा उत्पाद खरीद सके।

एजेण्ट	:	हैलो सर, मैं एल०आई०सी० एजेण्ट हूँ।
ग्राहक	:	गुड मॉर्निंग सर, आपका स्वागत है।
एजेण्ट	:	सर, आप एल०आई०सी० के बारे में तो जानते हैं।
ग्राहक	:	हाँ, हाँ, क्यों नहीं।
एजेण्ट	:	देखिए सर, 'भारतीय जीवन बीमा' हमें जल, थल और नभ से सुरक्षित रखती है।
ग्राहक	:	कैसे, श्रीमान जी?
एजेण्ट	:	बीमा पॉलिसी खरीदकर।
ग्राहक	:	श्रीमान कुछ और विस्तार में बतायें।
एजेण्ट	:	यह हमारे जीवन और धन को सुरक्षित रखता है।
ग्राहक	:	यह तो बहुत अच्छा है।
एजेण्ट	:	अब हम 'जीवन आनंद पॉलिसी' आपको देना चाहते हैं।
ग्राहक	:	क्यों, श्रीमान जी?
एजेण्ट	:	क्योंकि परिपक्वता के बाद भी यह सम्पूर्ण जीवन तक बिना प्रीमियम जमा किये दुर्घटना हितलाभ देता है।
ग्राहक	:	यह तो बहुत अच्छा है।
एजेण्ट	:	तो श्रीमान जी, कागजी कार्यवाही पूरी कर लें।
ग्राहक	:	क्यों नहीं? इसके लिए कौन-सी चीजें चाहिए?
एजेण्ट	:	परिचय पत्र, जन्म प्रमाण पत्र, ड्राइविंग लाइसेंस, एक फोटो और प्रीमियम राशि।
ग्राहक	:	यह लीजिए सर।
एजेण्ट	:	यहाँ, इस फार्म पर अपने हस्ताक्षर कर दें और कुछ आवश्यक जानकारी मुझे दें।
ग्राहक	:	ठीक है, सर।
एजेण्ट	:	मैं इसकी रसीद दो दिन बाद दे जाऊँगा।
ग्राहक	:	ठीक है सर! नमस्ते!

138

CONVERSATION BETWEEN L.I.C. AGENT AND CLIENT

 In this type of conversation, the insurance agent is expected to be homely in approach along with good persuasive skills and have deep knowledge of life insurance policies for various age groups, premiums for different policies etc. This knowledge will help the customer purchase a policy according to his preference and budget.

Agent	:	Hello sir, I am a L.I.C. Agent.
Client	:	Good morning, sir. Welcome, sir.
Agent	:	Sir, you have known about L.I.C.
Client	:	Yes, yes, why not?
Agent	:	Sir, 'Life Insurance Corporation' saves us from water, land and sky.
Client	:	How, sir?
Agent	:	By taking a Bima Policy.
Client	:	Please tell me sir, in detail.
Agent	:	L.I.C. secure our life and money.
Client	:	It is so good.
Agent	:	Now I want to give you 'Jeevan Anand' policy.
Client	:	Why, sir?
Agent	:	Because it gives accidental claim/death claim after maturity of policy, without paying premium.
Client	:	It is so good.
Agent	:	Then sir, I want to complete paper work.
Client	:	Why not? What things are necessary for this?
Agent	:	Your Voter ID, Driving Licence/School Certificate, One photograph and premium amount.
Client	:	Take this, sir.
Agent	:	Here, put your signature on this form and give me some details also.
Client	:	Right, sir.
Agent	:	I will come back to give your receipt after two days.
Client	:	O.K, sir. Good bye!

स्मरणीय

1. कहीं भी वार्तालाप करने के पहले आप वार्तालाप में प्रयोग किये जाने वाले हिन्दी वाक्य को अपने मन में सोचें, फिर इसका अनुवाद पुस्तक की आरंभ में बनाये गये ग्रामर तथा वाक्य रचना के नियमानुसार करें।
2. अंग्रेजी और हिन्दी दोनों भाषाओं की वार्तालाप शैली अलग-अलग होती है।
3. वार्तालाप के दौरान अंग्रेजी वाक्यों के उत्तर हिन्दी वाक्यों की अपेक्षाकृत 'संक्षिप्त' या 'विस्तृत' दोनों प्रकार के हो सकते हैं।
4. पाठकों को हमारा सुझाव है कि अंग्रेजी बोलने के दौरान जहाँ पर भी आप अटकते हों, उन शब्दों को किसी कॉपी में नोट कर याद कर लें।
5. 'इंग्लिश स्पीकिंग कोर्स' का सम्पूर्ण अध्ययन करने के लिए आपको धन्यवाद! अब तक आप रोजमर्रा के जीवन में प्रयोग होने वाली प्रत्येक परिस्थिति पर आधारित वाक्यों का प्रयोग सीख चुके हैं।
6. अंग्रेजी बोलने के दौरान आपको शुरुआत में थोड़ी कठिनाई अवश्य आयेगी, लेकिन जैसे-जैसे आप अंग्रेजी बोलने के अभ्यस्त होते जायेंगे, अंग्रेजी के वार्तालाप की कला में निपुण हो जायेंगे।
7. अंग्रेजी बोलने के दौरान परिस्थिति के अनुसार अपना स्वर 'मद्धिम' या 'तीव्र' रखें।

खण्ड–6
लेखन

Section–6
Writing

पिछले खण्ड में आपने Conversation (वार्तालाप) सीखी है। प्रस्तुत खण्ड में Writing (लेखन) से सम्बन्धित है। इसके तहत इस खण्ड में Essay (निबंध), Letter Writing (पत्र लेखन), Application (आवेदन पत्र), Report (प्रतिवेदन), Notice (सूचना) एवं हिन्दी से अंग्रेजी में अनुवाद के महत्त्वपूर्ण नियमों की जानकारी दी गयी है। साथ ही उपर्युक्त वर्णित सभी विषयों के उदाहरण अभ्यास सहित दिये गये हैं।

वर्तमान युग को कम्प्यूटर युग कहा जाय तो कोई अतिशयोक्ति नहीं होगी। इसलिए इस खण्ड के अन्त में कम्प्यूटर पर अंग्रेजी में ई-मेल किस प्रकार भेजा जाये, इसकी भी जानकारी संक्षिप्त रूप में दी गयी है।

पृष्ठ संख्या 465 से 511 की विषय-सामग्री ऑनलाइन
https://www.dropbox.com/sh/53g508zp9vilq30/AACXMf0tBATOBEs3RcwSYtaNa?dl=0
पर उपलब्ध है।

खण्ड-7
वर्गीकृत शब्दावली
Section–7
Vocabulary

शब्दों के आधार पर ही व्यक्ति की सही पहचान होती है। हमारे शब्द भंडार में जितने अधिक शब्द होंगे। हमारी अंग्रेजी बोलने की क्षमता में उतनी ही वृद्धि होगी। अच्छी अंग्रेजी जानने के लिए अंग्रेजी शब्दों का प्रचुर ज्ञान होना जरूरी है।

अंग्रेजी बोलने के दौरान पाठकों के सामने आमतौर पर जो समस्याएँ आती हैं, वे सामान्यता हिन्दी शब्दों के सटीक अंग्रेजी शब्द नहीं जानने के कारण पैदा होती हैं। वार्तालाप के दौरान बार-बार प्रयोग में आने वाले शब्दों की पर्याप्त जानकारी के लिए प्रस्तुत खण्ड में Classified Vocabulary (वर्गीकृत शब्दावली) दी जा रही है। इसके तहत शरीर के विभिन्न अंगों के नाम, अनाजों के नाम, रसोई में प्रयोग की जाने वाली वस्तुओं के नाम, घरेलू सामानों, रोग एवं शारीरिक दवाओं के नाम, भवन एवं उनके भागों के नाम तथा व्यावसायिक शब्दावली आदि सम्मिलित हैं।

इसके अतिरिक्त अंग्रेजी हिन्दी शब्दकोश के प्रत्येक Letter के शब्दों का हिन्दी अर्थ उच्चारण सहित दिये गये हैं।

पृष्ठ संख्या 512 से 559 की विषय-सामग्री ऑनलाइन
https://www.dropbox.com/sh/53g508zp9vilq30/
AACXMf0tBATOBEs3RcwSYtaNa?dl=0
पर उपलब्ध है।

खण्ड-8 : अभ्यास

परिचय

प्रिय पाठक,

इस पृष्ठ तक पहुँचने के पूर्व आपने 'इंग्लिस स्पीकिंग कोर्स' के सभी खण्डों को पढ़कर भली-भाँति समझ लिया होगा।

इस पुस्तक को पढ़कर अंग्रेजी बोलना सीखें के क्रम में आप कितना सफल हुए, इसका परीक्षण करने के लिए हमने यहाँ प्रस्तुत पुस्तक के प्रत्येक खण्ड से सम्बन्धित कुछ अभ्यास दिये गये हैं। आप प्रत्येक खण्ड से सम्बन्धित अभ्यास प्रश्नों को हल करने का प्रयास करें। हमें आशा है, यह अभ्यास इस पुस्तक के पठन/पाठन के दौरान शेष रह गयी कमी को दूर करने में अवश्य सहायक होगी।

(i) यदि आपने सभी अभ्यासों को सरलतापूर्वक हल नहीं किया तो इसका अर्थ है कि आपको पुनः इस पुस्तक का अध्ययन करने की आवश्यकता है।

(ii) यदि आपने सभी अभ्यासों को हल कर लिया है, तो आपमें अब तक इतना आत्मविश्वास अवश्य आ गया होगा कि आप अंग्रेजी भाषा में कहीं भी अपना आत्मपरिचय या साक्षात्कार दे सकने में सक्षम हैं।

अभ्यास-1

आपने पुस्तक के शुरुआती खण्ड में English Alphabet (अंग्रेजी वर्णमाला), अंग्रेजी के Uses of Capital and Small letters (बड़े-छोटे अक्षरों का प्रयोग), Pronunciation knowledge based on vowel and consonant (स्वर और व्यंजन के आधार पर उच्चारण ज्ञान बारहखड़ी), Name of Days and Months (अंग्रेजी दिनों एवं महीनों के नाम) आदि का भलीभाँति अध्ययन कर लिया है, तो अब इन पर आधारित निम्नलिखित प्रश्नों के उत्तर देने का प्रयास करें :

(i) अंग्रेजी वर्णमाला में कितने अक्षर होते हैं?
(ii) क्या आप अंग्रेजी में 1 से 100 तक की Counting (गिनती) सही-सही उच्चारण के साथ कर पाने में सक्षम हैं?
(iii) शुक्रवार के दिन को अंग्रेजी में क्या कहते हैं?
(iv) वर्ष के बारह Months (महीनों) के अंग्रेजी नाम क्या हैं?
(v) वर्ष के सभी Seasons (ऋतुओं) के अंग्रेजी नाम क्या हैं?
(vi) अंग्रेजी Ordinal Counting (क्रमवाचक गिनती) कैसे होती है?

स्मरणीय तथ्य

(i) यदि आप उपर्युक्त प्रश्नों के उत्तर देने में असमर्थ हैं, तो आप खण्ड-2 का अध्ययन करने के पूर्व पुनः इस पुस्तक के पहले खण्ड-1 (Page 1 to 33) का ध्यानपूर्वक अध्ययन करें। ऐसा करने से आपको आगे के अध्यायों (Lessons) को समझने में सरलता होगी।
(ii) यदि आप उपर्युक्त प्रश्नों के उत्तर देने में स्वयं को समर्थ पाते हैं, तो इसका अर्थ यह है कि आपने इस अध्याय को भली-भाँति समझ लिया है।

अभ्यास-2

आपने पुस्तक के अध्याय-2 Basic Grammar में Noun (संज्ञा), Pronoun (सर्वनाम), Adjective (विशेषण), क्रिया (Verb) आदि का भली-भाँति अध्ययन कर लिया है, इन पर आधारित निम्नलिखित प्रश्नों के उत्तर देने का प्रयास करें :

(i) Hari is reading a book. इस वाक्य (Sentence) में कौन-सा शब्द संज्ञा (Noun) है?

(ii) Lata is reading the Ramayan. इस वाक्य (Sentence) में 'the Ramanyan' संज्ञा (Noun) का कौन-सा भेद (Kind) है?

(iii) Sheela is calling him. इस वाक्य में कौन-सा शब्द सर्वनाम है?

(iv) Rahul is a poor boy. इस वाक्य में कौन-सा शब्द विशेषण है?

(v) She writes neatly. इस वाक्य में कौन-सा शब्द क्रिया है?

(vi) She walks slowly. इस वाक्य में कौन-सा शब्द क्रिया विशेषण है?

(vii) A cat fell into the well. इस वाक्य में कौन-सा शब्द सम्बन्धबोधक अव्यय है?

(viii) Beauty for see but not touch. इस वाक्य में संयोजक बतायें?

(ix) They reached the station, the train began to move. (use proper conjunction: as soon as/as well as)

(x) Alas! he has failed in the examination. इस वाक्य में Exclamatory Word (विस्यमयादिबोधक अव्यय शब्द) शब्द कौन-सा है?

(xi) Mr. Trilok and his wife went to Bombay, yesterday. Alas! They both died in an accident. इस वाक्य से निम्नलिखित तालिका को पूरा करें:

Noun	Pronoun	Adjective	Verb	Adverb	Preposition	Conjunction	Interjection
....	....	....	....	....	....	....	....

(xii) A .... has seven days. इस वाक्य की पूर्ति Week/Weak) शब्द द्वारा करें।

(xiii) A rabit was running after a .... इस वाक्य की पूर्ति Deer/Dear शब्द द्वारा करें।

(xiv) निम्नलिखित अव्यवस्थित वाक्यों को पुनः सही क्रम में लिखें :

(a) suffering/fever/is/since/he/from/Monday

(b) hard/will/pass/you/if/work/you

(c) and/standing/are/horse/the/carriage/gate/the/at

स्मरणीय तथ्य

(i) यदि आप उपर्युक्त प्रश्नों के उत्तर देने में असमर्थ हैं, तो आप खण्ड-3 का अध्ययन करने के पूर्व पुनः इस खण्ड-2 (Page 34 to 93) का ध्यानपूर्वक अध्ययन करें। ऐसा करने से आपको आगे के अध्यायों को समझने में सरलता होगी।

(ii) यदि आप उपर्युक्त प्रश्नों के उत्तर देने में स्वयं को समर्थ पाते हैं, तो इसका अर्थ यह है कि आपने इस अध्याय को भली-भाँति समझ लिया है।

(iii) पुनः अध्ययन करने के पश्चात् इस खण्ड के प्रशन संख्या 14 के अंतर्गत यदि आप वाक्यों को व्यवस्थित करने की क्रिया सुचारू रूप से कर लेते हैं, तो इसका तात्पर्य यह हुआ कि आपको Basic Grammar का पूर्ण ज्ञान प्राप्त हो चुका है।

अभ्यास-3

आपने पुस्तक के अध्याय-3 Functional Grammar में Voice (वाच्य), Narration (कथन), Question Tag (प्रश्न टैग), Word Formation (शब्द रचना) आदि का भली-भाँति अध्ययन कर लिया है, इन पर आधारित निम्नलिखित प्रश्नों के उत्तर देने का प्रयास करें :

(i) I......... punish him for his misbehaviour. इस वाक्य में सहायक क्रिया (Modal: will/shall) का प्रयोग करें?

(ii) How .... you enter in the girls, hostel. इस वाक्य में उचित सहायक क्रिया का प्रयोग करें।

(iii) You need not stay here. इस वाक्य में किस सहायक क्रिया का प्रयोग हुआ है।

(iv) She is writing a letter. इस वाक्य को Passive Voice (कर्मवाच्य) में बदलिए।

(v) Shut the door. इस वाक्य को Passive Voice (कर्मवाच्य) में बदलिए।

(vi) A lion was killed by the hunter. इस वाक्य को Active Voice (कर्तृवाच्य) में बदलिए।

(vii) You are advised to avoid bad company. यह वाक्य Active Voice (कर्तृवाच्य) है या Passive Voice (कर्मवाच्च) में।

(viii) Sheela said to Rama, "The sun sets in the west." इस वाक्य को Indirect Speech (अप्रत्यक्ष कथन) में बदलिए?

(ix) Radhika said to Manvi, "How old are you." इस वाक्य को Indirect Speech (अप्रत्यक्ष कथन) में बदलिए?

(x) Father advised him to help the poor. इस वाक्य को Direct Speech (प्रत्यक्ष कथन) में बदलिए?

(xi) The gardener forbade the boys to pluck the flowers. इस वाक्य को Direct Speech (प्रत्यक्ष कथन) में बदलिए?

(xii) You are dancer. इस वाक्य में Question Tag (प्रश्न टैग) का प्रयोग करें।

(xiii) Sohan wasn't in home. इस वाक्य में Question Tag (प्रश्न टैग) का प्रयोग करें।

(xiv) निम्नलिखित तालिका में प्रश्न टैग का प्रयोग करें-

S. No.	Sentence (वाक्य)	Question Tag (प्रश्न टैग)
1.	Rashmi should not go to bed late.	....
2.	The poor needs our help.	....
3.	We ought to serve our country.	....

(xv) Let, ese, ism प्रत्यय (Suffix) जोड़कर दो-दो शब्द (Word) लिखिए।

(xvi) Non, In, Dis, Mis उपसर्ग (Prefix) जोड़कर दो-दो शब्द (Word) लिखिए।

(xiv) निम्नलिखित शब्दों (Words) से प्रत्यय (Suffix) अलग करके पुन: लिखें-

(a) Motherhood = ... + ... (b) Exploration = ... + ...

(c) Japanese = ... + ... (d) Democracy = ... + ...

स्मरणीय तथ्य

(i) यदि आप उपर्युक्त प्रश्नों के उत्तर देने में असमर्थ हैं, तो आप खण्ड-4 का अध्ययन करने के पूर्व पुनः इस खण्ड-3 (Page 94 to 186) का पुनः ध्यानपूर्वक अध्ययन करें। ऐसा करने से आपको आगे के अध्यायों को समझने में सरलता होगी।

(ii) प्रस्तुत खण्ड का पुनः अध्ययन करने के पश्चात् यदि प्रश्न संख्या 1 से 3 तक उत्तर देने में समर्थ हैं, तो यह समझ लिया जाये कि आपको Modals (सहायक क्रियाएँ) का सम्यक् ज्ञान प्राप्त हो चुका है।

(iii) आगे के प्रश्न संख्या 4 से 11 तक यदि आप प्रश्नों का उत्तर सही-सही दे पा रहे हैं, तो इसका तात्पर्य यह हुआ कि आपको वाक्य में क्रिया के 'कर्त्ता' अथवा 'कर्म' की प्रधानता का बोध व नियम का ज्ञान एवं 'वक्ता की कही हुई बात' को 'अपने शब्दों में कहना' का समुचित ज्ञान प्राप्त हो गया है। इसके अतिरिक्त प्रश्न संख्या 12 से 17 के अंतर्गत यदि आप उत्तर दे पा रहे हैं, तो इसका तात्पर्य यह है कि आपने किसी वाक्य के अंत में 'प्रश्न जोड़ना/प्रश्न पूछना' का ज्ञान प्राप्त कर लिया है साथ ही वाक्य के Tenses (काल) का ज्ञान प्राप्त हो गया है।

(iv) यदि आप उपर्युक्त प्रश्नों के उत्तर देने में स्वयं को समर्थ पाते हैं, तो इसका अर्थ यह है कि आपने इस अध्याय को भली-भाँति समझ लिया है।

अभ्यास-4

आपने पुस्तक के अध्याय-4 Speaking में Greeting (अभिवादन), Manners (शिष्टाचार), Self Introduction (आत्म-परिचय), Introduction of Relatives (सगे-सम्बन्धियों का परिचय), Request (अनुरोध), Statement (कथनात्मक वाक्य), Interogative Sentence (प्रश्नवाचक वाचक) आदि का भली-भाँति अध्ययन कर लिया है, इन पर आधारित निम्नलिखित प्रश्नों के उत्तर देने का प्रयास करें :

Q.1 : आप अपने घर से बाज़ार जा रहे हैं। रास्ते में आपका मित्र मिल गया। उसे देखकर आप निम्नलिखित वाक्यों को बोलने के लिए अंग्रेजी भाषा में कैसे कहेंगे?
    (i) हैलो आकाश! ....
    (ii) आपसे मिलकर बहुत खुशी हुई! ....
    (iii) आज का दिन आपके लिए शुभ हो! ....
    (iv) अच्छा फिर मिलेंगे! ....

Q.2 : आपकी खोई हुई कीमती घड़ी को किसी सज्जन व्यक्ति ने आपको वापस दे दिया, तो आप उसका आभार प्रकट करने के लिए निम्नलिखित वाक्यों को अंग्रेजी भाषा में कैसे बोलेंगे?
    (i) आपको धन्यवाद! ....
    (ii) आपको बहुत-बहुत धन्यवाद! ....
    (iii) मैं आपका हृदय से आभारी हूँ! ....

Q.3 : किसी कारणवश आप और आपके मित्र के बीच कहासुनी हो जाती है, तो आप क्रोध में आकर मित्र को निम्नलिखित वाक्य को अंग्रेजी भाषा में कैसे बोलेंगे?
    (i) बात को अधिक न बढ़ाओ! ....
    (ii) भाड़ में जाओ! ....
    (iii) बकवास बंद करो! ....
    (iv) ऐसा बेहूदगी से बोलने की तुम्हारी हिम्मत कैसे हुई! ....

Q.4 : आपका मित्र अशोक परीक्षा में सफल हो गया है। आप उसे बधाई देना चाहते हैं, तो आप अपने मित्र के लिए 'बधाई' के निम्नलिखित वाक्यों को अंग्रेजी भाषा में किस प्रकार बोलेंगे?
    (i) हैलो अशोक, सुप्रभात! ....
    (ii) परीक्षा में सफलता पर आपको हार्दिक बधाई। ....
    (iii) मुझे विश्वास है कि आप उन्नति के शिखर पर अवश्य पहुँचेंगे। ....
    (iv) मेरी बधाई स्वीकार करें। ....

Q.5 : आपके परम मित्र के पिताजी का स्वर्गवास हो गया है। आप अपने मित्र को सांत्वना व्यक्त करने के लिए निम्नलिखित वाक्यों को अंग्रेजी भाषा में किस प्रकार बोलेंगे?
    (i) बड़े अफसोस की बात है। ....
    (ii) आपके पिता के देहांत पर हम बेहद दु:खी हैं। ....
    (iii) ईश्वर को यही मंजूर था। ....
    (iv) संसार का यही नियम है। ....
    (iv) हम इस दुःखद घड़ी में आपके प्रति अपनी संवेदना प्रकट करते हैं। ....
    (v) ईश्वर तुम्हें इस संकट से उबरने की शक्ति दें। ....

Q.6 : आपको अमुक विद्यालय में साक्षात्कार हेतु जाना है! आप पूछे जाने के लिए कुछ संभावित प्रश्नों के उत्तर देने का शीशे के सामने खड़े होकर अभ्यास कर रहे हैं, तो सम्भवत: साक्षात्कार हेतु निम्नलिखित वाक्यों को आप अंग्रेजी भाषा में कैसे बोलेंगे?
    (i) महाशय, क्या मैं अन्दर आ सकता हूँ? ....

(ii) नमस्ते, महाशय मेरा नाम पीयूष है। ....

(iii) मैंने 'प्रशिक्षित स्नातक अध्यापक' पद के लिए आवेदन किया है। ....

(iv) मेरी शैक्षिक योग्यता एम०ए०, बी०एड० है। ....

(v) मुझे पढ़ाने की रुचि है। ....

(vi) मैं विद्यालय के नियमों का पालन करूँगा। ....

Q.7 : आपके मित्र/सहेली का आज जन्मदिन है। आप वहाँ पहुँचकर निम्नलिखित हिन्दी वाक्यों को आप अंग्रेजी भाषा में कैसे बोलेंगे?

(i) हैलो अंकित/अंकिता, जन्मदिन मुबारक हो। ....

(ii) यह शुभ दिन बार-बार आये। ....

(iii) अंकित/अंकिता, आज तुम बहुत सुन्दर लग रहे/रही हो। ....

(iv) मैं तुम्हारे लिए एक विशेष उपहार लाया हूँ। ....

(v) दूसरे मित्र कहाँ हैं? ....

Q.8 : काफी समय बाद आपके एक सगे-सम्बन्धी आपके घर आपसे मिलने आते हैं। उनके स्वागत सत्कार में निम्नलिखित हिन्दी वाक्यों को आप अंग्रेजी भाषा में कैसे बोलेंगे?

(i) आपका स्वागत है। ....

(ii) आइए, मैं अपने परिवार के सदस्यों से मिलाता हूँ। ....

(iii) ये है मेरी धर्म पत्नी मधुरिमा, मेरा बेटा साहिल और बेटी अनुष्का। ....

(iv) आप क्या लेना पसंद करेंगे, चाय या कोल्ड ड्रिंक्स? ....

(v) आप क्या खाना पसंद करेंगे? ....

(vi) आपने कुछ नहीं खाया, थोड़ा और लीजिए। ....

(vii) कृपया जब भी आप दिल्ली आयें, मुझसे जरूर मिलें। ....

Q.9 : आपने अध्याय 'Speaking' के अन्तर्गत Statement (कथनात्मक), Interrogative (प्रश्नवाचक) और Exclamatory Sentence (विस्मयादिबोधक वाक्य) का अध्ययन किया, तो अब आप निम्नलिखित वाक्यों के बारे बताइए कि :

(i) January is the first month of the year. यह किस प्रकार का वाक्य है?

(ii) What a pleasant scene! यह किस प्रकार का वाक्य है?

(iii) Will you wait for me? यह किस प्रकार का वाक्य है?

स्मरणीय तथ्य

(i) यदि आप उपर्युक्त प्रश्नों के उत्तर देने में असमर्थ हैं, तो आप खण्ड-5 का अध्ययन करने के पूर्व पुन: इस खण्ड-4 (Page 187 to 271) का ध्यानपूर्वक अध्ययन करें। ऐसा करने से आपको आगे के अध्यायों को समझने में सरलता होगी।

(ii) यदि आप प्रश्न संख्या 1 के आधार पर उत्तर दे पाने में समर्थ हैं, तो आप अब स्वयं अपने शब्दों में अमुख व्यक्ति से अंग्रेजी भाषा में बात करने का प्रयास करें। यदि आप ऐसा कर पाते हैं, तो समझ लीजिए कि आप अंग्रेजी भाषा में बात करने में सक्षम हैं।

(iii) यदि आपने प्रस्तुत खण्ड में Statement (कथनात्मक), Interrogative Sentence (प्रश्नवाचक) और Exclamatory (विस्मयादिबोधक) वाक्यों की पहचान करना सीख लिया, तो समझ लीजिए कि आपको अंग्रेजी भाषा का वाक्य ज्ञान और उसका प्रयोग समझ में आ गया है।

(iv) यदि आप उपर्युक्त प्रश्नों के उत्तर देने में स्वयं को समर्थ पाते हैं, तो इसका अर्थ यह है कि आपने इस अध्याय को भली-भाँति समझ लिया है।

अभ्यास-5

आपने पुस्तक के अध्याय-5 Conversation (वार्तालाप) का भली-भाँति अध्ययन कर लिया है, इस पर आधारित निम्नलिखित प्रश्नों के उत्तर देने का प्रयास करें :

1. आप 'मोची' और 'ग्राहक' के मध्य हुई वार्तालाप को अंग्रेजी भाषा में व्यक्त करें–

ग्राहक : मैं एक जोड़ी जूता खरीदना चाहता हूँ।
दुकानदार : कैसा जूता चाहिए, चमड़े का या कैनवेस का?
ग्राहक : चमड़े का।
दुकानदार : यह लो, इसकी कीमत ₹ 1200/- है।
ग्राहक : मँहगा है, थोड़ा सस्ता दिखाओ।
दुकानदार : यह लो, ₹ 800/- का है।
ग्राहक : यही दे दो।

2. एक महिला साड़ी खरीदने कपड़े की दुकान पर गयी। दुकानदार और महिला के मध्य हुई वार्तालाप को अंग्रेजी भाषा में व्यक्त करें–

दुकानदार : आइए, आइए, अंदर आइए, यहाँ बैठिये।
: आपको क्या चाहिए? क्या दिखाना है, बोलिये।
महिला : हमें साड़ी दिखाइए।
दुकानदार : किस कीमत में चाहिए जी?
महिला : कोई सस्ती-सी।
: आपके पास रेशमी साड़ियाँ हैं क्या?
दुकानदार : ये देखो मैडम।
महिला : यह तो मँहगी है।
: नहीं चाहिए।
दुकानदार : और सस्ती दिखाता हूँ।
महिला : नहीं, नहीं चाहिए।

3. एक व्यक्ति फोन पर फिल्म के टिकट सिनेमाघर से खरीद रहा है। ग्राहक और सिनेमाघर के कर्मचारी के बीच होने वाली वार्तालाप को अंग्रेजी भाषा में व्यक्त करें–

ग्राहक : हैलो, क्या यह डिलाइट सिनेमा है?
कर्मचारी : हाँ, महाशय।
ग्राहक : मुझे 'सिंघम' पिक्चर की टिकटें खरीदनी हैं।
कर्मचारी : किस 'शो' की?
ग्राहक : शाम 6 बजे की।
कर्मचारी : कितने टिकट?
ग्राहक : चार टिकटें कितने की हैं?
कर्मचारी : बालकनी के 110 रुपये हैं।
ग्राहक : मैं ये टिकटें कहाँ से प्राप्त करूँ
कर्मचारी : आप इन्हें 'बालकनी' के काउण्टर से प्राप्त कर सकते हैं।
ग्राहक : धन्यवाद!
कर्मचारी : ठीक है, महाशय।

4. आप अमुक विद्यालय में अपने बेटे का नर्सरी कक्षा में नामांकन कराना चाहते हैं, तो इस संदर्भ में आप प्रधानाचार्यजी से किस प्रकार अंग्रेजी भाषा में वार्तालाप करेंगे। उदाहरण के लिए–

(i) मैं अपने बेटे का दाखिला कराना चाहता हूँ।

(ii) आपका आभारी रहूँगा .... आदि।

स्मरणीय तथ्य

(i) यदि आप उपर्युक्त प्रश्नों के उत्तर देने में असमर्थ हैं, तो आप खण्ड-6 का अध्ययन करने के पूर्व पुनः इस खण्ड-5 (Page 272 to 464) का ध्यानपूर्वक अध्ययन करें। ऐसा करने से आपको आगे के अध्यायों को समझने में सरलता होगी।

(ii) यदि आप प्रश्न संख्या 1 से 3 तक उत्तर दे देते हैं तो पुनः स्वयं अमुक व्यक्ति से अपने शब्दों में वार्तालाप करने का प्रयास करें।

(iii) यदि आप प्रश्न संख्या 4 के अनुसार अमुक व्यक्ति से वार्तालाप स्वयं कर पाते हैं, तो तात्पर्य यह हुआ कि आप वार्तालाप में सक्षम हैं।

(iv) यदि आप उपर्युक्त प्रश्नों के उत्तर देने में स्वयं को समर्थ पाते हैं, तो इसका अर्थ यह है कि आपने इस अध्याय को भली-भाँति समझ लिया है।

अभ्यास-6

आपने प्रस्तुत खण्ड Writing (लेखन) में Essay (निबंध), Letter Writing (पत्र लेखन), Application (आवेदन पत्र), Report (प्रतिवेदन), Notice (सूचना) आदि का अध्ययन किया है, अब इन पर आधारित प्रश्नों के उत्तर देने का प्रयास करें–

1. महात्मा गांधी: राष्ट्रपिता के विषय पर निम्नलिखित रूपरेखा के आधार पर निबंध लिखें- नाम, जन्म, माता-पिता, प्रारंभिक जीवन, समाज में भूमिका, राष्ट्रीय कार्यों में सफलता, प्रशंसनीय विशेषताएँ, दूसरों के लिए शिक्षा आदि।

   Write an essay on the topic Mahatma Gandhi: the father of nation, giving details such as name, birth, parentage, early life, role in society, success in national works, qualities you admire, lesson for others etc.

2. Write an essay on the topic 'Bus Accident' giving details such as– Place and cause of accident, less medical aids, wounded persons taken to hospital, driver's death...etc.

3. आप राकेश मोहन, मकान नम्बर 215, गली नम्बर 5, सोनीपत निवासी हैं। आपने मेसर्स ऑक्सफोर्ड यूनीवर्सिटी प्रेस, दरियागंज, दिल्ली से कुछ पुस्तकें और लेखन-सामग्री मँगवाई थी। जब आपने पार्सल चेक किया तो किताबें और लेखन-साम्रगी फटी हुई तथा क्षतिग्रस्त पायी। आप उपरोक्त कम्पनी को दुबारा से अच्छी किताबें और लेखन-साम्रगी अपने ही खर्चे पर भेजने के लिए पत्र लिखें।

4. You are Priya, a student of class X. Write an application to your Principal requestiong him/her for an Educational Tour.

5. आप मोहन/मोहिनी, अपने विद्यालय की 'रेड क्रॉस यूनिट' के सचिव हैं। आपकी यूनिट ने एक 'रक्तदान शिविर' का आयोजन किया, जिसका उद्घाटन स्वास्थ्य मंत्री दिल्ली सरकार ने किया। लगभग 40 शब्दों में प्रतिवेदन (रिपोर्ट) लिखिए।

   You are Mohan/Mohini, the secretary of Red Cross Unit of your school. Your unit held a Blood Donation Camp which was inaugurated by the Health Minister of Delhi. Write its report in about 40 words.

6. You are Sonal/Sonali, you attended a 'World Book Fair' held in Pragati Madan, New Delhi, which was inaugurated by The Prime Minister of India. Write a report on your visit in about 40 words.

7. आप विनीत/विनीता, सांस्कृतिक मंत्री, बाल भारती विद्यालय, रोहिणी, दिल्ली हैं। आपका विद्यालय 'सांस्कृतिक कार्यक्रम' करने जा रहा है। आप विद्यालय के छात्रों को सांस्कृतिक कार्यक्रम में भाग लेने हेतु सूचना-पत्र लिखें।

   You are Vinit/Vinita, Cultural Secretary of Bal Bharti Vidyalay, Rohini, Delhi. Your school is organising a Cultural Programme. Write a notice on school notice board for the students to take part in cultural programme.

8. Write an appeal inviting suitable donors to offer one kidney to save the life of a young man, whose kidneys are badly damaged. Appeal be published in a newspaper.

9. भारतीय लोक सेवा आयोग द्वारा आयोजित प्रतियोगिता परीक्षा में सफलता प्राप्त करने पर अंग्रेजी में ई-मेल भेजकर उसे बधाई संदेश भेजें। ई-मेल के शुरुआती अंश नीचे लिखे गये हैं। शेष रिक्त स्थानों में आप अपना संदेश लिखकर इसे पूरा करें।

To
nagesh1976@gmail.com
Subject: Congrats

Dear Nagesh,
Today I saw your name in U.P.S.C. result which is published in The Times of India daily newspaper.
....
....
....

Yours Friend
....

10. दिल्ली से प्रकाशित होने वाले हिन्दुस्तान समाचार पत्र में वी एण्ड एस पब्लिशर्स द्वारा प्रकाशित ऑफिस असिस्टेंट के पद हेतु आवेदन अंग्रेजी में ई-मेल द्वारा भेजें।
असिस्टेंट के पद हेतु पत्र के शुरुआती अंश नीचे लिखे गये हैं। शेष रिक्त स्थानों में अपना संदेश भरकर इसे पूरा करें।

To
info@vspublishers.com
Subject: Application for the post of Office Assistant

Dear Sir,
Please find enclosed herewith my biodata in response of your advertisement.
....
....
....

Yours Sincerely
....

स्मरणीय तथ्य

(i) यदि आप उपर्युक्त प्रश्नों के उत्तर देने में असमर्थ हैं, तो आप खण्ड-7 का अध्ययन करने के पूर्व पुनः इस खण्ड-6 (Page 465 to 511) का ध्यानपूर्वक अध्ययन करें। ऐसा करने से आपको आगे के अध्यायों (Lessons) को समझने में सरलता होगी।

(ii) यदि आप प्रश्नों का उत्तर देनें में स्वयं को समर्थ पाते हैं, तो इसका अर्थ यह है कि आपने इस अध्याय को भलीभाँति समझ लिया है।

अभ्यास-7

आपने पुस्तक के खण्ड-7 Vocabulary (वर्गीकृत शब्दावली) में Name of Parts of body (शरीर के अंगों के नाम), Name of Animals (जानवरों के नाम), Name of Birds (पक्षियों के नाम), Name of Fruits (फलों के नाम), Name of Vegetables (सब्जियों के नाम), Business Vocabulary (व्यावसायिक शब्दावली) आदि का भली-भाँति अध्ययन कर लिया है, इन पर आधारित निम्नलिखित प्रश्नों के उत्तर देने का प्रयास करें :

(i) शरीर के पाँच अंगों के नाम लिखिए (Write five names of the parts of body)

(ii) सप्ताह के दिनों के नाम लिखिए (Write names of days of a week)

(iii) शब्द पूरा कीजिए (Complete the spelling)

(a) Fr --- --- ay (b) T----es----y (c) We---ne---d---y (d) Sa---rda---

(iv) Write English word for the following Hindi words (निम्नलिखित हिन्दी शब्दों के लिए अंग्रेजी शब्द लिखें)

(a) मछुआरा =.................. (d) पुस्तक विक्रेता = ... (g) उपभोक्ता =.....................

(b) ठेकेदार =..................... (e) संवाहक = ... (h) ग्राहक = ...

(c) मरीजवाहक =................... (f) वकील = ... (i) सेना =.....................

(v) पाँच अनाजों के नाम लिखें (Write names of five grains)

(i) -------------- (ii) -------------- (iii) --------------- (iv) ------------- (v) -------------

(vi) Write the names of the third, fourth and fifth months (तीसरे, चौथे, पाँचवें महीने का नाम लिखें)

(vii) Complete the spelling of the following English months (अंग्रेजी महीनों के नाम लिखें)

(a) F --- b--- a---y (b) Se----em----r (c) O---ob---r (d) D---em---e---

(viii) Write name of five professionals (पाँच पेशेवरों के नाम लिखें)

(i) -------------- (ii) -------------- (iii) --------------- (iv) ------------- (v) -------------

(ix) Write name of five means of transport (यातायात के पाँच साधनों के नाम लिखें)

(i) -------------- (ii) -------------- (iii) --------------- (iv) --------------- (v) ---------------

(x) पक्षियों के नाम अंग्रेजी भाषा में लिखें (Write birds' names in English)

(i) कबूतर =.............. (iii) तोता = ... (v) हंस =............... (vii) कौआ =...............

(ii) टिटहरी =.............. (iv) मोर = ... (vi) शुतुरमुर्ग = ... (viii) मुर्गा =.............

(xi) पाँच रंगों के नाम लिखें (Write names of five colours)

(i) -------------- (ii) -------------- (iii) --------------- (iv) ------------- (v) -------------

(xii) Pick out name of jewels from the box and write them in the given space (नीचे दी गयी तालिका से 'गहनों के नाम' छाँटकर नीचे दिये गये स्थान में लिखें)

Broach	Drum	Bronze	Chain	Anklet
Bangle	Ring	Sitar	Bugle	Piano

(i) -------------- (ii) -------------- (iii) --------------- (iv) ------------- (v) -------------

(xiii) Match the column (सही मिलान करें)

Column A	**Column B**
(a) तराजू	(i) Casket
(b) टोकरी	(ii) Flagon
(c) श्रृंगारदान	(iii) Candle
(d) सुराही	(iv) Balance
(e) मोमबत्ती	(v) Basket

(xiv) Fill in the blanks (वाक्य की पूर्ति करें)
    (a) मेरी घड़ी का डॉयल .... है। (सोना/सुनहरा)
        The colour of dial of my watch is............ (gold/golden)
    (b) .... लोहे की चीजें बनाता है। (सुनार/लुहार)
        .... makes things made of iron. (Gold smith/Blacksmith)
    (c) तोते का रंग .... होता है। (हरा-सा/हरा)
        The colour of parrot is .... (greenish/green)

(xv) Write the following business words in English (नीचे दिये गये कुछ व्यावसायिक शब्दों के नाम अंग्रेजी भाषा में लिखें)
    (a) अचलपूँजी =.................. (f) कमाई = ... (k) दिवालिया =..................
    (b) अनुमोदन =.................. (g) कर्मचारी = ... (l) धनादेश = ...
    (c) अर्थव्यवस्था =.................. (h) कीमत-सूची = ... (m) प्रभार =..................
    (d) आमदनी =.................. (i) ग्राहक = ... (n) पूँजी =..................
    (e) उपभोक्ता =.................. (j) लेखाकार = ... (o) बचतजमा = ...

(xvi) Write English word for the following traffic signs (नीचे कुछ ट्रैफिक में प्रयुक्त होने वाले शब्द दिये हैं, उनके लिए उपयुक्त अंग्रेजी शब्द लिखें)
    (a) पुलिया =.................. (d) आगे मुँह सड़क है = ... (g) गति सीमा =..................
    (b) बंद सड़क =.................. (e) पार्किंग नहीं है = ... (h) बायीं ओर मुड़िए = ...
    (c) तिरछा मोड़ =.................. (f) पैदल पारपथ= .... (i) स्कूल क्षेत्र =..................

(xvii) नीचे दिये गये शब्दों का अंग्रेजी अर्थ लिखकर उन्हें अपने वाक्य में प्रयोग करें :

                    अंग्रेजी शब्द   वाक्य-प्रयोग
    (a) पुलिया   ....
    (b) अध्यापक   ....
    (c) डाकिया   ....
    (d) टिकटघर   ....
    (e) शयनकक्ष   ....

स्मरणीय तथ्य

(i) यदि आप उपर्युक्त प्रश्नों के उत्तर देने में असमर्थ हैं, तो आप इस खण्ड-7 (Page 512 to 559) का ध्यानपूर्वक अध्ययन करें। ऐसा करने से आपको अंग्रेजी भाषा के शब्द भंडार का पूर्ण ज्ञान प्राप्त होगा।

(ii) क्या आप प्रश्न संख्या xii से xvi तक के उत्तर देने में सक्षम हैं? यदि हाँ, तो आपने इसको अच्छी तरह समझ लिया है, यदि नहीं तो पुनः अध्ययन करें।

(iii) पुनः क्या आप प्रश्न संख्या xvii का उत्तर ठीक-ठीक दे पा रहे हैं? यदि हाँ, तो इसका मतलब है अब आप वाक्य रचना भी कर सकते हैं।

(iv) यदि आप उपर्युक्त प्रश्नों के उत्तर देने में स्वयं को समर्थ पाते हैं, तो इसका अर्थ यह है कि आपने इस अध्याय को भलीभाँति समझ लिया है।

वॉट्सएप
(WHATSAPP)

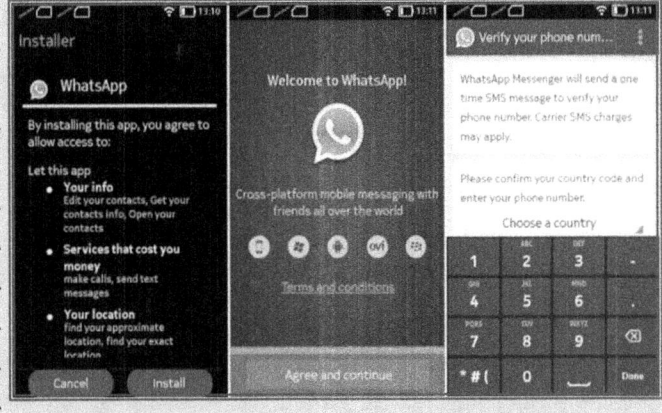

आजकल Smart Phone (स्मार्टफोन) का प्रचलन बहुतायत में है। स्मार्टफोन के प्रचलन में आने के पहले हम साधारण मोबाइल द्वारा एक-दूसरे से त्वरित संदेशों का आदान-प्रदान एस.एम.एस. (Short Message Service) के माध्यम से करते थे, लेकिन अब स्मार्टफोन के आने के बाद एस.एम.एस. की जगह WhatsApp (वॉट्सएप) का ही प्रयोग हो रहा है। WhatsApp के द्वारा हम Instant Message (त्वरित संदेश, फोटो आदि) भेजते हैं। Smart Phone रखने वाले व्यक्ति के लिए इसका प्रयोग करना बेहद आसान है।

'वॉट्सएप' के माध्यम से Written Message (लिखित संदेश), Sound Message (ध्वनि संदेश), Pictures (चित्र), Videos इत्यादि भेजे और प्राप्त किये जाते हैं। अब तो इसके द्वारा Voice Calling (वॉयस कॉलिंग) भी की जाती है। इसमें Compressed Files (कंप्रेस्ड फाइलें) जैसे- पी.डी.एफ., ए.पी.के., ई.एक्स.ई., आर.ए.आर. फाइलें भी शेयर की जा सकती हैं।

आज के इस तकनीकी युग में 'वॉट्सएप' के माध्यम से अंग्रेजी में वार्तालाप करना आवश्यक होता जा रहा है। हमारा ऐसा मानना है कि यदि आप हिन्दी की अपेक्षा अंग्रेजी भाषा के माध्यम से नये-नये लोगों से वार्तालाप करना आरंभ करें, तो उस व्यक्ति के ऊपर आपके व्यक्तित्व की गहरी छाप पड़ेगी।

यदि आपका उद्देश्य बाजार में नये संभावित ग्राहकों से संवाद करना है, तो इसके लिए आप वाट्सएप में अंग्रेजी भाषा का प्रयोग करना शुरू कर दें। नतीजा कुछ ही दिनों में सामने आ जायेगा। वैसे भी इन दिनों अधिक से अधिक व्यवसायी वर्ग के लोग इस 'एप' का प्रयोग करते देखे गये हैं। वाट्सएप की उपयोगिता अच्छी तरह समझने के लिए कुछ उदाहरण निम्नलिखित हैं।

ग्राहक सेवा प्रदान करने हेतु वॉट्सएप का प्रयोग

1. एक कंपनी अपने ग्राहकों को वॉट्सएप का नंबर देकर अपनी ग्राहक सेवा प्रदान कर सकती है।
2. सदस्य बनाने वाली कंपनियाँ वाट्सएप के द्वारा अपने ग्राहकों को रिमाइंडर भेजकर शुल्क (पेमेंट) जमा करने की आखिरी तारीख बता सकती है।
3. एक स्वर्णकार वाट्सएप का प्रयोग कर अपने ग्राहकों से नये-नये आभूषण (ज्वेलरी) के ऑर्डर ले सकता है।

व्यावसायिक उद्देश्य के लिए वॉट्सएप का प्रयोग

1. कपंनी का प्रबंधक वाट्सएप द्वारा आसानी से अपनी टीम के सभी सदस्यों से संवाद स्थापित कर उन्हें तुरंत अपना संदेश दे सकता है।

2. किसी ग्रुप के सदस्य वाट्सएप के ग्रुप फंक्शन द्वारा आपसी ध्वनि/चित्र अथवा लिखित संदेशों का त्वरित आदान-प्रदान कर एक-दूसरे से जुड़े रह सकते हैं।
3. कोई सब्जी बिक्रेता वाट्सएप के माध्यम से अपने ग्राहकों के ऑर्डर ले सकता है।
4. एक फूल विक्रेता अपने ग्राहकों को फूलों के चित्र भेजकर इसका ऑर्डर ले सकता है।
5. स्थानीय टैक्सी कंपनियाँ वाट्सएप के द्वारा अपने ग्राहकों का लोकेशन जान सकती है।
6. एक इवेंट कंपनी अपने सदस्यों को किसी प्रोग्राम के होने की सूचना इस एप के माध्यम से दे सकती है।

शैक्षणिक उद्देश्य के लिए वॉट्सएप का प्रयोग

1. दुरस्थ शिक्षा प्रणाली में छात्रों को शिक्षा देने के लिए इसका उपयोग किया जा सकता है।
2. शिक्षक-छात्र वॉट्सएप का प्रयोग कर पढ़ाई का समय तय कर सकते हैं।

सामाजिक उद्देश्य के लिए वॉट्सएप का प्रयोग

1. मित्रों का ग्रुप वॉट्सएप का प्रयोग कर अपने विचार एक-दूसरे तक पहुँचा सकते हैं।
2. एक सामाजिक संस्था अपने सदस्यों से संवाद स्थापित कर सकती है।

छोटे वार्तालाप के वॉट्सएप का प्रयोग

इन दिनों 'वॉट्सएप' हमारे जीवन का एक आवश्यक अंग बन गया है। चूँकि यह पुस्तक अंग्रेजी भाषा में वार्तालाप करना सिखा रही है, इसलिए यह आवश्यक है कि हम अपने पाठकों को वॉट्सएप के माध्यम से व्यक्तिगत एवं सामाजिक तौर पर छोटे वार्तालाप करना सिखाएँ, जो इन दिनों वॉट्सएप पर बहुत तेजी से लोकप्रिय होता जा रहा है। यह भी देखा गया है कि लोग इन दिनों फोन पर सीधा वार्तालाप करने की जगह वॉट्सएप पर अंग्रेजी में छोटे-छोटे संवाद (मैसेज) भेजने में अधिक रुचि दिखाते हैं। ऐसे संवादों के कारण आपके आपसी सम्बन्धों में सदैव ताजगी बनी रहती है।

वॉट्सएप में प्रयोग करने हेतु कुछ नमूने इस पुस्तक में दिये जा रहे हैं। इसमें हिन्दी वाक्यों द्वारा अंग्रेजी भाषा के प्रयोग का तरीका इस प्रकार बताया गया है, जिसे पढ़ने के पश्चात् आप अपने स्मार्टफोन से किसी मित्र या सगे-सम्बन्धी के वॉट्सएप पर अंग्रेजी में संदेश भेज सकते हैं।

नमूना-1

ए	:	हाय	A	:	Hi
बी	:	हैलो	B	:	Hello
ए	:	आप कैसे हैं?	A	:	How are you?
बी	:	मैं ठीक हूँ, तुम बताओ, कैसी गुजर रही है?	B	:	A'm good. You tell, How's life.
ए	:	जिंदगी सामान्यतौर से गुजर रही है। इन दिनों खास कुछ नहीं है।	A	:	As usual. Nothing much these days.
बी	:	हूँ..... ठीक है, यहाँ भी कुछ वैसा ही है।	B	:	Hmmm. O.K. same here.
ए	:	बस, तुम्हें याद दिला रहा हूँ।	A	:	Just bugging you.
बी	:	अवश्य, कोई कठिनाई नहीं है।	B	:	Sure, No problem.
ए	:	अपना ख्याल रखना।	A	:	Take care.
बी	:	आपसे शीघ्र मिलूँगा।	B	:	See you soon.

नमूना-2

ए	:	हाय, बधाई हो।	A	:	Hey, Congratulations.
बी	:	हाय, धन्यवाद भाई।	B	:	Hi... Thanks, brother.

ए	:	मैंने फेसबुक से जाना कि तुम्हारी सगाई हो गयी।	A	:	I got to know through Facebook you are engaged.
बी	:	हाँ... सब कुछ बहुत जल्दी हो गया।	B	:	Yes... everything happened so fast.
ए	:	हाँ...हाँ... मैं समझ गया।	A	:	Ya...Ya... I understand.
बी	:	तभी मैं किसी को सूचित नहीं कर सका।	B	:	I just couldn't tell anyone.
ए	:	ठीक है, कौन है वह लड़की?	A	:	It's O.K. who is the girl?
बी	:	कॉलेज के दिनों की सुनीता याद है?	B	:	Remember Sunita from college days?
ए	:	ओह हाँ!	A	:	Oh yes!
बी	:	मैंने कुछ महीने पहले उससे सम्पर्क किया।	B	:	I again connected with her few months back
ए	:	वाह!..... और उसके बाद?	A	:	Wow.... and then?
बी	:	हमलोगों ने बात करना आरम्भ किया और यह सब हो गया।	B	:	We started talking and things happened.
ए	:	यह एक प्रेम विवाह है।	A	:	That's great. It's a love marriage.
बी	:	हाँ, प्रेम विवाह और घर से आयोजित दोनों।	B	:	Yes, love cum arranged.
ए	:	एक बार पुनः धन्यवाद! हमलोग जल्द ही मिलते हैं।	A	:	Congratulations again. Let's meet soon.
बी	:	धन्यवाद, अवश्य मैं तुम्हें वाट्सअप पर भेजूँगा।	B	:	Thanks, sure I will WhatsApp you.
ए	:	वाह!	A	:	Cheers.

नमूना-3

आलोक	:	हैलो .... शुभप्रभात।	Aalok	:	Hey ... Good morning.
राजीव	:	शुभप्रभात।	Rajeev	:	Good morning.
आलोक	:	क्या तुम ऑफिस में हो?	Aalok	:	Hello... Are you in the office?
राजीव	:	हाँ... आज तुम ऑफिस नहीं आये?	Rajeev	:	Yes... you didn't come office today.
आलोक	:	आज मेरी तबियत ठीक नहीं है।	Aalok	:	I am not well today.
राजीव	:	बताओ मैं तुम्हारे लिए क्या कर सकता हूँ?	Rajeev	:	Tell me, what can I do for you?
आलोक	:	मैं तुम्हारे वाट्सएप पर कुछ जरूरी कागजात भेज रहा हूँ।	Aalok	:	I am sending some urgent documents on WhatsApp.
राजीव	:	भेज दो।	Rajeev	:	Please send.
आलोक	:	इसे बॉस मि. माथुर को दिखा देना।	Aalok	:	Please show it to our boss Mr. Mathur.
राजीव	:	चिन्ता मत करो। मैं यह कर दूँगा।	Rajeev	:	Don't worry. I will do it.
आलोक	:	धन्यवाद!	Aalok	:	Thanks.
राजीव	:	कोई बात नहीं।	Rajeev	:	Mention not.

नमूना-4

व्यावसायी : हैलो महाशय, आपने कुछ नये फूलों का ऑर्डर दिया था।

ग्राहक : हाँ, क्या तुम उसे ले आये?

व्यावसायी : हाँ महाशय, मैं कुछ फूलों की पिक्चर वॉट्सएप पर भेज रहा हूँ।

ग्राहक : कृपया, भेजो।

व्यावसायी : प्रत्येक फूल के नीचे उसकी कीमत लिखी है। आपको जो फूल सबसे अधिक पंसद हो, उनका ऑर्डर दें।

ग्राहक : हमें दूसरा और पाँचवाँ फूल अच्छे लगे।

व्यावसायी : ठीक है महाशय, दोनों फूलों की खुशबू अच्छी है।

ग्राहक : ठीक है। इनके अलग-अलग दो गुलदस्ते हमें भेजो।

व्यावसायी : एक घंटे में दोनों गुलदस्ते आपके यहाँ पहुँच जायेंगे।

ग्राहक : ठीक है, भेज दो।

Specimen-4

Trader : Hello sir, you ordered some fresh flowers.

Customer : Yes. Have you brought them?

Trader : Yes sir, I'm sending images of some fresh flowers through Whatsapp.

Customer : Please, send.

Trader : Every flower has price tag. Order the flowers that you like most.

Customer : We liked second and fifth flower.

Trader : Ok sir, both flowers have good smell.

Customer : Well. Send two individual bouquets of flowers.

Trader : You will get both the bouquets within one hour.

Customer : Ok. Send.

✯ उपर्युक्त पाठ में WhatsApp द्वारा अंग्रेजी में संदेश भेजने के तरीकों के बारे में बताया गया है। जिन व्यक्तियों के पास स्मार्टफोन है, वें इस पुस्तक में बताये गये WhatsApp Message के तरीकों का अनुसरण कर सफलतापूर्वक WhatsApp द्वारा संदेश भेज सकते हैं।

स्मरणीय

WhatsApp भेजने के दौरान यह आवश्यक नहीं है कि English Sentences का शुद्ध-शुद्ध प्रयोग किया जाये। अकसर देखा गया है कि बहुत से लोग अंग्रेजी शब्दों के संक्षिप्त रूप में संदेश भेजते हैं। इसमें त्वरित संदेशों के अलावा Photo, Video, Compressed File इत्यादि भेज और प्राप्त कर सकते हैं। स्मार्टफोन पर ऐसा करना बेहद आसान है।

अभ्यास (PRACTICE)

प्रश्न-1 : एक कर्मचारी कुछ महत्त्वपूर्ण संदेश अपने बॉस को वॉट्सएप पर भेजना चाहता है। आप अंग्रेजी भाषा में अपना संवाद लिखकर वॉट्सएप के द्वारा भेंजे।

प्रश्न-2 : राकेश अपने मित्र सुरेश को उसकी 'शादी' पर धन्यवाद देना चाहता है। जिसे वह 'वॉट्सएप' पर भेज रहा है। इस संदर्भ में आप अंग्रेजी भाषा में Message (संदेश) लिखकर वॉट्सएप के द्वारा भेजें।

www.ingramcontent.com/pod-product-compliance
Lightning Source LLC
Chambersburg PA
CBHW060503300426
44112CB00017B/2531
* 9 7 8 9 3 5 7 9 4 1 3 0 3 *